U0524501

公司法律顾问实务全书

228个风险点防控之道

刘冰　黄正桥　黄明建 ◎ 主编

根据《公司法》（2023年修订）、《最高人民法院关于适用<中华人民共和国民法典>合同编通则若干问题的解释》等新规编写

法律出版社 | LAW PRESS
北京

图书在版编目（CIP）数据

公司法律顾问实务全书：228个风险点防控之道 / 刘冰，黄正桥，黄明建主编. -- 北京：法律出版社，2024. -- ISBN 978 - 7 - 5197 - 9260 - 2

Ⅰ. D922.291.914

中国国家版本馆 CIP 数据核字第 2024HU6138 号

公司法律顾问实务全书:228个风险点防控之道 GONGSI FALÜ GUWEN SHIWU QUANSHU: 228 GE FENGXIANDIAN FANGKONG ZHI DAO	刘 冰 黄正桥 黄明建 主编	策划编辑 林 蕊 周 洁 责任编辑 林 蕊 装帧设计 鲍龙卉

出版发行 法律出版社	开本 710 毫米 × 1000 毫米 1/16
编辑统筹 司法实务出版分社	印张 30　　字数 528 千
责任校对 王 丰	版本 2024 年 6 月第 1 版
责任印制 胡晓雅	印次 2024 年 6 月第 1 次印刷
经　　销 新华书店	印刷 天津嘉恒印务有限公司

地址：北京市丰台区莲花池西里 7 号（100073）
网址：www.lawpress.com.cn　　　　　　　　销售电话：010 - 83938349
投稿邮箱：info@lawpress.com.cn　　　　　　客服电话：010 - 83938350
举报盗版邮箱：jbwq@lawpress.com.cn　　　　咨询电话：010 - 63939796
版权所有·侵权必究

书号：ISBN 978 - 7 - 5197 - 9260 - 2　　　　　　定价：98.00 元

凡购买本社图书，如有印装错误，我社负责退换。电话：010 - 83938349

本书编委会

主编

刘　冰	广东国智律师事务所	黄正桥	北京盈科(上海)律师事务所
黄明建	四川君合律师事务所		

副主编

陈高勇	浙江求德律师事务所	李凤华	河南三融律师事务所
曹金雯	北京盈科(上海)律师事务所	刘　璟	北京盈科(上海)律师事务所
王亚辉	河南周鼎律师事务所		

编委会委员(以下排名不分先后)

幸泽胜	北京市京师(中山)律师事务所	杨　茜	北京盈科(杭州)律师事务所
王灵平	浙江鑫湖律师事务所	侯德隆	北京市盈科律师事务所
阎　丽	北京浩天(太原)律师事务所	胡大英	四川迪扬(双流)律师事务所
程玉伟	北京盈科(合肥)律师事务所	何　帆	重庆坤源衡泰(贵阳)律师事务所
蔡有联	四川三才(盐边)律师事务所	朱晓江	广东深法律师事务所
夏顺成	北京市京都(重庆)律师事务所	邓俊义	广西小企律师事务所
陈博倩	北京市京师(深圳)律师事务所	韩　莹	云南天外天律师事务所
陈一杏	上海市汇业(中山)律师事务所	包　健	北京济和律师事务所
李学峰	北京盈科(上海)律师事务所	王召富	山东聚青律师事务所
金泓毅	北京盈科(上海)律师事务所	陈素培	北京洪范律师事务所
吴　晶	北京市盈科(呼和浩特)律师事务所	孙　雷	四川昊通律师事务所
袁浩霖(袁爱军)	北京市北斗鼎铭律师事务所	杨雷兵	河南新砥柱律师事务所
程　征	北京盈科(重庆)律师事务所	张远康	广西鼎秀律师事务所
刘荣宗	广东青狮云岸律师事务所	严但灵	湖南瑞财律师事务所
孟　霞	北京市盈科(兰州)律师事务所	王　亮	北京盈科(武汉)律师事务所
覃校红	北京大成(武汉)律师事务所	周　盟	北京中阔律师事务所
陈小进	云南天外天(曲靖)律师事务所	牛　坤	云南天外天(大理)律师事务所
卢延瑞	重庆鲁本律师事务所	朱婧雅	江西邦执律师事务所
张祖勤	河南坦言律师事务所	燕雪松	河南坦言律师事务所
于　超	河北三和时代(沧州)律师事务所	周承杰	山东舜尧律师事务所
曹燕贻	上海融孚(常熟)律师事务所	麻　刚	甘肃北斗律师事务所

序 一

在经济全球化的大背景下,公司是市场经济的重要主体,其运营与治理的规范性和效率性显得尤为重要。而《公司法》作为调整公司内外部关系的法律规范,不仅为公司的设立、运营、解散等提供了法律规定,也为公司的利益相关者提供了权益保障。公司无论规模大小都是社会经济活动的主要参与者、就业机会的主要提供者和技术进步的主要推动者。营商环境离不开法律,随着经济体制和法律制度的发展与完善,公司的经营管理活动日趋频繁和广泛,面临的法律风险和亟待解决的法律问题也在日益增加。可以说,公司对法律的依赖程度越来越大。

我国第一部《公司法》于1993年12月29日公布,之后经历了六次修订或修正,最新修订的《公司法》于2023年12月29日正式审议通过,于2024年7月1日正式施行。本轮《公司法》修改致力于实现公司法的结构性改革,是一项浩大的系统性工程。修订后的《公司法》删除了2018年《公司法》中16个条文,新增和修改了228个条文,其中实质性修改112个条文,是迄今为止规模最大的一次修改。相较于之前施行的《公司法》,2023年修订的《公司法》在股东认缴出资期限、股东出资责任、股东失权、董监高义务、公司决议撤销及不成立制度等方面均有较大的变化。法律条文往往抽象而复杂,如何深入理解和具体应用新《公司法》的规定,对公司的合法合规经营则至关重要。

新《公司法》颁行后,整个社会将出现新一轮学习、研究新《公司法》的热潮,全国各地、各系统、各单位,尤其是公司、律师事务所、国家机关等都将面临重新学习和适用新《公司法》的任务,现有的各种公司法教材和读物也需要根据新《公司法》进行全面的修订和更新。值此时机,我们根据《公司法》(2023年修订)、《民事诉讼法》(2023年修正)》、《刑法修正案(十二)》、《最高人民法院、最高人民检察院关于办理危害税收征管刑事案件适用法律若干问题的解释》、《最高人民法院关于适用〈中华人民共和国民法典〉合同编通则若干问题的解释》、《专利法实施细则》(2023年修订)、《消费者权益保护法实施条例》等最新法律、行政法规及司法解释的规定,组织编写了本书。本书共分为13章，从公司设立法律风险、公司内部治理法律风险、合同管理法律风险、劳动人事法律风险、知识产权法律风险、采购销售法律风险、产品质量法律风险、财税账款法律风险、政府监管法律风险、融资法律风险、担保法律风险、刑事法律风险、解散清算法律风险等方面精选228个典型案例，通过案情介绍抛出具体法律风险问题，结合案例进行法律分析并得出结论，同时在风险防范方面给予帮助解决问题的建议，力求为读者提供一个全面、深入的视角，帮助读者更好地理解和应用新《公司法》条文。

在编写过程中，我们注重案例的时效性和代表性，尽可能反映最新的法律动态和实践趋势等信息；同时注重案例分析的科学性和严谨性，结合理论和实践，对每个案例都进行了深入的法律研究和分析，确保结论的准确性和可靠性。法律条文是冷冰冰的，但是案例及法条应用却是鲜活灵动的。通过本书，读者不仅可以深入了解《公司法》的条文与精神、及时更新专业信息、丰富知识储备、提升专业技能，还可以掌握《公司法》在实践中的操作技巧和方法。

本书系笔者基于最新的公司法律制度规定以及司法实务案例的研究、理解、总结和探索，错误和不妥之处在所难免。请各位读者在实务中一定要具体问题具体分析，以当时施行的法律法规为准，避免生搬硬套造成不必要的偏差和错误，在面临重大法律风险时应当咨询专业律师，避免造成重大的经济损失。非常欢迎各位专家学者、执业律师、公司管理者、财税专业人士不吝赐教，对本书内容的错误和不足之处给予批评指正。

最后，希望我们的写作能对公司决策者、经营者、管理者、法务人员及相关岗位人员的实务工作有所裨益，帮助公司了解经营管理中需要注意的法律问题，有效地规避法律风险，降低经营成本，做到效益最大化。

刘　冰

2024年6月

序 二

在法律世界的广阔天地中,公司法律领域如同一片汹涌澎湃的大海,充满了挑战与机遇。作为一名长期奋战在商事法律一线的律师,我深感公司在快速发展的同时,面临的法律问题愈加复杂。为此,我们编写了本书,旨在为公司管理者、法务人员、律师同人及在校学生提供一份系统、实用的法律参考。本书的目标读者群体广泛,包括但不限于公司的法律顾问、内部法务人员、公司管理层,以及对公司法律实务有兴趣的法学院学生和广大律师。对于这些读者来说,本书既是一部深入浅出的学习教材,也是快速查找法律问题答案的工具书。

我在多年的律师实务中,观察到许多公司因缺乏对法律风险的预防意识,往往在不经意间踏入了法律的雷区。从公司设立的初步阶段到日常经营管理,再到可能遇到的政府监管、融资、合同、劳动人事、知识产权保护等一系列问题,每一步都可能遇到潜在的法律陷阱。因此,本书的编写意图不仅是提供问题的解答,更重要的是引导读者在商业决策中有效规避风险,预防法律问题的发生。在编写本书的过程中,我们深入研究了中国现行公司法律体系,特别关注了近年来的法律改革及其对公司实务的影响。我们不仅回顾了大量的法律文献,也分析了无数的案例判决,力求在理论探讨与实际操作之间找到最佳的平衡点。

本书共分为13章,覆盖了公司运营过程中可能遭遇的各类法律风险,每一章节都深入探讨了相关的实务问题,并结合具体案例,阐释了对法律条文的应用与解读。

本书力求内容的实用性与深度,不仅提供了对问题的分析,更给出了操作层面的建议,期望能为读者在实际操作中提供切实可行的指导。本书第一章"公司设立法律风险"便是一个突出的例证。在这一部分,我们详细探讨了关于注册资金认缴、出资方式及非法出资等问题,指出了公司在设立阶段常见的法律误区,并提供了规避风险的策略。

我们的目标是确保创业者在公司设立之初就能够建立起对法律风险的敏感度,为公司未来的稳健发展奠定坚实的基础。随后章节逐步深入公司的内部治理、合同管理、劳动人事等方面,每一章都以问题为核心,逐一解答。例如,在第四章"劳动人事法律风险"中,我们不仅讨论了劳动合同的签订问题,还涉及了一些较为复杂的话题,如连续订立固定期限劳动合同所带来的风险等,旨在提醒公司在遵守劳动法规定的同时,也要关注员工的合法权益。

本书对特定法律风险的深入分析,结合了当前法律实践中的热点问题和典型案例。比如,在第五章"知识产权法律风险"中,我们特别强调了商标、专利等知识产权在当代商业活动中的重要性,并分析了相关的法律规定和公司在实际经营中应当注意的问题。这一章不仅为公司提供了守护知识产权的策略,也提醒公司在产品开发、市场推广等过程中避免侵犯他人的知识产权。

在法律实务工作中,理论知识与实践操作的结合尤为重要。因此,在编写本书时,我们特别注重理论与实践的结合,力求使读者在阅读理论的同时,能够通过案例分析,学会如何将理论应用于实际问题的解决中。例如,在第七章"产品质量法律风险"中,我们通过分析产品质量事故的案例,详解了公司在产品责任中的法律义务和应对策略,以及如何通过合理的风险控制,最大限度地减少公司可能承担的赔偿责任。

本书特别重视内容的实用性和时效性。随着科技的发展和市场的变化,新的法律风险不断出现。因此,我们在第九章"政府监管法律风险"和第十二章"刑事法律风险"中特别加入了对当前热点问题的分析,如公司与政府之间的互动、反腐败法律的执行等,希望能够为公司在这些高度敏感的领域提供指导。

我们也十分注重本书的编排和体例。为了使读者能够更方便地查找和学习,我们将书籍的结构设计得尽可能清晰、逻辑性强。每一章节都以问题为引导,首先提出问题,然后分析问题,并提供解答和建议。为了保证本书的权威性和准确性,我们邀请了多位专业领域的资深律师和学者参与编写和审校工作。在此,特别感谢协助编写本书的各位合作者。他们中既有资深的公司法律实务专家,也有在特定领域深耕多年的学者。感谢他们无私地分享了宝贵的经验与见解,使本书的内容更加丰富和权威。他们的专业知识和丰富经验为本书的编写提供了宝贵的支持。

经过细致打磨,一部全面而细致的实务指南得以呈现在读者面前。我们希望每一位拿起这本书的读者都能够从中获得宝贵的知识和灵感,不仅能够解决眼前的法律难题,更能够在未来的工作中展现更好的法律素养和专业能力。我相信,通过我们的共同努力,可以让这本书成为中国公司法律实务领域的经典之作。再次感谢所有支持和参与本书编写的每一位同人,没有你们的贡献,这本书不可能问世。感谢各位的阅读和支持,愿各位在法律的道路上行稳致远。

最后,我再次对所有读者表示衷心的感谢。各位的信任和支持是我最大的动力。我衷心希望这本书能为大家带来实质性的帮助,无论是在法律问题的解决上,还是在专业素养的提升上,都能够发挥其应有的价值。如果您在阅读过程中有任何疑问或建议,欢迎随时与我联系,您的反馈将是我不断前进和改进的源泉。再次感谢,并祝愿每一位致力于商事法律实务的同人事业蒸蒸日上,法治之光照耀商海。

  是为序!

黄正桥

2024 年 6 月

序 三

依法治企是依法治国的微观基础和重要组成部分。守法经营是每个公司都必须遵守的基本原则；合规经营是新时代公司改革发展的基本要求，是规范公司管理的关键内容，是公司行稳致远的根本保障。守法合规经营本质上要求公司的日常经营、管理符合法律法规、行业准则、商业惯例、道德规范等规范的要求。公司法律顾问的主要工作是帮助公司提前识别和把控经营中的法律风险，让法律风险可视、可控、可承受，将法律风险防患于未然。

笔者自从事律师工作以来，先后担任数百家政府机关、大中型企事业单位常年法律顾问，接受与公司经营相关的法律咨询逾万件，亲自办理公司经营相关案件上千件，其中不乏具有重大社会影响力的案件。在提供法律顾问服务过程中，笔者发现许多公司普遍存在以下问题：一是法律意识淡薄，对法律没有敬畏之心。部分公司盲目追求超额利润，在巨大的利诱面前，往往选择铤而走险，践踏法律底线。二是法律知识缺乏，对公司违约、违规、违法、犯罪产生的法律后果估计不足，对经营中可能存在的法律风险没有足够的认知与防范，直到纠纷发生后才知晓后果严重。三是内控机制缺失，未能建立完整有效的合规管理体系，经营中缺乏流程、标准和监管机制，对公司商业模式、经营行为缺乏事前合规性审查，导致法律纠纷易发、频发。四是公司法律管理经费投入严重不足、法务部门处于边缘地位，很多公司在"搞关系"上一掷千金，在法律风控经费投入上却十分吝啬。五是缺乏专业人员指导，聘请的法务工作人员知识不够全面、服务不够精细，长期顾而不问，被动应对，无法满足公司在重大经营决策中的法律需求。

上医治未病，公司经营者只有居安思危、未雨绸缪，才能将法律风险扼杀在摇篮之中，才能在出现问题之后快速定位危机源头并采取正确的应对措施，最大限度地保障公司的权益，促进公司健康发展。每一个公司发生重大问题或纠纷的背后，都折射出不同层面的法律风险防控问题，正因为有无数公司遭遇法律纠纷的惨痛教训，法律顾问工作才显得尤为重要、不可或缺。如果每个公司都建立起良好的法律风险防控体系，那么在实务中因违约、违规、违法、犯罪给公司及公司高管、相关责任人员带来的法律风险会减少很多，造成的经济损失、商誉损失等也会大幅减少。构建公司法律风险防控体系是个系统工程，本书旨在通过对公司经营中高频、易发的法律风险点进行有针对性的梳理、分析、阐述和说明，深入剖析公司经营中每个环节的法律风险，提前识别并防范风险，推动公司法律风险管理的标准化、流程化、规范化建设，为公司建立以事前防范为主的法律风险防控体系提供必要的法律支持与专业支撑。

笔者认为，本书有以下三个特点：

其一，本书结合了最新规定及典型案例，适应公司法律顾问工作的最新变化和要求。

其二，本书以案例为基础，以法律法规、司法解释为依据，以法律风险防范为立足点，旨在帮助公司建立、健全法律风险防控体系，提前识别和防范经营中的法律风险，体现了源头治理、防患于未然的合规经营理念。

其三，本书提示的法律风险点非常具有典型性，涉及的均是公司经营中高频、易发的风险，涵盖公司从设立、经营到注销的全流程。本书的案例均为精选案例，更具有代表性，指向更精准，提示更明确，实用性更强。

本书内容可能存在这样或那样的缺憾，欢迎各位专家、学者、读者不吝赐教，对本书的不足之处给予批评和指正。

最后，希望本书的出版能为中国公司高质量发展贡献绵薄之力！

黄明建
2024 年 6 月

目 录 CONTENTS

第一章　公司设立法律风险　　001
1. 任性认缴注册资金,有什么风险?　　001
2. 设立有限公司可以用厂房出资吗?　　003
3. 以违法犯罪所得出资,如何处置相应股权?　　006
4. 让他人代持股权,有什么风险?　　007
5. 股权架构设计不合理,有什么风险?　　010
6. 股东可以人力资本出资吗?　　012
7. 可以债权出资吗?　　013
8. 股东出资的非货币财产的实际价额显著低于出资额,要承担什么责任?　　015
9. 股东不按约定履行出资义务,公司可以解除股东资格吗?　　017
10. 可以使用网上下载的章程注册公司吗?　　018
11. 多份公司章程内容不一致,以哪一份为准?　　021
12. 公司章程与出资协议约定不一致,怎么办?　　022
13. 使用虚拟地址注册公司,有什么风险?　　024
14. 因公司注册地与办公地不一致导致没有收到法院文书,怎么办?　　026
15. 股东抽逃出资,要承担刑事责任吗?　　028
16. 将他人具有一定知名度的商标作为字号,有什么风险?　　032
17. 公司因故未设立,设立费用应当如何分担?　　035
18. 发起人在公司设立阶段可以退出吗?　　036
19. 可以设立一人股份有限公司吗?　　039
20. 合伙企业与有限责任公司有什么不同?　　040
21. 投资人对个人独资公司的债务承担连带责任吗?　　044

第二章　公司内部治理法律风险　046

22. 不公示的规章制度能作为处罚员工的依据吗？　046
23. 未被通知参加股东会的股东可请求法院撤销决议吗？　048
24. 员工使用公司丢失的公章对外提供担保，公司是否需承担担保责任？　049
25. 法定代表人涉嫌犯罪，股东会可以变更法定代表人吗？　051
26. 滥用股东权利给公司造成损失的股东要承担什么责任？　053
27. 董事、监事因过错给公司造成损失，要承担什么责任？　055
28. 实际控制人指使高级管理人员从事损害公司利益的行为，需要承担什么责任？　057
29. 法定代表人执行职务造成他人损害的，责任由谁承担？　059
30. 董事会决议违反公司章程致使公司遭受严重损失，参与决议的董事要承担责任吗？　060
31. 对于可撤销的股东会决议，股东可在什么时间提出撤销？　061
32. 大股东与公司之间进行交易，合法吗？　063
33. 大股东绕过小股东向公司借款，合法吗？　065
34. 夫妻离婚涉及公司股权时如何处理？　067
35. 自然人股东死亡后，其亲属可继承股东资格吗？　069
36. 董事人数可以是双数吗？　070
37. 股权激励协议中关于"一元回购"的条款，合法吗？　072
38. 股权激励协议的"中途退出，净身出户"条款，有效吗？　073
39. 公司给员工赠送的干股，可以随时收回来吗？　075
40. 新股东是否要承继原来公司的债务？　076
41. 股东要求查阅会计账簿与会计凭证，公司可以拒绝吗？　077
42. 股东滥用法人独立地位及股东有限责任，利用关联公司逃避债务，各公司之间要承担连带责任吗？　079
43. 职工人数为300人以上的公司，董事会成员一定要有职工代表吗？　080
44. 公司减资如果没有通知债权人，有什么后果？　081
45. 公司不给没有实缴出资的股东分红，合法吗？　083
46. 公司不能清偿到期债务，债权人可要求未届缴资期限的股东提前缴纳出资吗？　084
47. 股东会无正当理由解任董事的，董事可以要求赔偿吗？　085
48. 股东会决议被法院宣告撤销，公司依据该决议与他人签订的合同有效吗？　086

第三章 合同管理法律风险　　088

49. 通过口头方式订立合同,有什么风险?　　088
50. 通过传真方式签订合同有效吗?　　089
51. 公司超越经营范围签订的合同有效吗?　　090
52. 员工越权签订的合同有效吗?　　092
53. 业务员私刻公章签订的合同有效吗?　　094
54. 采购员持有盖公司印章的空白合同,有什么风险?　　096
55. 仅有法定代表人签字而无公司印章的合同有效吗?　　097
56. 多页的合同没有盖骑缝章,有什么风险?　　099
57. 未签章但已实际履行的合同,是否成立?　　101
58. 合同条款有误,直接在合同上面涂改有什么风险?　　102
59. 租期为25年的租赁合同,有效吗?　　103
60. 对方公司在签订合同时已被吊销营业执照,怎么办?　　105
61. 合同因保管不善丢失,怎么办?　　107
62. 加重对方责任的格式条款有效吗?　　109
63. 合同对方当事人预期违约,怎么办?　　111
64. 合同中可同时约定定金和违约金吗?　　113
65. 合同约定的违约金过低,如何处理?　　114
66. 假借订立合同恶意磋商造成他人损失的,要承担责任吗?　　116
67. 合同解除后,预期利益可以要求赔偿吗?　　117
68. 公司财务状况恶化,可以不履行赠与合同义务吗?　　119
69. 通过快递方式邮寄解除合同通知,有效吗?　　121
70. 合同纠纷受诉讼时效的限制吗?　　123
71. 合同中约定仲裁条款的,法院会受理案件吗?　　124

第四章 劳动人事法律风险　　127

72. 不与员工签订劳动合同,有什么后果?　　127
73. 签好的劳动合同没交付员工,员工可要求公司支付双倍工资吗?　　129
74. 连续订立两次劳动合同后,用人单位必须与劳动者签订无固定期限劳动合同吗?　　131
75. 以签订非全日制用工合同的方式确定劳动关系,有什么风险?　　133
76. 劳动合同不是员工亲笔签名,有效吗?　　135
77. 公司要求员工签订自愿放弃缴纳社保费的承诺书,合法吗?　　137
78. 员工要求将需要缴纳的社保费以工资补贴形式发放,有什么风险?　　139

79. 公司为非本公司员工代缴社保费,有什么风险? 141
80. 公司不给员工缴纳社会保险费,发生工伤事故怎么办? 143
81. 公司不为员工缴纳社会保险费,患病员工可以要求公司支付医疗费吗? 145
82. 公司可以只为员工缴纳工伤保险费吗? 147
83. 公司瞒报工伤事故,有什么风险? 149
84. 交通事故造成工伤,肇事者赔偿后,公司还要赔偿吗? 151
85. 员工在外租房不住宿舍,下班期间被车撞伤,构成工伤吗? 153
86. 公司可解聘工伤职工吗? 154
87. 公司可解聘患职业病的员工吗? 157
88. 在存在职业病危害的岗位工作的员工离职时不进行健康检查,有什么风险? 159
89. 公司与员工签订的工伤赔偿协议有效吗? 160
90. 公司可随意辞退试用期员工吗? 162
91. 公司可随意退回劳务派遣员工吗? 164
92. 劳务派遣的员工上班因病死亡,用工单位要承担责任吗? 167
93. "假外包、真派遣"的工伤责任由谁承担? 169
94. 员工非因工死亡,公司要承担死亡赔偿责任吗? 171
95. 公司雇用未成年人有什么风险? 172
96. 在校学生实习期间受伤,公司要担责吗? 176
97. 公司可随意调动员工的岗位吗? 178
98. 公司不与员工续签劳动合同,需要支付经济补偿金吗? 180
99. 公司因经营困难裁员,需要支付经济补偿金吗? 182
100. 员工给公司造成损失的,公司可以要求员工赔偿损失吗? 184
101. 公司可以单方解除竞业限制协议吗? 186
102. 公司安排补休,还需支付法定节日的加班费吗? 188
103. 不按最低工资标准发放工资,有什么后果? 190
104. 员工接受专业技术培训后提前离职,公司可主张违约金吗? 192
105. 公司随意开除员工,要支付赔偿金吗? 194
106. 员工上班时间从事兼职工作,公司可以解聘吗? 196
107. 公司没有给员工缴纳社会保险费,员工可以随时解除合同吗? 198
108. 公司可以辞退患病的员工吗? 201
109. 公司不出具离职证明导致员工无法领取失业保险金,有什么风险? 204

第五章 知识产权法律风险　　207

110. 生产假冒注册商标的产品有什么后果？　　207
111. 正在申请注册的商标可以加注®吗？　　209
112. 公司字号被他人抢注商标，怎么办？　　211
113. 注册商标未续展而被抢注，怎么办？　　212
114. 将知名商标文字注册为公司字号，合法吗？　　214
115. 注册商标随意使用字体，有什么风险？　　216
116. 注册商标连续3年不使用，会被撤销吗？　　218
117. 代工公司受托生产的产品侵犯他人的商标权，责任由谁承担？　　220
118. 商标许可使用合同不备案，有什么风险？　　222
119. 生产假冒专利的产品，要承担刑事责任吗？　　223
120. 公司对假冒专利产品进行宣传，将面临什么法律责任？　　225
121. 已申请但尚未被授权的专利，受法律保护吗？　　227
122. 公司将技术公开后，还能申请专利吗？　　230
123. 委托开发合同未约定专利申请权归属，怎么办？　　231
124. 员工离职后完成的发明创造，属于职务发明吗？　　232
125. 对失效专利的使用，有什么风险？　　234
126. 尚在申请中的专利，可以转让吗？　　236
127. 专利权终止后继续标注专利标识，合法吗？　　237
128. 受让侵犯他人技术成果的技术，受让公司如何维权？　　239
129. 网上随意下载图片制作宣传画册，有风险吗？　　240
130. 在微信公众号随意转载他人文章，有什么风险？　　242
131. 员工在职期间完成的作品，著作权归谁所有？　　243
132. 通过反向工程获得的技术，可以使用吗？　　245
133. 员工离职后"挖走"公司的重要客户，怎么办？　　247

第六章 采购销售法律风险　　250

134. 采购的产品与样品不一致，怎么办？　　250
135. 采购货物在运输途中毁损，责任由谁承担？　　252
136. 合同签订后，卖方可以原材料涨价为由涨价吗？　　253
137. 采购合同可约定交易价格为"市场价"吗？　　255
138. 不按时提货导致采购物毁损，责任由谁承担？　　257
139. 已过质量检验期，可以要求换货吗？　　258
140. 采购合同中约定货物验收单上签字即视为验收合格的条款有效吗？　　260

141. 供应商无法按期交货,怎么办? 262
142. 供应商已申请破产但仍以原公司名义签订合同骗取预付款,怎么办? 266
143. 供应商要求将货款打到采购合同记载账号以外的账号,有什么风险? 268
144. 验货时发现货物存在质量问题,但送货人不是合同授权代表人,其出具的质量情况说明对供货方能否发生法律效力? 269
145. 送货单可以证明买卖合同关系成立吗? 272
146. 客户经营状况严重恶化,可以停止供货吗? 273
147. 客户要求先开收据再付款,有什么风险? 275
148. 找追债公司收取应收账款,有什么风险? 276

第七章 产品质量法律风险 279

149. 没有在产品包装上张贴产品标识,有什么风险? 279
150. 伪造产品认证标志,有什么后果? 281
151. 产品"三包"期满后出现质量问题,生产商要担责吗? 284
152. 产品配件出现质量问题,生产商被索赔的,怎么办? 286
153. 不按国家强制性标准进行生产,有什么后果? 289
154. 产品因质量问题致人死亡,责任由谁承担? 291

第八章 财税账款法律风险 293

155. 公司虚减收入、虚增成本,有什么风险? 293
156. 先开发票、对方后付款,有什么风险? 297
157. 将发票开给非买家的第三方,合法吗? 298
158. 公司利用"两套账"逃税,有什么后果? 302
159. 通过"阴阳合同"逃税,有什么后果? 306
160. 公司转移财产对抗税款追缴,有什么后果? 308
161. 公司购买增值税专用发票抵税,有什么后果? 310
162. 虚开增值税专用发票骗取国家出口退税,有什么后果? 314
163. 公司为应付税务核查而销毁内账资料,有什么后果? 318
164. 公司可以追讨债务人的应收账款吗? 320
165. 债务人无偿转让财产给公司造成损害的,怎么办? 322
166. 公司转让债务需要经债权人同意吗? 325
167. 公司财务人员因疏忽将钱转到他人银行账号,怎么办? 326
168. 分公司欠债,总公司要承担责任吗? 328

第九章　政府监管法律风险　　330

- 169. 找没有获得许可证的公司做代理商,有什么风险?　　330
- 170. 许可证过期继续生产经营的公司要承担什么法律责任?　　332
- 171. 公司违法排放污染物,会受到什么行政处罚?　　334
- 172. 未经"环评"即开工建设,有什么后果?　　336
- 173. 公司违章搭建,要受到什么处罚?　　337
- 174. 公司消防设施不符合国家标准,会受到什么处罚?　　338
- 175. 发布医疗器械广告,需要经监管部门批准吗?　　340
- 176. 广告宣传语可用"第一品牌"的字眼吗?　　342
- 177. 公司进行虚假宣传,要受什么处罚?　　343
- 178. 销售无中文标签的进口预包装食品,有什么风险?　　347

第十章　融资法律风险　　352

- 179. 公司之间的借贷行为合法吗?　　352
- 180. 公司之间相互担保,有什么风险?　　354
- 181. 公司向员工集资,合法吗?　　356
- 182. 公司将贷款资金转贷他人赚取利息差,合法吗?　　358
- 183. 公司擅自改变贷款用途,要承担什么责任?　　361
- 184. 公司因资金周转需要使用"过桥"资金,有什么风险?　　363
- 185. 公司可通过融资租赁的方式购置贵重设备吗?　　365
- 186. 法定代表人以个人名义借款用于公司经营,公司要承担还款责任吗?　　367
- 187. 公司向社会不特定的人筹资,有什么风险?　　369
- 188. 公司提供虚假文件向银行申请贷款,有什么风险?　　371
- 189. 公司借了民间高利贷,可以不还吗?　　373
- 190. 出借人预先在本金中扣除借款利息,如何还款?　　374
- 191. 公司会被法院列为失信被执行人吗?　　376
- 192. 股东与投资人签订对赌协议,有什么风险?　　378
- 193. 借款合同没有约定利息,出借人可要求公司支付利息吗?　　380

第十一章　担保法律风险　　383

- 194. 未经股东会决议,公司的对外担保有效吗?　　383
- 195. 公司股东未经股东会决议同意,让公司为自己的借款提供担保,担保合同有效吗?　　385
- 196. 分公司未经授权提供的担保有效吗?　　387

197. 股东为公司担保,其配偶要承担连带清偿责任吗? 389
198. 公司的同一抵押物能否进行二次抵押? 391
199. 抵押期间,公司可转让抵押物吗? 393
200. 财务人员擅自使用财务印章对外提供担保,公司要担责吗? 395
201. 主合同无效,公司还要承担担保责任吗? 397
202. 公司用于担保的财产毁损,所得保险金归谁所有? 399
203. 只签订抵押合同但没有办理抵押登记,抵押权人能取得抵押权吗? 401
204. 仅签订质押合同而未实际占有质押物,能取得质权吗? 403

第十二章 刑事法律风险 405

205. 通过给"好处费"获取业务,有什么风险? 405
206. 公司老板强迫员工加班,要承担刑事责任吗? 406
207. 发布虚假广告,构成犯罪吗? 408
208. 串通投标获取业务,有什么后果? 410
209. 在农用地上建设厂房,有什么风险? 412
210. 公司非法处置危险废物,要承担刑事责任吗? 414
211. 恶意损害竞争对手的名誉,有什么风险? 418
212. 购买公民个人信息用于营销推广,有什么风险? 419
213. 老板挪用公司资金私用,构成犯罪吗? 423
214. 利用竞争对手的员工获取商业秘密,构成犯罪吗? 426
215. 为拒不支付劳动报酬而转移财产,构成犯罪吗? 429
216. 公司拒不执行法院判决,构成犯罪吗? 431
217. 虚高债权金额起诉,构成虚假诉讼罪吗? 434

第十三章 解散清算法律风险 439

218. 经营陷入僵局,股东可请求法院解散公司吗? 439
219. 公司在破产前6个月内清偿个别债务,有效吗? 441
220. 破产公司在法院受理破产申请前的1年之内不合理地处分财产,破产管理人可以主张撤销吗? 442
221. 股东使用虚假的清算报告注销公司,是否应承担民事赔偿责任? 443
222. 公司结业后不办理清算与注销手续,有什么后果? 446
223. 公司经营者不配合法院进行破产清算,要承担什么责任? 448
224. 清算组未尽告知义务导致债权人利益受损,责任由谁承担? 450
225. 诉讼过程中恶意注销公司,股东要承担还款责任吗? 451

226. 公司为逃避债务而申请虚假破产,要承担刑事责任吗? 453
227. 高管在公司破产前给自己发放高额年终奖,合法吗? 454
228. 主债务未到期,但保证人被裁定进入破产程序,债权人如何救济? 456

第一章

公司设立法律风险

1. 任性认缴注册资金,有什么风险?

【情景案例】

李某与王某拟成立一间贸易公司,两人关于如何确定公司的注册资本发生争议。李某认为,现在公司注册资本已由实缴制改为认缴制,可将注册资本设为1000万元,以增强公司实力。王某认为,虽然注册资本可以认缴,但股东要以认缴的出资额对公司债务承担责任,1000万元的注册资本风险太大,如果创业失败,自己的房屋可能都要拿来抵债,故建议量力而行,将注册资本设为50万元。

请问:王某的说法符合我国法律规定吗?

【案例分析】

本案涉及的是注册资本认缴制下,当公司财产不足以清偿债务时,股东的法律责任问题。

我国《公司法》第四十七条第一款规定,"有限责任公司的注册资本为在公司登记机关登记的全体股东认缴的出资额。全体股东认缴的出资额由股东按照公司章程的规定自公司成立之日起五年内缴足"。第四十九条第一款、第三款规定,股东应当按期足额缴纳公司章程规定的各自所认缴的出资额。股东未按期足额缴纳出资的,除应当向公司足额缴纳外,还应当对给公司造成的损失承担赔偿责任。第五十四条规定,公司不能清偿到期债务的,公司或者已到期债权的债权人有权要求已认缴出资但未届出资期限的股东提前缴纳出资。根据《最高人民法院关于适用〈中华人民共和国公司法〉若干问题的规定(二)》第二十二条的规定,公司解散时,如公司财产不足以清偿债务,债权人可以主张未缴出资股东以及公司设立时的其他股东或者发起人在未缴出资范围内对公司债务承担连带清偿责任。《企业破产法》第三十五条规定,人民法院受理破产申请后,债务人的出资人尚未完全履行出资义务的,管理人应当要求该出资人缴纳所认缴的出资,而不受出资期限的限制。

在注册资本认缴制下,任性认缴注册资本,涉及了对内及对外两方面的问题。就对内而言,当认缴资本到期而股东没有按期足额缴纳时,未按期足额缴纳出资额的股东除足额缴纳外,还应当对给公司造成的损失承担赔偿责任;就对外而言,若公司解散,债权人可以要求未缴出资股东承担连带清偿责任;公司资不抵债破产之后,股东认缴的资本相当于加速到期,股东对其认缴的资本有缴纳的义务,股东也需以其认缴的出资额为限对外承担责任。

本案中,如王某所言,设定过高的注册资本,一旦创业失败公司解散,如公司不能清偿到期债务,已到期债权的债权人有权要求已认缴出资但未届出资期限的股东提前缴纳出资。换言之,债权人可要求未缴出资股东在未缴出资的范围内对公司债务承担连带清偿责任。

【风险防范建议】

不管是实缴制注册资本,还是认缴制注册资本,股东始终要对公司出资,而这种出资本质上就是股东对公司负债。注册资本认缴制并不意味着不用缴纳注册资本,只是延缓了注册资本的缴纳。

虽然注册资本的大小一定程度上反映了公司的资金实力,且在一定程度上也影响公司的经营,如某些招投标项目可能对竞标公司的注册资本有一定的要求。但是,注册资本的大小也侧面反映了股东责任及风险的大小。设定"天价"注册资本,当公司资不抵债而破产时,已认缴出资但未届出资期限的股东也可能要承担对应的"天价"责任。因此,设定注册资本要量力而行、权衡利弊,根据公司所在行业的特殊性、股东的承受能力等情况,合理设定注册资本。更何况,2023 年修订的《公司法》规定了出资额缴足期限,更应合理认缴出资。

【法条链接】

《公司法》第三条 公司是公司法人,有独立的法人财产,享有法人财产权。公司以其全部财产对公司的债务承担责任。

公司的合法权益受法律保护,不受侵犯。

第四条 有限责任公司的股东以其认缴的出资额为限对公司承担责任;股份有限公司的股东以其认购的股份为限对公司承担责任。

公司股东对公司依法享有资产收益、参与重大决策和选择管理者等权利。

第四十七条 有限责任公司的注册资本为在公司登记机关登记的全体股东认缴的出资额。全体股东认缴的出资额由股东按照公司章程的规定自公司成立之日起五年内缴足。

法律、行政法规以及国务院决定对有限责任公司注册资本实缴、注册资本最低限额、股东出资期限另有规定的,从其规定。

第四十九条 股东应当按期足额缴纳公司章程规定的各自所认缴的出资额。

股东以货币出资的,应当将货币出资足额存入有限责任公司在银行开设的账户;以非货币财产出资的,应当依法办理其财产权的转移手续。

股东未按期足额缴纳出资的,除应当向公司足额缴纳外,还应当对给公司造成的损失承担赔偿责任。

第五十四条 公司不能清偿到期债务的,公司或者已到期债权的债权人有权要求已认缴出资但未届出资期限的股东提前缴纳出资。

《最高人民法院关于适用〈中华人民共和国公司法〉若干问题的规定(二)》**第二十二条** 公司解散时,股东尚未缴纳的出资均应作为清算财产。股东尚未缴纳的出资,包括到期应缴未缴的出资,以及依照公司法第二十六条和第八十条的规定分期缴纳尚未届满缴纳期限的出资。

公司财产不足以清偿债务时,债权人主张未缴出资股东,以及公司设立时的其他股东或者发起人在未缴出资范围内对公司债务承担连带清偿责任的,人民法院应依法予以支持。

《企业破产法》**第三十五条** 人民法院受理破产申请后,债务人的出资人尚未完全履行出资义务的,管理人应当要求该出资人缴纳所认缴的出资,而不受出资期限的限制。

2. 设立有限公司可以用厂房出资吗?

【情景案例】

张某拟创办一间家具厂,但由于资金不够,故邀请大学同学刘某与陈某投资入股。刘某表示愿意投资200万元;陈某表示自己没有钱投资,但有一间5000平方米的厂房未出租,可以用来入股。张某与刘某对陈某用厂房出资没有异议,但不知道法律是否允许。

请问:陈某可以用厂房入股吗?

【案例分析】

本案涉及的是有限责任公司股东能否用厂房该类非货币财产出资的问题。

我国《公司法》第四十八条规定,股东可以用货币出资,也可以用实物、知识产权、土地使用权、股权、债权等可以货币估价并可以依法转让的非货币财产作价出资;但是,法律、行政法规规定不得作为出资的财产除外。对作为出资的非货币财产应当评估作价，核实财产，不得高估或者低估作价。法律、行政法规对评估作价有规定的，从其规定。《市场主体登记管理条例》第十三条第二款规定，出资方式应当符合法律、行政法规的规定。公司股东、非公司企业法人出资人、农民专业合作社（联合社）成员不得以劳务、信用、自然人姓名、商誉、特许经营权或者设定担保的财产等作价出资。

本案中，陈某以自有的厂房出资符合《公司法》规定的出资形式，陈某可以用厂房入股。但在实践中，股东用厂房等非货币财产出资的，应当履行必要的评估、验资程序，以避免出资作价价值和实际价值不符的风险。此外，股东以厂房该类非货币财产出资的，不仅应当将厂房交付给公司使用，还应当完成权属变更手续，这样才能认定股东完成出资义务。

【风险防范建议】

非货币财产出资比货币出资更为灵活，也可能更便于公司经营，但由于非货币财产权利状态、价值等存在不确定性，实践中经常出现出资不实、虚假出资等情况，进而引发大量的纠纷。因此，股东以非货币财产出资的，应重点注意以下几个方面：

（1）出资方式必须符合法律规定。

我国《公司法》规定，股东可以用货币出资，也可以用实物、知识产权、土地使用权、股权、债权等非货币财产出资，但以非货币财产出资的须同时满足以下三个条件：①可以用货币估价；②可以依法转让；③不属于劳务、信用、自然人姓名、商誉、特许经营权等法律、行政法规规定不得作为出资的财产。

（2）资产权属明晰且无瑕疵。

股东对用于出资的非货币财产应当享有完整的处分权，该非货币财产权属明晰且没有瑕疵。若以他人财产出资，或者以设定权利负担的资产出资等都会构成股东的出资瑕疵。

（3）履行必要的评估、验资等程序。

股东用于出资的非货币财产如未经专业机构如实评估，存在出资作价价值和实际价值不符的风险，进而引发出资瑕疵问题。因此，对作为出资的非货币财产应当评估作价，核实财产，并且不得高估或者低估作价。

（4）及时办理非货币财产的转移、过户手续。

股东以非货币财产出资的，应当依法办理财产权的转移手续。以车辆、设备、原材料等动产出资的，以交付公司使用认定股东完成出资义务；以房屋、土地使用权或者需要办理权属登记的知识产权等财产出资的，需同时满足交付和完成权属变更手续，才能认定股东完成出资义务。

【法条链接】

　　《公司法》第四十八条　股东可以用货币出资,也可以用实物、知识产权、土地使用权、股权、债权等可以用货币估价并可以依法转让的非货币财产作价出资;但是,法律、行政法规规定不得作为出资的财产除外。

　　对作为出资的非货币财产应当评估作价,核实财产,不得高估或者低估作价。法律、行政法规对评估作价有规定的,从其规定。

　　第四十九条　股东应当按期足额缴纳公司章程规定的各自所认缴的出资额。

　　股东以货币出资的,应当将货币出资足额存入有限责任公司在银行开设的账户;以非货币财产出资的,应当依法办理其财产权的转移手续。

　　股东未按期足额缴纳出资的,除应当向公司足额缴纳外,还应当对给公司造成的损失承担赔偿责任。

　　第五十条　有限责任公司设立时,股东未按照公司章程规定实际缴纳出资,或者实际出资的非货币财产的实际价额显著低于所认缴的出资额的,设立时的其他股东与该股东在出资不足的范围内承担连带责任。

　　第五十二条　股东未按照公司章程规定的出资日期缴纳出资,公司依照前条第一款规定发出书面催缴书催缴出资的,可以载明缴纳出资的宽限期;宽限期自公司发出催缴书之日起,不得少于六十日。宽限期届满,股东仍未履行出资义务的,公司经董事会决议可以向该股东发出失权通知,通知应当以书面形式发出。自通知发出之日起,该股东丧失其未缴纳出资的股权。

　　依照前款规定丧失的股权应当依法转让,或者相应减少注册资本并注销该股权;六个月内未转让或者注销的,由公司其他股东按照其出资比例足额缴纳相应出资。

　　股东对失权有异议的,应当自接到失权通知之日起三十日内,向人民法院提起诉讼。

　　第二百五十二条　公司的发起人、股东虚假出资,未交付或者未按期交付作为出资的货币或者非货币财产的,由公司登记机关责令改正,可以处以五万元以上二十万元以下的罚款;情节严重的,处以虚假出资或者未出资金额百分之五以上百分之十五以下的罚款;对直接负责的主管人员和其他直接责任人员处以一万元以上十万元以下的罚款。

　　《最高人民法院关于适用〈中华人民共和国公司法〉若干问题的规定(三)》第七条第一款　出资人以不享有处分权的财产出资,当事人之间对于出资行为效力产生争议的,人民法院可以参照民法典第三百一十一条的规定予以认定。

　　第九条　出资人以非货币财产出资,未依法评估作价,公司、其他股东或者公司债权人请求认定出资人未履行出资义务的,人民法院应当委托具有合法资格的评估机构对该财产评估作价。评估确定的价额显著低于公司章程所定价额的,人民法院应当认定出资人未依法全面履行出资义务。

第十条 出资人以房屋、土地使用权或者需要办理权属登记的知识产权等财产出资,已经交付公司使用但未办理权属变更手续,公司、其他股东或者公司债权人主张认定出资人未履行出资义务的,人民法院应当责令当事人在指定的合理期间内办理权属变更手续;在前述期间内办理了权属变更手续的,人民法院应当认定其已经履行了出资义务;出资人主张自其实际交付财产给公司使用时享有相应股东权利的,人民法院应予支持。

出资人以前款规定的财产出资,已经办理权属变更手续但未交付给公司使用,公司或者其他股东主张其向公司交付、并在实际交付之前不享有相应股东权利的,人民法院应予支持。

第十五条 出资人以符合法定条件的非货币财产出资后,因市场变化或者其他客观因素导致出资财产贬值,公司、其他股东或者公司债权人请求该出资人承担补足出资责任的,人民法院不予支持。但是,当事人另有约定的除外。

《市场主体登记管理条例》第十三条第二款 出资方式应当符合法律、行政法规的规定。公司股东、非公司企业法人出资人、农民专业合作社(联合社)成员不得以劳务、信用、自然人姓名、商誉、特许经营权或者设定担保的财产等作价出资。

3.以违法犯罪所得出资,如何处置相应股权?

【情景案例】

甲公司由陈某与杨某等人共同创办,成立于2021年5月。公司章程载明,公司由陈某、杨某等10名股东共同出资成立,注册资金为500万元,其中杨某出资100万元,占注册资本的20%。2024年7月,某市人民法院对杨某诈骗罪一案作出刑事判决。该刑事判决书认定,杨某对甲公司实缴出资的100万元货币属于其诈骗犯罪的违法所得。

请问:杨某所持甲公司的20%股权应当如何处置?

【案例分析】

本案涉及的是以违法犯罪所得出资的法律后果问题。

我国《民法典》第八条规定,民事主体从事民事活动,不得违反法律,不得违背公序良俗。《公司法》第十九条规定,公司从事经营活动,应当遵守法律法规,遵守社会公德、商业道德,诚实守信,接受政府和社会公众的监督。根据《最高人民法院关于适用〈中华人民共和国公司法〉若干问题的规定(三)》第七条第二款的规定,以贪污、受贿、侵占、挪用等违法犯罪所得的货币出资后取得股权的,对违法犯罪行为予以追究、处罚时,应当采取拍卖或者变卖的方式处置其股权。由此可见,用于出资的财产,必须是合法所得,不得违反法律,不得违背公序良俗。

本案中,杨某用诈骗犯罪的违法所得向甲公司出资,其取得的甲公司股权依法应当予以追缴。司法实践中,某市人民法院对杨某诈骗罪案作出刑事判决定罪量刑时,一般同时追缴其违法所得。而法院在执行该判决时,一般会采取拍卖或变卖的方式处置杨某的股权,而非直接追缴其出资。

【风险防范建议】

作为一个民事主体,要遵守法律、恪守道德;用于投资的财产必须是合法所得。以违法犯罪所得出资开办公司,并不能使得违法所得合法化。一旦犯罪行为被认定,法院将对违法所得予以追缴或者对所取得股权予以没收。

同时,创业者一定要谨慎选择投资人,对于不熟悉的投资人,合作之前可以要求其提供资产证明、出具资产合法的保证书等行为保证出资财产的合法性。对于明知对方投资的资金是违法所得,仍配合接受其投资的,有关人员将可能因洗钱罪、掩饰隐瞒犯罪所得、犯罪所得收益罪等罪名被追究刑事责任。

【法条链接】

《民法典》第八条　民事主体从事民事活动,不得违反法律,不得违背公序良俗。

《公司法》第十九条　公司从事经营活动,应当遵守法律法规,遵守社会公德、商业道德,诚实守信,接受政府和社会公众的监督。

《最高人民法院关于适用〈中华人民共和国公司法〉若干问题的规定(三)》第七条　出资人以不享有处分权的财产出资,当事人之间对于出资行为效力产生争议的,人民法院可以参照民法典第三百一十一条的规定予以认定。

以贪污、受贿、侵占、挪用等违法犯罪所得的货币出资后取得股权的,对违法犯罪行为予以追究、处罚时,应当采取拍卖或者变卖的方式处置其股权。

《刑法》第六十四条　犯罪分子违法所得的一切财物,应当予以追缴或者责令退赔;对被害人的合法财产,应当及时返还;违禁品和供犯罪所用的本人财物,应当予以没收。没收的财物和罚金,一律上缴国库,不得挪用和自行处理。

4. 让他人代持股权,有什么风险?

【情景案例】

2023年1月,甲和乙签署一份《股权代持协议》,约定:由实际出资人甲委托名义股东乙，与丙共同投资设立A公司，实际出资及股东的权利和责任由甲承担和享有，与乙无关。2023年4月，乙和丙签署了成立A公司的投资协议，乙实际出资150万元，持75%股权；丙实际出资50万元，持25%股权。2024年7月，乙为还高利贷私自将A公司25%的股权以80万元转让给丁，并办理了股权转让登记。甲得知后表示强烈抗议，并诉至法院主张乙与丁之间的股权交易行为无效。经法院查明，丁对于甲与乙之间存在《股权代持协议》不知情，且80万元的股权转让价款是符合当时A公司股权价值的合理价格。

请问：乙与丁的股权交易行为有效吗？

【案例分析】

本案涉及的是名义股东没有经过实际出资人的许可，擅自处分登记在其名下的股权的效力问题。

根据《最高人民法院关于适用〈中华人民共和国公司法〉若干问题的规定（三）》第二十四条、第二十五条的规定，实际出资人与名义股东签订的代持股协议，只要没有法律规定的无效情形，代持股协议是有效的。而名义股东未经实际出资人同意擅自转让登记于其名下的股权，请求认定处分股权行为无效的，人民法院可以参照民法典第三百一十一条的规定处理。根据《民法典》第三百一十一条的规定，除法律另有规定外，受让人受让该不动产或者动产时是善意且系以合理价格转让的、按照法律规定应当登记的已经登记、不需要登记的已经交付给受让人的，受让人取得该不动产或者动产的所有权。

本案中，甲、乙经平等协议自愿签订《股权代持协议》，且没有法律规定的无效情形，《股权代持协议》是有效的。而乙基于不正当目的，为还高利贷，在未经甲同意的情况下擅自转让了其代持的甲的股权，属于无权处分的行为，甲有权追回。但本案中，丁受让该股权时并不知道乙系名义股东，且系以合理价格受让股权，在丁已经办理了股权登记的情况下，乙和丁的股权交易行为有效，丁可以适用善意取得制度，取得A公司25%股权。乙擅自处分股权造成甲的损失，甲可将乙单独诉至法院，要求乙承担赔偿责任。

【风险防范建议】

近几年，显名股东和隐名股东之间的纠纷频频发生。由于法律规定未经公司其他股东半数以上同意，隐名股东请求公司变更股东、签发出资证明书、记载于股东名册、记载于公司章程并办理公司登记机关登记的，人民法院不予支持。因此对隐名股东即实际出资人来说，存在登记成为名义股东受限制、股东资格被否定、实际出资人权益被名义股东恶意侵害等风险。故作为隐名股东可考虑采用以下方式防范风险：

（1）完善详尽约定双方之间的代持股协议。特别是约定显名股东在公司中行使股东权利时，对于股东会表决事项中超过一定限额金额的投资、对外提供借款、担保等行为，以及行使股东的分红权等事项均需取得隐名股东的书面同意。

（2）公司设立之后，可要求以显名股东为担保人，隐名股东为担保权人，将显名股东所持有的公司股权为隐名股东作担保。这样一方面可以防止显名股东将股权用于其他的担保或者转让；另一方面，即使在显名股东处置了其公司股权，隐名股东作为担保权人可具有优先权。

（3）隐名股东要妥善保存实际缴纳公司注册资本的证据，便于向公司主张确认股东资格。

【法条链接】

《最高人民法院关于适用〈中华人民共和国公司法〉若干问题的规定（三）》第二十四条　有限责任公司的实际出资人与名义出资人订立合同，约定由实际出资人出资并享有投资权益，以名义出资人为名义股东，实际出资人与名义股东对该合同效力发生争议的，如无法律规定的无效情形，人民法院应当认定该合同有效。

前款规定的实际出资人与名义股东因投资权益的归属发生争议，实际出资人以其实际履行了出资义务为由向名义股东主张权利的，人民法院应予支持。名义股东以公司股东名册记载、公司登记机关登记为由否认实际出资人权利的，人民法院不予支持。

实际出资人未经公司其他股东半数以上同意，请求公司变更股东、签发出资证明书、记载于股东名册、记载于公司章程并办理公司登记机关登记的，人民法院不予支持。

第二十五条　名义股东将登记于其名下的股权转让、质押或者以其他方式处分，实际出资人以其对于股权享有实际权利为由，请求认定处分股权行为无效的，人民法院可以参照民法典第三百一十一条的规定处理。

名义股东处分股权造成实际出资人损失，实际出资人请求名义股东承担赔偿责任的，人民法院应予支持。

《民法典》第三百一十一条　无处分权人将不动产或者动产转让给受让人的，所有权人有权追回；除法律另有规定外，符合下列情形的，受让人取得该不动产或者动产的所有权：

（一）受让人受让该不动产或者动产时是善意；

（二）以合理的价格转让；

（三）转让的不动产或者动产依照法律规定应当登记的已经登记，不需要登记的已经交付给受让人。

受让人依据前款规定取得不动产或者动产的所有权的，原所有权人有权向无处分权人请求损害赔偿。

当事人善意取得其他物权的,参照适用前两款规定。

5. 股权架构设计不合理,有什么风险?

【情景案例】

甲、乙、丙共同成立 A 有限责任公司,注册资本 1000 万元,甲出资 480 万元占股 48%,乙出资 470 万元占股 47%,丙出资 50 万元占股 5%。甲担任公司董事长、乙担任公司总经理、丙为公司技术总监。2024 年 7 月,甲拟以 A 公司名义,使用 A 公司财产投资 200 万元入股 B 公司,但遭到乙、丙的反对。甲认为,A 公司章程没有限制对外投资,其是公司大股东说了算,乙、丙反对无效。

请问:甲的说法符合我国法律规定吗?

【案例分析】

本案是关于有限责任公司大股东对公司是否有绝对控制权的问题。

根据《公司法》第十四条、第十五条、第六十五条、第六十六条的规定,公司可以向其他公司投资,法律规定公司不得成为对所投资公司的债务承担连带责任的出资人的,从其规定。股东会会议由股东按照出资比例行使表决权,公司章程另有规定的除外。如公司章程对此有规定的,则依章程规定的董事会或者股东会表决;章程没有规定的,一般由股东会表决,由出席会议的股东所表决权的过半数通过。

本案中,A 公司章程中没有限制对外投资事项,按照法律规定,A 公司可以对外投资,但应当召开股东会进行表决。甲拟以 A 公司名义投资入股 B 公司,乙、丙表示反对,乙持股比例为 47%,丙持股比例为 5%,乙、丙合并占股 52%,而甲在 A 公司的持股比例仅为 48%,因此在召开股东会对该事项投票表决时,将可能因乙、丙反对而导致该项表决不能过半数通过。因此,甲的说法并不符合法律规定。

【风险防范建议】

为规避股权架构设计不合理导致的公司决策风险,建议如下:

(1)合理分配股权。大股东持有的股权比例设置为超过 50%。根据我国法律规定,在公司章程没有特别规定的情况下,股东会决议涉及修改公司章程、增加或者减少注册资本的决议,以及公司合并、分立、解散或者变更公司形式的决议,需经代表 2/3 以上表决权的股东通过;其他的股东会决议,一般仅需过半数通过。因此,大股东持股比例超过 50%,可以保障公司在日常经营中能高效形成有效决议。

(2)章程规定要详尽。章程被称为公司的"宪法",在公司股东会决议及经营中起到的作用非常大。章程对于股东会召开的程序、表决方式都可以有特别的规定,还可以规定大股东享有一票否决权。

【法条链接】

《公司法》第十四条 公司可以向其他公司投资。

法律规定公司不得成为对所投资公司的债务承担连带责任的出资人的,从其规定。

第十五条 公司向其他公司投资或者为他人提供担保,按照公司章程的规定,由董事会或者股东会决议;公司章程对投资或者担保的总额及单项投资或者担保的数额有限额规定的,不得超过规定的限额。

公司为公司股东或者实际控制人提供担保的,应当经股东会决议。

前款规定的股东或者受前款规定的实际控制人支配的股东,不得参加前款规定事项的表决。该项表决由出席会议的其他股东所持表决权的过半数通过。

第五十九条 股东会行使下列职权:

(一)选举和更换董事、监事,决定有关董事、监事的报酬事项;

(二)审议批准董事会的报告;

(三)审议批准监事会的报告;

(四)审议批准公司的利润分配方案和弥补亏损方案;

(五)对公司增加或者减少注册资本作出决议;

(六)对发行公司债券作出决议;

(七)对公司合并、分立、解散、清算或者变更公司形式作出决议;

(八)修改公司章程;

(九)公司章程规定的其他职权。

股东会可以授权董事会对发行公司债券作出决议。

对本条第一款所列事项股东以书面形式一致表示同意的,可以不召开股东会会议,直接作出决定,并由全体股东在决定文件上签名或者盖章。

第六十五条 股东会会议由股东按照出资比例行使表决权;但是,公司章程另有规定的除外。

第六十六条 股东会的议事方式和表决程序,除本法有规定的外,由公司章程规定。

股东会作出决议,应当经代表过半数表决权的股东通过。

股东会作出修改公司章程、增加或者减少注册资本的决议,以及公司合并、分立、解散或者变更公司形式的决议,应当经代表三分之二以上表决权的股东通过。

6. 股东可以人力资本出资吗?

【情景案例】

周某与吴某拟成立一家装修公司。经商量,周某以货币160万元出资,占公司80%的股权;吴某由于没有资金,故以管理技术入股,占公司20%的股权。在办理公司登记手续时,吴某担心不出资获得的股权不受法律保护,故十分犹豫。

请问:吴某以管理技术出资合法吗?

【案例分析】

本案涉及的是以管理技术出资是否符合法律规定的问题。

我国《公司法》第四十八条第一款规定,股东可以用货币出资,也可以用实物、知识产权、土地使用权、股权、债权等可以用货币估价并可以依法转让的非货币财产作价出资;但是,法律、行政法规规定不得作为出资的财产除外。《市场主体登记管理条例》第十三条第二款规定,出资方式应当符合法律、行政法规的规定。公司股东、非公司企业法人出资人、农民专业合作社(联合社)成员不得以劳务、信用、自然人姓名、商誉、特许经营权或者设定担保的财产等作价出资。

本案中,吴某以管理技术入股,管理技术无法用货币进行估价,且管理技术具有人身属性,不能进行转让,因此不属于法律规定可以出资的范畴。另外,管理技术实际上也是需要通过人的劳务去实施的,根据《市场主体登记管理条例》第十三条的规定,公司股东不得以劳务作价出资。因此,吴某以管理技术出资不符合法律规定。

【风险防范建议】

随着社会的变化及经济的发展,出资方式越来越多样化。货币、知识产权、土地使用权,乃至股权、债权等均为法律规定的可以用于出资的财产。在确定股东的出资方式上,要注意以下几点:

(1)劳务、信用、自然人姓名、商誉、特许经营权或者设定担保的财产属于法律规定的不得作为出资的财产。

(2)尽可能采用货币出资的方式。货币出资不涉及作价评估的问题及溢价问题,且公司可以直接使用货币资金进行日常运营。货币出资的方式方便快捷。

(3)以实物、知识产权、土地使用权、股权、债权等非货币财产出资的,必须同时满足两个条件:一是可以用货币估价,二是可以依法转让。

【法条链接】

《公司法》第四十八条 股东可以用货币出资,也可以用实物、知识产权、土地使用权、股权、债权等可以用货币估价并可以依法转让的非货币财产作价出资;但是,法律、行政法规规定不得作为出资的财产除外。

对作为出资的非货币财产应当评估作价,核实财产,不得高估或者低估作价。法律、行政法规对评估作价有规定的,从其规定。

《市场主体登记管理条例》第十三条　除法律、行政法规或者国务院决定另有规定外,市场主体的注册资本或者出资额实行认缴登记制,以人民币表示。

出资方式应当符合法律、行政法规的规定。公司股东、非公司企业法人出资人、农民专业合作社(联合社)成员不得以劳务、信用、自然人姓名、商誉、特许经营权或者设定担保的财产等作价出资。

7. 可以债权出资吗?

【情景案例】

甲房地产公司成立于1995年,注册资本10亿元,是中国民营公司500强之一。

2024年5月1日,甲房地产公司向乙公司采购100万元钢材,付款日期为2024年8月31日。2024年7月,乙公司拟与王某共同成立丙公司,注册资本500万元,乙公司出资100万元占股20%,王某出资400万元占股80%。乙公司由于资金周转困难,提出以甲房地产公司的100万元债权出资,但遭到王某拒绝。王某认为,债权是不可以出资的,这不符合我国法律规定。

请问:王某的说法符合我国法律规定吗?

【案例分析】

本案涉及的是股东能否以债权出资创办公司的法律问题。

我国《公司法》第四十八条第一款规定,股东可以用货币出资,也可以用实物、知识产权、土地使用权、股权、债权等可以用货币估价并可以依法转让的非货币财产作价出资;但是,法律、行政法规规定不得作为出资的财产除外。

本案中,甲房地产公司欠付乙公司钢材款100万元,付款日期为2024年8月31日,由此可见,乙公司的该笔债权金额确定,债权实现的期限确定,可以作为出资。因此,王某的说法不符合我国法律规定。

【风险防范建议】

债权属于请求权,具有随意性、隐蔽性等特点,债权人不能直接支配作为债权标的物的债务人财产,但可将该等财产或者利益投资于公司而形成公司的法人财产。债权的实现有赖于债务人的履行,如果债务人不履行债务,公司法人财产权便会落

空,从而形成对公司及其他相关当事人的风险。对此,公司接受股东以债权出资时,建议着重注意以下几点问题:

(1)核实债权的真实性。债权不同于物权,物权中的动产以交付、不动产以登记为公示方式。但是债权发生于债权人和债务人之间,相对比较隐蔽。因此存在虚假债权的风险。

(2)债权凭证应当转移给公司,同时公司以书面方式通知债权人。

(3)注意诉讼时效问题。以债权出资后,其产生的法律效果与债权转让相同,公司取得该债权。若公司取得债权后,债务人不按约定履行债务,公司应及时行使诉讼权利,以免超过诉讼时效而丧失胜诉权。

(4)要求以债权出资股东作出承诺,一旦债权在一定期限内无法实现或者因债务人原因导致赖账,以债权出资股东应当在一定期限内补足差额部分。

【法条链接】

《公司法》第四十八条 股东可以用货币出资,也可以用实物、知识产权、土地使用权、股权、债权等可以用货币估价并可以依法转让的非货币财产作价出资;但是,法律、行政法规规定不得作为出资的财产除外。

对作为出资的非货币财产应当评估作价,核实财产,不得高估或者低估作价。法律、行政法规对评估作价有规定的,从其规定。

《最高人民法院关于适用〈中华人民共和国公司法〉若干问题的规定(三)》第十三条 股东未履行或者未全面履行出资义务,公司或者其他股东请求其向公司依法全面履行出资义务的,人民法院应予支持。

公司债权人请求未履行或者未全面履行出资义务的股东在未出资本息范围内对公司债务不能清偿的部分承担补充赔偿责任的,人民法院应予支持;未履行或者未全面履行出资义务的股东已经承担上述责任,其他债权人提出相同请求的,人民法院不予支持。

股东在公司设立时未履行或者未全面履行出资义务,依照本条第一款或者第二款提起诉讼的原告,请求公司的发起人与被告股东承担连带责任的,人民法院应予支持;公司的发起人承担责任后,可以向被告股东追偿。

股东在公司增资时未履行或者未全面履行出资义务,依照本条第一款或者第二款提起诉讼的原告,请求未尽公司法第一百四十七条第一款规定的义务而使出资未缴足的董事、高级管理人员承担相应责任的,人民法院应予支持;董事、高级管理人员承担责任后,可以向被告股东追偿。

《市场主体登记管理条例实施细则》第十三条 申请人申请登记的市场主体注册资本(出资额)应当符合章程或者协议约定。

市场主体注册资本(出资额)以人民币表示。外商投资公司的注册资本(出资额)可以用可自由兑换的货币表示。

依法以境内公司股权或者债权出资的,应当权属清楚、权能完整,依法可以评估、转让,符合公司章程规定。

《民法典》第一百八十八条　向人民法院请求保护民事权利的诉讼时效期间为三年。法律另有规定的,依照其规定。

诉讼时效期间自权利人知道或者应当知道权利受到损害以及义务人之日起计算。法律另有规定的,依照其规定。但是,自权利受到损害之日起超过二十年的,人民法院不予保护,有特殊情况的,人民法院可以根据权利人的申请决定延长。

第一百九十二条　诉讼时效期间届满的,义务人可以提出不履行义务的抗辩。

诉讼时效期间届满后,义务人同意履行的,不得以诉讼时效期间届满为由抗辩;义务人已经自愿履行的,不得请求返还。

8. 股东出资的非货币财产的实际价额显著低于出资额,要承担什么责任?

【情景案例】

陈某与杨某共同成立甲公司,注册资本500万元,陈某以现金出资300万元,占股60%;杨某以10台进口的二手机械设备作价200万元出资,占股40%。陈某得知杨某入股时的二手机械设备市场价值仅为20万元,显著低于出资额,感觉被杨某欺骗了,不知如何是好。

请问:陈某可以要求杨某承担什么法律责任?

【案例分析】

本案是关于公司股东以非货币财产出资时,非货币财产的实际价额显著低于所认缴的出资额时需要承担的法律责任问题。

我国《公司法》第四十九条第一款规定,股东应当按期足额缴纳公司章程规定的各自所认缴的出资额;第三款规定,股东未按期足额缴纳出资的,除应当向公司足额缴纳外,还应当对给公司造成的损失承担赔偿责任。第五十条规定,有限责任公司设立时,股东未按照公司章程规定实际缴纳出资,或者实际出资的非货币财产的实际价额显著低于所认缴的出资额的,设立时的其他股东与该股东在出资不足的范围内承担连带责任。第五十一条第一款规定,有限责任公司成立后,董事会应当对股东的出资情况进行核查,发现股东未按期足额缴纳公司章程规定的出资的,应当由公司向该股东发出书面催缴书,催缴出资。本案中,杨某以10台进口的二手机械设备作价200万元出资,而这10台设备的实际价值仅为20万元,仅为其认缴出资额的1/10,显然属于法律规定的作为出资的非货币财产的实际价额显著低于所认缴的出资额的情形。故陈某可通过公司向杨某催缴出资,要求杨某补足其差额180万元;如因此给公司造成损失,还可进一步要求杨某承担赔偿责任。

【风险防范建议】

根据法律规定,以机械设备这类非货币财产出资时,如不依法进行评估,可能会存在财产价值与实际价值不符的情形,估价可能高于也可能低于其实际价值。而当实物的实际价值低于股东认缴的出资额时,不仅对其他已足额缴纳出资的股东不公平,还严重影响公司的偿债能力,损害公司的财产权益。因此,以实物进行出资,一定要切记在双方达成合作协议前期就进行评估,以评估价格作为各方合作的前提和基础,同时在章程、合作协议中针对该实物出资财产在评估时点至实际办理产权转移手续时的价值变动约定明确的处理方式。

【法条链接】

《公司法》第四十八条 股东可以用货币出资,也可以用实物、知识产权、土地使用权、股权、债权等可以用货币估价并可以依法转让的非货币财产作价出资;但是,法律、行政法规规定不得作为出资的财产除外。

对作为出资的非货币财产应当评估作价,核实财产,不得高估或者低估作价。法律、行政法规对评估作价有规定的,从其规定。

第四十九条 股东应当按期足额缴纳公司章程规定的各自所认缴的出资额。

股东以货币出资的,应当将货币出资足额存入有限责任公司在银行开设的账户;以非货币财产出资的,应当依法办理其财产权的转移手续。

股东未按期足额缴纳出资的,除应当向公司足额缴纳外,还应当对给公司造成的损失承担赔偿责任。

第五十条 有限责任公司设立时,股东未按照公司章程规定实际缴纳出资,或者实际出资的非货币财产的实际价额显著低于所认缴的出资额的,设立时的其他股东与该股东在出资不足的范围内承担连带责任。

第五十一条 有限责任公司成立后,董事会应当对股东的出资情况进行核查,发现股东未按期足额缴纳公司章程规定的出资的,应当由公司向该股东发出书面催缴书,催缴出资。

未及时履行前款规定的义务,给公司造成损失的,负有责任的董事应当承担赔偿责任。

9. 股东不按约定履行出资义务，公司可以解除股东资格吗？

【情景案例】

2024年1月，孙某、胡某与朱某签订《投资合作协议》，约定：三人共同成立甲公司，注册资本1000万元，孙某出资510万元占股51%，公司成立之日起1个月内缴纳；胡某出资390万元占股39%，公司成立之日起1个月内缴纳；朱某出资100万元占股10%，于2024年7月31日前缴纳。2024年2月20日，甲公司成立。2024年3月15日，孙某、胡某均依约足额履行出资义务。2024年8月1日，朱某以资金周转困难为由不出资，故甲公司于2024年8月8日给其发出催告函，要求其于2024年10月15日前出资。催告期满后，朱某仍不出资，故甲公司召开股东会决议解除朱某的股东资格。

请问：甲公司可以解除朱某的股东资格吗？

【案例分析】

本案涉及的是对于未按约定足额缴纳出资的股东，公司可否解除其股东资格的问题。

我国《公司法》第五十一条规定，有限责任公司成立后，董事会应当对股东的出资情况进行核查，发现股东未按期足额缴纳公司章程规定的出资的，应当由公司向该股东发出书面催缴书，催缴出资。未及时履行前款规定的义务，给公司造成损失的，负有责任的董事应当承担赔偿责任。第五十二条规定："股东未按照公司章程规定的出资日期缴纳出资，公司依照前条第一款规定发出书面催缴书催缴出资的，可以载明缴纳出资的宽限期；宽限期自公司发出催缴书之日起，不得少于六十日。宽限期届满，股东仍未履行出资义务的，公司经董事会决议可以向该股东发出失权通知，通知应当以书面形式发出。自通知发出之日起，该股东丧失其未缴纳出资的股权。依照前款规定丧失的股权应当依法转让，或者相应减少注册资本并注销该股权；六个月内未转让或者注销的，由公司其他股东按照其出资比例足额缴纳相应出资。股东对失权有异议的，应当自接到失权通知之日起三十日内，向人民法院提起诉讼。"

本案中，孙某、胡某、朱某在合作协议中约定了出资金额和出资期限。甲公司成立后，依约朱某应在2024年7月31日前缴纳出资，而朱某未按期缴纳出资。甲公司于2024年8月8日向朱某发出书面催缴书，并给予其超过60日的缴纳出资的宽限期。而宽限期届满后，朱某仍不出资。甲公司可以通过董事会决议朱某丧失10%的股权，这意味着朱某不再是甲公司的股东。因此，甲公司可以解除朱某的股东资格。

【风险防范建议】

有限责任公司成立之后,为防止股东未依约足额履行出资义务导致公司偿债能力降低,建议从以下程序入手:

(1)公司成立后合理期限内应及时核查股东的出资情况。

(2)向未按期足额缴纳出资的股东发出书面催缴书,给予不少于60日的缴纳出资宽限期。

(3)宽限期届满仍不出资的,召开董事会作出该股东丧失其未缴纳出资的股权的决议。

(4)向拒不出资股东发出书面失权通知。

(5)对于这部分丧失的股权,可以依法转让或者减少注册资本并核销该部分股权。

【法条链接】

《公司法》第五十一条　有限责任公司成立后,董事会应当对股东的出资情况进行核查,发现股东未按期足额缴纳公司章程规定的出资的,应当由公司向该股东发出书面催缴书,催缴出资。

未及时履行前款规定的义务,给公司造成损失的,负有责任的董事应当承担赔偿责任。

第五十二条　股东未按照公司章程规定的出资日期缴纳出资,公司依照前条第一款规定发出书面催缴书催缴出资的,可以载明缴纳出资的宽限期;宽限期自公司发出催缴书之日起,不得少于六十日。宽限期届满,股东仍未履行出资义务的,公司经董事会决议可以向该股东发出失权通知,通知应当以书面形式发出。自通知发出之日起,该股东丧失其未缴纳出资的股权。

依照前款规定丧失的股权应当依法转让,或者相应减少注册资本并注销该股权;六个月内未转让或者注销的,由公司其他股东按照其出资比例足额缴纳相应出资。

股东对失权有异议的,应当自接到失权通知之日起三十日内,向人民法院提起诉讼。

10.可以使用网上下载的章程注册公司吗?

【情景案例】

高某与林某拟成立一家贸易公司。在制定公司章程时,高某、林某产生分歧。高某认为,在公司创立之初,为防范法律风险,委托专业律师量身定制一份适用性强的章程非常重要。林某认为,网上有很多免费的章程范本,下载一份即可。

请问:林某的说法正确吗?

【案例分析】

本案涉及的是公司章程制定的问题。

我国《公司法》第五条规定,设立公司应当依法制定公司章程。公司章程对公司、股东、董事、监事、高级管理人员具有约束力。

公司章程是公司所必备的,规定公司名称、宗旨、资本、组织机构等对内对外事务的基本法律文件。公司章程被称为"公司宪章",其对公司、股东、董事、监事、高级管理人员均具有约束力,是公司内部活动的重要依据。设立公司时虽可直接使用公司登记机关提供的公司章程示范文本或网上免费的章程范本,但该通用文本通常仅罗列《公司法》中的相关规定,虽有普适性,但无针对性,以致投资者产生纠纷时往往无章可循。因此,在公司创立之初,可聘请专业人士根据股东之间的特别约定、公司经营规划等具体情况制定一份适用性强、针对性强的公司章程非常重要。故本案林某的说法并不正确。

【风险防范建议】

为防范法律风险,股东共同制定公司章程时应从以下方面进行把握:

(1)公司章程法定必备条款应当完备。我国《公司法》第四十六条、第九十五条明确规定有限责任公司章程和股份有限公司章程应当记载的事项,如公司章程缺乏法定必备条款,则公司将面临无法办理公司登记的风险。

(2)公司章程条款必须符合《公司法》等强制性规定。公司章程属于自治性规则,股东可根据意思自治原则制定、修改公司章程,但不得违反《公司法》等强制性规范,否则不具有法律效力。

(3)结合公司实际情况,细化和明确公司章程可自主约定的事项,如法定代表人、公司对外投资与担保、公司注册资本、股东出资责任、分红比例与优先认缴出资权、股东会召集程序、议事方式和表决程序、股东表决权、董事会组成、任期与职权、董事会议事方式和表决程序、股权转让、股东资格继承、公司解散等,以避免公司章程规定不明确产生纠纷。

(4)必要时,委托专业人士参与公司章程的起草及修订。公司章程条款繁多且复杂,股东的需求与公司的运营状况也不尽相同,公司登记机关提供的公司章程示范文本,或网上免费的章程范本无法适用于每个公司。因此,必要时,应当委托专业人士根据实际情况起草、修订公司章程。

【法条链接】

《公司法》第五条 设立公司应当依法制定公司章程。公司章程对公司、股东、董事、监事、高级管理人员具有约束力。

第四十五条 设立有限责任公司,应当由股东共同制定公司章程。

第四十六条 有限责任公司章程应当载明下列事项:

(一)公司名称和住所;

(二)公司经营范围;

(三)公司注册资本;

(四)股东的姓名或者名称;

(五)股东的出资额、出资方式和出资日期;

(六)公司的机构及其产生办法、职权、议事规则;

(七)公司法定代表人的产生、变更办法;

(八)股东会认为需要规定的其他事项。

股东应当在公司章程上签名或者盖章。

第九十四条 设立股份有限公司,应当由发起人共同制订公司章程。

第九十五条 股份有限公司章程应当载明下列事项:

(一)公司名称和住所;

(二)公司经营范围;

(三)公司设立方式;

(四)公司注册资本、已发行的股份数和设立时发行的股份数,面额股的每股金额;

(五)发行类别股的,每一类别股的股份数及其权利和义务;

(六)发起人的姓名或者名称、认购的股份数、出资方式;

(七)董事会的组成、职权和议事规则;

(八)公司法定代表人的产生、变更办法;

(九)监事会的组成、职权和议事规则;

(十)公司利润分配办法;

(十一)公司的解散事由与清算办法;

(十二)公司的通知和公告办法;

(十三)股东会认为需要规定的其他事项。

11. 多份公司章程内容不一致,以哪一份为准?

【情景案例】

甲公司由林某、何某与郭某共同创办。公司章程规定:林某占股45%,何某占股35%,郭某占股20%;郭某所占股权享有公司的利润分配权但没有表决权。2024年1月,三人又签订了一份公司章程,章程中的条款与之前基本相同,但是在公司表决条款中规定公司股东按照公司出资比例行使表决权。该份章程签订后,甲公司提交市场监管部门登记备案。2024年7月,甲公司召开股东会,林某提出拟出资1000万元收购乙公司提案,但遭到何某与郭某的强烈反对。林某认为,公司章程应以第一份为准,郭某的反对无效。

请问:林某的说法符合我国法律规定吗?

【案例分析】

本案涉及的是多份公司章程内容不一致,以哪一份为准的问题。

我国《公司法》第六十五条规定,股东会会议由股东按照出资比例行使表决权;但是,公司章程另有规定的除外。第六十六条第一款规定,股东会的议事方式和表决程序,除本法有规定的外,由公司章程规定。根据上述规定,出资与表决权可以适度分离,股东表决权如何行使可归于公司自治权,由章程特别约定。而公司章程是公司内部契约,由股东间根据实际情况反复协商达成的,在当事人自愿订立的前提下,股东基于彼此的信赖进行合作、组建公司、制定章程。

对案涉争议问题,实务中除考虑公司章程的真实性、合法性外,还需要从对内与对外两个方面判断。就股东内部争议而言,如果每份章程均依照法定程序表决通过,且是股东真实意思表示,则生效时间在后章程的效力高于生效时间在前章程的效力。但是就对外而言,在出现公司与外部的纠纷时,由于备案章程具有公示效力,则备案章程效力高于未备案章程。

本案为股东内部争议,在章程制定程序合法的前提下,第二份章程的形成时间晚于第一份章程,如没有相关证据证明第二份章程关于表决权的规定并非股东的真实意思表示,应当认定第二份章程系对第一份章程的变更,该变更内容对所有股东均具有约束力,即甲公司股东应当以第二份章程为准行使表决权。

换言之,本案林某的说法缺乏法律依据,郭某有权依据第二份章程对案涉提案行使表决权。

【风险防范建议】

公司在制定、修改章程过程中,应当注意防范以下风险:

（1）确保修改公司章程的程序合法性，根据《公司法》第六十六条第三款的规定，股东会作出修改公司章程的决议，应当经代表2/3以上表决权的股东通过，这是决定新的公司章程是否合法、有效的必要条件。

（2）我国《公司法》虽赋予了有限公司高度的自治权，公司股东可以通过制定、修改章程来实现出资及管理的目的，但同时《公司法》存在不少效力性强制性规定，违反这些规定将影响公司行为的效力，如《公司法》第六十六条第三款规定："股东会作出修改公司章程、增加或者减少注册资本的决议，以及公司合并、分立、解散或者变更公司形式的决议，应当经代表三分之二以上表决权的股东通过。"公司及其股东在治理公司、行使权利过程中应当注意遵守此类规定，避免因违反规定而影响行为的效力性。

（3）公司修改章程时，为避免新旧章程的适用冲突，建议明确否定旧章程被修改内容的效力性，或根据股东的真实意思表示在新章程中明确冲突解决条款，如"新的公司章程与旧的公司章程不一致时，以新的公司章程为准"等。

（4）注意备案章程的影响，建议公司修改章程后及时向工商部门登记备案，但如因各种原因无法登记备案或备案的公司章程实际不代表股东的真实意思表示，而公司存在多个章程，建议全体股东签署确认备案章程不作为执行依据的书面文件或条款，同时在相关书面文件中确定实际执行的未备案章程的效力。

【法条链接】

《公司法》**第五条** 设立公司应当依法制定公司章程。公司章程对公司、股东、董事、监事、高级管理人员具有约束力。

第六十五条 股东会会议由股东按照出资比例行使表决权；但是，公司章程另有规定的除外。

第六十六条 股东会的议事方式和表决程序，除本法有规定的外，由公司章程规定。

股东会作出决议，应当经代表过半数表决权的股东通过。

股东会作出修改公司章程、增加或者减少注册资本的决议，以及公司合并、分立、解散或者变更公司形式的决议，应当经代表三分之二以上表决权的股东通过。

12. 公司章程与出资协议约定不一致，怎么办？

【情景案例】

马某、罗某和梁某共同成立甲公司，分别持股51%、39%和10%，罗某担任公司总经理，梁某担任公司财务总监，马某不参与公司经营。公司成立前，三人在出资协议中约定:"股东按照一人一票行使股东表决权。"但公司设立时,公司章程规定:"股东按股权比例行使股东表决权。"2024年7月,因业务发展需求,罗某提议修建一座新厂房,在股东会进行表决时,罗某、梁某同意,但马某感觉风险很大,以大股东身份反对。

请问:马某的反对有效吗?

【案例分析】

本案涉及的是股东间出资协议约定与公司章程规定内容不一致时,应适用出资协议还是公司章程的问题。

我国《公司法》第六十五条规定,股东会会议由股东按照出资比例行使表决权;但是,公司章程另有规定的除外。第六十六条第二款规定,股东会作出决议,应当经代表过半数表决权的股东通过。

司法实务中,对该问题的处理存有争议。但笔者认为,一般先看出资协议与公司章程两份文件中有无优先适用条款,如有,则遵从约定;没有优先适用条款的,则按照签署时间的先后顺序,以签署时间在后的文件作为依据。

本案中,马某、罗某和梁某签订的出资协议和章程并没有约定优先适用条款,无法判断当两份文件约定产生冲突时,优先适用哪份文件。但是,其三人之间的出资协议签订于公司成立之前,而公司章程制定于公司设立时,由此推理章程制定在后,故以章程约定的按股权比例行使表决权。本案中罗某提议修建新厂房,需经出席会议的股东所持表决权过半数通过。马某持股51%,现马某反对该表决事项,将导致该事项无法达到出席会议的股东所持表决权过半数通过。故马某的反对有效。

【风险防范建议】

公司股东、发起人之间签订出资协议和制定、修改公司章程过程中,应当注意:

(1)股东可以签订出资协议对公司章程规定的内容予以细化,但应尽可能与公司章程内容保持一致,如因特别原因无法保持一致,建议明确冲突解决条款,如"章程与协议不一致的,以协议约定为准",避免因约定不明确而产生不必要的争议。

(2)因特殊情况,如公司章程备案登记,公司章程规定的部分内容未能按照股东的真实意思表示进行制定时,建议股东之间补充订立协议,对该事项制定时的真实目的等相关情况予以确认,避免日后发生不必要的争议。

(3)股东应根据《公司法》及相关司法解释的规定订立出资协议,避免协议条款因违反强制性法律规定导致约定无效。

【法条链接】

《公司法》第五条　设立公司应当依法制定公司章程。公司章程对公司、股东、董事、监事、高级管理人员具有约束力。

第四十三条　有限责任公司设立时的股东可以签订设立协议,明确各自在公司设立过程中的权利和义务。

第六十五条　股东会会议由股东按照出资比例行使表决权;但是,公司章程另有规定的除外。

第六十六条　股东会的议事方式和表决程序,除本法有规定的外,由公司章程规定。

股东会作出决议,应当经代表过半数表决权的股东通过。

股东会作出修改公司章程、增加或者减少注册资本的决议,以及公司合并、分立、解散或者变更公司形式的决议,应当经代表三分之二以上表决权的股东通过。

13. 使用虚拟地址注册公司,有什么风险?

【情景案例】

谢某与韩某是大学同学。毕业后两人决定在淘宝上合作经营网店。为提高网店信誉度,两人想办理营业执照,但由于注册公司需要租赁经营场所,两人因资金不够无法办理。为此,谢某找到某财务咨询公司,其工作人员李某告知谢某只需一年支付3000元,即可提供虚拟地址用来注册公司。之后,谢某与韩某给某财务咨询公司支付相关费用后,某财务咨询公司为二人出具了一份虚拟的经营场所证明。二人到市场监督管理部门办理了营业执照。

请问:谢某与韩某租赁虚拟地址注册公司,有什么风险?

【案例分析】

本案涉及的是使用虚拟地址注册公司的法律风险。

根据《市场主体登记管理条例》第八条第一款的规定,市场主体的一般登记事项包括住所或者主要经营场所。《电子商务法》第十五条第一款规定,"电子商务经营者应当在其首页显著位置,持续公示营业执照信息、与其经营业务有关的行政许可信息、属于依照本法第十条规定的不需要办理市场主体登记情形等信息,或者上述信息的链接标识"。《公司经营异常名录管理暂行办法》第四条第四项规定,"县级以上工商行政管理部门应当将有下列情形之一的公司列入经营异常名录:……(四)通过登记的住所或者经营场所无法联系的"。

住所或主要经营场所是市场主体设立登记的必备要件之一,但经营场所的租赁成本居高不下,初期创业者由于资金有限想要找到合适的办公场所实属不易。

本案中,谢某和韩某正是采用了租赁虚拟地址注册公司的方式。但该方式存在以下风险:

第一,无法及时签收法律文书的风险。实践中,法院通常根据公司登记信息的公示效力,以公司法人的登记住所作为邮寄地址。谢某和韩某使用虚拟地址注册公司,将面临无法及时签收法院文书而失去出庭应诉的机会,最终导致败诉的风险。

第二,列入经营异常名录的风险。根据《公司经营异常名录管理暂行办法》第四条及第九条的规定,如果市场监督管理部门通过向注册地址邮寄专用信函与公司联系,而连续两次无人签收的,则会被县级以上工商行政管理部门列入经营异常名录。在"一址多照"的情况下,同个地址中一家公司被列入经营异常名录,其他公司可能也会被认定为异常。

【风险防范建议】

为鼓励大众创业、万众创新,便利公司开办,解决初期创业者资金不足的问题,虚拟地址应运而生。虚拟地址不同于虚假地址,虚拟地址通常是在市场监督管理部门备过案的,因此也是合法的。所谓虚拟地址,实际上就是集群注册,"一址多照",是指多个市场主体以一家托管机构的住所(经营场所)地址,作为其住所(经营场所)办理注册登记,并由该托管机构提供住所托管服务,形成集群集聚发展的登记管理模式。托管机构会为集群市场主体提供住所(经营场所)办理注册登记,并为其代理签收法律文书、公函、邮件以及提供联络等活动。资金不足的创业者可以在合法备案和登记的产业园区注册公司,以降低创业成本。为规避虚拟地址注册公司的法律风险,建议如下:

(1)应当选择正规的托管机构及市场监督管理部门公布的能够进行集中登记的产业园区。目前推广集群注册模式地区的当地市场监督管理部门都会公布能够进行集中登记的产业园区名单(众创空间、公司孵化器、产业园等),这些产业园区通常都有专业的运营公司负责日常管理。

(2)公司立后,应定期与托管机构联系,确保能够及时获取相关文书及信息。

【法条链接】

《市场主体登记管理条例》第八条 市场主体的一般登记事项包括:

(一)名称;

(二)主体类型;

(三)经营范围;

（四）住所或者主要经营场所；

（五）注册资本或者出资额；

（六）法定代表人、执行事务合伙人或者负责人姓名。

除前款规定外，还应当根据市场主体类型登记下列事项：

（一）有限责任公司股东、股份有限公司发起人、非公司企业法人出资人的姓名或者名称；

（二）个人独资公司的投资人姓名及居所；

（三）合伙公司的合伙人名称或者姓名、住所、承担责任方式；

（四）个体工商户的经营者姓名、住所、经营场所；

（五）法律、行政法规规定的其他事项。

《企业经营异常名录管理暂行办法》第四条　县级以上工商行政管理部门应当将有下列情形之一的公司列入经营异常名录：

（一）未按照《公司信息公示暂行条例》第八条规定的期限公示年度报告的；

（二）未在工商行政管理部门依照《公司信息公示暂行条例》第十条规定责令的期限内公示有关公司信息的；

（三）公示公司信息隐瞒真实情况、弄虚作假的；

（四）通过登记的住所或者经营场所无法联系的。

第九条　工商行政管理部门在依法履职过程中通过登记的住所或者经营场所无法与公司取得联系的，应当自查实之日起 10 个工作日内作出将其列入经营异常名录的决定，并予以公示。

工商行政管理部门可以通过邮寄专用信函的方式与公司联系。经向公司登记的住所或者经营场所两次邮寄无人签收的，视为通过登记的住所或者经营场所无法取得联系。两次邮寄间隔时间不得少于 15 日，不得超过 30 日。

《电子商务法》第十五条　电子商务经营者应当在其首页显著位置，持续公示营业执照信息、与其经营业务有关的行政许可信息、属于依照本法第十条规定的不需要办理市场主体登记情形等信息，或者上述信息的链接标识。

前款规定的信息发生变更的，电子商务经营者应当及时更新公示信息。

14. 因公司注册地与办公地不一致导致没有收到法院文书，怎么办？

【情景案例】

甲公司于 2015 年成立，由唐某与冯某共同创办。出于避税等原因，公司的注册地在北京市丰台区，而实际办公地在北京市朝阳区。2024 年 7 月，甲公司与乙公司发生合同纠纷，协商无果后，乙公司遂将甲公司诉至法院。随后，法院将传票邮寄甲公司在丰台区的办公地址,邮件显示妥投签收。法院在甲公司没有到庭的情况下作出了缺席判决。在法院执行生效判决书时,甲公司才知被乙公司起诉。

请问:甲公司可否以没有收到法院传票为由提起上诉?

【案例分析】

本案涉及的是公司注册地与实际办公地不一致时,法院向公司注册地送达法律文书是否为有效送达的问题。

实践中,因公司注册地与实际办公地不一致而导致送达受阻的情况比比皆是。司法实践中,最高人民法院作出过类案判决认为,公司住所是公司必要登记事项,对外具有公示性,人民法院按照受送达公司工商登记住所地邮寄送达开庭传票等材料,在邮件妥投签收情况下,应当视为有效送达。

本案中,法院将传票邮寄甲公司的注册地,即丰台区的办公地址,且邮件已妥投签收,应当视为有效送达,甲公司即使以没有收到法院传票为由提起上诉也不能得到支持。况且本案已进入执行阶段,意味着本案已过上诉期限,根据《民事诉讼法》之规定,甲公司也无权提起上诉。

【风险防范建议】

实务中,公司注册地址和实际经营地址不一致的情形较为常见,有的是基于税收政策、减少设立成本等因素的考虑,有的则是因为公司搬迁未及时变更注册地址所致。公司注册地址和实际经营地址不一致,对公司的经营来说,隐含不小的风险,可从以下方面进行防范:

(1)设立公司时,应将实际经营地作为公司住所办理公司登记;公司经营期间变更住所时,应及时变更住所登记信息,保持注册地和实际经营地一致。

(2)注册地址与实际经营地无法保持一致时,应当定期派人到注册地址查收信件,避免注册地址出现"完全无法联系"的情况。

【法条链接】

《公司法》第八条　公司以其主要办事机构所在地为住所。

《民事诉讼法》第一百七十一条　当事人不服地方人民法院第一审判决的,有权在判决书送达之日起十五日内向上一级人民法院提起上诉。

当事人不服地方人民法院第一审裁定的,有权在裁定书送达之日起十日内向上一级人民法院提起上诉。

《最高人民法院关于以法院专递方式邮寄送达民事诉讼文书的若干规定》第五条　当事人拒绝提供自己的送达地址,经人民法院告知后仍不提供的,自然人以其户籍登记中的住所地或者经常居住地为送达地址;法人或者其他组织以其工商登记或者其他依法登记、备案中的住所地为送达地址。

《关于进一步加强民事送达工作的若干意见》 八、当事人拒绝确认送达地址或以拒绝应诉、拒接电话、避而不见送达人员、搬离原住所等躲避、规避送达,人民法院不能或无法要求其确认送达地址的,可以分别以下列情形处理:

（一）当事人在诉讼所涉及的合同、往来函件中对送达地址有明确约定的,以约定的地址为送达地址;

（二）没有约定的,以当事人在诉讼中提交的书面材料中载明的自己的地址为送达地址;

（三）没有约定、当事人也未提交书面材料或者书面材料中未载明地址的,以一年内进行其他诉讼、仲裁案件中提供的地址为送达地址;

（四）无以上情形的,以当事人一年内进行民事活动时经常使用的地址为送达地址。

人民法院按照上述地址进行送达的,可以同时以电话、微信等方式通知受送达人。

九、依第八条规定仍不能确认送达地址的,自然人以其户籍登记的住所或者在经常居住地登记的住址为送达地址,法人或者其他组织以其工商登记或其他依法登记、备案的住所地为送达地址。

15. 股东抽逃出资,要承担刑事责任吗?

【情景案例】

甲贸易公司成立于2024年1月,由李某与张某共同创办。甲贸易公司章程规定注册资本500万元,李某与张某分别认缴出资300万元、200万元,出资时间为2024年3月31日前。2024年3月29日,两人按规定向甲贸易公司履行了出资义务。2024年4月,李某私下将其出资款全部转走并用于开办乙工厂。由于甲贸易公司的日常经营由李某负责,张某不参与公司经营,故张某对此并不知情。2024年10月,甲贸易公司因资不抵债被多位债权人申请破产,法院在调查中才发现李某抽逃出资的行为。经法院通知,李某表示无力偿还。

请问:李某要承担刑事责任吗?

【案例分析】

本案涉及的是股东抽逃出资是否需要承担刑事责任的问题。

我国《刑法》第一百五十九条规定,"公司发起人、股东违反公司法的规定未交付货币、实物或者未转移财产权,虚假出资,或者在公司成立后又抽逃其出资,数额巨大、后果严重或者有其他严重情节的,处五年以下有期徒刑或者拘役,并处或者单处虚假出资金额或者抽逃出资金额百分之二以上百分之十以下罚金。单位犯前款罪的,对单位判处罚金,并对其直接负责的主管人员和其他直接责任人员,处五年以下有期徒刑或者拘役"。第二百七十二条第一款规定:"公司、企业或者其他单位的工作人员,利用职务上的便利,挪用本单位资金归个人使用或者借贷给他人,数额较大、超过三个月未还的,或者虽未超过三个月,但数额较大、进行营利活动的,或者进行非法活动的,处三年以下有期徒刑或者拘役;挪用本单位资金数额巨大的,处三年以上七年以下有期徒刑;数额特别巨大的,处七年以上有期徒刑。"2014年4月24日发布的《全国人民代表大会常务委员会关于〈中华人民共和国刑法〉第一百五十八条、第一百五十九条的解释》规定,"刑法第一百五十八条、第一百五十九条的规定,只适用于依法实行注册资本实缴登记制的公司"。根据国务院印发的《注册资本登记制度改革方案》,现行法律、行政法规以及国务院决定明确规定实行注册资本实缴登记制的银行业金融机构、证券公司、期货公司、基金管理公司、保险公司、保险专业代理机构和保险经纪人、直销公司、对外劳务合作公司、融资性担保公司、募集设立的股份有限公司,以及劳务派遣公司、典当行、保险资产管理公司、小额贷款公司实行注册资本认缴登记制问题,另行研究决定。在法律、行政法规以及国务院决定未修改前,暂按现行规定执行。

2014年,我国对公司注册资本登记制度进行改革,除法律、行政法规及国务院决定特别规定的行业外,将原本的注册资本实缴登记制改为认缴登记制。

换言之,结合上述法律规定,在2014年4月24日后,依法实行注册资本实缴登记制的公司发起人、股东才可能构成虚假出资、抽逃出资罪,而实行注册资本认缴制的公司发起人、股东虚假出资、抽逃出资一般不被认定为抽逃出资罪。

本案中,甲贸易公司成立于2024年1月,甲贸易公司章程规定注册资本500万元,李某与张某分别认缴出资300万元、200万元,出资时间为2024年3月31日前。可见,甲贸易公司系实行注册资本认缴制的公司,而非注册资本实缴登记制,故不构成抽逃出资罪。但是,李某作为股东,负责公司的日常运营,利用职务的便利,挪用甲贸易公司财产用于其个人的营利活动,且自2024年4月挪用至2024年10月其行为被发现时,已超过3个月未归还,金额高达300万元,达到刑事立案标准,构成挪用资金罪。故李某要承担刑事责任。

【风险防范建议】

公司成立且股东实缴出资后,股东的出资属于公司资产,公司与股东间产生资金往来时,应当严格遵守法律及公司章程规定,规范运营及管理公司财产,严格审查交易的真实性、合理合法性,避免因股东转出公司资金造成公司资本不足,损害公司及债权人的合法权益,也避免公司股东因此承担相应的民事、行政、刑事责任。

【法条链接】

《刑法》第一百五十九条　公司发起人、股东违反公司法的规定未交付货币、实物或者未转移财产权,虚假出资,或者在公司成立后又抽逃其出资,数额巨大、后果严重或者有其他严重情节的,处五年以下有期徒刑或者拘役,并处或者单处虚假出资金额或者抽逃出资金额百分之二以上百分之十以下罚金。

单位犯前款罪的,对单位判处罚金,并对其直接负责的主管人员和其他直接责任人员,处五年以下有期徒刑或者拘役。

第二百七十二条　公司、企业或者其他单位的工作人员,利用职务上的便利,挪用本单位资金归个人使用或者借贷给他人,数额较大、超过三个月未还的,或者虽未超过三个月,但数额较大、进行营利活动的,或者进行非法活动的,处三年以下有期徒刑或者拘役;挪用本单位资金数额巨大的,处三年以上七年以下有期徒刑;数额特别巨大的,处七年以上有期徒刑。

国有公司、企业或者其他国有单位中从事公务的人员和国有公司、企业或者其他国有单位委派到非国有公司、企业以及其他单位从事公务的人员有前款行为的,依照本法第三百八十四条的规定定罪处罚。

有第一款行为,在提起公诉前将挪用的资金退还的,可以从轻或者减轻处罚。其中,犯罪较轻的,可以减轻或者免除处罚。

《最高人民检察院、公安部关于公安机关管辖的刑事案件立案追诉标准的规定(二)》第七十七条　公司、企业或者其他单位的工作人员,利用职务上的便利,挪用本单位资金归个人使用或者借贷给他人,涉嫌下列情形之一的,应予立案追诉:

(一)挪用本单位资金数额在五万元以上,超过三个月未还的;

(二)挪用本单位资金数额在五万元以上,进行营利活动的;

(三)挪用本单位资金数额在三万元以上,进行非法活动的。

具有下列情形之一的,属于本条规定的"归个人使用":

(一)将本单位资金供本人、亲友或者其他自然人使用的;

(二)以个人名义将本单位资金供其他单位使用的;

(三)个人决定以单位名义将本单位资金供其他单位使用,谋取个人利益的。

《全国人民代表大会常务委员会关于〈中华人民共和国刑法〉第一百五十八条、第一百五十九条的解释》

……

刑法第一百五十八条、第一百五十九条的规定,只适用于依法实行注册资本实缴登记制的公司

……

《注册资本登记制度改革方案》
二、放松市场主体准入管制,切实优化营商环境
……
现行法律、行政法规以及国务院决定明确规定实行注册资本实缴登记制的银行业金融机构、证券公司、期货公司、基金管理公司、保险公司、保险专业代理机构和保险经纪人、直销公司、对外劳务合作公司、融资性担保公司、募集设立的股份有限公司,以及劳务派遣公司、典当行、保险资产管理公司、小额贷款公司实行注册资本认缴登记制问题,另行研究决定。在法律、行政法规以及国务院决定未修改前,暂按现行规定执行。
……

《公司法》第五十三条 公司成立后,股东不得抽逃出资。
违反前款规定的,股东应当返还抽逃的出资;给公司造成损失的,负有责任的董事、监事、高级管理人员应当与该股东承担连带赔偿责任。

第二百五十三条 公司的发起人、股东在公司成立后,抽逃其出资的,由公司登记机关责令改正,处以所抽逃出资金额百分之五以上百分之十五以下的罚款;对直接负责的主管人员和其他直接责任人员处以三万元以上三十万元以下的罚款。

《最高人民法院关于适用〈中华人民共和国公司法〉若干问题的规定(三)》第十二条 公司成立后,公司、股东或者公司债权人以相关股东的行为符合下列情形之一且损害公司权益为由,请求认定该股东抽逃出资的,人民法院应予支持:
(一)制作虚假财务会计报表虚增利润进行分配;
(二)通过虚构债权债务关系将其出资转出;
(三)利用关联交易将出资转出;
(四)其他未经法定程序将出资抽回的行为。

第十四条 股东抽逃出资,公司或者其他股东请求其向公司返还出资本息、协助抽逃出资的其他股东、董事、高级管理人员或者实际控制人对此承担连带责任的,人民法院应予支持。

公司债权人请求抽逃出资的股东在抽逃出资本息范围内对公司债务不能清偿的部分承担补充赔偿责任、协助抽逃出资的其他股东、董事、高级管理人员或者实际控制人对此承担连带责任的,人民法院应予支持;抽逃出资的股东已经承担上述责任,其他债权人提出相同请求的,人民法院不予支持。

16.将他人具有一定知名度的商标作为字号,有什么风险?

【情景案例】

甲家电公司注册的"美×邦"商标系某省著名商标,在业界享有较高的知名度和美誉度。乙公司于2023年9月在福建成立,是一家小家电生产公司。2024年7月,甲家电公司发现乙公司擅自将"美×邦"登记为公司字号,并在网上店铺以"美×邦"的名称进行宣传,存在"搭便车"的行为,遂向法院提起诉讼,要求乙公司变更公司名称并赔偿经济损失30万元。

请问:乙公司是否构成侵权?

【案例分析】

本案涉及的是将他人注册商标作为公司字号使用是否构成侵权的问题。

根据《商标法》第五十七条的规定,给他人的注册商标专用权造成其他损害的属侵犯注册商标专用权。该法第五十八条规定,将他人注册商标、未注册的驰名商标作为公司名称中的字号使用,误导公众,构成不正当竞争行为的,依照《反不正当竞争法》处理。根据《最高人民法院关于审理商标民事纠纷案件适用法律若干问题的解释》第一条的规定,将与他人注册商标相同或者相近似的文字作为公司的字号在相同或者类似商品上突出使用,容易使相关公众产生误认的行为属于《商标法》第五十七条第(七)项规定的给他人注册商标专用权造成其他损害的行为。

冒用他人商标,毫无疑问是构成商标侵权的,但将他人注册商标作为公司字号进行登记使用,以达到"傍名牌""搭便车"等目的,是否构成侵权呢?对此,应当根据不同的情形区分判断:

第一,将与他人注册商标相同或者相近似的文字作为公司的字号在相同或者类似商品上突出使用,容易使相关公众产生误认的,则构成侵犯注册商标专用权。此处特别提醒,突出使用,是指将与注册商标文字相同或相近似的字号从公司名称中脱离出来,醒目地使用,如在商品外包装、销售网站、产品宣传单、广告、名片中突出使用或者不规范使用。

第二,将他人注册商标、未注册的驰名商标作为公司名称中的字号使用,致使相关公众对商品或者服务的来源产生混淆,虽不突出使用,仍构成不正当竞争行为。

第三,将他人注册商标、未注册的驰名商标作为公司名称中的字号使用非出于主观恶意,且不违反诚实信用原则的,则不构成不正当竞争。

本案中,甲家电公司注册的"美×邦"商标系某省著名商标,在业界享有较高的知名度和美誉度,乙公司在网上店铺以"美×邦"的名称进行宣传属于突出使用。乙公司擅自将甲公司的注册商标"美×邦"登记为公司字号,并在相同的商品上突出使用,其行为足以引起相关公众对商标注册人与公司名称所有人的误认,使他人对市场主体、商品来源产生混淆。因此,乙公司的行为属于侵犯注册商标专用权。

【风险防范建议】

公司字号权与在先商标权发生冲突,可能涉及商标侵权和不正当竞争的纠纷。为规避相应法律风险,建议如下:

首先,从源头避免侵权风险。在给公司取名称时,可通过国家知识产权局官网查询确认字号是否为他人的注册商标,避免使用与他人注册商标相同或相似的文字作为公司字号。

其次,积极注册商标,避免字号被抢注。从长远布局来看,建议公司将字号注册成为商标,使公司字号获得《商标法》的保护。

最后,积极维权,打击侵权行为。持有注册商标的公司应当注意市场上的侵权或不正当竞争行为,一旦发现,及时保全证据,并通过诉讼或行政举报等措施保护商标专用权。

【法条链接】

《商标法》第五十七条 有下列行为之一的,均属侵犯注册商标专用权:

(一)未经商标注册人的许可,在同一种商品上使用与其注册商标相同的商标的;

(二)未经商标注册人的许可,在同一种商品上使用与其注册商标近似的商标,或者在类似商品上使用与其注册商标相同或者近似的商标,容易导致混淆的;

(三)销售侵犯注册商标专用权的商品的;

(四)伪造、擅自制造他人注册商标标识或者销售伪造、擅自制造的注册商标标识的;

(五)未经商标注册人同意,更换其注册商标并将该更换商标的商品又投入市场的;

(六)故意为侵犯他人商标专用权行为提供便利条件,帮助他人实施侵犯商标专用权行为的;

(七)给他人的注册商标专用权造成其他损害的。

第五十八条 将他人注册商标、未注册的驰名商标作为公司名称中的字号使用,误导公众,构成不正当竞争行为的,依照《中华人民共和国反不正当竞争法》处理。

《反不正当竞争法》第二条 经营者在生产经营活动中,应当遵循自愿、平等、公平、诚信的原则,遵守法律和商业道德。

本法所称的不正当竞争行为,是指经营者在生产经营活动中,违反本法规定,扰乱市场竞争秩序,损害其他经营者或者消费者的合法权益的行为。

本法所称的经营者,是指从事商品生产、经营或者提供服务(以下所称商品包括服务)的自然人、法人和非法人组织。

第六条 经营者不得实施下列混淆行为,引人误认为是他人商品或者与他人存在特定联系:

(一)擅自使用与他人有一定影响的商品名称、包装、装潢等相同或者近似的标识;

(二)擅自使用他人有一定影响的公司名称(包括简称、字号等)、社会组织名称(包括简称等)、姓名(包括笔名、艺名、译名等);

(三)擅自使用他人有一定影响的域名主体部分、网站名称、网页等;

(四)其他足以引人误认为是他人商品或者与他人存在特定联系的混淆行为。

《最高人民法院关于审理商标民事纠纷案件适用法律若干问题的解释》第一条 下列行为属于商标法第五十七条第(七)项规定的给他人注册商标专用权造成其他损害的行为:

(一)将与他人注册商标相同或者相近似的文字作为公司的字号在相同或者类似商品上突出使用,容易使相关公众产生误认的;

(二)复制、摹仿、翻译他人注册的驰名商标或其主要部分在不相同或者不相类似商品上作为商标使用,误导公众,致使该驰名商标注册人的利益可能受到损害的;

(三)将与他人注册商标相同或者相近似的文字注册为域名,并且通过该域名进行相关商品交易的电子商务,容易使相关公众产生误认的。

《最高人民法院关于审理注册商标、公司名称与在先权利冲突的民事纠纷案件若干问题的规定》第四条 被诉公司名称侵犯注册商标专用权或者构成不正当竞争的,人民法院可以根据原告的诉讼请求和案件具体情况,确定被告承担停止使用、规范使用等民事责任。

《关于当前经济形势下知识产权审判服务大局若干问题的意见》
……

公司名称因突出使用而侵犯在先注册商标专用权的,依法按照商标侵权行为处理;公司名称未突出使用但其使用足以产生市场混淆、违反公平竞争的,依法按照不正当竞争处理。对于因历史原因造成的注册商标与公司名称的权利冲突,当事人不具有恶意的,应当视案件具体情况,在考虑历史因素和使用现状的基础上,公平合理地解决冲突,不宜简单地认定构成商标侵权或者不正当竞争……

《公司法》第六条 公司应当有自己的名称。公司名称应当符合国家有关规定。
公司的名称权受法律保护。

17. 公司因故未设立，设立费用应当如何分担？

【情景案例】

2024年3月，甲与乙签订一份《投资协议》，约定：两人在某大型工厂附近共同出资设立一家餐饮公司，注册资金300万元，甲持股70%，乙持股30%，由甲办理公司的设立事项。在公司设立过程中，甲先行支付了设立公司所必需的费用，包括进行店铺租赁、店铺装修等费用，共计支出20万元。因某大型工厂突然倒闭，如果继续成立公司，会造成更大的损失。为及时止损，两人决定放弃成立该公司。由于《投资协议》对公司设立不成功时如何分担费用的问题未作约定，两人对于费用如何分担的问题产生争议。甲认为，费用应当由两人平分，每人承担10万元。乙认为，费用应当按所占股权比例承担，甲应当承担14万元，其应承担6万元。

请问：甲的说法符合我国法律规定吗？

【案例分析】

本案涉及的是公司因故未设立，公司设立费用如何分担的问题。

我国《公司法》第四十四条第一款、第二款规定，有限责任公司设立时的股东为设立公司从事的民事活动，其法律后果由公司承受。公司未成立的，其法律后果由公司设立时的股东承受；设立时的股东为二人以上的，享有连带债权，承担连带债务。《最高人民法院关于适用〈中华人民共和国公司法〉若干问题的规定（三）》第四条规定，公司因故未成立，债权人请求全体或者部分发起人对设立公司行为所产生的费用和债务承担连带清偿责任的，人民法院应予支持。部分发起人依照前款规定承担责任后，请求其他发起人分担的，人民法院应当判令其他发起人按照约定的责任承担比例分担责任；没有约定责任承担比例的，按照约定的出资比例分担责任；没有约定出资比例的，按照均等份额分担责任。因部分发起人的过错导致公司未成立，其他发起人主张其承担设立行为所产生的费用和债务的，人民法院应当根据过错情况，确定过错一方的责任范围。

本案中，甲、乙拟设立的餐饮公司系因某大型工厂突然倒闭而未成立，并非因一方的过错导致公司未成立。虽然甲、乙对公司设立不成功如何分担费用的问题未作约定，但甲、乙在《投资协议》中已约定各自的出资比例，即甲持股70%，乙持股30%，根据《最高人民法院关于适用〈中华人民共和国公司法〉若干问题的规定（三）》第四条之规定，在此种情况下，公司的设立费用应当按照甲、乙约定的出资比例分担责任，即甲承担14万元，乙承担6万元。因此，甲的说法不符合我国法律规定。

【风险防范建议】

公司在设立的过程中必然会产生一定的费用,由于公司尚未成立,如果发起人对公司设立失败产生的费用没有约定或约定不明,极易产生争议。为避免争议,建议如下:

(1)在投资协议中明确约定,公司因故未成立的,设立公司行为所产生的费用和债务在发起人中如何承担。

(2)建议发起人在垫付费用时,保留支付费用的相应证据,如收据、发票、合同、转账凭证等,以便后期主张权利。

【法条链接】

《公司法》第四十四条　有限责任公司设立时的股东为设立公司从事的民事活动,其法律后果由公司承受。

公司未成立的,其法律后果由公司设立时的股东承受;设立时的股东为二人以上的,享有连带债权,承担连带债务。

设立时的股东为设立公司以自己的名义从事民事活动产生的民事责任,第三人有权选择请求公司或者公司设立时的股东承担。

设立时的股东因履行公司设立职责造成他人损害的,公司或者无过错的股东承担赔偿责任后,可以向有过错的股东追偿。

《最高人民法院关于适用〈中华人民共和国公司法〉若干问题的规定(三)》第一条　为设立公司而签署公司章程、向公司认购出资或者股份并履行公司设立职责的人,应当认定为公司的发起人,包括有限责任公司设立时的股东。

第四条　公司因故未成立,债权人请求全体或者部分发起人对设立公司行为所产生的费用和债务承担连带清偿责任的,人民法院应予支持。

部分发起人依照前款规定承担责任后,请求其他发起人分担的,人民法院应当判令其他发起人按照约定的责任承担比例分担责任;没有约定责任承担比例的,按照约定的出资比例分担责任;没有约定出资比例的,按照均等份额分担责任。

因部分发起人的过错导致公司未成立,其他发起人主张其承担设立行为所产生的费用和债务的,人民法院应当根据过错情况,确定过错一方的责任范围。

18.发起人在公司设立阶段可以退出吗?

【情景案例】

董某、萧某与程某协商共同成立一家装修公司,在投资协议中约定:拟投资1000

万元,董某出资500万元占股50%,萧某与程某各出资250万元各占股25%,投资款于2023年6月30日前投入约定账户。2023年6月28日,三人均按约定支付了投资款,公司设立工作正式开始。2023年7月1日,程某在朋友的劝说下表示要退出,并提出要求退回已投资的250万元,但遭到董某与萧某的拒绝。程某认为,《投资协议》没有禁止退出,也没有约定相应的违约责任,故其有权要求退回投资款项。

请问:程某的说法符合我国法律规定吗?

【案例分析】

本案涉及的是发起人在公司设立阶段是否可以撤回投资的问题。

我国《民法典》第五百六十二条规定,当事人协商一致,可以解除合同。当事人可以约定一方解除合同的事由。解除合同的事由发生时,解除权人可以解除合同。《全国法院民商事审判工作会议纪要》第48条规定:"违约方不享有单方解除合同的权利。但是,在一些长期性合同如房屋租赁合同履行过程中,双方形成合同僵局,一概不允许违约方通过起诉的方式解除合同,有时对双方都不利。在此前提下,符合下列条件,违约方起诉请求解除合同的,人民法院依法予以支持:(1)违约方不存在恶意违约的情形;(2)违约方继续履行合同,对其显失公平;(3)守约方拒绝解除合同,违反诚实信用原则。人民法院判决解除合同的,违约方本应当承担的违约责任不能因解除合同而减少或者免除。"《最高人民法院关于适用〈中华人民共和国公司法〉若干问题的规定(三)》第四条第一款规定,公司因故未成立,债权人请求全体或者部分发起人对设立公司行为所产生的费用和债务承担连带清偿责任的,人民法院应予支持。

有限责任公司的性质不纯粹是资合性,更多具有人合性质,因此股东之间的相互信任也是公司成立和正常经营的必要条件,如出资人反悔,从保护其他股东的角度出发要求该投资人继续履行合同,势必导致公司股东之间的争议,对公司成立后的经营也不利。本案中,董某、萧某、程某签订的《投资协议》已生效且已履行,各方均按照协议约定于2023年6月28日支付了投资款。现程某单方要求退出,意味着程某需解除《投资协议》。《投资协议》没有禁止退出,也没有约定相应的违约责任。但在合同无约定,且未符合法律规定的可行使合同解除权的情形下,程某单方要求退出而解除投资协议,基于公司的人合性,强令履行合同势必对公司成立后经营不利,故其退出的请求可能会得到支持,但是不一定能全额退回其投资款项。如因其单方退出导致公司不能成立,程某需向其他发起人承担违约金或就其过错程度承担相应的设立行为所产生的费用和债务。

【风险防范建议】

投资有风险,合伙设立公司要谨慎行事,签订投资协议时应明确公司成立前后发

起人的权利义务及违约责任,避免在公司设立期间产生争议而影响发起人合法权利的行使与实现,发起人具体应注意的风险如下:

(1)发起人应审慎选择合作方。

(2)投资协议应明确投资目的、出资方式、发起人的权利义务、筹备工作与设立期间费用承担方式、发起人退出条件、违约责任、合同解除条件等内容,并对发起人违约或过错行为导致公司不能成立的行为设置违约金条款,约定因违约产生的损失赔偿额的计算方法,确保主张损失赔偿时发起人合法权利的有效实现。

(3)委托专业律师、中介机构起草专业、全面的投资协议。

【法条链接】

《最高人民法院关于适用〈中华人民共和国公司法〉若干问题的规定(三)》第四条 公司因故未成立,债权人请求全体或者部分发起人对设立公司行为所产生的费用和债务承担连带清偿责任的,人民法院应予支持。

部分发起人依照前款规定承担责任后,请求其他发起人分担的,人民法院应当判令其他发起人按照约定的责任承担比例分担责任;没有约定责任承担比例的,按照约定的出资比例分担责任;没有约定出资比例的,按照均等份额分担责任。

因部分发起人的过错导致公司未成立,其他发起人主张其承担设立行为所产生的费用和债务的,人民法院应当根据过错情况,确定过错一方的责任范围。

《民法典》第五百六十二条 当事人协商一致,可以解除合同。

当事人可以约定一方解除合同的事由。解除合同的事由发生时,解除权人可以解除合同。

第五百六十三条 有下列情形之一的,当事人可以解除合同:

(一)因不可抗力致使不能实现合同目的;

(二)在履行期限届满前,当事人一方明确表示或者以自己的行为表明不履行主要债务;

(三)当事人一方迟延履行主要债务,经催告后在合理期限内仍未履行;

(四)当事人一方迟延履行债务或者有其他违约行为致使不能实现合同目的;

(五)法律规定的其他情形。

以持续履行的债务为内容的不定期合同,当事人可以随时解除合同,但是应当在合理期限之前通知对方。

《全国法院民商事审判工作会议纪要》 48.【违约方起诉解除】违约方不享有单方解除合同的权利。但是,在一些长期性合同如房屋租赁合同履行过程中,双方形成合同僵局,一概不允许违约方通过起诉的方式解除合同,有时对双方都不利。在此前提下,符合下列条件,违约方起诉请求解除合同的,人民法院依法予以支持:

（1）违约方不存在恶意违约的情形；

（2）违约方继续履行合同，对其显失公平；

（3）守约方拒绝解除合同，违反诚实信用原则。

人民法院判决解除合同的，违约方本应当承担的违约责任不能因解除合同而减少或者免除。

19. 可以设立一人股份有限公司吗？

【情景案例】

甲公司由赵某与黄某创办，成立于2010年，法定代表人是赵某。因业务发展需要，赵某提出由甲公司出资成立一个一人股份有限公司，但黄某认为这不可行。黄某认为，成立股份有限公司至少有2位发起人股东，且我国法律并不允许成立一人股份有限公司。

请问：甲公司可以成立一人股份有限公司吗？

【案例分析】

本案涉及的是公司法人是否可以成立一人股份有限公司的问题。

我国《公司法》第九十二条规定："设立股份有限公司，应当有一人以上二百人以下为发起人，其中应当有半数以上的发起人在中华人民共和国境内有住所。"该条款修改了原《公司法》第七十八条"设立股份有限公司，应当有二人以上二百人以下为发起人，其中须有半数以上的发起人在中国境内有住所"的规定，不再要求股份有限公司必须拥有两名以上的股东。因此，甲公司可以成立一人股份有限公司。

【风险防范建议】

一人股份有限公司股东以其认购的股份为限对公司承担责任，但股东不能证明公司财产独立于股东自己的财产的，应当对公司债务承担连带责任。为避免该风险，投资人设立一人股份有限公司时应注意：

（1）防范公司财产与股东财产混同。建立独立规范的财务管理制度，完整保留相关财务的原始凭证及账册，聘请有资质的会计师事务所进行年度审计，以便留下公司财务独立的相关证据等。

（2）防范过度支配与控制公司。股东与公司发生管理交易时，应当尽到更高的审慎义务，从交易的必要性、合理性及透明度三个方面做好合规风控。

（3）规范表决程序。一人股份有限公司做出股东决议时应当做到程序合法，透明公开，书面决议材料妥善保管，对重大事项的决议进行登记备案。

【法条链接】

《公司法》**第二十一条** 公司股东应当遵守法律、行政法规和公司章程,依法行使股东权利,不得滥用股东权利损害公司或者其他股东的利益。

公司股东滥用股东权利给公司或者其他股东造成损失的,应当承担赔偿责任。

第二十二条 公司的控股股东、实际控制人、董事、监事、高级管理人员不得利用关联关系损害公司利益。

违反前款规定,给公司造成损失的,应当承担赔偿责任。

第二十三条 公司股东滥用公司法人独立地位和股东有限责任,逃避债务,严重损害公司债权人利益的,应当对公司债务承担连带责任。

股东利用其控制的两个以上公司实施前款规定行为的,各公司应当对任一公司的债务承担连带责任。

只有一个股东的公司,股东不能证明公司财产独立于股东自己的财产的,应当对公司债务承担连带责任。

第三十一条 申请设立公司,符合本法规定的设立条件的,由公司登记机关分别登记为有限责任公司或者股份有限公司;不符合本法规定的设立条件的,不得登记为有限责任公司或者股份有限公司。

第九十一条 设立股份有限公司,可以采取发起设立或者募集设立的方式。

发起设立,是指由发起人认购设立公司时应发行的全部股份而设立公司。

募集设立,是指由发起人认购设立公司时应发行股份的一部分,其余股份向特定对象募集或者向社会公开募集而设立公司。

第九十二条 设立股份有限公司,应当有一人以上二百人以下为发起人,其中应当有半数以上的发起人在中华人民共和国境内有住所。

第九十七条第一款 以发起设立方式设立股份有限公司的,发起人应当认足公司章程规定的公司设立时应发行的股份。

第一百零八条 有限责任公司变更为股份有限公司时,折合的实收股本总额不得高于公司净资产额。有限责任公司变更为股份有限公司,为增加注册资本公开发行股份时,应当依法办理。

20. 合伙企业与有限责任公司有什么不同?

【情景案例】

邓某与许某拟创办一家皮鞋厂,邓某希望注册一家合伙企业,许某希望注册一家有限责任公司,两人各持不同意见。邓某认为,注册合伙企业可以少交税,能省的钱就是利润。许某认为,有限责任公司股东以出资额为限对公司的债务承担责任,合伙企业的合伙人要以家庭财产对工厂债务承担连带责任,风险太大。

请问:许某的说法符合我国法律规定吗?

【案例分析】

本案涉及合伙企业与有限责任公司的区别问题。

我国《合伙企业法》第二条规定:"本法所称合伙企业,是指自然人、法人和其他组织依照本法在中国境内设立的普通合伙企业和有限合伙企业。普通合伙企业由普通合伙人组成,合伙人对合伙企业债务承担无限连带责任。本法对普通合伙人承担责任的形式有特别规定的,从其规定。有限合伙企业由普通合伙人和有限合伙人组成,普通合伙人对合伙企业债务承担无限连带责任,有限合伙人以其认缴的出资额为限对合伙企业债务承担责任。"《公司法》第三条第一款规定,公司是公司法人,有独立的法人财产,享有法人财产权。公司以其全部财产对公司的债务承担责任。第四条第一款规定,有限责任公司的股东以其认缴的出资额为限对公司承担责任;股份有限公司的股东以其认购的股份为限对公司承担责任。

合伙企业与有限责任公司属于两种不同组织形式的市场主体。合伙企业不具有法人资格,但能够依法以自己的名义从事民事活动,合伙企业的普通合伙人对合伙企业的债务承担无限连带责任;而有限责任公司具有法人资格,具有独立的法人财产,公司以其全部财产对外承担责任,公司股东以其认缴的出资额为限对公司承担有限责任。

本案中,若邓某与许某拟成立的合伙企业为普通合伙企业,则作为普通合伙人的邓某和许某均应对该企业的债务承担无限连带责任,邓某和许某可以在合伙协议中对该企业债务的分担比例进行约定;若邓某与许某拟成立的合伙企业为有限合伙企业,则作为普通合伙人的一方应对企业债务承担无限连带责任,作为有限合伙人的一方在其认缴出资额的范围内对企业债务承担有限责任。

因此,许某的说法较为片面,应视具体合伙人形式进行区分,具体为普通合伙人对企业债务承担无限连带责任,有限合伙人以其认缴出资额为限对企业债务承担有限责任。

【风险防范建议】

合伙企业与有限责任公司属于两种不同形式的市场主体,投资人除债务的承担形式有差别外,两者在合伙人数、合伙事务执行、表决权、控制权、出资方式要求、份额转让、纳税要求等方面均有所差别,两者各有利弊,投资人或经营者在选择以何种形式成立经营主体前,应了解相关规定,并结合自身客观条件审慎选择,具体可能存在的风险有：

(1)合伙企业较有限责任公司而言人合性更强，合伙人对合伙企业有关事项作出决议，按照合伙协议约定的表决办法办理。合伙协议未约定或者约定不明确的，实行合伙人一人一票并经全体合伙人过半数通过的表决办法，而在改变合伙企业的名称、经营范围、主要经营场所的地点，处分合伙企业的不动产，转让或者处分合伙企业的知识产权和其他财产权利，以合伙企业名义为他人提供担保，聘任合伙人以外的人担任合伙企业的经营管理人员等事项上则需要全体合伙人一致同意。因此，合伙人在签订合伙协议时，应结合合伙企业的性质、合伙人的客观情况认真审查合伙协议的内容，确保合伙协议的全面性和可操作性，避免影响合伙公司的正常经营和可持续发展。

(2)合伙企业相对比较容易成立，对合伙人出资的要求较低，合伙人既可以用货币、实物、知识产权、土地使用权或者其他财产权利出资，也可以用劳务出资（有限合伙人除外），但因普通合伙人应当对企业债务承担无限连带责任，在选择普通合伙人前应考虑普通合伙人的个人能力、资源、偿债能力客观条件，同时结合合伙人之间的价值理念、性格等主观因素综合判断，审慎选择，避免合伙人之间因主客观条件无法达成契合而导致影响合伙企业的经营，增加企业负债和解散的风险。

(3)合伙企业可以按照合伙协议的约定或者经全体合伙人决定，委托一个或者数个合伙人对外代表合伙企业，执行合伙事务，委托执行事务合伙人后，其他合伙人不再执行合伙事务，但有权监督执行事务合伙人执行合伙事务的情况。非执行事务合伙人，应定期了解执行事务合伙人执行合伙事务的情况，监督执行事务合伙人妥善执行企业事务，确保企业正常运作，但未经全体合伙人同意切勿擅自执行合伙事务，若因此给合伙企业或其他合伙人造成损失，将承担相应的赔偿责任。

(4)合伙人未按合伙协议约定或未经全体合伙人一致同意的，不得擅自向合伙人以外的人转让、质押在合伙公司的财产份额，否则转让、质押行为无效，由此给善意第三人造成损失的，该合伙人依法应承担赔偿责任。

【法条链接】

《**合伙企业法**》**第二条** 本法所称合伙企业，是指自然人、法人和其他组织依照本法在中国境内设立的普通合伙企业和有限合伙企业。

普通合伙企业由普通合伙人组成，合伙人对合伙企业债务承担无限连带责任。本法对普通合伙人承担责任的形式有特别规定的，从其规定。

有限合伙企业由普通合伙人和有限合伙人组成，普通合伙人对合伙企业债务承担无限连带责任，有限合伙人以其认缴的出资额为限对合伙企业债务承担责任。

第十六条第一款 合伙人可以用货币、实物、知识产权、土地使用权或者其他财产权利出资,也可以用劳务出资。

第二十二条 合伙人在合伙企业清算前,不得请求分割合伙企业的财产;但是,本法另有规定的除外。

合伙人在合伙企业清算前私自转移或者处分合伙企业财产的,合伙企业不得以此对抗善意第三人。

第二十五条 合伙人以其在合伙企业中的财产份额出质的,须经其他合伙人一致同意;未经其他合伙人一致同意,其行为无效,由此给善意第三人造成损失的,由行为人依法承担赔偿责任。

第二十六条第二款 按照合伙协议的约定或者经全体合伙人决定,可以委托一个或者数个合伙人对外代表合伙企业,执行合伙事务。

第二十七条 依照本法第二十六条第二款规定委托一个或者数个合伙人执行合伙事务的,其他合伙人不再执行合伙事务。

不执行合伙事务的合伙人有权监督执行事务合伙人执行合伙事务的情况。

第三十条第一款 合伙人对合伙企业有关事项作出决议,按照合伙协议约定的表决办法办理。合伙协议未约定或者约定不明确的,实行合伙人一人一票并经全体合伙人过半数通过的表决办法。

第三十一条 除合伙协议另有约定外,合伙企业的下列事项应当经全体合伙人一致同意:

(一)改变合伙企业的名称;

(二)改变合伙企业的经营范围、主要经营场所的地点;

(三)处分合伙企业的不动产;

(四)转让或者处分合伙企业的知识产权和其他财产权利;

(五)以合伙企业名义为他人提供担保;

(六)聘任合伙人以外的人担任合伙企业的经营管理人员。

第三十三条第一款 合伙企业的利润分配、亏损分担,按照合伙协议的约定办理;合伙协议未约定或者约定不明确的,由合伙人协商决定;协商不成的,由合伙人按照实缴出资比例分配、分担;无法确定出资比例的,由合伙人平均分配、分担。

第九十八条 不具有事务执行权的合伙人擅自执行合伙事务,给合伙企业或者其他合伙人造成损失的,依法承担赔偿责任。

《公司法》第三条第一款 公司是公司法人,有独立的法人财产,享有法人财产权。公司以其全部财产对公司的债务承担责任。

第四条第一款 有限责任公司的股东以其认缴的出资额为限对公司承担责任;股份有限公司的股东以其认购的股份为限对公司承担责任。

21. 投资人对个人独资公司的债务承担连带责任吗?

【情景案例】

傅某投资 50 万元开设了一家塑料厂,创业时因找不到合作伙伴,于是注册了一家个人独资企业。2023 年 3 月开始,由于订单大减及客户拖欠货款,工厂开始拖欠供应商货款,直至 2023 年 10 月,工厂共拖欠甲公司货款 180 万元。2024 年 7 月,甲公司向法院提起诉讼,要求塑料厂归还欠款,并要求傅某承担连带责任。

请问:甲公司的请求能得到法院支持吗?

【案例分析】

本案涉及的是个人独资企业投资人对公司债务承担的问题。

我国《个人独资企业法》第二条规定:"本法所称个人独资企业,是指依照本法在中国境内设立,由一个自然人投资,财产为投资人个人所有,投资人以其个人财产对企业债务承担无限责任的经营实体。"第三十一条规定,个人独资企业财产不足以清偿债务的,投资人应当以其个人的其他财产予以清偿。

个人独资企业不具有法人资格,其性质属于非法人组织,其与有限公司在责任承担方面完全不同:有限责任公司的股东以其认缴的出资额为限对公司承担责任,股份有限公司的股东以其认购的股份为限对公司承担责任,而个人独资企业投资人以其个人财产对企业债务承担无限责任。如个人独资企业投资人在申请设立登记时明确以其家庭共有财产作为个人出资,则以家庭共有财产对企业债务承担无限责任。对此处的"无限责任",实践中有不同处理方式,有的法院判决投资人对个人独资企业债务承担连带责任,有的法院判决投资人对个人独资企业债务承担补充责任,即个人独资企业财产不足以清偿债务时,投资人以其个人财产清偿。

故甲公司向法院提起诉讼,要求塑料厂归还欠款可以得到法院的支持,但其要求傅某承担连带责任则不一定能得到法院的支持。

【风险防范建议】

就投资人而言,为规避相应风险,建议如下:

(1)谨慎选择个人独资企业模式。与一人有限责任公司股东承担有限责任不同,个人独资企业投资人系以其个人财产对企业债务承担无限责任,个人独资企业投资人承担的责任更大。为避免在出资以外对企业债务承担责任,建议投资人谨慎选择个人独资企业形式。

(2)区分个人财产和家庭财产。根据《个人独资企业法》第十八条的规定,个人独资企业投资人在申请企业设立登记时明确以其家庭共有财产作为个人出资的,应当依法以家庭共有财产对企业债务承担无限责任。因此,投资人若不想以家庭共有财产对企业债务承担无限责任的,在申请企业设立登记时切忌以家庭共有财产作为出资。此外,在经营的过程中,也应当将个人财产和家庭共有财产予以区分,以防在发生责任时,因个人财产与家庭共有财产分不清而导致家庭共有财产承担责任。

【法条链接】

《个人独资企业法》第二条 本法所称个人独资企业,是指依照本法在中国境内设立,由一个自然人投资,财产为投资人个人所有,投资人以其个人财产对企业债务承担无限责任的经营实体。

第十七条 个人独资企业投资人对本企业的财产依法享有所有权,其有关权利可以依法进行转让或继承。

第十八条 个人独资企业投资人在申请企业设立登记时明确以其家庭共有财产作为个人出资的,应当依法以家庭共有财产对企业债务承担无限责任。

第二十八条 个人独资企业解散后,原投资人对个人独资企业存续期间的债务仍应承担偿还责任,但债权人在五年内未向债务人提出偿债请求的,该责任消灭。

第三十一条 个人独资企业财产不足以清偿债务的,投资人应当以其个人的其他财产予以清偿。

《最高人民法院关于适用〈中华人民共和国民事诉讼法〉的解释》第五十二条 民事诉讼法第五十一条规定的其他组织是指合法成立、有一定的组织机构和财产,但又不具备法人资格的组织,包括:

(一)依法登记领取营业执照的个人独资企业;

……

第二章

公司内部治理法律风险

22. 不公示的规章制度能作为处罚员工的依据吗?

【情景案例】

袁某于2023年3月入职甲公司,从事质检工作。2023年国庆假期过后,袁某延迟2天才回公司上班。随后,甲公司以严重违反规章制度为由将袁某解雇。袁某不服,遂向劳动争议仲裁委员会申请仲裁。仲裁期间,甲公司出示了公司的规章制度,其中的奖惩制度规定:员工连续旷工2天属于严重违反规章制度,可以辞退,无须支付经济补偿。袁某否认自己知道公司的规章制度,公司也没有证据证明袁某知悉。

请问:甲公司的规章制度可以作为解雇袁某的依据吗?

【案例分析】

本案涉及的是未经公示的规章制度能否作为处罚员工依据的法律问题。

我国《劳动合同法》第四条第四款规定,用人单位应当将直接涉及劳动者切身利益的规章制度和重大事项决定公示,或者告知劳动者。《最高人民法院关于审理劳动争议案件适用法律问题的解释(一)》第五十条规定,用人单位根据劳动合同法第四条规定,通过民主程序制定的规章制度,不违反国家法律、行政法规及政策规定,并已向劳动者公示的,可以作为确定双方权利义务的依据。用人单位制定的内部规章制度与集体合同或者劳动合同约定的内容不一致,劳动者请求优先适用合同约定的,人民法院应予支持。由此可见,涉及劳动者切身利益的规章制度应当经过民主程序制定,且应当向劳动者公示,才能作为确定公司和劳动者双方之间权利义务的根据。

本案中,甲公司出示了公司的规章制度中关于员工连续旷工2天属于严重违反规章制度,可以辞退,无须支付经济补偿的奖惩制度规定。但是甲公司不能证明该规章制度有经过公示或者已告知劳动者,而袁某也否认自己知道公司的规章制度。因此,甲公司的规章制度不能作为解雇袁某的依据。

【风险防范建议】

根据我国法律规定,用人单位的规章制度必须经过民主程序制定,且不违反国家法律、行政法规及政策规定,还需向劳动者公示,才能作为确定双方权利义务的根据。而实践中经常出现劳动者主张不知道公司的规章制度,而公司对劳动者是否知悉规章制度的问题亦无法举证证明,导致公司在劳动合同纠纷案件处于劣势的地位。对此,公司可从以下方法入手完善公示程序:

(1)在公司的公告栏、宣传栏张贴规章制度内容、通知,同时使用电子邮件、微信群文件等方式向劳动者发送规章制度内容及张贴的通知、照片。

(2)向员工发放规章制度手册,并保留签收证明留存。

(3)举办内部培训,并做好培训会议纪要、照片、内容的留存;会议可制作签到表要求员工签到。

(4)不定期举办规章制度考试,并保留相关试卷。

【法条链接】

《劳动合同法》第四条　用人单位应当依法建立和完善劳动规章制度,保障劳动者享有劳动权利、履行劳动义务。

用人单位在制定、修改或者决定有关劳动报酬、工作时间、休息休假、劳动安全卫生、保险福利、职工培训、劳动纪律以及劳动定额管理等直接涉及劳动者切身利益的规章制度或者重大事项时,应当经职工代表大会或者全体职工讨论,提出方案和意见,与工会或者职工代表平等协商确定。

在规章制度和重大事项决定实施过程中,工会或者职工认为不适当的,有权向用人单位提出,通过协商予以修改完善。

用人单位应当将直接涉及劳动者切身利益的规章制度和重大事项决定公示,或者告知劳动者。

《最高人民法院关于审理劳动争议案件适用法律问题的解释(一)》第五十条　用人单位根据劳动合同法第四条规定,通过民主程序制定的规章制度,不违反国家法律、行政法规及政策规定,并已向劳动者公示的,可以作为确定双方权利义务的依据。

用人单位制定的内部规章制度与集体合同或者劳动合同约定的内容不一致,劳动者请求优先适用合同约定的,人民法院应予支持。

23. 未被通知参加股东会的股东可请求法院撤销决议吗?

【情景案例】

2022年3月,邓某、许某与傅某共同出资成立甲公司并制定了章程。邓某出资400万元占股40%,许某出资350万元占股35%,傅某出资250万元占股25%。2024年7月,甲公司在没有通知许某的情况下作出关于吸收李某为股东并增加500万元注册资本的股东会决议。许某事后得知后,表示强烈反对并诉至法院,请求撤销该股东会决议。

请问:许某的请求能得到法院支持吗?

【案例分析】

本案涉及的是未被通知参加股东会的股东是否享有请求法院撤销股东会决议的权利,以及其请求能否得到支持的问题。

我国《公司法》第六十四条第一款规定:"召开股东会会议,应当于会议召开十五日前通知全体股东;但是,公司章程另有规定或者全体股东另有约定的除外。"第二十六条规定:"公司股东会、董事会的会议召集程序、表决方式违反法律、行政法规或者公司章程,或者决议内容违反公司章程的,股东自决议作出之日起六十日内,可以请求人民法院撤销。但是,股东会、董事会的会议召集程序或者表决方式仅有轻微瑕疵,对决议未产生实质影响的除外。未被通知参加股东会会议的股东自知道或者应当知道股东会决议作出之日起六十日内,可以请求人民法院撤销;自决议作出之日起一年内没有行使撤销权的,撤销权消灭。"

本案中,邓某、许某、傅某均为甲公司股东,但是,甲公司在没有通知许某的情况下作出关于吸收李某为股东并增加注册资本500万元的股东会决议,属于法律规定的可以请求人民法院撤销的情形。且从股权比例来说,甲公司所表决事项之一为增加注册资本500万元,按法律规定须经代表2/3以上表决权的股东通过。邓某、傅某的股权比例合计为65%,未超过2/3,故如许某参加股东会,其持有的35%股权比例对该决议的通过将可能产生实质影响。

综上所述,许某未被通知参加股东会,其有权请求法院撤销股东会决议,且该股东会的召集程序、表决方式有瑕疵,对决议亦将产生实质影响,故许某的请求能得到法院的支持。

【风险防范建议】

不管是公司还是股东,在召开股东会时都应当严格遵守《公司法》及公司章程关于程序的规定。召开股东会会议,应当通知全体股东,且在时间上应当在会议召开15日前通知。股东未被通知参加股东会会议,虽然可请求人民法院撤销股东会决议,但应当注意时间问题,股东会决议作出之日起60日内,未被通知参加股东会的股东自知道或者应当知道股东会决议作出之日起60日内可以请求人民法院撤销。此60日是除斥期间,不存在中断或者中止的问题。一旦超过60日,即使股东未被通知参加股东会,也不能请求人民法院撤销该股东会决议。

【法条链接】

《公司法》第二十六条　公司股东会、董事会的会议召集程序、表决方式违反法律、行政法规或者公司章程,或者决议内容违反公司章程的,股东自决议作出之日起六十日内,可以请求人民法院撤销。但是,股东会、董事会的会议召集程序或者表决方式仅有轻微瑕疵,对决议未产生实质影响的除外。

未被通知参加股东会会议的股东自知道或者应当知道股东会决议作出之日起六十日内,可以请求人民法院撤销;自决议作出之日起一年内没有行使撤销权的,撤销权消灭。

第六十四条　召开股东会会议,应当于会议召开十五日前通知全体股东;但是,公司章程另有规定或者全体股东另有约定的除外。

股东会应当对所议事项的决定作成会议记录,出席会议的股东应当在会议记录上签名或者盖章。

第六十六条　股东会的议事方式和表决程序,除本法有规定的外,由公司章程规定。

股东会作出决议,应当经代表过半数表决权的股东通过。

股东会作出修改公司章程、增加或者减少注册资本的决议,以及公司合并、分立、解散或者变更公司形式的决议,应当经代表三分之二以上表决权的股东通过。

24. 员工使用公司丢失的公章对外提供担保,公司是否需承担担保责任?

【情景案例】

因保管不善,甲公司于2024年3月丢失公章。之后,甲公司重刻一枚公章,但并未在公安部门备案,也没有将公章丢失一事报并声明该公章作废。沈某是甲公司的副总经理,其在整理办公室时,无意中发现了甲公司丢失的公章,但其没有交给公司。2024年7月1日,郑某想向曾某借款500万元,但曾某要求其提供担保,故郑某找到沈某帮忙,并承诺如果能找到担保人成功为其担保,可以向其支付20万元服务费。2024年7月10日,沈某带曾某到甲公司参观厂区,沈某全程进行接待,并介绍自己是甲公司的副总经理。曾某对甲公司的实力表示认可,于是郑某与曾某在沈某办公室签订了借款合同,担保人处加盖了甲公司之前丢失的公章。借款到期后,郑某因无力偿还款,曾某遂要求甲公司还款,但遭到拒绝。

请问:甲公司对郑某的债务要承担担保责任吗?

【案例分析】

本案涉及的是公司员工私自使用公章对外提供担保,公司是否需要承担担保责任的法律问题。

我国《公司法》第十五条第一款规定,公司向其他公司投资或者为他人提供担保,按照公司章程的规定,由董事会或者股东会决议;公司章程对投资或者担保的总额及单项投资或者担保的数额有限额规定的,不得超过规定的限额。《最高人民法院关于适用〈中华人民共和国民法典〉有关担保制度的解释》第八条第一款规定:"有下列情形之一,公司以其未依照公司法关于公司对外担保的规定作出决议为由主张不承担担保责任的,人民法院不予支持:(一)金融机构开立保函或者担保公司提供担保;(二)公司为其全资子公司开展经营活动提供担保;(三)担保合同系由单独或者共同持有公司三分之二以上对担保事项有表决权的股东签字同意。"

本案中,沈某系甲公司的副总经理,并非法定代表人。虽然曾某在签订借款合同之前,参观过甲公司厂区,沈某作为甲公司副总经理全程接待,但是法律规定公司为他人提供担保需按章程规定经董事会或者股东会决议。本案中,甲公司并未出具董事会或者股东会决议,且该担保事项不属于法律规定无须公司决议的情形。故即使借款合同担保人处加盖了甲公司之前丢失的公章,甲公司对郑某的债务亦无须承担担保责任。

【风险防范建议】

虽然类似本案的对外担保行为因缺乏公司决议而无效,但是如法定代表人使用丢失公章进行担保,而相对人是善意的,担保合同仍可能被认定为有效。且丢失公章亦可能会被他人用来做违法乱纪之事,如假冒公司名义对外签订合同或者进行授权委托。因此,当公司发现公章丢失时,应采取以下措施:

(1)及时向公安机关报案,并在市级以上公开发行的报纸上发布遗失声明,公开告知利益相关人。

(2)重新委托具备印章刻制资格的主体进行刻制,按规定办理备案手续。需要特别说明的是,重新刻制的印章应与原章有显著区别,以便于区分。

【法条链接】

《公司法》第十五条　公司向其他公司投资或者为他人提供担保,按照公司章程的规定,由董事会或者股东会决议;公司章程对投资或者担保的总额及单项投资或者担保的数额有限额规定的,不得超过规定的限额。

公司为公司股东或者实际控制人提供担保的,应当经股东会决议。

前款规定的股东或者受前款规定的实际控制人支配的股东,不得参加前款规定事项的表决。该项表决由出席会议的其他股东所持表决权的过半数通过。

《最高人民法院关于适用〈中华人民共和国民法典〉有关担保制度的解释》第七条　公司的法定代表人违反公司法关于公司对外担保决议程序的规定,超越权限代表公司与相对人订立担保合同,人民法院应当依照民法典第六十一条和第五百零四条等规定处理:

(一)相对人善意的,担保合同对公司发生效力;相对人请求公司承担担保责任的,人民法院应予支持。

(二)相对人非善意的,担保合同对公司不发生效力;相对人请求公司承担赔偿责任的,参照适用本解释第十七条的有关规定。

法定代表人超越权限提供担保造成公司损失,公司请求法定代表人承担赔偿责任的,人民法院应予支持。

第一款所称善意,是指相对人在订立担保合同时不知道且不应当知道法定代表人超越权限。相对人有证据证明已对公司决议进行了合理审查,人民法院应当认定其构成善意,但是公司有证据证明相对人知道或者应当知道决议系伪造、变造的除外。

第八条　有下列情形之一,公司以其未依照公司法关于公司对外担保的规定作出决议为由主张不承担担保责任的,人民法院不予支持:

(一)金融机构开立保函或者担保公司提供担保;

(二)公司为其全资子公司开展经营活动提供担保;

(三)担保合同系由单独或者共同持有公司三分之二以上对担保事项有表决权的股东签字同意。

上市公司对外提供担保,不适用前款第二项、第三项的规定。

25. 法定代表人涉嫌犯罪,股东会可以变更法定代表人吗?

【情景案例】

甲公司由彭某、吕某、苏某共同创办,三人分别持股42%、38%、20%,彭某担任公司法定代表人。在一次饭局应酬中,彭某因酒后伤人,涉嫌故意伤害罪被依法刑事拘留。甲公司不设董事会,由彭某担任甲公司的董事,公司日常事务由彭某负责;在彭某被拘留后,公司无法正常运作。为此,甲公司召开临时股东会,作出将公司的董事更换为吕某、法定代表人变更为吕某的决议。

请问:彭某被刑事拘留期间,股东会可以变更法定代表人吗?

【案例分析】

本案涉及的是股东会是否有权变更法定代表人的法律问题。

我国《公司法》第十条第一款规定,公司的法定代表人按照公司章程的规定,由代表公司执行公司事务的董事或者经理担任。根据该法第五十九条的规定,股东会职权包括有选举和更换董事、监事,决定有关董事、监事的报酬事项。该法第六十六条规定:"股东会的议事方式和表决程序,除本法有规定的外,由公司章程规定。股东会作出决议,应当经代表过半数表决权的股东通过。股东会作出修改公司章程、增加或者减少注册资本的决议,以及公司合并、分立、解散或者变更公司形式的决议,应当经代表三分之二以上表决权的股东通过。"

本案中,甲公司的股东会有更换董事的职权。更换董事不属于法律规定必须经代表 2/3 以上表决权的股东通过的事项,因此过半数即可。因彭某被刑事拘留,甲公司的临时股东会由吕某和苏某参加,其二人的表决权合并为 58%,已过半数。因此,甲公司可以通过股东会决议变更公司董事并由新的董事担任公司法定代表人。故彭某被刑事拘留期间,甲公司的股东会可以变更法定代表人。

【风险防范建议】

公司的法定代表人如因犯罪被拘留,会对公司的日常工作产生非常大的影响。因此,为避免影响公司运营,建议可从以下几点入手:

(1)召开临时股东会,对更换董事长(设董事会的公司)、董事或经理(不设董事会的公司)作出决议。

(2)临时股东会要做好书面会议记录及决议存档,由与会人员签名保存,该事项表决应经有表决权股东过半数通过。

(3)及时办理变更登记手续。

【法条链接】

《公司法》第十条 公司的法定代表人按照公司章程的规定,由代表公司执行公司事务的董事或者经理担任。

担任法定代表人的董事或者经理辞任的,视为同时辞去法定代表人。

法定代表人辞任的,公司应当在法定代表人辞任之日起三十日内确定新的法定代表人。

第三十五条 公司申请变更登记,应当向公司登记机关提交公司法定代表人签署的变更登记申请书、依法作出的变更决议或者决定等文件。

公司变更登记事项涉及修改公司章程的,应当提交修改后的公司章程。

公司变更法定代表人的,变更登记申请书由变更后的法定代表人签署。

第五十九条 股东会行使下列职权:

(一)选举和更换董事、监事,决定有关董事、监事的报酬事项;

(二)审议批准董事会的报告;

(三)审议批准监事会的报告;

(四)审议批准公司的利润分配方案和弥补亏损方案;

(五)对公司增加或者减少注册资本作出决议;

(六)对发行公司债券作出决议;

(七)对公司合并、分立、解散、清算或者变更公司形式作出决议;

(八)修改公司章程;

(九)公司章程规定的其他职权。

股东会可以授权董事会对发行公司债券作出决议。

对本条第一款所列事项股东以书面形式一致表示同意的,可以不召开股东会会议,直接作出决定,并由全体股东在决定文件上签名或者盖章。

第六十六条 股东会的议事方式和表决程序,除本法有规定的外,由公司章程规定。

股东会作出决议,应当经代表过半数表决权的股东通过。

股东会作出修改公司章程、增加或者减少注册资本的决议,以及公司合并、分立、解散或者变更公司形式的决议,应当经代表三分之二以上表决权的股东通过。

第七十一条 股东会可以决议解任董事,决议作出之日解任生效。

无正当理由,在任期届满前解任董事的,该董事可以要求公司予以赔偿。

26. 滥用股东权利给公司造成损失的股东要承担什么责任?

【情景案例】

甲公司由卢某、蒋某与蔡某等10人共同创办,卢某占股40%,蒋某占股20%,蔡某与其他股东共占股40%。卢某是天使投资人,不参与公司经营。2024年10月8日,卢某拟向某银行申请贷款600万元,希望甲公司提供担保。甲公司于2024年10月10日召开股东会,决定以甲公司自有的厂房为卢某提供担保。在股东会召开会议讨论时,蒋某表示同意,蔡某与其他股东表示反对,而卢某也作为股东参加参议并表决同意公司为其担保。借款到期后，卢某无力还款，某银行遂将甲公司诉至法院，要求以甲公司的厂房抵偿卢某的债务。

请问：卢某滥用股东权利给公司造成损失，要承担责任吗？

【案例分析】

本案涉及的是股东滥用股东权利损害公司利益的，是否应当承担法律责任的问题。

我国《公司法》第十五条规定，公司向其他公司投资或者为他人提供担保，按照公司章程的规定，由董事会或者股东会决议；公司章程对投资或者担保的总额及单项投资或者担保的数额有限额规定的，不得超过规定的限额。公司为公司股东或者实际控制人提供担保的，应当经股东会决议。前款规定的股东或者受前款规定的实际控制人支配的股东，不得参加前款规定事项的表决。该项表决由出席会议的其他股东所持表决权的过半数通过。第二十一条规定，公司股东应当遵守法律、行政法规和公司章程，依法行使股东权利，不得滥用股东权利损害公司或者其他股东的利益。公司股东滥用股东权利给公司或者其他股东造成损失的，应当承担赔偿责任。

本案中，卢某为甲公司股东，占股40%。因卢某拟向银行申请贷款，希望甲公司提供担保，甲公司召开股东会，会议上，蒋某表示同意，蔡某与其他股东表示反对，而卢某也作为股东参加会议并表决同意公司为其担保。按法律规定，卢某不能参加该项事项的表决。那么除去卢某40%的股权，剩下的60%表决权中，蔡某与其他股东占股40%表示反对，虽蒋某同意，但其股权占比为仅为20%。未能达到法律规定的由出席会议的其他股东所持表决权（除去卢某所持股权后剩余的60%股权）的过半数通过，因此，该项表决并未获得通过。但是本案中，卢某不应参与表决却参加了表决，导致股东会决议通过。因卢某无力还款致甲公司被诉承担责任，说明卢某滥用股东权利给公司造成了损失，依法应当承担赔偿责任。

【风险防范建议】

为预防公司对外担保产生的法律风险，公司可以采取以下措施进行防范：

（1）公司章程可明确规定公司对外担保，应当经股东会代表2/3以上表决权的股东通过。

（2）公司章程可明确规定对外担保的总额和单项担保的数额。

（3）可制定对外担保制度，设定对外担保的总额和单项担保的数额，同时规定在公司股东会对公司股东提供担保事项作出表决时，相关股东应当回避，不得参与决议。

（4）要求被担保方对公司提供反担保。

【法条链接】

《公司法》第十五条 公司向其他公司投资或者为他人提供担保,按照公司章程的规定,由董事会或者股东会决议;公司章程对投资或者担保的总额及单项投资或者担保的数额有限额规定的,不得超过规定的限额。

公司为公司股东或者实际控制人提供担保的,应当经股东会决议。

前款规定的股东或者受前款规定的实际控制人支配的股东,不得参加前款规定事项的表决。该项表决由出席会议的其他股东所持表决权的过半数通过。

第二十一条 公司股东应当遵守法律、行政法规和公司章程,依法行使股东权利,不得滥用股东权利损害公司或者其他股东的利益。

公司股东滥用股东权利给公司或者其他股东造成损失的,应当承担赔偿责任。

第二十二条 公司的控股股东、实际控制人、董事、监事、高级管理人员不得利用关联关系损害公司利益。

违反前款规定,给公司造成损失的,应当承担赔偿责任。

27.董事、监事因过错给公司造成损失,要承担什么责任?

【情景案例】

甲公司是一家生产灯饰的公司,注册资本8000万元,由蒋某、蔡某、贾某、丁某等10人创办。公司成立时,全体股东一致选举蒋某、蔡某、贾某担任董事,蒋某担任董事长,丁某担任监事。公司章程规定:股东会决定公司的投资计划,股东会对投资计划需由代表2/3以上表决权的股东通过;监事可以列席董事会会议,对董事履行职责进行监督,发现公司经营情况异常,应及时向股东报告,必要时可以提议召开临时股东会。

乙房地产公司创始人魏某是蒋某的大学同学,两人关系甚好。2024年8月,魏某邀请蒋某入股乙房地产公司,蒋某考察后认为可行,打算投资3000万元。2024年9月1日,蒋某召开董事会,邀请监事丁某出席。蒋某在董事会上介绍了乙房地产公司的经营情况,并打算投资3000万元占股20%。与会董事一致通过,丁某也没有提出异议。

2024年11月,乙房地产公司因资不抵债被债权人申请破产。原来魏某找蒋某时公司已资不抵债,魏某用假的财务报表欺骗了蒋某。事后,薛某等其他股东以蒋某、蔡某、贾某、丁某违反公司章程规定致使公司损失3000万元为由诉至法院,要求四人赔偿投资损失。

请问:蒋某、蔡某、贾某、丁某给甲公司造成损失,要承担什么责任?

【案例分析】

本案涉及的是董事、监事执行职务违反章程规定，给公司造成损失的，应当承担的法律责任。

根据我国《公司法》第六十七条第二款的规定，董事会行使的职权包括召集股东会会议，并向股东会报告工作；以及执行股东会的决议等事项。根据该法第七十八条的规定，监事会行使的职权包括对董事、高级管理人员执行职务的行为进行监督，对违反法律、行政法规、公司章程或者股东会决议的董事、高级管理人员提出解任的建议。该法第一百八十八条规定，董事、监事、高级管理人员执行职务违反法律、行政法规或者公司章程的规定，给公司造成损失的，应当承担赔偿责任。

本案中，蒋某、蔡某、贾某作为甲公司董事会成员，在决议投资 3000 万元入股乙房地产公司的投资计划中，明知甲公司章程明确规定了"股东会决定公司的投资计划，且股东会对投资计划需由 2/3 以上表决权的股东通过"，却没有将投资计划提交股东会决议。而丁某作为公司的监事，列席董事会会议，在发现该问题的情况下，没有及时向股东会报告，最终导致公司损失 3000 万元。董事蒋某、蔡某、贾某和监事丁某执行职务违反公司章程的规定，造成甲公司损失 3000 万元，依法应当承担赔偿责任。

【风险防范建议】

公司为防范对外投资法律风险，可采取以下措施：

(1) 公司章程明确规定公司对外投资，应当经股东会代表 2/3 以上表决权的股东通过。

(2) 公司章程明确规定对外投资的总额和单项投资的数额。

(3) 公司章程明确董事、监事、高级管理人员各自的职责和权限范围，在其没有依法依规履行职务时，公司可进行追责。

(4) 发现董事、监事、高级管理人员执行职务违反法律、行政法规或者公司章程，且给公司造成损失的，股东应当及时提起诉讼，要求相关人员承担赔偿责任。

(5) 如投资对象存在伪造财务报表，骗取公司投资款的违法犯罪行为，应当及时报警，追究投资对象的刑事责任。

【法条链接】

《公司法》第六十七条　有限责任公司设董事会，本法第七十五条另有规定的除外。

董事会行使下列职权：

(一) 召集股东会会议，并向股东会报告工作；

(二)执行股东会的决议;

(三)决定公司的经营计划和投资方案;

(四)制订公司的利润分配方案和弥补亏损方案;

(五)制订公司增加或者减少注册资本以及发行公司债券的方案;

(六)制订公司合并、分立、解散或者变更公司形式的方案;

(七)决定公司内部管理机构的设置;

(八)决定聘任或者解聘公司经理及其报酬事项,并根据经理的提名决定聘任或者解聘公司副经理、财务负责人及其报酬事项;

(九)制定公司的基本管理制度;

(十)公司章程规定或者股东会授予的其他职权。

公司章程对董事会职权的限制不得对抗善意相对人。

第七十八条 监事会行使下列职权:

(一)检查公司财务;

(二)对董事、高级管理人员执行职务的行为进行监督,对违反法律、行政法规、公司章程或者股东会决议的董事、高级管理人员提出解任的建议;

(三)当董事、高级管理人员的行为损害公司的利益时,要求董事、高级管理人员予以纠正;

(四)提议召开临时股东会会议,在董事会不履行本法规定的召集和主持股东会会议职责时召集和主持股东会会议;

(五)向股东会会议提出提案;

(六)依照本法第一百八十九条的规定,对董事、高级管理人员提起诉讼;

(七)公司章程规定的其他职权。

第七十九条 监事可以列席董事会会议,并对董事会决议事项提出质询或者建议。

监事会发现公司经营情况异常,可以进行调查;必要时,可以聘请会计师事务所等协助其工作,费用由公司承担。

第一百八十八条 董事、监事、高级管理人员执行职务违反法律、行政法规或者公司章程的规定,给公司造成损失的,应当承担赔偿责任。

28.实际控制人指使高级管理人员从事损害公司利益的行为,需要承担什么责任?

【情景案例】

甲服装公司成立于1998年,注册资本1亿元,由周某与吴某等10位股东出资成立。周某占股51%,是公司的法定代表人。周某是徐某的表弟,周某的出资实际由徐某出,两人私下签订股权代持协议。甲服装公司平时重要决策实际均由徐某作出,其他股东均知情。2024年7月1日,徐某成立乙公司。2024年7月15日,徐某通知甲服装公司副总经理孙某采购乙公司的布料。2024年8月,吴某等股东发现,乙公司出售给甲服装公司的面料高于市场价20%,给公司造成了300万元的损失,不知如何是好。

请问:吴某等股东可以如何维权?

【案例分析】

本案涉及的是公司的控股股东、实际控制人指示高级管理人员从事损害公司利益的行为,是否应当承担责任及如何追责的问题。

我国《公司法》第一百八十条规定:"董事、监事、高级管理人员对公司负有忠实义务,应当采取措施避免自身利益与公司利益冲突,不得利用职权牟取不正当利益。董事、监事、高级管理人员对公司负有勤勉义务,执行职务应当为公司的最大利益尽到管理者通常应有的合理注意。公司的控股股东、实际控制人不担任公司董事但实际执行公司事务的,适用前两款规定。"第一百九十二条规定,公司的控股股东、实际控制人指示董事、高级管理人员从事损害公司或者股东利益的行为的,与该董事、高级管理人员承担连带责任。

本案中,徐某作为甲服装公司实际控制人,虽不担任公司董事,但实际执行公司事务,甲服装公司的重要决策均由其作出,其依法负有忠实义务及勤勉义务。但徐某违背忠实义务,利用其对甲服装公司的影响,指示甲服装公司副总经理孙某采购其成立的乙公司的布料,利用职权谋取不正当利益,作出损害公司及股东利益的行为,且给公司造成了300万元的损失,徐某与孙某均应当承担连带责任。因此,吴某等股东可以向法院起诉,要求徐某、孙某对公司的损失承担连带责任。

【风险防范建议】

在民营公司中,小股东不一定参与公司的经营管理,如果公司的控股股东、实际控制人利用其对公司的影响,指使董事、高级管理人员从事损害公司或者股东利益的行为,给公司或者股东造成损失,那么,小股东应当如何及时发现的问题呢?

要防范该风险,首先,公司股东应定期行使其知情权;《公司法》规定,公司股东享有查阅、复制公司章程、股东会会议记录、董事会会议决议、监事会会议决议和财务会计报告的权利。股东可通过行使知情权,查阅公司财务会计报告等材料,进而发现股东损害公司利益的行为。2023年修订的《公司法》将股东知情权的范围放宽至公司全资子公司,弥补了之前的规定空白。其次,在发现前述损害公司利益行为的情形下,股东可以自己的名义维护公司和自身的合法权益。及时起诉、及时止损、及时追责。

【法条链接】

《公司法》第一百八十条　董事、监事、高级管理人员对公司负有忠实义务,应当采取措施避免自身利益与公司利益冲突,不得利用职权牟取不正当利益。

董事、监事、高级管理人员对公司负有勤勉义务,执行职务应当为公司的最大利益尽到管理者通常应有的合理注意。

公司的控股股东、实际控制人不担任公司董事但实际执行公司事务的,适用前两款规定。

第一百九十条　董事、高级管理人员违反法律、行政法规或者公司章程的规定,损害股东利益的,股东可以向人民法院提起诉讼。

第一百九十二条　公司的控股股东、实际控制人指示董事、高级管理人员从事损害公司或者股东利益的行为的,与该董事、高级管理人员承担连带责任。

29. 法定代表人执行职务造成他人损害的,责任由谁承担?

【情景案例】

甲公司成立于2020年1月,由胡某与朱某共同创办,法定代表人是胡某。2024年7月9日,胡某在开车去乙公司签约的过程中因超速驾驶致行人高某死亡。由于汽车没有购买商业保险,且胡某负全部责任,故甲公司事后向高某家人赔偿80万元。朱某认为,胡某超速驾驶存在重大过错,该损失应当由胡某承担。

请问:甲公司可以要求胡某赔偿损失吗?

【案例分析】

本案涉及的是公司的法定代表人职务侵权行为的责任承担问题。

我国《公司法》第十一条第三款规定,法定代表人因执行职务造成他人损害的,由公司承担民事责任。公司承担民事责任后,依照法律或者公司章程的规定,可以向有过错的法定代表人追偿。《民法典》第一千一百九十一条第一款规定,用人单位的工作人员因执行工作任务造成他人损害的,由用人单位承担侵权责任。用人单位承担侵权责任后,可以向有故意或者重大过失的工作人员追偿。

本案中,胡某为甲公司的法定代表人,其在开车去乙公司签约的过程中发生交通事故致行人高某死亡,属于法定代表人因执行职务造成他人损害,依法公司应当承担民事责任,故本案甲公司事后给高某家人赔偿80万元。但是在该执行职务的过程中,胡某超速驾驶导致发生事故,存在重大过失,因此甲公司赔偿80万元之后可以向存在过错的胡某追偿。

【风险防范建议】

　　法定代表人,顾名思义是代表法人(公司)行使职权的负责人。因此法定代表人以公司名义从事的民事活动,法律后果由公司承担。当法定代表人因为执行职务造成他人损害时,由公司先承担民事责任后再向有过错的法定代表人追偿。这里法律强调的是有过错的法定代表人。而"过错"的定义,在涉及行政违法及刑事违法行为方面的认定比较简单,像本案中的超速驾驶、醉驾等受到行政拘留、刑事处罚的,都属于有过错。但是在民事领域,"过错"的定义相对会较为模糊。因此公司要防范这方面的法律风险,可以在公司章程中对法定代表人职权进行相应的限制,虽然这类型限制对外不得对抗善意相对人,但是对内,当法定代表人超过职权执行职务造成他人损害时,公司可依据章程证明法定代表人存在过错,从而对法定代表人追责。

【法条链接】

　　《公司法》第十一条　法定代表人以公司名义从事的民事活动,其法律后果由公司承受。

　　公司章程或者股东会对法定代表人职权的限制,不得对抗善意相对人。

　　法定代表人因执行职务造成他人损害的,由公司承担民事责任。公司承担民事责任后,依照法律或者公司章程的规定,可以向有过错的法定代表人追偿。

　　《民法典》第一千一百九十一条　用人单位的工作人员因执行工作任务造成他人损害的,由用人单位承担侵权责任。用人单位承担侵权责任后,可以向有故意或者重大过失的工作人员追偿。

　　劳务派遣期间,被派遣的工作人员因执行工作任务造成他人损害的,由接受劳务派遣的用工单位承担侵权责任;劳务派遣单位有过错的,承担相应的责任。

30.董事会决议违反公司章程致使公司遭受严重损失,参与决议的董事要承担责任吗?

【情景案例】

　　某科技公司成立于2021年,注册资本1亿元,共有股东20人。董事会成员包括甲、乙、丙、丁、戊。2024年7月,某科技公司召开董事会就公司拟对新科技产品的投资方案进行表决,所有董事会成员均同意该投资方案。之后,由于该董事会决议通过的投资方案违反公司章程导致公司损失1000万元,某科技公司遂将甲、乙、丙、丁、戊诉至法院,要求赔偿损失。

请问:某科技公司的请求能得到法院支持吗?

【案例分析】

本案涉及的是董事的职务行为违反公司章程规定应承担的责任问题。

我国《公司法》第一百八十八条规定,董事、监事、高级管理人员执行职务违反法律、行政法规或者公司章程的规定,给公司造成损失的,应当承担赔偿责任。

本案中,某科技公司召开董事会,所有董事会成员甲、乙、丙、丁、戊均参加了该会议,并均同意对新科技产品的投资方案,形成董事会决议。但是该董事会决议违反了公司章程的规定,且给某科技公司造成了损失1000万元。因此,参与决议的董事甲、乙、丙、丁、戊均需承担赔偿责任。故某科技公司的请求能够得到法院的支持。

【风险防范建议】

在实务中,董事、监事、高级管理人员执行职务违反法律、行政法规或者公司章程规定,给公司造成损失的情形屡见不鲜。要防范该类法律风险,要重视公司章程的约定,在公司章程中应当对董事、监事、高级管理人员的职权范围进行规定。现实中,大部分公司在设立时采用行政管理部门的章程模板,行政管理部门的模板为最基础的法律规定,不能满足公司的个性化需求。建议根据公司特性对章程进行个性化定制,针对公司的经营范围、经营模式以及股东、董事、监事之间合作的契合度进行设计。特别是应针对公司的实际情况明确规定股东会、董事会、监事会、高级管理人员的具体职责范围,一方面便于董、监、高在执行职务时明确各自职权范围界限,有章可依;另一方面在董、监、高的职务行为违反章程规定给公司造成损失时,也可依据章程规定进行追责,维护公司的利益。

【法条链接】

《公司法》第一百八十八条 董事、监事、高级管理人员执行职务违反法律、行政法规或者公司章程的规定,给公司造成损失的,应当承担赔偿责任。

31. 对于可撤销的股东会决议,股东可在什么时间提出撤销?

【情景案例】

某物流公司成立于2020年1月,由林某、何某、郭某、马某与罗某五人共同创办,林某、何某、郭某、马某每人占股 15%，罗某占股 40%。林某担任公司董事长；罗某是公司的天使投资人，平时很少在公司。2023 年 3 月 1 日，林某在未按公司章程的规定通知罗某的情况下，作出了何某向梁某转让 5% 股权的股东会决议。之后，某物流公司办理了股权变更登记手续。2023 年 4 月 15 日，罗某得知此事后并未提出反对意见。2024 年 7 月 10 日，罗某与梁某两人发生矛盾，罗某遂向法院提起诉讼，请求法院撤销公司于 2023 年 3 月 1 日作出的股东会决议。

请问：罗某的请求能得到法院支持吗？

【案例分析】

本案涉及的是未被通知参加股东会的股东提起撤销股东会决议的期限问题。

根据《公司法》第二十六条的规定，"公司股东会、董事会的会议召集程序、表决方式违反法律、行政法规或者公司章程，或者决议内容违反公司章程的，股东自决议作出之日起六十日内，可以请求人民法院撤销。但是，股东会、董事会的会议召集程序或者表决方式仅有轻微瑕疵，对决议未产生实质影响的除外。未被通知参加股东会会议的股东自知道或者应当知道股东会决议作出之日起六十日内，可以请求人民法院撤销；自决议作出之日起一年内没有行使撤销权的，撤销权消灭"。第六十四条第一款规定，召开股东会会议，应当于会议召开 15 日前通知全体股东；但是，公司章程另有规定或者全体股东另有约定的除外。

本案中，某物流公司召开股东会未按公司章程规定通知股东罗某，亦未按照法律规定在会议召开 15 日前通知罗某参加股东会。股东会会议召集程序有瑕疵。但是，罗某在 2023 年 4 月 15 日得知何某向梁某转让 5% 股权的股东会决议后并未提出反对意见。如罗某持反对意见，其应在法律规定的 60 日内，即 2023 年 6 月 14 日前请求人民法院撤销该股东会决议，而罗某没有及时行使权利。直至 1 年多之后的 2024 年 7 月 10 日才向法院请求撤销，已超过法律规定的撤销权的行使期限。因此，罗某的请求不能得到法院的支持。

【风险防范建议】

我国法律规定股东请求撤销股东会决议有时间限制，为 60 日。被通知参加股东会的股东自决议作出之日起 60 日内，未被通知参加股东会的股东自知道或者应当知道股东会决议作出之日起 60 日内，可以请求人民法院撤销。该 60 日是除斥期间，不适用诉讼时效中止、中断的规定。因此为防范相应风险，股东要及时行使权利，避免因超过期限而丧失胜诉权。

【法条链接】

《公司法》第二十六条　公司股东会、董事会的会议召集程序、表决方式违反法律、行政法规或者公司章程，或者决议内容违反公司章程的，股东自决议作出之日起六十日内，可以请求人民法院撤销。但是，股东会、董事会的会议召集程序或者表决方式仅有轻微瑕疵，对决议未产生实质影响的除外。

未被通知参加股东会会议的股东自知道或者应当知道股东会决议作出之日起六十日内，可以请求人民法院撤销；自决议作出之日起一年内没有行使撤销权的，撤销权消灭。

第六十四条　召开股东会会议，应当于会议召开十五日前通知全体股东；但是，公司章程另有规定或者全体股东另有约定的除外。

股东会应当对所议事项的决定作成会议记录，出席会议的股东应当在会议记录上签名或者盖章。

32. 大股东与公司之间进行交易，合法吗？

【情景案例】

甲木材公司成立于2015年6月，公司股东为叶某夫妇两人。2024年7月，叶某与余某、潘某发起设立乙家具公司，叶某持股60%，余某与潘某各持股20%。2024年8月，叶某以乙家具公司名义与甲木材公司签订一份《买卖合同》，约定乙家具公司按市场价格向甲木材公司购买10吨铁木。事后，潘某发现乙家具公司向甲木材公司进货，认为叶某滥用控制权实施关联交易，表示强烈反对。叶某认为，甲木材公司是以市场价格向乙家具公司出售铁木，并不违反我国法律规定。

请问：叶某的说法正确吗？

【案例分析】

本案涉及的是法律是否禁止大股东实施关联交易的问题。

我国《公司法》第二十二条规定，公司的控股股东、实际控制人、董事、监事、高级管理人员不得利用关联关系损害公司利益。违反前款规定，给公司造成损失的，应当承担赔偿责任。由此可见，公司法规定的是控股股东的关联交易损害公司利益并造成公司损失的，才需承担赔偿责任。

本案中，叶某持有乙家具公司60%股权，属于控股股东，而甲木材公司股东为叶某夫妇二人。叶某以乙家具公司名义与甲木材公司签订一份《买卖合同》，属于控股股东实施关联交易。但是该《买卖合同》约定的价格是市场价格；换言之，叶某签订的

《买卖合同》并未损害公司利益,依法不属于应承担赔偿责任的情形。因此,叶某的说法是正确的。

【风险防范建议】

我国法律并不禁止关联交易,仅禁止损害公司利益的不正当关联交易。当公司规模扩大后,公司职能化的分支机构越来越多,关联交易也就不可避免。这就要求控股股东、实际控制人、董、监、高要履行自身的诚信义务、勤勉尽责,避免不正当的关联交易。当公司控股股东、实际控制人、董、监、高利用关联交易损害公司利益给公司造成损失时,应当承担赔偿责任。

值得注意的是,现行《公司法》较之前扩大了董、监、高关联交易的范围,不仅包括直接交易,还增加了间接交易,同时将董、监、高的近亲属,董、监、高或其近亲属直接或间接控制的公司,以及与董、监、高有其他关联关系的关联人与公司的交易也纳入关联交易的监管范围,且明确要求董、监、高就与订立合同或者进行交易有关的事项向董事会或者股东会报告,并按照公司章程的规定经董事会或者股东会决议通过。董、监、高违反该义务的,无论该关联交易是否对公司造成损失,董、监、高因该交易产生的所得收入都归公司所有。

【法条链接】

《公司法》第二十一条　公司股东应当遵守法律、行政法规和公司章程,依法行使股东权利,不得滥用股东权利损害公司或者其他股东的利益。

公司股东滥用股东权利给公司或者其他股东造成损失的,应当承担赔偿责任。

第二十二条　公司的控股股东、实际控制人、董事、监事、高级管理人员不得利用关联关系损害公司利益。

违反前款规定,给公司造成损失的,应当承担赔偿责任。

第一百八十二条　董事、监事、高级管理人员,直接或者间接与本公司订立合同或者进行交易,应当就与订立合同或者进行交易有关的事项向董事会或者股东会报告,并按照公司章程的规定经董事会或者股东会决议通过。

董事、监事、高级管理人员的近亲属,董事、监事、高级管理人员或者其近亲属直接或者间接控制的公司,以及与董事、监事、高级管理人员有其他关联关系的关联人,与公司订立合同或者进行交易,适用前款规定。

第一百八十六条　董事、监事、高级管理人员违反本法第一百八十一条至第一百八十四条规定所得的收入应当归公司所有。

第二百六十五条　本法下列用语的含义:

(一)高级管理人员,是指公司的经理、副经理、财务负责人,上市公司董事会秘书和公司章程规定的其他人员。

（二）控股股东，是指其出资额占有限责任公司资本总额超过百分之五十或者其持有的股份占股份有限公司股本总额超过百分之五十的股东；出资额或者持有股份的比例虽然低于百分之五十，但依其出资额或者持有的股份所享有的表决权已足以对股东会的决议产生重大影响的股东。

（三）实际控制人，是指通过投资关系、协议或者其他安排，能够实际支配公司行为的人。

（四）关联关系，是指公司控股股东、实际控制人、董事、监事、高级管理人员与其直接或者间接控制的公司之间的关系，以及可能导致公司利益转移的其他关系。但是，国家控股的公司之间不仅因为同受国家控股而具有关联关系。

33.大股东绕过小股东向公司借款，合法吗？

【情景案例】

2010年，杜某与夏某等10人成立某电器公司，杜某出资600万元占股70%，夏某等人共占股30%。2024年1月，杜某因购买别墅资金不够，遂向公司会计钟某提出向公司借款300万元的要求，但遭到钟某拒绝。钟某表示，股东向公司借款应有股东会决议，否则财务不好做账。杜某认为，其持有公司70%的股权，不需要其他股东参与就可以通过股东会决议，于是安排助理写了一份关于其向公司借款的股东会决议。钟某拿到杜某签名的股东会决议后，就安排将款项汇到杜某自己的银行账号，随后杜某给钟某出具了一份借条。2024年2月，夏某等股东得知此事后，表示强烈反对。

请问：杜某绕过小股东向公司借款，合法吗？

【案例分析】

本案涉及的是大股东绕过小股东向公司借款，是否合法的问题。

我国《公司法》第二十一条规定，公司股东应当遵守法律、行政法规和公司章程，依法行使股东权利，不得滥用股东权利损害公司或者其他股东的利益。公司股东滥用股东权利给公司或者其他股东造成损失的，应当承担赔偿责任。第二十二条规定，公司的控股股东、实际控制人、董事、监事、高级管理人员不得利用关联关系损害公司利益。违反前款规定，给公司造成损失的，应当承担赔偿责任。第二十七条规定，未召开股东会、董事会会议作出决议以及股东会、董事会会议未对决议事项进行表决的，公司股东会、董事会的决议不成立。

本案中，杜某持有电器公司70%的股权，属于公司控股股东。杜某向公司借款300万元属于《公司法》规定的可能导致公司利益转移的关联关系。而杜某对该事项并未召开股东会,也未通过股东会进行表决,而是安排助理写了一份关于其向公司借款的股东会决议,该股东会决议依法不成立。因此,杜某的做法并不合法。

需要说明的是,因该股东会决议不成立,夏某等股东可向法院提起诉讼,要求杜某返还借款。如杜某该借款损害公司利益给公司造成损失,夏某等股东还可要求杜某承担赔偿责任。

【风险防范建议】

我国法律虽不禁止股东向公司借款,但股东向公司借款时应注意程序的合法性问题,要严格按照公司章程及法律规定的股东会、董事会召集程序及表决方式的规定,召开股东会、董事会,并对该事项进行决议,做好会议记录备查。同时,出席会议的股东应在会议记录及会议决议上签名。

【法条链接】

《公司法》第二十一条 公司股东应当遵守法律、行政法规和公司章程,依法行使股东权利,不得滥用股东权利损害公司或者其他股东的利益。

公司股东滥用股东权利给公司或者其他股东造成损失的,应当承担赔偿责任。

第二十二条 公司的控股股东、实际控制人、董事、监事、高级管理人员不得利用关联关系损害公司利益。

违反前款规定,给公司造成损失的,应当承担赔偿责任。

第二十七条 有下列情形之一的,公司股东会、董事会的决议不成立:

(一)未召开股东会、董事会会议作出决议;

(二)股东会、董事会会议未对决议事项进行表决;

(三)出席会议的人数或者所持表决权数未达到本法或者公司章程规定的人数或者所持表决权数;

(四)同意决议事项的人数或者所持表决权数未达到本法或者公司章程规定的人数或者所持表决权数。

第六十四条 召开股东会会议,应当于会议召开十五日前通知全体股东;但是,公司章程另有规定或者全体股东另有约定的除外。

股东会应当对所议事项的决定作成会议记录,出席会议的股东应当在会议记录上签名或者盖章。

第一百八十二条 董事、监事、高级管理人员,直接或者间接与本公司订立合同或者进行交易,应当就与订立合同或者进行交易有关的事项向董事会或者股东会报告,并按照公司章程的规定经董事会或者股东会决议通过。

董事、监事、高级管理人员的近亲属,董事、监事、高级管理人员或者其近亲属直接或者间接控制的公司,以及与董事、监事、高级管理人员有其他关联关系的关联人,与公司订立合同或者进行交易,适用前款规定。

第二百六十五条 本法下列用语的含义:

(一)高级管理人员,是指公司的经理、副经理、财务负责人,上市公司董事会秘书和公司章程规定的其他人员。

(二)控股股东,是指其出资额占有限责任公司资本总额超过百分之五十或者其持有的股份占股份有限公司股本总额超过百分之五十的股东;出资额或者持有股份的比例虽然低于百分之五十,但依其出资额或者持有的股份所享有的表决权已足以对股东会的决议产生重大影响的股东。

(三)实际控制人,是指通过投资关系、协议或者其他安排,能够实际支配公司行为的人。

(四)关联关系,是指公司控股股东、实际控制人、董事、监事、高级管理人员与其直接或者间接控制的公司之间的关系,以及可能导致公司利益转移的其他关系。但是,国家控股的公司之间不仅因为同受国家控股而具有关联关系。

34.夫妻离婚涉及公司股权时如何处理?

【情景案例】

汪某(已婚)与田某(未婚)拟共同出资500万元成立某科技公司。经商量,汪某同意出资300万元占股60%,田某出资200万元占股40%。在成立公司时,田某要求汪某与其妻子李某签订婚内财产协议,但田某与汪某产生不同意见。田某认为,为保证公司正常运营,汪某要与妻子签订"如果双方离婚,公司股权归汪某个人所有,汪某妻子可获得与股权价值对应的其他资产"的婚内财产协议。汪某认为,虽然其出资款是夫妻共同财产,但股权只要登记在其名下,就算离婚股权也不会分割,因此没有必要与妻子签订婚内财产协议。

请问:汪某的说法符合我国法律规定吗?

【案例分析】

本案涉及的是夫妻离婚涉及公司股权如何处理的问题。

根据《民法典》第一千零六十二条的规定,夫妻在婚姻关系存续期间所得的生产、经营、投资的收益,为夫妻的共同财产,归夫妻共同所有。第一千零六十五条规定,男女双方可以约定婚姻关系存续期间所得的财产以及婚前财产归各自所有、共同所有或者部分各自所有、部分共同所有。约定应当采用书面形式。夫妻对婚姻关系存续期间所得的财产以及婚前财产的约定,对双方具有法律约束力。

本案中，汪某婚后使用夫妻共同财产投资成立某科技公司，其在某科技公司持有的60%股权属于夫妻共同财产。若汪某与李某签订了关于股权处理的婚内财产协议，无论股权登记在谁名下，在离婚时均可以按约定处理。但若没有婚内财产协议，汪某与李某离婚时，李某可以主张分割股权，如果田某不行使优先购买权，李某将成为某科技公司股东，占有公司30%的股权。因此，汪某的说法不符合我国法律规定。

需要说明的是，如果汪某与李某没有签订关于股权处理的婚内财产协议，虽然田某可行使优先购买权阻止李某成为公司股东，但田某为此要支付一笔与股权价值对应的股权转让金，如果田某手上没钱或资金周转出现困难，既不同意转让，也不同意以同等条件购买该出资额，法律规定视为同意转让，李某将可能成为公司的股东。因此，田某在公司成立前要求汪某与李某签订婚内财产协议的行为是明智的。

【风险防范建议】

公司股权体现了有限公司的人合性，是与股东人身密切不可分割的一种权利。对投资者来说，为防范股东离婚破坏公司人合性的风险、维持公司的稳定性，在成立公司时，可要求有配偶的股东签订婚内财产协议，约定夫妻共同财产涉及公司股权的处理方式，明确约定股权的归属，特别应当在协议中明确该股权的定价方式及对另一方的补偿方式，以避免争议。

【法条链接】

《民法典》第一千零六十二条　夫妻在婚姻关系存续期间所得的下列财产，为夫妻的共同财产，归夫妻共同所有：

（一）工资、奖金、劳务报酬；

（二）生产、经营、投资的收益；

（三）知识产权的收益；

（四）继承或者受赠的财产，但是本法第一千零六十三条第三项规定的除外；

（五）其他应当归共同所有的财产。

夫妻对共同财产，有平等的处理权。

第一千零六十三条　下列财产为夫妻一方的个人财产：

（一）一方的婚前财产；

（二）一方因受到人身损害获得的赔偿或者补偿；

（三）遗嘱或者赠与合同中确定只归一方的财产；

（四）一方专用的生活用品；

（五）其他应当归一方的财产。

第一千零六十五条　男女双方可以约定婚姻关系存续期间所得的财产以及婚前

财产归各自所有、共同所有或者部分各自所有、部分共同所有。约定应当采用书面形式。没有约定或者约定不明确的,适用本法第一千零六十二条、第一千零六十三条的规定。

夫妻对婚姻关系存续期间所得的财产以及婚前财产的约定,对双方具有法律约束力。

夫妻对婚姻关系存续期间所得的财产约定归各自所有,夫或者妻一方对外所负的债务,相对人知道该约定的,以夫或者妻一方的个人财产清偿。

《公司法》第八十四条 有限责任公司的股东之间可以相互转让其全部或者部分股权。

股东向股东以外的人转让股权的,应当将股权转让的数量、价格、支付方式和期限等事项书面通知其他股东,其他股东在同等条件下有优先购买权。股东自接到书面通知之日起三十日内未答复的,视为放弃优先购买权。两个以上股东行使优先购买权的,协商确定各自的购买比例;协商不成的,按照转让时各自的出资比例行使优先购买权。

公司章程对股权转让另有规定的,从其规定。

《最高人民法院关于适用〈中华人民共和国民法典〉婚姻家庭编的解释(一)》第七十三条 人民法院审理离婚案件,涉及分割夫妻共同财产中以一方名义在有限责任公司的出资额,另一方不是该公司股东的,按以下情形分别处理:

(一)夫妻双方协商一致将出资额部分或者全部转让给该股东的配偶,其他股东过半数同意,并且其他股东均明确表示放弃优先购买权的,该股东的配偶可以成为该公司股东;

(二)夫妻双方就出资额转让份额和转让价格等事项协商一致后,其他股东半数以上不同意转让,但愿意以同等条件购买该出资额的,人民法院可以对转让出资所得财产进行分割。其他股东半数以上不同意转让,也不愿意以同等条件购买该出资额的,视为其同意转让,该股东的配偶可以成为该公司股东。

用于证明前款规定的股东同意的证据,可以是股东会议材料,也可以是当事人通过其他合法途径取得的股东的书面声明材料。

35. 自然人股东死亡后,其亲属可继承股东资格吗?

【情景案例】

甲公司由任某与姜某创办,成立于2010年。甲公司的章程没有对股东死亡后的股权继承问题作出规定。2024年7月,姜某因交通事故死亡,生前未留有遗嘱。在姜某的丧事办完后,姜某的唯一继承人小姜提出继承甲公司的股权,但遭到任某的拒绝。小姜随后诉至法院,要求继承姜某在甲公司的股权。

请问:小姜的请求能得到法院支持吗?

【案例分析】

本案涉及的是股东死亡后的股权继承问题。

我国《公司法》第九十条规定,自然人股东死亡后,其合法继承人可以继承股东资格;但是,公司章程另有规定的除外。

本案中,姜某是甲公司股东之一,股权是姜某的合法财产。姜某因交通事故死亡,生前未留有遗嘱,小姜是姜某唯一的法定继承人,而且甲公司的章程没有对股东死亡后的股权继承问题作出规定。小姜作为被继承人姜某的合法继承人,有权利继承姜某在公司所享有的股东资格。因此,小姜的请求能得到法院的支持。

【风险防范建议】

为防范股东突然死亡破坏公司人合性的风险、维持公司的稳定性,在设立公司章程时最好详细规定股东权利继承的问题,减少因为股东的死亡带来股东继承资格的纠纷。如公司章程可规定:股东去世后,其他股东享有优先购买权或者由公司以同等价格回购该部分股权。

需要说明的是,被继承的对象只能是股东资格,即股东的财产权利和身份权,如出席股东会议、投票表决、分红、剩余财产分配请求权等权利。

【法条链接】

《公司法》第九十条 自然人股东死亡后,其合法继承人可以继承股东资格;但是,公司章程另有规定的除外。

《民法典》第一千一百二十二条 遗产是自然人死亡时遗留的个人合法财产。

依照法律规定或者根据其性质不得继承的遗产,不得继承。

第一千一百二十三条 继承开始后,按照法定继承办理;有遗嘱的,按照遗嘱继承或者遗赠办理;有遗赠扶养协议的,按照协议办理。

36. 董事人数可以是双数吗?

【情景案例】

某科技公司由甲、乙、丙、丁等10人共同创办,其中甲占股50%,乙占股20%,丙与丁各占股10%,其他股东共占股10%。在制定公司章程时,甲与乙关于董事人数持不同意见。甲认为,应由4位大股东担任公司董事,但遭到乙的反对。乙认为,我国法律规定董事人数必须为单数,故建议董事人数设为5人。

请问:乙的说法符合我国法律规定吗?

【案例分析】

本案涉及的是法定的董事会人数为单数还是双数的问题。

我国《公司法》第六十八条第一款规定:"有限责任公司董事会成员为三人以上,其成员中可以有公司职工代表。职工人数三百人以上的有限责任公司,除依法设监事会并有公司职工代表的外,其董事会成员中应当有公司职工代表。董事会中的职工代表由公司职工通过职工代表大会、职工大会或者其他形式民主选举产生。"由此可见,《公司法》对董事会成员人数应为单数还是双数并没有规定。在私法领域,法无禁止即自由。因此,董事会成员人数为单数或双数都可。

本案中,乙认为董事人数必须为单数的说法不符合我国法律规定。

【风险防范建议】

无论是有限责任公司还是股份有限公司,《公司法》对董事会成员人数只规定了为3人以上,以及董事会成员构成中有关职工代表的规定。但是,董事会决议的规则是一人一票,按票数多数决议,大多数章程要求的董事会决议系过半数通过。因此,如董事会成员人数为双数,很有可能会出现赞同及反对的票数为平票,而票数无法过半也就意味着无法通过董事会决议,影响公司决策,降低公司运营效率。虽然法律并没有禁止公司董事会人数为双数,但为了公司的高效运营以及经营决策的及时作出,避免决策时因为双方平票而出现僵局,建议董事会人员设置为单数。

【法条链接】

《公司法》第六十八条第一款 有限责任公司董事会成员为三人以上,其成员中可以有公司职工代表。职工人数三百人以上的有限责任公司,除依法设监事会并有公司职工代表的外,其董事会成员中应当有公司职工代表。董事会中的职工代表由公司职工通过职工代表大会、职工大会或者其他形式民主选举产生。

第一百二十条 股份有限公司设董事会,本法第一百二十八条另有规定的除外。

本法第六十七条、第六十八条第一款、第七十条、第七十一条的规定,适用于股份有限公司。

37. 股权激励协议中关于"一元回购"的条款,合法吗?

【情景案例】

甲公司是一家医药制造公司,年销售额达 10 亿元。2024 年 8 月,甲公司推出了股权激励计划,股权激励对象有副总经理、生产经理、营销总监、财务总监等数十位管理人员。甲公司制定的股权激励协议中有关于"一元回购"的条款,内容为:员工通过股权激励取得的股权,如出现员工犯罪或因工作失误致使公司遭受重大损失的情况,公司有权以 1 元的价格回购该股权,员工不得有任何异议。生产经理方某认为,该条款显失公平,不符合我国法律规定,于是拒绝签订。

请问:甲公司在股权激励协议中约定"一元回购"的条款,合法吗?

【案例分析】

本案涉及的是公司对员工的股权激励法律问题。

根据《公司法》第一百六十二条的规定,公司不得收购本公司股份,但是,将股份用于员工持股计划或者股权激励的除外。因股份用于员工持股计划或者股权激励的情形而收购本公司股份的,公司合计持有的本公司股份数不得超过本公司已发行股份总数的 10%,并应当在 3 年内转让或者注销。由此可见,《公司法》允许股权激励中的回购股权,但是对于回购价格并无明确规定。

本案中,甲公司与数十位管理人员签订股权激励协议,并明确约定员工犯罪或因工作失误致使公司遭受重大损失的,甲公司有权以 1 元的价格回购该股权。由于该回购条款是基于股权激励,且该回购条款亦不存在法律规定的无效情形,因此,甲公司在股权激励协议中约定"一元回购"的条款是合法的。

【风险防范建议】

股权激励计划有利于维持员工在本公司工作的稳定性及积极性。我国法律并没有规定该情形下回购股权的价格限制,合同双方可以根据自己的意愿处理。但是,员工在离职时可能会涉及股权回购的问题,为避免日后双方产生争议,建议采取如下措施:

(1)在股权激励协议约定触发股权回购的情形及明确回购的价格。

(2)通过干股激励的方式进行股权激励,约定员工仅有分红权。这样既无须员工用钱投资,一旦发生股权回购事项,也避免公司可能出现的减资问题。

【法条链接】

《公司法》第一百六十二条 公司不得收购本公司股份。但是,有下列情形之一的除外：

（一）减少公司注册资本；

（二）与持有本公司股份的其他公司合并；

（三）将股份用于员工持股计划或者股权激励；

（四）股东因对股东会作出的公司合并、分立决议持异议，要求公司收购其股份；

（五）将股份用于转换公司发行的可转换为股票的公司债券；

（六）上市公司为维护公司价值及股东权益所必需。

公司因前款第一项、第二项规定的情形收购本公司股份的，应当经股东会决议；公司因前款第三项、第五项、第六项规定的情形收购本公司股份的，可以按照公司章程或者股东会的授权，经三分之二以上董事出席的董事会会议决议。

公司依照本条第一款规定收购本公司股份后，属于第一项情形的，应当自收购之日起十日内注销；属于第二项、第四项情形的，应当在六个月内转让或者注销；属于第三项、第五项、第六项情形的，公司合计持有的本公司股份数不得超过本公司已发行股份总数的百分之十，并应当在三年内转让或者注销。

上市公司收购本公司股份的，应当依照《中华人民共和国证券法》的规定履行信息披露义务。上市公司因本条第一款第三项、第五项、第六项规定的情形收购本公司股份的，应当通过公开的集中交易方式进行。

公司不得接受本公司的股份作为质权的标的。

38. 股权激励协议的"中途退出，净身出户"条款，有效吗？

【情景案例】

石某系某鞋业公司创始人。因公司人才流失严重，其听取了某管理咨询公司的建议，希望通过股权激励方式留住人才。2024年7月，公司推出一项股权激励计划，主要内容为：如果员工在本公司连续工作5年以上，根据任职年限可以获得公司0.5%~2%股权，但员工在获得股权后7年内离开公司的，则视为员工"中途退出，净身出户"，员工不得有任何异议。

请问：某鞋业公司约定的"中途退出，净身出户"合法吗？

【案例分析】

本案涉及的是员工离职时股权激励协议能否提前终止的问题。

根据《公司法》第一百六十二条的规定，公司不得收购本公司股份，但是，将股份用于员工持股计划或者股权激励的除外。且规定因股份用于员工持股计划或者股权激励的情形而收购本公司股份的，公司合计持有的本公司股份数不得超过本公司已发行股份总数的 10%，并应当在 3 年内转让或者注销。由此可见，《公司法》仅规定了公司可回购用于员工激励的股权，但具体履行事项并未予以特别规定。

本案中，根据某鞋业公司推出的股权激励计划，可以理解为该计划约定了获得股权的条件是员工在公司连续工作 5 年以上，并约定了提前解除的条件为员工在获得股权后 7 年内离开公司。若员工获得股权后 7 年内离开公司，公司期望的激励目的无法实现，因此在股权激励时附加 7 年服务期的条件，对员工加以限制和约束，这种约定是合法的。

【风险防范建议】

公司与员工的股权激励制度应当遵守意思自治原则，公司在进行此类约定时，要尊重双方的真实意愿。但类似本案中"中途退出，净身出户"的约定实际上是比较容易出现歧义的。当员工持有公司股权后，员工具有双重身份，一方面为劳动者，另一方面又为公司股东。在股权激励中的退出机制中可以未满服务期为由而"净身出户"，但对于其作为劳动者所付出的劳动，其仍有获得报酬的权利。因此，对于"中途退出，净身出户"应当明确、具体，可细化为具体的条件，如约定服务期。

【法条链接】

《公司法》第一百六十二条　公司不得收购本公司股份。但是，有下列情形之一的除外：

（一）减少公司注册资本；

（二）与持有本公司股份的其他公司合并；

（三）将股份用于员工持股计划或者股权激励；

（四）股东因对股东会作出的公司合并、分立决议持异议，要求公司收购其股份；

（五）将股份用于转换公司发行的可转换为股票的公司债券；

（六）上市公司为维护公司价值及股东权益所必需。

公司因前款第一项、第二项规定的情形收购本公司股份的，应当经股东会决议；公司因前款第三项、第五项、第六项规定的情形收购本公司股份的，可以按照公司章程或者股东会的授权，经三分之二以上董事出席的董事会会议决议。

公司依照本条第一款规定收购本公司股份后，属于第一项情形的，应当自收购之日起十日内注销；属于第二项、第四项情形的，应当在六个月内转让或者注销；属于第三项、第五项、第六项情形的，公司合计持有的本公司股份数不得超过本公司已发行股份总数的百分之十，并应当在三年内转让或者注销。

上市公司收购本公司股份的，应当依照《中华人民共和国证券法》的规定履行信息披露义务。上市公司因本条第一款第三项、第五项、第六项规定的情形收购本公司股份的,应当通过公开的集中交易方式进行。

公司不得接受本公司的股份作为质权的标的。

39. 公司给员工赠送的干股,可以随时收回来吗?

【情景案例】

姚某是甲公司的技术总监。2017年8月1日,姚某向公司提出辞职。由于姚某掌握了公司的核心技术,如果其离职对公司影响巨大。为此,甲公司为留住姚某,向他赠与了3%的干股,姚某凭借干股的比例可分取公司一定的利润。双方签订了赠与股权的协议,但没有到市场监督管理局办理股权变更登记,且姚某撤回其辞职申请。谭某为甲公司股东,任甲公司董事长。2024年8月,姚某与谭某产生矛盾。随后,谭某召开股东会作出取消姚某所持干股的决定。姚某遂向法院提起诉讼,要求确认甲公司取消自己所持干股的股东会决议无效。

请问:姚某的请求能得到法院支持吗?

【案例分析】

本案涉及的是撤销股权赠与的法律问题。

我国《民法典》第四百六十五条第一款规定,依法成立的合同,受法律保护。第六百五十八条第一款规定,赠与人在赠与财产的权利转移之前可以撤销赠与。《公司法》第二十五条规定,公司股东会、董事会的决议内容违反法律、行政法规的无效。

本案中,从形式上看,甲公司与姚某签订赠与股权的协议,但是没有办理股权变更登记,股权的权利一直未发生转移,甲公司可以撤销赠与。但是从实质上分析,该协议虽然名为赠与协议,但并非单务合同,而是双务合同,合同双方均享有权利义务:甲公司赠与3%的干股,作为交换,姚某应在甲公司任职。本案中,姚某一直在甲公司任职至2024年。该协议应认定为股权激励协议,双方均应遵守诚实信用原则、遵守合同约定,不能随意撤销。谭某因个人矛盾随意撤销姚某所持干股,甲公司该股东会决议内容违反法律规定,依法无效。因此,姚某的请求能得到法院的支持。

【风险防范建议】

司法实践中,关于向员工赠送干股的协议被认定为赠与协议还是股权激励协议,应视具体情况而定。赠与协议为单务合同,是一方无偿将自己的财产赠与另一方,另一方表示接受的合同。而股权激励协议则为双务合同,约定的是合同双方各自的权利义务问题。而无论是赠与协议还是股权激励协议,为维护自身合法权益,建议公司和员工注意以下方面：

（1）协议中是否明确干股享有表决权；如有，员工应当及时办理股权变更登记。

（2）协议中明确所赠与干股的撤销情形及违约责任。一旦撤销情形出现，公司可撤销赠与。

【法条链接】

《民法典》第四百六十五条　依法成立的合同，受法律保护。

依法成立的合同，仅对当事人具有法律约束力，但是法律另有规定的除外。

第六百五十七条　赠与合同是赠与人将自己的财产无偿给予受赠人，受赠人表示接受赠与的合同。

第六百五十八条　赠与人在赠与财产的权利转移之前可以撤销赠与。

经过公证的赠与合同或者依法不得撤销的具有救灾、扶贫、助残等公益、道德义务性质的赠与合同，不适用前款规定。

《公司法》第二十五条　公司股东会、董事会的决议内容违反法律、行政法规的无效。

40.新股东是否要承继原来公司的债务？

【情景案例】

谭某与廖某系甲公司的股东。2024年8月，在谭某的邀请下，邹某实际出资100万元入股甲公司，占公司10%的股权。2024年9月，乙银行将甲公司诉至法院，要求支付80万元到期借款。对此，邹某提出其对债务并不知情，故该债务与自己无关，应当由谭某与廖某承担。

请问：邹某的说法符合我国法律规定吗？

【案例分析】

本案涉及的是新加入股东是否需要对其加入公司前债务承担责任的问题。

我国《公司法》第三条规定，公司是公司法人，有独立的法人财产，享有法人财产权。公司以其全部财产对公司的债务承担责任。公司的合法权益受法律保护，不受侵犯。第四条第一款规定，有限责任公司的股东以其认缴的出资额为限对公司承担责任；股份有限公司的股东以其认购的股份为限对公司承担责任。

本案中，邹某已经完成出资，成为公司股东。公司作为法人应当以其全部财产对公司债务承担责任；无论是新股东还是旧股东，都应当以其认缴的出资额或者认购的股份为限对公司债务承担责任。因此，邹某的说法不符合我国的法律规定。

【风险防范建议】

公司作为公司法人,以其全部财产对公司债务承担责任。而股东是以其认缴的出资额为限对公司债务承担责任。当公司存在债务需要对外承担责任时,势必对新投资入股的股东权益造成或多或少的损害。

故新投资入股的股东应当在投资之前,了解清楚公司的经营状况,尤其应当注意是否存在大量的债务,在确保公司资产(账目、实物)清晰和完整的前提下再加入公司,并在投资协议、转让协议中约定旧股东隐瞒公司债务所应承担的违约责任及债务的承担方式。

【法条链接】

《公司法》第三条 公司是公司法人,有独立的法人财产,享有法人财产权。公司以其全部财产对公司的债务承担责任。

公司的合法权益受法律保护,不受侵犯。

第四条 有限责任公司的股东以其认缴的出资额为限对公司承担责任;股份有限公司的股东以其认购的股份为限对公司承担责任。

公司股东对公司依法享有资产收益、参与重大决策和选择管理者等权利。

41. 股东要求查阅会计账簿与会计凭证,公司可以拒绝吗?

【情景案例】

邹某是甲公司的一位股东,持股3%。2024年7月,邹某委托某律师事务所向公司提出要求查阅自2010年起公司的会计账簿与会计凭证,但被拒绝。甲公司认为,首先,邹某自己控股经营的乙公司与甲公司经营同类业务,如果允许邹某查阅公司会计账簿与会计凭证,可能损害公司的利益;其次,邹某不得委托律师事务所到公司查账,这是我国法律不允许的。

请问:甲公司的说法符合我国法律规定吗?

【案例分析】

本案涉及的是公司股东是否有权查阅公司会计账簿及会计凭证,以及能否委托中介机构查阅、复制有关材料的问题。

我国《公司法》第五十七条规定:"股东有权查阅、复制公司章程、股东名册、股东会会议记录、董事会会议决议、监事会会议决议和财务会计报告。股东可以要求查阅公司会计账簿、会计凭证。股东要求查阅公司会计账簿、会计凭证的,应当向公司提出书面请求,说明目的。公司有合理根据认为股东查阅会计账簿、会计凭证有不正当目的,可能损害公司合法利益的,可以拒绝提供查阅,并应当自股东提出书面请求之日起十五日内书面答复股东并说明理由。公司拒绝提供查阅的,股东可以向人民法院提起诉讼。股东查阅前款规定的材料,可以委托会计师事务所、律师事务所等中介机构进行。股东及其委托的会计师事务所、律师事务所等中介机构查阅、复制有关材料,应当遵守有关保护国家秘密、商业秘密、个人隐私、个人信息等法律、行政法规的规定。股东要求查阅、复制公司全资子公司相关材料的,适用前四款的规定。"

本案中,邹某作为甲公司股东,虽然有权向公司书面请求查阅公司会计账簿、会计凭证,但甲公司认为邹某自己控股经营的乙公司与甲公司经营同类业务可能会损害公司利益的,可以拒绝提供查阅,并应当自邹某提出书面请求之日起15日内内书面答复并说明理由。此外,股东查阅会计账簿、会计凭证是可以委托律师事务所进行的,邹某委托某律师事务所到公司查账的行为符合法律规定。

综上所述,甲公司有权以该行为可能损害公司利益为由,拒绝邹某的查账要求。邹某如果不服甲公司的决定,可以向法院提起诉讼,法院将审查股东邹某的查询目的,并在综合评判该行为是否损害公司合法利益后,依法作出判决。

【风险防范建议】

公司应当保障股东在合法的范围内行使知情权。在公司股东提出查阅会计账簿、会计凭证的书面请求时,公司可做相应的背景调查,全面核实股东查询的目的,有合理根据认为股东查阅会计账簿、会计凭证有不正当目的,可能损害公司合法利益的,可予以拒绝。但应当注意的是,公司拒绝股东查阅会计账簿和会计凭证的,应当在15日内书面答复并说明理由。

【法条链接】

《公司法》第五十七条 股东有权查阅、复制公司章程、股东名册、股东会会议记录、董事会会议决议、监事会会议决议和财务会计报告。

股东可以要求查阅公司会计账簿、会计凭证。股东要求查阅公司会计账簿、会计凭证的,应当向公司提出书面请求,说明目的。公司有合理根据认为股东查阅会计账簿、会计凭证有不正当目的,可能损害公司合法利益的,可以拒绝提供查阅,并应当自股东提出书面请求之日起十五日内书面答复股东并说明理由。公司拒绝提供查阅的,股东可以向人民法院提起诉讼。

股东查阅前款规定的材料,可以委托会计师事务所、律师事务所等中介机构进行。

股东及其委托的会计师事务所、律师事务所等中介机构查阅、复制有关材料,应当遵守有关保护国家秘密、商业秘密、个人隐私、个人信息等法律、行政法规的规定。

股东要求查阅、复制公司全资子公司相关材料的,适用前四款的规定。

42. 股东滥用法人独立地位及股东有限责任,利用关联公司逃避债务,各公司之间要承担连带责任吗?

【情景案例】

甲公司与乙公司的控股股东、法定代表人同为赵某,两公司互相参股,办公地址、电话号码、实际控制人、财务负责人均相同,管理人员也交叉任职。丙公司是甲公司合作多年的客户,有时候甲公司甚至用乙公司银行账户给丙公司支付货款。2024年8月,甲公司欠丙公司到期货款100万元不能支付。丙公司经调查得知,赵某为逃避债务,将甲公司资产均登记在乙公司名下。丙公司多次催款无果后,诉至法院,要求甲公司、乙公司对该债务承担连带责任。

请问:丙公司的请求能得到法院支持吗?

【案例分析】

本案涉及的是股东滥用法人独立地位及股东有限责任,利用关联公司逃避债务,是否需要承担连带责任的问题。

我国《公司法》第三条第一款规定,公司是公司法人,有独立的法人财产,享有法人财产权。公司以其全部财产对公司的债务承担责任。第二十三条规定,公司股东滥用公司法人独立地位和股东有限责任,逃避债务,严重损害公司债权人利益的,应当对公司债务承担连带责任。股东利用其控制的两个以上公司实施前款规定行为的,各公司应当对任一公司的债务承担连带责任。只有一个股东的公司,股东不能证明公司财产独立于股东自己的财产的,应当对公司债务承担连带责任。

本案中,甲公司和乙公司的控股股东、法定代表人同为赵某,两公司互相参股,是关联公司。两公司的办公地点、实际控制人、财务负责人、管理人员、银行账户出现了相同和交叉,财产和人员无法各自独立,属于公司法人人格混同的情况,赵某为逃避债务,利用独立法人地位,将甲公司资产包括办公设备、银行存款均置于乙公司名下,严重损害了丙公司的利益,丙公司可以要求甲公司、乙公司对该债务承担连带责任。因此,丙公司的请求能得到法院支持。

【风险防范建议】

公司能成为独立法人的前提是有独立的法人财产,能够作出独立的意思表示,当两个公司为关联公司且出现人格混同时,公司的运营就失去了独立性,出现股东操控公司的情况;在此情况下,股东滥用公司法人独立人格逃避责任,公司独立法人人格将会被否认。故公司在对外开展经营活动时,可在合作之前通过公司信息公示系统、裁判文书网站等进行背景调查,明确交易对手工商登记信息中是否与其他公司存在信息重叠,如预留电话相同等,是否存在诉讼或执行案件;在合作过程中要保留交易的相关凭证,如有交易对手工作人员签名的对账单、发货单、微信聊天记录等,固定证据。

【法条链接】

《公司法》第三条　公司是公司法人,有独立的法人财产,享有法人财产权。公司以其全部财产对公司的债务承担责任。

公司的合法权益受法律保护,不受侵犯。

第二十三条　公司股东滥用公司法人独立地位和股东有限责任,逃避债务,严重损害公司债权人利益的,应当对公司债务承担连带责任。

股东利用其控制的两个以上公司实施前款规定行为的,各公司应当对任一公司的债务承担连带责任。

只有一个股东的公司,股东不能证明公司财产独立于股东自己的财产的,应当对公司债务承担连带责任。

43. 职工人数为300人以上的公司,董事会成员一定要有职工代表吗?

【情景案例】

某服装公司成立于2021年3月,注册资本5000万元,股东包括郑某、谢某、韩某、唐某、冯某等12人。公司董事会成员包括郑某、谢某、韩某、唐某、冯某五人,郑某是公司董事长。截至2024年7月31日,某服装公司的职工人数为523人。2024年7月5日,郑某召开董事会,提议由工会主席萧某担任董事,但遭到其他股东反对。谢某认为,我国法律并没有要求董事会成员一定要有职工代表,既然法律没有规定,尽量不要让非股东人员担任董事,否则可能会泄露公司的商业机密。

请问:谢某的说法符合我国法律规定吗?

【案例分析】

本案涉及的是职工人数300人以上的公司的董事会是否要有职工代表的问题。

根据《公司法》第六十八条第一款的规定,董事会成员为三人以上。职工人数300人以上的公司,其董事会成员应当有职工代表。

本案中,某服装公司截至2024年7月31日的职工人数已经高达523人,属于法律规定的董事会成员中应当有职工代表的情形。因此,谢某认为我国法律并没有要求董事会成员一定要有职工代表的想法是错误的。

【风险防范建议】

无论是有限责任公司还是股份有限公司,职工人数达到300人以上时,公司董事会成员中均应当有职工代表,职工代表可以通过职工大会选举等民主的方式产生。对于职工人数未达到300人的公司,法律并未作强制性规定。因此,职工人数未达300人的公司,董事会成员中可以有职工代表,也可以没有职工代表。公司经营者在经营中应当留意公司规模,当人数达300人以上时,应遵守法律规定,董事会成员中应当有职工代表。

【法条链接】

《公司法》第六十八条第一款　有限责任公司董事会成员为三人以上,其成员中可以有公司职工代表。职工人数三百人以上的有限责任公司,除依法设监事会并有公司职工代表的外,其董事会成员中应当有公司职工代表。董事会中的职工代表由公司职工通过职工代表大会、职工大会或者其他形式民主选举产生。

第一百二十条　股份有限公司设董事会,本法第一百二十八条另有规定的除外。

本法第六十七条、第六十八条第一款、第七十条、第七十一条的规定,适用于股份有限公司。

44. 公司减资如果没有通知债权人,有什么后果?

【情景案例】

甲公司由韩某、唐某与冯某共同创办,注册资本500万元,三人分别占股60%、30%、10%。2024年7月1日,甲公司召开股东会决议:同意公司减少注册资本300万元。之后,甲公司在当地报纸上发布了减资公告,并于2024年7月28日出具了验资报告。此次变更注册资本后,公司累计注册资本为200万元,其中韩某出资120万元、唐某出资60万元、冯某出资20万元。甲公司拖欠乙公司到期货款200万元未付,当乙公司得知甲公司注册资本减少后,诉至法院,以甲公司减资没有通知自己为由,要求甲公司向乙公司支付货款200万元,并要求韩某、唐某与冯某在300万元减资范围内对甲公司应向乙公司支付的货款共同承担补充赔偿责任。

请问:乙公司的请求能得到法院支持吗?

【案例分析】

本案涉及的是公司减资没有通知债权人的责任承担问题。

我国《公司法》第二十三条第一款规定,公司股东滥用公司法人独立地位和股东有限责任,逃避债务,严重损害公司债权人利益的,应当对公司债务承担连带责任。第二百二十四条规定:"公司减少注册资本,应当编制资产负债表及财产清单。公司应当自股东会作出减少注册资本决议之日起十日内通知债权人,并于三十日内在报纸上或者国家公司信用信息公示系统公告。债权人自接到通知之日起三十日内,未接到通知的自公告之日起四十五日内,有权要求公司清偿债务或者提供相应的担保。公司减少注册资本,应当按照股东出资或者持有股份的比例相应减少出资额或者股份,法律另有规定、有限责任公司全体股东另有约定或者股份有限公司章程另有规定的除外。"第二百二十六条规定,"违反本法规定减少注册资本的,股东应当退还其收到的资金,减免股东出资的应当恢复原状;给公司造成损失的,股东及负有责任的董事、监事、高级管理人员应当承担赔偿责任"。

本案中,甲公司于2024年7月1日召开股东会决定减资,依法应当于10日内通知债权人并进行公告,而甲公司既没有通知债权人,公告后亦未预留足够的时间给予债权人主张权利。甲公司违反法定减资的程序,乙公司可要求韩某、唐某与冯某退还其收到的资金。同时,甲公司违反减资的程序导致公司偿债能力减弱,损害了公司债权人的利益,乙公司有权要求甲公司支付货款200万元,并要求韩某、唐某与冯某在300万元减资范围内共同承担补充赔偿责任。因此,乙公司的请求能得到法院支持。

【风险防范建议】

公司在经营过程中对于己方需减资的情况,必须通知债权人,遵守法律规定的程序。特别应注意的是,法律规定公司减资的,债权人自接到通知之日起30日内,未接到通知的自公告之日起45日内,可以要求公司清偿债务或者提供相应的担保。因此,减资的工商变更程序至少应于公告之日起45日之后方可进行。

公司经营过程中,应当留意查收债务人的减资通知、公告,必要时可以起诉,要求相关公司股东退还减资款项或者在减资范围内承担赔偿责任。

【法条链接】

《公司法》第二十三条第一款　公司股东滥用公司法人独立地位和股东有限责任,逃避债务,严重损害公司债权人利益的,应当对公司债务承担连带责任。

第二百二十四条　公司减少注册资本,应当编制资产负债表及财产清单。

公司应当自股东会作出减少注册资本决议之日起十日内通知债权人,并于三十日内在报纸上或者国家公司信用信息公示系统公告。债权人自接到通知之日起三十日内,未接到通知的自公告之日起四十五日内,有权要求公司清偿债务或者提供相应的担保。

公司减少注册资本,应当按照股东出资或者持有股份的比例相应减少出资额或者股份,法律另有规定、有限责任公司全体股东另有约定或者股份有限公司章程另有规定的除外。

第二百二十六条 违反本法规定减少注册资本的,股东应当退还其收到的资金,减免股东出资的应当恢复原状;给公司造成损失的,股东及负有责任的董事、监事、高级管理人员应当承担赔偿责任。

45. 公司不给没有实缴出资的股东分红,合法吗?

【情景案例】

某灯饰公司成立于2020年3月,由董某、萧某与程某共同创办,注册资本500万元,三人分别持股50%、30%、20%。公司章程规定:董某、萧某于2020年4月30日前缴纳出资款,程某于2024年7月31日前缴纳出资款。公司章程未规定利润分配方式。之后,董某、萧某按约定支付了出资款。经财务核算,某灯饰厂2023年的税后利润为100万元,在进行利润分配时,股东之间产生分歧。董某与萧某认为,未实缴出资股东不应享有分红权。程某认为,股东分红权与是否实缴出资无关。

请问:董某与萧某的说法符合我国规定吗?

【案例分析】

本案涉及的是未实缴出资股东的分红问题。

根据《公司法》第二百一十条第四款的规定,公司弥补亏损和提取公积金后所余税后利润,有限责任公司按照股东实缴的出资比例分配利润,全体股东约定不按照出资比例分配利润的除外;股份有限公司按照股东所持有的股份比例分配利润,公司章程另有规定的除外。

本案中,某灯饰公司的章程虽约定了各股东的出资期限,但是未约定利润分配方式;无约定的情况下按法定。根据《公司法》的规定,有限责任公司按照股东实缴的出资比例分配利润。程某未到认缴期限而没有实缴,故程某不能参与分配利润。因此,董某与萧某的说法符合我国法律规定。

【风险防范建议】

因法律规定有限责任公司是按照股东实缴的出资比例分配利润,当公司章程规定的各股东对各自出资认缴时间不一致时,如要达到按照认缴出资比例分配利润的结果,需在章程中或者由全体股东另行签订协议对利润分红方案进行特别规定。

【法条链接】

《公司法》第二百一十条　公司分配当年税后利润时,应当提取利润的百分之十列入公司法定公积金。公司法定公积金累计额为公司注册资本的百分之五十以上的,可以不再提取。

公司的法定公积金不足以弥补以前年度亏损的,在依照前款规定提取法定公积金之前,应当先用当年利润弥补亏损。

公司从税后利润中提取法定公积金后,经股东会决议,还可以从税后利润中提取任意公积金。

公司弥补亏损和提取公积金后所余税后利润,有限责任公司按照股东实缴的出资比例分配利润,全体股东约定不按照出资比例分配利润的除外;股份有限公司按照股东所持有的股份比例分配利润,公司章程另有规定的除外。

公司持有的本公司股份不得分配利润。

46. 公司不能清偿到期债务,债权人可要求未届缴资期限的股东提前缴纳出资吗?

【情景案例】

甲装修公司成立于2018年1月,注册资本1000万元,由傅某、沈某与曾某共同创办。公司章程规定:傅某出资500万元、沈某出资400万元、曾某出资100万元;傅某与沈某于2018年3月31日前缴纳出资,曾某于2025年12月31日前出资。2024年7月,因三角债的原因,甲装修公司拖欠乙公司的100万元货款不能如期支付,且甲装修公司拖欠多家公司货款均未清偿。后乙公司经多次催款无果后,遂诉至法院,要求曾某提前缴纳出资并从该出资款中归还100万元货款。

请问:乙公司的请求能得到法院支持吗?

【案例分析】

本案涉及的是债权人能否要求未届缴资期限的股东提前缴纳出资的问题。

我国《公司法》第五十四条规定,公司不能清偿到期债务的,公司或者已到期债权的债权人有权要求已认缴出资但未届出资期限的股东提前缴纳出资。

本案中,曾某作为甲装修公司股东,其认缴资本是100万元,出资期限为2025年12月31日前。虽然2024年7月曾某未届缴资期限,但是甲装修公司拖欠乙公司100万元货款不能清偿,且甲装修公司拖欠多家公司货款均未能清偿,可认定为其明显缺乏清偿能力。故乙公司作为债权人,有权要求曾某提前缴纳出资,其请求能得到法院支持。

【风险防范建议】

公司在经营过程中,发现对方公司到期未能偿还债务的,建议对该公司进行背景及现状调查,包括通过公司登记信息查询该公司股东出资是否全部完成、该公司是否存在未结诉讼、是否明显缺乏清偿能力。如存在前述情形,则债权人有权要求已认缴出资但未届缴资期限的股东提前缴纳出资,在出资额的范围内请求其偿还债务。

【法条链接】

《公司法》第五十四条　公司不能清偿到期债务的,公司或者已到期债权的债权人有权要求已认缴出资但未届出资期限的股东提前缴纳出资。

47. 股东会无正当理由解任董事的,董事可以要求赔偿吗?

【情景案例】

某家电公司成立于2020年,由许某、傅某、沈某、曾某、彭某等12人共同创办;许某占股60%,是公司的法定代表人。公司董事成员包括许某、傅某、沈某、曾某与彭某。2024年7月,许某与彭某两人因私事产生矛盾,于是许某召开临时股东会解聘彭某的董事职务。彭某认为,公司无正当理由解聘其董事职务是不合法的,遂诉至法院,要求公司给予其赔偿。

请问:彭某可以要求公司予以赔偿吗?

【案例分析】

本案涉及的是股东会是否有权随意解任董事的问题。

我国《公司法》第七十一条规定,股东会可以决议解任董事,决议作出之日解任生效。无正当理由,在任期届满前解任董事的,该董事可以要求公司予以赔偿。

本案中,某家电公司股东会是有权利解任董事彭某的,但必须有正当理由。许某系与彭某因私事产生矛盾,后许某在彭某任期内通过召开临时股东会解聘彭某的董事职务,而私事产生的矛盾并不属于法律规定的正当理由。因此,某家电公司没有正当理由解聘彭某董事职务,彭某可以要求公司予以赔偿。

【风险防范建议】

公司解任董事的事由可以有多样,包括董事任期届满、其主动辞职、董事自身原因导致不具备董事资格等情形,当正当理由出现时,公司股东会可以决议解任董事。但是公司没有正当理由不能解任董事,否则该董事有权要求赔偿。

【法条链接】

《公司法》第七十一条　股东会可以决议解任董事,决议作出之日解任生效。

无正当理由,在任期届满前解任董事的,该董事可以要求公司予以赔偿。

48. 股东会决议被法院宣告撤销,公司依据该决议与他人签订的合同有效吗?

【情景案例】

甲铝业公司成立于2018年,由曹某与袁某等10人创办,曹某占股40%,袁某占股10%,公司董事长是曹某。2024年8月1日,为扩大公司实力,曹某提议召开股东会意图并购乙铝业公司,除曹某、袁某外,其他股东均不同意。8月10日,曹某未按照公司章程规定通过临时股东会议决议并购乙铝业公司事宜。8月11日,甲铝业公司与乙铝业公司签订了《并购合同》。之后,该股东会决议被法院宣告撤销。

请问:甲铝业公司与乙铝业公司签订的合同有效吗?

【案例分析】

本案涉及的是股东会决议被撤销时,公司根据该决议与善意相对人签订的合同是否有效的问题。

我国《公司法》第二十八条第二款规定,股东会、董事会决议被人民法院宣告无效、撤销或者确认不成立的,公司根据该决议与善意相对人形成的民事法律关系不受影响。

本案中,该股东会决议被法院宣告撤销,乙铝业公司如能证明其为善意相对人,则其与甲铝业公司形成的民事法律关系不受影响,合同是有效的。

【风险防范建议】

公司在经营过程中,股东应当遵守公司章程进行经营活动,若违反公司章程,如本案中没有通过股东会决议就执行该活动,需要对此给公司造成的损失承担责任。

【法条链接】

《公司法》第二十一条　公司股东应当遵守法律、行政法规和公司章程,依法行使股东权利,不得滥用股东权利损害公司或者其他股东的利益。

公司股东滥用股东权利给公司或者其他股东造成损失的,应当承担赔偿责任。

第二十八条 公司股东会、董事会决议被人民法院宣告无效、撤销或者确认不成立的,公司应当向公司登记机关申请撤销根据该决议已办理的登记。

股东会、董事会决议被人民法院宣告无效、撤销或者确认不成立的,公司根据该决议与善意相对人形成的民事法律关系不受影响。

《最高人民法院关于适用〈中华人民共和国公司法〉若干问题的规定(四)》第六条 股东会或者股东大会、董事会决议被人民法院判决确认无效或者撤销的,公司依据该决议与善意相对人形成的民事法律关系不受影响。

《民法典》第八十五条 营利法人的权力机构、执行机构作出决议的会议召集程序、表决方式违反法律、行政法规、法人章程,或者决议内容违反法人章程的,营利法人的出资人可以请求人民法院撤销该决议。但是,营利法人依据该决议与善意相对人形成的民事法律关系不受影响。

第三章

合同管理法律风险

49.通过口头方式订立合同,有什么风险?

【情景案例】

2024年7月1日,甲、乙公司口头约定:甲公司向乙公司定制300件皮鞋,货款为30万元,货到付款,7月10日前交货。7月8日,甲公司给乙公司发函取消订单,双方因此发生争议。甲公司认为,双方虽然有口头约定,但没有签订书面合同,故其可以随时取消订单。

请问:甲公司的说法符合我国法律规定吗?

【案例分析】

本案涉及的是采用口头形式订立合同的效力问题。

我国《民法典》第四百六十九条第一款规定,当事人订立合同,可以采用书面形式、口头形式或者其他形式。第五百零二条第一款规定,依法成立的合同,自成立时生效,但是法律另有规定或者当事人另有约定的除外。由此可见,合同的形式可以是书面的,也可以是口头的,除非法律另有规定或者当事人另有约定。《民法典》第五百零九条第一款规定,当事人应当按照约定全面履行自己的义务。第五百七十七条规定,当事人一方不履行合同义务或者履行合同义务不符合约定的,应当承担继续履行、采取补救措施或者赔偿损失等违约责任。

本案中,甲公司与乙公司在2024年7月1日已经成立了一份口头形式的合同,该合同自成立时已经生效,双方均应当按照约定全面履行自己的义务,否则应承担违约责任。因此,甲公司的说法不符合我国法律规定。

【风险防范建议】

当事人之间订立标的额不大、争议较小的合同可以采用口头合同的方式;口头合同比较便捷,而且也是合法的合同形式之一。但是,口头合同存在以下风险:合同相对方的身份信息及资质不确定;发生纠纷时难以举证;对于合同的执行缺乏有力的保障。因此,建议订立标的较大的合同时,尽量采用书面或者容易留下记录的数据电文等形式,即使是标的额不大的合同,也应当尽量采取微信、短信、邮件等形式沟通,可以减少纠纷的发生以及降低纠纷发生时的举证难度。

【法条链接】

《民法典》第四百六十九条　当事人订立合同,可以采用书面形式、口头形式或者其他形式。

书面形式是合同书、信件、电报、电传、传真等可以有形地表现所载内容的形式。

以电子数据交换、电子邮件等方式能够有形地表现所载内容,并可以随时调取查用的数据电文,视为书面形式。

第五百零二条第一款　依法成立的合同,自成立时生效,但是法律另有规定或者当事人另有约定的除外。

第五百零九条　当事人应当按照约定全面履行自己的义务。

当事人应当遵循诚信原则,根据合同的性质、目的和交易习惯履行通知、协助、保密等义务。

当事人在履行合同过程中,应当避免浪费资源、污染环境和破坏生态。

第五百七十七条　当事人一方不履行合同义务或者履行合同义务不符合约定的,应当承担继续履行、采取补救措施或者赔偿损失等违约责任。

50. 通过传真方式签订合同有效吗?

【情景案例】

2023年9月10日,甲公司向乙公司订购一批木材,价款为20万元,9月15日前发货;如出现违约情形,违约方要向对方支付违约金2万元。由于甲公司在广州,乙公司在海口,于是双方通过传真方式签订书面合同,即先由乙公司将已签章的合同传真给甲公司,甲公司在传真件上签章后再将合同传真给乙公司。9月12日,甲公司找到更好的供货商,于是以传真件合同无效为由取消交易,但遭到乙公司拒绝。乙公司认为,甲公司单方取消交易视为违约,其应支付违约金。

请问:乙公司的说法符合我国法律规定吗?

【案例分析】

本案涉及的是采取传真形式订立合同的效力问题。

我国《民法典》第四百六十九条规定，当事人订立合同，可以采用书面形式、口头形式或者其他形式。书面形式是合同书、信件、电报、电传、传真等可以有形地表现所载内容的形式。以电子数据交换、电子邮件等方式能够有形地表现所载内容，并可以随时调取查用的数据电文，视为书面形式。第五百七十七条规定，当事人一方不履行合同义务或者履行合同义务不符合约定的，应当承担继续履行、采取补救措施或者赔偿损失等违约责任。

本案中，双方当事人均对传真过来的合同进行签章，而"传真合同"是合同的书面形式之一，传真的合同自双方签字盖章之日起生效，双方当事人均应当全面履行合同约定义务。甲公司无故不履行合同义务，依法应当承担违约责任。因此，乙公司的说法符合我国法律规定。

【风险防范建议】

虽然传真合同也是合法的合同形式之一，但是为了减少争议的发生，保险起见，可以采取以下方式：

（1）在签订传真合同后，邮寄纸质书面合同进行再次确认。

（2）保存有关签订传真合同的凭证，如沟通的记录。

【法条链接】

《民法典》第四百六十九条　当事人订立合同，可以采用书面形式、口头形式或者其他形式。

书面形式是合同书、信件、电报、电传、传真等可以有形地表现所载内容的形式。

以电子数据交换、电子邮件等方式能够有形地表现所载内容，并可以随时调取查用的数据电文，视为书面形式。

第五百七十七条　当事人一方不履行合同义务或者履行合同义务不符合约定的，应当承担继续履行、采取补救措施或者赔偿损失等违约责任。

51. 公司超越经营范围签订的合同有效吗？

【情景案例】

2023年12月1日，甲公司与乙公司签订了一份电器零部件购销合同，约定购买电器零部件100万个，总计价款300万元，货到付款，由乙公司托运，交货时间12月10日。由于订单太多，乙公司未能按时交货；经催告后，乙公司于12月20日仍未能交货。因乙公司未能按时交货导致甲公司对下家违约，造成甲公司损失30万元。因此，甲公司诉至法院，要求乙公司赔偿损失。乙公司辩称，其经营范围仅涉及汽车零配件生产及出售,并没有电器零部件生产和出售,故双方签订的合同无效,其无须赔偿损失。

请问:乙公司的说法符合我国法律规定吗?

【案例分析】

本案涉及的是公司超越经营范围签订合同的效力问题。

根据《民法典》第五百零五条的规定:"当事人超越经营范围订立的合同的效力,应当依照本法第一编第六章第三节和本编的有关规定确定,不得仅以超越经营范围确认合同无效。"

本案中,乙公司虽然超越经营范围与甲公司签订合同,但是该合同并未违反法律的强制性规定,合同是有效的。乙公司超越经营范围签订合同,且未能遵守约定按时交货,显然具有过错,依法应当赔偿甲公司的损失。因此,乙公司的说法不符合我国法律规定。

【风险防范建议】

公司超越经营范围订立合同的效力应该分情况讨论,并不当然无效;当该合同违反法律、行政法规的强制性规定、违背公序良俗或者存在恶意串通损害他人合法权益的情形时,该合同为无效合同。

当公司超越经营范围订立合同,无论该合同系有效合同还是无效合同,在公司存在明显过错的情况下,公司仍应当承担相应的赔偿责任。故公司应注意合法合规经营,不要随意超越经营范围订立合同。公司的经营范围发生改变的,应当及时到市场监督管理部门办理变更公司经营范围的手续。

【法条链接】

《民法典》第一百四十三条　具备下列条件的民事法律行为有效:

(一)行为人具有相应的民事行为能力;

(二)意思表示真实;

(三)不违反法律、行政法规的强制性规定,不违背公序良俗。

第一百五十三条　违反法律、行政法规的强制性规定的民事法律行为无效。但是,该强制性规定不导致该民事法律行为无效的除外。

违背公序良俗的民事法律行为无效。

第一百五十四条　行为人与相对人恶意串通,损害他人合法权益的民事法律行为无效。

第五百零五条　当事人超越经营范围订立的合同的效力,应当依照本法第一编第六章第三节和本编的有关规定确定,不得仅以超越经营范围确认合同无效。

52. 员工越权签订的合同有效吗?

【情景案例】

陆某系A公司的采购经理。2024年3月,陆某以A公司的名义与B公司签订一份《采购合同》,约定:A公司向B公司购买一台机械设备,价款为300万元。合同约定:A公司于合同签订后5天内将150万元预付款汇至B公司银行账户。合同签订后的第7天,B公司未收到预付款,于是向A公司发出催款函。由于A公司暂不想购买这台设备,于是回复:"根据我司的财务管理规定,公司支出200万元以上款项须经公司总经理批准,由于陆某未经总经理批准签订合同,该合同因系越权签订属无效合同。"

请问:A公司与B公司签订的合同有效吗?

【案例分析】

本案涉及的是员工越权签订合同的效力问题。

根据《民法典》第一百七十二条的规定,行为人没有代理权、超越代理权或者代理权终止后,仍然实施代理行为,相对人有理由相信行为人有代理权的,代理行为有效。《最高人民法院关于适用〈中华人民共和国民法典〉合同编通则若干问题的解释》第二十二条第四款规定:"在前三款规定的情形下,法定代表人、负责人或者工作人员在订立合同时虽然超越代表或者代理权限,但是依据民法典第五百零四条的规定构成表见代表,或者依据民法典第一百七十二条的规定构成表见代理的,人民法院应当认定合同对法人、非法人组织发生效力。"

本案中,陆某是A公司的采购经理,其以A公司名义与B公司签订了一份《采购合同》,A公司已在《采购合同》上盖章。B公司并不清楚陆某作为采购经理有采购金额限制等权限范围,A公司在《采购合同》上盖章后,B公司有理由相信陆某是有代理权的。陆某构成表见代理,其代理行为应对A公司发生法律效力。因此,A公司与B公司签订的合同有效。

【风险防范建议】

员工超越权限订立合同,但是相对人有理由相信该员工有代理权的,代理行为有效。因此公司对于公章、合同书、介绍信等能够证明代理人权限的物品管理不严,导致行为人没有代理权、超越代理权或者代理权终止,相对人有理由相信行为人有代理

权的,代理行为有效。关于公司在对外签订合同时,如何规避相应法律风险,建议如下:

(1)对合同相对方进行必要的调查,了解其经营范围、营业执照、财产状况、信用情况等。

(2)订立合同时,确认对方的身份和代理权限,核实对方的身份证件和授权相关证明。

(3)仔细审查合同的内容并要求相关负责人在合同上签字。

【法条链接】

《民法典》第一百七十一条　行为人没有代理权、超越代理权或者代理权终止后,仍然实施代理行为,未经被代理人追认的,对被代理人不发生效力。

相对人可以催告被代理人自收到通知之日起三十日内予以追认。被代理人未作表示的,视为拒绝追认。行为人实施的行为被追认前,善意相对人有撤销的权利。撤销应当以通知的方式作出。

行为人实施的行为未被追认的,善意相对人有权请求行为人履行债务或者就其受到的损害请求行为人赔偿。但是,赔偿的范围不得超过被代理人追认时相对人所能获得的利益。

相对人知道或者应当知道行为人无权代理的,相对人和行为人按照各自的过错承担责任。

第一百七十二条　行为人没有代理权、超越代理权或者代理权终止后,仍然实施代理行为,相对人有理由相信行为人有代理权的,代理行为有效。

第五百零四条　法人的法定代表人或者非法人组织的负责人超越权限订立的合同,除相对人知道或者应当知道其超越权限外,该代表行为有效,订立的合同对法人或者非法人组织发生效力。

《最高人民法院关于适用〈中华人民共和国民法典〉合同编通则若干问题的解释》第二十二条　法定代表人、负责人或者工作人员以法人、非法人组织的名义订立合同且未超越权限,法人、非法人组织仅以合同加盖的印章不是备案印章或者系伪造的印章为由主张该合同对其不发生效力的,人民法院不予支持。

合同系以法人、非法人组织的名义订立,但是仅有法定代表人、负责人或者工作人员签名或者按指印而未加盖法人、非法人组织的印章,相对人能够证明法定代表人、负责人或者工作人员在订立合同时未超越权限的,人民法院应当认定合同对法人、非法人组织发生效力。但是,当事人约定以加盖印章作为合同成立条件的除外。

合同仅加盖法人、非法人组织的印章而无人员签名或者按指印,相对人能够证明合同系法定代表人、负责人或者工作人员在其权限范围内订立的,人民法院应当认定该合同对法人、非法人组织发生效力。

在前三款规定的情形下，法定代表人、负责人或者工作人员在订立合同时虽然超越代表或者代理权限，但是依据民法典第五百零四条的规定构成表见代表，或者依据民法典第一百七十二条的规定构成表见代理的，人民法院应当认定合同对法人、非法人组织发生效力。

53.业务员私刻公章签订的合同有效吗?

【情景案例】

熊某系甲公司的业务员，乙公司是其开发的老客户。2023年8月1日，乙公司与熊某签订一份采购合同，约定：乙公司向甲公司订购60台空调，价款为9万元，7日内交货。与往常一样，乙公司在合同签订后给熊某支付了4.5万元现金，熊某给乙公司出具了收据。直至8月10日，乙公司仍未收到货，经了解才得知熊某于2023年6月已离职，其在合同所盖公章为其私刻的。由于熊某已失联，乙公司遂诉至法院，要求甲公司按合同履行发货义务。

请问：乙公司的请求能得到法院支持吗？

【案例分析】

本案涉及的是公司员工私刻公章签订合同的效力问题。

我国《民法典》第一百七十二条规定，行为人没有代理权、超越代理权或者代理权终止后，仍然实施代理行为，相对人有理由相信行为人有代理权的，代理行为有效。《最高人民法院关于在审理经济纠纷案件中涉及经济犯罪嫌疑若干问题的规定》第五条规定，行为人盗窃、盗用单位的公章、业务介绍信、盖有公章的空白合同书，或者私刻单位的公章签订经济合同，骗取财物归个人占有、使用、处分或者进行其他犯罪活动构成犯罪的，单位对行为人该犯罪行为所造成的经济损失不承担民事责任。行为人私刻单位公章或者擅自使用单位公章、业务介绍信、盖有公章的空白合同书以签订经济合同的方法进行的犯罪行为，单位有明显过错，且该过错行为与被害人的经济损失之间具有因果关系的，单位对该犯罪行为所造成的经济损失，依法应当承担赔偿责任。

本案中，虽然熊某私刻公司公章骗取了乙公司支付的4.5万元现金后失联的行为已构成犯罪。但是甲公司明知乙公司是熊某开发的老客户，其在熊某离职后并未告知乙公司关于熊某离职的事情，乙公司作为老客户有理由相信熊某具有代理权。因此，乙公司与甲公司之间的采购合同是有效的，乙公司有权要求甲公司按合同履行发货义务。如乙公司不要求履行合同义务，其亦可要求甲公司承担赔偿责任。故乙公司的请求能得到法院支持。

【风险防范建议】

虽然私刻公章涉嫌犯罪，但是并不是所有私刻公章签订的合同都是无效合同，当行为人没有代理权、超越代理权或者代理权终止后仍然实施代理行为时，如果相对人有理由相信行为人有代理权时，其代理行为有效。为防止业务员私刻公章签订合同给公司带来损失，建议如下：

（1）款项的收支应使用专项账户及票据，不允许由业务员代收款项。

（2）做好员工的离职工作交接。业务员离职后，要及时通知客户，保存相应的证据，并以此作为工作交接工作的一部分。

（3）经济往来合同使用盖章加签字的方法作双重防范，即公司公章加法定代表人签字同时具备。

（4）加大宣传教育力度，提高业务员的法律意识，让其知道私刻公章签订合同的后果很严重，一旦实施该行为，行为人可能要承担刑事责任。

【法条链接】

《民法典》第一百七十二条　行为人没有代理权、超越代理权或者代理权终止后，仍然实施代理行为，相对人有理由相信行为人有代理权的，代理行为有效。

《最高人民法院关于在审理经济纠纷案件中涉及经济犯罪嫌疑若干问题的规定》第五条　行为人盗窃、盗用单位的公章、业务介绍信、盖有公章的空白合同书，或者私刻单位的公章签订经济合同，骗取财物归个人占有、使用、处分或者进行其他犯罪活动构成犯罪的，单位对行为人该犯罪行为所造成的经济损失不承担民事责任。

行为人私刻单位公章或者擅自使用单位公章、业务介绍信、盖有公章的空白合同书以签订经济合同的方法进行的犯罪行为，单位有明显过错，且该过错行为与被害人的经济损失之间具有因果关系的，单位对该犯罪行为所造成的经济损失，依法应当承担赔偿责任。

《最高人民法院关于适用〈中华人民共和国民法典〉合同编通则若干问题的解释》第二十二条　法定代表人、负责人或者工作人员以法人、非法人组织的名义订立合同且未超越权限，法人、非法人组织仅以合同加盖的印章不是备案印章或者系伪造的印章为由主张该合同对其不发生效力的，人民法院不予支持。

合同系以法人、非法人组织的名义订立，但是仅有法定代表人、负责人或者工作人员签名或者按指印而未加盖法人、非法人组织的印章，相对人能够证明法定代表人、负责人或者工作人员在订立合同时未超越权限的，人民法院应当认定合同对法人、非法人组织发生效力。但是，当事人约定以加盖印章作为合同成立条件的除外。

合同仅加盖法人、非法人组织的印章而无人员签名或者按指印,相对人能够证明合同系法定代表人、负责人或者工作人员在其权限范围内订立的,人民法院应当认定该合同对法人、非法人组织发生效力。

在前三款规定的情形下,法定代表人、负责人或者工作人员在订立合同时虽然超越代表或者代理权限,但是依据民法典第五百零四条的规定构成表见代表,或者依据民法典第一百七十二条的规定构成表见代理的,人民法院应当认定合同对法人、非法人组织发生效力。

54. 采购员持有盖公司印章的空白合同,有什么风险?

【情景案例】

金某是甲公司的采购员,因获得公司信任,金某手中握有盖公司印章的空白合同。2024年3月3日,甲公司安排金某到乙公司采购50吨钢材,并出具授权委托书,内容为"金某系甲公司的员工,受甲公司委托前往贵司洽谈建材采购事宜"。金某与乙公司签订《钢材买卖合同》后,得知乙公司的水泥价格比市场价格便宜20%,于是在未向甲公司请示的情况下,直接用另一份空白合同书又与乙公司签订100吨水泥的采购合同。两份合同均约定货到付款。由于甲公司资金紧张,故拒收乙公司送来的水泥,双方因此发生争议。甲公司认为,水泥是金某擅自决定购买的,未经公司授权,故双方签订的合同无效。乙公司认为,采购合同上有双方公司的签章,合同是有效的,因此不同意甲公司退货。

请问:甲公司的说法符合我国法律规定吗?

【案例分析】

本案涉及的是公司采购员以盖有公司印章的空白合同与交易相对方签订的合同效力问题。

根据《民法典》第一百六十五条的规定,委托代理授权采用书面形式的,授权委托书应当载明代理人的姓名或者名称、代理事项、权限和期限,并由被代理人签名或者盖章。第一百七十一条的规定,行为人没有代理权、超越代理权或者代理权终止后,仍然实施代理行为,未经被代理人追认的,对被代理人不发生效力。行为人实施的行为未被追认的,善意相对人有权请求行为人履行债务或者就其受到的损害请求行为人赔偿。第一百七十二条规定,行为人没有代理权、超越代理权或者代理权终止后,仍然实施代理行为,相对人有理由相信行为人有代理权的,代理行为有效。本案中,虽然甲公司没有追认金某超越权限签订的合同,但是因为金某持有购买建材的授权委托书,水泥亦属于建材,且金某代表甲公司已经与乙公司签订了一份采购钢材的合同,当其拿出另一份有甲公司盖章的空白合同,乙公司有理由相信金某有代理权。故甲公司和乙公司签订的合同有效,甲公司的说法不符合我国法律规定。

【风险防范建议】

建议公司出具授权委托书时尽量明确并缩小采购员的授权范围,争取做到"一合同一授权"。如本案中,就可以明确为"到贵司洽谈钢材采购事宜",而非笼统写为"建材采购"。合同与授权相匹配及对应,除与授权一致的合同书外不开出加盖公章的空白合同,否则容易造成采购员超越权限代理、无权代理,给公司经营带来混乱。

【法条链接】

《民法典》第一百六十五条　委托代理授权采用书面形式的,授权委托书应当载明代理人的姓名或者名称、代理事项、权限和期限,并由被代理人签名或者盖章。

第一百七十一条　行为人没有代理权、超越代理权或者代理权终止后,仍然实施代理行为,未经被代理人追认的,对被代理人不发生效力。

相对人可以催告被代理人自收到通知之日起三十日内予以追认。被代理人未作表示的,视为拒绝追认。行为人实施的行为被追认前,善意相对人有撤销的权利。撤销应当以通知的方式作出。

行为人实施的行为未被追认的,善意相对人有权请求行为人履行债务或者就其受到的损害请求行为人赔偿。但是,赔偿的范围不得超过被代理人追认时相对人所能获得的利益。

相对人知道或者应当知道行为人无权代理的,相对人和行为人按照各自的过错承担责任。

第一百七十二条　行为人没有代理权、超越代理权或者代理权终止后,仍然实施代理行为,相对人有理由相信行为人有代理权的,代理行为有效。

55. 仅有法定代表人签字而无公司印章的合同有效吗?

【情景案例】

甲公司是一家服装外贸公司,崔某是甲公司的法定代表人。2024年7月1日,甲公司与乙服装厂签订一份《服装采购合同》,约定:甲公司向乙服装厂定制3000件西装,价款为60万元,7月10日前交货,货到付款。由于保管公章的行政经理不在公司,故甲公司未在该合同上加盖公章,仅有崔某的个人签名。2024年7月7日,甲公司得知海外客户已资不抵债,为及时止损,于是通知乙服装厂取消订单,但遭到拒绝。甲公司认为,合同没有盖章,仅有崔某的签名,故合同是无效的。乙服装厂认为,双方没有约定以加盖印章作为合同成立条件，其已按约定完成西装生产，甲公司如果取消订单，要赔偿其相应损失。

请问：甲公司的说法符合我国法律规定吗？

【案例分析】

本案涉及的是法定代表人签字的合同对外是否具有法律效力的问题。

我国《公司法》第十一条第一款规定，法定代表人以公司名义从事的民事活动的法律后果由公司承受。《最高人民法院关于适用〈中华人民共和国民法典〉合同编通则若干问题的解释》第二十二条第二款规定，合同系以法人、非法人组织的名义订立，但是仅有法定代表人、负责人或者工作人员签名或者按指印而未加盖法人、非法人组织的印章，相对人能够证明法定代表人、负责人或者工作人员在订立合同时未超越权限的，人民法院应当认定合同对法人、非法人组织发生效力。但是，当事人约定以加盖印章作为合同成立条件的除外。《民法典》第六十一条第一款、第二款规定，依照法律或者法人章程的规定，代表法人从事民事活动的负责人，为法人的法定代表人。法定代表人以法人名义从事的民事活动，其法律后果由法人承受。

本案中，崔某作为甲公司法定代表人，其以甲公司名义从事的民事活动的法律后果由甲公司承受，虽然甲公司未在《服装采购合同》上加盖公章，但是崔某作为法定代表人在合同上签了名，该合同合法有效，甲公司应当履行其合同义务。现甲公司单方解除合同，造成乙公司损失，依法甲公司应当赔偿乙公司损失。故甲公司的说法不符合我国法律规定。

【风险防范建议】

我国法律规定，当事人采用合同书形式订立合同的，自当事人签名、盖章或者按指印时合同成立。但是法定代表人因职权的特殊性，其以公司名义从事的民事活动产生的法律后果系由公司承受。因此，公司在日常运营过程中，应在章程中对法定代表人的权限范围进行适当的限制和明确的约定，避免因法定代表人滥用权力，损害公司的利益。

【法条链接】

《民法典》第六十一条　依照法律或者法人章程的规定，代表法人从事民事活动的负责人，为法人的法定代表人。

法定代表人以法人名义从事的民事活动，其法律后果由法人承受。

法人章程或者法人权力机构对法定代表人代表权的限制，不得对抗善意相对人。

《公司法》第十一条　法定代表人以公司名义从事的民事活动，其法律后果由公司承受。

公司章程或者股东会对法定代表人职权的限制,不得对抗善意相对人。

法定代表人因执行职务造成他人损害的,由公司承担民事责任。公司承担民事责任后,依照法律或者公司章程的规定,可以向有过错的法定代表人追偿。

《最高人民法院关于适用〈中华人民共和国民法典〉合同编通则若干问题的解释》第二十二条　法定代表人、负责人或者工作人员以法人、非法人组织的名义订立合同且未超越权限,法人、非法人组织仅以合同加盖的印章不是备案印章或者系伪造的印章为由主张该合同对其不发生效力的,人民法院不予支持。

合同系以法人、非法人组织的名义订立,但是仅有法定代表人、负责人或者工作人员签名或者按指印而未加盖法人、非法人组织的印章,相对人能够证明法定代表人、负责人或者工作人员在订立合同时未超越权限的,人民法院应当认定合同对法人、非法人组织发生效力。但是,当事人约定以加盖印章作为合同成立条件的除外。

合同仅加盖法人、非法人组织的印章而无人员签名或者按指印,相对人能够证明合同系法定代表人、负责人或者工作人员在其权限范围内订立的,人民法院应当认定该合同对法人、非法人组织发生效力。

在前三款规定的情形下,法定代表人、负责人或者工作人员在订立合同时虽然超越代表或者代理权限,但是依据民法典第五百零四条的规定构成表见代表,或者依据民法典第一百七十二条的规定构成表见代理的,人民法院应当认定合同对法人、非法人组织发生效力。

56. 多页的合同没有盖骑缝章,有什么风险?

【情景案例】

2021年1月,甲公司与崔某签订一份《店铺租赁合同》,租金为2万元/月,合同没有盖骑缝章。2024年1月,甲公司以合同到期为由要求崔某搬走,但崔某拿出一份与甲公司第一页内容不一致的合同(甲公司所持合同显示的租赁期限为3年,崔某所持合同显示的租赁期限为5年),并声称合同期限未满,拒绝搬走。协商无果后,甲公司诉至法院,要求崔某立即腾房。

请问:甲公司的请求能得到法院支持吗?

【案例分析】

本案涉及的是多页合同未加盖骑缝章导致合同内容被替换的风险问题。

根据《民法典》第四百九十条第一款的规定,当事人采用合同书形式订立合同的,自当事人均签名、盖章或者按指印时合同成立。在签名、盖章或者按指印之前,当事人一方已经履行主要义务,对方接受时,该合同成立。第五百零二条第一款规定,依法成立的合同,自成立时生效,但是法律另有规定或者当事人另有约定的除外。由此可见,合同自当事人签名、盖章或者按指印时合同成立。法律并没有规定合同必须要盖骑缝章。

本案中,甲公司和崔某签订的合同没有加盖骑缝章,导致合同内容被替换,故双方拿出的合同内容不一致。在此情况下,对于合同的解释可以根据上下文以及合同履行的情况进行判断。甲公司的请求能否得到法院支持在于其是否能证明其持有的期限为3年的租赁合同就是双方在订立合同时达成合意的版本。故甲公司的请求能否得到法院支持取决于其提供的证据能否证明租赁期限为3年的合同是原始的合同。

需要说明的是,根据"谁主张,谁举证"的原则,甲公司作为原告,如无法提交证据证明其持有的合同为原始合同,无法证明双方的租赁期限为3年,则可能面临败诉的法律后果。

【风险防范建议】

在多页的合同中,虽然没有加盖骑缝章对于合同的效力没有影响,但是,没有加盖骑缝章容易导致合同内页被人为替换进而改变合同内容,导致存在多个版本的合同内容,在对合同内容存在争议且难以证明真实内容的情况下,一方当事人容易承担不利后果。故此,建议如下:

(1)在签订多页的打印合同时,一定要在页与页之间加盖骑缝章,为其内容的稳定性提供保障,减少合同打印内页被更换、合同被造假的风险。

(2)保留双方之间沟通的微信、短信记录及邮件往来记录,一旦后期双方发生争议,可用于证明合同的初始内容及合同原意。

(3)争议发生后,可及时进行司法鉴定,通过鉴定疑似替换的合同内页与签字页是否为同一打印机形成,以佐证证明该版本是否为原始合同。

【法条链接】

《民法典》第四百九十条第一款　当事人采用合同书形式订立合同的,自当事人均签名、盖章或者按指印时合同成立。在签名、盖章或者按指印之前,当事人一方已经履行主要义务,对方接受时,该合同成立。

第五百零二条　依法成立的合同,自成立时生效,但是法律另有规定或者当事人另有约定的除外。

依照法律、行政法规的规定,合同应当办理批准等手续的,依照其规定。未办理批准等手续影响合同生效的,不影响合同中履行报批等义务条款以及相关条款的效力。

应当办理申请批准等手续的当事人未履行义务的,对方可以请求其承担违反该义务的责任。

依照法律、行政法规的规定,合同的变更、转让、解除等情形应当办理批准等手续的,适用前款规定。

《民事诉讼法》第六十七条第一款　当事人对自己提出的主张,有责任提供证据。

57.未签章但已实际履行的合同,是否成立?

【情景案例】

2023年10月10日,甲公司与乙公司签订一份《采购合同》,约定:甲公司向乙公司采购吊灯5000件,货款为100万元,违约金为货款总额的8%,乙公司应在10月20日前交货。但是,此份合同仅有乙公司及其法定代表人的签章,甲公司以各种理由拖延签章,并口头承诺肯定会按约定支付货款。10月18日,乙公司按约定要求发货,甲公司在签收单上签字表示收到货物。10月22日,甲公司的客户临时取消订单,故甲公司以"合同上只有乙公司一方签章,合同未成立"为由要求退货,但遭到乙公司拒绝。乙公司遂在数日后向人民法院提起诉讼,要求判令甲公司支付货款与违约金。

请问:乙公司的请求能得到法院支持吗?

【案例分析】

本案涉及的是未签章但已实际履行并为合同相对方所接受的合同,是否成立的问题。

我国《民法典》第四百九十条第一款规定,当当事人采用合同书形式订立合同的,自当事人均签名、盖章或者按指印时合同成立。在签名、盖章或者按指印之前,当事人一方已经履行主要义务,对方接受时,该合同成立。

本案中,虽然《采购合同》仅有乙公司及其法定代表人的签章,未有甲公司的签章,但是乙公司按合同约定于10月20日前发货,且甲公司在签收单上签字表示收到货物,表明乙公司已经履行了其主要的义务,并且为甲公司所接受,依照法律规定,《采购合同》在甲公司签收货物时成立,故乙公司的请求能得到法院支持。

【风险防范建议】

公司在订立合同时,双方最好签订书面合同,并在合同上进行签名和盖章,没有双方签章的合同虽然在合同相对方接受货物的情况下是有效的,但当合同相对方拒绝接受货物时,将会给一方当事人带来损失,这样的合同没有明确合同双方的信息和资质,在合同生效以及履行方面会有较大风险。

【法条链接】

《民法典》第四百九十条　当事人采用合同书形式订立合同的,自当事人均签名、盖章或者按指印时合同成立。在签名、盖章或者按指印之前,当事人一方已经履行主要义务,对方接受时,该合同成立。

法律、行政法规规定或者当事人约定合同应当采用书面形式订立,当事人未采用书面形式但是一方已经履行主要义务,对方接受时,该合同成立。

第五百零九条第一款　当事人应当按照约定全面履行自己的义务。

《最高人民法院关于适用〈中华人民共和国民法典〉合同编通则若干问题的解释》第三条　当事人对合同是否成立存在争议,人民法院能够确定当事人姓名或者名称、标的和数量的,一般应当认定合同成立。但是,法律另有规定或者当事人另有约定的除外。

根据前款规定能够认定合同已经成立的,对合同欠缺的内容,人民法院应当依据民法典第五百一十条、第五百一十一条等规定予以确定。

当事人主张合同无效或者请求撤销、解除合同等,人民法院认为合同不成立的,应当依据《最高人民法院关于民事诉讼证据的若干规定》第五十三条的规定将合同是否成立作为焦点问题进行审理,并可以根据案件的具体情况重新指定举证期限。

58. 合同条款有误,直接在合同上面涂改有什么风险?

【情景案例】

2023年3月,A公司与B公司签订了一份《买卖合同》,约定:A公司向B公司购买一台机械设备,价款为200万元。2023年12月,设备出现了严重的质量问题,因双方对保质期产生争议,A公司将B公司诉至法院。A公司提交自己手持的合同,约定保质期为1年。但该条款内容原约定为6个月,1年是用笔直接在合同上涂改的。B公司手持合同与A公司的合同一样,都是用笔直接修改过的,但修改处没有签名或盖章,故B公司主张保质期为6个月,其无须对机械设备出现的质量问题负责。

请问:双方约定的保质期是6个月还是1年?

【案例分析】

本案涉及的是通过涂改合同条款方式变更合同的法律风险问题。

我国《民法典》第五百四十三条规定,当事人协商一致,可以变更合同。第五百四十四条规定,当事人对合同变更的内容约定不明确的,推定为未变更。

本案中,A公司与B公司签订的《买卖合同》中,原合同条款约定保质期为6个月,后双方持有的合同均通过涂改方式将保质期修改为1年,但是涂改位置没有双方的签名和盖章确认。由于双方手持合同对该条款的涂改方式一致、修改内容一致,可见合同变更的内容是明确的,故双方对于该合同条款进行变更的意思表示是一致的,在该情况下可推定双方一致变更约定的保质期是1年。

【风险防范建议】

关于涂改的合同是否有效,要视具体情况讨论:

(1)合同签订之后,一方为了自己的利益,采取非法手段进行合同修改或伪造的,如偷盗合同进行修改,合同修改部分无效,维持原合同约定内容。

(2)双方的合同在该条款上有一致的修改内容,但是没有双方的盖章或者签名、手印,因为双方在该条款上修改的内容是一致的、确定的,可以推定该合同条款是在双方意思表示一致的情况下进行修改的,可以认定该修改的合同条款有效。

(3)合同签订之后,一方需要进行合同修改的,应当告知合同相对方,经双方协商一致,重新签订合同或在原合同相应条款作修改或补充,并在修改的地方加盖双方公章或按捺手印;如果只有口头约定但没有对书面合同进行修改或者没有在修改变动的地方盖章或者按捺手印,双方产生争议而无法证明对合同变更的内容约定明确,则视为未变更合同条款,合同按照原内容继续生效履行。

建议在涂改合同条款时,双方尽量在涂改的每一处上进行签名或者盖章、捺手印,增强该条款的法律效力,减少因为涂改条款导致合同内容不确定的风险发生;也可通过签订补充协议的方式变更合同约定。

【法条链接】

《民法典》第五百四十三条 当事人协商一致,可以变更合同。

第五百四十四条 当事人对合同变更的内容约定不明确的,推定为未变更。

59.租期为25年的租赁合同,有效吗?

【情景案例】

2001年3月1日,某制衣厂与某村委会签订一份《厂房租赁合同》,约定:某制衣厂承租某村委会的厂房,租期为25年,租金为8万元/年。合同签订后,双方均按合同约定履行义务,并无争议。该厂房在2020年的市场租赁价已升至20万元/年,故某村委会以"租赁合同超出20年的部分无效"为由,要求在2021年3月1日收回租赁厂房另行招租,但遭到某制衣厂强烈反对。协商无果后,某村委会于2021年4月诉至法院,要求收回租赁房屋。

请问:某村委会的请求能得到法院支持吗?

【案例分析】

本案涉及的是超过最长租赁期限的合同是否有效的法律问题。

我国《民法典》第七百零五条规定:"租赁期限不得超过二十年。超过二十年的,超过部分无效。租赁期限届满,当事人可以续订租赁合同;但是,约定的租赁期限自续订之日起不得超过二十年。"《最高人民法院关于适用〈中华人民共和国民法典〉时间效力的若干规定》第一条第三款规定:"民法典施行前的法律事实持续至民法典施行后,该法律事实引起的民事纠纷案件,适用民法典的规定,但是法律、司法解释另有规定的除外。"

本案中,某制衣厂与某村委会签订了租期为25年的租赁合同,超过了法律规定的20年,超过的部分无效。双方于2001年3月1日签订的租赁合同,到2021年2月28日,该合同已经履行满20年,剩余5年的租赁期限是无效的,某村委会可以要求收回租赁房屋。故某村委会的请求能得到法院支持。

【风险防范建议】

在签订租赁合同时可从以下方面防范法律风险:

(1)以书面的形式签订租赁合同,特别是租赁期限超过1年的租赁合同。

(2)租赁合同期限届满前及时与出租方续签租赁合同,否则该合同为不定期合同,出租人可以随时要求承租人收回房屋。

(3)留意租赁期限不得超过20年,否则超过部分无效。届时,出租方可主张超过20年部分无效并要求收回房屋。

【法条链接】

《民法典》第七百零五条　租赁期限不得超过二十年。超过二十年的,超过部分无效。

租赁期限届满,当事人可以续订租赁合同;但是,约定的租赁期限自续订之日起不得超过二十年。

《最高人民法院关于适用〈中华人民共和国民法典〉时间效力的若干规定》第一条　民法典施行后的法律事实引起的民事纠纷案件,适用民法典的规定。

民法典施行前的法律事实引起的民事纠纷案件,适用当时的法律、司法解释的规定,但是法律、司法解释另有规定的除外。

民法典施行前的法律事实持续至民法典施行后,该法律事实引起的民事纠纷案件,适用民法典的规定,但是法律、司法解释另有规定的除外。

60.对方公司在签订合同时已被吊销营业执照,怎么办?

【情景案例】

2024年3月1日,甲公司因违规经营被市场监督管理部门吊销营业执照,但未进行清算。3月10日,甲公司与乙公司签订一份《厂房租赁合同》,合同上加盖了甲公司的印章。合同约定:租赁期限为5年,租金为12万元/年。4月1日,乙公司得知甲公司的营业执照在签订合同前已被吊销。故乙公司以《厂房租赁合同》无效为由向甲公司提出终止租赁合同,但遭到甲公司拒绝。

请问:双方签订的《厂房租赁合同》有效吗?

【案例分析】

本案涉及的是法人营业执照被吊销后,是否能对外签订合同以及所签合同是否有效的问题。

根据《公司法》第二百二十九条第四项的规定,公司因依法被吊销营业执照、责令关闭或者被撤销而解散。第二百三十二条第一款规定:"公司因本法第二百二十九条第一款第一项、第二项、第四项、第五项规定而解散的,应当清算。董事为公司清算义务人,应当在解散事由出现之日起十五日内组成清算组进行清算。"第二百三十六条第三款规定,清算期间,公司存续,但不得开展与清算无关的经营活动。公司财产在未依照前款规定清偿前,不得分配给股东。

本案中,甲公司被市场监督管理部门吊销营业执照,但其未进行清算,故公司仍处于存续状态,法人资格尚存。虽然根据《公司法》的规定甲公司不得开展与清算无关的经营活动,而甲公司与乙公司签订为期5年的《厂房租赁合同》属于与清算无关的经营活动。但是合同是否有效,应看该合同违反效力性法律规定还是管理性法律规定。本案的甲公司虽然违反《公司法》的规定,但是该规定属于管理性法律规定,不影响合同效力的问题,故双方签订的《厂房租赁合同》有效。

【风险防范建议】

建议公司在签订合同时,对合同相对方的资质、权利、身份、经营情况、财产情况等进行全面的调查与了解,充分了解对方的情况,避免因为与无民事行为能力的自然人或者被吊销营业执照的法人签订合同,导致合同无效,给自己造成损失。在签订合法有效的合同后,要按照诚实信用原则履行合同,避免影响公司的声誉与信用,减少相关资源的浪费,避免争议的发生。

【法条链接】

《公司法》第二百二十九条　公司因下列原因解散:
(一)公司章程规定的营业期限届满或者公司章程规定的其他解散事由出现;
(二)股东会决议解散;
(三)因公司合并或者分立需要解散;
(四)依法被吊销营业执照、责令关闭或者被撤销;
(五)人民法院依照本法第二百三十一条的规定予以解散。
公司出现前款规定的解散事由,应当在十日内将解散事由通过国家公司信用信息公示系统予以公示。

第二百三十二条　公司因本法第二百二十九条第一款第一项、第二项、第四项、第五项规定而解散的,应当清算。董事为公司清算义务人,应当在解散事由出现之日起十五日内组成清算组进行清算。

清算组由董事组成,但是公司章程另有规定或者股东会决议另选他人的除外。

清算义务人未及时履行清算义务,给公司或者债权人造成损失的,应当承担赔偿责任。

第二百三十六条　清算组在清理公司财产、编制资产负债表和财产清单后,应当制订清算方案,并报股东会或者人民法院确认。

公司财产在分别支付清算费用、职工的工资、社会保险费用和法定补偿金,缴纳所欠税款,清偿公司债务后的剩余财产,有限责任公司按照股东的出资比例分配,股份有限公司按照股东持有的股份比例分配。

清算期间,公司存续,但不得开展与清算无关的经营活动。公司财产在未依照前款规定清偿前,不得分配给股东。

《民法典》第一百五十三条　违反法律、行政法规的强制性规定的民事法律行为无效。但是,该强制性规定不导致该民事法律行为无效的除外。

违背公序良俗的民事法律行为无效。

《最高人民法院关于适用〈中华人民共和国民法典〉合同编通则若干问题的解释》第十六条　合同违反法律、行政法规的强制性规定,有下列情形之一,由行为人承担行政责任或者刑事责任能够实现强制性规定的立法目的的,人民法院可以依据民法典第一百五十三条第一款关于"该强制性规定不导致该民事法律行为无效的除外"的规定认定该合同不因违反强制性规定无效:

(一)强制性规定虽然旨在维护社会公共秩序,但是合同的实际履行对社会公共秩

序造成的影响显著轻微,认定合同无效将导致案件处理结果有失公平公正;

(二)强制性规定旨在维护政府的税收、土地出让金等国家利益或者其他民事主体的合法利益而非合同当事人的民事权益,认定合同有效不会影响该规范目的的实现;

(三)强制性规定旨在要求当事人一方加强风险控制、内部管理等,对方无能力或者无义务审查合同是否违反强制性规定,认定合同无效将使其承担不利后果;

(四)当事人一方虽然在订立合同时违反强制性规定,但是在合同订立后其已经具备补正违反强制性规定的条件却违背诚信原则不予补正;

(五)法律、司法解释规定的其他情形。

法律、行政法规的强制性规定旨在规制合同订立后的履行行为,当事人以合同违反强制性规定为由请求认定合同无效的,人民法院不予支持。但是,合同履行必然导致违反强制性规定或者法律、司法解释另有规定的除外。

依据前两款认定合同有效,但是当事人的违法行为未经处理的,人民法院应当向有关行政管理部门提出司法建议。当事人的行为涉嫌犯罪的,应当将案件线索移送刑事侦查机关;属于刑事自诉案件的,应当告知当事人可以向有管辖权的人民法院另行提起诉讼。

61. 合同因保管不善丢失,怎么办?

【情景案例】

2024年6月1日,A公司和B公司签订一份《水泥买卖合同》,约定:A公司向B公司购买200吨水泥,6月10日发货,合同签订后支付30%预付款,余款在收货后支付。合同签约后,A公司按约定支付了预付款。但B公司于6月15日仍不发货。经了解,原来B公司已资不抵债,无力履行合同。A公司决定向法院起诉,但发现签订的合同原件与复印件均丢失了。

请问:A公司如何主张合同权利?

【案例分析】

本案涉及的是合同原件因保管不善丢失时如何主张合同权利的法律问题。

我国《民事诉讼法》第六十七条第一款规定,当事人对自己提出的主张,有责任提供证据。《最高人民法院关于适用〈中华人民共和国民事诉讼法〉的解释》第一百一十二条第一款规定,书证在对方当事人控制之下的,承担举证证明责任的当事人可以在举证期限届满前书面申请人民法院责令对方当事人提交。

本案中,虽然A公司丢失了合同原件与复印件,但可提交双方关于合同沟通过程的聊天记录、电子邮件往来记录、预付款支付凭证等证据证明双方存在买卖合同关系。A公司有证据证明B公司确有该合同原件,进入诉讼程序后可在举证期限届满前书面申请法院责令B公司提交该合同,如B公司否认控制书证,法院将根据法律规定、习惯等因素,结合案件的事实、证据,对于书证是否在B公司控制之下的事实作出综合判断。如法院责令B公司提交而B公司无正当理由拒不提交,法院可以认定A公司所主张的书证内容为真实。

【风险防范建议】

公司在签订合同时,建议留下相关记录和凭证,并且对合同进行复制存档,对合同原件要妥善保管,避免原件丢失。即使日后合同原件丢失且相对方不认可合同内容真实性,也可凭借复印件及相关记录、凭证、聊天记录等对合同内容的真实性进行证明。此外,也可以采用电子合同和纸质合同相结合的方式,即使纸质合同原件丢失,还有电子合同作为保障,使交易更加保险。

【法条链接】

《民事诉讼法》第六十七条第一款　当事人对自己提出的主张,有责任提供证据。

《最高人民法院关于适用〈中华人民共和国民事诉讼法〉的解释》第一百一十二条　书证在对方当事人控制之下的,承担举证证明责任的当事人可以在举证期限届满前书面申请人民法院责令对方当事人提交。

申请理由成立的,人民法院应当责令对方当事人提交,因提交书证所产生的费用,由申请人负担。对方当事人无正当理由拒不提交的,人民法院可以认定申请人所主张的书证内容为真实。

《最高人民法院关于民事诉讼证据的若干规定》第四十五条　当事人根据《最高人民法院关于适用〈中华人民共和国民事诉讼法〉的解释》第一百一十二条的规定申请人民法院责令对方当事人提交书证的,申请书应当载明所申请提交的书证名称或者内容、需要以该书证证明的事实及事实的重要性、对方当事人控制该书证的根据以及应当提交该书证的理由。

对方当事人否认控制书证的,人民法院应当根据法律规定、习惯等因素,结合案件的事实、证据,对于书证是否在对方当事人控制之下的事实作出综合判断。

第四十六条　人民法院对当事人提交书证的申请进行审查时,应当听取对方当事人的意见,必要时可以要求双方当事人提供证据、进行辩论。

当事人申请提交的书证不明确、书证对于待证事实的证明无必要、待证事实对于裁判结果无实质性影响、书证未在对方当事人控制之下或者不符合本规定第四十七条情形的,人民法院不予准许。

当事人申请理由成立的,人民法院应当作出裁定,责令对方当事人提交书证;理由不成立的,通知申请人。

第四十七条 下列情形,控制书证的当事人应当提交书证:
(一)控制书证的当事人在诉讼中曾经引用过的书证;
(二)为对方当事人的利益制作的书证;
(三)对方当事人依照法律规定有权查阅、获取的书证;
(四)账簿、记账原始凭证;
(五)人民法院认为应当提交书证的其他情形。

前款所列书证,涉及国家秘密、商业秘密、当事人或第三人的隐私,或者存在法律规定应当保密的情形的,提交后不得公开质证。

第四十八条 控制书证的当事人无正当理由拒不提交书证的,人民法院可以认定对方当事人所主张的书证内容为真实。

控制书证的当事人存在《最高人民法院关于适用〈中华人民共和国民事诉讼法〉的解释》第一百一十三条规定情形的,人民法院可以认定对方当事人主张以该书证证明的事实为真实。

62.加重对方责任的格式条款有效吗?

【情景案例】

邱某与某中介公司签订一份《房屋买卖中介协议》,约定:由某中介公司作为中介人将秦某的一套房屋介绍给邱某,房款为80万元,双方在协议中约定了付款方式、意向金的数额及处理办法等事项。其中,协议第10条约定:"由于邱某的原因导致房地产买卖合同未签订的,邱某应向某中介公司支付总房款2%的违约金。"该条款的字号为"小五号",在签约时某中介公司也没有作明确提示,邱某并不清楚存在该不合理的条款。之后,由于邱某与屋主秦某付款方式问题上不能达成共识,故买卖合同没有签成。事后,某中介公司要求邱某支付违约金,但遭到邱某拒绝。邱某认为,房屋买卖一旦不成,自己就要支付违约金,显然是"霸王条款"。协商无果后,某中介公司诉至法院,请求判令邱某按照约定支付违约金1.6万元。经法院查明,某中介公司的《房屋买卖中介协议》第10条属于格式条款,且某中介公司未履行提示义务。

请问:某中介公司的请求能得到法院支持吗?

【案例分析】

本案涉及的是加重对方责任的格式条款的效力问题。

我国《民法典》第四百九十六条规定,格式条款是当事人为了重复使用而预先拟定,并在订立合同时未与对方协商的条款。采用格式条款订立合同的,提供格式条款的一方应当遵循公平原则确定当事人之间的权利和义务,并采取合理的方式提示对方注意免除或者减轻其责任等与对方有重大利害关系的条款,按照对方的要求,对该条款予以说明。提供格式条款的一方未履行提示或者说明义务,致使对方没有注意或者理解与其重大利害关系的条款的,对方可以主张该条款不成为合同的内容。第四百九十七条规定,提供格式条款一方不合理地免除或者减轻其责任、加重对方责任、限制对方主要权利的合同条款无效。《最高人民法院关于适用〈中华人民共和国民法典〉合同编通则若干问题的解释》第十条第一款规定:"提供格式条款的一方在合同订立时采用通常足以引起对方注意的文字、符号、字体等明显标识,提示对方注意免除或者减轻其责任、排除或者限制对方权利等与对方有重大利害关系的异常条款的,人民法院可以认定其已经履行民法典第四百九十六条第二款规定的提示义务。"

在本案中,某中介公司与邱某签订的《房屋买卖中介协议》第10条属于格式条款。某中介公司采用"小五号"这种较小的字号来隐蔽此条款,此条款的内容加重了邱某的责任,而某中介公司在签约时没有作明确提示,未履行提示或者说明的义务,故该条款无效,对双方没有法律约束力。因此,某中介公司的请求不能得到法院支持。

【风险防范建议】

对于格式条款的提供方,格式条款中不能存在违反法律的效力性强制性规定,不能存在侵害国家、集体或其他人的合法权益,损害社会公共利益或者免除义务人的法律责任,加重权利人的责任或者排除权利人的主要权利等法律禁止的内容,以免该条款被认定为无效。

对于被动接受格式条款的一方,建议仔细阅读合同的各个条款,对显失公平的条款可要求修改;如确实因格式条款发生争议,则应使用法律的武器维护自己的合法权益。

【法条链接】

《民法典》第四百九十六条　格式条款是当事人为了重复使用而预先拟定,并在订立合同时未与对方协商的条款。

采用格式条款订立合同的,提供格式条款的一方应当遵循公平原则确定当事人之间的权利和义务,并采取合理的方式提示对方注意免除或者减轻其责任等与对方有重大利害关系的条款,按照对方的要求,对该条款予以说明。提供格式条款的一方未履行提示或者说明义务,致使对方没有注意或者理解与其有重大利害关系的条款的,对方可以主张该条款不成为合同的内容。

第四百九十七条 有下列情形之一的,该格式条款无效:
(一)具有本法第一编第六章第三节和本法第五百零六条规定的无效情形;
(二)提供格式条款一方不合理地免除或者减轻其责任、加重对方责任、限制对方主要权利;
(三)提供格式条款一方排除对方主要权利。

《最高人民法院关于适用〈中华人民共和国民法典〉合同编通则若干问题的解释》**第十条** 提供格式条款的一方在合同订立时采用通常足以引起对方注意的文字、符号、字体等明显标识,提示对方注意免除或者减轻其责任、排除或者限制对方权利等与对方有重大利害关系的异常条款的,人民法院可以认定其已经履行民法典第四百九十六条第二款规定的提示义务。

提供格式条款的一方按照对方的要求,就与对方有重大利害关系的异常条款的概念、内容及其法律后果以书面或者口头形式向对方作出通常能够理解的解释说明的,人民法院可以认定其已经履行民法典第四百九十六条第二款规定的说明义务。

提供格式条款的一方对其已经尽到提示义务或者说明义务承担举证责任。对于通过互联网等信息网络订立的电子合同,提供格式条款的一方仅以采取了设置勾选、弹窗等方式为由主张其已经履行提示义务或者说明义务的,人民法院不予支持,但是其举证符合前两款规定的除外。

63. 合同对方当事人预期违约,怎么办?

【情景案例】

2023年3月1日,甲公司与乙公司签订了一份《机械设备买卖合同》,约定:甲公司向乙公司购买一台机械设备,价款为100万元;甲公司应在合同签订后3日内支付30%的预付款,余款在5月31日前支付;乙公司应当在3月15日前发货。合同签订后,甲公司按约定支付了预付款,乙公司也按约定发货。由于甲公司原计划项目"夭折",故明确表示不再支付余款。4月3日,乙公司诉至法院,要求甲公司提前一次性将剩余货款结清。

请问:乙公司的请求能得到法院支持吗?

【案例分析】

本案涉及的是合同相对方存在预期违约行为时如何维权的法律问题。

我国《民法典》第五百七十八条规定,当事人一方明确表示或者以自己的行为表明不履行合同义务的,对方可以在履行期限届满前请求其承担违约责任。

预期违约,也称先期违约,是指在合同履行期限到来之前,一方当事人无正当理由但明确表示其在履行期到来后将不履行合同,或者其行为表明在履行期到来后将不可能履行合同。预期违约分为明示预期违约和默示预期违约两种。明示预期违约,是指一方当事人无正当理由,明确地向对方表示将在履行期届至时不履行合同。其要件为:一方当事人明确肯定地向对方作出毁约的表示;须表明将不履行合同的主要义务;无正当理由。默示预期违约,是指一方当事人虽然没有明确表示不履行合同,但其行为表明将不履行合同或不能履行合同。例如,特定物买卖合同的出卖人在合同履行期届至前将标的物转卖给第三人,或买受人在付款期到来之前转移财产和存款以逃避债务。

本案中,乙公司依照《机械设备买卖合同》的约定,于3月15日前发货,其已履行合同义务。而甲公司在合同期限届满前明确表示不再支付余款,构成预期违约,乙公司可以在履行期限届满前请求其承担违约责任。因此,乙公司的请求能得到法院的支持。

【风险防范建议】

预期违约制度赋予了合同当事人一方在面临对方不履约的威胁时,提前采取自保措施的权利。当债务人出现默示预期违约情形,债权人又难以证明债务人有拒绝履行的意愿时,债权人不妨通过催告、协商等方式探寻债务人履行合同义务的主观意愿。

在对方当事人已经明确表示或者以自己的行为表明不履行合同义务的情况下,可以对方构成预期违约为由行使法定解除权、请求提前履行或请求继续履行等。但必须注意的是,预期违约不同于实际违约,其为一种可能的违约或履行期限届满前的违约,因此在主张对方构成预期违约时还必须对对方将不能履行合同主要义务的事实提供明确证据加以证明。

如果己方当事人系应当先履行债务的当事人,还可依据不安抗辩权的相关规定,通过先行中止履行、催告和要求提供担保的方式消除履行的不确定性。当事人中止履行的,应当及时通知对方。对方提供适当担保的,应当恢复履行。中止履行后,对方在合理期限内未恢复履行能力且未提供适当担保的,视为其以自己的行为表明不履行主要债务,中止履行的一方可以解除合同并可以请求对方承担违约责任。

【法条链接】

《民法典》第五百七十八条 当事人一方明确表示或者以自己的行为表明不履行合同义务的,对方可以在履行期限届满前请求其承担违约责任。

64. 合同中可同时约定定金和违约金吗?

【情景案例】

2024年1月15日,甲家具广场与乙家具厂签订一份《家具购销合同》,约定:甲家具广场向乙家具厂订购某种型号的沙发,货款为100万元,1月25日前交货;合同签订当天甲家具广场向乙家具厂支付定金20万元,余款在交货时一次性付清;如果任何一方违约,则应支付违约金30万元。合同签订后,甲家具广场按约定给乙家具厂支付了定金。由于丙家具广场开出较高的价格且急需该种型号的沙发,故乙家具厂就将此批货物卖给了丙家具广场,但对甲家具广场称货源紧张,要求迟延履行。甲家具广场得知内情后,遂于1月28日诉至法院,要求乙家具厂支付双倍定金和30万元违约金。在诉讼中,乙家具厂只同意双倍返还定金,但不同意支付违约金。

请问:甲家具广场的请求能得法院支持吗?

【案例分析】

本案涉及的是同时约定定金和违约金的合同,一方违约时另一方如何维权的法律问题。

我国《民法典》第五百八十八条规定,当事人既约定违约金,又约定定金的,一方违约时,对方可以选择适用违约金或者定金条款。定金不足以弥补一方违约造成的损失的,对方可以请求赔偿超过定金数额的损失。由此可见,违约金和定金只能二选一,不能同时适用。

本案中,甲家具广场与乙家具厂签订的《家具购销合同》既约定了定金又约定了违约金,乙家具厂违约,甲家具广场只能要求违约方适用违约金或者定金条款,择一较高的主张,但不能同时适用。如甲家具广场选择定金条款,定金不足以弥补其因乙家具厂违约造成的损失的,甲家具广场可以请求乙家具厂赔偿超过定金数额的损失。故甲家具广场的请求不能全部得到法院支持。

【风险防范建议】

在合同中约定了多项关于违约责任的条款时,要注意违约金和定金条款只能选择一个,不能同时适用,当定金不足以弥补实际造成的损失时,对方可以请求赔偿超过定金数额的损失。一般选择金额较高的主张。本案中,甲家具广场可以选择要求退回定金并主张使用违约金条款,对其而言,所能获得的赔偿额将高于适用双倍返还定金的定金罚则。

【法条链接】

《民法典》第五百八十四条 当事人一方不履行合同义务或者履行合同义务不符合约定,造成对方损失的,损失赔偿额应当相当于因违约所造成的损失,包括合同履行后可以获得的利益;但是,不得超过违约一方订立合同时预见到或者应当预见到的因违约可能造成的损失。

第五百八十五条 当事人可以约定一方违约时应当根据违约情况向对方支付一定数额的违约金,也可以约定因违约产生的损失赔偿额的计算方法。

约定的违约金低于造成的损失的,人民法院或者仲裁机构可以根据当事人的请求予以增加;约定的违约金过分高于造成的损失的,人民法院或者仲裁机构可以根据当事人的请求予以适当减少。

当事人就迟延履行约定违约金的,违约方支付违约金后,还应当履行债务。

第五百八十八条 当事人既约定违约金,又约定定金的,一方违约时,对方可以选择适用违约金或者定金条款。

定金不足以弥补一方违约造成的损失的,对方可以请求赔偿超过定金数额的损失。

65. 合同约定的违约金过低,如何处理?

【情景案例】

2024年3月10日,甲公司与乙公司签订一份《买卖合同》,约定:甲公司向乙公司订购1000台洗衣机,交货时间为2024年3月20日前,一方违约的要向另一方支付10万元违约金。之后,由于乙公司不能按时交货,给甲公司造成实际经济损失20万元。为此,双方对于赔偿问题产生争议。乙公司只答应按约定赔偿10万元违约金,但甲公司要求按实际损失赔偿。甲公司遂在数日后诉至法院,要求乙公司赔偿20万元经济损失。

请问:甲公司的请求能得到法院支持吗?

【案例分析】

本案涉及的是合同约定的违约金低于实际损失时如何维权的法律问题。

我国《民法典》第五百八十五条第二款规定,约定的违约金低于造成的损失的,人民法院或者仲裁机构可以根据当事人的请求予以增加;约定的违约金过分高于造成的损失的,人民法院或者仲裁机构可以根据当事人的请求予以适当减少。

本案中,甲公司与乙公司签订的《买卖合同》约定一方违约时要向另一方支付违约金 10 万元,因乙公司不能按时交货,其违约行为给甲公司造成了 20 万元的实际经济损失,甲公司有权请求人民法院在违约金数额上予以增加。故甲公司的请求能得到法院的支持。

【风险防范建议】

在双方对合同违约责任产生争议,而当事人仅以不构成违约或者不存在损失为由抗辩但没有对违约金的过高过低提出异议的情况下,人民法院应当对当事人是否请求调整违约金进行释明。当事人对合同违约金有异议,认为违约金高于或者低于造成的实际损失时,当事人之间可以协商;协商不成的,由人民法院根据合同履行情况、过错程度等因素综合进行裁量。换言之,法律对于合同违约金的规定以当事人约定为原则,法院确定为例外。但实践中,法院一般要求守约方举证证明实际损失。故合同相对方的违约行为对己方造成损失的,应当保留相关的证据、支付证明等,以便于主张权利。

【法条链接】

《民法典》第五百八十五条　当事人可以约定一方违约时应当根据违约情况向对方支付一定数额的违约金,也可以约定因违约产生的损失赔偿额的计算方法。

约定的违约金低于造成的损失的,人民法院或者仲裁机构可以根据当事人的请求予以增加;约定的违约金过分高于造成的损失的,人民法院或者仲裁机构可以根据当事人的请求予以适当减少。

当事人就迟延履行约定违约金的,违约方支付违约金后,还应当履行债务。

《最高人民法院关于适用〈中华人民共和国民法典〉合同编通则若干问题的解释》第六十四条　当事人一方通过反诉或者抗辩的方式,请求调整违约金的,人民法院依法予以支持。

违约方主张约定的违约金过分高于违约造成的损失,请求予以适当减少的,应当承担举证责任。非违约方主张约定的违约金合理的,也应当提供相应的证据。

当事人仅以合同约定不得对违约金进行调整为由主张不予调整违约金的,人民法院不予支持。

第六十五条　当事人主张约定的违约金过分高于违约造成的损失,请求予以适当减少的,人民法院应当以民法典第五百八十四条规定的损失为基础,兼顾合同主体、交易类型、合同的履行情况、当事人的过错程度、履约背景等因素,遵循公平原则和诚信原则进行衡量,并作出裁判。

约定的违约金超过造成损失的百分之三十的,人民法院一般可以认定为过分高于造成的损失。

恶意违约的当事人一方请求减少违约金的,人民法院一般不予支持。

第六十六条 当事人一方请求对方支付违约金,对方以合同不成立、无效、被撤销、确定不发生效力、不构成违约或者非违约方不存在损失等为由抗辩,未主张调整过高的违约金的,人民法院应当就若不支持该抗辩,当事人是否请求调整违约金进行释明。第一审人民法院认为抗辩成立且未予释明,第二审人民法院认为应当判决支付违约金的,可以直接释明,并根据当事人的请求,在当事人就是否应当调整违约金充分举证、质证、辩论后,依法判决适当减少违约金。

被告因客观原因在第一审程序中未到庭参加诉讼,但是在第二审程序中到庭参加诉讼并请求减少违约金的,第二审人民法院可以在当事人就是否应当调整违约金充分举证、质证、辩论后,依法判决适当减少违约金。

66. 假借订立合同恶意磋商造成他人损失的,要承担责任吗?

【情景案例】

秦某是甲公司的董事长。2023年3月,因资金周转紧张,秦某决定将其中一间厂房以200万元的价格低价转让。江某得知情况后,意欲购买,并与秦某进行了商谈。与此同时,史某也有一间厂房急着转让,他得知秦某转让厂房并与江某进行磋商的消息后,想让江某买自己的厂房,于是故意以购买秦某的厂房为由向秦某作出意思表示,并进行了长时间的谈判。而史某则暗地里与江某进行协商,并最后签订了厂房转让协议。随后,史某找借口不购买秦某的厂房,造成秦某的厂房短期内卖不出去,最终不得不以180万元的低价卖给他人。秦某后来知道此事非常生气,遂诉至法院,要求史某赔偿其低价转让厂房遭受的损失。

请问:秦某的请求能得到法院支持吗?

【案例分析】

本案涉及的是假借订立合同恶意进行磋商,造成他人损失的法律责任问题。

我国《民法典》第五百条规定:"当事人在订立合同过程中有下列情形之一,造成对方损失的,应当承担赔偿责任:(一)假借订立合同,恶意进行磋商;(二)故意隐瞒与订立合同有关的重要事实或者提供虚假情况;(三)有其他违背诚信原则的行为。"

本案中,史某得知秦某转让厂房并与江某进行磋商的消息后,其欲让江某买自己的厂房,故假借希望与秦某订立合同,作出想要购买秦某厂房的虚假意思表示,进行恶意磋商,造成秦某的厂房短期内卖不出去,最终不得不以180万元的低价卖给他人,给秦某造成了20万元的损失,史某的行为违背了诚实信用原则,应当承担赔偿责任。故秦某的请求能得到法院支持。

【风险防范建议】

需要注意的是,要区分合同诈骗与恶意磋商,虽然两者均造成对方损失,但在行为目的上两者有所区别:合同诈骗的目的在于非法占有对方的财产,而恶意磋商并无交易的真实目的,而是意在扰乱交易。恶意磋商有如下成立要件:

(1)无意在合理价格范围订立合同。

(2)与对方协商合同事宜,让对方误以为该方有交易的可能。

(3)给对方造成损失,包括丧失交易机会的损失,以及其他合理损失。

在订立合同的协商阶段,建议当事人多了解对方真实情况,及时避免交易机会的丧失。损害发生后,建议在发现对方恶意磋商时,及时保留和收集相关证据,包括对方假意协商的记录和造成损失的相关凭证,及时向法院起诉保护自身的合法权益。

【法条链接】

《民法典》第五百条 当事人在订立合同过程中有下列情形之一,造成对方损失的,应当承担赔偿责任:

(一)假借订立合同,恶意进行磋商;

(二)故意隐瞒与订立合同有关的重要事实或者提供虚假情况;

(三)有其他违背诚信原则的行为。

67. 合同解除后,预期利益可以要求赔偿吗?

【情景案例】

2024年1月23日,甲公司与乙房地产公司签订《车位买卖合同》,约定:甲公司购买乙房地产公司300个车位,价款为1800万元,合同签订后支付预付款300万元,余款在办理过户后一次性付清;一方如违约,则要支付另一方违约金100万元。甲公司在合同签名后按约定支付了预付款。1月26日,乙房地产公司将上述车位以2400万元的价格出售给丙公司并办理了过户手续。1月28日,乙房地产公司提出将预付款返还给甲公司,但遭到甲公司拒绝。甲公司认为,其计划将该车位以2500万元出售给丁公司,双方已签订合作意向书,乙房地产公司的毁约让自己的可得利润损失700万元,该损失应当由乙房地产公司赔偿。

请问:甲公司的说法符合我国法律规定吗?

【案例分析】

本案涉及的是合同解除后可否要求赔偿预期利益损失的问题。

我国《民法典》第五百六十六条第一款规定,合同解除后,尚未履行的,终止履行;已经履行的,根据履行情况和合同性质,当事人可以请求恢复原状或者采取其他补救措施,并有权请求赔偿损失。第五百七十七条规定,当事人一方不履行合同义务或者履行合同义务不符合约定的,应当承担继续履行、采取补救措施或者赔偿损失等违约责任。第五百八十四条规定,当事人一方不履行合同义务或者履行合同义务不符合约定,造成对方损失的,损失赔偿额应当相当于违约造成的损失,包括合同履行后可以获得的利益;但是,不得超过违约一方订立合同时预见到或者应当预见到的因违约可能造成的损失。

本案中,甲公司与乙房地产公司签订《车位买卖合同》,因为乙房地产公司违约将车位以更高价卖给丙公司,导致甲公司与乙公司之间的《车位买卖合同》无法履行,造成甲公司可得利润损失 700 万元,甲公司有权请求赔偿损失、要求对方承担违约责任,其中损失赔偿额应当相当于违约造成的损失,包括合同履行后可以获得的利益。故甲公司的说法符合我国法律规定。

【风险防范建议】

当合同解除时,当事人可以请求恢复原状或者采取其他补救措施,并有权请求赔偿损失,其中损失包括合同履行后可获得的利益。因此,在订立合同后,合同双方要根据诚实信用原则履行合同义务,否则将会损害另一方的合法利益,违约方也需要承担违约的损害赔偿责任。

【法条链接】

《民法典》第五百六十六条　合同解除后,尚未履行的,终止履行;已经履行的,根据履行情况和合同性质,当事人可以请求恢复原状或者采取其他补救措施,并有权请求赔偿损失。

合同因违约解除的,解除权人可以请求违约方承担违约责任,但是当事人另有约定的除外。

主合同解除后,担保人对债务人应当承担的民事责任仍应当承担担保责任,但是担保合同另有约定的除外。

第五百七十七条　当事人一方不履行合同义务或者履行合同义务不符合约定的,应当承担继续履行、采取补救措施或者赔偿损失等违约责任。

第五百八十四条　当事人一方不履行合同义务或者履行合同义务不符合约定,造成对方损失的,损失赔偿额应当相当于因违约所造成的损失,包括合同履行后可以获得的利益;但是,不得超过违约一方订立合同时预见到或者应当预见到的因违约可能造成的损失。

《最高人民法院关于适用〈中华人民共和国民法典〉合同编通则若干问题的解释》第六十条 人民法院依据民法典第五百八十四条的规定确定合同履行后可以获得的利益时,可以在扣除非违约方为订立、履行合同支出的费用等合理成本后,按照非违约方能够获得的生产利润、经营利润或者转售利润等计算。

非违约方依法行使合同解除权并实施了替代交易,主张按照替代交易价格与合同价格的差额确定合同履行后可以获得的利益的,人民法院依法予以支持;替代交易价格明显偏离替代交易发生时当地的市场价格,违约方主张按照市场价格与合同价格的差额确定合同履行后可以获得的利益的,人民法院应予支持。

非违约方依法行使合同解除权但是未实施替代交易,主张按照违约行为发生后合理期间内合同履行地的市场价格与合同价格的差额确定合同履行后可以获得的利益的,人民法院应予支持。

第六十二条 非违约方在合同履行后可以获得的利益难以根据本解释第六十条、第六十一条的规定予以确定的,人民法院可以综合考虑违约方因违约获得的利益、违约方的过错程度、其他违约情节等因素,遵循公平原则和诚信原则确定。

第六十三条 在认定民法典第五百八十四条规定的"违约一方订立合同时预见到或者应当预见到的因违约可能造成的损失"时,人民法院应当根据当事人订立合同的目的,综合考虑合同主体、合同内容、交易类型、交易习惯、磋商过程等因素,按照与违约方处于相同或者类似情况的民事主体在订立合同时预见到或者应当预见到的损失予以确定。

除合同履行后可以获得的利益外,非违约方主张还有其向第三人承担违约责任应当支出的额外费用等其他因违约所造成的损失,并请求违约方赔偿,经审理认为该损失系违约一方订立合同时预见到或者应当预见到的,人民法院应予支持。

在确定违约损失赔偿额时,违约方主张扣除非违约方未采取适当措施导致的扩大损失、非违约方也有过错造成的相应损失、非违约方因违约获得的额外利益或者减少的必要支出的,人民法院依法予以支持。

68.公司财务状况恶化,可以不履行赠与合同义务吗?

【情景案例】

侯某是某房地产公司大股东,拥有数亿元资产。某房地产公司决策,决定给侯某家乡捐款500万元用于修路。2021年12月,某房地产公司与某村委会签订一份《赠与协议》,约定:某房地产公司向某村委会捐款500万元,2022年4月前支付。2022年3月,某房地产公司因商品房销售困难及融资失败,导致财务状况严重恶化,供应商纷纷前来要债,因此无力再向某村委会捐款。

请问:某房地产公司可以不履行赠与义务吗?

【案例分析】

本案涉及的是赠与人的经济状况显著恶化时如何履行赠与义务的问题。

我国《民法典》第六百六十六条规定,赠与人的经济状况显著恶化,严重影响其生产经营或者家庭生活的,可以不再履行赠与义务。

本案中,某房地产公司在与某村委会签订《赠与协议》约定 2022 年 4 月前支付 500 万元捐款。但在约定的赠与义务履行期限之前,某房地产公司因商品房销售困难及融资失败,财务状况严重恶化,严重影响了其生产经营。故某房地产公司可以不履行赠与义务。

【风险防范建议】

穷困抗辩权,是指赠与人在赠与合同成立后自己陷入经济窘困状况的情况下,可以行使不再履行赠与合同的抗辩权利。穷困抗辩权的行使应当注意以下事项:

(1)穷困抗辩权的行使时间点为赠与合同成立后、尚未履行完毕之前,受赠人请求赠与人履行赠与义务时。

(2)经济状况显著恶化且严重影响生产经营或家庭生活的情形发生在赠与合同订立后,而非订立前。

(3)穷困抗辩权行使较多情况出现在具有救灾、扶贫等社会公益、道德义务性质的赠与和经过公证的赠与。其他情形的赠与合同,可以考虑行使任意撤销权,因为一般的赠与在财产权利转移之前,赠与人可以行使任意撤销权。

【法条链接】

《民法典》第六百五十八条　赠与人在赠与财产的权利转移之前可以撤销赠与。

经过公证的赠与合同或者依法不得撤销的具有救灾、扶贫、助残等公益、道德义务性质的赠与合同,不适用前款规定。

第六百六十三条　受赠人有下列情形之一的,赠与人可以撤销赠与:

(一)严重侵害赠与人或者赠与人近亲属的合法权益;

(二)对赠与人有扶养义务而不履行;

(三)不履行赠与合同约定的义务。

赠与人的撤销权,自知道或者应当知道撤销事由之日起一年内行使。

第六百六十六条　赠与人的经济状况显著恶化,严重影响其生产经营或者家庭生活的,可以不再履行赠与义务。

69. 通过快递方式邮寄解除合同通知，有效吗？

【情景案例】

2024年5月1日，甲公司与乙公司签订一份《皮鞋加工合同》，约定：乙公司按甲公司的要求加工1万双皮鞋，2024年5月10日前交货，货到付款；一方违约的，要支付对方违约金5万元。由于订单太多，乙公司到期未能按时交货，经甲公司催告后，乙公司于5月20日仍未交货。5月21日，甲公司以快递方式向乙公司邮寄《解除合同通知》，内容为"鉴于贵司一再延误交货，严重影响我司的经营，现通知贵司本函送达之日解除合同，并保留索赔的权利"。乙公司于5月23日收到通知。乙公司认为，合同解除必须要通过法院诉讼，邮寄解除合同通知不视为合同解除。

请问：乙公司的说法符合我国法律规定吗？

【案例分析】

本案涉及的是通过快递方式发送解除合同通知的效力问题。

根据《民法典》第五百六十三条的规定，当事人一方迟延履行主要债务，经催告后在合理期限内仍未履行以及当事人一方迟延履行债务或者有其他违约行为致使不能实现合同目的，当事人可以解除合同。第五百六十五条第一款规定，当事人一方依法主张解除合同的，应当通知对方。合同自通知到达对方时解除；通知载明债务人在一定期限内不履行债务则合同自动解除，债务人在该期限内未履行债务的，合同自通知载明的期限届满时解除。对方对解除合同有异议的，任何一方当事人均可以请求人民法院或者仲裁机构确认解除行为的效力。《最高人民法院关于适用〈中华人民共和国民法典〉合同编通则若干问题的解释》第五十三条规定，当事人一方以通知方式解除合同，并以对方未在约定的异议期限或者其他合理期限内提出异议为由主张合同已经解除的，人民法院应当对其是否享有法律规定或者合同约定的解除权进行审查。经审查，享有解除权的，合同自通知到达对方时解除；不享有解除权的，不发生合同解除的效力。

本案中，乙公司在合同履行期限届满后仍未履行合同义务，属于违约行为，甲公司有权行使合同解除权。我国法律并没有规定合同的解除必须通过法院诉讼。但是，解除合同应当通知对方，而邮寄解除合同通知亦是通知的其中一种方式，故乙公司的说法不符合我国法律规定。

【风险防范建议】

公司在运营过程中需要解除合同的，应当注意以下问题：

（1）合同一方迟延履行主要债务，公司应进行催告，并给予对方合理期限。在合理期限届满时对方仍未履行的，公司可以解除合同。

（2）合同一方迟延履行债务或者有其他违约行为致使不能实现合同目的，公司可以不经催告而行使法定解除权。

（3）法律没有规定或者当事人没有约定解除权行使期限，自解除权人知道或者应当知道解除事由之日起1年内不行使，或者经对方催告后在合理期限内不行使的，该权利消灭。故建议当事人在知道或者应当知道解除事由之日起及时行使合同解除权，避免解除权消灭给自身带来不必要的损失。

【法条链接】

《民法典》第五百六十三条　有下列情形之一的，当事人可以解除合同：

（一）因不可抗力致使不能实现合同目的；

（二）在履行期限届满前，当事人一方明确表示或者以自己的行为表明不履行主要债务；

（三）当事人一方迟延履行主要债务，经催告后在合理期限内仍未履行；

（四）当事人一方迟延履行债务或者有其他违约行为致使不能实现合同目的；

（五）法律规定的其他情形。

以持续履行的债务为内容的不定期合同，当事人可以随时解除合同，但是应当在合理期限之前通知对方。

第五百六十四条　法律规定或者当事人约定解除权行使期限，期限届满当事人不行使的，该权利消灭。

法律没有规定或者当事人没有约定解除权行使期限，自解除权人知道或者应当知道解除事由之日起一年内不行使，或者经对方催告后在合理期限内不行使的，该权利消灭。

第五百六十五条　当事人一方依法主张解除合同的，应当通知对方。合同自通知到达对方时解除；通知载明债务人在一定期限内不履行债务则合同自动解除，债务人在该期限内未履行债务的，合同自通知载明的期限届满时解除。对方对解除合同有异议的，任何一方当事人均可以请求人民法院或者仲裁机构确认解除行为的效力。

当事人一方未通知对方，直接以提起诉讼或者申请仲裁的方式依法主张解除合同，人民法院或者仲裁机构确认该主张的，合同自起诉状副本或者仲裁申请书副本送达对方时解除。

《最高人民法院关于适用〈中华人民共和国民法典〉合同编通则若干问题的解释》第五十三条　当事人一方以通知方式解除合同，并以对方未在约定的异议期限或者其他合理期限内提出异议为由主张合同已经解除的，人民法院应当对其是否享有法律规定或者合同约定的解除权进行审查。经审查,享有解除权的,合同自通知到达对方时解除;不享有解除权的,不发生合同解除的效力。

70. 合同纠纷受诉讼时效的限制吗?

【情景案例】

2020年7月1日,甲公司向乙公司签订了一份《买卖合同》,约定:甲公司向乙公司购买20万元灯饰;合同签订后甲公司支付10万元预付款,余款在收货后3个月内支付。合同签订当天,甲公司按约定支付了预付款。7月5日,甲公司收货并在送货单上签名。之后,甲公司没有按期支付余款,乙公司多次以电话、短信、邮件通知等多种方式催款,甲公司都找各种理由拖欠。2023年12月1日,由于公司资金紧张,乙公司遂将甲公司诉至法院。甲公司辩称,本案已超过诉讼时效,自己没有还款的义务。乙公司认为,最后一次的催款时间是2023年2月,故还没有过诉讼时效。经法院查明,乙公司曾多次以电话、短信、邮件通知等多种方式催款,最后一次的催款时间是2023年2月1日。

请问:乙公司的说法符合我国法律规定吗?

【案例分析】

本案涉及的是合同纠纷是否受诉讼时效限制的问题。

我国《民法典》第一百八十八条规定:"向人民法院请求保护民事权利的诉讼时效期间为三年。法律另有规定的,依照其规定。诉讼时效期间自权利人知道或者应当知道权利受到损害以及义务人之日起计算。法律另有规定的,依照其规定。但是,自权利受到损害之日起超过二十年的,人民法院不予保护,有特殊情况的,人民法院可以根据权利人的申请决定延长。"第一百九十五条规定:"有下列情形之一的,诉讼时效中断,从中断、有关程序终结时起,诉讼时效期间重新计算:(一)权利人向义务人提出履行请求;(二)义务人同意履行义务;(三)权利人提起诉讼或者申请仲裁;(四)与提起诉讼或者申请仲裁具有同等效力的其他情形。"

本案中,甲公司履行合同付款义务的期限是2020年10月5日前,乙公司的诉讼时效从该日起算,最后行使期限是2023年10月5日,但是乙公司多次以电话、短信、邮件通知等多种方式催款,最后一次催款时间是2023年2月1日,属于权利人向义务人提出履行请求的情况,该案件的诉讼时效从2023年2月1日起重新计算,法律规定权利人向人民法院请求保护民事权利的诉讼时效期间为3年,因此还没有超过诉讼时效。故乙公司的说法符合我国法律规定。

【风险防范建议】

诉讼时效,系指权利人在一定期间不行使权利,就丧失依据诉讼程序保护其权利的可能性的法律制度。法律规定诉讼时效制度的意义在于:(1)使长期存在的事实状态得到法律的认可,使之与法律上的权利义务相一致,结束经济关系和法律关系的不稳定状态,以维持一定的经济和社会秩序;(2)促使权利人及时行使权利,加速民事流转,促进经济和社会发展;(3)有利于司法机关调查和收集证据,正确而高效地处理民事纠纷。

民事诉讼中诉讼时效期间为3年,法律另有规定的,依照其规定。现实生活中,较多债权人或因为以后的业务承揽问题,或因为面子问题、关系问题,或因为管理混乱、疏忽等,导致债权失去诉讼时效的保护,最终形成损失。法律不保护躺在权利上睡觉的人,为防止债权因超过诉讼时效而丧失胜诉权,建议每年不定期催收债权一至两次,催收债权的方式可以是邮寄书面函件、微信、短信、邮件,并保留催收的证据,以中断诉讼时效。

【法条链接】

《民法典》第一百八十八条 向人民法院请求保护民事权利的诉讼时效期间为三年。法律另有规定的,依照其规定。

诉讼时效期间自权利人知道或者应当知道权利受到损害以及义务人之日起计算。法律另有规定的,依照其规定。但是,自权利受到损害之日起超过二十年的,人民法院不予保护,有特殊情况的,人民法院可以根据权利人的申请决定延长。

第一百九十五条 有下列情形之一的,诉讼时效中断,从中断、有关程序终结时起,诉讼时效期间重新计算:

(一)权利人向义务人提出履行请求;
(二)义务人同意履行义务;
(三)权利人提起诉讼或者申请仲裁;
(四)与提起诉讼或者申请仲裁具有同等效力的其他情形。

71. 合同中约定仲裁条款的,法院会受理案件吗?

【情景案例】

甲公司是一家制药公司。2023年3月,甲公司与北京某研究所签订了一份《委托开发合同》,约定:北京某研究所为甲公司研发一种新药品,甲公司提供研究开发经费500万元和报酬100万元;合同履行过程中若出现纠纷,提交北京仲裁委员会仲裁解决。随后在合作过程中,双方出现纠纷,甲公司拟向北京市海淀区人民法院提起诉讼。

请问:法院会受理甲公司的起诉吗?

【案例分析】

本案涉及的是合同约定仲裁条款时的管辖问题。

我国《仲裁法》第四条规定,当事人采用仲裁方式解决纠纷,应当双方自愿,达成仲裁协议。没有仲裁协议,一方申请仲裁的,仲裁委员会不予受理。第五条规定,当事人达成仲裁协议,一方向人民法院起诉的,人民法院不予受理,但仲裁协议无效的除外。

本案中,双方签订的《委托开发合同》约定:合同履行过程中若出现纠纷,提交北京仲裁委会仲裁解决。该条款约定了仲裁的事项、选定了仲裁委员会并且有真实请求仲裁的意思表示,是合法有效的仲裁条款。双方产生争议时,应当按照仲裁条款约定提交北京仲裁委员会仲裁。故甲公司向人民法院起诉的,法院将不予受理。

【风险防范建议】

虽然商事仲裁有便捷、快速等优点,但是仲裁还有两个特点,一是仲裁具有一裁终局性,对裁决的结果不服无法向法院起诉以及采取其他司法救济途径,因此一旦案件出现错判,仅有法律规定的事由可以申请撤销仲裁裁决,否则将难有其他救济途径。二是商事仲裁的仲裁费收费标准比法院的诉讼费用高很多,会大大增加当事人的维权成本。因此,签订合同时应当认真看清楚对纠纷解决的约定。

在实务中,较多公司会在网上摘取合同模板来使用,此时切忌对网上合同模板照搬,因为有的合同模板对纠纷解决约定的是商事仲裁程序,当事人若没有进行相应修改的话,日后出现纠纷会导致法院不受理案件而需要走商事仲裁程序。

【法条链接】

《仲裁法》第四条 当事人采用仲裁方式解决纠纷,应当双方自愿,达成仲裁协议。没有仲裁协议,一方申请仲裁的,仲裁委员会不予受理。

第五条 当事人达成仲裁协议,一方向人民法院起诉的,人民法院不予受理,但仲裁协议无效的除外。

第十六条 仲裁协议包括合同中订立的仲裁条款和以其他书面方式在纠纷发生前或者纠纷发生后达成的请求仲裁的协议。

仲裁协议应当具有下列内容:

(一)请求仲裁的意思表示;

(二)仲裁事项;
(三)选定的仲裁委员会。

第十七条 有下列情形之一的,仲裁协议无效:

(一)约定的仲裁事项超出法律规定的仲裁范围的;

(二)无民事行为能力人或者限制民事行为能力人订立的仲裁协议;

(三)一方采取胁迫手段,迫使对方订立仲裁协议的。

第四章

劳动人事法律风险

72. 不与员工签订劳动合同,有什么后果?

【情景案例】

邵某于2023年3月1日入职甲公司,担任设计师,月薪6000元。邵某在甲公司工作期间,双方未签订劳动合同。11月30日,甲公司将邵某解雇。此后,邵某向劳动争议仲裁委员会申请仲裁,请求甲公司支付8个月的双倍工资,合计9.6万元。

请问:邵某的请求能得到劳动仲裁委支持吗?

【案例分析】

本案涉及的是员工入职后超过1个月但未满1年,用人单位未与该员工签订劳动合同要承担什么法律后果的问题。

根据《劳动合同法》第十条的规定,建立劳动关系,应当订立书面劳动合同。已建立劳动关系的,应当在用工之日起一个月内订立书面劳动合同。第八十二条第一款规定,"用人单位自用工之日起超过一个月不满一年未与劳动者订立书面劳动合同的,应当向劳动者每月支付二倍的工资"。由此可见,如果用人单位在员工入职后的1个月内未与该员工签订劳动合同,但双方已建立劳动合同关系,则用人单位应当自员工入职后的第二个月起依法向员工支付双倍的工资。法律之所以这样规定,是为了稳定劳动关系,保障员工的合法权益,避免用人单位因未签订劳动合同而随意辞退员工。

本案中,邵某被甲公司录用并实际为甲公司提供劳动,双方已建立劳动关系。但甲公司未在邵某入职后1个月内与其签订劳动合同,依法应当自邵某入职后第二个月起向邵某支付双倍工资。邵某自3月初入职后至同年11月底被辞退(工作期限共计9个月),在计算双倍工资时扣除作为宽限期的第一个月,甲公司应当向邵某支付8个月的双倍工资(6000元/月×8个月×2 = 96000元),故邵某的请求能得到劳动仲裁委支持。

需要特别提醒的是,劳动争议申请仲裁的一般时效期为 1 年,仲裁时效从当事人知道或者应当知道其权利被侵害之日起计算。即用人单位与劳动者没有签订劳动合同,劳动者有权请求用人单位支付双倍工资是在其知道或应当知道权利被侵害之日起计算仲裁时效,在劳动者工作的 1 年时间内均属于权利被侵害的情况,直至工作满 1 年,权利被侵害的事实持续发生,工作满 1 年后开始计算申请仲裁的 1 年时效,即劳动者若在用人单位工作满 2 年后,将不能向用人单位主张未签署劳动合同的双倍工资。虽然劳动者未签订劳动合同,超过 2 年未提起诉讼后不能得到法院对双倍工资诉求的支持,但并不代表劳动者的其他权益不受法律保护。根据《劳动合同法》第十四条的规定,用人单位自用工之日起满 1 年未与劳动者订立书面劳动合同的,视为用人单位与劳动者已建立无固定期限的劳动合同关系。

【风险防范建议】

书面劳动合同是明确劳动关系双方权利义务最重要的法律文件,签订书面劳动合同有利于减少劳动争议,进而构建和谐劳动关系。

对公司来说,未签劳动合同的事实一旦被认定,则面临支付双倍工资的法律责任,无疑加重公司的用工成本。公司可以从以下几个方面进行合规操作,规避因未签劳动合同而带来的支付双倍工资的风险。

(1)在劳动者入职后,应当在入职后 1 个月内与劳动者本人订立劳动合同,严禁由他人代劳动者签订。对于签订后的合同,应当由劳动合同管理人妥善保管,避免遗失或被偷盗后可能发生的风险。

(2)拟订劳动合同文本,除法律规定的内容之外,可根据公司的具体情况设计相关权利义务,以便更好地管理劳动合同关系。

(3)规范签订劳动合同的流程,比如固定每月的 1 日和 16 日签订或续签过去半个月新入职员工或合同期满员工的劳动合同。

(4)指定专人对劳动合同进行管理,并且对其就劳动合同的专业知识进行全面培训,保证其充分掌握签订和续签的相关知识和流程。

(5)建立监督检查机制,除劳动合同管理人自我检查外,分管人力资源的公司领导也可以不定期对员工劳动合同的签订和续签情况进行抽查。

(6)利用人力资源管理系统、钉钉、OA 办公软件等,借助其提醒功能,提醒劳动合同管理人在法律规定的期限内及时与员工签订或续签劳动合同。

此外,公司还可以在入职登记表、录用通知书等双方均需要签字确认的文件中写入《劳动合同法》第十七条规定的必备条款,并要求员工签字确认,以便明确双方的劳动权利义务内容。

【法条链接】

《劳动合同法》第十条　建立劳动关系,应当订立书面劳动合同。

已建立劳动关系,未同时订立书面劳动合同的,应当自用工之日起一个月内订立书面劳动合同。

用人单位与劳动者在用工前订立劳动合同的,劳动关系自用工之日起建立。

第十四条第三款　用人单位自用工之日起满一年不与劳动者订立书面劳动合同的,视为用人单位与劳动者已订立无固定期限劳动合同。

第八十二条第一款　用人单位自用工之日起超过一个月不满一年未与劳动者订立书面劳动合同的,应当向劳动者每月支付二倍的工资。用人单位自用工之日起超过一个月不满一年未与劳动者订立书面劳动合同的,应当向劳动者每月支付二倍的工资。

《劳动争议调解仲裁法》第二十七条第一款　劳动争议申请仲裁的时效期间为一年。仲裁时效期间从当事人知道或者应当知道其权利被侵害之日起计算。

73. 签好的劳动合同没交付员工,员工可要求公司支付双倍工资吗?

【情景案例】

2023年5月1日,孟某入职A公司,担任前台,月薪3000元。A公司与孟某签订了一式两份劳动合同,但没有给孟某一份。8月31日,A公司将孟某辞退。之后,孟某向劳动争议仲裁委提出仲裁申请,要求A公司支付3个月的双倍工资。

请问:孟某的请求能得到劳动仲裁委支持吗?

【案例分析】

本案涉及的是用人单位与劳动者签订劳动合同后,未将一份劳动合同文本交付给劳动者,用人单位应承担什么法律后果的问题。

我国《劳动合同法》第十六条规定,劳动合同由用人单位与劳动者协商一致,并经用人单位与劳动者在劳动合同文本上签字或者盖章生效。劳动合同文本由用人单位和劳动者各执一份。第八十一条规定,用人单位提供的劳动合同文本未载明本法规定的劳动合同必备条款或者用人单位未将劳动合同文本交付劳动者的,由劳动行政部门责令改正;给劳动者造成损害的,应当承担赔偿责任。第八十二条规定,"用人单位自用工之日起超过一个月不满一年未与劳动者订立书面劳动合同的,应当向劳动者每月支付二倍的工资。用人单位违反本法规定不与劳动者订立无固定期限劳动合同的,自应当订立无固定期限劳动合同之日起向劳动者每月支付二倍的工资"。

本案中，A公司与孟某签订劳动合同并已执行，双方建立合法的劳动关系，但A公司未将一份劳动合同文本交给孟某，尚不属于A公司应支付双倍工资的情况。孟某就A公司未将劳动合同交付自己的行为，可依法向当地的劳动行政部门投诉，要求A公司交付劳动合同文本，若孟某因未收到劳动合同文本而遭受损失，其方可请求赔偿。故孟某要求支付双倍工资的请求不能得到劳动仲裁委的支持。

【风险防范建议】

书面的劳动合同是确认用人单位与劳动者劳动关系的重要文件，双方应当在建立劳动关系之日签订劳动合同，并且应当各执一份劳动合同文本，以便双方知悉各自的权利义务以及相应的责任，便于稳定劳动关系。因此，对于公司劳动合同管理提出以下几点建议：

(1)建立健全劳动合同管理机制，形成签订劳动合同的标准化流程，确保签订流程可视化、可追溯，并及时将生效的劳动合同交付员工且做好签收记录，以避免管理风险。

(2)积极做好相关的监督工作，及时发现并修正过程中的各项问题，不断完善、优化合同管理机制，以切实推动劳动合同管理工作的开展。

(3)完善数字化管理的内容，为员工建立电子档案，并对电子档案实施动态管理，提升劳动合同的管理效率。

【法条链接】

《劳动合同法》第十条　建立劳动关系，应当订立书面劳动合同。

已建立劳动关系，未同时订立书面劳动合同的，应当自用工之日起一个月内订立书面劳动合同。

用人单位与劳动者在用工前订立劳动合同的，劳动关系自用工之日起建立。

第十六条　劳动合同由用人单位与劳动者协商一致，并经用人单位与劳动者在劳动合同文本上签字或者盖章生效。

劳动合同文本由用人单位和劳动者各执一份。

第八十一条　用人单位提供的劳动合同文本未载明本法规定的劳动合同必备条款或者用人单位未将劳动合同文本交付劳动者的，由劳动行政部门责令改正；给劳动者造成损害的，应当承担赔偿责任。

74. 连续订立两次劳动合同后,用人单位必须与劳动者签订无固定期限劳动合同吗?

【情景案例】

2018年6月1日,万女士入职某房地产公司,担任销售代表,双方签订1年期的劳动合同。2019年6月1日,双方续签劳动合同,期限2年。2021年6月,因房地产行业不景气,公司给万女士发《不续签劳动合同通知》,并同意向万女士支付终止劳动合同经济补偿金。对此,万女士不同意公司的做法,并认为:自己与公司签订了两次劳动合同,公司必须与自己签订无固定期限劳动合同。

请问:万女士的说法正确吗?

【案例分析】

本案涉及的是用人单位与劳动者连续签订两次固定期限的劳动合同到期后,用人单位是否有权不续签劳动合同的问题。

根据《劳动合同法》第十四条的规定,连续订立二次固定期限劳动合同,且劳动者没有该法第三十九条和第四十条第(一)项、第(二)项规定的情形,续订劳动合同的,劳动者提出或者同意续订、订立劳动合同的,除劳动者提出订立固定期限劳动合同外,应当订立无固定期限劳动合同。用人单位自用工之日起满1年不与劳动者订立书面劳动合同的,视为用人单位与劳动者已订立无固定期限劳动合同。由此可见,用人单位与劳动者连续签订两次固定期限劳动合同后,劳动者不存在违法违纪、不能胜任工作等法定情形时,用人单位应当与劳动者签订无固定期限的劳动合同。但值得注意的是,上海市司法实践中则赋予用人单位是否续签的选择权,即续签无固定期限劳动合同的前提是用人单位和劳动者须达成续签的合意,如用人单位明确不予续签劳动合同,则固定期限劳动合同到期后终止。

本案中,万女士与公司于2021年5月31日结束第二次签订的固定期限的劳动合同,属于连续两次签订固定期限劳动合同到期后的情况。万女士提出与公司签订无固定期限劳动合同,且不存在法定不续签的情形,则公司应当与万女士签订无固定期限的劳动合同。若公司不愿意续签,仅在万女士同意的情况下,双方可不续签,同时公司应按照终止劳动合同的规定承担支付补偿金的法律责任;若公司不愿意续签,但万女士不同意,那么公司不具有选择权,必须与万女士签订无固定期限的劳动合同。(个别地方政策规定,在本案的情况下,公司可以选择不继续签订劳动合同,到期终止双方的劳动合同关系。同时公司应按照相关法律要求支付补偿款)

【风险防范建议】

无固定期限劳动合同并非"永久制",而仅仅没有固定的起止期限,终止时间视公司发展和劳动者退休年龄确定,且并非不能单方解除。法律之所以规定签订无固定期限劳动合同的特殊情况,是出于促进就业、稳定社会秩序的目的。所以就用人单位而言,在选择劳动者时就需要对不同岗位的劳动者约定的劳动合同期限作不同的考虑。为更好地促进劳动关系稳定,巩固老员工与用人单位之间的良好的劳动关系,建议如下:

(1)用人单位应当增强法律意识,加强劳动法知识的学习,熟悉《劳动合同法》的规定,同时也应充分了解当地类似案件的司法实务的倾向性裁判规则。

(2)用人单位应当加强日常工作中的公司文化建设,强化工作年限较长的员工对公司的认同感、归属感,建立畅通的沟通机制,处理好与员工之间的关系,便于协商劳动合同续签存在的问题。

(3)在出现上述劳动纠纷问题时,用人单位和员工双方都应本着合法、合理、相互尊重及平等协商的原则予以协商解决。

【法条链接】

《劳动合同法》第十四条 无固定期限劳动合同,是指用人单位与劳动者约定无确定终止时间的劳动合同。

用人单位与劳动者协商一致,可以订立无固定期限劳动合同。有下列情形之一,劳动者提出或者同意续订、订立劳动合同的,除劳动者提出订立固定期限劳动合同外,应当订立无固定期限劳动合同:

(一)劳动者在该用人单位连续工作满十年的;

(二)用人单位初次实行劳动合同制度或者国有公司改制重新订立劳动合同时,劳动者在该用人单位连续工作满十年且距法定退休年龄不足十年的;

(三)连续订立二次固定期限劳动合同,且劳动者没有本法第三十九条和第四十条第一项、第二项规定的情形,续订劳动合同的。

用人单位自用工之日起满一年不与劳动者订立书面劳动合同的,视为用人单位与劳动者已订立无固定期限劳动合同。

第三十九条 劳动者有下列情形之一的,用人单位可以解除劳动合同:

(一)在试用期间被证明不符合录用条件的;

(二)严重违反用人单位的规章制度的;

(三)严重失职,营私舞弊,给用人单位造成重大损害的;

(四)劳动者同时与其他用人单位建立劳动关系,对完成本单位的工作任务造成严

重影响,或者经用人单位提出,拒不改正的;

(五)因本法第二十六条第一款第一项规定的情形致使劳动合同无效的;

(六)被依法追究刑事责任的。

第四十条 有下列情形之一的,用人单位提前三十日以书面形式通知劳动者本人或者额外支付劳动者一个月工资后,可以解除劳动合同:

(一)劳动者患病或者非因工负伤,在规定的医疗期满后不能从事原工作,也不能从事由用人单位另行安排的工作的;

(二)劳动者不能胜任工作,经过培训或者调整工作岗位,仍不能胜任工作的;

(三)劳动合同订立时所依据的客观情况发生重大变化,致使劳动合同无法履行,经用人单位与劳动者协商,未能就变更劳动合同内容达成协议的。

75. 以签订非全日制用工合同的方式确定劳动关系,有什么风险?

【情景案例】

2021年3月1日,段某入职甲公司。但甲公司要求段某以自己名义和他人名义与甲公司签订两份《非全日制用工劳动合同书》,约定平均每日工作4小时,按小时计酬,劳动合同期限为3年。事实上,段某在甲公司实际工作时间为8小时。2023年3月,甲公司通知段某解除非全日制劳动用工关系。此后,段某向劳动争议仲裁委员会申请仲裁,要求甲公司支付终止劳动合同经济赔偿金。

请问:段某的请求能得到仲裁委支持吗?

【案例分析】

本案涉及的是用人单位与劳动者签订多份非全日制用工合同,如解除非全日制用工关系,用人单位应当承担什么法律责任的问题。

根据《劳动合同法》第六十八条的规定,非全日制用工,是指以小时计酬为主,劳动者在同一用人单位一般平均每日工作时间不超过4小时,每周工作时间累计不超过24小时的用工形式。第二十六条规定,劳动合同违反法律、行政法规强制性规定的无效。《民法典》第一百四十六条规定,行为人与相对人以虚假的意思表示实施的民事法律行为无效。以虚假的意思表示隐藏的民事法律行为的效力,依照有关法律规定处理。由此可见,用人单位为避免法律对全日制用工的严格要求而要求劳动者以自己及他人名义签订多份非全日制劳动合同的方式,试图通过合法的形式掩盖其非法目的,这种签订模式违反法律规定。用人单位通过让员工签订多份非全日制劳动合同以规避法律对每日工作4小时的限制规定,可能被认定为双方系全日制劳动合同的法律关系,若用人单位违法解除该劳动合同,应当依法支付经济赔偿金。

本案中，甲公司虽与段某签订的合同为非全日制劳动合同，但要求段某以自己及他人的名义签订，仅该签订模式已经违反法律规定，他人代替段某签订的劳动合同无效。尽管甲公司控制每一份非全日制劳动合同的工作时限在法律允许范围内，但通过拆分多份合同的形式让段某每日的实际工作时间长达 8 小时，甲公司与段某实际上已形成全日制用工劳动关系。现甲公司要提前解除与段某的劳动合同关系，已违反法律规定。甲公司应就其违法解除的行为依法向段某支付赔偿金。

【风险防范建议】

在当今经济形势下，灵活用工形式越来越广泛，非全日制用工是常见的用工形式，但多数用人单位对于非全日制用工的管理不重视，导致产生纠纷及损失，为此提出以下几点建议：

（1）签订非全日工作制员工的书面合同，明确约定工作时间、工作内容、考核要求、工资标准、休息时间等权利义务内容，以避免纠纷。

（2）不能约定试用期。根据《劳动合同法》第七十条的规定，非全日制用工不能约定试用期，否则属于违法行为，可能导致行政处罚责任。

（3）明确非全日制员工每小时的劳动报酬，且所约定的小时工资不能低于当地最低小时工资标准。

（4）注意工时限制。《劳动合同法》第六十八条规定了非全日制用工的工作时间限制，即一般平均每日工作时间不超过 4 小时，每周工作时间累计不超过 24 小时。否则，将可能被认定为标准工时制，并导致法律责任剧增。

（5）半月支付一次工资。根据《劳动合同法》第七十二条的规定，非全日制员工的工资应每 15 天支付一次。

（6）应当注意伤害的预防与赔付责任转嫁问题，为非全日工作制员工缴纳工伤保险。如果无法单独缴纳工伤保险金，需要考虑购买商业保险。

【法条链接】

《劳动合同法》第二十六条　下列劳动合同无效或者部分无效：

（一）以欺诈、胁迫的手段或者乘人之危，使对方在违背真实意思的情况下订立或者变更劳动合同的；

（二）用人单位免除自己的法定责任、排除劳动者权利的；

（三）违反法律、行政法规强制性规定的。

对劳动合同的无效或者部分无效有争议的，由劳动争议仲裁机构或者人民法院确认。

第六十八条　非全日制用工，是指以小时计酬为主，劳动者在同一用人单位一般平均每日工作时间不超过四小时,每周工作时间累计不超过二十四小时的用工形式。

第七十二条第二款　非全日制用工劳动报酬结算支付周期最长不得超过十五日。

《民法典》第一百四十六条第一款　行为人与相对人以虚假的意思表示实施的民事法律行为无效。

76. 劳动合同不是员工亲笔签名,有效吗?

【情景案例】

2022年6月1日,汤某到甲公司面试技术总监一职,人事部经理尹某对汤某十分满意,于是当场决定聘用汤某。由于劳动合同有10多页,汤某提出先拿合同回去看看再签。尹某同意汤某的请求,于是将两份合同交给汤某,告知其7天内签字后交回公司。之后,汤某让父亲在合同上签名。2021年3月,汤某向甲公司提出辞职,并提出原合同并非自己签名而无效,要求甲公司支付双倍工资。

请问:汤某与甲公司签订的合同有效吗?

【案例分析】

本案涉及的是劳动者在劳动合同上伪造签名是否会导致劳动合同无效,而用人单位是否因此承担签订无效劳动合同的法律责任的问题。

我国《劳动合同法》第十六条第一款规定,劳动合同由用人单位与劳动者协商一致,并经用人单位与劳动者在劳动合同文本上签字或者盖章生效。第八十二条规定,"用人单位自用工之日起超过一个月不满一年未与劳动者订立书面劳动合同的,应当向劳动者每月支付二倍的工资。用人单位违反本法规定不与劳动者订立无固定期限劳动合同的,自应当订立无固定期限劳动合同之日起向劳动者每月支付二倍的工资"。由此可见,用人单位与劳动者建立劳动合同关系的劳动合同,必须由用人单位加盖合法有效的公章、劳动者本人亲笔签字后才生效。且若用人单位未在劳动者入职后1个月内完成书面劳动合同的签署工作,则自劳动者入职后的第二个月开始,用人单位应向劳动者支付双倍的工资报酬,支付至入职后一年。

本案中,汤某以劳动合同需要回去看为由,将劳动合同带离甲公司并让其父亲伪造签字,因并非汤某本人签字而使该份劳动合同无效,即甲公司与汤某之间不存在书面劳动合同。但值得注意的是,甲公司与汤某的劳动合同虽然因签字问题而无效,但甲公司从一开始就向汤某提供书面劳动合同并要求签订,已尽到法律对用人单位签署书面劳动合同的要求,而汤某故意让其父亲代为签名,最终导致双方劳动合同无效的原因在于汤某而不在于甲公司。根据《民法典》第一百四十三条的规定,甲公司在汤某入职后主动向其提供劳动合同,不存在过错,汤某在离职时提出劳动合同并非其签名而要求甲公司支付双倍工资的请求不应得到支持。但本案因甲公司举证证明汤某自行带离劳动合同的行为存在举证的难度，故用人单位的合规管理对于降低法律风险有至关重要的作用。

【风险防范建议】

劳动合同作为证明公司与员工之间劳动关系的重要文本，也是解决纠纷的重要依据。本案中，人事部经理尹某同意汤某将劳动合同带回家里，存在工作上的严重过失，导致汤某有机可乘。因此在签订劳动合同时，必须注重签订流程的合规，切忌劳动合同的任何一方在对方不在场的情况下签订劳动合同。为防止因签订劳动合同过程不规范而引发纠纷，现提出以下几点建议：

（1）公司在与员工签订劳动合同时，应当要求员工在现场将劳动合同中的内容填写完毕，并且在公司相关人员在场的情况下完成劳动合同的签订。

（2）公司在与员工签订劳动合同时，可要求员工按捺手印。签名易于伪造，而指纹具有人身专属性难以伪造，建议在签订劳动合同时要求员工同时按捺手印避免伪造情形发生。

（3）公司人事部门应当对劳动合同等重要人事文件妥善保管，任何人不得随意毁损、处置该文件。

【法条链接】

《劳动合同法》第十六条第一款　劳动合同由用人单位与劳动者协商一致，并经用人单位与劳动者在劳动合同文本上签字或者盖章生效。

第二十六条　下列劳动合同无效或者部分无效：

（一）以欺诈、胁迫的手段或者乘人之危，使对方在违背真实意思的情况下订立或者变更劳动合同的；

（二）用人单位免除自己的法定责任、排除劳动者权利的；

（三）违反法律、行政法规强制性规定的。

对劳动合同的无效或者部分无效有争议的，由劳动争议仲裁机构或者人民法院确认。

第八十二条第一款　用人单位自用工之日起超过一个月不满一年未与劳动者订立书面劳动合同的，应当向劳动者每月支付二倍的工资。

《民法典》第一百四十三条　具备下列条件的民事法律行为有效：

（一）行为人具有相应的民事行为能力；

（二）意思表示真实；

（三）不违反法律、行政法规的强制性规定，不违背公序良俗。

77. 公司要求员工签订自愿放弃缴纳社保费的承诺书,合法吗?

【情景案例】

2021年6月9日,黎某与甲公司签订为期3年的劳动合同。随后,甲公司要求黎某签订《不缴纳社保费承诺书》,主要内容为:"本人作为公司正式员工,自愿要求公司不为本人缴纳社会保险费。"黎某认为承诺书是霸王条款,对自己十分不利,但为获得工作,黎某还是签订了承诺书。

请问:甲公司强制要求黎某签订放弃缴纳社保费的承诺书,有效吗?

【案例分析】

本案涉及的是用人单位要求员工签订自愿放弃缴纳社保费的承诺书是否有效的问题。

我国《劳动法》第七十二条规定,社会保险基金按照保险类型确定资金来源,逐步实行社会统筹。用人单位和劳动者必须依法参加社会保险,缴纳社会保险费。《社会保险法》第八十四条规定:"用人单位不办理社会保险登记的,由社会保险行政部门责令限期改正;逾期不改正的,对用人单位处应缴社会保险费数额一倍以上三倍以下的罚款,对其直接负责的主管人员和其他直接责任人员处五百元以上三千元以下的罚款。"《劳动合同法》第三十八条规定,用人单位未依法为劳动者缴纳社会保险费的,劳动者可以解除劳动合同。由此可见,用人单位与员工缴纳社会保险费系法定义务,违反法定义务将承担相应的法律责任。另外,用人单位如未及时足额支付劳动报酬或未依法为劳动者缴纳社会保险费的,劳动者均可以此为由解除劳动合同,并要求用人单位支付经济补偿金。

本案中,甲公司要求黎某签订《不缴纳社保费承诺书》违反法律规定,即便黎某已签署该承诺书,但该免除义务也不产生法律效力,甲公司仍有义务为黎某缴纳社会保险费,黎某可以依法向劳动监察大队举报甲公司的行为,或据此主张解除劳动合同并要求甲公司支付经济补偿金。故甲公司强制要求黎某签订放弃缴纳社保费的承诺书的行为不合法,甲公司应当为黎某缴纳社保费,并承担未及时缴纳社保费的责任。

【风险防范建议】

公司为员工缴纳社会保险费是法定义务,任何公司都不能以任何形式拒绝为员工缴纳社会保险费。如公司未给员工及时缴纳社保费将面临以下风险:

(1)未缴纳社保费期间,发生工伤等意外情况,公司要负责。不管是不是员工自愿放弃参保,只要公司未给员工缴纳社保费,员工在工作期间意外受伤被认定为工伤,原本由工伤保险基金支付的费用都得公司来支付。如果员工因公死亡,根据《工伤保险条例》第三十九条第三款的规定,一次性工亡补助金标准为上一年度全国城镇居民人均可支配收入的 20 倍,将会给公司带来巨大损失。

(2)如果员工离职后要求补缴社保费,公司必须要补缴。劳动者承诺放弃缴纳社保费,不能免除用人单位为劳动者缴纳社保费的法定义务。因此,即使劳动者约定放弃社保,离职时仍有权要求用人单位为其补缴在职期间的社保费。用人单位不同意补缴的,劳动者可依法申请调解、仲裁、提起诉讼。

(3)公司没有按时缴纳社保费将面临法律责任。用人单位未按时足额缴纳社会保险费的,由社会保险费征收机构责令限期缴纳或者补足,并自欠缴之日起,按日加收万分之五的滞纳金;逾期仍不缴纳的,由有关行政部门处欠缴数额 1 倍以上 3 倍以下的罚款。

为避免因上述风险给公司造成损失,现提出以下几点建议:
(1)公司应在用工之日起 30 日内及时为员工办理社保登记。
(2)公司应当按时、足额为全体员工缴纳社保费。
(3)公司应按月从应付员工的工资中,代扣代缴员工应依法缴纳的社会保险费。
(4)公司应当按月将缴纳社保费的明细告知员工本人。

【法条链接】

《劳动法》第三条 劳动者享有平等就业和选择职业的权利、取得劳动报酬的权利、休息休假的权利、获得劳动安全卫生保护的权利、接受职业技能培训的权利、享受社会保险和福利的权利、提请劳动争议处理的权利以及法律规定的其他劳动权利。

劳动者应当完成劳动任务,提高职业技能,执行劳动安全卫生规程,遵守劳动纪律和职业道德。

第七十二条 社会保险基金按照保险类型确定资金来源,逐步实行社会统筹。用人单位和劳动者必须依法参加社会保险,缴纳社会保险费。

第一百条 用人单位无故不缴纳社会保险费的,由劳动行政部门责令其限期缴纳;逾期不缴的,可以加收滞纳金。

《社会保险法》第八十四条 用人单位不办理社会保险登记的,由社会保险行政部门责令限期改正;逾期不改正的,对用人单位处应缴社会保险费数额一倍以上三倍以下的罚款,对其直接负责的主管人员和其他直接责任人员处五百元以上三千元以下的罚款。

第八十六条 用人单位未按时足额缴纳社会保险费的,由社会保险费征收机构责令限期缴纳或者补足,并自欠缴之日起,按日加收万分之五的滞纳金;逾期仍不缴纳的,由有关行政部门处欠缴数额一倍以上三倍以下的罚款。

《劳动合同法》第三十八条　用人单位有下列情形之一的,劳动者可以解除劳动合同:

（一）未按照劳动合同约定提供劳动保护或者劳动条件的;

（二）未及时足额支付劳动报酬的;

（三）未依法为劳动者缴纳社会保险费的;

（四）用人单位的规章制度违反法律、法规的规定,损害劳动者权益的;

（五）因本法第二十六条第一款规定的情形致使劳动合同无效的;

（六）法律、行政法规规定劳动者可以解除劳动合同的其他情形。

用人单位以暴力、威胁或者非法限制人身自由的手段强迫劳动者劳动的,或者用人单位违章指挥、强令冒险作业危及劳动者人身安全的,劳动者可以立即解除劳动合同,不需事先告知用人单位。

78.员工要求将需要缴纳的社保费以工资补贴形式发放,有什么风险?

【情景案例】

2023年10月,易某与A公司签订1年期的劳动合同,月薪为3800元,包吃包住。易某想每月多存一点钱,于是跟公司负责人协商,说自己已购买农村社保,不需要公司为其参加社会保险,希望公司将应缴纳的保险费以工资的形式发给他。A公司负责人一听觉得工厂不仅没有损失,而且可提高易某的工作积极性,于是同意易某的请求。

请问:A公司将社会保险费私下发给易某,有什么法律风险?

【案例分析】

本案涉及的是劳动者主动要求放弃缴纳社会保险费,且要求社保费以工资形式发放,用人单位将面临怎样的法律风险的问题。

我国《劳动法》第七十二条规定,社会保险基金按照保险类型确定资金来源,逐步实行社会统筹。用人单位和劳动者必须依法参加社会保险,缴纳社会保险费。《社会保险法》第八十六条规定:"用人单位未按时足额缴纳社会保险费的,由社会保险费征收机构责令限期缴纳或者补足,并自欠缴之日起,按日加收万分之五的滞纳金;逾期仍不缴纳的,由有关行政部门处欠缴数额一倍以上三倍以下的罚款。"《民法典》第一百五十三条第一款规定,违反法律、行政法规的强制性规定的民事法律行为无效。但是,该强制性规定不导致该民事法律行为无效的除外。由此可见,用人单位为劳动者缴纳社会保险费系法定义务,用人单位及劳动者均不能回避该义务,不得自行选择不参保或自行挑选参保的内容。用人单位与劳动者关于将应缴纳的社保费以工资形式发放的约定无效,用人单位未履行缴纳社保费的法定义务,将被行政机关要求补缴或罚款。

本案中,A公司和易某通过自行协商,将A公司应缴纳的社会保险费以工资的形式发放给易某,从而使A公司不再为易某缴纳社保费,双方的该约定违反法律的强制性规定,属无效行为。A公司应依法为易某补缴社会保险费,易某应将A公司向其发放的社会保险费用返还给A公司,同时应补缴个人应缴部分的社保。为劳动者按时、足额缴纳社会保险费用是用人单位的法定义务,不因劳动者主动要求放弃缴纳而免除,更不得私下以工资形式支付给员工,因此A公司未给易某缴纳社会保险费,将受到社会保险费征收机构责令期限内补缴并加收滞纳金的行政处罚;若逾期仍不缴纳,A公司还将面临当地行政机关作出的欠缴数额1倍以上3倍以下的罚款。另外,若易某离职,A公司还可能产生支付赔偿金的法律责任。

【风险防范建议】

为劳动者缴纳社会保险费系用人单位的法定义务,用人单位切忌存在侥幸心理。为避免相应法律风险,建议如下:

(1)用人单位应自用工之日起30日内为劳动者向社保经办机构申请办理社会保险登记。

(2)对于拒绝为自己缴纳社保费的员工,用人单位应与员工说明情况,若员工仍然不愿意缴纳,应及时与其解除劳动合同,避免产生不必要的法律责任。

实务中,很多劳动者出于各种原因,不愿意让用人单位为其缴纳社保费。用人单位必须重视这种情况,少缴一份社保费用不仅不会减轻用人单位的用工成本,反而会招致更严重的法律后果。依法为劳动者缴纳社保费是用人单位的法定义务,即使劳动者自愿不缴纳甚至书写承诺书,都不能免除用人单位缴纳社保费的义务。因此,如果劳动者不愿意用人单位为其缴纳社保费,用人单位首先应对其进行催告,并保留催告证据。在劳动者明确拒绝的情况下,用人单位可以通过法定程序依法解除劳动合同。

【法条链接】

《民法典》第一百五十三条 违反法律、行政法规的强制性规定的民事法律行为无效。但是,该强制性规定不导致该民事法律行为无效的除外。

违背公序良俗的民事法律行为无效。

《劳动法》第七十二条 社会保险基金按照保险类型确定资金来源,逐步实行社会统筹。用人单位和劳动者必须依法参加社会保险,缴纳社会保险费。

《劳动合同法》第三十八条 用人单位有下列情形之一的,劳动者可以解除劳动合同：

（一）未按照劳动合同约定提供劳动保护或者劳动条件的；

（二）未及时足额支付劳动报酬的；

（三）未依法为劳动者缴纳社会保险费的；

（四）用人单位的规章制度违反法律、法规的规定，损害劳动者权益的；

（五）因本法第二十六条第一款规定的情形致使劳动合同无效的；

（六）法律、行政法规规定劳动者可以解除劳动合同的其他情形。

用人单位以暴力、威胁或者非法限制人身自由的手段强迫劳动者劳动的，或者用人单位违章指挥、强令冒险作业危及劳动者人身安全的，劳动者可以立即解除劳动合同，不需事先告知用人单位。

第四十六条 有下列情形之一的，用人单位应当向劳动者支付经济补偿：

（一）劳动者依照本法第三十八条规定解除劳动合同的；

……

《社会保险法》第八十六条 用人单位未按时足额缴纳社会保险费的，由社会保险费征收机构责令限期缴纳或者补足，并自欠缴之日起，按日加收万分之五的滞纳金；逾期仍不缴纳的，由有关行政部门处欠缴数额一倍以上三倍以下的罚款。

79. 公司为非本公司员工代缴社保费，有什么风险？

【情景案例】

甲公司由常某与乔某创办。2024年5月，乔某的表弟贺某由于刚刚失业，未找到新工作，但贺某不想中断社保，于是向乔某提出找到新工作之前，在甲公司挂靠缴纳社保费，乔某表示同意，并且为贺某申请办理缴纳社保费的材料。但在申请办理手续时，常某表示强烈反对。常某认为，为非本公司员工挂靠缴纳社保费属于违法行为。

请问：常某的说法符合我国法律规定吗？

【案例分析】

本案涉及的是公司为非本公司员工代缴社保将面临怎样的法律风险、承担怎样的法律责任的问题。

我国《工伤保险条例》第三十三条第一款规定，职工因工作遭受事故伤害或者患职业病需要暂停工作接受工伤医疗的，在停工留薪期内，原工资福利待遇不变，由所在单位按月支付。《全国人民代表大会常务委员会关于〈中华人民共和国刑法〉第二百六十六条的解释》规定，以欺诈、伪造证明材料或者其他手段骗取养老、医疗、工伤、失业、生育等社会保险金或者其他社会保障待遇的，属于《刑法》第二百六十六条规定的诈骗公私财物的行为。由此可见,公司为非本公司员工代缴社保,不仅要承担非本公司职工社保待遇支付的风险,而且还可能承担刑事责任、涉嫌诈骗罪。

实务中,我国关于社保缴纳仅规定两种形式:一是公司为与之建立劳动关系的员工缴纳社保,二是个人以灵活就业人员方式参加基本养老保险、基本医疗保险以及缴纳基本养老保险费、基本医疗保险费。法律不允许公司为不存在真实劳动关系的人员代缴社保。

本案中,贺某并未与甲公司建立任何劳动关系,甲公司也不负有为贺某缴纳社保费的法定义务。贺某因不想中断社保,而在没有劳动合同关系的甲公司挂靠缴纳社保费,提供虚假的证明材料,违反法律规定。为避免相应法律风险,甲公司应当立即停止为贺某办理申请缴纳社保费的行为,拒绝为贺某代缴。故常某的说法符合我国法律的规定,甲公司为贺某代缴社保费是违法行为。

【风险防范建议】

公司应当严格管理社会保险费缴纳,自用工之日起30日内为员工缴纳社保费,并杜绝为未建立劳动关系的人员代缴社保费。以欺诈、伪造证明材料或者其他手段违规参加社会保险,违规办理社会保险业务超过20人次或从中牟利超过2万元的,还将面临被列入社会保险严重失信人名单的风险。社保费挂靠缴纳是违法行为,并不存在可以使其合法化的解决方案。公司防范社保费挂靠缴纳风险的唯一途径就是停止社保费挂靠缴纳行为,确保劳动关系与社保关系相统一,参保单位与用人单位相一致。

【法条链接】

《工伤保险条例》第三十三条 职工因工作遭受事故伤害或者患职业病需要暂停工作接受工伤医疗的,在停工留薪期内,原工资福利待遇不变,由所在单位按月支付。

停工留薪期一般不超过12个月。伤情严重或者情况特殊,经设区的市级劳动能力鉴定委员会确认,可以适当延长,但延长不得超过12个月。工伤职工评定伤残等级后,停发原待遇,按照本章的有关规定享受伤残待遇。工伤职工在停工留薪期满后仍需治疗的,继续享受工伤医疗待遇。

生活不能自理的工伤职工在停工留薪期需要护理的,由所在单位负责。

《刑法》第二百六十六条 诈骗公私财物,数额较大的,处三年以下有期徒刑、拘役或者管制,并处或者单处罚金;数额巨大或者有其他严重情节的,处三年以上十年以下有期徒刑,并处罚金;数额特别巨大或者有其他特别严重情节的,处十年以上有期徒刑或者无期徒刑,并处罚金或者没收财产。本法另有规定的,依照规定。

《全国人民代表大会常务委员会关于〈中华人民共和国刑法〉第二百六十六条的解释》 全国人民代表大会常务委员会根据司法实践中遇到的情况,讨论了刑法第二百六十六条的含义及骗取养老、医疗、工伤、失业、生育等社会保险金或者其他社会保障待遇的行为如何适用刑法有关规定的问题,解释如下:

以欺诈、伪造证明材料或者其他手段骗取养老、医疗、工伤、失业、生育等社会保险金或者其他社会保障待遇的,属于刑法第二百六十六条规定的诈骗公私财物的行为。

《社会保险领域严重失信人名单管理暂行办法》第五条 用人单位、社会保险服务机构及其有关人员、参保及待遇领取人员等,有下列情形之一的,县级以上地方人力资源社会保障部门将其列入社会保险严重失信人名单:

……

(二)以欺诈、伪造证明材料或者其他手段违规参加社会保险,违规办理社会保险业务超过20人次或从中牟利超过2万元的;

……

80. 公司不给员工缴纳社会保险费,发生工伤事故怎么办?

【情景案例】

2021年3月,赖某入职甲公司,双方签订为期1年的劳动合同,但甲公司并未为赖某缴纳社会保险费。2021年6月1日,赖某在车间工作时因铁渣飞入眼中受伤,共花医疗费10万元。之后,县人力资源和社会保障认定赖某构成工伤,县劳动能力鉴定委员会鉴定赖某伤残等级为十级。其间,甲公司只支付了医疗费,但拒绝支付其他费用。赖某认为,公司没有为他缴纳社会保险费,应当由公司为其一次性支付伤残补助金等赔偿款。

请问:赖某的说法符合我国法律规定吗?

【案例分析】

本案涉及的是用人单位未依法给劳动者缴纳社会保险费,劳动者发生工伤事故时,用人单位应当承担怎样的法律后果的问题。

我国《劳动法》第七十二条规定,用人单位和劳动者必须依法参加社会保险,缴纳社会保险费。《社会保险法》第四十一条规定,职工所在用人单位未依法缴纳工伤保险费,发生工伤事故的,由用人单位支付工伤保险待遇。用人单位不支付的,从工伤保险基金中先行支付。从工伤保险基金中先行支付的工伤保险待遇应当由用人单位偿还。由此可见,用人单位负有缴纳社保费的法定义务,社保中包含工伤保险,用人单位按法律规定缴纳社保费是员工享受社保待遇的前提,否则按照《社会保险基金先行支付暂行办法》第六条的规定,用人单位未缴纳社保费也不予支付相关费用的,员工无法享受社保待遇,但员工可以申请工伤保险基金先行支付,以此保障工伤员工的合法权益。

本案中,甲公司未依法缴纳工伤保险费,赖某在工作期间发生工伤事故,并鉴定伤残等级为十级。赖某因甲公司未为其缴纳工伤保险费,无法直接享有工伤待遇,甲公司应向赖某支付相当于工伤保险待遇的费用。甲公司仅支付医疗费,拒绝支付其他费用,赖某的合法权益未得到有效保障。赖某可以申请由工伤保险基金向赖某先行赔付,而后再由社会保险征收机构向甲公司追偿该费用。赖某要求甲公司一次性支付工伤保险待遇符合法律规定,甲公司应为未给赖某依法缴纳社保费而承担相应的法律后果,即向赖某依法一次性支付相应的残疾补助金和其他法律规定的费用。

【风险防范建议】

公司为员工缴纳社会保险费不仅是法定义务,也是分散公司经营风险的一种方式。公司为员工缴纳工伤保险费后,当员工发生工伤,员工可享受工伤保险待遇,公司可避免承担全部的赔偿款。因此,公司应当按时足额缴纳工伤保险费。同时,建筑施工行业、危险化学品行业等高危行业的公司还可以选择为从事高危作业的员工在缴纳工伤保险费之外,再购买商业性人身意外伤害保险,虽然这在一定程度上增加了公司的用工和管理成本,但却降低了用工风险,减少公司用工争议和因工伤赔偿给公司带来的高额经济损失。

【法条链接】

《劳动法》第七十二条 用人单位和劳动者必须依法参加社会保险,缴纳社会保险费。

《社会保险法》第三十三条 职工应当参加工伤保险,由用人单位缴纳工伤保险费,职工不缴纳工伤保险费。

第四十一条 职工所在用人单位未依法缴纳工伤保险费,发生工伤事故的,由用人单位支付工伤保险待遇。用人单位不支付的,从工伤保险基金中先行支付。从工伤保险基金中先行支付的工伤保险待遇应当由用人单位偿还。用人单位不偿还的,社会保险经办机构可以依照本法第六十三条的规定追偿。

《工伤保险条例》第三十七条 职工因工致残被鉴定为七级至十级伤残的,享受以下待遇:

(一)从工伤保险基金按伤残等级支付一次性伤残补助金,标准为:七级伤残为13个月的本人工资,八级伤残为11个月的本人工资,九级伤残为9个月的本人工资,十级伤残为7个月的本人工资;

(二)劳动、聘用合同期满终止,或者职工本人提出解除劳动、聘用合同的,由工伤保险基金支付一次性工伤医疗补助金,由用人单位支付一次性伤残就业补助金。一次性工伤医疗补助金和一次性伤残就业补助金的具体标准由省、自治区、直辖市人民政府规定。

《社会保险基金先行支付暂行办法》第六条 ……

职工被认定为工伤后,有下列情形之一的,职工或者其近亲属可以持工伤认定决定书和有关材料向社会保险经办机构书面申请先行支付工伤保险待遇:

……

(二)用人单位拒绝支付全部或者部分费用的;

……

81. 公司不为员工缴纳社会保险费,患病员工可以要求公司支付医疗费吗?

【情景案例】

2021年5月,龚某与甲公司签订为期1年的劳动合同。为节省成本,甲公司没有给龚某缴纳社会保险费。2022年4月10日,龚某因在家中风被送往医院急救,共花医疗费5万元。事后,龚某要求甲公司赔偿,但遭到拒绝。甲公司认为,龚某的中风不属于工伤,单位不需要赔偿。协商无果后,龚某要求甲公司补缴社保费,但遭到拒绝。无奈之下,龚某向劳动仲裁委申请仲裁,请求甲公司赔偿其因中风产生的全部医疗费用。

请问:甲公司需要给龚某赔偿医疗费吗?

【案例分析】

本案涉及的是用人单位未依法给劳动者缴纳社会保险费,劳动者患病无法享受基本医疗保险,用人单位是否应承担医疗费的问题。

我国《劳动法》第七十二条规定,用人单位和劳动者必须依法参加社会保险,缴纳社会保险费。《劳动法》第七十三条规定,劳动者患病、负伤的,依法享受社会保险待遇。《社会保险法》第二十三条规定,职工应当参加职工基本医疗保险,由用人单位和职工按照国家规定共同缴纳基本医疗保险费。《最高人民法院关于审理劳动争议案件适用法律若干问题的解释(一)》第一条规定,"劳动者与用人单位之间发生的下列纠纷,属于劳动争议,当事人不服劳动争议仲裁机构作出的裁决,依法提起诉讼的,人民法院应予受理:……(五)劳动者以用人单位未为其办理社会保险手续,且社会保险经办机构不能补办导致其无法享受社会保险待遇为由,要求用人单位赔偿损失发生的纠纷……"由此可见,由于用人单位未为劳动者缴纳基本医疗保险费,劳动者患病后不能补办社保,则无法享受医保待遇,劳动者已支出的医疗费用,便无法通过医疗保险予以报销,劳动者因此有权将可报销的医疗费用向用人单位主张损失赔偿。

本案中,龚某在与甲公司劳动关系存续期间患病,产生医疗费 5 万元,由于甲公司未依法给龚某缴纳社会保险费,也不同意补缴社保费,龚某患病后未能享受职工基本医疗保险待遇,其不能按照医疗保险予以报销的损失可要求甲公司承担;一般情况下仅限于法律规定的基本医疗保险药品目录、诊疗项目和医疗服务设施标准内的医疗费用。故甲公司未为龚某缴纳社会保险费,龚某支付的医疗费用金额中,只有职工基本医疗保险可报销的部分能要求甲公司承担。

【风险防范建议】

员工有享受社会保险和福利的权利,公司应当依法建立和完善规章制度,保障员工享有劳动权利和履行劳动义务,而不能以节省用工成本为由不履行为员工缴纳社保费的法定义务。公司应当自用工之日起 30 日内完成员工的社会保险登记并按时、足额缴纳社会保险费,保障劳动者的合法权益。因公司未为员工缴纳基本医疗保险费,员工在劳动关系存续期间患病后无法补办社保,无法享受医保待遇的,公司还将面临赔偿员工医疗费损失的风险。因此,公司应当合规办理社保登记、缴纳社会保险费用,切忌因小失大。

【法条链接】

《劳动法》第七十二条　社会保险基金按照保险类型确定资金来源,逐步实行社会统筹。用人单位和劳动者必须依法参加社会保险,缴纳社会保险费。

第七十三条　劳动者在下列情形下,依法享受社会保险待遇:

……

(二)患病、负伤;

……

《社会保险法》第二十三条　职工应当参加职工基本医疗保险,由用人单位和职工按照国家规定共同缴纳基本医疗保险费。

《最高人民法院关于审理劳动争议案件适用法律问题的解释(一)》第一条　劳动者与用人单位之间发生的下列纠纷,属于劳动争议,当事人不服劳动争议仲裁机构作出的裁决,依法提起诉讼的,人民法院应予受理:

……

(五)劳动者以用人单位未为其办理社会保险手续,且社会保险经办机构不能补办导致其无法享受社会保险待遇为由,要求用人单位赔偿损失发生的纠纷;

……

82. 公司可以只为员工缴纳工伤保险费吗?

【情景案例】

甲装修公司由庞某与樊某一起创办。由于公司刚刚成立,为节省成本,庞某提出暂不为员工缴纳社会保险费。樊某反对庞某的做法,因为不为员工缴纳社会保险费是违法行为,可考虑为员工缴纳工伤保险费,以保证公司经营合法。

请问:樊某的说法正确吗?

【案例分析】

本案涉及的是用人单位仅为劳动者缴纳工伤保险费的情况,用人单位存在怎样的法律风险的问题。

我国《劳动法》第七十条规定,国家发展社会保险事业,建立社会保险制度,设立社会保险基金,使劳动者在年老、患病、工伤、失业、生育等情况下获得帮助和补偿。第七十二条规定,用人单位和劳动者必须依法参加社会保险,缴纳社会保险费。《社会保险法》第二条规定,国家建立基本养老保险、基本医疗保险、工伤保险、失业保险、生育保险等社会保险制度,保障公民在年老、疾病、工伤、失业、生育等情况下依法从国家和社会获得物质帮助的权利。第五十八条第一款规定,"用人单位应当自用工之日起三十日内为其职工向社会保险经办机构申请办理社会保险登记。未办理社会保险登记的,由社会保险经办机构核定其应当缴纳的社会保险费"。第八十六条规定,"用人单位未按时足额缴纳社会保险费的,由社会保险费征收机构责令限期缴纳或者补足,并自欠缴之日起,按日加收万分之五的滞纳金;逾期仍不缴纳的,由有关行政部门处欠缴数额一倍以上三倍以下的罚款"。《劳动合同法》第三十八条规定,未依法为劳动者缴纳社会保险费的,劳动者可以解除劳动合同。第四十六条规定,劳动者依照该法第三十八条规定解除劳动合同的,用人单位应当向劳动者支付经济补偿。由此可见,为员工缴纳社保费是用人单位的法定义务,用人单位无权选择社保的内容,必须参加法定的全部社保项目,否则将面临行政处罚,亦会面临劳动者要求解除劳动合同并支付经济补偿金的风险。

本案中,甲装修公司应当在用工之日起30日内为员工并缴纳社保费,且必须依法参加社保的全部项目内容,包含基本养老保险、基本医疗保险、工伤保险、失业保险、生育保险,否则将面临行政处罚或劳动纠纷。故樊某的说法错误,不符合我国法律的规定。

【风险防范建议】

国家建立社会保险制度,以保障公民在年老、疾病、工伤、失业、生育等情况下依法从国家和社会获得物质帮助的权利。因此,公司在为员工办理社保时不得抱有侥幸心理,应当为员工办理参加全部社会保险项目,包括基本养老保险、基本医疗保险、工伤保险、失业保险、生育保险。同时,公司应严格落实相关法律规定,积极实施预防工伤发生的措施,如配备有效的防护设施、为员工提供个人使用的防护用品等,并依法为员工缴纳社会保险,通过工伤保险基金分散风险,减轻因职业病、工伤赔偿增加的经济负担。

【法条链接】

《劳动法》第七十条　国家发展社会保险事业,建立社会保险制度,设立社会保险基金,使劳动者在年老、患病、工伤、失业、生育等情况下获得帮助和补偿。

第七十二条　社会保险基金按照保险类型确定资金来源,逐步实行社会统筹。用人单位和劳动者必须依法参加社会保险,缴纳社会保险费。

《社会保险法》第二条　国家建立基本养老保险、基本医疗保险、工伤保险、失业保险、生育保险等社会保险制度,保障公民在年老、疾病、工伤、失业、生育等情况下依法从国家和社会获得物质帮助的权利。

第五十八条　用人单位应当自用工之日起三十日内为其职工向社会保险经办机构申请办理社会保险登记。未办理社会保险登记的,由社会保险经办机构核定其应当缴纳的社会保险费。

自愿参加社会保险的无雇工的个体工商户、未在用人单位参加社会保险的非全日制从业人员以及其他灵活就业人员,应当向社会保险经办机构申请办理社会保险登记。

国家建立全国统一的个人社会保障号码。个人社会保障号码为公民身份号码。

第八十六条　用人单位未按时足额缴纳社会保险费的,由社会保险费征收机构责令限期缴纳或者补足,并自欠缴之日起,按日加收万分之五的滞纳金;逾期仍不缴纳的,由有关行政部门处欠缴数额一倍以上三倍以下的罚款。

《劳动合同法》第三十八条　用人单位有下列情形之一的,劳动者可以解除劳动合同:

(一)未按照劳动合同约定提供劳动保护或者劳动条件的;

(二)未及时足额支付劳动报酬的;

(三)未依法为劳动者缴纳社会保险费的;

(四)用人单位的规章制度违反法律、法规的规定,损害劳动者权益的;

(五)因本法第二十六条第一款规定的情形致使劳动合同无效的;

(六)法律、行政法规规定劳动者可以解除劳动合同的其他情形。

用人单位以暴力、威胁或者非法限制人身自由的手段强迫劳动者劳动的,或者用人单位违章指挥、强令冒险作业危及劳动者人身安全的,劳动者可以立即解除劳动合同,不需事先告知用人单位。

第四十六条 有下列情形之一的,用人单位应当向劳动者支付经济补偿:

(一)劳动者依照本法第三十八条规定解除劳动合同的;

(二)用人单位依照本法第三十六条规定向劳动者提出解除劳动合同并与劳动者协商一致解除劳动合同的;

(三)用人单位依照本法第四十条规定解除劳动合同的;

(四)用人单位依照本法第四十一条第一款规定解除劳动合同的;

(五)除用人单位维持或者提高劳动合同约定条件续订劳动合同,劳动者不同意续订的情形外,依照本法第四十四条第一项规定终止固定期限劳动合同的;

(六)依照本法第四十四条第四项、第五项规定终止劳动合同的;

(七)法律、行政法规规定的其他情形。

83.公司瞒报工伤事故,有什么风险?

【情景案例】

殷某是某建筑公司的工人,某建筑公司给殷某缴纳了社会保险费。2023年1月10日,殷某在施工过程中从二楼摔下受伤。此时,某建筑公司正在申请建筑行业质量体系认证,为了保障认证工作顺利进行,某建筑公司隐瞒殷某受伤的事故。5月10日,殷某治愈出院,此次治疗的医疗费共花10万元,某建筑公司向因殷某支付了该笔费用。出院后,殷某要求公司申请工伤认定,但遭某建筑公司拒绝。某建筑公司认为其已支付所有医疗费,无须再申请工伤认定。6月10日,殷某自己向劳动保障行政部门提出工伤认定申请。劳动保障行政部门受理后,作出了工伤认定决定书,认定殷某为工伤。于是殷某与某建筑公司解除劳动合同关系,并依据工伤认定的结果,向劳动争议仲裁委员会提出申请,要求某建筑公司支付其受伤住院期间的工资、护理费、伙食补助费及公司未及时申报工伤给自己造成的工伤待遇损失。某建筑公司辩称,公司已为殷某缴纳了工伤保险费,殷某的工伤待遇应当由工伤保险基金支付。

请问:某建筑公司的说法符合我国法律规定吗?

【案例分析】

本案涉及的是用人单位未依法为劳动者申请工伤认定,给劳动者造成工伤待遇损失,应当承担什么的法律后果的问题。

我国《工伤保险条例》第十七条规定:"职工发生事故伤害或者按照职业病防治法规定被诊断、鉴定为职业病,所在单位应当自事故伤害发生之日或者被诊断、鉴定为职业病之日起 30 日内,向统筹地区社会保险行政部门提出工伤认定申请。遇有特殊情况,经报社会保险行政部门同意,申请时限可以适当延长……用人单位未在本条第一款规定的时限内提交工伤认定申请,在此期间发生符合本条例规定的工伤待遇等有关费用由该用人单位负担。"由此可见,用人单位在劳动者受伤后未在法定时限内为劳动者办理工伤待遇申请,用人单位未履行法定义务损害劳动者的合法权利,则用人单位延迟申请工伤期间产生的符合工伤待遇的费用由用人单位负担。

本案中,殷某于 2023 年 1 月 10 日受工伤,某建筑公司却未在事故发生之日起 30 日内提交工伤认定申请,违反法律规定的用人单位的义务,应承担自事故发生之日起至殷某向劳动保障行政部门提交工伤认定申请期间,符合工伤待遇的费用,但上述费用不包括殷某认定为工伤后产生的费用。故某建筑公司的说法错误,不符合我国法律的规定。

【风险防范建议】

公司为员工缴纳社会保险费不仅是法定义务,也是分散公司经营风险的一种方式。缴纳工伤保险费是为避免公司在员工发生工伤时承担高额的费用,加重公司的负担。但员工发生工伤事故后,公司不依法及时为员工申请工伤认定,导致员工无法及时享受工伤保险待遇的,公司即使按时足额缴纳工伤保险费,也会面临不必要的损失。

因此,员工在工作时间因工作原因发生事故后,公司应在发生事故的 30 日内完成申请工伤的流程,及时为员工申请工伤认定。公司为员工申请工伤认定时应当出具以下材料:工伤认定申请表、员工与用人单位存在劳动关系的证明材料、员工医疗诊断证明;工伤认定申请表应当包括事故发生的时间、地点、原因以及职工伤害程度等基本情况。公司完成工伤认定申请、社会保险行政部门作出工伤认定结论后,公司应当及时核定员工工伤产生的相关费用,避免遭受更大的损失。

【法条链接】

《工伤保险条例》第十七条 职工发生事故伤害或者按照职业病防治法规定被诊断、鉴定为职业病,所在单位应当自事故伤害发生之日或者被诊断、鉴定为职业病之日起 30 日内,向统筹地区社会保险行政部门提出工伤认定申请。遇有特殊情况,经报社会保险行政部门同意,申请时限可以适当延长。

用人单位未按前款规定提出工伤认定申请的,工伤职工或者其近亲属、工会组织在事故伤害发生之日或者被诊断、鉴定为职业病之日起 1 年内,可以直接向用人单位所在地统筹地区社会保险行政部门提出工伤认定申请。

按照本条第一款规定应当由省级社会保险行政部门进行工伤认定的事项,根据属地原则由用人单位所在地的设区的市级社会保险行政部门办理。

用人单位未在本条第一款规定的时限内提交工伤认定申请,在此期间发生符合本条例规定的工伤待遇等有关费用由该用人单位负担。

84.交通事故造成工伤,肇事者赔偿后,公司还要赔偿吗?

【情景案例】

温某于2023年3月入职甲公司,担任采购员。为减少成本,甲公司没有为温某缴纳社会保险费。2023年6月10日,温某在下班时发生交通事故,被酒后驾驶的季某撞伤,经交警认定,季某负事故的全部责任。温某住院期间,与季某达成和解,双方均同意由季某赔偿温某10万元。温某住院治疗结束后,经鉴定为十级伤残,劳动和社会保障部门认定温某所受的伤害为工伤。之后,温某要求甲公司按工伤保险待遇支付赔偿款,但遭到拒绝。甲公司认为,季某已经给温某支付了赔偿款,公司无须再支付温某的工伤赔偿款。

请问:甲公司的说法符合我国法律规定吗?

【案例分析】

本案涉及的是用人单位未为劳动者缴纳社保费的情况下,劳动者因交通事故导致工伤,员工若已获得交通肇事者的人身损害赔偿款,是否还能从用人单位获得工伤保险待遇的问题。

我国《社会保险法》第四十一条第一款规定,职工所在用人单位未依法缴纳工伤保险费,发生工伤事故的,由用人单位支付工伤保险待遇。用人单位不支付的,从工伤保险基金中先行支付。《工伤保险条例》第六十二条第二款规定:"用人单位依照本条例规定应当参加工伤保险而未参加的,由社会保险行政部门责令限期参加,补缴应当缴纳的工伤保险费,并自欠缴之日起,按日加收万分之五的滞纳金;逾期仍不缴纳的,处欠缴数额1倍以上3倍以下的罚款。"《最高人民法院关于审理人身损害赔偿案件适用法律若干问题的解释》第三条规定,依法应当参加工伤保险统筹的用人单位的劳动者,因工伤事故遭受人身损害,劳动者或者其近亲属向人民法院起诉请求用人单位承担民事赔偿责任的,告知其按《工伤保险条例》的规定处理。因用人单位以外的第三人侵权造成劳动者人身损害,赔偿权利人请求第三人承担民事赔偿责任的,人民法院应予支持。由此可见,劳动者在上下班途中遭遇非主要责任的交通事故,尽管已取得交通肇事者的人身侵权损害赔偿金,但其所在单位并不能因此免除支付工伤赔偿的义务。若用人单位未为劳动者缴纳社会保险费,则应当由用人单位按照工伤保险待遇项目和标准,向员工支付工伤保险待遇的费用。

本案中,温某在下班途中遭遇交通事故,经交警部门认定其在该道路交通事故中无责任,且已被劳动和社会保障部门认定为工伤并被鉴定为十级伤残,温某的事故属于人身侵权与工伤竞合,依法可以同时向侵权人主张民事赔偿、向用人单位申请工伤待遇。故尽管本案中的交通肇事者与温某对侵权赔偿的费用达成和解,但甲公司依然负有让温某获得工伤保险待遇的义务。鉴于甲公司未为温某缴纳社会保险费,无法申请工伤保险待遇,甲公司依法应向温某支付相当于工伤保险待遇的费用。故甲公司认为不必再行重复支付工伤赔偿款的说法错误,不符合我国法律的规定。

【风险防范建议】

员工在上下班途中遭遇非主要责任的交通事故,根据我国法律的规定,尽管已获得侵权人的人身损害赔偿金,员工依然可以因此享受工伤保险待遇,二者是并行不悖的。公司未给员工缴纳社会保险费的,亦不能因员工已获得人身损害赔偿金而免除支付工伤保险待遇的义务,公司还应按照工伤保险待遇项目和标准,向员工支付工伤保险待遇的费用。

工伤保险是社会保险中的重要一项,公司应当依法按时、足额为员工缴纳社会保险费。在员工遭受因非主要责任的交通事故造成的工伤时,公司应在事故发生30日内为员工申请工伤认定申请,社会保险行政部门作出工伤认定结论后,由工伤保险基金对员工进行赔付,以减轻公司的损失。

【法条链接】

《社会保险法》第四十一条第一款 职工所在用人单位未依法缴纳工伤保险费,发生工伤事故的,由用人单位支付工伤保险待遇。用人单位不支付的,从工伤保险基金中先行支付。

《工伤保险条例》第六十二条第二款 用人单位依照本条例规定应当参加工伤保险而未参加的,由社会保险行政部门责令限期参加,补缴应当缴纳的工伤保险费,并自欠缴之日起,按日加收万分之五的滞纳金;逾期仍不缴纳的,处欠缴数额1倍以上3倍以下的罚款。

《最高人民法院关于审理人身损害赔偿案件适用法律若干问题的解释》第三条 依法应当参加工伤保险统筹的用人单位的劳动者,因工伤事故遭受人身损害,劳动者或者其近亲属向人民法院起诉请求用人单位承担民事赔偿责任的,告知其按《工伤保险条例》的规定处理。

因用人单位以外的第三人侵权造成劳动者人身损害,赔偿权利人请求第三人承担民事赔偿责任的,人民法院应予支持。

85. 员工在外租房不住宿舍，下班期间被车撞伤，构成工伤吗？

【情景案例】

章某是某电器厂的普工。入职后，某电器厂给章某安排了在厂区的宿舍，但由于宿舍住的人太多，章某分到房间后并不在宿舍居住，而自愿在工厂3千米外的地方租屋居住。2023年4月9日下午6时，章某在下班回出租屋的路上被一辆摩托车撞倒，身受重伤。交警对事故的认定为：章某负次要责任。由于某电器厂没有为章某缴纳社会保险费，章某出院后要求某电器厂支付工伤保险赔偿金，但遭到拒绝。某电器厂认为，工厂已给章某安排了宿舍，其私自在外租房，出了事故应当自己负责。

请问：某电器厂的说法符合我国法律规定吗？

【案例分析】

本案涉及的是用人单位为劳动者提供宿舍，员工却自行租房居住，用人单位是否应当承担员工上下班途中的工伤风险的问题。

根据《工伤保险条例》第十四条的规定，在上下班途中，受到非本人主要责任的交通事故或者城市轨道交通、客运轮渡、火车事故伤害的，应当认定为工伤。《最高人民法院关于审理工伤保险行政案件若干问题的规定》第六条第一项规定："对社会保险行政部门认定下列情形为'上下班途中'的，人民法院应予支持：（一）在合理时间内往返于工作地与住所地、经常居住地、单位宿舍的合理路线的上下班途中"。由此可见，法律支持的上下班途中的"合理路线"，强调路线的合理性，而并非强调员工住所地是否由公司安排。所以员工是否接受公司安排的宿舍，并不影响其在上下班途中的合理路线中发生交通事故而被认定为工伤的结论。用人单位并不能强制员工接受宿舍安排，员工住所自由，只要其上下班的路线合理、时间合理，发生非主要责任的交通事故，则应构成工伤。

本案中，章某虽未接受某电器厂的宿舍安排，但其选择出租屋属于个人自由，并不违反法律规定。章某从某电器厂下班返回出租屋，属于上下班途中的合理路线，发生交通事故，且经交警部门认定负事故次要责任，符合《工伤保险条例》规定的工伤认定情形。某电器厂认为私自在外居住发生交通事故造成的损失应由章某个人负担，属于片面理解，不符合我国法律的规定。同时，由于某电器厂未为章某缴纳社会保险费，章某因第三人侵权造成人身损害并构成工伤，其因侵权获得的赔偿不能替代应享受的除医疗费之外的工伤保险待遇。因此，某电器厂还应向章某支付相当于工伤保险待遇的费用。涉及的具体工伤保险待遇如何，则应结合各地司法实务认定。

【风险防范建议】

　　对于居住地的选择,属于自然人的自由和权利,任何人不得干预。因此,员工拥有选择居住何地的自由,在公司提供员工宿舍时,员工也有拒绝在宿舍居住的权利,公司无权干涉或强制要求员工居住在宿舍。并且,因我国法律对工伤发生时空进行扩大化解释,强调的是路线的合理性,而并非员工需居住在固定的某一地点,即员工在上下班途中往返于工作地和居住地之间的合理路线,因非主要责任的交通事故受伤的,都构成工伤。公司依法为员工缴纳社会保险费的,员工可因此享受工伤保险待遇,从而避免因类似事故给公司带来额外的损失。

　　因此,公司应当依法按时、足额为员工缴纳社会保险费,员工在上下班途中的合理路线上,遭受因非主要责任的交通事故造成的工伤时,公司还应在事故发生30日内为员工申请工伤认定申请,社会保险行政部门作出工伤认定结论后,由工伤保险基金对员工进行赔付,以减轻公司的损失。

【法条链接】

　　《工伤保险条例》第十四条　　职工有下列情形之一的,应当认定为工伤:
　　……
　　(六)在上下班途中,受到非本人主要责任的交通事故或者城市轨道交通、客运轮渡、火车事故伤害的;
　　……
　　《最高人民法院关于审理工伤保险行政案件若干问题的规定》第六条　　对社会保险行政部门认定下列情形为"上下班途中"的,人民法院应予支持:
　　(一)在合理时间内往返于工作地与住所地、经常居住地、单位宿舍的合理路线的上下班途中;
　　……

86.公司可解聘工伤职工吗?

【情景案例】

　　2023年6月,鲁某入职甲公司,双方签订劳动合同,合同期限为3年,公司为鲁某办理了社保。2023年9月1日,鲁某在上班时因锅炉爆炸受伤。之后,经人力资源和社会保障局认定为工伤,经劳动能力鉴定委员会鉴定为伤残八级。鲁某出院后,向甲公司提出回公司上班的请求,但遭到拒绝。甲公司认为,鲁某受伤后已不能胜任原来工作,故不同意其回公司上班。之后,甲公司向鲁某发出《解除劳动合同通知书》。

请问:甲公司可以解聘鲁某吗?

【案例分析】

本案涉及的是用人单位与因工负伤且丧失部分劳动能力的劳动者解除劳动合同,应承担什么法律后果的问题。

根据《劳动合同法》第四十二条的规定,在本单位患职业病或者因工负伤并被确认丧失或者部分丧失劳动能力的,用人单位不得依照该法第四十条、第四十一条的规定解除劳动合同。第四十八条规定:"用人单位违反本法规定解除或者终止劳动合同,劳动者要求继续履行劳动合同的,用人单位应当继续履行;劳动者不要求继续履行劳动合同或者劳动合同已经不能继续履行的,用人单位应当依照本法第八十七条规定支付赔偿金。"《工伤保险条例》第三十七条第(二)项规定,职工因工致残被鉴定为七级至十级伤残的,享受以下待遇:劳动、聘用合同期满终止,或者职工本人提出解除劳动、聘用合同的,由工伤保险基金支付一次性工伤医疗补助金,由用人单位支付一次性伤残就业补助金。一次性工伤医疗补助金和一次性伤残就业补助金的具体标准由省、自治区、直辖市人民政府规定。由此可见,劳动者发生工伤并丧失或部分丧失劳动能力,且不存在《劳动合同法》第三十九条规定的情形,则用人单位不得解除劳动合同。即使劳动者因工致残被鉴定为七级至十级伤残的情况,也仅在劳动合同期满后可以终止劳动合同关系,或者劳动者本人提出解除劳动合同,用人单位才可以解除。

本案中,鲁某被认定为工伤,且被劳动能力鉴定委员会鉴定为伤残八级,鲁某亦不存在法定情形的,根据我国相关法律的规定,甲公司不能主动解除与鲁某的劳动合同。此外,甲公司以鲁某受伤后不能胜任岗位工作要求为由解除与鲁某的劳动合同,属于违法解除劳动合同,鲁某要求甲公司继续履行劳动合同,甲公司应当继续履行,故甲公司不可以主动解聘鲁某。

【风险防范建议】

员工发生工伤后,公司应当积极采取措施救治员工,并且及时申请工伤认定,做好善后措施,而非第一时间与员工解除劳动合同。对于受工伤员工,公司应当做好以下几点:

(1)对受工伤员工的救治。工伤事故发生后,公司应当第一时间对员工进行救治。救治中要注意救治医院为工伤保险定点医院、统筹地区以外就医的须经工伤保险经办部门同意(同意手续可以后补)、工伤救治符合诊疗目录、药品目录及住院服务标准。

(2)核定停工留薪期。停工留薪期各地规定不一,有的是由劳动能力鉴定委员会根据职工伤情鉴定,有的是交由仲裁委员会裁量,应注意,员工停工留薪期内,单位不得解除(职工本人过错除外)劳动合同,且应当按照工伤事故发生前的标准支付员工工资。

(3)申请工伤认定。根据《工伤保险条例》第十七条的规定,公司应当在员工发生工伤事故30日内向社保行政部门提出工伤认定申请。如满30日未申请的,则工伤事故发生之日至申请之日,员工的工伤待遇均是由公司自行负担。

【法条链接】

《劳动合同法》第三十九条　劳动者有下列情形之一的,用人单位可以解除劳动合同:

(一)在试用期间被证明不符合录用条件的;

(二)严重违反用人单位的规章制度的;

(三)严重失职,营私舞弊,给用人单位造成重大损害的;

(四)劳动者同时与其他用人单位建立劳动关系,对完成本单位的工作任务造成严重影响,或者经用人单位提出,拒不改正的;

(五)因本法第二十六条第一款第一项规定的情形致使劳动合同无效的;

(六)被依法追究刑事责任的。

第四十二条　劳动者有下列情形之一的,用人单位不得依照本法第四十条、第四十一条的规定解除劳动合同:

……

(二)在本单位患职业病或者因工负伤并被确认丧失或者部分丧失劳动能力的;

……

第四十八条　用人单位违反本法规定解除或者终止劳动合同,劳动者要求继续履行劳动合同的,用人单位应当继续履行;劳动者不要求继续履行劳动合同或者劳动合同已经不能继续履行的,用人单位应当依照本法第八十七条规定支付赔偿金。

《工伤保险条例》第十七条　职工发生事故伤害或者按照职业病防治法规定被诊断、鉴定为职业病,所在单位应当自事故伤害发生之日或者被诊断、鉴定为职业病之日起30日内,向统筹地区社会保险行政部门提出工伤认定申请。遇有特殊情况,经报社会保险行政部门同意,申请时限可以适当延长。

用人单位未按前款规定提出工伤认定申请的,工伤职工或者其近亲属、工会组织在事故伤害发生之日或者被诊断、鉴定为职业病之日起1年内,可以直接向用人单位所在地统筹地区社会保险行政部门提出工伤认定申请。

按照本条第一款规定应当由省级社会保险行政部门进行工伤认定的事项,根据属地原则由用人单位所在地的设区的市级社会保险行政部门办理。

用人单位未在本条第一款规定的时限内提交工伤认定申请,在此期间发生符合本条例规定的工伤待遇等有关费用由该用人单位负担。

第三十七条 职工因工致残被鉴定为七级至十级伤残的,享受以下待遇:

……

(二)劳动、聘用合同期满终止,或者职工本人提出解除劳动、聘用合同的,由工伤保险基金支付一次性工伤医疗补助金,由用人单位支付一次性伤残就业补助金。一次性工伤医疗补助金和一次性伤残就业补助金的具体标准由省、自治区、直辖市人民政府规定。

87. 公司可解聘患职业病的员工吗?

【情景案例】

2011年1月,葛某入职某工厂,从事高粉尘工作。2024年3月20日,葛某因身体不适到医院体检,被诊断为一期尘肺职业病。后来,其经劳动能力鉴定委员会鉴定为七级伤残。4月1日,某工厂向葛某发出《解除劳动合同通知书》,告知葛某因患病已不适宜在工厂工作,并同意给葛某补偿10个月工资。葛某认为,自己患的是职业病,被某工厂解雇后,将很难找到工作,于是不同意某工厂单方面解除劳动合同。协商无果后,葛某遂向劳动争议仲裁委员会申请仲裁,请求某工厂继续履行劳动合同。

请问:某工厂可以解聘葛某吗?

【案例分析】

本案涉及的是劳动者患职业病后,用人单位是否可以解除劳动合同的问题。

根据《劳动合同法》第四十二条的规定,在本单位患职业病或者因工负伤并被确认丧失或者部分丧失劳动能力的;用人单位不得依照该法第四十条、第四十一条解除劳动合同。第四十八条规定:"用人单位违反本法规定解除或者终止劳动合同,劳动者要求继续履行劳动合同的,用人单位应当继续履行;劳动者不要求继续履行劳动合同或者劳动合同已经不能继续履行的,用人单位应当依照本法第八十七条规定支付赔偿金。"根据《工伤保险条例》第十四条的规定,职工患职业病的,应当认定为工伤。由此可见,国家严格保护从事职业病危害作业的劳动者的劳动权益,劳动者患职业病后,用人单位不得解除劳动合同。用人单位主动与患职业病的劳动者解除劳动合同的,属于违法解除,劳动者要求继续履行劳动合同的,应当继续履行。

本案中,葛某在某工厂长期从事高粉尘工作达10年以上,被诊断为一期尘肺职业病并被鉴定为七级伤残,工厂以葛某患病不宜在工厂工作为由与其解除劳动合同,违反法律的规定,属于违法解除。葛某要求继续履行劳动合同,某工厂应当继续履行。故某工厂不可以主动解聘葛某。

【风险防范建议】

公司应当加强职业病防护、防治的工作,公司防尘、防毒、防噪声、防振动等工作直接关系环境保护,直接关系公司员工和社会公众的身心健康和生命安全,也直接关系公司劳动生产力的提高。因此,公司在日常生产经营活动中必须重视员工职业病的防治防护。

公司应当加强职业病防护、防治的宣传工作,对粉尘和有毒物质对人体的危害进行若干日常宣传讲解,使公司员工对粉尘和有毒物质的危害性有足够的认识,提高对粉尘和有毒物质的防护、防治的自觉性,组织员工提出职业病防护、防治合理化建议,征集防护、防治议案,提交职代会讨论、立案,以全面加强职业病防护和防治。

公司应当定期对从事职业病危害作业的员工进行职业健康检查,动态监测员工的身体健康状况,对于已患职业病的员工应当及时调离原工作岗位,并妥善安置,保障员工的劳动权益。

【法条链接】

《劳动合同法》第四十二条 劳动者有下列情形之一的,用人单位不得依照本法第四十条、第四十一条的规定解除劳动合同:

……

(二)在本单位患职业病或者因工负伤并被确认丧失或者部分丧失劳动能力的;

……

第四十八条 用人单位违反本法规定解除或者终止劳动合同,劳动者要求继续履行劳动合同的,用人单位应当继续履行;劳动者不要求继续履行劳动合同或者劳动合同已经不能继续履行的,用人单位应当依照本法第八十七条规定支付赔偿金。

第八十七条 用人单位违反本法规定解除或者终止劳动合同的,应当依照本法第四十七条规定的经济补偿标准的二倍向劳动者支付赔偿金。

《工伤保险条例》第十四条 职工有下列情形之一的,应当认定为工伤:

……

(四)患职业病的;

……

88. 在存在职业病危害的岗位工作的员工离职时不进行健康检查，有什么风险？

【情景案例】

伍某在某煤矿公司工作了15年；为了回家照顾老母亲，其于2023年3月离职。离职时，某煤矿公司没有安排伍某体检。2023年12月，伍某被诊断为二期尘肺，经鉴定为四级伤残。伍某认为，自己的病是职业病，应当由某煤矿公司承担医疗费，遂诉至法院，要求某煤矿公司支付医药费、护理费等工伤保险待遇。某煤矿公司辩称，伍某的尘肺是离职后所患，与公司无关。

请问：某煤矿公司的说法符合我国法律规定吗？

【案例分析】

本案涉及的是接触职业病危害岗位的劳动者离职前未做健康检查，离职后被诊断为职业病，用人单位承担什么法律责任的问题。

根据《职业病防治法》第三十五条的规定，对从事接触职业病危害的作业的劳动者，用人单位应当按照国务院卫生行政部门的规定组织上岗前、在岗期间和离岗时的职业健康检查，并将检查结果书面告知劳动者。职业健康检查费用由用人单位承担。对未进行离岗前职业健康检查的劳动者不得解除或者终止与其订立的劳动合同。《工伤保险条例》第三十条第一款规定，职工因工作遭受事故伤害或者患职业病进行治疗，享受工伤医疗待遇。司法实践中，对接触职业病危害岗位的员工，公司未履行离岗前职业健康检查的法定义务，员工离岗后检查认定为职业病且经鉴定构成伤残等级的，公司仍应承担对员工的医疗费、护理费和一次性伤残补助金、伤残津贴等工伤保险待遇的赔偿责任。

本案中，伍某在某煤矿公司长期接触职业病危害达15年，在伍某离职前，某煤矿公司并未依法履行安排伍某职业健康检查的法定义务，伍某在该公司具有危害性的岗位工作时间较长，患职业病的概率非常大。某煤矿公司未履行健康检查的义务，而伍某在离职后被诊断出疾病，若能够证明该病与其在某煤矿公司工作接触的危害物相关联，那么某煤矿公司应就伍某的职业病承担赔偿责任。故某煤矿公司说法错误，不符合我国法律的规定。

【风险防范建议】

公司应当及时进行对接触职业危害岗位的员工进行上岗前、在岗期间、离岗前的职业健康检查，此举能够有效防范法律风险、减少劳动争议。

但值得注意的是,"离岗"不仅指离职时的离岗,还包括公司内部岗位变动。建议公司对员工离职信息、岗位变动信息应进行管理和监控,及时安排职业健康检查,防止遗漏。

接触职业危害岗位的员工也要积极配合公司进行职业健康检查,保障自身的劳动权利。

【法条链接】

《职业病防治法》第三十五条 对从事接触职业病危害的作业的劳动者,用人单位应当按照国务院卫生行政部门的规定组织上岗前、在岗期间和离岗时的职业健康检查,并将检查结果书面告知劳动者。职业健康检查费用由用人单位承担。

用人单位不得安排未经上岗前职业健康检查的劳动者从事接触职业病危害的作业;不得安排有职业禁忌的劳动者从事其所禁忌的作业;对在职业健康检查中发现有与所从事的职业相关的健康损害的劳动者,应当调离原工作岗位,并妥善安置;对未进行离岗前职业健康检查的劳动者不得解除或者终止与其订立的劳动合同。

职业健康检查应当由取得《医疗机构执业许可证》的医疗卫生机构承担。卫生行政部门应当加强对职业健康检查工作的规范管理,具体管理办法由国务院卫生行政部门制定。

《工伤保险条例》第三十条第一款 职工因工作遭受事故伤害或者患职业病进行治疗,享受工伤医疗待遇。

89. 公司与员工签订的工伤赔偿协议有效吗?

【情景案例】

韦某系甲公司员工。2024年3月1日,韦某在施工中不慎从高处滑落坠地,身负重伤。4月10日,县人力资源和社会保障局认定韦某构成工伤。4月15日,县劳动能力鉴定委员会鉴定韦某伤残等级为十级。由于甲公司没有为韦某缴纳社会保险费,故甲公司于4月20日与韦某签订了一份《工伤赔偿协议》,主要内容为:甲公司给韦某一次性支付10万元工伤赔偿款,韦某今后不得以任何理由向甲公司索取该工伤待遇与费用。协议签订后,甲公司按约定给韦某支付了10万元。之后,韦某共花医疗费等费用12万元,故向劳动争议仲裁委员会申请仲裁,要求撤销双方签订的《工伤赔偿协议》,并由甲公司据实支付工伤保险待遇。

请问:韦某的请求能得到劳动仲裁委支持吗?

【案例分析】

本案涉及的是用人单位未给劳动者缴纳社会保险费,劳动者发生工伤事故并认定为工伤后,用人单位与劳动者签订的工伤赔偿协议是否有效的问题。

我国《民法典》第一百四十三条规定:"具备下列条件的民事法律行为有效:(一)行为人具有相应的民事行为能力;(二)意思表示真实;(三)不违反法律、行政法规的强制性规定,不违背公序良俗。"第一百五十一条规定,一方利用对方处于危困状态、缺乏判断能力等情形,致使民事法律行为成立时显失公平的,受损害方有权请求人民法院或者仲裁机构予以撤销。《社会保险法》第四十一条规定:"职工所在用人单位未依法缴纳工伤保险费,发生工伤事故的,由用人单位支付工伤保险待遇。用人单位不支付的,从工伤保险基金中先行支付。从工伤保险基金中先行支付的工伤保险待遇应当由用人单位偿还。用人单位不偿还的,社会保险经办机构可以依照本法第六十三条的规定追偿。"由此可见,公司在员工受伤后签订工伤补偿协议的,根据法律的规定,劳动仲裁委、法院将会依据补偿协议签订的自愿性、公平原则,审查约定补偿金数额与员工应当享受的工伤保险待遇,如果数额相差较大(司法实践中一般参考标准为低于工伤保险待遇的70%)则协议可能会被认定为显失公平,员工可以依法行使撤销权,公司仍然需要承担赔偿责任。

本案中,韦某在上班期间受伤,并被认定为工伤,经鉴定伤残等级为十级,而后甲公司与韦某签订《工伤赔偿协议》,约定甲公司一次性向韦某支付10万元工伤赔偿款。该协议于韦某认定工伤、评定伤残等级后签订,双方意思表示真实,协议内容不违反法律法规的强制性规定,协议合法有效。后韦某经治疗后花医疗费等费用12万元,甲公司已支付的10万元未低于12万元的70%,协商赔偿的金额具有合理性。故韦某的请求不能得到劳动仲裁委的支持。

【风险防范建议】

员工发生工伤事故,公司选择与员工签订工伤赔偿协议时,如果赔偿协议是在员工已认定工伤和评定伤残等级的情况下签订的,因赔偿协议系公司与员工自愿达成的协议,如不违反法律、行政法规的强制性、禁止性规定,且不存在欺诈、胁迫或乘人之危等情形,那么应尊重双方当事人意思自治,应认定有效。但是如果赔偿协议是在员工未经劳动行政部门认定工伤和评定伤残等级的情形下签订的,或者员工实际所获赔偿明显低于工伤保险待遇标准,该协议存在重大误解或显失公平等情形,法院则可以判决变更或撤销赔偿协议,判决公司赔偿双方协议低于工伤保险待遇的差额部分。

因此,公司与工伤员工签订工伤赔偿协议的,首先应当注意签订的时间,应在员工认定工伤和评定伤残等级之后,便于计算工伤待遇的金额;其次,对于赔偿金额应当比照当地工伤保险待遇相应伤残等级的标准进行约定,不宜明显低于工伤保险待遇标准,一般不得低于相应伤残等级工伤保险待遇的70%;最后,协议的内容应当合理合法,不得排斥对方的合法权利。

【法条链接】

《社会保险法》第四十一条　职工所在用人单位未依法缴纳工伤保险费,发生工伤事故的,由用人单位支付工伤保险待遇。用人单位不支付的,从工伤保险基金中先行支付。

从工伤保险基金中先行支付的工伤保险待遇应当由用人单位偿还。用人单位不偿还的,社会保险经办机构可以依照本法第六十三条的规定追偿。

《民法典》第一百四十三条　具备下列条件的民事法律行为有效:
(一)行为人具有相应的民事行为能力;
(二)意思表示真实;
(三)不违反法律、行政法规的强制性规定,不违背公序良俗。

第一百五十一条　一方利用对方处于危困状态、缺乏判断能力等情形,致使民事法律行为成立时显失公平的,受损害方有权请求人民法院或者仲裁机构予以撤销。

第五百三十九条　债务人以明显不合理的低价转让财产、以明显不合理的高价受让他人财产或者为他人的债务提供担保,影响债权人的债权实现,债务人的相对人知道或者应当知道该情形的,债权人可以请求人民法院撤销债务人的行为。

《全国法院贯彻实施民法典工作会议纪要》　9.对于民法典第五百三十九条规定的明显不合理的低价或者高价,人民法院应当以交易当地一般经营者的判断,并参考交易当时交易地的物价部门指导价或者市场交易价,结合其他相关因素综合考虑予以认定。

转让价格达不到交易时交易地的指导价或者市场交易价百分之七十的,一般可以视为明显不合理的低价;对转让价格高于当地指导价或者市场交易价百分之三十的,一般可以视为明显不合理的高价。当事人对于其所主张的交易时交易地的指导价或者市场交易价承担举证责任。

90.公司可随意辞退试用期员工吗?

【情景案例】

2024年4月1日,申某与甲公司签订了一份《劳动合同》,约定:合同期1年,试用期1个月,试用期工资4000元;试用期结束,如果申某通过公司考核即可转为正式员工,工资为6000元。4月29日,人事部经理尤某通知申某解除劳动合同。申某询问辞退原因,尤某表示在试用期内辞退员工不需要理由,公司可以随时辞退员工。申某不服,于是提起劳动仲裁,要求甲公司继续履行合同。

请问：申某的请求能得到劳动仲裁委支持吗？

【案例分析】

本案涉及的是劳动者在试用期期间，用人单位是否可随意辞退劳动者的问题。

我国《劳动合同法》第二十一条规定："在试用期中，除劳动者有本法第三十九条和第四十条第一项、第二项规定的情形外，用人单位不得解除劳动合同。用人单位在试用期解除劳动合同的，应当向劳动者说明理由。"用人单位在试用期解除劳动合同的，应当向劳动者说明理由。第三十九条规定，劳动者在试用期间被证明不符合录用条件的，用人单位可以解除劳动合同。第四十八条规定："用人单位违反本法规定解除或者终止劳动合同，劳动者要求继续履行劳动合同的，用人单位应当继续履行；劳动者不要求继续履行劳动合同或者劳动合同已经不能继续履行的，用人单位应当依照本法第八十七条规定支付赔偿金。"由此可见，在试用期内，只有在劳动者存在不符合录用条件、严重违反公司规章制度、被追究刑事责任、失职给用人单位造成重大损失等情况下，用人单位才可以依法辞退员工，且辞退时应向劳动者说明原因。

本案中，申某在试用期期间，甲公司未向申某说明任何理由即辞退申某的行为不符合我国法律的规定。依照我国法律规定，只有在申某不符合甲公司的录用条件或存在严重违反公司规章制度等行为的前提下，甲公司才可以在试用期内依法辞退申某。如甲公司不能证明申某不符合录用条件，则甲公司的行为属于违法解除劳动合同，申某要求继续履行劳动合同，甲公司应当继续履行。故申某的请求能够得到劳动仲裁委的支持。

【风险防范建议】

公司拥有对于试用期员工的用工的自主选择权，但这并不代表公司可以在试用期内随意解除劳动合同。公司辞退试用期员工须同时满足以下三个要件：

(1)公司在劳动合同等相关文书中有录用条件的约定或规定，录用条件应量化或可执行。

(2)有证据证明员工在试用期期间不符合录用条件。

(3)程序上无瑕疵。即公司须在员工试用期届满前进行考核，解除劳动合同通知书要在试用期届满前作出。

不符合以上3个要件解除试用期员工的，则可视为违法解除劳动合同的情形。

因此，建议公司与员工在签订劳动合同时，对于试用期不符合录用条件的情况作出具体约定，如工作时间、工作纪律。另外，对于工作岗位符合录用条件的考核要求作出明确的界定，并做好考核结果的记录和公示，以减少日后产生争议的风险。

【法条链接】

《劳动合同法》第二十一条 在试用期中,除劳动者有本法第三十九条和第四十条第一项、第二项规定的情形外,用人单位不得解除劳动合同。用人单位在试用期解除劳动合同的,应当向劳动者说明理由。

第三十九条 劳动者有下列情形之一的,用人单位可以解除劳动合同:

(一)在试用期间被证明不符合录用条件的;

......

第四十八条 用人单位违反本法规定解除或者终止劳动合同,劳动者要求继续履行劳动合同的,用人单位应当继续履行;劳动者不要求继续履行劳动合同或者劳动合同已经不能继续履行的,用人单位应当依照本法第八十七条规定支付赔偿金。

第八十七条 用人单位违反本法规定解除或者终止劳动合同的,应当依照本法第四十七条规定的经济补偿标准的二倍向劳动者支付赔偿金。

91. 公司可随意退回劳务派遣员工吗?

【情景案例】

甲劳务公司与乙公司存在劳务派遣关系,并签订劳务派遣协议,约定甲劳务公司向乙公司派遣相关劳务人员。2023年3月,毕某与甲劳务公司签订劳动合同,约定其由甲劳务公司派遣到乙公司从事客服专员工作,甲劳务公司向毕某按月支付工资5000元。毕某对这份工作十分满意,在工作中表现十分突出,经常得到乙公司客服经理的表扬。2023年12月,乙公司总经理聂某的表妹焦某想要入职乙公司从事客服专员工作,聂某便通知人事部将毕某退回给甲劳务公司。对此,毕某十分无奈,告知乙公司自己将向劳动争议仲裁委员会申请劳动仲裁,请求乙公司支付违法解除劳动合同的经济赔偿金。聂某回应毕某,毕某是劳务派遣员工,不是乙公司的正式员工,故乙公司可以随意将其退回给甲劳务公司,无须支付经济赔偿金。毕某认为,其不存在劳务派遣协议中约定退回的情形,乙公司因总经理聂某以权谋私将自己退回甲劳务公司的行为,违反劳务派遣协议的约定。

请问:劳动仲裁委是否受理本案?聂某的说法是否符合我国法律规定?

【案例分析】

本案涉及的是用工单位将派遣劳动者退回派遣单位是否承担法律风险,以及派遣劳动者与用工单位之间的纠纷是否属于劳动争议的问题。

我国《劳动合同法》第六十五条第二款规定:"被派遣劳动者有本法第三十九条

和第四十条第一项、第二项规定情形的,用工单位可以将劳动者退回劳务派遣单位,劳务派遣单位依照本法有关规定,可以与劳动者解除劳动合同。"第九十二条第二款规定:"劳务派遣单位、用工单位违反本法有关劳务派遣规定的,由劳动行政部门责令限期改正;逾期不改正的,以每人五千元以上一万元以下的标准处以罚款,对劳务派遣单位,吊销其劳务派遣业务经营许可证。用工单位给被派遣劳动者造成损害的,劳务派遣单位与用工单位承担连带赔偿责任。"《劳务派遣暂行规定》第十二条规定:"有下列情形之一的,用工单位可以将被派遣劳动者退回劳务派遣单位:(一)用工单位有劳动合同法第四十条第三项、第四十一条规定情形的;(二)用工单位被依法宣告破产、吊销营业执照、责令关闭、撤销、决定提前解散或者经营期限届满不再继续经营的;(三)劳务派遣协议期满终止的。被派遣劳动者退回后在无工作期间,劳务派遣单位应当按照不低于所在地人民政府规定的最低工资标准,向其按月支付报酬。"由此可见,法律对于派遣员工具有可以依法被辞退的情形时,规定用工单位可以直接将派遣员工退回劳务派遣单位,但并未禁止用工单位与派遣单位之间关于退工情形进行约定,所以除法律规定依法辞退情形属于可退工的条件,用工单位与派遣单位也可在合作合同中约定相应的退工情形;但若不符合约定退工情形也不存在法定辞退的情形,则用工单位不可以随意退工,否则将产生相应的违约责任。

本案中,毕某与甲劳务公司签订劳动合同,并被派遣至乙公司担任客服专员,毕某与乙公司形成劳务关系,而非劳动关系,毕某无权请求乙公司支付违法解除劳动合同的经济赔偿金,劳动仲裁委将不予受理。毕某在乙公司工作期间表现突出,并不存在违反乙公司规章制度的行为等其他法律规定的可以退回甲劳务公司的情形,且毕某不存在劳务派遣协议中约定退回的情形,仅因乙公司总经理聂某以权谋私,就将毕某退回甲劳务公司的行为违反劳务派遣协议的约定,也无法律规定支持。故聂某认为可以随意将毕某退回给甲劳务公司的说法,不符合法律规定。

【风险防范建议】

对于用工单位来说,劳务派遣用工存在简化管理程序、减少劳动争议、分担风险和责任、降低成本费用、自主灵活用工、规范用工行为的优点。但为保障劳务派遣员工就业稳定性,必须防止用工单位无正当理由随意退回劳务派遣员工的行为。

为避免此类风险,用工单位除了要遵守相关法律规定,合法用工外,还可以与劳务派遣单位在劳务派遣协议中约定退回被派遣劳动者的条款。例如,被派遣劳动者不遵守公司规章制度、工作成果未得到验收等,用工单位可以将其退回。但用工单位要将相关规章制度告知被派遣劳动者;用工单位若不履行告知义务,仍然承担不规范解除合同的责任。

【法条链接】

《劳动合同法》第三十九条 劳动者有下列情形之一的,用人单位可以解除劳动合同:

(一)在试用期间被证明不符合录用条件的;

(二)严重违反用人单位的规章制度的;

(三)严重失职,营私舞弊,给用人单位造成重大损害的;

(四)劳动者同时与其他用人单位建立劳动关系,对完成本单位的工作任务造成严重影响,或者经用人单位提出,拒不改正的;

(五)因本法第二十六条第一款第一项规定的情形致使劳动合同无效的;

(六)被依法追究刑事责任的。

第四十条 有下列情形之一的,用人单位提前三十日以书面形式通知劳动者本人或者额外支付劳动者一个月工资后,可以解除劳动合同:

(一)劳动者患病或者非因工负伤,在规定的医疗期满后不能从事原工作,也不能从事由用人单位另行安排的工作的;

(二)劳动者不能胜任工作,经过培训或者调整工作岗位,仍不能胜任工作的;

(三)劳动合同订立时所依据的客观情况发生重大变化,致使劳动合同无法履行,经用人单位与劳动者协商,未能就变更劳动合同内容达成协议的。

第六十五条第二款 被派遣劳动者有本法第三十九条和第四十条第一项、第二项规定情形的,用工单位可以将劳动者退回劳务派遣单位,劳务派遣单位依照本法有关规定,可以与劳动者解除劳动合同。

第九十二条第二款 劳务派遣单位、用工单位违反本法有关劳务派遣规定的,由劳动行政部门责令限期改正;逾期不改正的,以每人五千元以上一万元以下的标准处以罚款,对劳务派遣单位,吊销其劳务派遣业务经营许可证。用工单位给被派遣劳动者造成损害的,劳务派遣单位与用工单位承担连带赔偿责任。

《劳务派遣暂行规定》第十二条 有下列情形之一的,用工单位可以将被派遣劳动者退回劳务派遣单位:

(一)用工单位有劳动合同法第四十条第三项、第四十一条规定情形的;

(二)用工单位被依法宣告破产、吊销营业执照、责令关闭、撤销、决定提前解散或者经营期限届满不再继续经营的;

(三)劳务派遣协议期满终止的。

被派遣劳动者退回后在无工作期间,劳务派遣单位应当按照不低于所在地人民政府规定的最低工资标准,向其按月支付报酬。

92. 劳务派遣的员工上班因病死亡，用工单位要承担责任吗？

【情景案例】

2023年5月10日，甲劳务公司与向某签订一份为期2年的劳动合同，并为向某缴纳社会保险费。5月12日，向某被派到乙公司担任搬运工。7月20日下午3时，向某在上班时突发疾病死亡。事后，甲劳务公司与乙公司均不愿意承担责任，相互推诿。

请问：乙公司要对向某的死亡承担赔偿责任吗？

【案例分析】

本案涉及的是劳务派遣员工在用工单位上班期间死亡的，用工单位是否应当承担法律责任的问题。

根据《劳动合同法》第五十八条的规定，劳务派遣单位是本法所称用人单位，应当履行用人单位对劳动者的义务。第九十二条第二款规定，用工单位给被派遣劳动者造成损害的，劳务派遣单位与用工单位承担连带赔偿责任。《工伤保险条例》第十五条规定，职工在工作时间和工作岗位，突发疾病死亡或者在48小时之内经抢救无效死亡的，视同工伤。《劳务派遣暂行规定》第十条第一款规定，被派遣劳动者在用工单位因工作遭受事故伤害的，劳务派遣单位应当依法申请工伤认定，用工单位应当协助工伤认定的调查核实工作。劳务派遣单位承担工伤保险责任，但可以与用工单位约定补偿办法。《最高人民法院关于审理工伤保险行政案件若干问题的规定》第三条第（二）项规定，劳务派遣单位派遣的职工在用工单位工作期间因工伤亡的，派遣单位为承担工伤保险责任的单位。由此可见，因劳务派遣员工与劳务派遣单位之间系劳动合同关系，当劳务派遣员工发生工伤、工亡的事故时，应当由劳务派遣单位申请工伤认定，并申请工伤待遇，工伤待遇之外发生的款项应由劳务派遣单位支付；但用工单位给劳务派遣员工造成损害的，则应与劳务派遣单位对员工工伤、工亡的赔偿承担连带责任。

本案中，向某与甲劳务公司签订劳动合同，并被派遣至乙公司担任搬运工，向某与乙公司形成劳务关系。向某在工作时间、工作地点突发疾病身亡，按照法律规定，构成视同工伤的情形，应当由甲劳务公司为向某申请工伤认定。甲劳务公司已为向某缴纳社会保险费，故向某可获取相应工伤待遇的款项，由其近亲属领取。由于乙公司对于向某突发疾病不存在任何过错，故乙公司不需要承担连带赔偿责任。

【风险防范建议】

用工单位在使用劳务派遣员工时，应结合自身实际，既要充分利用劳务派遣对公

司发展产生的积极影响,又要正视劳务派遣隐含的风险并积极采取措施加以防范。为此,提出以下几点建议:

(1)无论是劳务派遣单位还是用工单位,都应该明确自己在劳动关系中的地位和应履行的义务,确保与员工形成明确的劳务关系,以保障各自的权益。

(2)用工单位应明确使用劳务派遣工的岗位是否符合劳动法的相关规定,否则发生赔偿纠纷时可能会被认定为劳动合同用工关系。

(3)用工单位给被派遣劳动者造成损害的,劳务派遣单位与用工单位承担连带赔偿责任。因此,用工单位需确定劳务派遣单位是否已为员工缴纳工伤保险费,以保障自己的权益。

(4)根据全国城镇居民人均可支配收入水平,员工发生工亡,在不考虑丧葬补助金和供养亲属抚恤金的情形下,仅一次性工亡补助金赔偿金额已超过 90 万元,如未办理工伤保险,则全部由用人单位负担,因此劳务派遣单位必须为劳动者缴纳工伤保险费,安全用工。

【法条链接】

《劳动合同法》第五十八条第一款　　劳务派遣单位是本法所称用人单位,应当履行用人单位对劳动者的义务。劳务派遣单位与被派遣劳动者订立的劳动合同,除应当载明本法第十七条规定的事项外,还应当载明被派遣劳动者的用工单位以及派遣期限、工作岗位等情况。

第九十二条第二款　　劳务派遣单位、用工单位违反本法有关劳务派遣规定的,由劳动行政部门责令限期改正;逾期不改正的,以每人五千元以上一万元以下的标准处以罚款,对劳务派遣单位,吊销其劳务派遣业务经营许可证。用工单位给被派遣劳动者造成损害的,劳务派遣单位与用工单位承担连带赔偿责任。

《工伤保险条例》第十五条　　职工有下列情形之一的,视同工伤:

(一)在工作时间和工作岗位,突发疾病死亡或者在 48 小时之内经抢救无效死亡的;

……

《劳务派遣暂行规定》第十条第一款　　被派遣劳动者在用工单位因工作遭受事故伤害的,劳务派遣单位应当依法申请工伤认定,用工单位应当协助工伤认定的调查核实工作。劳务派遣单位承担工伤保险责任,但可以与用工单位约定补偿办法。

《最高人民法院关于审理工伤保险行政案件若干问题的规定》第三条　　社会保险行政部门认定下列单位为承担工伤保险责任单位的,人民法院应予支持:

……

(二)劳务派遣单位派遣的职工在用工单位工作期间因工伤亡的,派遣单位为承担工伤保险责任的单位；

……

93."假外包、真派遣"的工伤责任由谁承担？

【情景案例】

甲劳务公司与乙公司签订了一份《加工承包合同》，约定乙公司将某款家电产品业务外包给甲劳务公司，甲劳务公司按要求负责招收工人并安排到乙公司的车间工作，乙公司对工人进行管理。2023年3月，甲劳务公司与柳某签订劳动合同，约定柳某工作地点在乙公司，担任乙公司车间工人岗位的工作，并约定柳某应当遵守乙公司的规章制度，但没有为其缴纳社会保险费。之后，柳某被派到乙公司工作。在一次工作中，柳某不慎受伤造成十级伤残。事后经鉴定，乙公司未给柳某配备劳动保护用品，对柳某的受伤存在一定的过错。柳某要求甲劳务公司与乙公司一起承担工伤赔偿责任，但乙公司认为，自己与甲劳务公司不是劳务派遣关系，不应承担责任。

请问：乙公司的说法符合我国法律规定吗？

【案例分析】

本案涉及的是以劳务外包的合作形式，按照劳务派遣的模式用工，劳动者发生工伤事故的责任承担问题。

我国《劳务派遣暂行规定》第十条第一款规定，被派遣劳动者在用工单位因工作遭受事故伤害的，劳务派遣单位应当依法申请工伤认定，用工单位应当协助工伤认定的调查核实工作。劳务派遣单位承担工伤保险责任，但可以与用工单位约定补偿办法。第二十七条规定，用人单位以承揽、外包等名义，按劳务派遣用工形式使用劳动者的，按照该规定处理。《劳动合同法》第九十二条规定，用工单位给被派遣劳动者造成损害的，劳务派遣单位与用工单位承担连带赔偿责任。《民法典》第七百七十条第一款规定，承揽合同是承揽人按照定作人的要求完成工作，交付工作成果，定作人支付报酬的合同。

区分劳务外包和劳务派遣的主要标准是合作内容：劳务外包完全以劳动成果作为合作的验收标准，不涉及劳动人员问题；劳务派遣涉及实际用工单位对被派遣劳动人员的管理、要求，且在一定条件下存在连带责任的问题。名义上是劳务外包，但发包单位直接对劳动者进行用工管理，直接对劳动者的劳动过程进行管理控制，而不仅是对劳动成果提出要求，则属于"按劳务派遣用工形式使用劳动者"的情形，应认定为事实上的劳务派遣法律关系。

本案中,乙公司将某款家电产品业务工作名义上外包给甲劳务公司,双方虽然签订的是《加工承包合同》,但明确约定甲劳务公司按照乙公司要求招聘工人并接受乙公司的管理,是借着外包名义,实际按劳务派遣用工形式使用劳动者,故应认定为事实上的劳务派遣法律关系。

甲劳务公司与柳某签订劳动合同,柳某与甲劳务公司形成劳动合同关系,柳某被甲劳务公司派遣至乙公司,接受乙公司的管理,甲劳务公司与乙公司形成劳务派遣的法律关系。柳某在乙公司工作时,遭遇工伤事故,经鉴定构成十级伤残。但因甲劳务公司未为柳某缴纳社会保险费,导致柳某无法享受工伤保险待遇,因此甲劳务公司应当向柳某支付相当于工伤保险待遇的费用。虽然乙公司未提供劳保用品的行为存在一定过错,但是否属于"用工单位致害"的情形存疑,故是否应承担连带赔偿责任尚有争议。故乙公司说法错误,不符合我国法律的规定。

【风险防范建议】

公司经营中,为降低用工成本,存在较多公司以外包形式用工的情况。但劳务外包和劳务派遣存在较大区别,为避免被认定为"假外包、真派遣",提出以下几点建议:

(1)确定外包业务范围。可以《公司内部控制应用指引第13号——业务外包》作为参考,以降低合规风险。该指引指出,外包业务通常包括:研发、资信调查、可行性研究、委托加工、物业管理、客户服务、IT服务等。对核心、重大业务应谨慎使用外包形式,维护公司经营的稳定性。

(2)严格审查承包方的经营资质。外包服务商的资质将影响外包服务的风险管控,在与外包服务商合作时,应当严格审查其资质,并约定相应的激励措施、约束措施。

(3)规范外包合同。外包合同的标的和内容应当均与"人"无关,应当约定为"业务""服务"等。涉及外包服务的费用结算,应当按照其工作量,而非用工人员的数量。

(4)避免直接用工的管理方式。外包人员的劳动合同、遵守的规章制度等,均应由外包服务商签订、制定,由外包服务商对外包人员进行管理,避免公司直接对外包人员进行管理。

(5)在使用外包人员时,应当明确告知外包人员与公司不存在劳动关系;可以与外包人员签署书面的确认函、承诺函等,避免被认定为事实劳动法律关系的风险。

【法条链接】

《劳务派遣暂行规定》第十条第一款 被派遣劳动者在用工单位因工作遭受事故伤害的,劳务派遣单位应当依法申请工伤认定,用工单位应当协助工伤认定的调查核实工作。劳务派遣单位承担工伤保险责任,但可以与用工单位约定补偿办法。

第二十七条 用人单位以承揽、外包等名义,按劳务派遣用工形式使用劳动者的,按照本规定处理。

《劳动合同法》第五十八条第一款 劳务派遣单位是本法所称用人单位,应当履行用人单位对劳动者的义务。劳务派遣单位与被派遣劳动者订立的劳动合同,除应当载明本法第十七条规定的事项外,还应当载明被派遣劳动者的用工单位以及派遣期限、工作岗位等情况。

第九十二条第二款 劳务派遣单位、用工单位违反本法有关劳务派遣规定的,由劳动行政部门责令限期改正;逾期不改正的,以每人五千元以上一万元以下的标准处以罚款,对劳务派遣单位,吊销其劳务派遣业务经营许可证。用工单位给被派遣劳动者造成损害的,劳务派遣单位与用工单位承担连带赔偿责任。

《民法典》第五百零九条第一款 当事人应当按照约定全面履行自己的义务。

第七百七十条 承揽合同是承揽人按照定作人的要求完成工作,交付工作成果,定作人支付报酬的合同。

承揽包括加工、定作、修理、复制、测试、检验等工作。

94. 员工非因工死亡,公司要承担死亡赔偿责任吗?

【情景案例】

王某是 A 公司的员工,2023 年 3 月入职,A 公司没有为其缴纳社会保险费。2023 年 9 月 17 日,王某在宿舍突发疾病死亡。由于当天是周日,A 公司放假,故 A 公司认为王某的死亡不是工伤,公司无须承担任何责任。王某的亲属认为,虽然王某是在放假期间死亡的,但 A 公司也应支付丧葬费与抚恤金等费用。

请问:A 公司的说法符合我国法律规定吗?

【案例分析】

本案涉及的是用人单位未给劳动者缴纳社会保险费,劳动者非因工死亡的,用人单位应当承担什么法律责任的问题。

我国《劳动法》第七十三条第二款规定,劳动者死亡后,其遗属依法享受遗属津贴。《社会保险法》第十二条第一款规定,用人单位应当按照国家规定的本单位职工工资总额的比例缴纳基本养老保险费,记入基本养老保险统筹基金。第十七条规定,参加基本养老保险的个人,因病或者非因工死亡的,其遗属可以领取丧葬补助金和抚恤金。第五十八条第一款规定,用人单位应当自用工之日起 30 日内为其职工向社会保险经办机构申请办理社会保险登记。由此可见,员工非因工死亡,用人单位无须承担工伤赔偿责任,但由于用人单位没有依法为在职员工缴纳社会养老保险费,导致死亡员工的直系亲属本应该可以依法领取的丧葬补助金和抚恤金等法定补助费用无法领取,因此这部分责任应当由用人单位承担。

本案中,王某于 2023 年 3 月入职 A 公司,根据我国法律的规定,A 公司应当在王某入职起 30 日内为其缴纳社会保险费,但 A 公司却并未为王某缴纳社会保险费。王某于星期日在宿舍突发疾病身亡,由于是在非工作时间、工作地点发生的,故王某不构成工伤。但根据我国法律的规定,王某死亡后,其遗属有权依法领取丧葬补助金、抚恤金,因为 A 公司未为王某缴纳社会保险费,所以 A 公司应当承担王某非因工死亡产生的丧葬补助费、直系亲属一次性抚恤金。故 A 公司说法错误,不符合我国法律的规定。

【风险防范建议】

公司为员工缴纳社会保险费不仅是法定义务,也是分散公司经营风险的一种方式。不能以节省用工成本为由不履行为员工缴纳社会保险费的法定义务。

公司应当自用工之日起 30 日内完成员工的社会保险登记并按时、足额缴纳社会保险费,保障劳动者的合法权益。员工非因工死亡,其直系亲属可以依法领取丧葬补助金和抚恤金等法定补助费用,但因公司未缴纳社保,该费用就由公司承担,将给公司带来不必要的损失。因此,公司应当合规办理社保登记、缴纳社会保险费,切勿因小失大。

【法条链接】

《劳动法》第七十三条第二款　劳动者死亡后,其遗属依法享受遗属津贴。

《社会保险法》第十二条第一款　用人单位应当按照国家规定的本单位职工工资总额的比例缴纳基本养老保险费,记入基本养老保险统筹基金。

第十七条　参加基本养老保险的个人,因病或者非因工死亡的,其遗属可以领取丧葬补助金和抚恤金;在未达到法定退休年龄时因病或者非因工致残完全丧失劳动能力的,可以领取病残津贴。所需资金从基本养老保险基金中支付。

第五十八条第一款　用人单位应当自用工之日起三十日内为其职工向社会保险经办机构申请办理社会保险登记。未办理社会保险登记的,由社会保险经办机构核定其应当缴纳的社会保险费。

95. 公司雇用未成年人有什么风险?

【情景案例】

东莞某电子厂由李某与张某创办。小刘是李某的远房亲戚,年仅 14 周岁,因为家庭经济困难,未满 16 周岁不得不出来打工,以维持生活。2024 年 3 月,小刘提出到李某的工厂上班,由于工厂刚好缺人,李某同意了小刘的请求。但在办理入职手续时,张某表示强烈反对。张某认为,小刘才 14 岁属于童工,国家不允许招用童工,工厂不能为其办理社保,如果出现工伤工厂要承担全部赔偿责任;如果出现意外死亡,二人可能要被追究刑事责任。

请问:张某的说法符合我国法律规定吗?

【案例分析】

本案涉及的是用人单位招用未满 16 周岁的未成年人,应当承担什么法律责任的问题。

我国《劳动法》第十五条规定,禁止用人单位招用未满 16 周岁的未成年人。第九十四条规定,用人单位非法招用未满 16 周岁的未成年人的,由劳动行政部门责令改正,处以罚款;情节严重的,由市场监督管理部门吊销营业执照。《未成年人保护法》第六十一条第一款规定,任何组织或者个人不得招用未满 16 周岁未成年人,国家另有规定的除外。《工伤保险条例》第六十六条规定,用人单位不得使用童工,用人单位使用童工造成童工伤残、死亡的,由该单位向童工或者童工的近亲属给予一次性赔偿,赔偿标准不得低于本条例规定的工伤保险待遇。具体办法由国务院社会保险行政部门规定。《刑法》第二百四十四条之一规定,违反劳动管理法规,雇用未满 16 岁的未成年人从事超强度体力劳动的,或者从事高空、井下作业的,或者在爆炸性、易燃性、放射性、毒害性等危险环境下从事劳动,情节严重的,对直接责任人员,处 3 年以下有期徒刑或者拘役,并处罚金;情节特别严重的,处 3 年以上 7 年以下有期徒刑,并处罚金。有前款行为,造成事故,又构成其他犯罪的,依照数罪并罚的规定处罚。由此可见,我国严令禁止任何用人单位招用未满 16 周岁的未成年人,对招用童工的用人单位,国家采取严厉的措施依法打击查处。同时,若招用未满 16 周岁的童工,从事超强度体力劳动或从事危险、高空、井下等危重工作,情节严重,将被追究刑事责任。

本案中,小刘年仅 14 周岁。根据我国法律规定,任何用人单位都不允许招用未满 16 周岁的未成年人。李某同意小刘到其工厂上班的行为,违反我国法律规定,将受到劳动保障行政部门的处罚。如果小刘入职后,遭受工伤事故,工厂因违反劳动法律法规的规定,应当承担向童工或者童工的近亲属给予一次性赔偿的责任,且赔偿标准不得低于相应的工伤保险待遇;如果小刘在某电子厂从事超强度的体力劳动,导致小刘死亡或其他严重后果,李某、张某作为直接责任人员,则将构成雇用童工从事危重劳动罪,承担相应的刑事责任。故张某的说法正确,符合我国法律的规定。

【风险防范建议】

公司在招用未成年人时,应当严格遵守我国相关法律的规定,严格禁止招用未满16周岁的未成年人。但对已满16周岁、未满18周岁的未成年人,根据我国法律的规定,用人单位可以招用。公司应当严格注意以下几点:

(1)严格核查年龄。用人单位招用未成年工时,必须核查未成年工的身份证;对不满16周岁的未成年人,一律不得录用。用人单位对未成年工的录用登记(如《入职登记表》)、核查材料(如身份证复印件、学历证书复印件)应妥善保管。

(2)定期进行职业健康检查。根据《未成年工特殊保护规定》第六条的规定,"用人单位应当按照下列时间要求对未成年工定期进行健康检查,并妥善留存定期健康检查的相关体检报告:(一)用人单位在安排工作岗位之前;(二)工作满一年;(三)年满十八周岁,距前一次体检时间已超过半年"。而对未成年人员工的健康检查,应按《未成年工特殊保护规定》所附《未成年工健康检查表》列出的项目进行。

(3)为未成年工办理登记。根据《未成年工特殊保护规定》第九条的规定,用人单位招收使用未成年工,除符合一般用工要求外,还须向所在地的县级以上劳动行政部门办理登记。劳动行政部门根据《未成年工健康检查表》《未成年工登记表》,核发未成年工登记证。

(4)定期对未成年工开展培训。根据《未成年工特殊保护规定》第十条的规定,用人单位应在未成年工上岗前对其进行有关的职业安全卫生教育、培训。

(5)及时调岗。根据《未成年工特殊保护规定》第八条的规定,用人单位应根据未成年工的健康检查结果安排其从事适合的劳动,对不能胜任原劳动岗位的,应根据医务部门的证明,予以减轻劳动量或安排其他劳动。

【法条链接】

《劳动法》第十五条 禁止用人单位招用未满十六周岁的未成年人。

文艺、体育和特种工艺单位招用未满十六周岁的未成年人,必须遵守国家有关规定,并保障其接受义务教育的权利。

第九十四条 用人单位非法招用未满十六周岁的未成年人的,由劳动行政部门责令改正,处以罚款;情节严重的,由市场监督管理部门吊销营业执照。

第九十五条 用人单位违反本法对女职工和未成年工的保护规定,侵害其合法权益的,由劳动行政部门责令改正,处以罚款;对女职工或者未成年工造成损害的,应当承担赔偿责任。

《未成年人保护法》第六十一条第一款 任何组织或者个人不得招用未满十六周

岁未成年人,国家另有规定的除外。

......

《禁止使用童工规定》第二条第一款 国家机关、社会团体、企业事业单位、民办非企业单位或者个体工商户(以下统称用人单位)均不得招用不满 16 周岁的未成年人(招用不满 16 周岁的未成年人,以下统称使用童工)。

第四条 用人单位招用人员时,必须核查被招用人员的身份证;对不满 16 周岁的未成年人,一律不得录用。用人单位录用人员的录用登记、核查材料应当妥善保管。

第六条 用人单位使用童工的,由劳动保障行政部门按照每使用一名童工每月处 5000 元罚款的标准给予处罚;在使用有毒物品的作业场所使用童工的,按照《使用有毒物品作业场所劳动保护条例》规定的罚款幅度,或者按照每使用一名童工每月处 5000 元罚款的标准,从重处罚。劳动保障行政部门并应当责令用人单位限期将童工送回原居住地交其父母或者其他监护人,所需交通和食宿费用全部由用人单位承担。

用人单位经劳动保障行政部门依照前款规定责令限期改正,逾期仍不将童工送交其父母或者其他监护人的,从责令限期改正之日起,由劳动保障行政部门按照每使用一名童工每月处 1 万元罚款的标准处罚,并由工商行政管理部门吊销其营业执照或者由民政部门撤销民办非企业单位登记;用人单位是国家机关、事业单位的,由有关单位依法对直接负责的主管人员和其他直接责任人员给予降级或者撤职的行政处分或者纪律处分。

《工伤保险条例》第六十六条 无营业执照或者未经依法登记、备案的单位以及被依法吊销营业执照或者撤销登记、备案的单位的职工受到事故伤害或者患职业病的,由该单位向伤残职工或者死亡职工的近亲属给予一次性赔偿,赔偿标准不得低于本条例规定的工伤保险待遇;用人单位不得使用童工,用人单位使用童工造成童工伤残、死亡的,由该单位向童工或者童工的近亲属给予一次性赔偿,赔偿标准不得低于本条例规定的工伤保险待遇。具体办法由国务院社会保险行政部门规定。

前款规定的伤残职工或者死亡职工的近亲属就赔偿数额与单位发生争议的,以及前款规定的童工或者童工的近亲属就赔偿数额与单位发生争议的,按照处理劳动争议的有关规定处理。

《刑法》第二百四十四条之一 违反劳动管理法规,雇用未满十六周岁的未成年人从事超强度体力劳动的,或者从事高空、井下作业的,或者在爆炸性、易燃性、放射性、毒害性等危险环境下从事劳动,情节严重的,对直接责任人员,处三年以下有期徒刑或者拘役,并处罚金;情节特别严重的,处三年以上七年以下有期徒刑,并处罚金。

有前款行为,造成事故,又构成其他犯罪的,依照数罪并罚的规定处罚。

96. 在校学生实习期间受伤，公司要担责吗？

【情景案例】

陈某系某大学大四学生，毕业前被学校推荐到甲公司实习。实习期间，陈某在上班路上被一辆货车撞倒，受伤较为严重。事发后，肇事者逃逸。陈某共花医疗费10万元。经县劳动能力鉴定委员会鉴定，陈某伤残等级为十级。陈某要求甲公司赔偿医疗费，但遭到拒绝。甲公司认为，陈某只是实习生，其受到伤害，应由他自己或学校承担责任，与甲公司无关。之后，陈某将甲公司与学校诉至法院。在庭审中，学校未能提供证据证明其对陈某已尽到安全管理义务。

请问：甲公司的说法符合我国法律规定吗？

【案例分析】

本案涉及的是在校学生到实习单位实习途中遭遇交通事故受伤，实习单位是否需要承担赔偿责任的问题。

我国《民法典》第一千一百六十五条规定，行为人因过错侵害他人民事权益造成损害的，应当承担侵权责任。第一千一百七十九条规定，侵害他人造成人身损害的，应当赔偿医疗费、护理费、交通费、营养费、住院伙食补助费等为治疗和康复支出的合理费用，以及因误工减少的收入。造成残疾的，还应当赔偿辅助器具费和残疾赔偿金；造成死亡的，还应当赔偿丧葬费和死亡赔偿金。

对于实习生在实习过程中受伤，用人单位是否承担责任，我国司法实践中一直存在争议。主流观点认为，实习生只是在用人单位进行实习，目的是通过社会实践熟悉和巩固学到的知识，与用人单位之间并未建立劳动关系，不属于劳动法调整的范围，也不能因此适用《工伤保险条例》的相关规定。对于实习生受伤，应按一般民事侵权纠纷处理，根据有关侵权的法律规定，由侵权人承担过错责任，公司与学校按过错程度承担相应的补充责任，无过错的不承担法律责任。

本案中，陈某作为在校学生，在学校的推荐下进入甲公司实习，陈某并不符合签订劳动合同的条件，故与甲公司不存在劳动关系，陈某在前往甲公司的途中发生交通事故，不构成工伤。且陈某受伤并非甲公司的过错，故甲公司无须向陈某承担赔偿医疗费的责任，陈某应向事故的侵权人要求承担法律责任。虽然学校在本次事故中非直接责任人，但学校不能证明已尽到安全管理义务，则应承担侵权人的补充责任。故甲公司的说法符合我国法律的规定。

【风险防范建议】

实习生在公司实习过程中受到伤害，根据我国法律的相关规定，一般按照民事侵权纠纷处理。笔者提出以下几点建议：

（1）公司应当与实习生签订规范的实习协议。在实习协议中，明确约定双方的权利义务，规范对实习生的管理。

（2）公司应当加强对实习生的安全教育，提供符合国家劳动部门有关规定的工作条件及必需的劳保用品，并为实习生提供安全的工作环境。

（3）公司可以为实习生购买人身意外伤害险等商业保险，以加强对实习生的人身安全保护，减少公司因实习生在工作中受伤而承担损失赔偿责任的风险。

【法条链接】

《民法典》第一千一百六十五条　行为人因过错侵害他人民事权益造成损害的，应当承担侵权责任。

依照法律规定推定行为人有过错，其不能证明自己没有过错的，应当承担侵权责任。

第一千一百七十九条　侵害他人造成人身损害的，应当赔偿医疗费、护理费、交通费、营养费、住院伙食补助费等为治疗和康复支出的合理费用，以及因误工减少的收入。造成残疾的，还应当赔偿辅助器具费和残疾赔偿金；造成死亡的，还应当赔偿丧葬费和死亡赔偿金。

《职业学校学生实习管理规定》第三十五条　职业学校和实习单位应当根据法律、行政法规，为实习学生投保实习责任保险。责任保险范围应当覆盖实习活动的全过程，包括学生实习期间遭受意外事故及由于被保险人疏忽或过失导致的学生人身伤亡，被保险人依法应当承担的赔偿责任以及相关法律费用等。

学生实习责任保险的费用可按照规定从职业学校学费中列支；免除学费的可从免学费补助资金中列支，不得向学生另行收取或从学生实习报酬中抵扣。职业学校与实习单位达成协议由实习单位支付学生实习责任保险投保经费的，实习单位支付的投保经费可从实习单位成本（费用）中列支。

鼓励实习单位为实习学生购买意外伤害险，投保费用可从实习单位成本（费用）中列支。

第三十六条　学生在实习期间受到人身伤害，属于保险赔付范围的，由承保保险公司按保险合同赔付标准进行赔付；不属于保险赔付范围或者超出保险赔付额度的部分，由实习单位、职业学校、学生依法承担相应责任；职业学校和实习单位应当及时采取救治措施，并妥善做好善后工作和心理抚慰。

97. 公司可随意调动员工的岗位吗?

【情景案例】

2021年1月10日,陈某入职甲公司担任统计员,双方签订了为期3年的劳动合同。2023年5月1日,人事部杨某通知陈某当月起担任公司前台,工资待遇不变。陈某不喜欢前台工作,故不同意更换工作岗位。杨某对陈某说,"公司给你发工资,叫你干什么就要干什么,如果不愿意可以随时走人"。由于陈某不服从调岗,甲公司以此为由解雇陈某。之后,陈某向劳动争议仲裁委员会提起劳动仲裁,要求与甲公司支付经济赔偿金。

请问:陈某的请求能得到劳动争议仲裁委员会支持吗?

【案例分析】

本案涉及的是用人单位随意调动劳动者工作岗位而导致员工离职,用人单位应当承担什么法律后果的问题。

我国《劳动法》第十七条规定,订立和变更劳动合同,应当遵循平等自愿、协商一致的原则,不得违反法律、行政法规的规定。劳动合同依法订立即具有法律约束力,当事人必须履行劳动合同规定的义务。《劳动合同法》第十七条规定,"劳动合同应当具备以下条款:……(四)工作内容和工作地点……"第二十九条规定,用人单位与劳动者应当按照劳动合同的约定,全面履行各自的义务。第三十五条规定,用人单位与劳动者协商一致,可以变更劳动合同约定的内容。变更劳动合同,应当采用书面形式。变更后的劳动合同文本由用人单位和劳动者各执一份。第四十八条规定,用人单位违反《劳动合同法》规定解除或者终止劳动合同,劳动者要求继续履行劳动合同的,用人单位应当继续履行;劳动者不要求继续履行劳动合同或者劳动合同已经不能继续履行的,用人单位应当依照该法第八十七条规定支付赔偿金。第八十七条规定,用人单位违反《劳动合同法》规定解除或者终止劳动合同的,应当依照该法第四十七条规定的经济补偿标准的2倍向劳动者支付赔偿金。由此可见,用人单位调整劳动者工作岗位,属于变更劳动合同约定的内容,用人单位调动劳动者工作岗位应当双方协商一致。如果用人单位仅因劳动者拒绝调岗就将其辞退,就属于违法解除劳动合同,劳动者可以要求用人单位继续履行劳动合同或者要求支付赔偿金。

本案中,甲公司与陈某签订劳动合同,陈某任统计员岗位,在劳动合同期限内,甲公司将陈某调整至前台岗位,与原岗位差别较大,属于对劳动合同的重大变更,应当就岗位调整问题与陈某协商达成一致,并以书面形式变更劳动合同。甲公司以不同意调岗为由解雇陈某,属于违法解除劳动合同,应当向陈某支付经济赔偿金。故陈某的请求能得到劳动仲裁委员会的支持。

【风险防范建议】

公司拥有用工自主权,但调岗属于劳动合同的重大变更,需要公司与员工双方协商一致,公司调岗并非随心所欲,应当合法合规进行,为此提出以下几点建议:

(1)公司应制定具有可操作性的调岗调薪制度,且应在规章制度中对岗位名称、岗位职责、岗位薪酬、考核标准、不胜任工作的标准进行详细规定。同时,应对调岗调薪的标准和程序进行细化。相关规章制度还应经过民主程序,并向员工进行说明和公示。

(2)公司应在劳动合同中明确约定,公司在与员工协商一致后,可以对员工进行调岗调薪。签订合同时,就调岗条款对员工进行说明,同时要求其阅读公司调岗调薪管理制度,并保留其已知情的书面证据。

(3)在发生调岗调薪时,对员工出具按考核制度和程序作出的考评或考核的结果,让劳动者签收。

【法条链接】

《劳动法》第十七条 订立和变更劳动合同,应当遵循平等自愿、协商一致的原则,不得违反法律、行政法规的规定。

劳动合同依法订立即具有法律约束力,当事人必须履行劳动合同规定的义务。

《劳动合同法》第十七条 劳动合同应当具备以下条款:

……

(四)工作内容和工作地点;

……

第二十九条 用人单位与劳动者应当按照劳动合同的约定,全面履行各自的义务。

第三十五条 用人单位与劳动者协商一致,可以变更劳动合同约定的内容。变更劳动合同,应当采用书面形式。

变更后的劳动合同文本由用人单位和劳动者各执一份。

第四十八条 用人单位违反本法规定解除或者终止劳动合同,劳动者要求继续履行劳动合同的,用人单位应当继续履行;劳动者不要求继续履行劳动合同或者劳动合同已经不能继续履行的,用人单位应当依照本法第八十七条规定支付赔偿金。

第八十七条 用人单位违反本法规定解除或者终止劳动合同的,应当依照本法第四十七条规定的经济补偿标准的二倍向劳动者支付赔偿金。

98. 公司不与员工续签劳动合同,需要支付经济补偿金吗?

【情景案例】

2018 年 3 月,赵某与某家具公司签订为期 3 年的劳动合同。合同到期后,由于经济环境不好,某家具公司主动提出不再续签劳动合同。2023 年 4 月,赵某向劳动争议仲裁委员会申请仲裁,要求某家具公司支付解除劳动合同的经济补偿金。某家具公司辩称,劳动合同已到期,其没有违约,故无须支付经济补偿金。

请问:某家具公司的说法符合我国法律规定吗?

【案例分析】

本案涉及的是劳动者与用人单位的劳动合同到期终止后,用人单位不与劳动者续订劳动合同的,应当承担什么法律责任的问题。

我国《劳动法》第二十三条规定,劳动合同期满或者当事人约定的劳动合同终止条件出现,劳动合同即行终止。根据《劳动合同法》第四十四条第(一)项的规定,劳动合同期满的,劳动合同终止。该法第四十六条规定,"有下列情形之一的,用人单位应当向劳动者支付经济补偿:……(五)除用人单位维持或者提高劳动合同约定条件续订劳动合同,劳动者不同意续订的情形外,依照本法第四十四条第一项规定终止固定期限劳动合同的……"《劳动争议调解仲裁法》第二十七条规定,劳动争议申请仲裁的时效期间为 1 年。仲裁时效期间从当事人知道或者应当知道其权利被侵害之日起计算……劳动关系终止的,应当自劳动关系终止之日起 1 年内提出。由此可见,员工与用人单位签订的劳动合同期满后,双方劳动关系终止,除用人单位维持或提高劳动合同约定的条件续订劳动合同、员工不同意续订的情形外,用人单位不与劳动者续订劳动合同的,需要向员工支付经济补偿金。同时,应该注意的是,用人单位未支付经济补偿金的,员工应当自权利被侵害之日起 1 年内向劳动仲裁委申请支付。

本案中,赵某与某家具公司于 2018 年 3 月签订劳动合同,于 2021 年 3 月到期,某家具公司以经济环境不好为由,主动提出不再与赵某续订劳动合同,双方劳动关系终止。公司在劳动合同条件不变的情况下,不与员工续签劳动合同应按照法律规定支付补偿金。赵某在某家具公司共工作 3 年,某家具公司应当向赵某支付 3 个月工资的经济补偿金,故家具厂认为劳动合同到期,自身并没有违约而可以不予支付补偿金的观点错误。但因为公司支付经济补偿金的仲裁时效,应自员工劳动关系终止之日起 1 年内申请仲裁,故赵某最晚应当于 2022 年 3 月向劳动仲裁委申请仲裁,而赵某于 2023 年 4 月才向劳动仲裁委申请仲裁,已过 1 年的仲裁时效,劳动仲裁委将不予受理或不予支持。综上,某家具公司不予支付补偿金的说法错误,不符合我国法律规定,但本案的情况因超过仲裁时效,赵某不能提出相应权利请求。

【风险防范建议】

对于劳动合同到期的员工,公司应当在期限即将届满时,提前与员工确定是否续签,依法依规完成相应手续。笔者为此提出以下几点建议:

(1)办理劳动合同终止手续。劳动合同到期若公司不续签,建议于原劳动合同终止当日向员工发出"终止劳动合同书",员工签字确认。

(2)待相应的情形消失再解除合同。对于女员工在"三期"内,或员工患病或者非因工负伤在规定的医疗期内,或员工患职业病等情形,需待相应的情形消失时,再依据劳动合同期满的适用条款办理终止劳动关系的手续。

(3)劳动合同终止应依法给员工支付经济补偿金。经济补偿按员工在本公司工作年限,每满1年支付1个月工资(指员工在劳动合同终止前12个月的平均工资)。6个月以上不满1年的,按1年计算;不满6个月的,支付半个月工资的经济补偿。

员工月工资高于当地上年度职工月平均工资3倍的,向其支付经济补偿的标准按员工月平均工资3倍的数额支付,向其支付经济补偿的年限最高不超过12年。

【法条链接】

《劳动法》第二十三条 劳动合同期满或者当事人约定的劳动合同终止条件出现,劳动合同即行终止。

《劳动合同法》第四十四条 有下列情形之一的,劳动合同终止:

(一)劳动合同期满的;

……

第四十六条 有下列情形之一的,用人单位应当向劳动者支付经济补偿:

……

(五)除用人单位维持或者提高劳动合同约定条件续订劳动合同,劳动者不同意续订的情形外,依照本法第四十四条第一项规定终止固定期限劳动合同的;

……

第四十七条 经济补偿按劳动者在本单位工作的年限,每满一年支付一个月工资的标准向劳动者支付。六个月以上不满一年的,按一年计算;不满六个月的,向劳动者支付半个月工资的经济补偿。

劳动者月工资高于用人单位所在直辖市、设区的市级人民政府公布的本地区上年度职工月平均工资三倍的,向其支付经济补偿的标准按职工月平均工资三倍的数额支付,向其支付经济补偿的年限最高不超过十二年。

本条所称月工资是指劳动者在劳动合同解除或者终止前十二个月的平均工资。

《劳动争议调解仲裁法》第二十七条　劳动争议申请仲裁的时效期间为一年。仲裁时效期间从当事人知道或者应当知道其权利被侵害之日起计算。

……

劳动关系存续期间因拖欠劳动报酬发生争议的,劳动者申请仲裁不受本条第一款规定的仲裁时效期间的限制;但是,劳动关系终止的,应当自劳动关系终止之日起一年内提出。

99. 公司因经营困难裁员,需要支付经济补偿金吗?

【情景案例】

2016年8月,黄某与某家具公司签订为期5年的劳动合同。2018年12月,受经济环境影响,某家具公司的订单减少了90%。2019年3月,某家具公司开始停产停业,所有员工都在家待岗。为保障员工的基本生活,某家具公司每月末给员工发放一定补贴。2019年6月1日,某家具公司为解决困境,决定裁员25人。很不幸,黄某被列为裁员对象。之后,某家具公司通知黄某解除劳动合同,并以经济效益差为由,不打算给黄某任何经济补偿金。黄某认为,公司裁员必须要支付经济补偿,遂提起劳动仲裁。

请问:某家具公司需要给黄某经济补偿金吗?

【案例分析】

本案涉及的是用人单位因经营严重困难进行经济性裁员,是否需要向劳动者支付经济补偿金以及如何支付的问题。

我国《劳动合同法》第四十一条第一款规定,"有下列情形之一,需要裁减人员二十人以上或者裁减不足二十人但占企业职工总数百分之十以上的,用人单位提前三十日向工会或者全体职工说明情况,听取工会或者职工的意见后,裁减人员方案经向劳动行政部门报告,可以裁减人员:(一)依照企业破产法规定进行重整的;(二)生产经营发生严重困难的;(三)企业转产、重大技术革新或者经营方式调整,经变更劳动合同后,仍需裁减人员的;(四)其他因劳动合同订立时所依据的客观经济情况发生重大变化,致使劳动合同无法履行的"。第四十六条规定,"有下列情形之一的,用人单位应当向劳动者支付经济补偿:……(四)用人单位依照本法第四十一条第一款规定解除劳动合同的……"第四十七条第一款规定,"经济补偿按劳动者在本单位工作的年限,每满一年支付一个月工资的标准向劳动者支付。六个月以上不满一年的,按一年计算;不满六个月的,向劳动者支付半个月工资的经济补偿"。由此可见,公司仅在法律规定的情形下方可进行大规模裁员,提前向员工说明情况并听取工会或员工意见,同时将裁员方案向劳动行政部门报告。对被裁减的员工,应当按其工作年限支付相应的经济补偿金。

本案中,某家具公司因业务量骤减90%,生产经营发生严重困难,属于法律规定可以裁减人员的情形。但某家具公司未经过提前通知员工或工会并听取意见的程序,也未向劳动行政部门报告就直接裁减人员,且不予支付经济补偿金的行为,违反我国法律规定。黄某于2016年8月入职某家具公司,到2019年6月某家具公司裁减人员时,黄某已在公司工作2年10个月,某家具公司若裁员,应当依法向黄某支付3个月工资的经济补偿金。

【风险防范建议】

对于经济性裁员,公司应当合法合规进行,裁员应注意以下几项法律规定的内容,并按照法律规定完成,使裁员行为符合法律要求:

(1)经济性裁员应当经过合法程序:①提前30日向工会或全体职工说明情况,并提供有关生产经营状况的资料;②提出裁减人员方案,内容包括:被裁减人员名单,裁减时间及实施步骤,符合法律、法规规定的被裁减人员经济补偿办法;③将裁减人员方案征求工会或者全体员工的意见,并对方案进行修改和完善;④向当地劳动行政部门报告裁减人员方案以及工会或全体员工的意见,并听取劳动行政部门的意见;⑤正式公布裁减人员方案,与被裁减人员办理解除劳动合同手续,按照有关规定向被裁减人员本人支付经济补偿金,出具裁减人员证明书。

(2)裁减人员时,应当优先留用以下几类员工:①与本单位订立较长期限的固定期限劳动合同的;②与本单位订立无固定期限劳动合同的;③家庭无其他就业人员,有需要扶养的老人或者未成年人的。

(3)注意以下几类员工不得裁减:①从事接触职业病危害作业的劳动者未进行离岗前职业健康检查,或者疑似职业病病人在诊断或者医学观察期间的;②在本单位患职业病或者因工负伤并被确认丧失或者部分丧失劳动能力的;③患病或者非因工负伤,在规定的医疗期内的;④女职工在孕期、产期、哺乳期的;⑤在本单位连续工作满15年,且距法定退休年龄不足5年的;⑥法律、行政法规规定的其他情形。

(4)在6个月内重新招用人员的,应当通知被裁减的人员,并在同等条件下优先招用被裁减的人员。

【法条链接】

《劳动合同法》第四十一条 有下列情形之一,需要裁减人员二十人以上或者裁减不足二十人但占企业职工总数百分之十以上的,用人单位提前三十日向工会或者全体职工说明情况,听取工会或者职工的意见后,裁减人员方案经向劳动行政部门报告,可以裁减人员：

(一)依照企业破产法规定进行重整的；

(二)生产经营发生严重困难的；

(三)企业转产、重大技术革新或者经营方式调整，经变更劳动合同后，仍需裁减人员的；

(四)其他因劳动合同订立时所依据的客观经济情况发生重大变化，致使劳动合同无法履行的。

……

第四十六条 有下列情形之一的，用人单位应当向劳动者支付经济补偿：

……

(四)用人单位依照本法第四十一条第一款规定解除劳动合同的；

……

第四十七条第一款 经济补偿按劳动者在本单位工作的年限，每满一年支付一个月工资的标准向劳动者支付。六个月以上不满一年的，按一年计算；不满六个月的，向劳动者支付半个月工资的经济补偿。

100. 员工给公司造成损失的，公司可以要求员工赔偿损失吗？

【情景案例】

2023年6月，孙某与甲公司签订劳动合同，每月固定工资为6000元。2024年6月，孙某在工作时由于其在机械设备转动的情况下长时间串岗，其加工的10件锥套产品质量不合格，经两次返修后仍不合格而报废，造成公司经济损失3万元。甲公司与孙某解除劳动合同关系，并要求孙某向公司一次性赔偿全部经济损失，但孙某不肯赔偿。甲公司遂诉至法院，要求孙某一次性赔偿给公司造成的损失。

请问：甲公司的请求能得到法院支持吗？

【案例分析】

本案涉及的是因劳动者的行为导致用人单位遭受经济损失，劳动者是否应当向用人单位承担赔偿责任，以及如何赔偿的问题。

我国《劳动合同法》第二十九条规定，用人单位与劳动者应当按照劳动合同的约定，全面履行各自的义务。根据第三十九条的规定，劳动者严重失职，营私舞弊，给用人单位造成重大损害的，用人单位可以解除劳动合同。《工资支付暂行规定》第十六条规定，因劳动者本人原因给用人单位造成经济损失的，用人单位可按照劳动合同的约定要求其赔偿经济损失。经济损失的赔偿，可从劳动者本人的工资中扣除。但每月扣除的部分不得超过劳动者当月工资的20%。若扣除后的剩余工资部分低于当地月最低工资标准,则按最低工资标准支付。由此可见,因员工故意或重大过失而存在严重失职的行为,给公司造成损失的,公司有权解除与该员工的劳动合同,并要求一次性赔偿损失。如公司继续履行与员工的劳动合同,赔偿款可每月在员工的工资中扣除,扣除部分不得超过当月工资的20%。

本案中,因孙某在设备运转时,长时间串岗造成生产的产品质量不合格,其行为系严重失职行为,且长时间串岗属于主观上的重大过失,孙某给公司造成经济损失3万元,甲公司有权依据公司规定以及我国法律的规定,与其解除劳动合同关系,并要求孙某向公司一次性赔偿损失3万元。故甲公司的说法正确,其请求能够得到法院的支持。

【风险防范建议】

对于员工严重失职,侵犯公司利益,给公司造成经济损失的,公司有权要求员工赔偿,但在实践中,对于公司的举证责任有较高要求,为防范风险,提出以下几点建议:

(1)为防止员工不在岗无法联系,应掌握每一位员工的基本信息和联系地址,便于及时响应处理工作,必要时可在入职时,要求员工填写紧急联系人的联系方式。

(2)规范劳动合同条款、完善规章制度,明确约定员工赔偿的情形、方式,离职后如何处理等条款,并在日常管理中,提升员工遵守劳动纪律的自觉意识。

(3)需要提醒的是,对于如何确定重大损失,法律法规暂时没有明确规定,为了避免日后发生争议,公司可以在规章制度中对此进行定义,规定损失超过一定数额即为重大损失。当然,该数额也必须是公平合理的数额,明显太低则可能被认定不合理而不予采信,过高又很难起到约束员工的目的。

(4)在确认员工主观过错事实后,梳理相关业务流程,锁定员工主要责任,最好得到员工的自认。对内及时处理并启动问责机制,对外可根据情况报警、向相关机关举报等。

【法条链接】

《劳动合同法》第二十九条 用人单位与劳动者应当按照劳动合同的约定,全面履行各自的义务。

第三十九条 劳动者有下列情形之一的,用人单位可以解除劳动合同:
……
(三)严重失职,营私舞弊,给用人单位造成重大损害的;
……

《工资支付暂行规定》第十六条 因劳动者本人原因给用人单位造成经济损失的，用人单位可按照劳动合同的约定要求其赔偿经济损失。经济损失的赔偿，可从劳动者本人的工资中扣除。但每月扣除的部分不得超过劳动者当月工资的20%。若扣除后的剩余工资部分低于当地月最低工资标准，则按最低工资标准支付。

101. 公司可以单方解除竞业限制协议吗？

【情景案例】

2021年1月，胡某进入甲公司从事软件研发工作。入职第一天，胡某与甲公司签订了一份《竞业限制协议》，这份协议中明确约定：胡某离职后2年之内不得在与公司有竞争关系的公司任职；从胡某离职后，甲公司按月向胡某支付6000元的竞业限制补偿费，胡某如果违约，则需一次性向甲公司支付50万元违约金。2023年1月，胡某离开甲公司。离职后的胡某只好暂时选择了其他行业。2023年8月，胡某收到甲公司单方解除竞业限制协议的通知，甲公司声称：胡某不再受到竞业限制，同时公司从下月起不准备给胡某支付竞业限制补偿金。胡某认为甲公司无权单方解除协议，遂诉至法院。

请问：甲公司有权单方解除竞业限制协议吗？

【案例分析】

本案涉及的是用人单位与劳动者签订竞业限制协议后，用人单位在竞业限制协议履行过程中是否有权单方解除与劳动者的竞业限制协议，以及单方解除后承担什么法律责任的问题。

我国《劳动合同法》第二十三条规定，用人单位与劳动者可以在劳动合同中约定保守用人单位的商业秘密和与知识产权相关的保密事项。对负有保密义务的劳动者，用人单位可以在劳动合同或者保密协议中与劳动者约定竞业限制条款，并约定在解除或者终止劳动合同后，在竞业限制期限内按月给予劳动者经济补偿。劳动者违反竞业限制约定的，应当按照约定向用人单位支付违约金。《最高人民法院关于审理劳动争议案件适用法律问题的解释（一）》第三十九条规定，在竞业限制期限内，用人单位请求解除竞业限制协议的，人民法院应予支持。在解除竞业限制协议时，劳动者请求用人单位额外支付劳动者3个月的竞业限制经济补偿的，人民法院应予支持。由此可见，负有竞业限制义务的员工离职后，在竞业限制期限内，公司有权解除竞业限制协议；若无特别约定，解除竞业协议时，员工有权请求公司额外支付3个月的竞业限制补偿金。

本案中，甲公司与胡某签订《竞业限制协议》，胡某在离职后遵守协议约定，进入其他行业工作,甲公司有权以胡某不再受到竞业限制为由解除《竞业限制协议》。但根据我国法律的规定,若甲公司与胡某未就执行竞业限制协议作特别约定,胡某有权要求甲公司支付3个月的竞业限制补偿金,甲公司称不再支付竞业限制补偿金的行为,违反我国法律的规定。

【风险防范建议】

负有竞业限制义务的员工离职后,对于严格履行竞业限制义务的员工,公司将支付最长2年的竞业限制补偿金;这对于公司来说是一笔不小的成本。因此,提出以下几点建议:

(1)对于新录用员工应当评定其是否可能接触公司的核心技术秘密或商业秘密,而不应与每一位员工都签订竞业限制协议。

(2)对于即将离职的、已签订竞业限制协议的员工,应当在其离职前审核评估其是否需要履行竞业限制义务,如确认无须履行,应当在员工离职前解除竞业限制协议,且提前1个月通知该员工。

【法条链接】

《劳动合同法》第二十三条 用人单位与劳动者可以在劳动合同中约定保守用人单位的商业秘密和与知识产权相关的保密事项。

对负有保密义务的劳动者,用人单位可以在劳动合同或者保密协议中与劳动者约定竞业限制条款,并约定在解除或者终止劳动合同后,在竞业限制期限内按月给予劳动者经济补偿。劳动者违反竞业限制约定的,应当按照约定向用人单位支付违约金。

第二十四条 竞业限制的人员限于用人单位的高级管理人员、高级技术人员和其他负有保密义务的人员。竞业限制的范围、地域、期限由用人单位与劳动者约定,竞业限制的约定不得违反法律、法规的规定。

在解除或者终止劳动合同后,前款规定的人员到与本单位生产或者经营同类产品、从事同类业务的有竞争关系的其他用人单位,或者自己开业生产或者经营同类产品、从事同类业务的竞业限制期限,不得超过二年。

《最高人民法院关于审理劳动争议案件适用法律问题的解释(一)》第三十九条 在竞业限制期限内,用人单位请求解除竞业限制协议的,人民法院应予支持。

在解除竞业限制协议时,劳动者请求用人单位额外支付劳动者三个月的竞业限制经济补偿的,人民法院应予支持。

102. 公司安排补休，还需支付法定节日的加班费吗？

【情景案例】

2023年3月，朱某入职某玩具厂，担任质检员。2023年国庆节假日前三天，工厂接到一笔加急订单，为了赶订单，某玩具厂要求朱某等20多人于10月1日至3日加班。国庆假期后，某玩具厂只给朱某等人安排了补休，没有支付3倍的加班工资。对此，朱某向工厂提出支付3倍的加班工资请求，但遭到拒绝。人事部经理高某认为，工厂已经安排补休，就无须再支付任何加班工资。

请问：高某的说法符合我国法律规定吗？

【案例分析】

本案涉及的是法定节假日安排劳动者加班，用人单位能否以补休替代加班工资的法律问题。

根据《劳动法》第四十条的规定，用人单位在国庆节期间应当依法安排劳动者休假。第四十四条规定，"有下列情形之一的，用人单位应当按照下列标准支付高于劳动者正常工作时间工资的工资报酬：（一）安排劳动者延长工作时间的，支付不低于工资的百分之一百五十的工资报酬；（二）休息日安排劳动者工作又不能安排补休的，支付不低于工资的百分之二百的工资报酬；（三）法定休假日安排劳动者工作的，支付不低于工资的百分之三百的工资报酬"。《我国法定年节假日等休假相关标准》第一条规定了休息日标准：休息日又称公休假日，是劳动者满一个工作周后的休息时间。第二条规定，法定年节假日标准：……国庆节，放假3天（10月1日、2日、3日）。由此可见，我国法律仅对在"休息日"安排加班的情形，规定用人单位可以安排补休或者发放加班工资，而对于"法定节假日"安排加班的情形，仅规定用人单位应支付加班工资的义务，而无安排调休的选择性规定。

本案中，某玩具厂为赶生产进度，安排朱某等人在10月1日至3日加班生产，而10月1日至3日为法定节假日，在此期间安排加班的，根据我国法律的规定，某玩具厂仅能选择向朱某等人支付3倍的加班工资的方式。故某玩具厂在节假日之后安排朱某等人补休假期不符合我国法律的规定，应依法向加班的员工支付3倍的工资，已补休的假期可通过调整休息日的工作来处理。因此，高某的说法错误，不符合我国法律的规定。

【风险防范建议】

根据我国现行立法的一般规定和司法实务界中的主流观点，公司在法定节假日安排劳动者加班的,通过补休方式替代支付加班工资仍有较大的合规风险,可能面临在安排补休后仍需支付300%加班工资的情况。为此,提出以下几点建议:

(1)尽量避免在法定节假日安排员工加班,保障员工的休息权。

(2)对于法定节假日安排员工加班的,建议公司依法支付加班工资。

(3)提前在劳动合同或规章制度中明确加班工资的计算基数。安排员工加班的,应及时按约定和法律规定足额支付加班工资。

【法条链接】

《劳动法》第四十条　用人单位在下列节日期间应当依法安排劳动者休假:

(一)元旦;

(二)春节;

(三)国际劳动节;

(四)国庆节;

(五)法律、法规规定的其他休假节日。

第四十四条　有下列情形之一的,用人单位应当按照下列标准支付高于劳动者正常工作时间工资的工资报酬:

(一)安排劳动者延长工作时间的,支付不低于工资的百分之一百五十的工资报酬;

(二)休息日安排劳动者工作又不能安排补休的,支付不低于工资的百分之二百的工资报酬;

(三)法定休假日安排劳动者工作的,支付不低于工资的百分之三百的工资报酬。

《我国法定年节假日等休假相关标准》

1.休息日标准。休息日又称公休假日,是劳动者满一个工作周后的休息时间。劳动法第38条规定,用人单位应当保证劳动者每周至少休息1天。随着《国务院关于修改〈国务院关于职工工作时间的规定〉的决定》(国务院令第174号)的施行,我国职工的休息时间标准成为工作5天、休息2天。该决定同时规定,国家机关、事业单位实行统一的工作时间,星期六和星期日为周休息日;企业和不能实行国家规定的统一工作时间的事业单位,可以根据实际情况灵活安排周休息日。

2.法定年节假日标准。法定年节假日是由国家法律、法规统一规定的用以开展纪念、庆祝活动的休息时间,也是劳动者休息时间的一种。建国后,我国法定年节假日为7天。1999年法定年节假日增至10天。2007年颁布的《全国年节及纪念日放假办法》(国务院令第513号)将清明、端午、中秋和除夕设为法定节假日,将我国传统节日设定为法定节假日,有利于弘扬和传承我国优秀传统文化,提升中国文化在国际上的影响,提高全世界华人的文化凝聚力。我国现行法定年节假日标准为11天。全体公民放假的节日:新年,放假1天(1月1日);春节,放假3天(农历正月初一、初二、初三);清明节,放假1天(农历清明当日);劳动节,放假1天(5月1日);端午节,放假1天(农历端午当日);中秋节,放假1天(农历中秋当日);国庆节,放假3天(10月1日、2日、3日)。部分公民放假的节日及纪念日:妇女节(3月8日),妇女放假半天;青年节(5月4日),14周岁以上的青年放假半天;儿童节(6月1日),不满14周岁的少年儿童放假1天;中国人民解放军建军纪念日(8月1日),现役军人放假半天。少数民族习惯的节日,由各少数民族聚居地区的地方人民政府,按照各该民族习惯,规定放假日期。二七纪念日、五卅纪念日、七七抗战纪念日、九三抗战胜利纪念日、九一八纪念日、教师节、护士节、记者节、植树节等其他节日、纪念日,均不放假。全体公民放假的假日,如果适逢星期六、星期日,应当在工作日补假。部分公民放假的假日,如果适逢星期六、星期日,则不补假。

103. 不按最低工资标准发放工资,有什么后果?

【情景案例】

小林高中毕业后进入某塑料厂从事文员一职。小林与某塑料厂签订的劳动合同约定:每月工资1800元,合同期为3年。小林了解到本市最低工资标准为2100元,于是要求工厂给其涨工资,但遭到拒绝。人事部经理何某跟小林说:"最低工资标准只是供公司参考,不具有强制性,我厂的文员岗位一直都是这个工资,如果你对工资不满意,可以辞职。"为此,小林向当地劳动保障监察大队举报,请求纠正工厂的错误行为。

请问:何某的说法符合我国法律规定吗?

【案例分析】

本案涉及的是用人单位向劳动者支付的工资,低于当地最低工资标准的,应当承担什么法律责任的问题。

我国《劳动法》第四十八条规定,用人单位支付劳动者的工资不得低于当地最低工资标准。第九十一条规定,"用人单位有下列侵害劳动者合法权益情形之一的,由劳动行政部门责令支付劳动者的工资报酬、经济补偿,并可以责令支付赔偿金:……(三)低于当地最低工资标准支付劳动者工资的……"《劳动合同法》第七十四条规定,"县级以上地方人民政府劳动行政部门依法对下列实施劳动合同制度的情况进行监督检查:……(五)用人单位支付劳动合同约定的劳动报酬和执行最低工资标准的情况……"第八十五条规定,"用人单位有下列情形之一的,由劳动行政部门责令限期支付劳动报酬、加班费或者经济补偿;劳动报酬低于当地最低工资标准的,应当支付其差额部分;逾期不支付的,责令用人单位按应付金额百分之五十以上百分之一百以下的标准向劳动者加付赔偿金:……(二)低于当地最低工资标准支付劳动者工资的……"由此可见,国家法律规定员工提供正常劳动的情况下,其工资应不低于最低工资标准,该规定属于强制性规定,公司应当遵守我国法律的规定,在员工提供正常劳动的情况下向员工支付不低于当地最低工资标准的工资,否则,劳动保障行政部门可以责令公司向员工支付工资差额部分,逾期不支付的还应当向员工支付赔偿金。

本案中,小林与某塑料厂建立劳动合同关系,工资仅约定为1800元,低于当地最低工资标准2100元,违反我国关于工资支付最低标准的强制性规定,小林有权通过劳动行政部门维权,要求某塑料厂补足差额300元;若某塑料厂逾期不支付,劳动保障行政部门还可责令某塑料厂向小林支付相应的赔偿金。故何某的说法错误,不符合我国法律的规定。

【风险防范建议】

我国严格保护劳动者的合法获得劳动报酬的权利,关于工资支付问题作出了大量强制性规定,用人单位应当严格遵守相关规定,合法合规支付员工工资,避免面临被劳动行政部门处罚的风险,为此提出以下几点建议:

(1)工资金额的约定,应当严格注意当地的最低工资标准,并密切关注修改动态,保障员工工资不低于当地最低工资标准。

(2)约定工资时是否明确了加班工资计算基数,工资的支付形式、支付对象、支付时间、代扣工资应符合法律规定。

(3)工资应当按时足额向员工发放,不得无故拖欠。

【法条链接】

《劳动法》第四十八条　国家实行最低工资保障制度。最低工资的具体标准由省、自治区、直辖市人民政府规定,报国务院备案。

用人单位支付劳动者的工资不得低于当地最低工资标准。

第九十一条　用人单位有下列侵害劳动者合法权益情形之一的,由劳动行政部门责令支付劳动者的工资报酬、经济补偿,并可以责令支付赔偿金:

……

(三)低于当地最低工资标准支付劳动者工资的;

……

《劳动合同法》第七十四条　县级以上地方人民政府劳动行政部门依法对下列实施劳动合同制度的情况进行监督检查:

……

(五)用人单位支付劳动合同约定的劳动报酬和执行最低工资标准的情况;

第八十五条 用人单位有下列情形之一的,由劳动行政部门责令限期支付劳动报酬、加班费或者经济补偿;劳动报酬低于当地最低工资标准的,应当支付其差额部分;逾期不支付的,责令用人单位按应付金额百分之五十以上百分之一百以下的标准向劳动者加付赔偿金:

……

(二)低于当地最低工资标准支付劳动者工资的;

……

《最低工资规定》第三条 本规定所称最低工资标准,是指劳动者在法定工作时间或依法签订的劳动合同约定的工作时间内提供了正常劳动的前提下,用人单位依法应支付的最低劳动报酬。

本规定所称正常劳动,是指劳动者按依法签订的劳动合同约定,在法定工作时间或劳动合同约定的工作时间内从事的劳动。劳动者依法享受带薪年休假、探亲假、婚丧假、生育(产)假、节育手术假等国家规定的假期间,以及法定工作时间内依法参加社会活动期间,视为提供了正常劳动。

第十二条 在劳动者提供正常劳动的情况下,用人单位应支付给劳动者的工资在剔除下列各项以后,不得低于当地最低工资标准:

(一)延长工作时间工资;

(二)中班、夜班、高温、低温、井下、有毒有害等特殊工作环境、条件下的津贴;

(三)法律、法规和国家规定的劳动者福利待遇等。

实行计件工资或提成工资等工资形式的用人单位,在科学合理的劳动定额基础上,其支付劳动者的工资不得低于相应的最低工资标准。

劳动者由于本人原因造成在法定工作时间内或依法签订的劳动合同约定的工作时间内未提供正常劳动的,不适用于本条规定。

第十三条 用人单位违反本规定第十一条规定的,由劳动保障行政部门责令其限期改正;违反本规定第十二条规定的,由劳动保障行政部门责令其限期补发所欠劳动者工资,并可责令其按所欠工资的1至5倍支付劳动者赔偿金。

104. 员工接受专业技术培训后提前离职,公司可主张违约金吗?

【情景案例】

2017年1月,郭某与甲公司签订为期3年的劳动合同。2017年8月,甲公司出资6万元送郭某到美国参加为期3个月的专业技能培训,双方签订了一份《服务期协议》,约定:郭某培训结束后,回公司继续工作服务,服务期限为5年,否则要向公司支付违约金10万元。2020年1月,劳动合同到期后,甲公司与郭某续签到2022年11月的劳动合同。2020年8月,郭某想跳槽到薪资更高的乙公司,故向公司提出辞职。人事部经理跟郭某说:服务期还没有完,如果现在辞职,要向公司支付违约金。郭某认为,劳动者提前30天通知公司就能辞职,自己与公司签订的《服务期协议》是无效的。

请问:郭某的说法正确吗?

【案例分析】

本案涉及的是用人单位安排劳动者参加专业技术培训,并签订培训服务期协议,该服务期协议是否有效,以及该劳动者申请离职是否需要向用人单位支付违约金的问题。

我国《劳动合同法》第二十二条规定,用人单位为劳动者提供专项培训费用,对其进行专业技术培训的,可以与该劳动者订立协议,约定服务期。劳动者违反服务期约定的,应当按照约定向用人单位支付违约金。违约金的数额不得超过用人单位提供的培训费用。用人单位要求劳动者支付的违约金不得超过服务期尚未履行部分所应分摊的培训费用。用人单位与劳动者约定服务期的,不影响按照正常的工资调整机制提高劳动者在服务期期间的劳动报酬。由此可见,公司出资为员工提供专业技术培训的,可以与员工签订服务期协议,该协议系双方真实意思表示,未违反我国法律规定,自愿签署即合法有效。参加专业技术培训并与公司签订服务期协议的员工应当遵守协议的约定,若申请离职,应按照协议的约定,除应提前30日书面通知公司之外,还应按照协议约定,承担符合法律规定的违约责任,但违约金不得超过培训费用。

本案中,甲公司出资6万元,为郭某提供专业技术培训,双方签订《服务期协议》,该协议合法有效,双方均应遵守该协议的约定。该协议明确约定了5年的服务期限,以及违反服务期协议的违约金。郭某因个人原因,在劳动合同到期前解除与甲公司的劳动合同,应支付甲公司违约金。但根据我国法律的规定,违约金的数额不得超过服务期尚未履行部分所应分摊的培训费用。甲公司支付专业培训费用6万元,约定郭某的服务期应为5年,郭某申请离职时已经履行了2年9个月的服务期,因此郭某应支付的违约金为服务期尚未履行部分所应分摊的培训费用2.7万元。故郭某说法错误,不符合我国法律的规定。

【风险防范建议】

专业技术培训是对履行岗位职责所需的专门知识、专业技能所做的培训。实务中,对于培训与服务期纠纷,法官一般会根据培训目的、培训对象、培训期间、培训内容等多个角度考虑涉案培训是否有别于一般的职业培训,以判断服务期约定是否成立并有效。关于与员工签订服务期协议,笔者提出以下几点建议:

(1)保存员工对专业技术培训的确认记录。在进行专业培训前,应当与员工进行沟通,并保存相应的员工签字确认的书面文件等,便于日后发生纠纷时作为证据。

(2)专业技术培训的形式和期限应明确。对于培训形式,并无具体的约束,何种培训形式均可,但应有相应记录。培训期限应为较长期限的脱产、半脱产学习,更为接近专业技术培训。

(3)培训费用和违约金的约定应具体明确。此类培训费用一般数额较大,应在协议中明确约定,且应当妥善保管支付凭证。但注意约定的违约金不应超出所支付培训费用的数额,超出部分属于无效,发生纠纷时该部分将无法追回。

【法条链接】

《劳动合同法》第二十二条 用人单位为劳动者提供专项培训费用,对其进行专业技术培训的,可以与该劳动者订立协议,约定服务期。

劳动者违反服务期约定的,应当按照约定向用人单位支付违约金。违约金的数额不得超过用人单位提供的培训费用。用人单位要求劳动者支付的违约金不得超过服务期尚未履行部分所应分摊的培训费用。

用人单位与劳动者约定服务期的,不影响按照正常的工资调整机制提高劳动者在服务期期间的劳动报酬。

105.公司随意开除员工,要支付赔偿金吗?

【情景案例】

罗某是甲公司创始人。2021年3月,马某与甲公司签订为期3年的劳动合同,担任会计助理,月薪为3800元。2023年3月,罗某的表妹梁某大学毕业,想到甲公司从事财务工作。为此,罗某通知人事部辞退马某。马某不服,因为自己能胜任本职工作,没有犯过任何错误,公司不能随意将自己解雇,双方因此产生纠纷。之后,马某提起劳动仲裁,要求甲公司支付赔偿金。

请问:马某的请求能得到劳动仲裁委的支持吗?

【案例分析】

本案涉及的是用人单位违法解除与劳动者的劳动合同,是否应当支付赔偿金的问题。

我国《劳动合同法》第四十八条规定,用人单位违反该法规定解除或者终止劳动合同,劳动者要求继续履行劳动合同的,用人单位应当继续履行;劳动者不要求继续履行劳动合同或者劳动合同已经不能继续履行的,用人单位应当依照该法第八十七条规定支付赔偿金。该法第八十七条规定,用人单位违反该法规定解除或者终止劳动合同的,应当依照该法第四十七条规定的经济补偿标准的 2 倍向劳动者支付赔偿金。由此可见,公司辞退员工,除员工有法定可以解除的情形外,员工不同意解除劳动合同的,公司不得随意解除劳动合同,应继续履行劳动合同;公司违法解除劳动合同的,应当向员工承担违法解除的赔偿责任,以支付经济补偿标准的 2 倍向员工支付赔偿金。

本案中,马某在与甲公司的劳动合同期限内,并无任何过错也不存在其他法定解除劳动合同关系的情形,但被甲公司的创始人罗某以其表妹替代马某岗位的理由辞退,故甲公司系违法解除劳动合同。现马某要求甲公司依法支付赔偿金,符合我国法律规定,马某的请求能够得到仲裁委的支持。

【风险防范建议】

公司虽然拥有用工自主权,但不应随意解除与员工的劳动合同。为规避相应风险,建议如下:

(1)公司应当建立完善的规章制度,并在劳动合同中明确约定员工应当严格遵守考勤管理、请假休假、绩效考核等制度,确保与员工解除劳动合同的依据合法,降低因违法解除劳动合同带来的法律风险。

(2)如员工有违反规章制度的事实,公司应固定充足的证据材料。

【法条链接】

《劳动合同法》第三十九条 劳动者有下列情形之一的,用人单位可以解除劳动合同:

(一)在试用期间被证明不符合录用条件的;

(二)严重违反用人单位的规章制度的;

(三)严重失职,营私舞弊,给用人单位造成重大损害的;

(四)劳动者同时与其他用人单位建立劳动关系,对完成本单位的工作任务造成严重影响,或者经用人单位提出,拒不改正的;

(五)因本法第二十六条第一款第一项规定的情形致使劳动合同无效的;

(六)被依法追究刑事责任的。

第四十条 有下列情形之一的,用人单位提前三十日以书面形式通知劳动者本人或者额外支付劳动者一个月工资后,可以解除劳动合同:

(一)劳动者患病或者非因工负伤,在规定的医疗期满后不能从事原工作,也不能从事由用人单位另行安排的工作的；

（二）劳动者不能胜任工作，经过培训或者调整工作岗位，仍不能胜任工作的；

（三）劳动合同订立时所依据的客观情况发生重大变化，致使劳动合同无法履行，经用人单位与劳动者协商，未能就变更劳动合同内容达成协议的。

第四十一条第一款 有下列情形之一，需要裁减人员二十人以上或者裁减不足二十人但占企业职工总数百分之十以上的，用人单位提前三十日向工会或者全体职工说明情况，听取工会或者职工的意见后，裁减人员方案经向劳动行政部门报告，可以裁减人员：

（一）依照企业破产法规定进行重整的；

（二）生产经营发生严重困难的；

（三）企业转产、重大技术革新或者经营方式调整，经变更劳动合同后，仍需裁减人员的；

（四）其他因劳动合同订立时所依据的客观经济情况发生重大变化，致使劳动合同无法履行的。

第四十七条 经济补偿按劳动者在本单位工作的年限，每满一年支付一个月工资的标准向劳动者支付。六个月以上不满一年的，按一年计算；不满六个月的，向劳动者支付半个月工资的经济补偿。

劳动者月工资高于用人单位所在直辖市、设区的市级人民政府公布的本地区上年度职工月平均工资三倍的，向其支付经济补偿的标准按职工月平均工资三倍的数额支付，向其支付经济补偿的年限最高不超过十二年。

本条所称月工资是指劳动者在劳动合同解除或者终止前十二个月的平均工资。

第四十八条 用人单位违反本法规定解除或者终止劳动合同，劳动者要求继续履行劳动合同的，用人单位应当继续履行；劳动者不要求继续履行劳动合同或者劳动合同已经不能继续履行的，用人单位应当依照本法第八十七条规定支付赔偿金。

第八十七条 用人单位违反本法规定解除或者终止劳动合同的，应当依照本法第四十七条规定的经济补偿标准的二倍向劳动者支付赔偿金。

106. 员工上班时间从事兼职工作，公司可以解聘吗？

【情景案例】

2023年5月，郑某入职某网络公司。公司在与郑某签订的劳动合同和规章制度中明确规定，严禁员工在工作时间从事兼职工作，违者予以辞退处理。2023年7月1日，人事经理梁某发现郑某在上班时间从事兼职工作，严重影响公司项目进度，遂警告郑某，如有再犯将严格按公司规章制度处理。2023年10月12日，梁某再次发现郑某在上班时间从事兼职工作,于是以郑某违反公司规章制度为由辞退郑某。

请问:某网络公司可以郑某从事兼职为由解聘郑某吗?

【案例分析】

本案涉及的是劳动者存在违反公司制度兼职的情况,用人单位能否与其解除劳动合同的问题。

我国《劳动合同法》第四条第一款规定,用人单位应当依法建立和完善劳动规章制度,保障劳动者享有劳动权利、履行劳动义务。第二十九条规定,用人单位与劳动者应当按照劳动合同的约定,全面履行各自的义务。根据第三十九条的规定,劳动者严重违反用人单位的规章制度的,用人单位可以解除劳动合同。由此可见,员工应当严格遵守与公司签订的劳动合同,遵守公司规定的规章制度;员工严重违反公司规章制度的,公司有权解除劳动合同,辞退该员工并不予支付任何补偿金或赔偿金。

本案中,在某网络公司与郑某签订的劳动合同中以及某网络公司的规章制度中,均已明确规定严禁员工在工作时间从事兼职工作。而郑某明知公司有此规定,仍然在工作时间从事兼职工作,甚至经人事经理梁某警告后,依然拒不改正。故某网络公司有权以郑某严重违反规章制度为由,解除与郑某的劳动合同关系。

【风险防范建议】

公司应当制定完备的规章制度,以约束员工行为,明确违反规章制度的情形以及对应的处罚方式,且制定、公布过程应当符合正当程序,为此提出以下几点建议:

(1)规章制度的制定程序要合法。公司应当建立完备的规章制度,并且制定过程应当经过民主程序;注重留存会议记录、参会人员记录、表决记录,以及新员工入职时间学习记录等书面文件。

(2)规章制度应当公示或告知员工。将通过民主程序制定的规章制度印发成册,发给员工人手一册,并且让员工本人亲笔确认签收,并应当妥善保管确认函等文件。每一次修改规章制度,都应经过公示或告知全体员工。

(3)规章制度应当和劳动合同保持一致性,避免冲突性约定,必要时在劳动合同中约定优先以规章制度为准。

【法条链接】

《劳动合同法》第四条 用人单位应当依法建立和完善劳动规章制度,保障劳动者享有劳动权利、履行劳动义务。

用人单位在制定、修改或者决定有关劳动报酬、工作时间、休息休假、劳动安全卫生、保险福利、职工培训、劳动纪律以及劳动定额管理等直接涉及劳动者切身利益的规章制度或者重大事项时,应当经职工代表大会或者全体职工讨论,提出方案和意见,与工会或者职工代表平等协商确定。

在规章制度和重大事项决定实施过程中,工会或者职工认为不适当的,有权向用人单位提出,通过协商予以修改完善。

用人单位应当将直接涉及劳动者切身利益的规章制度和重大事项决定公示,或者告知劳动者。

第二十九条　用人单位与劳动者应当按照劳动合同的约定,全面履行各自的义务。

第三十九条　劳动者有下列情形之一的,用人单位可以解除劳动合同:

(一)在试用期间被证明不符合录用条件的;

(二)严重违反用人单位的规章制度的;

(三)严重失职,营私舞弊,给用人单位造成重大损害的;

(四)劳动者同时与其他用人单位建立劳动关系,对完成本单位的工作任务造成严重影响,或者经用人单位提出,拒不改正的;

(五)因本法第二十六条第一款第一项规定的情形致使劳动合同无效的;

(六)被依法追究刑事责任的。

107. 公司没有给员工缴纳社会保险费,员工可以随时解除合同吗?

【情景案例】

2022年5月30日,谢某与某食品公司签订为期3年的劳动合同。2023年8月1日,谢某以某食品公司未为其缴纳社会保险费为由,向人事部经理韩某提交解除劳动关系的申请书,并要求公司缴社会保险费,但遭到拒绝。韩某认为,现在公司缺人手,在合同没有到期之前韩某无权解除劳动合同,否则要赔偿公司的损失。

请问:韩某的说法符合我国法律规定吗?

【案例分析】

本案涉及的是用人单位未为劳动者缴纳社会保险费,劳动者是否能解除劳动合同并请求用人单位承担法律责任的问题。

根据《劳动合同法》第三十八条的规定,用人单位未依法为劳动者缴纳社会保险费的,劳动者可以解除劳动合同。第四十六条规定,劳动者依照该法第三十八条规定解除劳动合同的,用人单位应当向劳动者支付经济补偿金。《社会保险法》第五十八条规定,用人单位应当自用工之日起30日内为其职工向社会保险经办机构申请办理社会保险登记。未办理社会保险登记的,由社会保险经办机构核定其应当缴纳的社会保险费。第八十六条规定,用人单位未按时足额缴纳社会保险费的,由社会保险费征收机构责令限期缴纳或者补足,并自欠缴之日起,按日加收万分之五的滞纳金;逾期仍不缴纳的,由有关行政部门处欠缴数额1倍以上3倍以下的罚款。由此可见,公司必须在员工入职之日起30日内,为员工缴纳社会保险费用,否则员工有权依法解除劳动合同,并有权要求公司支付经济补偿金,行政部门也有权对公司作出行政处罚。

本案中,某食品公司谢某于2022年5月30日签订劳动合同,某食品公司最迟应当于2022年6月29日前,为谢某办理社会保险登记,并按月缴纳社会保险费。而直至2023年8月1日,某食品公司仍未为谢某缴纳社会保险费,某食品公司的行为违反我国法律的规定,谢某有权据此解除劳动合同,而无须等待劳动合同到期,更无须向某食品公司支付赔偿金。同时,谢某因某食品公司未依法缴纳社会保险费的原因提出辞职,某食品公司应依法向谢某支付经济补偿金。谢某在某食品公司工作共1年2个月,某食品公司应当向谢某依法支付1个半月工资的经济补偿金。故韩某的说法错误,不符合我国法律的规定。

【风险防范建议】

公司为员工缴纳社会保险费是法定义务;任何公司都不能以任何形式拒绝为员工缴纳社会保险费。公司若未给员工及时缴纳社会保险费将面临以下风险:

(1)公司未给员工缴纳社会保险费的,员工在工作期间意外受伤被认定为工伤,原本由工伤保险基金支付的费用都由公司来支付。如果员工因公死亡,根据《工伤保险条例》第三十九条的规定:一次性工亡补助金标准为上一年度全国城镇居民人均可支配收入的20倍,将会对公司带来巨大损失。

(2)员工离职时有权要求公司为其补缴在职期间的社会保险费。单位不同意补缴的,劳动者可依法申请劳动仲裁。

(3)用人单位未按时足额缴纳社会保险费的,由社会保险费征收机构责令限期缴纳或者补足,并自欠缴之日起,按日加收万分之五的滞纳金;逾期仍不缴纳的,由有关行政部门处欠缴数额1倍以上3以下的罚款。

为避免因上述风险造成损失,现提出以下几点建议:

(1)公司应在用工之日起30日内及时为员工办理社保登记。

(2)公司应按时、足额为全体员工缴纳社会保险费。

(3)公司应按月从应付员工的工资中,代扣代缴员工应依法缴纳的社会保险费。

(4)公司应按月将缴纳社会保险费的明细告知员工本人。

【法条链接】

《劳动合同法》第三十八条 用人单位有下列情形之一的，劳动者可以解除劳动合同：

……

（三）未依法为劳动者缴纳社会保险费的；

……

第四十六条 有下列情形之一的，用人单位应当向劳动者支付经济补偿：
（一）劳动者依照本法第三十八条规定解除劳动合同的；

……

第四十七条 经济补偿按劳动者在本单位工作的年限，每满一年支付一个月工资的标准向劳动者支付。六个月以上不满一年的，按一年计算；不满六个月的，向劳动者支付半个月工资的经济补偿。

劳动者月工资高于用人单位所在直辖市、设区的市级人民政府公布的本地区上年度职工月平均工资三倍的，向其支付经济补偿的标准按职工月平均工资三倍的数额支付，向其支付经济补偿的年限最高不超过十二年。

本条所称月工资是指劳动者在劳动合同解除或者终止前十二个月的平均工资。

《社会保险法》第五十八条 用人单位应当自用工之日起三十日内为其职工向社会保险经办机构申请办理社会保险登记。未办理社会保险登记的，由社会保险经办机构核定其应当缴纳的社会保险费。

自愿参加社会保险的无雇工的个体工商户、未在用人单位参加社会保险的非全日制从业人员以及其他灵活就业人员，应当向社会保险经办机构申请办理社会保险登记。

国家建立全国统一的个人社会保障号码。个人社会保障号码为公民身份号码。

第八十六条 用人单位未按时足额缴纳社会保险费的，由社会保险费征收机构责令限期缴纳或者补足，并自欠缴之日起，按日加收万分之五的滞纳金；逾期仍不缴纳的，由有关行政部门处欠缴数额一倍以上三倍以下的罚款。

《工伤保险条例》第三十九条 职工因工死亡，其近亲属按照下列规定从工伤保险基金领取丧葬补助金、供养亲属抚恤金和一次性工亡补助金：

（一）丧葬补助金为6个月的统筹地区上年度职工月平均工资；

（二）供养亲属抚恤金按照职工本人工资的一定比例发给由因工死亡职工生前提供主要生活来源、无劳动能力的亲属。标准为：配偶每月40%，其他亲属每人每月30%，孤寡老人或者孤儿每人每月在上述标准的基础上增加10%。核定的各供养亲属的抚恤金之和不应高于因工死亡职工生前的工资。供养亲属的具体范围由国务院社

会保险行政部门规定;

(三)一次性工亡补助金标准为上一年度全国城镇居民人均可支配收入的20倍。

伤残职工在停工留薪期内因工伤导致死亡的,其近亲属享受本条第一款规定的待遇。

一级至四级伤残职工在停工留薪期满后死亡的,其近亲属可以享受本条第一款第(一)项、第(二)项规定的待遇。

108. 公司可以辞退患病的员工吗?

【情景案例】

2022年1月,唐某与某建筑公司签订为期3年的劳动合同。入职体检时,唐某身体无重大疾病。2023年3月,唐某被某三甲医院诊断为胃癌中期。2023年4月,某建筑公司向唐某出具《解除劳动合同通知书》。唐某认为,合同未到期,其也没有违反公司的规章制度,公司不能因为其患病而开除他。而某建筑公司则认为,唐某患的是重大疾病,已不能正常上班,公司有权单方解除劳动合同,且无须给予任何经济补偿。

请问:某建筑公司的说法符合我国法律规定吗?

【案例分析】

本案涉及的是劳动者患重大疾病,用人单位是否有权单方解除劳动合同,解除后是否需要支付补偿金的问题。

根据《劳动合同法》第四十条的规定,劳动者患病或者非因工负伤,在规定的医疗期满后不能从事原工作,也不能从事由用人单位另行安排的工作的,用人单位提前30日以书面形式通知劳动者本人或者额外支付劳动者一个月工资后,可以解除劳动合同。根据该法第四十二条的规定,劳动者患病或者非因工负伤,在规定的医疗期内的,用人单位不得依照该法第四十条、第四十一条的规定解除劳动合同。第四十八条规定,用人单位违反该法规定解除或者终止劳动合同,劳动者要求继续履行劳动合同的,用人单位应当继续履行;劳动者不要求继续履行劳动合同或者劳动合同已经不能继续履行的,用人单位应当依照该法第八十七条规定支付赔偿金。《企业职工患病或非因工负伤医疗期规定》第二条规定,"医疗期是指公司职工因患病或非因工负伤停止工作治病休息不得解除劳动合同的时限"。第三条规定,"企业职工因患病或非因工负伤,需要停止工作医疗时,根据本人实际参加工作年限和在本单位工作年限,给予三个月到二十四个月的医疗期:(一)实际工作年限十年以下的,在本单位工作年限五年以下的为三个月;五年以上的为六个月"。第六条规定,企业职工非因工致残和经医生或医疗机构认定患有难以治疗的疾病,在医疗期内医疗终结,不能从事原工作,也不能从事用人单位另行安排的工作的,应当由劳动鉴定委员会参照工伤与职业病致残程度鉴定标准进行劳动能力的鉴定。被鉴定为一至四级的,应当退出劳动岗位,终止劳动关系,办理退休、退职手续,享受退休、退职待遇;被鉴定为五至十级的,医疗期内不得解除劳动合同。第八条规定,医疗期满尚未痊愈者,被解除劳动合同的经济补偿问题按照有关规定执行。由此可见,法律赋予患病员工享有医疗期的权利,在医疗期内公司不得与该员工解除劳动合同,否则构成违法解除劳动合同。员工医疗期满后,仍无法从事原工作或公司安排的其他工作的,公司应当提前30日书面通知员工或向员工支付1个月的代通知金后,方可与员工解除劳动合同,而公司无权单方任意解除合同。

本案中,唐某入职某建筑公司1年2个月后查出患有胃癌中期,根据《公司职工患病或非因工负伤医疗期规定》第二条的规定,唐某至少拥有3个月的法定医疗期,在唐某确诊的第2个月,某建筑公司就向唐某出具《解除劳动合同通知书》,并拒绝支付任何补偿金,该行为违反我国法律的规定。某建筑公司应当在唐某医疗期满后,积极与唐某协商,并到劳动能力委员会鉴定唐某的劳动能力等级,据此判断是否解除劳动合同,如唐某确无法从事原工作或安排的其他工作,某建筑公司应当提前30日向唐某发送书面解除劳动合同的通知,或者额外支付1个月的经济补偿金,方可解除劳动合同。故某建筑公司的说法错误,不符合我国法律的规定。

【风险防范建议】

国家给予患病员工法定的医疗期,公司应当充分保障员工的合法权利,解除劳动合同的过程必须合法合规进行。为此笔者提出以下几点建议:

(1)在员工提交病假证明后,公司应当充分保障员工休病假的权利。员工因患病需要休病假的,应当由就诊医院出具正式的诊断证明书或病假证明书,由具有执业资格的医师依据员工病情酌情确定病假时间。

(2)对于患病员工的工资,在其医疗期内可以按病假工资发放。

(3)患病员工医疗期满后,无法从事原岗位工作的,应当积极与员工协商解除劳动合同事宜,履行合法合规的解除手续,避免面临因违法解除劳动合同而支付赔偿金的风险。

【法条链接】

《劳动合同法》第四十条　有下列情形之一的,用人单位提前三十日以书面形式通知劳动者本人或者额外支付劳动者一个月工资后,可以解除劳动合同:

(一)劳动者患病或者非因工负伤,在规定的医疗期满后不能从事原工作,也不能

从事由用人单位另行安排的工作的;

……

第四十二条 劳动者有下列情形之一的,用人单位不得依照本法第四十条、第四十一条的规定解除劳动合同:

……

(三)患病或者非因工负伤,在规定的医疗期内的;

……

第四十七条 经济补偿按劳动者在本单位工作的年限,每满一年支付一个月工资的标准向劳动者支付。六个月以上不满一年的,按一年计算;不满六个月的,向劳动者支付半个月工资的经济补偿。

劳动者月工资高于用人单位所在直辖市、设区的市级人民政府公布的本地区上年度职工月平均工资三倍的,向其支付经济补偿的标准按职工月平均工资三倍的数额支付,向其支付经济补偿的年限最高不超过十二年。

本条所称月工资是指劳动者在劳动合同解除或者终止前十二个月的平均工资。

第四十八条 用人单位违反本法规定解除或者终止劳动合同,劳动者要求继续履行劳动合同的,用人单位应当继续履行;劳动者不要求继续履行劳动合同或者劳动合同已经不能继续履行的,用人单位应当依照本法第八十七条规定支付赔偿金。

《企业职工患病或非因工负伤医疗期规定》第二条 医疗期是指企业职工因患病或非因工负伤停止工作治病休息不得解除劳动合同的时限。

第三条 企业职工因患病或非因工负伤,需要停止工作医疗时,根据本人实际参加工作年限和在本单位工作年限,给予三个月到二十四个月的医疗期:

(一)实际工作年限十年以下的,在本单位工作年限五年以下的为三个月;五年以上的为六个月。

(二)实际工作年限十年以上的,在本单位工作年限五年以下的为六个月;五年以上十年以下的为九个月;十年以上十五年以下的为十二个月;十五年以上二十年以下的为十八个月;二十年以上的为二十四个月。

第六条 企业职工非因工致残和经医生或医疗机构认定患有难以治疗的疾病,在医疗期内医疗终结,不能从事原工作,也不能从事用人单位另行安排的工作的,应当由劳动鉴定委员会参照工伤与职业病致残程度鉴定标准进行劳动能力的鉴定。被鉴定为一至四级的,应当退出劳动岗位,终止劳动关系,办理退休、退职手续,享受退休、退职待遇;被鉴定为五至十级的,医疗期内不得解除劳动合同。

第八条 医疗期满尚未痊愈者,被解除劳动合同的经济补偿问题按照有关规定执行。

109. 公司不出具离职证明导致员工无法领取失业保险金，有什么风险？

【情景案例】

2022年1月，董某与某公司签订为期3年的劳动合同。某公司已按时足额为董某缴纳社会保险费。公司的规章制度明确规定，旷工连续3天以上系严重违纪行为，予以开除处理。2023年3月，由于董某连续旷工3天被某公司开除。被开除后，董某一直找不到合适的工作，故于2023年5月要求某公司行政部出具离职证明，以便申请失业保险金，但遭到某公司拒绝。直至2024年3月，董某才找到工作。2024年4月，董某向劳动争议仲裁委员会申请仲裁，要求某公司承担其未能享受失业保险待遇的法律责任。

请问：董某的请求能得到劳动仲裁委支持吗？

【案例分析】

本案涉及的是用人单位与劳动者解除劳动关系后拒不开具离职证明，应当承担什么法律责任的问题。

根据《劳动合同法》第三十九条的规定，劳动者严重违反用人单位的规章制度的，用人单位可以解除劳动合同。第五十条规定，用人单位应当在解除或者终止劳动合同时出具解除或者终止劳动合同的证明。第八十九条规定，用人单位违反该法规定未向劳动者出具解除或者终止劳动合同的书面证明，由劳动行政部门责令改正；给劳动者造成损害的，应当承担赔偿责任。《社会保险法》第四十五条规定，"失业人员符合下列条件的，从失业保险基金中领取失业保险金：……（二）非因本人意愿中断就业的……"《实施〈中华人民共和国社会保险法〉若干规定》第十九条规定，用人单位在终止或者解除劳动合同时拒不向职工出具终止或者解除劳动关系证明，导致职工无法享受社会保险待遇的，用人单位应当依法承担赔偿责任。由此可见，员工与公司解除劳动关系时，为其开具离职证明属于公司的法定义务；若未履行该义务给员工造成损害，公司应承担赔偿责任。离职证明是申领失业保险金的必备材料之一，公司拒绝出具离职证明导致员工无法领取失业保险金、无法享受失业保险待遇，应向员工适当赔偿损失。

本案中，董某因违反某公司的规章制度，被公司辞退，双方解除劳动合同关系。但公司在与董某解除劳动合同时，拒绝出具离职证明或其他离职手续，某公司的行为违反我国法律规定。因某公司拒开离职证明，导致董某无法办理失业登记，无法领取失业保险金以及其他失业保险的待遇，某公司应当向董某承担因此造成的损失。故董某的仲裁请求若是针对确切的损失提出的，则能够得到劳动仲裁委的支持。

【风险防范建议】

公司与员工解除劳动合同关系,必须依法依规进行。为此笔者提出以下几点建议:

(1)公司与员工解除劳动合同的同时,应当向员工出具离职证明,并办理全部的离职手续。

(2)工作交接不是开具离职证明的必要条件。公司在规章制度不应写有"不办理工作交接手续的不开具离职证明"之类的明显违法条款。

(3)即使员工恶意不办理离职交接手续,为避免风险,公司也必须开具离职证明给劳动者,但可以在离职证明中客观地载明"该员工与本公司尚未交接完毕"等字样。

【法条链接】

《劳动合同法》第三十九条　劳动者有下列情形之一的,用人单位可以解除劳动合同:

……

(二)严重违反用人单位的规章制度的;

……

第五十条　用人单位应当在解除或者终止劳动合同时出具解除或者终止劳动合同的证明,并在十五日内为劳动者办理档案和社会保险关系转移手续。

劳动者应当按照双方约定,办理工作交接。用人单位依照本法有关规定应当向劳动者支付经济补偿的,在办结工作交接时支付。

用人单位对已经解除或者终止的劳动合同的文本,至少保存二年备查。

第八十九条　用人单位违反本法规定未向劳动者出具解除或者终止劳动合同的书面证明,由劳动行政部门责令改正;给劳动者造成损害的,应当承担赔偿责任。

《社会保险法》第四十五条　失业人员符合下列条件的,从失业保险基金中领取失业保险金:

(一)失业前用人单位和本人已经缴纳失业保险费满一年的;

(二)非因本人意愿中断就业的;

(三)已经进行失业登记,并有求职要求的。

《实施〈中华人民共和国社会保险法〉若干规定》第十九条　用人单位在终止或者解除劳动合同时拒不向职工出具终止或者解除劳动关系证明,导致职工无法享受社会保险待遇的,用人单位应当依法承担赔偿责任。

《失业保险条例》第十六条　城镇企业事业单位应当及时为失业人员出具终止或者解除劳动关系的证明,告知其按照规定享受失业保险待遇的权利,并将失业人员的名单自终止或者解除劳动关系之日起7日内报社会保险经办机构备案。

城镇企业事业单位职工失业后,应当持本单位为其出具的终止或者解除劳动关系的证明,及时到指定的社会保险经办机构办理失业登记。失业保险金自办理失业登记之日起计算。

失业保险金由社会保险经办机构按月发放。社会保险经办机构为失业人员开具领取失业保险金的单证,失业人员凭单证到指定银行领取失业保险金。

# 第五章
知识产权法律风险

110. 生产假冒注册商标的产品有什么后果?

【情景案例】

甲公司成立于1995年,专注于从事猪用饲料生产和销售,该公司享有"立×舒"注册商标的专用权。乙公司是刚成立的饲料生产公司,由于没有自主品牌,产品很难销售出去。为打开市场销路,乙公司便生产假冒的"立×舒"产品,共销售300吨,销售收入达500万元。由于生猪食用乙公司的假冒产品后出现腹泻等不良反应,众多客户要求甲公司退货及赔偿损失。甲公司在处理过程中发现产品系由乙公司生产,其用"立×舒"的包装进行销售,遂向公安机关报案。

请问:乙公司要承担什么法律责任?

【案例分析】

本案涉及的是假冒注册商标涉及的法律责任问题。

根据《刑法》第二百一十三条的规定,未经注册商标所有人许可,在同一种商品、服务上使用与其注册商标相同商标,情节严重的,处3年以下有期徒刑,并处或者单处罚金;情节特别严重的,处3年以上10年以下有期徒刑,并处罚金。根据《最高人民法院、最高人民检察院关于办理侵犯知识产权刑事案件具体应用法律若干问题的解释》第一条第一款的规定,未经注册商标所有人许可,在同一种商品上使用与其注册商标相同的商标,非法经营数额在5万元以上或者违法所得数额在3万元以上的,属于《刑法》第二百一十三条规定的"情节严重"。《民法典》第一千二百零二条规定,因产品存在缺陷造成他人损害的,生产者应当承担侵权责任。

本案中,甲公司享有"立×舒"注册商标的专用权,而乙公司未经甲公司同意,擅自使用"立×舒"注册商标,且销售收入达500万元,已超过法律规定的刑事立案标准,显然构成犯罪,应当以假冒注册商标罪追究其刑事责任。而在民事责任问题上,乙公司侵犯甲公司注册商标专用权,同时生猪食用乙公司生产的存在缺陷的产品导致腹泻等不良反应造成生猪厂商损失,乙公司除应当向甲公司承担侵犯注册商标专用权的侵权责任外,还应当对生猪厂商承担产品缺陷的侵权责任。

【风险防范建议】

公司从事经营活动,必须遵守法律法规,遵守社会公德、商业道德,诚实守信,接受政府和社会公众的监督。公司经营中,不仅应当生产合格产品,且涉及他人知识产权的,应当取得有效授权。否则,公司不仅应当承担民事责任,还可能涉及刑事责任。

【法条链接】

《刑法》第二百一十三条　未经注册商标所有人许可,在同一种商品、服务上使用与其注册商标相同的商标,情节严重的,处三年以下有期徒刑,并处或者单处罚金;情节特别严重的,处三年以上十年以下有期徒刑,并处罚金。

《最高人民法院、最高人民检察院关于办理侵犯知识产权刑事案件具体应用法律若干问题的解释》第一条　未经注册商标所有人许可,在同一种商品上使用与其注册商标相同的商标,具有下列情形之一的,属于刑法第二百一十三条规定的"情节严重",应当以假冒注册商标罪判处三年以下有期徒刑或者拘役,并处或者单处罚金:

(一)非法经营数额在五万元以上或者违法所得数额在三万元以上的;

(二)假冒两种以上注册商标,非法经营数额在三万元以上或者违法所得数额在二万元以上的;

(三)其他情节严重的情形。

具有下列情形之一的,属于刑法第二百一十三条规定的"情节特别严重",应当以假冒注册商标罪判处三年以上七年以下有期徒刑,并处罚金:

(一)非法经营数额在二十五万元以上或者违法所得数额在十五万元以上的;

(二)假冒两种以上注册商标,非法经营数额在十五万元以上或者违法所得数额在十万元以上的;

(三)其他情节特别严重的情形。

第十二条第一款　本解释所称"非法经营数额",是指行为人在实施侵犯知识产权行为过程中,制造、储存、运输、销售侵权产品的价值。已销售的侵权产品的价值,按照实际销售的价格计算。制造、储存、运输和未销售的侵权产品的价值,按照标价或者已经查清的侵权产品的实际销售平均价格计算。侵权产品没有标价或者无法查清其实际销售价格的,按照被侵权产品的市场中间价格计算。

《民法典》第一千一百六十七条　侵权行为危及他人人身、财产安全的,被侵权人有权请求侵权人承担停止侵害、排除妨碍、消除危险等侵权责任。

第一千一百八十四条 侵害他人财产的,财产损失按照损失发生时的市场价格或者其他合理方式计算。

第一千二百零二条 因产品存在缺陷造成他人损害的,生产者应当承担侵权责任。

《商标法》第五十七条 有下列行为之一的,均属侵犯注册商标专用权:

(一)未经商标注册人的许可,在同一种商品上使用与其注册商标相同的商标的;

(二)未经商标注册人的许可,在同一种商品上使用与其注册商标近似的商标,或者在类似商品上使用与其注册商标相同或者近似的商标,容易导致混淆的;

(三)销售侵犯注册商标专用权的商品的;

(四)伪造、擅自制造他人注册商标标识或者销售伪造、擅自制造的注册商标标识的;

(五)未经商标注册人同意,更换其注册商标并将该更换商标的商品又投入市场的;

(六)故意为侵犯他人商标专用权行为提供便利条件,帮助他人实施侵犯商标专用权行为的;

(七)给他人的注册商标专用权造成其他损害的。

111. 正在申请注册的商标可以加注®吗?

【情景案例】

2022年3月,曹某成立甲公司,主营儿童服装生产和销售。2022年4月,曹某委托商标代理公司提交"得×宝"商标注册申请,不久后,商标局向甲公司发放了《注册申请受理通知书》。考虑到从商标注册申请到被核准注册期间的时间较长,在新产品上使用注册商标更能获得客户的认可,曹某决定在新产品包装袋上提前使用"得×宝®"商标。2022年7月,甲公司的新品上市销售,产品包装上印有"得×宝®"商标。

请问:甲公司的做法符合我国法律规定吗?

【案例分析】

本案涉及的是正在申请注册的商标能否加注®的法律问题。

我国《商标法》第九条规定,申请注册的商标,应当有显著特征,便于识别,并不得与他人在先取得的合法权利相冲突。商标注册人有权标明"注册商标"或者注册标记。第二十八条规定,对申请注册的商标,商标局应当自收到商标注册申请文件之日起9个月内审查完毕,符合该法有关规定的,予以初步审定公告。由此可见,申请注册商标后,商标局尚需初步审查、公告,公告期满无异议的,才能核准商标注册。

本案中,甲公司仅仅提交了商标注册申请,其商标能否被核准注册并不确定。因此,提交申请的商标注册在获核准之前,不能使用带有注册标记的商标。故甲公司产品包装上印有"得×宝®"的做法不符合我国法律规定。

【风险防范建议】

一般而言,申请人提交商标注册申请,商标局受理后还需进行审查,审查完毕后符合《商标法》规定的,予以初步审定公告。而取得商标局发放的《注册申请受理通知书》仅仅是商标申请的第一步,商标注册申请受理后,该申请是否审核通过,是否予以初步审定公告,尚不确定。即使是在初步审定公告的3个月内,在先权利人、利害关系人有异议的,仍然可以对已经初步审定公告的商标提出异议,而这些环节都将影响申请人的商标最终能否获得核准注册并取得商标注册证。

在产品包装上对正在申请中的商标加注注册标记,一旦该商标注册申请被驳回,或在先权利人或者利害关系人的异议导致该商标注册申请不能获得核准注册,公司不仅无法获得注册商标,还可能因使用了与他人在同一种商品或类似商品上已注册的相同或近似的商标而需承担法律责任。另外,未经商标局批准注册的商标在商品、商品包装、说明书或者其他附着物上标明"注册商标"或者注册标记,既是对客户的欺骗,又损害了商标管理秩序,被视为冒充注册商标的违法行为,根据《商标法》第五十二条的规定,行为人将受到工商行政管理局的处罚。

【法条链接】

《商标法》第九条　申请注册的商标,应当有显著特征,便于识别,并不得与他人在先取得的合法权利相冲突。

商标注册人有权标明"注册商标"或者注册标记。

第二十八条　对申请注册的商标,商标局应当自收到商标注册申请文件之日起九个月内审查完毕,符合本法有关规定的,予以初步审定公告。

第三十条　申请注册的商标,凡不符合本法有关规定或者同他人在同一种商品或者类似商品上已经注册的或者初步审定的商标相同或者近似的,由商标局驳回申请,不予公告。

第三十三条　对初步审定公告的商标,自公告之日起三个月内,在先权利人、利害关系人认为违反本法第十三条第二款和第三款、第十五条、第十六条第一款、第三十条、第三十一条、第三十二条规定的,或者任何人认为违反本法第四条、第十条、第十一条、第十二条、第十九条第四款规定的,可以向商标局提出异议。公告期满无异议的,予以核准注册,发给商标注册证,并予公告。

第五十二条　将未注册商标冒充注册商标使用的,或者使用未注册商标违反本法

第十条规定的,由地方工商行政管理部门予以制止,限期改正,并可以予以通报,违法经营额五万元以上的,可以处违法经营额百分之二十以下的罚款,没有违法经营额或者违法经营额不足五万元的,可以处一万元以下的罚款。

《商标法实施条例》第六十三条　使用注册商标,可以在商品、商品包装、说明书或者其他附着物上标明"注册商标"或者注册标记。

注册标记包括㊟和®。使用注册标记,应当标注在商标的右上角或者右下角。

112. 公司字号被他人抢注商标,怎么办?

【情景案例】

广州的甲公司成立于1993年,并以"奥×风"为其字号,主要从事电饭煲的生产,其产品销往全国20多个省份。由于产品质量好且经常在电视上进行广告宣传,"奥×风"电饭煲在消费者心目中具有相当的知名度。2023年3月,乙公司在泉州成立,主营业务也是电饭煲。2023年4月,乙公司向国家商标局在电饭煲相关商品项目上申请注册文字商标"奥×风",之后被核准注册。

请问:甲公司应该如何处理?

【案例分析】

本案涉及的是公司字号被恶意抢注后如何维权的法律问题。

根据《商标法》第三十二条的规定,申请商标注册不得损害他人现有的在先权利,也不得以不正当手段抢先注册他人已经使用并有一定影响的商标。第四十五条第一款规定,"已经注册的商标,违反本法第十三条第二款和第三款、第十五条、第十六条第一款、第三十条、第三十一条、第三十二条规定的,自商标注册之日起五年内,在先权利人或者利害关系人可以请求商标评审委员会宣告该注册商标无效。对恶意注册的,驰名商标所有人不受五年的时间限制"。

本案中,甲公司成立多年,其字号"奥×风"亦是使用多年,产品销往全国20多个省份,经常进行广告宣传,"奥×风"字号具有一定的市场知名度,属于在先权益。故在乙公司的"奥×风"商标被核准注册之日起5年内,甲公司可以此为由向商标局申请宣告乙公司的注册商标无效。

【风险防范建议】

公司应当重视知识产权保护。一个商标从申请到取得,需要经历漫长的过程。为避免商标被他人抢注,应及时申请注册商标。发现公司使用的字号被抢注的,也要

及时主张权利,建议采取以下措施:

(1)向商标局申请宣告该抢注的注册商标无效。

(2)如发现该抢注的注册商标连续3年未使用,可申请撤销该注册商标。

(3)通过诉讼维护自身权益,要求侵权行为承担侵权责任。

(4)向该注册商标的权利人发函,通过与该注册商标权利人协商解决方案,比如一方取得权利后,在一定期限内向另一方授权使用。

【法条链接】

《商标法》第三十二条 申请商标注册不得损害他人现有的在先权利,也不得以不正当手段抢先注册他人已经使用并有一定影响的商标。

第四十五条第一款 已经注册的商标,违反本法第十三条第二款和第三款、第十五条、第十六条第一款、第三十条、第三十一条、第三十二条规定的,自商标注册之日起五年内,在先权利人或者利害关系人可以请求商标评审委员会宣告该注册商标无效。对恶意注册的,驰名商标所有人不受五年的时间限制。

第四十九条第二款 注册商标成为其核定使用的商品的通用名称或者没有正当理由连续三年不使用的,任何单位或者个人可以向商标局申请撤销该注册商标。商标局应当自收到申请之日起九个月内做出决定。有特殊情况需要延长的,经国务院工商行政管理部门批准,可以延长三个月。

《最高人民法院关于审理商标授权确权行政案件若干问题的规定》第二十一条第一款 当事人主张的字号具有一定的市场知名度,他人未经许可申请注册与该字号相同或者近似的商标,容易导致相关公众对商品来源产生混淆,当事人以此主张构成在先权益的,人民法院予以支持。

113. 注册商标未续展而被抢注,怎么办?

【情景案例】

甲公司成立于2008年1月,主营业务为化妆品的生产与销售。公司成立后不久,甲公司向商标局申请"美×华"商标的注册。2009年8月1日,"美×华"被核准注册。商标虽然注册了,但甲公司没有进行广告宣传,"美×华"化妆品知名度不高,年销售额不超过1000万元。2022年3月,甲公司发现市场上出现类似包装的"美×华"化妆品,才知其原有的"美×华"商标到期后因未续展而被注销。经调查得知,乙公司于2022年2月向商标局申请"美×华"商标的注册,该商标于2023年5月被核准注册。甲公司遂请求宣告乙公司注册的"美×华"商标无效。

请问:甲公司的请求能得到支持吗?

【案例分析】

本案涉及的是商标因未续展而被抢注后,能否以在先权利为由申请后注册商标无效的法律问题。

我国《商标法》第三十九条规定,注册商标有效期为10年,自核准注册之日起计算。第四十条第一款规定,"注册商标有效期满,需要继续使用的,商标注册人应当在期满前十二个月内按照规定办理续展手续;在此期间未能办理的,可以给予六个月的宽展期。每次续展注册的有效期为十年,自该商标上一届有效期满次日起计算。期满未办理续展手续的,注销其注册商标"。第五十条规定,"注册商标被撤销、被宣告无效或者期满不再续展的,自撤销、宣告无效或者注销之日起一年内,商标局对与该商标相同或者近似的商标注册申请,不予核准"。第三十二条规定,"申请商标注册不得损害他人现有的在先权利,也不得以不正当手段抢先注册他人已经使用并有一定影响的商标"。第四十五条第一款规定,"已经注册的商标,违反本法第十三条第二款和第三款、第十五条、第十六条第一款、第三十条、第三十一条、第三十二条规定的,自商标注册之日起五年内,在先权利人或者利害关系人可以请求商标评审委员会宣告该注册商标无效。对恶意注册的,驰名商标所有人不受五年的时间限制"。

本案中,甲公司的"美×华"商标于2009年8月1日被核准注册,其有效期至2019年7月31日。期满后有6个月的宽展期,而甲公司未在2020年1月31日前申请,因此,甲公司的"美×华"商标于2020年2月1日后被注销。自注销之日起1年内,商标局对与该商标相同或者近似的商标注册申请,不予核准。根据上述规定,他人对"美×华"商标于2021年2月之后可以申请注册。而乙公司申请"美×华"商标注册的行为发生在2022年2月,未违反《商标法》的规定。

若甲公司欲请求宣告乙公司注册的"美×华"商标无效,需证明其在先所有的"美×华"商标具有一定影响力。而本案中,甲公司"美×华"化妆品知名度不高,年销售额不超过1000万元。故其请求可能不会得到支持。

【风险防范建议】

实践中,注册商标因期满未续展而被抢注的例子比比皆是,一旦发生该情况,且在先权利人不能证明自己的商标具有一定影响力,那么其针对抢注商标的无效申请可能不会得到支持。因此,作为商标权利人,应当注重自身权益保护。在期限问题上,可从以下方面入手防范风险:

(1)注重期限利益。在注册商标有效期满前12个月应当及时办理续展手续,即使在期满前未来得及办理,亦应当在期满后6个月的宽展期内提出申请。

(2)即使在商标有效期满后6个月的宽展期内未提交续展申请,在6个月的宽展期届满后1年内,亦可重新提出注册申请。

【法条链接】

《商标法》第三十二条　申请商标注册不得损害他人现有的在先权利,也不得以不正当手段抢先注册他人已经使用并有一定影响的商标。

第三十九条　注册商标的有效期为十年,自核准注册之日起计算。

第四十条　注册商标有效期满,需要继续使用的,商标注册人应当在期满前十二个月内按照规定办理续展手续;在此期间未能办理的,可以给予六个月的宽展期。每次续展注册的有效期为十年,自该商标上一届有效期满次日起计算。期满未办理续展手续的,注销其注册商标。

商标局应当对续展注册的商标予以公告。

第四十五条第一款　已经注册的商标,违反本法第十三条第二款和第三款、第十五条、第十六条第一款、第三十条、第三十一条、第三十二条规定的,自商标注册之日起五年内,在先权利人或者利害关系人可以请求商标评审委员会宣告该注册商标无效。对恶意注册的,驰名商标所有人不受五年的时间限制。

第五十条　注册商标被撤销、被宣告无效或者期满不再续展的,自撤销、宣告无效或者注销之日起一年内,商标局对与该商标相同或者近似的商标注册申请,不予核准。

114. 将知名商标文字注册为公司字号,合法吗?

【情景案例】

甲公司成立于2008年1月,一直使用"佳×乐"文字作为其所生产玩具产品的商品标识。2009年6月,"佳×乐"商标被核准注册。通过长期经营及广告推广,"佳×乐"玩具在市场上具有极高的知名度,广受消费者喜爱。乙公司成立于2023年,公司名称为"苏州佳×乐玩具有限公司"。乙公司产品上均有"苏州佳×乐"及"苏州佳×乐玩具有限公司"字样,其中,"苏州佳×乐"字体较大。甲公司认为,乙公司在明知"佳×乐"商标具有极高知名度的情况下,仍将其注册为公司字号,该行为明显具有"搭便车"故意,属于不正当竞争行为。为此,甲公司诉至法院,要求乙公司立即变更公司名称。

请问:甲公司的请求能得到法院支持吗?

【案例分析】

本案涉及的是将他人知名商标文字注册为公司字号的合法性问题。

我国《反不正当竞争法》第六条规定,"经营者不得实施下列混淆行为,引人误认为是他人商品或者与他人存在特定联系:……(四)其他足以引人误认为是他人商品或者与他人存在特定联系的混淆行为"。第十八条第二款规定,"经营者登记的企业名称违反本法第六条规定的,应当及时办理名称变更登记;名称变更前,由原企业登记机关以统一社会信用代码代替其名称"。根据《最高人民法院关于适用〈中华人民共和国反不正当竞争法〉若干问题的解释》第十三条第(二)项的规定,经营者将他人注册商标、未注册的驰名商标作为公司名称中的字号使用,误导公众,足以引人误认为是他人商品或者与他人存在特定联系的,人民法院可以依照《反不正当竞争法》第六条第(四)项予以认定。《最高人民法院关于审理商标民事纠纷案件适用法律若干问题的解释》第一条第(一)项规定,将与他人注册商标相同或者相近似的文字作为公司的字号在相同或者类似商品上突出使用,容易使相关公众产生误认的,属于《商标法》第五十七条第(七)项规定的给他人注册商标专用权造成其他损害的行为。

本案中,首先,"佳×乐"商标经过甲公司长期经营和广告推广具有极高的知名度,为相关公众所知悉,乙公司将甲公司的注册商标"佳×乐"作为公司名称的字号使用,明显具有攀附他人商誉的主观故意。加上双方当事人经营范围相同,乙公司使用"佳×乐"的公司字号,会使他人误认乙公司与甲公司存在特定关联,足以造成相关公众的混淆。因此,乙公司的行为构成不正当竞争行为。其次,乙公司未经商标注册人甲公司的许可,将与甲公司注册商标相近似的文字"苏州佳×乐"作为公司的字号在相同商品上突出使用,容易使相关公众产生混淆与误认,属于《商标法》规定的给他人注册商标专用权造成其他损害的行为。故甲公司可以要求乙公司变更公司名称。甲公司的请求能得到法院支持。

【风险防范建议】

一个品牌的建立和发展,总是离不开权利人长期、巨额的投入。公司在日常经营中,不仅应当树立知识产权保护的理念,注重自身知识产权的保护,亦应当尊重他人的知识产权,合法经营。

公司名称与他人注册商标、标识等相同或近似时,应当注意公司名称的合法、合理、正当使用。不可实施引人误以为是他人商品或与他人存在特定联系的混淆行为,否则需承担相应的侵权责任。

【法条链接】

《反不正当竞争法》第六条 经营者不得实施下列混淆行为,引人误认为是他人商品或者与他人存在特定联系:

(一)擅自使用与他人有一定影响的商品名称、包装、装潢等相同或者近似的标识;

(二)擅自使用他人有一定影响的企业名称(包括简称、字号等)、社会组织名称

(包括简称等)、姓名(包括笔名、艺名、译名等);

(三)擅自使用他人有一定影响的域名主体部分、网站名称、网页等;

(四)其他足以引人误认为是他人商品或者与他人存在特定联系的混淆行为。

第十八条 经营者违反本法第六条规定实施混淆行为的,由监督检查部门责令停止违法行为,没收违法商品。违法经营额五万元以上的,可以并处违法经营额五倍以下的罚款;没有违法经营额或者违法经营额不足五万元的,可以并处二十五万元以下的罚款。情节严重的,吊销营业执照。

经营者登记的企业名称违反本法第六条规定的,应当及时办理名称变更登记;名称变更前,由原企业登记机关以统一社会信用代码代替其名称。

《最高人民法院关于适用〈中华人民共和国反不正当竞争法〉若干问题的解释》第十三条 经营者实施下列混淆行为之一,足以引人误认为是他人商品或者与他人存在特定联系的,人民法院可以依照反不正当竞争法第六条第四项予以认定:

(一)擅自使用反不正当竞争法第六条第一项、第二项、第三项规定以外"有一定影响的"标识;

(二)将他人注册商标、未注册的驰名商标作为企业名称中的字号使用,误导公众。

《最高人民法院关于审理商标民事纠纷案件适用法律若干问题的解释》第一条 下列行为属于商标法第五十七条第(七)项规定的给他人注册商标专用权造成其他损害的行为:

(一)将与他人注册商标相同或者相近似的文字作为企业的字号在相同或者类似商品上突出使用,容易使相关公众产生误认的;

(二)复制、摹仿、翻译他人注册的驰名商标或其主要部分在不相同或者不相类似商品上作为商标使用,误导公众,致使该驰名商标注册人的利益可能受到损害的;

(三)将与他人注册商标相同或者相近似的文字注册为域名,并且通过该域名进行相关商品交易的电子商务,容易使相关公众产生误认的。

115. 注册商标随意使用字体,有什么风险?

【情景案例】

甲公司由袁某与邓某创办,成立于2024年3月。2024年4月,甲公司委托乙公司设计了一个公司LOGO,袁某十分满意,于是找邓某商量商标注册事宜。邓某认为,LOGO虽然设计很漂亮,但使用的中文字体是特殊字体,有可能侵犯他人的版权,建议使用宋体、黑体、隶书、楷书等不会侵犯他人版权的字体。

请问:邓某的说法正确吗?

【案例分析】

本案涉及的是随意使用字体注册商标的法律风险问题。

我国《商标法》第三十二条规定,申请商标注册不得损害他人现有的在先权利,也不得以不正当手段抢先注册他人已经使用并有一定影响的商标。而他人的在先权利中,著作权是一项很重要的权利,《著作权法》第二条第一款规定,中国公民、法人或者非法人组织的作品,不论是否发表,依照该法享有著作权;第十条第一款规定,"著作权包括下列人身权和财产权:……(五)复制权,即以印刷、复印、拓印、录音、录像、翻录、翻拍、数字化等方式将作品制作一份或者多份的权利……"

本案中,甲公司的LOGO使用的中文字体是特殊字体,特殊字体通常是他人的自创字体,是他人享有著作权的作品。若未经著作权人许可在商标中随意使用他人享有著作权的字体,著作权人有权主张报酬;对甲公司来说,其随时面临被诉侵权的法律风险。故邓某的说法是正确的。

【风险防范建议】

公司在商标中总免不了要使用字体,建议采取以下措施:

(1)可以尽量选择标准字体或已不在著作权保护期内的字体。

(2)为追求美观,可以使用付费字体,但应当向著作权人支付费用并约定字体的用途。

(3)可以自费请设计师设计新的字体,但应注意提前与设计者约定版权归属。

【法条链接】

《商标法》第三十二条　申请商标注册不得损害他人现有的在先权利,也不得以不正当手段抢先注册他人已经使用并有一定影响的商标。

《著作权法》第二条　中国公民、法人或者非法人组织的作品,不论是否发表,依照本法享有著作权。

外国人、无国籍人的作品根据其作者所属国或者经常居住地国同中国签订的协议或者共同参加的国际条约享有的著作权,受本法保护。

外国人、无国籍人的作品首先在中国境内出版的,依照本法享有著作权。

未与中国签订协议或者共同参加国际条约的国家的作者以及无国籍人的作品首次在中国参加的国际条约的成员国出版的,或者在成员国和非成员国同时出版的,受本法保护。

第十条　著作权包括下列人身权和财产权:

(一)发表权,即决定作品是否公之于众的权利;

（二）署名权，即表明作者身份，在作品上署名的权利；

（三）修改权，即修改或者授权他人修改作品的权利；

（四）保护作品完整权，即保护作品不受歪曲、篡改的权利；

（五）复制权，即以印刷、复印、拓印、录音、录像、翻录、翻拍、数字化等方式将作品制作一份或者多份的权利；

（六）发行权，即以出售或者赠与方式向公众提供作品的原件或者复制件的权利；

（七）出租权，即有偿许可他人临时使用视听作品、计算机软件的原件或者复制件的权利，计算机软件不是出租的主要标的的除外；

（八）展览权，即公开陈列美术作品、摄影作品的原件或者复制件的权利；

（九）表演权，即公开表演作品，以及用各种手段公开播送作品的表演的权利；

（十）放映权，即通过放映机、幻灯机等技术设备公开再现美术、摄影、视听作品等的权利；

（十一）广播权，即以有线或者无线方式公开传播或者转播作品，以及通过扩音器或者其他传送符号、声音、图像的类似工具向公众传播广播的作品的权利，但不包括本款第十二项规定的权利；

（十二）信息网络传播权，即以有线或者无线方式向公众提供，使公众可以在其选定的时间和地点获得作品的权利；

（十三）摄制权，即以摄制视听作品的方法将作品固定在载体上的权利；

（十四）改编权，即改变作品，创作出具有独创性的新作品的权利；

（十五）翻译权，即将作品从一种语言文字转换成另一种语言文字的权利；

（十六）汇编权，即将作品或者作品的片段通过选择或者编排，汇集成新作品的权利；

（十七）应当由著作权人享有的其他权利。

著作权人可以许可他人行使前款第五项至第十七项规定的权利，并依照约定或者本法有关规定获得报酬。

著作权人可以全部或者部分转让本条第一款第五项至第十七项规定的权利，并依照约定或者本法有关规定获得报酬。

116. 注册商标连续3年不使用，会被撤销吗？

【情景案例】

甲公司申请注册的"金×伦"商标于2019年5月被核准注册，核定使用商品为第21类中的"筷子"。甲公司希望用"金×伦"商标来做高档筷子品牌，由于时机未成熟，一直没有投入生产使用。2023年6月，乙公司以甲公司连续3年没有使用"金×

伦"商标为由,向商标局申请撤销该商标在"筷子"类商品项目上的注册。对于乙公司的申请,甲公司表示强烈反对。

请问:乙公司的申请能得到商标局支持吗?

【案例分析】

本案涉及的是注册商标连续3年未使用会否被撤销的问题。

我国《商标法》第四十九条第二款规定,注册商标成为其核定使用的商品的通用名称或者没有正当理由连续3年不使用的,任何单位或者个人可以向商标局申请撤销该注册商标。商标局应当自收到申请之日起9个月内做出决定。有特殊情况需要延长的,经国务院工商行政管理部门批准,可以延长3个月。

本案中,甲公司的高档筷子商品因时机未成熟而一直没有投入生产,也就没有在"筷子"类商品上使用其注册的"金×伦"商标,且时间自2019年5月起至2023年6月止,已长达4年连续不间断未使用,符合前述法律规定的注册商标没有正当理由连续3年不使用,因此乙公司可以向商标局申请撤销该商标在"筷子"类商品项目上的注册。甲公司若没有相应的使用证据,其反对无效,乙公司的申请能得到商标局支持。

【风险防范建议】

"商标撤三"一直是商标法领域的法律风险之一。其指的就是商标被核准注册后,在商标的有效期内,连续不间断3年无正当理由未使用的,任何单位或者个人都可以申请撤销该注册商标。因此,公司在商标被核准注册后,应当对商标进行使用,即使有断续未使用的情况,只要不构成连续不间断的3年未使用即可。

同时,作为注册商标权利人,应当在生产经营中注意以符合《商标法》规定的方式使用商标,并保留商标使用的证据。

根据商标局的指引,商标使用在指定商品上的具体表现形式为:

(1)采取直接贴附、刻印、烙印或者编织等方式将商标附着在商品、商品包装、容器、标签等上,或者使用在商品附加标牌、产品说明书、介绍手册、价目表等上;

(2)商标使用在与商品销售有联系的交易文书上,包括使用在商品销售合同、发票、票据、收据、商品进出口检验检疫证明、报关单据等;

(3)商标使用在广播、电视等媒体上,或者在公开发行的出版物中发布,以及以广告牌、邮寄广告或者其他广告方式为商标或者使用商标的商品进行的广告宣传;

(4)商标在展览会、博览会上使用,包括在展览会、博览会上提供的使用该商标的印刷品以及其他资料;

(5)其他符合法律规定的商标使用形式。

商标使用在指定服务上的具体表现形式为：

（1）商标直接使用于服务场所，包括使用于服务的介绍手册、服务场所招牌、店堂装饰、工作人员服饰、招贴、菜单、价目表、奖券、办公文具、信笺以及其他与指定服务相关的用品上；

（2）商标使用于和服务有联系的文件资料上，如发票、汇款单据、提供服务协议、维修维护证明等；

（3）商标使用在广播、电视等媒体上，或者在公开发行的出版物中发布，以及以广告牌、邮寄广告或者其他广告方式为商标或者使用商标的服务进行的广告宣传；

（4）商标在展览会、博览会上使用，包括在展览会、博览会上提供的使用该商标的印刷品及其他资料；

（5）其他符合法律规定的商标使用形式。

不被视为《商标法》意义上的商标使用情形为：

（1）商标注册信息的公布或者商标注册人关于对其注册商标享有专用权的声明；

（2）未在公开的商业领域使用；

（3）改变了注册商标主要部分和显著特征的使用；

（4）仅有转让或许可行为而没有实际使用；

（5）仅以维持商标注册为目的的象征性使用。

【法条链接】

《商标法》第四十九条　商标注册人在使用注册商标的过程中，自行改变注册商标、注册人名义、地址或者其他注册事项的，由地方工商行政管理部门责令限期改正；期满不改正的，由商标局撤销其注册商标。

注册商标成为其核定使用的商品的通用名称或者没有正当理由连续三年不使用的，任何单位或者个人可以向商标局申请撤销该注册商标。商标局应当自收到申请之日起九个月内做出决定。有特殊情况需要延长的，经国务院工商行政管理部门批准，可以延长三个月。

117. 代工公司受托生产的产品侵犯他人的商标权，责任由谁承担？

【情景案例】

2000年，某国际品牌LOGO经过申请在中国被核准为注册商标。傅某于2002年创办A公司，A公司是一家皮具加工公司。B公司是A公司合作多年的老客户。2023年3月，B公司委托A公司生产1万个皮包，在未得到某国际品牌授权的情况下，要求A公司在其代工的皮包上打上某国际品牌的LOGO，但遭到傅某拒绝。傅某认为,这是违法行为,不能这样做。为此,B公司给傅某出具一份承诺书,内容为:"A公司只是为我司代工生产皮包,贴某国际品牌LOGO是我司的行为,与A公司无关。"但实质上,某国际品牌LOGO是由A公司在生产过程中贴上去的。2023年12月,某国际品牌公司打假部门发现了B公司销售的假货,遂诉至法院,要求A公司与B公司共同承担赔偿责任。

请问:A公司要承担赔偿责任吗?

【案例分析】

本案涉及的是接受委托加工侵犯他人商标权的产品,是否属于侵犯他人注册商标专用权行为的问题。

根据《商标法》第五十七条第(一)项的规定,未经商标注册人的许可,在同一种商品上使用与其注册商标相同的商标的,就属侵犯注册商标专用权的违法行为。该规定强调的未经商标注册人的许可而使用,不管使用人是否存在主观故意。

本案中,A公司受B公司委托,未经某国际品牌注册商标所有人的许可,在其受托加工的皮包上打上某国际品牌的LOGO,不管其主观上是否存在故意,并不影响其商标侵权违法行为的构成。综上所述,A公司的行为属于侵犯他人注册商标专用权的违法行为,依法需承担赔偿责任。

【风险防范建议】

为防范代工引起的商标侵权,代工公司在经营中需注意以下两点:

(1)接受代工业务前,谨慎审查委托公司的商标资质;对于其出具的证明文件和法律文书进行严格的形式审查。

(2)在合同中明确约定商标权利瑕疵担保条款,明确商标侵权责任的承担,如委托方在合同中保证其对加工商品上使用的商标具有专用权或已获得许可使用的权利,保证其要求在加工商品上使用的商标不侵犯他人的商标专用权。例如约定,受托方在使用、销售、出口贴附该商标的产品时被第三方主张权利,或被市场监管部门、海关等部门给予行政处罚等而受到损失的,委托方应赔偿受托方因此遭受的所有损失等。

【法条链接】

《商标法》第五十七条　有下列行为之一的,均属侵犯注册商标专用权:

(一)未经商标注册人的许可,在同一种商品上使用与其注册商标相同的商标的;

(二)未经商标注册人的许可,在同一种商品上使用与其注册商标近似的商标,或者在类似商品上使用与其注册商标相同或者近似的商标,容易导致混淆的;

（三）销售侵犯注册商标专用权的商品的；

（四）伪造、擅自制造他人注册商标标识或者销售伪造、擅自制造的注册商标标识的；

（五）未经商标注册人同意，更换其注册商标并将该更换商标的商品又投入市场的；

（六）故意为侵犯他人商标专用权行为提供便利条件，帮助他人实施侵犯商标专用权行为的；

（七）给他人的注册商标专用权造成其他损害的。

118. 商标许可使用合同不备案，有什么风险？

【情景案例】

"利×福"是甲公司拥有的注册商标，核定使用的商品为服装。2023年5月，甲公司与乙公司签订一份《商标许可使用合同》，约定：甲公司允许乙公司独家使用其注册商标5年，费用为100万元。合同签订后，乙公司按约定给甲公司付款，但没有到商标局办理备案手续。2023年9月，由于资金困难，甲公司又与丙公司签订一份《商标许可使用合同》，将商标再许可给丙公司使用，费用为150万元，且双方到商标局登记备案。2023年12月，乙公司得知此事后，遂诉至法院，要求丙公司停止使用"利×福"商标。丙公司辩称，对于甲公司曾将商标许可给乙公司使用的情况，其并不知情且商标使用许可已报商标局备案，故其有权继续使用"利×福"商标。

请问：乙公司可要求丙公司停止使用"利×福"商标吗？

【案例分析】

本案涉及的是商标许可使用合同不备案的风险问题。

根据《商标法》第四十三条的规定，商标注册人可以通过签订商标使用许可合同，许可他人使用其注册商标。许可他人使用其注册商标的，许可人应当将其商标使用许可报商标局备案，由商标局公告。商标使用许可未经备案不得对抗善意第三人。《最高人民法院关于审理商标民事纠纷案件适用法律若干问题的解释》第十九条规定，商标使用许可合同未经备案的，不影响该许可合同的效力，但当事人另有约定的除外。

本案中，甲公司将其拥有的"利×福"注册商标许可给乙公司使用，但未办理备案手续，故其二者之间的《商标许可使用合同》虽然有效但不得对抗善意第三人。而后甲公司又再次将商标许可给不知情的丙公司使用，且双方已到商标局办理登记备案，丙公司是善意第三人，乙公司不能要求丙公司停止使用"利×福"商标。

【风险防范建议】

作为被许可使用他人注册商标一方,为维护自身权益,应当及时做好备案手续;由于《商标法》规定许可人应当办理商标许可备案,被许可人在商标使用许可合同中应当约定许可人未办理备案的违约责任。且被许可人需在使用该注册商标的商品上表明被许可人的名称和商品产地。

作为商标注册人,在许可他人使用注册商标时,应当注重对被许可人资格的审查,审慎选择合作伙伴;且应当注意对商品质量的控制。

【法条链接】

《商标法》第四十三条 商标注册人可以通过签订商标使用许可合同,许可他人使用其注册商标。许可人应当监督被许可人使用其注册商标的商品质量。被许可人应当保证使用该注册商标的商品质量。

经许可使用他人注册商标的,必须在使用该注册商标的商品上标明被许可人的名称和商品产地。

许可他人使用其注册商标的,许可人应当将其商标使用许可报商标局备案,由商标局公告。商标使用许可未经备案不得对抗善意第三人。

《最高人民法院关于审理商标民事纠纷案件适用法律若干问题的解释》第十九条 商标使用许可合同未经备案的,不影响该许可合同的效力,但当事人另有约定的除外。

119.生产假冒专利的产品,要承担刑事责任吗?

【情景案例】

甲公司研发了一种高效节能的电动牙刷,并就该项技术向国家知识产权局申请了发明专利。专利产品推出市场后,广受消费者欢迎。乙公司也是一家电动牙刷生产公司,为了让产品更畅销,其在产品上标注甲公司的专利号。在给客户介绍产品时,乙公司称自家电动牙刷是经甲公司授权生产的专利产品,且价格比甲公司优惠20%。甲公司得知此后,立即报警。经公安机关查证,乙公司生产、销售的假冒专利产品非法经营额达2000万元,非法获利600万元。

请问:乙公司对其假冒专利的行为要承担刑事责任吗?

【案例分析】

本案涉及的是假冒他人专利的刑事法律风险问题。

根据《刑法》第二百一十六条及相关司法解释的规定，假冒他人专利，非法经营数额在20万元以上或者违法所得数额在10万元以上的，处3年以下有期徒刑或者拘役，并处或者单处罚金。且司法解释还规定，未经许可，在其制造或者销售的产品、产品包装上标注他人专利号的，属于《刑法》规定的假冒他人专利的行为。

本案中，乙公司未经甲公司许可，在产品上标注甲公司的专利号，属于《刑法》规定的假冒他人专利的行为。乙公司生产、销售的假冒专利产品非法经营额达2000万元，非法获利600万元，已达到司法解释规定的假冒专利罪的立案标准。故乙公司对其假冒专利的行为要承担刑事责任。

【风险防范建议】

根据法律法规规定，未经许可在产品或产品包装上标注他人的专利号，属于假冒专利的行为，情节严重即可构成假冒专利罪而被追究刑事责任。因此，公司经营者在日常经营中要注重知识产权风险防范，使用他人专利应当取得有效授权。

【法条链接】

《刑法》第二百一十六条　假冒他人专利，情节严重的，处三年以下有期徒刑或者拘役，并处或者单处罚金。

《最高人民法院、最高人民检察院关于办理侵犯知识产权刑事案件具体应用法律若干问题的解释》第四条　假冒他人专利，具有下列情形之一的，属于刑法第二百一十六条规定的"情节严重"，应当以假冒专利罪判处三年以下有期徒刑或者拘役，并处或者单处罚金：

（一）非法经营数额在二十万元以上或者违法所得数额在十万元以上的；

（二）给专利权人造成直接经济损失五十万元以上的；

（三）假冒两项以上他人专利，非法经营数额在十万元以上或者违法所得数额在五万元以上的；

（四）其他情节严重的情形。

第十条　实施下列行为之一的，属于刑法第二百一十六条规定的"假冒他人专利"的行为：

（一）未经许可，在其制造或者销售的产品、产品的包装上标注他人专利号的；

（二）未经许可，在广告或者其他宣传材料中使用他人的专利号，使人将所涉及的技术误认为是他人专利技术的；

（三）未经许可，在合同中使用他人的专利号，使人将合同涉及的技术误认为是他人专利技术的；

（四）伪造或者变造他人的专利证书、专利文件或者专利申请文件的。

《专利法》第六十八条　假冒专利的,除依法承担民事责任外,由负责专利执法的部门责令改正并予公告,没收违法所得,可以处违法所得五倍以下的罚款;没有违法所得或者违法所得在五万元以下的,可以处二十五万元以下的罚款;构成犯罪的,依法追究刑事责任。

120. 公司对假冒专利产品进行宣传,将面临什么法律责任?

【情景案例】

甲公司是一家保健品公司,由曾某创办。为获得消费者的信赖,曾某在某款蛋白粉产品包装上印上专利号 ZL2016103×××××.9,并对外宣传该产品是专利产品。乙公司是甲公司的竞争对手,其发现甲公司根本没有申请过专利,遂购买了甲公司的产品并向公证处申请证据保全。之后,乙公司向市场监督管理部门匿名举报甲公司"假冒专利号"的虚假宣传行为。

请问:甲公司的行为将面临什么处罚?

【案例分析】

本案涉及的是假冒专利产品进行宣传的行为将面临的法律责任问题。

根据《专利法》第六十八条与《专利法实施细则》第一百零一条的规定,在未被授予专利权的产品或者其包装上标注专利标识的行为,或者其他使公众混淆,将未被授予专利权的技术或者设计误认为是专利技术或者专利设计的行为,属于《专利法》规定的假冒专利的行为。假冒专利的,除依法承担民事责任外,由负责专利执法的部门责令改正并予公告,没收违法所得,可以处罚款;构成犯罪的,依法追究刑事责任。根据《最高人民法院、最高人民检察院关于办理侵犯知识产权刑事案件具体应用法律若干问题的解释》第十条的规定,未经许可,在其制造或者销售的产品、产品的包装上标注他人专利号的,以及未经许可,在广告或者其他宣传材料中使用他人的专利号,使人将所涉及的技术误认为是他人专利技术的,属于《刑法》规定的假冒他人专利的行为。

本案中,甲公司并未申请过专利,却在其蛋白粉产品包装上印上专利号 ZL2016103×××××.9,并对外宣传该产品是专利产品,构成《专利法》上假冒专利的行为。乙公司向市场监督管理部门匿名举报甲公司"假冒专利号"并虚假宣传的行为,负责专利行政执法的部门在查证后可对甲公司责令改正并予公告,没收违法所得,可以处违法所得 5 倍以下罚款;没有违法所得或者违法所得在 5 万元以下的,可以处 25 万元以下的罚款。同时,由于我国的专利申请量和授权量巨大,即使甲公司是按照专利编号的规则随便杜撰出 ZL2016103×××××.9 这个专利号,也有可能与实际存在的某个专利号相同,这种情况下甲公司的行为与其主观意愿无关,完全由偶然因素决定,甲公司不但构成假冒专利的行为,还侵犯了 ZL2016103××××.9 专利权人的标记权,则可能承担相应的民事责任;更进一步,若市场监管部门在对甲公司的调查中发现甲公司因在广告或者其他宣传材料中使用他人的专利号导致消费者误认,且非法经营数额或违法所得数额达到司法解释规定的"情节严重"的情形,其行为还构成犯罪,将依法被追究刑事责任。

【风险防范建议】

公司在经营中应当诚实守信,不可做虚假宣传。需要使用专利的,可依法申请专利或者经他人授权使用他人的专利,以增强自身产品在消费者中的信赖度及接受度。公司假冒专利的行为受到专利行政执法部门的监管,通常承担行政责任;一旦所假冒的专利号与实际存在的他人的某个专利号相同,则还将面临民事侵权责任,情节严重的还可能涉及刑事责任。

【法条链接】

《专利法》第六十八条　假冒专利的,除依法承担民事责任外,由负责专利执法的部门责令改正并予公告,没收违法所得,可以处违法所得五倍以下的罚款;没有违法所得或者违法所得在五万元以下的,可以处二十五万元以下的罚款;构成犯罪的,依法追究刑事责任。

《专利法实施细则》第一百零一条　下列行为属于专利法第六十八条规定的假冒专利的行为:

(一)在未被授予专利权的产品或者其包装上标注专利标识,专利权被宣告无效后或者终止后继续在产品或者其包装上标注专利标识,或者未经许可在产品或者产品包装上标注他人的专利号;

(二)销售第(一)项所述产品;

(三)在产品说明书等材料中将未被授予专利权的技术或者设计称为专利技术或者专利设计,将专利申请称为专利,或者未经许可使用他人的专利号,使公众将所涉及的技术或者设计误认为是专利技术或者专利设计;

(四)伪造或者变造专利证书、专利文件或者专利申请文件;

(五)其他使公众混淆,将未被授予专利权的技术或者设计误认为是专利技术或者专利设计的行为。

专利权终止前依法在专利产品、依照专利方法直接获得的产品或者其包装上标注专利标识,在专利权终止后许诺销售、销售该产品的,不属于假冒专利行为。

销售不知道是假冒专利的产品,并且能够证明该产品合法来源的,由县级以上负责专利执法的部门责令停止销售。

《刑法》第二百一十六条 假冒他人专利,情节严重的,处三年以下有期徒刑或者拘役,并处或者单处罚金。

《最高人民法院、最高人民检察院关于办理侵犯知识产权刑事案件具体应用法律若干问题的解释》第四条 假冒他人专利,具有下列情形之一的,属于刑法第二百一十六条规定的"情节严重",应当以假冒专利罪判处三年以下有期徒刑或者拘役,并处或者单处罚金:

(一)非法经营数额在二十万元以上或者违法所得数额在十万元以上的;

(二)给专利权人造成直接经济损失五十万元以上的;

(三)假冒两项以上他人专利,非法经营数额在十万元以上或者违法所得数额在五万元以上的;

(四)其他情节严重的情形。

第十条 实施下列行为之一的,属于刑法第二百一十六条规定的"假冒他人专利"的行为:

(一)未经许可,在其制造或者销售的产品、产品的包装上标注他人专利号的;

(二)未经许可,在广告或者其他宣传材料中使用他人的专利号,使人将所涉及的技术误认为是他人专利技术的;

(三)未经许可,在合同中使用他人的专利号,使人将合同涉及的技术误认为是他人专利技术的;

(四)伪造或者变造他人的专利证书、专利文件或者专利申请文件的。

121. 已申请但尚未被授权的专利,受法律保护吗?

【情景案例】

2023年3月,甲公司向国家知识产权局申请名称为"控油洗发水及其制造方法"发明专利申请。2023年5月,甲公司将该专利产品投放市场。2023年7月,乙公司借甲公司已公开但未获得发明授权的技术,生产出了一款新的控油洗发水并对外销售。2023年12月,甲公司发现乙公司销售的新款洗发水使用了自己公司发明专利申请中已公开的技术,遂要求其立即停止侵权行为并赔偿损失30万元,但遭到拒绝。乙公司认为,甲公司申请的专利尚未得到国家知识产权局授权,因此自己的行为不构成侵权。

请问:乙公司的行为构成侵权吗?

【案例分析】

本案涉及的是对已申请但尚未授权的专利,其专利申请人能否要求他人承担侵权责任的法律问题。

我国《专利法》第十三条规定,发明专利申请公布后,申请人可以要求实施其发明的单位或者个人支付适当的费用。第三十四条规定,国务院专利行政部门收到发明专利申请后,经初步审查认为符合该法要求的,自申请日起满 18 个月,即行公布。国务院专利行政部门可以根据申请人的请求早日公布其申请。第三十九条规定,发明专利申请经实质审查没有发现驳回理由的,由国务院专利行政部门作出授予发明专利权的决定,发给发明专利证书,同时予以登记和公告。发明专利权自公告之日起生效。第七十四条规定,发明专利申请公布后至专利权授予前使用该发明未支付适当使用费的,专利权人要求支付使用费的诉讼时效为 3 年,自专利权人知道或者应当知道他人使用其发明之日起计算,但是,专利权人于专利权授予之日前即已知道或者应当知道的,自专利权授予之日起计算。

可见,发明专利权自国家知识产权局公告之日起生效,故在公布发明专利申请到授权公告这段时间内,不论该申请最终是否被授予专利权,该申请所公开的发明都无法获得专利权的保护。然而,发明专利申请公布之后,他人就可能通过阅读公布的申请文件了解发明的内容,从而也就有可能实施该发明。虽然法律上没有规定申请人在申请公布后有权要求他人停止实施其发明,但是由于该申请有可能被授予专利权,如果他人可以任意实施该发明,则对申请人不利,有可能导致申请人不愿公布其申请,从而影响大众申请发明专利的积极性。为鼓励申请人申请发明专利,需要在公布发明专利申请到授权公告这段时间给予一定程度的保护,这就是对发明专利申请的"临时保护";但这种"临时保护"并非专利申请人的一项权利,因此《专利法》第十三条规定,发明专利的申请人"可以"但不是"有权"要求申请公布后实施其发明的单位或者个人支付费用。本案中,甲公司已申请但尚未取得"控油洗发水及其制造方法"发明专利授权,也就是说甲公司的该发明专利申请将来能否被授予专利权还不确定。乙公司使用甲公司已公开但未获得发明授权的技术,甲公司可以向乙公司主张要求其支付适当的使用费。但由于此时甲公司尚未取得授专利权,因此其无法主张乙公司构成侵权。综上所述,乙公司的行为不构成侵权,但甲公司可以要求乙公司支付适当的使用费。

【风险防范建议】

专利申请最终可能有两种的结果:获得专利权或没有获得专利权。发明专利的申请过程包括申请公布、实质审查、(满足授权条件且办理授权登记手续后的)授权公告等程序,发明专利申请的公布只是表明该申请经初步审查符合《专利法》的有关规定,还没有进行实质审查,不能确定该申请能否获得专利权。虽然专利申请人在发明专利申请公布后并不具有专利上的排他性权利,但这并不意味着他人可以无偿实施该申请中的发明专利技术;其间使用该技术,可能被专利申请人要求支付适当的使用费。而且发明专利申请人向法院起诉要求使用人支付使用费的诉讼时效为3年,所以使用人也不要心存侥幸,专利申请人完全有可能在获得专利授权后再行追诉使用费。

【法条链接】

《专利法》第十三条　发明专利申请公布后,申请人可以要求实施其发明的单位或者个人支付适当的费用。

第三十四条　国务院专利行政部门收到发明专利申请后,经初步审查认为符合本法要求的,自申请日起满十八个月,即行公布。国务院专利行政部门可以根据申请人的请求早日公布其申请。

第三十九条　发明专利申请经实质审查没有发现驳回理由的,由国务院专利行政部门作出授予发明专利权的决定,发给发明专利证书,同时予以登记和公告。发明专利权自公告之日起生效。

第七十四条　侵犯专利权的诉讼时效为三年,自专利权人或者利害关系人知道或者应当知道侵权行为以及侵权人之日起计算。

发明专利申请公布后至专利权授予前使用该发明未支付适当使用费的,专利权人要求支付使用费的诉讼时效为三年,自专利权人知道或者应当知道他人使用其发明之日起计算,但是,专利权人于专利权授予之日前即已知道或者应当知道的,自专利权授予之日起计算。

《最高人民法院关于审理侵犯专利权纠纷案件应用法律若干问题的解释(二)》第十八条　权利人依据专利法第十三条诉请在发明专利申请公布日至授权公告日期间实施该发明的单位或者个人支付适当费用的,人民法院可以参照有关专利许可使用费合理确定。

发明专利申请公布时申请人请求保护的范围与发明专利公告授权时的专利权保护范围不一致,被诉技术方案均落入上述两种范围的,人民法院应当认定被告在前款所称期间内实施了该发明;被诉技术方案仅落入其中一种范围的,人民法院应当认定被告在前款所称期间内未实施该发明。

发明专利公告授权后,未经专利权人许可,为生产经营目的使用、许诺销售、销售在本条第一款所称期间内已由他人制造、销售、进口的产品,且该他人已支付或者书面承诺支付专利法第十三条规定的适当费用的,对于权利人关于上述使用、许诺销售、销售行为侵犯专利权的主张,人民法院不予支持。

122. 公司将技术公开后,还能申请专利吗?

【情景案例】

甲公司由吕某与苏某创办,是一家专注于热水器生产的公司。2023年5月,公司研制出一种节能电热水器。2023年8月,甲公司在某杂志公开发文刊登该技术方案。2023年10月,产品推出市场后,受到广大消费者的好评。为防止竞争对手使用自己的技术,吕某提出尽快将该技术申请专利,但苏某认为,该技术方案已公开发表,不具有新颖性,因此可以尝试申请专利,但授权的可能性不大。

请问:苏某的说法正确吗?

【案例分析】

本案涉及的是发明或实用新型专利申请需具备新颖性的法律问题。

根据《专利法》第二十二条第一款、第二款、第五款规定,授予专利权的发明和实用新型,应当具备新颖性、创造性和实用性。新颖性,是指该发明或者实用新型不属于现有技术;也没有任何单位或者个人就同样的发明或者实用新型在申请日以前向国务院专利行政部门提出过申请,并记载在申请日以后公布的专利申请文件或者公告的专利文件中。该法所称现有技术,是指申请日以前在国内外为公众所知的技术。第二十四条规定,"申请专利的发明创造在申请日以前六个月内,有下列情形之一的,不丧失新颖性:(一)在国家出现紧急状态或者非常情况时,为公共利益目的首次公开的;(二)在中国政府主办或者承认的国际展览会上首次展出的;(三)在规定的学术会议或者技术会议上首次发表的;(四)他人未经申请人同意而泄露其内容的"。

本案中,甲公司已经在某杂志公开发文刊登了其技术方案,而其在杂志公开发表该技术方案并不属于法律规定的不丧失新颖性的情形,因此,其技术方案因公开发表而为公众所知。甲公司若就该技术方案申请专利,在审查过程中该申请会因不符合《专利法》第二十二条第二款关于新颖性的规定被驳回。故苏某的说法是正确的。

【风险防范建议】

能够申请的专利需要同时具备新颖性、创造性和实用性三个特征。公司申请专利的技术方案或外观设计,都应当不属于现有技术或现有设计。在专利申请前对相关技术或设计的公开(不丧失新颖性的公开除外),将导致所申请的专利因被公众所知而丧失新颖性,最终专利申请被驳回。而导致丧失新颖性的公开通常包括:以出版物方式公开、公开使用、以其他方式为公众所知(如技术演示、产品演示、产品销售)、抵触申请。因此,建议在相关技术或设计提交专利申请之前,不要随意公开、使用专利或销售专利产品,否则可能会因丧失新颖性而导致专利申请被驳回,除非以符合法律规定的不丧失新颖性的方式公开。

【法条链接】

《**专利法**》**第二十二条** 授予专利权的发明和实用新型,应当具备新颖性、创造性和实用性。

新颖性,是指该发明或者实用新型不属于现有技术;也没有任何单位或者个人就同样的发明或者实用新型在申请日以前向国务院专利行政部门提出过申请,并记载在申请日以后公布的专利申请文件或者公告的专利文件中。

创造性,是指与现有技术相比,该发明具有突出的实质性特点和显著的进步,该实用新型具有实质性特点和进步。

实用性,是指该发明或者实用新型能够制造或者使用,并且能够产生积极效果。

本法所称现有技术,是指申请日以前在国内外为公众所知的技术。

第二十四条 申请专利的发明创造在申请日以前六个月内,有下列情形之一的,不丧失新颖性:

(一)在国家出现紧急状态或者非常情况时,为公共利益目的首次公开的;

(二)在中国政府主办或者承认的国际展览会上首次展出的;

(三)在规定的学术会议或者技术会议上首次发表的;

(四)他人未经申请人同意而泄露其内容的。

123. 委托开发合同未约定专利申请权归属,怎么办?

【情景案例】

卢某是某理工大学在读博士。2022年8月,某灯饰公司委托卢某研发一种新型的彩色节能LED灯,并提供研发经费50万元,双方签订的委托开发合同中未约定专利申请权的归属。2023年12月,卢某按约定完成彩色节能LED灯的研发并准备申请专利,但双方在谁有权申请专利的问题上产生争议。卢某认为,申请专利的权利应当属于自己,自己取得专利权后,有义务授权某灯饰公司免费实施该专利。某灯饰公司认为,该技术成果应当归其司所有,因为研发费用由该司提供。

请问:某灯饰公司的说法符合法律规定吗?

【案例分析】

本案涉及的是委托开发完成的发明创造的权利归属问题。

我国《民法典》第八百五十九条规定,委托开发完成的发明创造,除法律另有规定或者当事人另有约定外,申请专利的权利属于研究开发人。研究开发人取得专利权的,委托人可以依法实施该专利。研究开发人转让专利申请权的,委托人享有以同等条件优先受让的权利。《专利法》第八条规定,两个以上单位或者个人合作完成的发明创造、一个单位或者个人接受其他单位或者个人委托所完成的发明创造,除另有协议的以外,申请专利的权利属于完成或者共同完成的单位或者个人;申请被批准后,申请的单位或者个人为专利权人。

本案中,某灯饰公司委托卢某研发一种新型的彩色节能 LED 灯,由某灯饰公司提供研发经费,但双方未在合同中约定专利申请权的归属。在未约定的情况下,申请专利的权利属于研究开发人,即完成发明创造的单位或个人,本案申请专利的权利应当属于卢某。但卢某取得专利权后,某灯饰公司可以依法实施该专利,且在卢某转让专利申请权时,某灯饰公司有以同等条件优先受让的权利。故某灯饰公司的说法不符合法律规定。

【风险防范建议】

为避免争议,在签订技术开发合同时,不仅应当在合同中明确约定研究开发经费和报酬问题、制订和实施研究开发计划,还应当约定双方因此产出的发明创造申请专利的权利归谁所有、如何行使、如何转让、如何进行利益分配等内容。特别是作为委托人一方,要在技术开发合同中对发明创造申请专利的权利归属进行明确约定,按照法律规定,有约定则从约定;无约定的,申请专利的权利则属于研究开发人。

【法条链接】

《民法典》第八百五十九条 委托开发完成的发明创造,除法律另有规定或者当事人另有约定外,申请专利的权利属于研究开发人。研究开发人取得专利权的,委托人可以依法实施该专利。

研究开发人转让专利申请权的,委托人享有以同等条件优先受让的权利。

《专利法》第八条 两个以上单位或者个人合作完成的发明创造、一个单位或者个人接受其他单位或者个人委托所完成的发明创造,除另有协议的以外,申请专利的权利属于完成或者共同完成的单位或者个人;申请被批准后,申请的单位或者个人为专利权人。

124. 员工离职后完成的发明创造,属于职务发明吗?

【情景案例】

2019 年 1 月,蒋某入职某家电公司,担任技术员,其主要工作为空调产品的设计与研发，双方签订有劳动合同，但劳动合同对申请专利的权利和专利权的归属并未作出约定。蒋某进入某家电公司后，工作表现突出，多次得到领导的表扬。2023年12月，由于母亲生病，蒋某辞职回家照顾母亲。2024年4月，蒋某研发了一种空调冷膨胀技术，并以自己的名义于2024年5月向国家知识产权局提交了专利申请。专利申请提交后，蒋某找到某家电公司总经理蔡某，提出将该专利技术以50万元的价格出售给某家电公司，但遭到拒绝。蔡某认为，蒋某在离职1年内作出的发明创造属于职务发明，专利权应当归公司所有。

请问：蔡某的说法符合我国法律规定吗？

【案例分析】

本案涉及的是员工离职1年内完成的与原单位工作相关的发明创造是否属于职务发明的问题。

我国《专利法》第六条第一款规定，执行本单位的任务或者主要是利用本单位的物质技术条件所完成的发明创造为职务发明创造。职务发明创造申请专利的权利属于该单位，申请被批准后，该单位为专利权人。该单位可以依法处置其职务发明创造申请专利的权利和专利权，促进相关发明创造的实施和运用。根据《专利法实施细则》第十三条的规定，劳动、人事关系终止后1年内完成的、与其在原单位承担的本职工作或者原单位分配的任务有关的发明创造，属于执行本单位的任务所完成的职务发明创造。

本案中，蒋某在某家电公司承担的本职工作就是空调产品的设计与研发，其2023年12月离职后，于2024年4月研发并申请专利的也是空调冷膨胀技术。因此，蒋某的行为构成劳动关系终止后1年内完成的、与其在原单位承担的本职工作有关的发明创造，依法属于职务发明创造。且蒋某与某家电公司之间对申请专利的权利和专利权的归属并未订立合同约定，依法申请专利的权利和专利权属于该单位。故蔡某的说法符合我国法律规定。

【风险防范建议】

职务发明创造和非职务发明创造的划分，不取决于发明创造是在工作时间还是在业余时间完成的，不能简单以发明是上班时间还是下班时间完成的作为区分标准。依据法律法规规定，在本职工作中作出的发明创造，履行本单位交付的本职工作之外的任务所作出的发明创造，退休、调离原单位后或者劳动、人事关系终止后1年内作出的、与其在原单位承担的本职工作或者原单位分配的任务有关的发明创造，均属于职务发明。在无事前约定的情况下，职务发明创造的专利申请权利属于单位，申请被批准后，单位为专利权人。

故作为单位一方,可对负责技术开发的员工设置竞业限制条款,且在该员工离职后 1 年内密切关注其专利申请情况。对符合法律规定的职务发明的,可积极主张权利。而作为员工一方,可在入职时以书面形式与单位约定申请专利和专利权的归属,以维护自身权益。

同时单位为了充分调动科研人员的积极性,与员工就利用本单位的物质技术条件所完成的发明创造申请专利的权利和专利权的归属问题进行书面约定,可以促使科研人员面向市场,按照市场需求自立课题,也有利于使单位闲置的设备等物质条件得到充分利用。

【法条链接】

《专利法》第六条　执行本单位的任务或者主要是利用本单位的物质技术条件所完成的发明创造为职务发明创造。职务发明创造申请专利的权利属于该单位,申请被批准后,该单位为专利权人。该单位可以依法处置其职务发明创造申请专利的权利和专利权,促进相关发明创造的实施和运用。

非职务发明创造,申请专利的权利属于发明人或者设计人;申请被批准后,该发明人或者设计人为专利权人。

利用本单位的物质技术条件所完成的发明创造,单位与发明人或者设计人订有合同,对申请专利的权利和专利权的归属作出约定的,从其约定。

《专利法实施细则》第十三条　专利法第六条所称执行本单位的任务所完成的职务发明创造,是指:

(一)在本职工作中作出的发明创造;

(二)履行本单位交付的本职工作之外的任务所作出的发明创造;

(三)退休、调离原单位后或者劳动、人事关系终止后 1 年内作出的,与其在原单位承担的本职工作或者原单位分配的任务有关的发明创造。

专利法第六条所称本单位,包括临时工作单位;专利法第六条所称本单位的物质技术条件,是指本单位的资金、设备、零部件、原材料或者不对外公开的技术信息和资料等。

125. 对失效专利的使用,有什么风险?

【情景案例】

2007 年 4 月 1 日,甲公司向国家知识产权局申请了名称为"高强度自动发动机油箱"的实用新型专利,该申请于 2008 年 12 月授权公告。2023 年 5 月,乙公司使用甲公司的失效专利进行产品生产,并以低价抢走甲公司的部分客户。甲公司对此非常不满,拟诉至法院,但专利有效期已过,不知道能否阻止乙公司的非法行为。

请问:乙公司对甲公司失效专利的使用构成侵权吗?

【案例分析】

本案涉及的是对保护期届满的专利进行使用是否构成侵权的问题。

我国《专利法》第四十二条第一款规定,发明专利权的期限为20年,实用新型专利权的期限为10年,外观设计专利权的期限为15年,均自申请日起计算。

本案中,甲公司申请"高强度自动发动机油箱"的实用新型专利是在2007年4月1日,即使是甲公司按期缴纳专利年费,该实用新型专利权也于2017年3月31日期限届满,不再获得保护。乙公司对该专利产品的生产行为发生在2023年5月,由于甲公司的该专利保护期限已过,乙公司的行为不构成对甲公司该专利权的侵害,甲公司诉至法院亦无法阻止乙公司的行为。故乙公司对甲公司已失效专利的使用不构成侵权。

【风险防范建议】

实用新型专利权的保护期为10年,期满后,该专利所对应的技术方案则进入公众领域,公开成为社会公众都可以使用的技术而不再受专利权保护。但并不意味着可以毫不受限地实施该技术方案,已失效专利所对应的技术仍然有可能在其他有效专利的保护范围之内,实施该技术之前需要进一步地做技术分析,防止侵犯其他的专利权。同时对原专利权人来说,在原专利保护期内,可以继续在原来技术的基础上进行改进、技术更新;在改进的技术满足"新颖性、创造性、实用性"的条件下,另行重新申请专利,对改进的技术方案再行专利法保护。

【法条链接】

《专利法》第四十二条　发明专利权的期限为二十年,实用新型专利权的期限为十年,外观设计专利权的期限为十五年,均自申请日起计算。

自发明专利申请日起满四年,且自实质审查请求之日起满三年后授予发明专利权的,国务院专利行政部门应专利权人的请求,就发明专利在授权过程中的不合理延迟给予专利权期限补偿,但由申请人引起的不合理延迟除外。

为补偿新药上市审评审批占用的时间,对在中国获得上市许可的新药相关发明专利,国务院专利行政部门应专利权人的请求给予专利权期限补偿。补偿期限不超过五年,新药批准上市后总有效专利权期限不超过十四年。

126. 尚在申请中的专利,可以转让吗?

【情景案例】

2024年1月,甲公司向国家知识产权局提交名称为"控制空调器运行方法"的专利申请。2024年4月20日,因资金周转困难,甲公司将"控制空调器运行方法"的专利申请权转让给乙公司,转让价款为100万元,且双方到国家专利行政部门进行了转让登记,办理了著录项目变更手续。乙公司按约定支付转让款。1个月后,丙公司向甲公司提出以500万元购买该专利申请的技术,甲公司遂以"申请中的专利不能转让"为由诉至法院,主张其与乙公司签订的专利申请权转让合同无效,并同意给乙公司退100万元转让款。

请问:甲公司的请求能得到法院支持吗?

【案例分析】

本案涉及的是尚在申请中的专利是否可以转让的法律问题。

我国《专利法》第十条规定,专利申请权和专利权可以转让。中国单位或者个人向外国人、外国公司或者外国其他组织转让专利申请权或者专利权的,应当依照有关法律、行政法规的规定办理手续。转让专利申请权或者专利权的,当事人应当订立书面合同,并向国务院专利行政部门登记,由国务院专利行政部门予以公告。专利申请权或者专利权的转让自登记之日起生效。

本案中,甲公司于2024年4月将其专利申请权转让给乙公司,并到国家专利行政部门进行了转让登记,甲公司对专利申请权的转让自登记之日起生效。该转让行为合法有效,受法律保护。因此,甲公司为了获得更高的利益,而以"申请中的专利不能转让"为由主张其与乙公司签订的专利申请权转让合同无效的请求没有法律依据。甲公司的请求不能得到法院支持。

【风险防范建议】

已经提出专利申请但尚在审查中未授予专利权的,在不违反法律法规强制性规定的前提下,可以将自己的专利申请权转让给他人。转让专利申请权的,双方应当订立书面合同,并依法到国务院专利行政部门进行登记。此外应当注意,如果专利申请权和专利权的转让人是中国单位或者个人,而受让人是外国人,就必须经国务院有关主管部门批准。

【法条链接】

《专利法》第十条 专利申请权和专利权可以转让。

中国单位或者个人向外国人、外国企业或者外国其他组织转让专利申请权或者专利权的，应当依照有关法律、行政法规的规定办理手续。

转让专利申请权或者专利权的，当事人应当订立书面合同，并向国务院专利行政部门登记，由国务院专利行政部门予以公告。专利申请权或者专利权的转让自登记之日起生效。

《专利法实施细则》第十五条　除依照专利法第十条规定转让专利权外，专利权因其他事由发生转移的，当事人应当凭有关证明文件或者法律文书向国务院专利行政部门办理专利权转移手续。

专利权人与他人订立的专利实施许可合同，应当自合同生效之日起3个月内向国务院专利行政部门备案。

以专利权出质的，由出质人和质权人共同向国务院专利行政部门办理出质登记。

《技术进出口管理条例》第二十九条　属于禁止出口的技术，不得出口。

第三十条　属于限制出口的技术，实行许可证管理；未经许可，不得出口。

第三十一条　出口属于限制出口的技术，应当向国务院外经贸主管部门提出申请。

第三十六条　对属于自由出口的技术，实行合同登记管理。

出口属于自由出口的技术，合同自依法成立时生效，不以登记为合同生效的条件。

127. 专利权终止后继续标注专利标识，合法吗？

【情景案例】

甲公司生产的"小×王"电风扇是专利产品，专利号为 ZL001××××.8。2020年专利到期后，由于甲公司存在疏忽，没有留意专利到期失效问题，仍在产品包装上标注专利标识。2024年3月，魏某购买了一台"小×王"电风扇，但上网查询后发现该电风扇的外观计专利已失效，故认为自己上当受骗，遂向当地的市场监督管理部门投诉。

请问：甲公司在专利权终止后继续标注专利标识，合法吗？

【案例分析】

本案涉及的是专利到期终止后能否继续标注专利标识的问题。

根据《专利法实施细则》第一百零一条的规定，专利权终止后继续在产品或者包装上标注专利标识的，属于假冒专利的行为。《专利法》第六十八条规定，"假冒专利的，除依法承担民事责任外，由负责专利执法的部门责令改正并予公告，没收违法所得，可以处违法所得五倍以下的罚款；没有违法所得或者违法所得在五万元以下的，可以处二十五万元以下的罚款;构成犯罪的,依法追究刑事责任"。

本案中,甲公司的专利已于2020年到期,但其专利权到期后仍在产品包装上标注专利标识,属于法律规定的假冒专利的行为。专利执法部门可对其责令改正并予公告,没收违法所得,可以处以罚款。故甲公司在专利权终止后继续标注专利标识不合法。

【风险防范建议】

公司经营者既要保护好自己的知识产权,也要注意不要违反法律规定。专利权到期终止、未缴年费终止未恢复或专利权被宣告全部无效生效后,则不可在产品包装上再标注专利标识,同时应消除库存产品及包装上的专利标识,以防止可能随之而来的民事赔偿责任、行政责任,严重的可能导致原专利权人承担刑事责任,得不偿失。

【法条链接】

《专利法》第六十八条 假冒专利的,除依法承担民事责任外,由负责专利执法的部门责令改正并予公告,没收违法所得,可以处违法所得五倍以下的罚款;没有违法所得或者违法所得在五万元以下的,可以处二十五万元以下的罚款;构成犯罪的,依法追究刑事责任。

《专利法实施细则》第一百零一条 下列行为属于专利法第六十八条规定的假冒专利的行为:

(一)在未被授予专利权的产品或者其包装上标注专利标识,专利权被宣告无效后或者终止后继续在产品或者其包装上标注专利标识,或者未经许可在产品或者产品包装上标注他人的专利号;

(二)销售第(一)项所述产品;

(三)在产品说明书等材料中将未被授予专利权的技术或者设计称为专利技术或者专利设计,将专利申请称为专利,或者未经许可使用他人的专利号,使公众将所涉及的技术或者设计误认为是专利技术或者专利设计;

(四)伪造或者变造专利证书、专利文件或者专利申请文件;

(五)其他使公众混淆,将未被授予专利权的技术或者设计误认为是专利技术或者专利设计的行为。

专利权终止前依法在专利产品、依照专利方法直接获得的产品或者其包装上标注专利标识,在专利权终止后许诺销售、销售该产品的,不属于假冒专利行为。

销售不知道是假冒专利的产品,并且能够证明该产品合法来源的,由县级以上负责专利执法的部门责令停止销售。

128.受让侵犯他人技术成果的技术,受让公司如何维权?

【情景案例】

2023年8月8日,甲公司与乙公司签订一份《技术转让合同》,约定:乙公司将刚研发的冰箱节能技术转让给甲公司,转让费用为200万元。合同签订后,甲公司按约定支付了技术转让费用。2023年10月,甲公司在投入生产后才发现,乙公司研发的冰箱节能技术侵犯了丙公司的技术成果。为此,甲公司要求乙公司退款并解除合同,但遭到拒绝。协商无果后,甲公司遂诉至法院,要求确认双方所签订合同无效,并要求乙公司返还200万元技术转让费用。

请问:甲公司的请求能得到法院支持吗?

【案例分析】

本案涉及的是侵犯他人技术成果的技术转让合同是否有效的法律问题。

我国《民法典》第八百五十条规定,非法垄断技术或者侵害他人技术成果的技术合同无效。第八百四十三条规定,技术合同是当事人就技术开发、转让、许可、咨询或者服务订立的确立相互之间权利和义务的合同。第八百六十二条第一款规定,技术转让合同是合法拥有技术的权利人,将现有特定的专利、专利申请、技术秘密的相关权利让与他人所订立的合同。

本案中,甲公司与乙公司签订了《技术转让合同》,将乙公司研发的冰箱节能技术转让给甲公司,但是乙公司转让的冰箱节能技术侵犯了丙公司的技术成果,因此,甲公司与乙公司签订的《技术转让合同》系无效的,甲公司有权要求乙公司返还200万元技术转让费用。故甲公司的请求能够得到法院的支持。

【风险防范建议】

非法垄断技术或者侵害他人技术成果的技术合同无效。对于合同无效后技术受让人面临的法律后果,《民法典》及相关司法解释依据其是否善意做了不同的规定:(1)不知情且支付合理对价的善意受让人可以在其取得时的范围内继续使用该技术秘密,但应当向权利人支付合理的使用费并承担保密义务;已向无效合同的让与人或者许可人支付的使用费,可以要求让与人或许可人返还。(2)与让与人串通,或者知道或应当知道另一方侵权仍与其订立或者履行合同的恶意受让人,应当与让与人承担连带赔偿责任并承担保密义务,且不得继续使用该技术秘密。

受让的技术属于侵犯他人技术成果的技术时,受让人可以自己是善意第三人为由向法院请求确认技术转让合同无效,要求转让方返还已支付的转让费用,同时请求在取得时的范围内继续使用该技术秘密,向权利人支付合理的使用费并承担保密义务。如此一来,受让人既可要求转让人返还费用,又可继续使用该技术秘密。

【法条链接】

《民法典》第八百四十三条 技术合同是当事人就技术开发、转让、许可、咨询或者服务订立的确立相互之间权利和义务的合同。

第八百五十条 非法垄断技术或者侵害他人技术成果的技术合同无效。

第八百六十二条第一款 技术转让合同是合法拥有技术的权利人,将现有特定的专利、专利申请、技术秘密的相关权利让与他人所订立的合同。

《最高人民法院关于审理技术合同纠纷案件适用法律若干问题的解释》第十二条 根据民法典第八百五十条的规定,侵害他人技术秘密的技术合同被确认无效后,除法律、行政法规另有规定的以外,善意取得该技术秘密的一方当事人可以在其取得时的范围内继续使用该技术秘密,但应当向权利人支付合理的使用费并承担保密义务。

当事人双方恶意串通或者一方知道或者应当知道另一方侵权仍与其订立或者履行合同的,属于共同侵权,人民法院应当判令侵权人承担连带赔偿责任和保密义务,因此取得技术秘密的当事人不得继续使用该技术秘密。

129. 网上随意下载图片制作宣传画册,有风险吗?

【情景案例】

甲公司成立于2023年1月,由叶某创办。因甲公司2023年7月要参加上海一个百货展览会,于是叶某安排负责设计的员工薛某制作公司的宣传画册。之后,薛某按要求完成了宣传画册的设计工作并交付印刷。展览会当天,乙公司总经理余某在参展时无意中得到了甲公司的一份宣传画册,他浏览画册的时候,发现宣传画册使用了乙公司享有著作权的图片3张。2023年8月,乙公司诉至法院,要求甲公司销毁侵权的宣传画册并赔偿相应的经济损失。

请问:乙公司的请求能得到法院支持吗?

【案例分析】

本案涉及的是随意使用他人享有著作权的图片用于公司宣传是否应当承担侵权责任的法律问题。

根据《著作权法》第五十二条与第五十三条的规定,未经著作权人许可,复制、发行、表演、放映、广播、汇编、通过信息网络向公众传播其作品的,应当根据情况,承担停止侵害、消除影响、赔礼道歉、赔偿损失等民事责任。

本案中,甲公司安排其员工薛某制作公司的宣传画册,画册中使用了乙公司享有著作权的图片,属于未经著作权人乙公司许可,复制、发行乙公司的作品,应当承担相应的民事责任,甲公司应当销毁侵权的宣传画册并赔偿相应的经济损失。故乙公司的请求能得到法院支持。

【风险防范建议】

著作权人对其作品享有包括发表权、署名权、修改权、保护作品完整权、复制权、发行权、出租权、展览权、表演权、放映权等人身权及财产权。随意使用来自网络的其他人作品,将可能因侵犯著作权而面临被诉的法律风险。如需使用他人拥有著作权的作品,可以依法通过合法渠道购买使用;也可以使用自己拍摄的照片或自行创作的作品,以避免侵权。

【法条链接】

《著作权法》第五十二条　有下列侵权行为的,应当根据情况,承担停止侵害、消除影响、赔礼道歉、赔偿损失等民事责任:

(一)未经著作权人许可,发表其作品的;

……

第五十三条　有下列侵权行为的,应当根据情况,承担本法第五十二条规定的民事责任;侵权行为同时损害公共利益的,由主管著作权的部门责令停止侵权行为,予以警告,没收违法所得,没收、无害化销毁处理侵权复制品以及主要用于制作侵权复制品的材料、工具、设备等,违法经营额五万元以上的,可以并处违法经营额一倍以上五倍以下的罚款;没有违法经营额、违法经营额难以计算或者不足五万元的,可以并处二十五万元以下的罚款;构成犯罪的,依法追究刑事责任:

(一)未经著作权人许可,复制、发行、表演、放映、广播、汇编、通过信息网络向公众传播其作品的,本法另有规定的除外;

……

第五十四条　侵犯著作权或者与著作权有关的权利的,侵权人应当按照权利人因此受到的实际损失或者侵权人的违法所得给予赔偿;权利人的实际损失或者侵权人的违法所得难以计算的,可以参照该权利使用费给予赔偿。对故意侵犯著作权或者与著作权有关的权利,情节严重的,可以在按照上述方法确定数额的一倍以上五倍以下给予赔偿。

权利人的实际损失、侵权人的违法所得、权利使用费难以计算的,由人民法院根据侵权行为的情节,判决给予五百元以上五百万元以下的赔偿。

赔偿数额还应当包括权利人为制止侵权行为所支付的合理开支。

人民法院为确定赔偿数额，在权利人已经尽了必要举证责任，而与侵权行为相关的账簿、资料等主要由侵权人掌握的，可以责令侵权人提供与侵权行为相关的账簿、资料等；侵权人不提供，或者提供虚假的账簿、资料等的，人民法院可以参考权利人的主张和提供的证据确定赔偿数额。

人民法院审理著作权纠纷案件，应权利人请求，对侵权复制品，除特殊情况外，责令销毁；对主要用于制造侵权复制品的材料、工具、设备等，责令销毁，且不予补偿；或者在特殊情况下，责令禁止前述材料、工具、设备等进入商业渠道，且不予补偿。

130.在微信公众号随意转载他人文章，有什么风险？

【情景案例】

2022年3月1日，潘某在个人运营的微信公众号发表了一篇名为《超实用的装修技巧》的文章，文章共有2万字。文章在公众号发布的第一天，阅读量达到5.19万次。3月3日，某装修公司总经理杜某在微信朋友圈看到该篇文章后，觉得文章不错，于是安排助理将该文章转载到公司的官方公众号。3月10日，潘某发现某装修公司在没有取得授权且未支付报酬的情况下，擅自转载了自己的文章，且阅读量达到9.15万次。潘某保存证据后，遂向法院提起诉讼，要求某装修公司删除侵权文章并赔偿相应经济损失。

请问：潘某的请求能得到法院支持吗？

【案例分析】

本案涉及的是在微信公众号随意转载他人文章，是否构成侵权的法律问题。

根据《著作权法》第五十二条与第五十三条的规定，未经著作权人许可，通过信息网络向公众传播其作品的，构成著作权侵权行为，应当根据情况，承担停止侵害、消除影响、赔礼道歉、赔偿损失等民事责任。

本案中，某装修公司在没有取得授权且未支付报酬的情况下，擅自转载了潘某享有著作权的文章至其公司的官方公众号，属于未经著作权人许可，通过信息网络向公众传播其作品，应当对潘某承担停止侵权行为即删除侵权文章、赔偿损失等侵权责任。故潘某的请求能得到法院支持。

【风险防范建议】

微信在生活及生产经营中的运用越来越广泛，看似简单的文章转载，也有侵权风险，微信公众号尤其是商业运营的公众号，未经许可转载或抄袭他人的作品，属于侵害著作权的行为。微信公众号的运营单位或个人要坚持原创文章,注重知识付费,确需转载他人文章的,要取得作者或著作权人的授权,注明出处,同时留下联系方式,方便作者联系商量授权,以减少后续纠纷发生。

【法条链接】

《著作权法》第五十二条　有下列侵权行为的,应当根据情况,承担停止侵害、消除影响、赔礼道歉、赔偿损失等民事责任:

(一)未经著作权人许可,发表其作品的;

……

第五十三条　有下列侵权行为的,应当根据情况,承担本法第五十二条规定的民事责任;侵权行为同时损害公共利益的,由主管著作权的部门责令停止侵权行为,予以警告,没收违法所得,没收、无害化销毁处理侵权复制品以及主要用于制作侵权复制品的材料、工具、设备等,违法经营额五万元以上的,可以并处违法经营额一倍以上五倍以下的罚款;没有违法经营额、违法经营额难以计算或者不足五万元的,可以并处二十五万元以下的罚款;构成犯罪的,依法追究刑事责任:

(一)未经著作权人许可,复制、发行、表演、放映、广播、汇编、通过信息网络向公众传播其作品的,本法另有规定的除外;

……

《信息网络传播权保护条例》第二条　权利人享有的信息网络传播权受著作权法和本条例保护。除法律、行政法规另有规定的外,任何组织或者个人将他人的作品、表演、录音录像制品通过信息网络向公众提供,应当取得权利人许可,并支付报酬。

《国家版权局办公厅关于规范网络转载版权秩序的通知》

一、互联网媒体转载他人作品,应当遵守著作权法律法规的相关规定,必须经过著作权人许可并支付报酬,并应当指明作者姓名、作品名称及作品来源。法律、法规另有规定的除外。

互联网媒体依照前款规定转载他人作品,不得侵犯著作权人依法享有的其他权益。

131. 员工在职期间完成的作品,著作权归谁所有?

【情景案例】

2023年3月,杜某入职某互联网公司,担任技术总监。2023年11月,杜某在工作中成功研发了一款财务软件。该软件开发完成后,杜某与某互联网公司关于著作权的归属问题产生争议。杜某认为,软件是其开发的,著作权应当归其所有。某互联网公司认为，该软件是杜某利用公司提供的物质技术条件创作的职务作品，著作权应当归公司所有。

请问：杜某的说法符合我国法律规定吗？

【案例分析】

本案涉及的是职务作品著作权的归属问题。

我国《著作权法》第十八条规定了职务作品的定义，即自然人为完成法人或者非法人组织工作任务所创作的作品是职务作品；同时该条款将职务作品分为一般职务作品和特殊职务作品，两种情况下著作权归属各不相同：一般职务作品是指为完成单位工作任务而又未主要利用单位物质技术条件创作的作品，其著作权由作者享有，但法人或者非法人组织有权在其业务范围内优先使用；作品完成2年内，未经单位同意，作者不得许可第三人以与单位使用的相同方式使用该作品。而特殊职务作品是具有下列情形之一的职务作品，作者享有署名权，著作权的其他权利由法人或者非法人组织享有，法人或者非法人组织可以给予作者奖励：(1)主要是利用法人或者非法人组织的物质技术条件创作，并由法人或者非法人组织承担责任的工程设计图、产品设计图、地图、示意图、计算机软件等职务作品；(2)报社、期刊社、通讯社、广播电台、电视台的工作人员创作的职务作品；(3)法律、行政法规规定或者合同约定著作权由法人或者非法人组织享有的职务作品。

本案中，杜某2023年3月入职某互联网公司，11月在工作中成功研发了一款财务软件，该财务软件是以解决技术性问题为目的的作品。该软件推出上线后产生的责任将由某互联网公司承担，属于特殊职务作品。因此，杜某对该财务软件仅享有署名权，著作权的其他权利依法由某互联网公司享有，杜某可以要求某互联网公司给予其奖励。故杜某的说法不符合我国法律规定。

【风险防范建议】

虽然员工为完成单位工作任务所创作的作品都是职务作品，但不同情形下职务作品的著作权归属各不相同，判断的主要因素主要在于作品的性质是否满足法定条件，或作品的创作是否由单位提供了特定的物质技术条件。需要注意的是，对员工来说，即使自己在一般职务作品的情况下成为著作权人，其权利的行使也受到法定限制，即2年内未经单位同意不得许可第三人以相同方式使用。

【法条链接】

《著作权法》第十八条 自然人为完成法人或者非法人组织工作任务所创作的作品是职务作品，除本条第二款的规定以外，著作权由作者享有，但法人或者非法人组织有权在其业务范围内优先使用。作品完成两年内,未经单位同意,作者不得许可第三人以与单位使用的相同方式使用该作品。

有下列情形之一的职务作品,作者享有署名权,著作权的其他权利由法人或者非法人组织享有,法人或者非法人组织可以给予作者奖励:

(一)主要是利用法人或者非法人组织的物质技术条件创作,并由法人或者非法人组织承担责任的工程设计图、产品设计图、地图、示意图、计算机软件等职务作品;

(二)报社、期刊社、通讯社、广播电台、电视台的工作人员创作的职务作品;

(三)法律、行政法规规定或者合同约定著作权由法人或者非法人组织享有的职务作品。

《著作权法实施条例》第十一条 著作权法第十六条第一款关于职务作品的规定中的"工作任务",是指公民在该法人或者该组织中应当履行的职责。

著作权法第十六条第二款关于职务作品的规定中的"物质技术条件",是指该法人或者该组织为公民完成创作专门提供的资金、设备或者资料。

132. 通过反向工程获得的技术,可以使用吗?

【情景案例】

甲制药公司投入巨资成功研制出某款抗癌药品。由于疗效较好,该产品自进入市场后,获得较好的效益。2023年2月开始,乙制药公司让公司研发人员对该药品进行反向工程研究,最终于2024年1月研制出几乎与甲制药公司一样的产品。2024年3月,乙制药公司将研发产品低价进入市场,给甲制药公司造成了巨大的损失。为此,甲制药公司诉至法院,要求乙制药公司立即停止侵权行为并赔偿损失500万元。乙制药公司辩称,甲制药公司的药品没有申请专利,故其不构成侵权。

请问:乙制药公司的说法符合我国法律规定吗?

【案例分析】

本案涉及的是通过反向工程获得的技术并研制产品上市,是否属于侵权行为。

根据《反不正当竞争法》第九条的规定,经营者不得实施侵犯商业秘密的行为。《最高人民法院关于审理侵犯商业秘密民事案件适用法律若干问题的规定》第十四条规定,通过自行开发研制或者反向工程获得被诉侵权信息的,人民法院应当认定不属于《反不正当竞争法》第九条规定的侵犯商业秘密行为。前款所称的反向工程,是指通过技术手段对从公开渠道取得的产品进行拆卸、测绘、分析等而获得该产品的有关技术信息。被诉侵权人以不正当手段获取权利人的商业秘密后,又以反向工程为由主张未侵犯商业秘密的,人民法院不予支持。

本案中,甲制药公司的药品虽然没有申请专利,但其投入巨资研制的药品属于不为公众所知悉、具有商业价值并经权利人采取相应保密措施的技术信息,系商业秘密,受法律保护。而乙制药公司采用反向工程研制出与甲制药公司的药品几乎一样的产品,并未以不正当手段获得甲制药公司的商业秘密,依法不属于侵犯商业秘密的行为,不需要承担侵权责任。故乙制药公司的说法部分符合我国法律规定:乙制药公司系因通过反向工程获得技术而不构成侵权,并非因甲公司未申请专利而不侵权。

【风险防范建议】

反向工程抗辩虽然可以对抗侵犯商业秘密的侵权行为指控,但是反向工程并非万能钥匙,采用该主张时应注意以下方面:

(1)反向工程的实施主体须适格;
(2)实施反向工程的产品来源须是合法的,不能是非法所得;
(3)实施反向工程过程中形成的试验记录、分析报告、工作底稿等应完整保留;
(4)反向工程的结果与对应的技术秘密须具有同一性;
(5)权利人未采取特殊保密措施防止反向工程。

【法条链接】

《反不正当竞争法》第九条 经营者不得实施下列侵犯商业秘密的行为:

(一)以盗窃、贿赂、欺诈、胁迫、电子侵入或者其他不正当手段获取权利人的商业秘密;

(二)披露、使用或者允许他人使用以前项手段获取的权利人的商业秘密;

(三)违反保密义务或者违反权利人有关保守商业秘密的要求,披露、使用或者允许他人使用其所掌握的商业秘密;

(四)教唆、引诱、帮助他人违反保密义务或者违反权利人有关保守商业秘密的要求,获取、披露、使用或者允许他人使用权利人的商业秘密。

经营者以外的其他自然人、法人和非法人组织实施前款所列违法行为的,视为侵犯商业秘密。

第三人明知或者应知商业秘密权利人的员工、前员工或者其他单位、个人实施本条第一款所列违法行为,仍获取、披露、使用或者允许他人使用该商业秘密的,视为侵犯商业秘密。

本法所称的商业秘密,是指不为公众所知悉、具有商业价值并经权利人采取相应保密措施的技术信息、经营信息等商业信息。

《最高人民法院关于审理侵犯商业秘密民事案件适用法律若干问题的规定》第十四条 通过自行开发研制或者反向工程获得被诉侵权信息的,人民法院应当认定不属于反不正当竞争法第九条规定的侵犯商业秘密行为。

前款所称的反向工程，是指通过技术手段对从公开渠道取得的产品进行拆卸、测绘、分析等而获得该产品的有关技术信息。

被诉侵权人以不正当手段获取权利人的商业秘密后，又以反向工程为由主张未侵犯商业秘密的，人民法院不予支持。

133. 员工离职后"挖走"公司的重要客户，怎么办？

【情景案例】

2023年12月，戴某入职甲公司，担任营销总监。2024年5月，戴某向公司提出辞职，随后与他人共同创办了乙公司，经营与甲公司相同的业务。戴某辞职前，将甲公司含数百个客户的名单资料复制到电脑上。乙公司成立后，戴某向甲公司的客户逐个电话推销，将甲公司大部分客户"挖"至乙公司，给甲公司造成了巨大的经济损失。甲公司认为，客户名单是该司的商业秘密，戴某及乙公司侵犯了其商业秘密，遂诉至法院，要求赔偿损失。戴某认为，其没有与甲公司签订任何保密协议，故不构成侵犯商业秘密。

请问：戴某的说法符合我国法律规定吗？

【案例分析】

本案涉及的是员工离职后带走公司客户资料并"挖走"公司重要客户，是否构成侵犯商业秘密的问题。

根据《反不正当竞争法》第九条的规定，经营者不得实施以盗窃、贿赂、欺诈、胁迫、电子侵入或者其他不正当手段获取权利人的商业秘密以及披露、使用或者允许他人使用以前项手段获取的权利人的商业秘密等侵犯商业秘密的行为。第三人明知或者应知商业秘密权利人的员工、前员工或者其他单位、个人实施前述违法行为，仍获取、披露、使用或者允许他人使用该商业秘密的，视为侵犯商业秘密。根据《最高人民法院关于审理侵犯商业秘密民事案件适用法律若干问题的规定》第一条第二款的规定，与经营活动有关的创意、管理、销售、财务、计划、样本、招投标材料、客户信息、数据等信息，构成《反不正当竞争法》所保护的经营信息。

本案中，甲公司的数百个客户名单资料属于甲公司的经营信息，构成商业秘密，而戴某离职时带走了甲公司的这些客户名单资料，离职后与他人共同创办了乙公司经营与甲公司相同的业务，且"挖走"了甲公司大部分客户，属于侵犯商业秘密的行为。虽然戴某与甲公司没有签订任何保密协议，但是对于侵犯商业秘密的认定并不以是否存在保密协议或者竞业限制协议为前提，无论该员工是否在职，在侵犯商业秘密行为认定上与其他一般自然人并无本质性差异。乙公司明知戴某是甲公司的前员工,仍然"挖走"甲公司客户,其与戴某构成共同侵权,依法应当承担连带责任。故戴某的说法不符合我国法律规定。

【风险防范建议】

公司员工离职后发生商业秘密泄露的情况屡见不鲜。公司可从以下方面入手,对该情况予以预防和救济。

(1)员工入职时,公司应当与员工签订竞业限制及保密协议,特别是对接触客户信息的销售人员及高管;

(2)当发现员工离职后发生商业秘密泄露的情况的,及时与客户对接,做好取证工作;

(3)起诉离职员工,要求其承担侵权责任;

(4)员工构成犯罪的,公司应立即报警处理。

【法条链接】

《反不正当竞争法》第九条 经营者不得实施下列侵犯商业秘密的行为:

(一)以盗窃、贿赂、欺诈、胁迫、电子侵入或者其他不正当手段获取权利人的商业秘密;

(二)披露、使用或者允许他人使用以前项手段获取的权利人的商业秘密;

(三)违反保密义务或者违反权利人有关保守商业秘密的要求,披露、使用或者允许他人使用其所掌握的商业秘密;

(四)教唆、引诱、帮助他人违反保密义务或者违反权利人有关保守商业秘密的要求,获取、披露、使用或者允许他人使用权利人的商业秘密。

经营者以外的其他自然人、法人和非法人组织实施前款所列违法行为的,视为侵犯商业秘密。

第三人明知或者应知商业秘密权利人的员工、前员工或者其他单位、个人实施本条第一款所列违法行为,仍获取、披露、使用或者允许他人使用该商业秘密的,视为侵犯商业秘密。

本法所称的商业秘密,是指不为公众所知悉、具有商业价值并经权利人采取相应保密措施的技术信息、经营信息等商业信息。

《最高人民法院关于审理侵犯商业秘密民事案件适用法律若干问题的规定》第一条 与技术有关的结构、原料、组分、配方、材料、样品、样式、植物新品种繁殖材料、工艺、方法或其步骤、算法、数据、计算机程序及其有关文档等信息,人民法院可以认定构成反不正当竞争法第九条第四款所称的技术信息。

与经营活动有关的创意、管理、销售、财务、计划、样本、招投标材料、客户信息、数据等信息,人民法院可以认定构成反不正当竞争法第九条第四款所称的经营信息。

前款所称的客户信息,包括客户的名称、地址、联系方式以及交易习惯、意向、内容等信息。

《民法典》第一千一百六十八条　二人以上共同实施侵权行为,造成他人损害的,应当承担连带责任。

第六章
采购销售法律风险

134. 采购的产品与样品不一致，怎么办？

【情景案例】

夏某是甲公司的采购经理。2024年3月10日，夏某到广州某布匹批发市场采购布料，货比三家后，最后选中了乙公司的布料样品，于是向乙公司现场订购20万元的布料。3月12日，甲公司收到乙公司送来的布料，发现货不对版，与原来的样品不一致，质量相差很大。甲公司提出退货要求，但遭到拒绝。

本案中：甲公司有权要求退货吗？

【案例分析】

本案涉及的是采购产品与样品不一致时，买受人是否有权要求退货的问题。

我国《民法典》第六百三十五条规定，凭样品买卖的当事人应当封存样品，并可以对样品质量予以说明。出卖人交付的标的物应当与样品及其说明的质量相同。第六百一十七条规定，"出卖人交付的标的物不符合质量要求的，买受人可以依据本法第五百八十二条至第五百八十四条的规定请求承担违约责任"。第五百八十二条规定，"履行不符合约定的，应当按照当事人的约定承担违约责任。对违约责任没有约定或者约定不明确，依据本法第五百一十条的规定仍不能确定的，受损害方根据标的的性质以及损失的大小，可以合理选择请求对方承担修理、重作、更换、退货、减少价款或者报酬等违约责任"。

本案中，夏某系因选中乙公司的布料样品而向其订购布料，乙公司交付的布料应当和样品及其说明的质量相同。现乙公司交付的布料与原来的样品不一致，甲公司有权要求乙公司承担修理、重作、更换、退货、减少价款或者报酬等违约责任。故甲公司有权要求退货。

【风险防范建议】

凭样品买卖的合同,样品是确定交付标准的重要证据。为了避免争议,合作双方在此类合同中应当注意封存样品:

(1)样品数据:共同书面确认样品的数据参数,如设计图纸、规格、型号、材质、技术参数等,并提供样品外观照片。

(2)共同封样:共同对样品进行密封封样,共同签署确认,并标明合同编号、货物型号、封存日期等。

(3)留存两份:一份封存,另一份交供方按样生产。

(4)妥善保管:样品封存后保管应当注重封存形式、保存条件等。

(5)共同拆封:在验收货物或有质量争议时,共同拆封进行检验或鉴定。

【法条链接】

《民法典》第五百八十二条 履行不符合约定的,应当按照当事人的约定承担违约责任。对违约责任没有约定或者约定不明确,依据本法第五百一十条的规定仍不能确定的,受损害方根据标的的性质以及损失的大小,可以合理选择请求对方承担修理、重作、更换、退货、减少价款或者报酬等违约责任。

第五百八十三条 当事人一方不履行合同义务或者履行合同义务不符合约定的,在履行义务或者采取补救措施后,对方还有其他损失的,应当赔偿损失。

第五百八十四条 当事人一方不履行合同义务或者履行合同义务不符合约定,造成对方损失的,损失赔偿额应当相当于因违约所造成的损失,包括合同履行后可以获得的利益;但是,不得超过违约一方订立合同时预见到或者应当预见到的因违约可能造成的损失。

第六百一十七条 出卖人交付的标的物不符合质量要求的,买受人可以依据本法第五百八十二条至第五百八十四条的规定请求承担违约责任。

第六百三十五条 凭样品买卖的当事人应当封存样品,并可以对样品质量予以说明。出卖人交付的标的物应当与样品及其说明的质量相同。

第六百三十六条 凭样品买卖的买受人不知道样品有隐蔽瑕疵的,即使交付的标的物与样品相同,出卖人交付的标的物的质量仍然应当符合同种物的通常标准。

《最高人民法院关于审理买卖合同纠纷案件适用法律问题的解释》第二十九条 合同约定的样品质量与文字说明不一致且发生纠纷时当事人不能达成合意,样品封存后外观和内在品质没有发生变化的,人民法院应当以样品为准;外观和内在品质发生变化,或者当事人对是否发生变化有争议而又无法查明的,人民法院应当以文字说明为准。

135. 采购货物在运输途中毁损，责任由谁承担？

【情景案例】

武汉的甲公司与佛山的乙公司签订一份《灯饰采购合同》，约定：甲公司向乙公司采购 1000 件 LED 面板灯，合同签订后支付 50% 预付款，余款收货后支付。甲公司支付预付款后，乙公司立即委托丙物流公司按甲公司指定地址发货。因运输途中发生交通事故，货车侧翻，造成灯饰全部毁损。事故发生后，因货物损毁的赔偿问题，三方发生了争议。甲公司认为，乙公司必须按约定重新发货。乙公司认为，自己已按约定将灯饰交付丙物流公司，丙物流公司在托运过程中毁损货物，自己并无过错，甲公司应当向丙物流公司索赔。丙物流公司认为，乙公司未购买丢失货物保险，只能按照运单上载明的条款即按照运费的 3 倍进行赔偿。

请问：乙公司的说法符合我国法律规定吗？

【案例分析】

本案涉及的是采购货物运输途中毁损、灭失的风险由谁承担的问题。

我国《民法典》第六百零三条第一款规定，出卖人应当按照约定的地点交付标的物。第六百零四条规定，标的物毁损、灭失的风险，在标的物交付之前由出卖人承担，交付之后由买受人承担，但是法律另有规定或者当事人另有约定的除外。

本案中，甲公司与乙公司签订《灯饰采购合同》后，乙公司委托丙物流公司按照甲公司指定地址发货，且合同中未就风险负担作出其他约定，根据《民法典》第六百零四条之规定，标的物交付前，标的物毁损、灭失的风险由出卖人乙公司承担；标的物交付后，标的物毁损、灭失的风险由买受人甲公司承担。本案乙公司虽将货物交付给承运人丙公司，但未运送到甲公司指定地点；换言之，货物尚未交付给甲公司，故货物毁损灭失的风险尚未转移，仍应由乙公司承担。因此，乙公司的说法不符合我国法律规定。

【风险防范建议】

对卖方来说，建议在合同中约定货物交给第一承运人时，货物的风险就转移给买方。

对买方来说，建议在合同中约定自运送至合同约定的交货地点/装卸完毕后/自买方签收之日起，货物的风险就移转给买方，具体条款根据实际交易情况确定。对于货物的包装要求，可约定：(1)卖方提供的货物包装均应按标准保护措施进行包装，使其适于货运等多种方式长途运输及反复装卸和操作。(2)卖方应根据货物特点和要求采取保护措施使其免受雨水、潮湿、锈蚀、震荡、撞击和其他的损坏,以使其在正常装卸和操作条件下能够安全无损坏地交付买方。(3)由于包装不当或其他原因造成货物产品在运输过程中有任何损坏或丢失,由卖方负责赔偿。

【法条链接】

《民法典》第六百零三条　出卖人应当按照约定的地点交付标的物。

当事人没有约定交付地点或者约定不明确,依据本法第五百一十条的规定仍不能确定的,适用下列规定:

(一)标的物需要运输的,出卖人应当将标的物交付给第一承运人以运交给买受人;

(二)标的物不需要运输的,出卖人和买受人订立合同时知道标的物在某一地点的,出卖人应当在该地点交付标的物;不知道标的物在某一地点的,应当在出卖人订立合同时的营业地交付标的物。

第六百零四条　标的物毁损、灭失的风险,在标的物交付之前由出卖人承担,交付之后由买受人承担,但是法律另有规定或者当事人另有约定的除外。

第六百零七条第一款　出卖人按照约定将标的物运送至买受人指定地点并交付给承运人后,标的物毁损、灭失的风险由买受人承担。

136.合同签订后,卖方可以原材料涨价为由涨价吗?

【情景案例】

2024年3月1日,甲贸易公司与乙筷子厂签订一份《筷子采购合同》,约定:甲贸易公司向乙筷子厂采购1000件无漆鸡翅木筷子,货款为50万元,合同签订后支付定金5万元,余款在货物验收合格后一次性付清。3月15日,乙筷子厂致函甲贸易公司,告知木材大幅涨价,必须提价6%,否则无法履行供货义务,只能退还5万元定金。甲贸易公司认为,双方已签订合同,如乙筷子厂不按约定发货,要承担双倍返还定金的违约责任。

请问:甲贸易公司的说法符合我国法律规定吗?

【案例分析】

本案涉及的是买卖合同签订后,卖方能否以原材料涨价为由变更合同价款的问题。

我国《民法典》第五百三十三条规定,合同成立后,合同的基础条件发生了当事人在订立合同时无法预见的、不属于商业风险的重大变化,继续履行合同对于当事人一方明显不公平的,受不利影响的当事人可以与对方重新协商;在合理期限内协商不成的,当事人可以请求人民法院或者仲裁机构变更或者解除合同。人民法院或者仲裁机构应当结合案件的实际情况,根据公平原则变更或者解除合同。第五百八十七条规定,债务人履行债务的,定金应当抵作价款或者收回。给付定金的一方不履行债务或者履行债务不符合约定,致使不能实现合同目的的,无权请求返还定金;收受定金的一方不履行债务或者履行债务不符合约定,致使不能实现合同目的的,应当双倍返还定金。

本案争议焦点之一为原材料涨价是否属于正常的商业风险。原材料波动(上涨或下跌)应属正常的商业风险,是合同当事人应当承担的风险。只有在市场价格的波动严重超出了正常波动范围,或价格的大幅波动系行业政策变化、战争、疫情等不可抗力因素影响导致的,且此部分在合同总额中占比很高的情况下,才可能被认定为超出正常商业风险。本案中,木材价格的上涨属于当事人可以预见的商业风险,该风险并未超过一般专业、理性的生产筷子厂家的合理预测区间,故应由乙筷子厂自行承担,乙筷子厂无权以原材料涨价为由涨价。乙筷子厂不按合同约定供货的,构成违约,甲贸易公司有权要求乙筷子厂双倍返还定金。故甲贸易公司的说法符合我国法律规定。

【风险防范建议】

在长期合同或市场波动频繁的领域,建议公司在合同中增加主要原材料价格与产品定价联动的条款。在主要原材料价格波动幅度超过约定范围的情况下,产品结算价格也随之进行调整。这样买卖双方均能有效防范各自的商业风险,也公平合理。

也可约定在满足特定条件时,受影响的一方享有合同解除权。比如,若原材料上涨超过订立合同时的市场价格的20%,卖方有权单独解除合同。

【法条链接】

《民法典》第五百三十三条 合同成立后,合同的基础条件发生了当事人在订立合同时无法预见的、不属于商业风险的重大变化,继续履行合同对于当事人一方明显不公平的,受不利影响的当事人可以与对方重新协商;在合理期限内协商不成的,当事人可以请求人民法院或者仲裁机构变更或者解除合同。

人民法院或者仲裁机构应当结合案件的实际情况,根据公平原则变更或者解除合同。

第五百八十六条 当事人可以约定一方向对方给付定金作为债权的担保。定金合同自实际交付定金时成立。

定金的数额由当事人约定;但是,不得超过主合同标的额的百分之二十,超过部分不产生定金的效力。实际交付的定金数额多于或者少于约定数额的,视为变更约定的定金数额。

第五百八十七条 债务人履行债务的,定金应当抵作价款或者收回。给付定金的一方不履行债务或者履行债务不符合约定,致使不能实现合同目的的,无权请求返还定金;收受定金的一方不履行债务或者履行债务不符合约定,致使不能实现合同目的的,应当双倍返还定金。

《最高人民法院关于适用〈中华人民共和国民法典〉合同编通则若干问题的解释》**第三十二条** 合同成立后,因政策调整或者市场供求关系异常变动等原因导致价格发生当事人在订立合同时无法预见的、不属于商业风险的涨跌,继续履行合同对于当事人一方明显不公平的,人民法院应当认定合同的基础条件发生了民法典第五百三十三条第一款规定的"重大变化"。但是,合同涉及市场属性活跃、长期以来价格波动较大的大宗商品以及股票、期货等风险投资型金融产品的除外。

合同的基础条件发生了民法典第五百三十三条第一款规定的重大变化,当事人请求变更合同的,人民法院不得解除合同;当事人一方请求变更合同,对方请求解除合同的,或者当事人一方请求解除合同,对方请求变更合同的,人民法院应当结合案件的实际情况,根据公平原则判决变更或者解除合同。

人民法院依据民法典第五百三十三条的规定判决变更或者解除合同的,应当综合考虑合同基础条件发生重大变化的时间、当事人重新协商的情况以及因合同变更或者解除给当事人造成的损失等因素,在判项中明确合同变更或者解除的时间。

当事人事先约定排除民法典第五百三十三条适用的,人民法院应当认定该约定无效。

137. 采购合同可约定交易价格为"市场价"吗?

【情景案例】

甲木材厂与乙筷子厂签订一份长期合作的《供货合同》,约定:甲木材厂向乙筷子厂供应鸡翅木,交易价格按交付时甲木材厂所在地的市场价执行,每季度结算一次。之后,甲木材厂按乙筷子厂的下单数量送货,季度结算时乙筷子厂认为甲木材厂的结算单价明显高于市场价,双方为此产生争议。乙筷子厂要求甲木材厂重新计价,否则拒绝付款。甲木材厂遂诉至法院,要求乙筷子厂按其确定的价格支付货款。

请问:甲木材厂的请求能得到法院支持吗?

【案例分析】

本案涉及的是在买卖合同中,交易价格能否约定为市场调节价的问题。

我国《价格法》第三条第一款规定,国家实行并逐步完善宏观经济调控下主要由市场形成价格的机制。价格的制定应当符合价值规律,大多数商品和服务价格实行市场调节价,极少数商品和服务价格实行政府指导价或者政府定价。第十八条规定,"下列商品和服务价格,政府在必要时可以实行政府指导价或者政府定价:(一)与国民经济发展和人民生活关系重大的极少数商品价格;(二)资源稀缺的少数商品价格;(三)自然垄断经营的商品价格;(四)重要的公用事业价格;(五)重要的公益性服务价格"。由上述规定可知,价格的制定分为市场调节价、政府指导价、政府定价三种形式。目前,大多数商品和服务实行市场调节价,极少数商品和服务价格实行政府指导价或者政府定价。

本案中,鸡翅木不属于实行政府指导价或者政府定价的商品,甲木材厂与乙筷子厂约定交易价格按市场价执行,合法有效,双方应当按照交付时甲木材厂所在地的市场价进行结算。因此,若甲木材厂能够举证证明其系按照市场价进行结算,其请求能够得到法院支持;反之,甲木材厂的请求不能得到法院支持。

【风险防范建议】

买卖合同中价款条款是合同的基本和重要条款,应当对其进行明确约定。为避免日后因价款问题发生纠纷,应当注意以下几点:

(1)在合同中应当明确约定货物的价格,或者明确货物的价格确定方式。对于价格是否包含运输成本和税费等费用,以及因货物原材料价格上涨导致价格变动的处理方式,均应当作出明确约定。

(2)合同中应明确货款支付条件及支付方式:应明确支付货款的前提条件、支付期限、支付方式(转账、汇票、支票、托收、现金等)、付款人及收款人双方账户信息等。付款涉及现金收款的,还应要求收款人在收款的同时出具收据作为收讫的证明。

(3)为避免日后因付款产生争议、出现拖欠货款的情形,合同还应明确约定逾期付款的违约责任。若已签订的合同中未约定价款或约定不明确,应当尽快与对方协商签订补充协议,对付款金额、时间和方式进行补充约定。

【法条链接】

《价格法》第三条 国家实行并逐步完善宏观经济调控下主要由市场形成价格的机制。价格的制定应当符合价值规律,大多数商品和服务价格实行市场调节价,极少数商品和服务价格实行政府指导价或者政府定价。

市场调节价,是指由经营者自主制定,通过市场竞争形成的价格。

本法所称经营者是指从事生产、经营商品或者提供有偿服务的法人、其他组织和个人。

政府指导价,是指依照本法规定,由政府价格主管部门或者其他有关部门,按照定价权限和范围规定基准价及其浮动幅度,指导经营者制定的价格。

政府定价,是指依照本法规定,由政府价格主管部门或者其他有关部门,按照定价权限和范围制定的价格。

第十八条 下列商品和服务价格,政府在必要时可以实行政府指导价或者政府定价:

(一)与国民经济发展和人民生活关系重大的极少数商品价格;

(二)资源稀缺的少数商品价格;

(三)自然垄断经营的商品价格;

(四)重要的公用事业价格;

(五)重要的公益性服务价格。

《民法典》第五百一十条 合同生效后,当事人就质量、价款或者报酬、履行地点等内容没有约定或者约定不明确的,可以协议补充;不能达成补充协议的,按照合同相关条款或者交易习惯确定。

第五百一十一条 当事人就有关合同内容约定不明确,依据前条规定仍不能确定的,适用下列规定:

……

(二)价款或者报酬不明确的,按照订立合同时履行地的市场价格履行;依法应当执行政府定价或者政府指导价的,依照规定履行。

……

138. 不按时提货导致采购物毁损,责任由谁承担?

【情景案例】

甲公司向乙公司售卖一批家具,约定乙公司于2023年6月30日前在丙仓库提货。6月25日,甲公司按约定将这批家具存放在丙仓库并通知乙公司提货,但乙公司因未能筹足货款,故未如约提货。7月5日,丙仓库突发火灾,导致这批家具全部焚毁。因乙公司并没有付款,甲公司要求乙公司赔偿全部货款,但遭到拒绝。乙公司认为,其并没有提货,火灾风险由应由甲公司承担。

请问:乙公司的说法符合我国法律规定吗?

【案例分析】

本案涉及的是没有按约定时间提货而导致货物毁损,损失由谁承担的问题。

我国《民法典》第六百零四条规定,标的物毁损、灭失的风险,在标的物交付之前由出卖人承担,交付之后由买受人承担,但是法律另有规定或者当事人另有约定的除外。第六百零八条规定,出卖人按照约定或者依据《民法典》第六百零三条第二款第(二)项的规定将标的物置于交付地点,买受人违反约定没有收取的,标的物毁损、灭失的风险自违反约定时起由买受人承担。

本案中,甲公司已依约将家具存放在丙仓库并通知乙公司提货,按照约定乙公司应当于2023年6月30日前提货,而乙公司违反约定没有提货,导致7月5日货物因仓库突发火灾毁损。根据《民法典》第六百零八条之规定,自买受人乙公司违反约定时起,家具毁损、灭失的风险由乙公司承担。故乙公司的说法不符合我国法律规定。

【风险防范建议】

在买卖合同履行过程中,如已明确约定交付时间、交付地点,接受货物的一方应及时提取货物,如未及时提取,可能需承担货物毁损灭失的风险。此外,如货物提取的时间或地点有变动,买受方应当及时签订修改合同条款的补充协议或者保留双方关于变动时间或地点的聊天记录或电话录音证据,避免在涉诉时因举证不能而败诉。

【法条链接】

《民法典》第六百零四条　标的物毁损、灭失的风险,在标的物交付之前由出卖人承担,交付之后由买受人承担,但是法律另有规定或者当事人另有约定的除外。

第六百零五条　因买受人的原因致使标的物未按照约定的期限交付的,买受人应当自违反约定时起承担标的物毁损、灭失的风险。

第六百零八条　出卖人按照约定或者依据本法第六百零三条第二款第二项的规定将标的物置于交付地点,买受人违反约定没有收取的,标的物毁损、灭失的风险自违反约定时起由买受人承担。

139. 已过质量检验期,可以要求换货吗?

【情景案例】

乙印刷厂成立于2023年3月1日,由钟某创办。2024年3月25日,甲公司与乙印刷厂签订一份《买卖合同》,约定:乙印刷厂向甲公司采购一台印刷机械设备,货到付款,如乙印刷厂对机械设备的产品质量有异议,应当在收货之日起3天内提出;如质量确实存在问题,甲公司包换货。收货后3天内未提出质量异议的,视为质量合格。3月27日,甲公司按约定向乙印刷厂交货。收到货后,钟某看设备表面没有任何损坏,于是给甲公司支付了货款。4月1日,乙印刷厂正式将设备投入生产时,才发现机械设备存在严重质量问题,于是要求甲公司换货,但遭到拒绝。甲公司认为已过质量检验期,故不同意换货。

请问:甲公司的说法符合我国法律规定吗?

【案例分析】

本案涉及的是超过质量检验通知期限,买受人能否以质量瑕疵为由提出换货的问题。

我国《民法典》第六百二十一条第一款、第二款规定,当事人约定检验期限的,买受人应当在检验期限内将标的物的数量或者质量不符合约定的情形通知出卖人。买受人怠于通知的,视为标的物的数量或者质量符合约定。当事人没有约定检验期限的,买受人应当在发现或者应当发现标的物的数量或者质量不符合约定的合理期限内通知出卖人。买受人在合理期限内未通知或者自收到标的物之日起2年内未通知出卖人的,视为标的物的数量或者质量符合约定;但是,对标的物有质量保证期的,适用质量保证期,不适用该2年的规定。第六百二十二条规定,当事人约定的检验期限过短,根据标的物的性质和交易习惯,买受人在检验期限内难以完成全面检验的,该期限仅视为买受人对标的物的外观瑕疵提出异议的期限。约定的检验期限或者质量保证期短于法律、行政法规规定期限的,应当以法律、行政法规规定的期限为准。

本案中,虽然《买卖合同》明确约定了检验通知期限为收货之日起3天内,但因双方买卖物品系印刷机械设备,其性质决定了买受人乙印刷厂无法在3天内验收机械内在质量,故合同约定的3天应属外观瑕疵异议期间。根据《民法典》之规定,对于隐蔽的质量瑕疵,买受人的检验通知义务适用双重检验异议期限:(1)买受人应当在发现或者应当发现瑕疵之日起的合理期间内通知出卖人。(2)买受人应当自收到标的物之日起2年内通知出卖人。但是,对标的物有质量保证期的,适用质量保证期。本案中,乙印刷厂于4月1日发现机械设备存在严重质量问题,向甲公司提出,并未超过法定检验通知期限,乙印刷厂有权要求甲公司换货。故甲公司的说法不符合我国法律规定。

【风险防范建议】

在买卖合同中,关于检验期的约定是必不可少的。为了避免发生争议,减少法律风险,建议如下:

(1)约定明确的检验期限:对买方来说,尽可能地约定较长的检验期限,如果卖方不同意较长的检验期限,买方又担心较短的检验期限无法全面检验,可以在检验期限条款后附加除外条款如"非经使用不得发现的质量问题除外"。对卖方来说,建议将检验期约定得相对短一些,但不建议约定得过短,防止被认为仅为外观瑕疵的检验期限。

(2)约定明确的检验标准:对于货物的重量和数量检验可以约定以过磅单或收货

单载明的重量、数量为准;对于货物质量,可以约定如有异议,双方共同提取样本送检(防止样品污染)。

(3)约定明确的违约责任:在合同中明确约定异议成立的相应违约责任。

(4)及时检验并通知:作为买方,应当在检验期限内完成检验,并及时以书面形式通知卖方。

(5)检验单据:作为买方,慎重出具检验证明文件,确保检验结果属实。作为卖方,及时取得合格的签收单据,并做好证据留存。

【法条链接】

《民法典》第五百八十二条　履行不符合约定的,应当按照当事人的约定承担违约责任。对违约责任没有约定或者约定不明确,依据本法第五百一十条的规定仍不能确定,受损害方根据标的的性质以及损失的大小,可以合理选择请求对方承担修理、重作、更换、退货、减少价款或者报酬等违约责任。

第六百二十条　买受人收到标的物时应当在约定的检验期限内检验。没有约定检验期限的,应当及时检验。

第六百二十一条　当事人约定检验期限的,买受人应当在检验期限内将标的物的数量或者质量不符合约定的情形通知出卖人。买受人怠于通知的,视为标的物的数量或者质量符合约定。

当事人没有约定检验期限的,买受人应当在发现或者应当发现标的物的数量或者质量不符合约定的合理期限内通知出卖人。买受人在合理期限内未通知或者自收到标的物之日起二年内未通知出卖人的,视为标的物的数量或者质量符合约定;但是,对标的物有质量保证期的,适用质量保证期,不适用该二年的规定。

出卖人知道或者应当知道提供的标的物不符合约定的,买受人不受前两款规定的通知时间的限制。

第六百二十二条　当事人约定的检验期限过短,根据标的物的性质和交易习惯,买受人在检验期限内难以完成全面检验的,该期限仅视为买受人对标的物的外观瑕疵提出异议的期限。

约定的检验期限或者质量保证期短于法律、行政法规规定期限的,应当以法律、行政法规规定的期限为准。

140. 采购合同中约定货物验收单上签字即视为验收合格的条款有效吗?

【情景案例】

2023年6月22日,甲公司与乙公司签订一份《采购合同》,约定:甲公司向乙公司采购5000支日光灯管,货物验收单上签字即视为验收合格。6月30日,乙公司的司机将货送到甲公司,仓管汪某收货后就在收货单与货物验收单上签字。几天后,甲公司在验货时发现大部分日光灯管存在质量问题,遂向乙公司提出换货,但乙公司以买卖合同中有"货物验收单上签字即视为验收合格"的条款为由,不同意换货。7月10日,甲公司诉至法院,以产品质量不合格为由要求乙公司退货。

请问:甲公司的请求能得到法院支持吗?

【案例分析】

本案涉及买卖合同中约定货物验收单上签字即视为验收合格的条款是否有效的问题。

我国《民法典》第六百二十一条第二款规定,当事人没有约定检验期限的,买受人应当在发现或者应当发现标的物的数量或者质量不符合约定的合理期限内通知出卖人。买受人在合理期限内未通知或者自收到标的物之日起2年内未通知出卖人的,视为标的物的数量或者质量符合约定;但是,对标的物有质量保证期的,适用质量保证期,不适用该2年的规定。第六百二十三条规定,当事人对检验期限未作约定,买受人签收的送货单、确认单等载明标的物数量、型号、规格的,推定买受人已经对数量和外观瑕疵进行检验,但是有相关证据足以推翻的除外。

本案中,甲公司与乙公司并未约定检验通知期限,根据《民法典》相关规定,对于数量瑕疵和外观瑕疵,买受人应当在"收货之时"检验并通知。对于隐蔽的质量瑕疵,买受人的检验通知义务则适用双重检验异议期限:买受人应当在发现或者应当发现瑕疵之日起的合理期间内通知出卖人;买受人应当自收到标的物之日起2年内通知出卖人。但是,对标的物有质量保证期的,适用质量保证期。本案甲公司在收到货物时进行了初步验收,但几天后发现存在质量问题并立即向乙公司提出,该期限符合法定检验通知期限,乙公司应当履行质保义务,乙公司提出的"货物验收单上签字即视为验收合格"的条款不能作为抗辩理由。故甲公司的请求能得到法院支持。

【风险防范建议】

为避免因产品检验期限引发的法律风险,建议如下:

(1)区分产品的数量瑕疵、外观瑕疵和隐蔽的质量瑕疵,并针对不同的产品瑕疵设定合理的检验通知期限。另外,还可以在合同中约定质量保证期,并附加"卖方应对质量保证期内发生的产品瑕疵导致的全部损失承担责任"或类似条款。

(2)注意合同中约定的检验通知期限或质量保证期,务必在检验通知期限或质量保证期内提出书面质量异议,并留存证据。

(3)合同未约定检验通知期限或质量保证期的,对于数量瑕疵和外观瑕疵,买受人应当在收货之时检验并通知；对于隐蔽的质量瑕疵，买受人应当在发现瑕疵时尽快提出书面异议并留存证据，于收到标的物之日起2年内提出。

【法条链接】

《民法典》第五百八十二条　履行不符合约定的，应当按照当事人的约定承担违约责任。对违约责任没有约定或者约定不明确，依据本法第五百一十条的规定仍不能确定的，受损害方根据标的的性质以及损失的大小，可以合理选择请求对方承担修理、重作、更换、退货、减少价款或者报酬等违约责任。

第六百二十条　买受人收到标的物时应当在约定的检验期限内检验。没有约定检验期限的，应当及时检验。

第六百二十一条　当事人约定检验期限的，买受人应当在检验期限内将标的物的数量或者质量不符合约定的情形通知出卖人。买受人怠于通知的，视为标的物的数量或者质量符合约定。

当事人没有约定检验期限的，买受人应当在发现或者应当发现标的物的数量或者质量不符合约定的合理期限内通知出卖人。买受人在合理期限内未通知或者自收到标的物之日起二年内未通知出卖人的，视为标的物的数量或者质量符合约定；但是，对标的物有质量保证期的，适用质量保证期，不适用该二年的规定。

出卖人知道或者应当知道提供的标的物不符合约定的，买受人不受前两款规定的通知时间的限制。

第六百二十二条　当事人约定的检验期限过短，根据标的物的性质和交易习惯，买受人在检验期限内难以完成全面检验的，该期限仅视为买受人对标的物的外观瑕疵提出异议的期限。

约定的检验期限或者质量保证期短于法律、行政法规规定期限的，应当以法律、行政法规规定的期限为准。

第六百二十三条　当事人对检验期限未作约定，买受人签收的送货单、确认单等载明标的物数量、型号、规格的，推定买受人已经对数量和外观瑕疵进行检验，但是有相关证据足以推翻的除外。

141. 供应商无法按期交货，怎么办？

【情景案例】

2024年3月1日，甲商场与乙家电公司签订一份《采购合同》，约定：甲商场向乙家电公司采购1000台空调，价款为150万元，甲商场在合同签订后3天内支付30%预付款，余款于收货时一次性支付；乙家电公司应当在3月10日前交货。合同签订后,甲商场按约定支付了45万元预付款,但乙家电公司未能在约定时间交货。甲商场问乙家电公司何时能交货,乙家电公司也没能给一个准确的答复,只是说会尽快发货。

请问:甲商场应当如何维护自身合法权益?

【案例分析】

本案涉及的是在买卖合同中卖方迟延交货,买方该如何应对的问题。

根据《民法典》第五百六十二条的规定,当事人协商一致,可以解除合同。当事人可以约定一方解除合同的事由。解除合同的事由发生时,解除权人可以解除合同。第五百六十三条第一款第(三)项规定,当事人一方迟延履行主要债务,经催告后在合理期限内仍未履行的,当事人可以解除合同。第五百七十七条规定,当事人一方不履行合同义务或者履行合同义务不符合约定的,应当承担继续履行、采取补救措施或者赔偿损失等违约责任。第五百八十条第一款规定,"当事人一方不履行非金钱债务或者履行非金钱债务不符合约定的,对方可以请求履行,但是有下列情形之一的除外:(一)法律上或者事实上不能履行;(二)债务的标的不适于强制履行或者履行费用过高;(三)债权人在合理期限内未请求履行"。

本案中,甲商场已按照《采购合同》的约定支付预付款,而乙家电公司未按照约定的时间交货。对此,甲商场可以选择从以下两个路径维护自身合法权益:(1)诉请乙家电公司立即履行交货义务、承担违约责任。需要注意的是,交货义务相对于金钱给付义务而言具有一定的人身性,即便法院支持了甲商场要求乙家电公司继续履行的诉讼请求,在后续强制执行中也可能存在较大的执行困难,未必能够保证执行到位。(2)依约或依法行使解除权,要求乙家电公司返还已付款项并承担违约责任。需要注意的是,甲商场解除合同应当通知对方。可采取书面形式(如发函、邮件通知)的方式行使法定解除权,也可催告乙家电公司在一定期限(宽限期)内交货,同时可以在函件或邮件中写明若乙家电公司在宽限期届满后仍未交货,则合同解除。

【风险防范建议】

为防范风险,维护自身合法权益,建议作为采购方的公司在签订、履行买卖合同过程中注意以下几点:

(1)在签订合同时,明确约定卖方违约应承担的违约责任,即具体的违约金数额或者损失赔偿额的计算方法,以便在卖方违约时,向法院主张按照合同的约定要求卖方承担违约责任。

(2)在合同履行过程中,公司要重视对供应商的管理,专人专项关注供应商的履约动态,发现影响合同履行的异常情况,及时向公司汇报并采取应对措施。合同履行完后要对供应商进行评价,为下次确定供应商积累材料。

（3）在合同履行过程中,卖方违约的,如买方欲行使解除权,不管合同中是否约定买方有权直接解除合同,买方均应当以书面形式(如发函、邮件通知)催告卖方在一定期限(宽限期)内交货,同时可以在函件或邮件中写明若卖方在宽限期届满后仍未交货,则合同解除。

【法条链接】

《民法典》第五百六十二条　当事人协商一致,可以解除合同。

当事人可以约定一方解除合同的事由。解除合同的事由发生时,解除权人可以解除合同。

第五百六十三条　有下列情形之一的,当事人可以解除合同:

(一)因不可抗力致使不能实现合同目的;

(二)在履行期限届满前,当事人一方明确表示或者以自己的行为表明不履行主要债务;

(三)当事人一方迟延履行主要债务,经催告后在合理期限内仍未履行;

(四)当事人一方迟延履行债务或者有其他违约行为致使不能实现合同目的;

(五)法律规定的其他情形。

以持续履行的债务为内容的不定期合同,当事人可以随时解除合同,但是应当在合理期限之前通知对方。

第五百六十四条　法律规定或者当事人约定解除权行使期限,期限届满当事人不行使的,该权利消灭。

法律没有规定或者当事人没有约定解除权行使期限,自解除权人知道或者应当知道解除事由之日起一年内不行使,或者经对方催告后在合理期限内不行使的,该权利消灭。

第五百六十五条　当事人一方依法主张解除合同的,应当通知对方。合同自通知到达对方时解除;通知载明债务人在一定期限内不履行债务则合同自动解除,债务人在该期限内未履行债务的,合同自通知载明的期限届满时解除。对方对解除合同有异议的,任何一方当事人均可以请求人民法院或者仲裁机构确认解除行为的效力。

当事人一方未通知对方,直接以提起诉讼或者申请仲裁的方式依法主张解除合同,人民法院或者仲裁机构确认该主张的,合同自起诉状副本或者仲裁申请书副本送达对方时解除。

第五百六十六条　合同解除后,尚未履行的,终止履行;已经履行的,根据履行情况和合同性质,当事人可以请求恢复原状或者采取其他补救措施,并有权请求赔偿损失。

合同因违约解除的,解除权人可以请求违约方承担违约责任,但是当事人另有约定的除外。

主合同解除后,担保人对债务人应当承担的民事责任仍应当承担担保责任,但是担保合同另有约定的除外。

第五百七十七条 当事人一方不履行合同义务或者履行合同义务不符合约定的,应当承担继续履行、采取补救措施或者赔偿损失等违约责任。

第五百八十条 当事人一方不履行非金钱债务或者履行非金钱债务不符合约定的,对方可以请求履行,但是有下列情形之一的除外:

(一)法律上或者事实上不能履行;

(二)债务的标的不适于强制履行或者履行费用过高;

(三)债权人在合理期限内未请求履行。

有前款规定的除外情形之一,致使不能实现合同目的的,人民法院或者仲裁机构可以根据当事人的请求终止合同权利义务关系,但是不影响违约责任的承担。

第五百八十三条 当事人一方不履行合同义务或者履行合同义务不符合约定的,在履行义务或者采取补救措施后,对方还有其他损失的,应当赔偿损失。

第五百八十四条 当事人一方不履行合同义务或者履行合同义务不符合约定,造成对方损失的,损失赔偿额应当相当于因违约所造成的损失,包括合同履行后可以获得的利益;但是,不得超过违约一方订立合同时预见到或者应当预见到的因违约可能造成的损失。

第五百八十五条 当事人可以约定一方违约时应当根据违约情况向对方支付一定数额的违约金,也可以约定因违约产生的损失赔偿额的计算方法。

约定的违约金低于造成的损失的,人民法院或者仲裁机构可以根据当事人的请求予以增加;约定的违约金过分高于造成的损失的,人民法院或者仲裁机构可以根据当事人的请求予以适当减少。

当事人就迟延履行约定违约金的,违约方支付违约金后,还应当履行债务。

《全国法院民商事审判工作会议纪要》 47.【约定解除条件】合同约定的解除条件成就时,守约方以此为由请求解除合同的,人民法院应当审查违约方的违约程度是否显著轻微,是否影响守约方合同目的的实现,根据诚实信用原则,确定合同应否解除。违约方的违约程度显著轻微,不影响守约方合同目的的实现,守约方请求解除合同的,人民法院不予支持;反之,则依法予以支持。

《最高人民法院关于适用〈中华人民共和国民法典〉合同编通则若干问题的解释》第五十三条 当事人一方以通知方式解除合同,并以对方未在约定的异议期限或者其他合理期限内提出异议为由主张合同已经解除的,人民法院应当对其是否享有法律规定或者合同约定的解除权进行审查。经审查,享有解除权的,合同自通知到达对方时解除;不享有解除权的,不发生合同解除的效力。

第五十四条 当事人一方未通知对方,直接以提起诉讼的方式主张解除合同,撤诉后再次起诉主张解除合同,人民法院经审理支持该主张的,合同自再次起诉的起诉状副本送达对方时解除。但是,当事人一方撤诉后又通知对方解除合同且该通知已经到达对方的除外。

142. 供应商已申请破产但仍以原公司名义签订合同骗取预付款,怎么办?

【情景案例】

甲家具公司由邓某与许某创办,成立于2010年,法定代表人系邓某。甲家具公司是乙公司的长期合作供应商。2024年3月,甲家具公司因经营不善向法院申请破产。2024年4月1日,邓某与许某商量后,以甲家具公司名义与乙公司签订一份《买卖合同》,约定:乙公司向甲家具公司订购1000套沙发,货款为200万元,合同签订后3天内乙公司支付50%预付款,余款于收货后一次性支付;甲家具公司于4月15日前交货。合同签订后,乙公司按约定向邓某支付了100万元预付款。邓某收款后给许某50万元,两人换了手机号码到外地生活。后由于甲家具公司没能按时交货,乙公司才得知甲家具公司已破产,且邓某与许某的手机打不通,微信也联系不上,乙公司不知如何是好。

请问:乙公司应当如何维权?

【案例分析】

本案涉及的是公司破产后法定代表人仍以公司名义签订合同骗取买方预付款的,买方应当如何维权的问题。

我国《刑法》第二百二十四条规定,"有下列情形之一,以非法占有为目的,在签订、履行合同过程中,骗取对方当事人财物,数额较大的,处三年以下有期徒刑或者拘役,并处或者单处罚金;数额巨大或者有其他严重情节的,处三年以上十年以下有期徒刑,并处罚金;数额特别巨大或者有其他特别严重情节的,处十年以上有期徒刑或者无期徒刑,并处罚金或者没收财产;……(四)收受对方当事人给付的货物、货款、预付款或者担保财产后逃匿的……"《最高人民检察院、公安部关于公安机关管辖的刑事案件立案追诉标准的规定(二)》第六十九条规定,以非法占有为目的,在签订、履行合同过程中,骗取对方当事人财物,数额在2万元以上的,应予立案追诉。《最高人民法院关于在审理经济纠纷案件中涉及经济犯罪嫌疑若干问题的规定》第三条规定,单位直接负责的主管人员和其他直接责任人员,以该单位的名义对外签订经济合同,将取得的财物部分或全部占为己有构成犯罪的,除依法追究行为人的刑事责任外,该单位对行为人因签订、履行该经济合同造成的后果,依法应当承担民事责任。

本案中,邓某、许某明知甲家具公司已破产,无力履行买卖合同,仍隐瞒甲家具公司破产的事实,以非法占有为目的,通过签订合同的方式进行骗取乙公司预付款,且取得的财物没有用于履行合同,以携款逃匿的方式逃避了合同责任,使乙公司无法直接通过合同获得救济,侵犯了正常的社会主义市场管理秩序和乙公司私有财产所有权。对此,乙公司可以就邓某、许某涉嫌合同诈骗罪向公安机关报案。按照先刑后民的审判原则,乙公司可在刑事案件部分处理完毕后,向法院起诉要求甲家具公司、邓某、许某对签订《买卖合同》造成乙公司的损失承担民事责任。

【风险防范建议】

随着我国市场经济的不断发展,利用合同诈骗的犯罪活动日趋严重,发案率和涉案金额不断增加。为防范此类风险,公司应当加强合同风险防控管理,建立严格的风控审批制度。同时,在选取合作方时要进行多方面的审查特别是资质查证,在充分了解对方情况、资质、履行能力等后,再签订完善的书面合同和履行合同义务。

【法条链接】

《刑法》第二百二十四条 有下列情形之一,以非法占有为目的,在签订、履行合同过程中,骗取对方当事人财物,数额较大的,处三年以下有期徒刑或者拘役,并处或者单处罚金;数额巨大或者有其他严重情节的,处三年以上十年以下有期徒刑,并处罚金;数额特别巨大或者有其他特别严重情节的,处十年以上有期徒刑或者无期徒刑,并处罚金或者没收财产:

(一)以虚构的单位或者冒用他人名义签订合同的;

(二)以伪造、变造、作废的票据或者其他虚假的产权证明作担保的;

(三)没有实际履行能力,以先履行小额合同或者部分履行合同的方法,诱骗对方当事人继续签订和履行合同的;

(四)收受对方当事人给付的货物、货款、预付款或者担保财产后逃匿的;

(五)以其他方法骗取对方当事人财物的。

《最高人民检察院、公安部关于公安机关管辖的刑事案件立案追诉标准的规定(二)》第六十九条 以非法占有为目的,在签订、履行合同过程中,骗取对方当事人财物,数额在二万元以上的,应予立案追诉。

《最高人民法院关于在审理经济纠纷案件中涉及经济犯罪嫌疑若干问题的规定》第三条 单位直接负责的主管人员和其他直接责任人员,以该单位的名义对外签订经济合同,将取得的财物部分或全部占为己有构成犯罪的,除依法追究行为人的刑事责任外,该单位对行为人因签订、履行该经济合同造成的后果,依法应当承担民事责任。

143. 供应商要求将货款打到采购合同记载账号以外的账号,有什么风险?

【情景案例】

甲公司是乙玩具公司的供应商,吕某是甲公司法定代表人,彭某是甲公司的财务总监。截至2024年7月,乙玩具公司欠甲公司30万元货款。在进行年底结算时,吕某要求乙玩具公司将款项转到彭某的个人账户,以方便公司做账。由于这个账户和采购合同记载的银行账户不一样,于是乙玩具公司要求吕某写保证书,内容为:乙玩具公司将款项转入彭某的个人账户,视为支付给甲公司的货款。该保证书只有吕某签名,没有甲公司盖章。之后,乙玩具公司将货款转入彭某的个人账户。

请问:乙玩具公司将货款打到彭某的个人账号,有什么风险?

【案例分析】

本案涉及的是买方将货款打到合同约定以外的个人账户,有什么风险的问题。

我国《公司法》第十一条规定,法定代表人以公司名义从事的民事活动,其法律后果由公司承受。公司章程或者股东会对法定代表人职权的限制,不得对抗善意相对人。法定代表人因执行职务造成他人损害的,由公司承担民事责任。公司承担民事责任后,依照法律或者公司章程的规定,可以向有过错的法定代表人追偿。第二百一十七条规定,公司除法定的会计账簿外,不得另立会计账簿。对公司资金,不得以任何个人名义开立账户存储。《民法典》第一百六十四条规定,代理人不履行或者不完全履行职责,造成被代理人损害的,应当承担民事责任。代理人和相对人恶意串通,损害被代理人合法权益的,代理人和相对人应当承担连带责任。第一百七十条规定,执行法人或者非法人组织工作任务的人员,就其职权范围内的事项,以法人或者非法人组织的名义实施的民事法律行为,对法人或者非法人组织发生效力。法人或者非法人组织对执行其工作任务的人员职权范围的限制,不得对抗善意相对人。

实践中,不少公司为逃避税务机关的监管或因管理不规范,在对外收款时不使用公司的银行账户,而是使用法定代表人或某个股东、员工,甚至是与公司无关的其他人员的账户代为收款,这对买卖双方均存在风险。

本案中,无论吕某还是乙玩具公司,均应当知道公司不得以任何个人名义开立账户存储公司资金的禁止性规定。而乙玩具公司仍在采购合同有明确约定收款账户时按照吕某的指示将款项转到彭某的个人账户。虽然本案有甲公司法定代表人吕某出具的保证书,但在有明确合同约定且保证书没有甲公司盖章,且支付款项至个人账户违反《公司法》规定的情况下,如吕某使用彭某个人账户收取的30万元款项未归还给甲公司,将损害甲公司合法权益,届时甲公司可能以其未收到货款为由,要求乙玩具公司支付货款,导致发生纠纷。

【风险防范建议】

为防范风险、避免诉累,建议公司在款项交付方面注意以下几点:

(1)在合同中明确约定收款账户信息。履行合同过程中如需改变收款账户,由双方签订补充协议或者出具双方盖章的确认书。

(2)如未签订合同,则可要求收款方出具委托收款书,并签字盖章。

(3)严格规范公司内部付款制度,要求负责付款的员工汇款对象只能是收款方通过以上方式确认过的账户。

(4)向对方收款账户转账时,务必备注款项性质,并及时要求对方开具发票。

【法条链接】

《公司法》第十一条 法定代表人以公司名义从事的民事活动,其法律后果由公司承受。

公司章程或者股东会对法定代表人职权的限制,不得对抗善意相对人。

法定代表人因执行职务造成他人损害的,由公司承担民事责任。公司承担民事责任后,依照法律或者公司章程的规定,可以向有过错的法定代表人追偿。

第二百一十七条 公司除法定的会计账簿外,不得另立会计账簿。

对公司资金,不得以任何个人名义开立账户存储。

《民法典》第一百六十四条 代理人不履行或者不完全履行职责,造成被代理人损害的,应当承担民事责任。

代理人和相对人恶意串通,损害被代理人合法权益的,代理人和相对人应当承担连带责任。

第一百七十条 执行法人或者非法人组织工作任务的人员,就其职权范围内的事项,以法人或者非法人组织的名义实施的民事法律行为,对法人或者非法人组织发生效力。

法人或者非法人组织对执行其工作任务的人员职权范围的限制,不得对抗善意相对人。

144. 验货时发现货物存在质量问题,但送货人不是合同授权代表人,其出具的质量情况说明对供货方能否发生法律效力?

【情景案例】

2023年3月1日,甲公司与乙公司签订一份《机械设备采购合同》,约定:甲公司向乙公司采购一台小型机械设备,价款为5万元;甲公司的授权代表人是卢某,乙公司的授权代表人苏某;甲公司在收货单上签名视为机械设备质量合格;货物签收时,甲公司先支付50%价款,余款于收货后5日内支付。3月3日,乙公司安排兼职司机蒋某将机械设备送到甲公司仓库。在现场验货时,卢某发现机械设备存在质量问题,不能正常运转,于是拒绝收货。此时,蒋某对卢某说,"这种情况偶尔都会发生,只是小问题,你可先将货收下,我给你写份关于机械设备质量情况的证明书,届时我司派技术人员过来调整一下就好"。卢某听蒋某这么一说也有道理,于是在蒋某出具证明书后,就在收货单上签名。第二天,甲公司要求乙公司派员维修,而事后,乙公司不仅没有派技术人员前来调试设备,还要求甲公司支付50%的余款。乙公司认为,机械设备损坏是由于甲公司操作不当造成的,与该司无关,卢某在收货单上签名表明机械设备的质量是合格的。为此,卢某给乙公司出具了蒋某的证明书,乙公司却称:"我司没有蒋某这个人,我们也不认识蒋某,我司的合同授权代表人是苏某,不是苏某签名或确认的声明书我司均不认。"之后,乙公司将甲公司诉至法院,要求其支付剩余货款2.5万元。

请问:乙公司的请求能得到法院支持吗?

【案例分析】

本案涉及的是货物验收时,卖方授权代表人以外人员出具的质量情况证明书,能否对卖方发生效力的问题。

我国《民法典》第一百七十条第一款规定,执行法人或者非法人组织工作任务的人员,就其职权范围内的事项,以法人或者非法人组织的名义实施的民事法律行为,对法人或者非法人组织发生效力。第一百七十一条第一款规定,行为人没有代理权、超越代理权或者代理权终止后,仍然实施代理行为,未经被代理人追认的,对被代理人不发生效力。第六百二十一条第二款规定,当事人没有约定检验期限的,买受人应当在发现或者应当发现标的物的数量或者质量不符合约定的合理期限内通知出卖人。买受人在合理期限内未通知或者自收到标的物之日起2年内未通知出卖人的,视为标的物的数量或者质量符合约定;但是,对标的物有质量保证期的,适用质量保证期,不适用该2年的规定。

本案中,甲公司与乙公司签订的《机械设备采购合同》明确约定,乙公司的授权代表人是苏某,蒋某并非其授权代表,而是其兼职司机;关于蒋某出具的质量说明能否对乙公司发生法律效力,应结合其职权范围分析:如无特别授权,从一般认知上理解司机的职责范围不包括出具机械设备质量情况证明书,故蒋某的行为构成无权代理,未经乙公司追认,其实施的该民事法律行为对乙公司不发生效力。但是,《机械设备采购合同》仅约定了"甲公司在收货单上签名视为机械设备质量合格",但并未约定检验期限。且卢某在收货时已口头提出异议,第二天要求乙公司派员维修,显然属于在合理期限内通知乙公司。乙公司交付的货物存在质量问题,应按照约定承担违约责任。由于《机械设备采购合同》并未约定货物存在质量问题时甲公司可拒绝支付剩余货款。因此,乙公司有权要求甲公司支付剩余货款2.5万元,但应当承担法律规定的修理、重作、更换、退货、减少价款或者报酬的违约责任。故乙公司请求支付货款的请求能够得到法院支持,但应承担相应的违约责任。

【风险防范建议】

在合同签订、履行过程中,如遇到签字人以公司名义签订合同或出具相关文件的情况,应当认真审查签字人是否足以代表该公司,有无书面的授权文件,验收货物时是否存在质量问题。如遇类似本案非合同授权人员,且无书面授权文件、货物验收不合格等情况,应当拒收。也可在签收单备注货物涉及的具体质量问题、存在质量问题货物的数量等验收情况,并采用录视频、拍照等方式留存货物质量不合格的证据。

【法条链接】

《民法典》第一百六十五条　委托代理授权采用书面形式的,授权委托书应当载明代理人的姓名或者名称、代理事项、权限和期限,并由被代理人签名或者盖章。

第一百七十条　执行法人或者非法人组织工作任务的人员,就其职权范围内的事项,以法人或者非法人组织的名义实施的民事法律行为,对法人或者非法人组织发生效力。

法人或者非法人组织对执行其工作任务的人员职权范围的限制,不得对抗善意相对人。

第一百七十一条　行为人没有代理权、超越代理权或者代理权终止后,仍然实施代理行为,未经被代理人追认的,对被代理人不发生效力。

相对人可以催告被代理人自收到通知之日起三十日内予以追认。被代理人未作表示的,视为拒绝追认。行为人实施的行为被追认前,善意相对人有撤销的权利。撤销应当以通知的方式作出。

行为人实施的行为未被追认的,善意相对人有权请求行为人履行债务或者就其受到的损害请求行为人赔偿。但是,赔偿的范围不得超过被代理人追认时相对人所能获得的利益。

相对人知道或者应当知道行为人无权代理的,相对人和行为人按照各自的过错承担责任。

第五百八十二条　履行不符合约定的,应当按照当事人的约定承担违约责任。对违约责任没有约定或者约定不明确,依据本法第五百一十条的规定仍不能确定的,受损害方根据标的的性质以及损失的大小,可以合理选择请求对方承担修理、重作、更换、退货、减少价款或者报酬等违约责任。

第六百二十条 买受人收到标的物时应当在约定的检验期限内检验。没有约定检验期限的,应当及时检验。

第六百二十一条 当事人约定检验期限的,买受人应当在检验期限内将标的物的数量或者质量不符合约定的情形通知出卖人。买受人怠于通知的,视为标的物的数量或者质量符合约定。

当事人没有约定检验期限的,买受人应当在发现或者应当发现标的物的数量或者质量不符合约定的合理期限内通知出卖人。买受人在合理期限内未通知或者自收到标的物之日起二年内未通知出卖人的,视为标的物的数量或者质量符合约定;但是,对标的物有质量保证期的,适用质量保证期,不适用该二年的规定。

出卖人知道或者应当知道提供的标的物不符合约定的,买受人不受前两款规定的通知时间的限制。

145. 送货单可以证明买卖合同关系成立吗?

【情景案例】

甲公司是乙皮鞋厂老客户,双方合作已有10多年。2023年12月31日,双方在年底进行货款结算时发生争议。乙皮鞋厂认为,共10张订单,货款为300万元,其中8张订单双方有签订合同,2张订单没有签订合同,但有甲公司工作人员姜某签收的送货单。甲公司认为,其与数十家皮鞋厂都有合作,订单太多,对没有签订合同的订单表示存疑,一律不支付货款。2024年1月5日,甲公司给乙皮鞋厂支付了8张订单的货款220万元。1月10日,乙皮鞋厂诉至法院,要求甲公司支付剩余货款80万元。

请问:乙皮鞋厂的请求能得到法院支持吗?

【案例分析】

本案涉及的是买卖双方未签订买卖合同,送货单是否可以证明买卖合同关系成立的问题。

《最高人民法院关于审理买卖合同纠纷案件适用法律问题的解释》第一条第一款规定,当事人之间没有书面合同,一方以送货单、收货单、结算单、发票等主张存在买卖合同关系的,人民法院应当结合当事人之间的交易方式、交易习惯以及其他相关证据,对买卖合同是否成立作出认定。

本案中,甲公司与乙皮鞋厂有2张订单没有签订合同,但有甲公司工作人员姜某签收的送货单,如送货单记载的皮鞋的名称、数量、质量、价款等要素,以及履行交付义务的地点、时间、送货人、收货人等交接情况与买卖双方以往交易的习惯基本一致,同时结合甲公司的下单记录等相关证据,足以证明甲公司向乙皮鞋厂下单;在乙皮鞋厂向甲公司交付货物的事实存在的情况下,可以认定甲公司与乙皮鞋厂成立买卖合同关系。在此前提下,乙皮鞋厂的请求可以得到法院支持。

【风险防范建议】

就类似本案长期合作且订单数量较多、重复交易的情况,买卖双方可签订框架协议或者年度采购协议,约定双方合作的意向及合作的主要内容,单次采购以订单明细为准。交易过程中,应注意保留买方与卖方就订单具体信息(如单价、数额、送货方式)联系的相关记录,交货时制作货物清单(包含货物名称、数量、质量、价款)交由买方确认,并留存送货、交货及买方签收货物的相关凭证,即可确保足够的证据证明整个交易过程。

【法条链接】

《民法典》第五百九十六条　买卖合同的内容一般包括标的物的名称、数量、质量、价款、履行期限、履行地点和方式、包装方式、检验标准和方法、结算方式、合同使用的文字及其效力等条款。

《最高人民法院关于审理买卖合同纠纷案件适用法律问题的解释》第一条第一款　当事人之间没有书面合同,一方以送货单、收货单、结算单、发票等主张存在买卖合同关系的,人民法院应当结合当事人之间的交易方式、交易习惯以及其他相关证据,对买卖合同是否成立作出认定。

146. 客户经营状况严重恶化,可以停止供货吗?

【情景案例】

甲公司与乙公司签订一份《服装购销合同》,约定:甲公司向乙公司订购5000套西装,分五批半年内交付完毕;价款为100万元,付款方式为合同签订后3日内支付20%货款,余下的80%货款为交齐西装后1个月内一次性付清;一方违约的,向守约方支付10万元违约金。甲公司支付20万元预付款后,乙公司按约定陆续给甲公司发货。乙公司给甲公司发了第一批货1000套西装后,得知甲公司已拖欠银行贷款达500万元,银行已向法院起诉,冻结了甲公司的全部资产。乙公司当即找到甲公司,并以甲公司经营状况恶化为由要求解除合同。但甲公司态度强硬,不同意解约。

请问:乙公司可以单方面中止履行或解除合同吗?

【案例分析】

本案涉及的是合同履行过程中,因一方经营状况严重恶化,另一方是否可以中止履行或解除合同的问题。

我国《民法典》第五百二十七条规定,"应当先履行债务的当事人,有确切证据证明对方有下列情形之一的,可以中止履行:(一)经营状况严重恶化;(二)转移财产、抽逃资金,以逃避债务;(三)丧失商业信誉;(四)有丧失或者可能丧失履行债务能力的其他情形。当事人没有确切证据中止履行的,应当承担违约责任"。第五百二十八条规定,当事人依据前条规定中止履行的,应当及时通知对方。对方提供适当担保的,应当恢复履行。中止履行后,对方在合理期限内未恢复履行能力且未提供适当担保的,视为以自己的行为表明不履行主要债务,中止履行的一方可以解除合同并可以请求对方承担违约责任。

本案中,根据《服装购销合同》对履行顺序的约定,甲公司先支付20%货款,乙公司按照合同约定分五批在半年内向甲公司交付5000套西装,乙公司交齐西装后1个月内甲公司一次性支付剩余的80%货款。甲公司已依约支付20%预付款,乙公司应当依约履行交付西装的义务,即乙公司属于《民法典》第五百二十七条规定的应当先履行债务的当事人。现甲公司拖欠银行贷款达500万元,导致银行向法院起诉并冻结了甲公司的全部资产。乙公司有确切的证据可以证明甲公司经营状况严重恶化可能丧失履行债务能力,根据《民法典》的相关规定,乙公司可以通知甲公司中止履行合同,如甲公司在合理期限内未恢复履行能力且未提供适当担保,乙公司可以解除合同并请求甲公司承担违约责任。因此,在符合上述条件的情况下,乙公司可以单方面中止履行合同或解除合同,但必须及时通知甲公司并给予甲公司合理期限以恢复履行能力并提供适当担保。

【风险防范建议】

公司在遇到乙公司上述情况时,切不可贸然就中止履行行使不安抗辩权或直接解除合同。公司在遇到此情形时在应当注意:

(1)确保己方已掌握对方存在经营状况严重恶化、转移财产、抽逃资金,以逃避债务、丧失商业信誉等有丧失或者可能丧失履行债务能力的情形的相关证据。

(2)中止履行时应当及时通知对方,如对方提供适当的担保,应当恢复履行,否则将承担相应的违约责任。

(3)在不存在其他可以解除合同的情形时,如公司拟以对方经营状况严重恶化等可能丧失履行债务能力为由解除合同,应当先通知对方中止履行并给予对方合理期限,如对方在合理期限内未恢复履行能力且未提供适当担保,方可与对方解除合同。

【法条链接】

《民法典》第五百二十七条　应当先履行债务的当事人,有确切证据证明对方有下

列情形之一的,可以中止履行:

(一)经营状况严重恶化;

(二)转移财产、抽逃资金,以逃避债务;

(三)丧失商业信誉;

(四)有丧失或者可能丧失履行债务能力的其他情形。

当事人没有确切证据中止履行的,应当承担违约责任。

第五百二十八条 当事人依据前条规定中止履行的,应当及时通知对方。对方提供适当担保的,应当恢复履行。中止履行后,对方在合理期限内未恢复履行能力且未提供适当担保的,视为以自己的行为表明不履行主要债务,中止履行的一方可以解除合同并可以请求对方承担违约责任。

147. 客户要求先开收据再付款,有什么风险?

【情景案例】

甲水泥厂与乙建筑公司签订一份《买卖合同》,约定:甲水泥厂向乙建筑公司供应50吨水泥,乙建筑公司于收货后7天内付款。乙建筑公司收货后电话通知甲水泥厂,先开收据再付款。刚开始,甲水泥厂不同意这样做,但为尽快回笼资金,其还是给乙建筑公司开了一张收据。令甲水泥厂想不到的是,乙建筑公司拿了收据后拒绝付款,并称已通过现金将货款支付给甲水泥厂,收据就是付款凭证。

请问:甲水泥厂应该如何应对?

【案例分析】

本案涉及的是先开收据后付款的法律风险问题。

我国《发票管理办法》第三条规定,该办法所称发票,是指在购销商品、提供或者接受服务以及从事其他经营活动中,开具、收取的收付款凭证。《最高人民法院关于审理买卖合同纠纷案件适用法律问题的解释》第五条规定,出卖人仅以增值税专用发票及税款抵扣资料证明其已履行交付标的物义务,买受人不认可的,出卖人应当提供其他证据证明交付标的物的事实。合同约定或者当事人之间习惯以普通发票作为付款凭证,买受人以普通发票证明已经履行付款义务的,人民法院应予支持,但有相反证据足以推翻的除外。

由以上规定可见,法律规定明确了发票为收付款凭证,合同明确约定或者当事人惯例是以普通发票为付款凭证的,法院将支持买受人以普通发票证明付款的主张。但本案中,甲水泥厂开具的为收据,而非普通发票。且乙建筑公司系以电话形式通知甲水泥厂先开收据后付款的。在本案例的情形下,甲水泥厂可先向乙建筑公司发函明确已开收据未付款的事实,再依据合同及送货单、收货单及乙建筑公司要求先开收据再付款的相关凭证和证人证言向法院提起诉讼,要求乙建筑公司付款。乙建筑公司虽主张现金支付,但如其无法证明合同约定或者双方惯例是以收据为付款凭证等证实其已付款的,乙公司仍应当付款。

【风险防范建议】

作为卖方,在买卖交易过程中,为了避免买家收到货物后以各种理由拖延或拒绝支付货款,在合同订立、履行过程中应当注意:

(1)订立合同时,可以约定买方向支付部分货款作为订金,卖方收到订金后交付货物,并由买家支付剩余货款,或采取分批交付、分期付款的方式履行合同,以此减少交易的风险。

(2)建议在合同中明确指定货款支付方式及收款账户,尽量避免现金交易。

(3)如遇买方要求先出具收据再付款且无法拒绝的情形,建议买卖双方协商签订补充协议,在收据交付前要求买方书面确认其先收据后付款的要求;在开具收据前通过聊天记录、邮件、短信等方式确定买方的该要求以便保留沟通记录,并明确付款方式、收款账户、付款时间等细节,避免买方收到收据后"赖账"。

【法条链接】

《发票管理办法》第二条　在中华人民共和国境内印制、领用、开具、取得、保管、缴销发票的单位和个人(以下称印制、使用发票的单位和个人),必须遵守本办法。

第三条　本办法所称发票,是指在购销商品、提供或者接受服务以及从事其他经营活动中,开具、收取的收付款凭证。

发票包括纸质发票和电子发票。电子发票与纸质发票具有同等法律效力。国家积极推广使用电子发票。

《最高人民法院关于审理买卖合同纠纷案件适用法律问题的解释》第五条　出卖人仅以增值税专用发票及税款抵扣资料证明其已履行交付标的物义务,买受人不认可的,出卖人应当提供其他证据证明交付标的物的事实。

合同约定或者当事人之间习惯以普通发票作为付款凭证,买受人以普通发票证明已经履行付款义务的,人民法院应予支持,但有相反证据足以推翻的除外。

148. 找追债公司收取应收账款,有什么风险?

【情景案例】

甲公司成立于2018年3月,蔡某是法定代表人。2024年3月5日,甲公司与乙装修公司签订一份《采购合同》，约定：乙装修公司向甲公司采购价值50万元的木地板，合同签订当天支付30%预付款，余款于2024年4月30日前支付。后甲公司依约送货，乙装修公司在收货单上签收。货款到期后，乙装修公司以各种理由拖欠货款，直至2024年6月10日仍未支付。由于走法律途径催款时间太长，蔡某委托丙追债公司代为收款。令蔡某没想到的是，丙追债公司的催收人员丁某在收款过程中与乙装修公司总经理贾某发生口角，将贾某打成重伤。

请问：甲公司与蔡某对贾某的受伤要承担责任吗？

【案例分析】

本案涉及的是公司委托追债公司收取货款，追债公司采用违法手段催收，由此产生的责任由谁承担的问题。

我国《民法典》第一千一百六十五条规定，行为人因过错侵害他人民事权益造成损害的，应当承担侵权责任。依照法律规定推定行为人有过错，其不能证明自己没有过错的，应当承担侵权责任。第一千一百六十九条第一款规定，教唆、帮助他人实施侵权行为的，应当与行为人承担连带责任。《刑法》第二十五条第一款规定，共同犯罪是指二人以上共同故意犯罪。第二百三十四条规定，"故意伤害他人身体的，处三年以下有期徒刑、拘役或者管制。犯前款罪，致人重伤的，处三年以上十年以下有期徒刑；致人死亡或者以特别残忍手段致人重伤造成严重残疾的，处十年以上有期徒刑、无期徒刑或者死刑。本法另有规定的，依照规定"。

本案中，丙追债公司的催收人员丁某将贾某打成重伤，应当承担故意伤害罪的刑事责任，同时应当承担伤害他人的民事侵权责任。但是，判断甲公司与蔡某是否应当对贾某的受伤承担刑事及民事责任，关键在于甲公司和蔡某是否明知丙追债公司及其员工存在非法催收行为。应分情况讨论：

（1）如甲公司和蔡某在委托丙追债公司代为收款时，明确约定了委托权限及合法适当的催收方式，并在拒绝或禁止发生暴力、软暴力等非法催收行为上尽到审慎的义务，就刑事责任而言，蔡某不存在共同犯罪的主观故意，则无须与催收人员丁某共同承担故意伤害的刑事责任。但就民事责任而言，对过错的主观故意的评判标准相对较低，在实践中，法院仍可能认定甲公司和蔡某对贾某受伤结果的发生存在过错，而判处甲公司及蔡某承担部分赔偿责任。

（2）如甲公司和蔡某在委托丙追债公司代为收款时通过明示、暗示、默许等方式允许丙追债公司采取非法手段进行催收债务，或明知甚至仅猜测丙追债公司是非法催债公司仍委托其代为催收债务，就刑事责任而言，因故意伤害罪不存在单位犯罪，且委托系蔡某作出的，故蔡某与丁某成立共同犯罪，蔡某构成故意伤害罪。就民事责任而言，委托催收系蔡某的决策，蔡某对贾某受伤结果的发生存在过错，应当承担相应的赔偿责任。

【风险防范建议】

　　公司应收账款被拖欠的情况时常发生，但是委托"追债公司"催讨欠款，既存在刑事上"共犯"的风险，亦存在致人损伤的民事赔偿风险，同时，也有"追债公司"拿着公司的债权凭证肆意与债务人和解或收取款项后携款潜逃等致使公司处于更为被动局面的风险。

　　建议公司对到期的应收账款采取合法、理性的方式和手段进行催收、维权，如与债务人协商分期付款、请求人民调解委员会组织调解、向债务人发函催收、委托律师出具律师函、向仲裁委员会申请仲裁或向人民法院提起诉讼。

　　即使委托第三方代为收款，也应当审慎选择合法合规的第三方，同时明确要求第三方只能采取合法的方式进行催收，并将委托第三方收款的情况提前通知债务人，确保在合法、合规、合理的前提下开展催款工作。

【法条链接】

　　《民法典》第一千一百六十五条第一款　　行为人因过错侵害他人民事权益造成损害的，应当承担侵权责任。

　　第一千一百六十九条第一款　　教唆、帮助他人实施侵权行为的，应当与行为人承担连带责任。

　　《刑法》第二十五条　　共同犯罪是指二人以上共同故意犯罪。

　　二人以上共同过失犯罪，不以共同犯罪论处；应当负刑事责任的，按照他们所犯的罪分别处罚。

　　第二百三十四条　　故意伤害他人身体的，处三年以下有期徒刑、拘役或者管制。

　　犯前款罪，致人重伤的，处三年以上十年以下有期徒刑；致人死亡或者以特别残忍手段致人重伤造成严重残疾的，处十年以上有期徒刑、无期徒刑或者死刑。本法另有规定的，依照规定。

第七章

产品质量法律风险

149.没有在产品包装上张贴产品标识,有什么风险?

【情景案例】

姜某在某家电公司直营专卖店购买了一台热水器。回家安装热水器时,姜某发现产品及其包装上均未张贴产品质量合格证明的标识,因此对产品的质量产生怀疑,于是到店要求退货,但遭到拒绝。某家电公司销售人员声称,该司生产的热水器均有产品质量合格证明,可以放心使用。协商无果后,姜某遂向质检部门进行投诉。

请问:某家电公司要承担退货责任吗?

【案例分析】

本案涉及的是未在产品上张贴质量合格证明标志的法律责任问题。

根据《产品质量法》第二十七条的规定,产品或者其包装上的标识必须真实,并具有产品质量检验合格证明,具有中文标注的产品名称、生产者的厂名厂址,以及其他应当让消费者知晓的产品信息。《消费者权益保护法》第八条规定,消费者对其购买、使用的商品或服务真实情况享有知情权,有权要求经营者提供产品的产地、成份、等级、检验合格证明等有关情况。

本案中,某家电公司应当对其生产、销售的热水器产品按照相关产品技术标准进行出厂质量检测,并在产品或外包装上张贴质量检验合格证明,而不能仅以热水器均经过质量检验,有质量合格证明书为由拒绝姜某的退货请求,某家电公司应当负责为姜某更换附质量检验合格证明标识的产品或为其退货,并承担相应的法律责任。

【风险防范建议】

生产公司应当高度关注、合法使用质量检验合格标识,质量合格证明是一项基础的产品标识,是生产公司对其生产、销售产品质量的明示保证,也是法律规定生产公司应当承担的产品标识责任。

（1）产品在出厂前应当经过生产公司的内部质量检验部门或者检验人员使用现行的产品技术标准对产品进行检验，保证产品质量符合有关的标准和要求，产品经检验符合产品质量标准和要求的，生产公司应当制作产品质量检验合格证明张贴在产品或外包装上；对未经检验及检验不合格的产品，不得张贴质量检验合格标识，不得出厂销售。附有产品检验合格证明的产品，易于让消费者了解所购买产品的质量，保障消费者的知情权，让生产公司对其生产的产品质量作出保证及承诺，防止不良厂商将不合格产品与合格产品混淆，欺诈消费者。有合格证的产品如实际上不合格，生产公司仍应向消费者承担相应法律责任。

（2）公司可以使用合格证书、合格标签或合格印章作为产品的质量检验合格证明。合格证明一般应标明产品的型号或编号、名称、规格、生产单位、地址、执行产品标准号、检验项目及结论、检验日期、出厂日期、检验员等信息。一般情况下，性能、结构复杂的大宗耐用产品，如电视、冰箱、汽车等都采用合格证书，而日用消费品如纸巾、服装则使用方便简单的合格标签。为了易于标注，还可以直接在产品标签、说明书、包装上印制"合格"二字，以表示产品的质量检验合格。

【法条链接】

《**产品质量法**》第二十七条　产品或者其包装上的标识必须真实，并符合下列要求：

（一）有产品质量检验合格证明；

（二）有中文标明的产品名称、生产厂厂名和厂址；

（三）根据产品的特点和使用要求，需要标明产品规格、等级、所含主要成份的名称和含量的，用中文相应予以标明；需要事先让消费者知晓的，应当在外包装上标明，或者预先向消费者提供有关资料；

（四）限期使用的产品，应当在显著位置清晰地标明生产日期和安全使用期或者失效日期；

（五）使用不当，容易造成产品本身损坏或者可能危及人身、财产安全的产品，应当有警示标志或者中文警示说明。

裸装的食品和其他根据产品的特点难以附加标识的裸装产品，可以不附加产品标识。

第五十四条　产品标识不符合本法第二十七条规定的，责令改正；有包装的产品标识不符合本法第二十七条第（四）项、第（五）项规定，情节严重的，责令停止生产、销售，并处违法生产、销售产品货值金额百分之三十以下的罚款；有违法所得的，并处没收违法所得。

《消费者权益保护法》第八条　消费者享有知悉其购买、使用的商品或者接受的服务的真实情况的权利。

消费者有权根据商品或者服务的不同情况,要求经营者提供商品的价格、产地、生产者、用途、性能、规格、等级、主要成份、生产日期、有效期限、检验合格证明、使用方法说明书、售后服务,或者服务的内容、规格、费用等有关情况。

第二十四条　经营者提供的商品或者服务不符合质量要求的,消费者可以依照国家规定、当事人约定退货,或者要求经营者履行更换、修理等义务。没有国家规定和当事人约定的,消费者可以自收到商品之日起七日内退货;七日后符合法定解除合同条件的,消费者可以及时退货,不符合法定解除合同条件的,可以要求经营者履行更换、修理等义务。

依照前款规定进行退货、更换、修理的,经营者应当承担运输等必要费用。

《消费者权益保护法实施条例》第八条第一款　消费者认为经营者提供的商品或者服务可能存在缺陷,有危及人身、财产安全危险的,可以向经营者或者有关行政部门反映情况或者提出建议。

150. 伪造产品认证标志,有什么后果?

【情景案例】

范某在浏览购物网站时,发现了一款非常漂亮的儿童玩具。由于价格太便宜,范某担心质量问题,但看到该产品详细介绍页面标注了"3C"认证标志,其便放心购买了。收货后,范某发现该玩具并未获得"3C"认证,于是向质量监督部门投诉。经查,某玩具厂无法提供所标注的"CCC"认证证书,认证标志系其伪造的。

请问:某玩具厂要承担什么责任?

【案例分析】

本案涉及的是伪造、冒用认证标志等质量标识的法律责任问题。

根据《产品质量法》第五条的规定,禁止伪造或者冒用认证标志等质量标志。第五十三条规定,伪造或者冒用认证标志等质量标志的,责令改正,没收违法生产、销售的产品,并处违法生产、销售产品货值金额等值以下的罚款;有违法所得的,并处没收违法所得;情节严重的,吊销营业执照。

本案中,某玩具厂未经产品认证而伪造"3C"产品认证标志并对外销售产品,有关部门可责令某玩具厂改正,没收违法生产、销售的产品,没收违法所得;情节严重的,吊销营业执照。同时某玩具厂应当向消费者退款,并赔偿消费者经济损失。

【风险防范建议】

本案例中涉及的玩具产品"3C"认证为我国的强制性认证,公司在生产、销售产品时,需要认真研究《强制性产品认证管理规定》,检查生产、销售的产品是否被列入"3C"认证产品目录中,如果属于列入目录范围中的产品,则必须通过"3C"认证;未经认证不得擅自出厂销售,更不可伪造、假冒认证标志。

(1)公司应当委托具有资质的认证机构对产品进行"3C"等质量认证,认证通过后,由认证机构向产品公司颁发认证证书用于证明该产品符合相应标准和技术要求,公司方可在认证的产品上加贴认证标志,此时产品才能在市场上流通。

(2)质量认证分为安全认证和合格认证,公司可根据自身需求选择是否进行合格认证。需要注意的是,安全认证一般为强制性认证,涉及人体健康和安全的产品必须通过安全认证;非经认证合格的产品不准进入市场。

(3)每个"3C"认证标志后都附有唯一编码,消费者通过国家质量认证中心即可查验产品是否通过"3C"认证。公司应当按照相关规定做好产品安全认证与合格认证,这不仅是生产公司保证产品质量的责任,也是公司提高产品信誉和品牌影响力、促进贸易合作的有效途径和重要保障。

【法条链接】

《产品质量法》第五条 禁止伪造或者冒用认证标志等质量标志;禁止伪造产品的产地,伪造或者冒用他人的厂名、厂址;禁止在生产、销售的产品中掺杂、掺假,以假充真,以次充好。

第五十三条 伪造产品产地的,伪造或者冒用他人厂名、厂址的,伪造或者冒用认证标志等质量标志的,责令改正,没收违法生产、销售的产品,并处违法生产、销售产品货值金额等值以下的罚款;有违法所得的,并处没收违法所得;情节严重的,吊销营业执照。

《认证认可条例》第六十六条 列入目录的产品未经认证,擅自出厂、销售、进口或者在其他经营活动中使用的,责令限期改正,处5万元以上20万元以下的罚款;未经认证的违法产品货值金额不足1万元的,处货值金额2倍以下的罚款;有违法所得的,没收违法所得。

《消费者权益保护法》第四十条 消费者在购买、使用商品时,其合法权益受到损害的,可以向销售者要求赔偿。销售者赔偿后,属于生产者的责任或者属于向销售者提供商品的其他销售者的责任的,销售者有权向生产者或者其他销售者追偿。

消费者或者其他受害人因商品缺陷造成人身、财产损害的,可以向销售者要求赔偿,也可以向生产者要求赔偿。属于生产者责任的,销售者赔偿后,有权向生产者追偿。属于销售者责任的,生产者赔偿后,有权向销售者追偿。

消费者在接受服务时,其合法权益受到损害的,可以向服务者要求赔偿。

第四十八条 经营者提供商品或者服务有下列情形之一的,除本法另有规定外,应当依照其他有关法律、法规的规定,承担民事责任:

(一)商品或者服务存在缺陷的;

(二)不具备商品应当具备的使用性能而出售时未作说明的;

(三)不符合在商品或者其包装上注明采用的商品标准的;

(四)不符合商品说明、实物样品等方式表明的质量状况的;

(五)生产国家明令淘汰的商品或者销售失效、变质的商品的;

(六)销售的商品数量不足的;

(七)服务的内容和费用违反约定的;

(八)对消费者提出的修理、重作、更换、退货、补足商品数量、退还货款和服务费用或者赔偿损失的要求,故意拖延或者无理拒绝的;

(九)法律、法规规定的其他损害消费者权益的情形。

经营者对消费者未尽到安全保障义务,造成消费者损害的,应当承担侵权责任。

第五十六条 经营者有下列情形之一,除承担相应的民事责任外,其他有关法律、法规对处罚机关和处罚方式有规定的,依照法律、法规的规定执行;法律、法规未作规定的,由工商行政管理部门或者其他有关行政部门责令改正,可以根据情节单处或者并处警告、没收违法所得、处以违法所得一倍以上十倍以下的罚款,没有违法所得的,处以五十万元以下的罚款;情节严重的,责令停业整顿、吊销营业执照:

(一)提供的商品或者服务不符合保障人身、财产安全要求的;

(二)在商品中掺杂、掺假,以假充真,以次充好,或者以不合格商品冒充合格商品的;

(三)生产国家明令淘汰的商品或者销售失效、变质的商品的;

(四)伪造商品的产地,伪造或者冒用他人的厂名、厂址,篡改生产日期,伪造或者冒用认证标志等质量标志的;

(五)销售的商品应当检验、检疫而未检验、检疫或者伪造检验、检疫结果的;

(六)对商品或者服务作虚假或者引人误解的宣传的;

(七)拒绝或者拖延有关行政部门责令对缺陷商品或者服务采取停止销售、警示、召回、无害化处理、销毁、停止生产或者服务等措施的;

(八)对消费者提出的修理、重作、更换、退货、补足商品数量、退还货款和服务费用或者赔偿损失的要求,故意拖延或者无理拒绝的;

(九)侵害消费者人格尊严、侵犯消费者人身自由或者侵害消费者个人信息依法得到保护的权利的;

（十）法律、法规规定的对损害消费者权益应当予以处罚的其他情形。

经营者有前款规定情形的，除依照法律、法规规定予以处罚外，处罚机关应当记入信用档案，向社会公布。

151. 产品"三包"期满后出现质量问题，生产商要担责吗？

【情景案例】

某家电公司成立于1995年，专注于微波炉生产。2024年3月，某家电公司接到方某的投诉，称微波炉使用过程中起火，已无法正常使用，自己则因微波炉起火被烫伤就医并支付了医药费，方某要求某家电公司进行退款并赔偿损失。某家电公司派出技术人员了解后得知，微波炉起火确是因产品的质量问题而起，但产品的"三包"期已过，故不同意承担任何责任。

请问：某家电公司要承担退款及赔偿责任吗？

【案例分析】

本案涉及的是产品质保期届满后出现质量问题造成损害，生产公司是否需要承担责任的问题。

根据《产品质量法》第二十六条的规定，生产者应当对其生产的产品质量负责，产品质量应当具备产品应当具备的使用性能，但是对产品存在使用性能的瑕疵作出说明的除外。第四十一条规定，因产品存在缺陷造成人身、缺陷产品以外的其他财产损害的，生产者应当承担赔偿责任。《消费者权益保护法》第四十九条规定，经营者提供商品或者服务，造成消费者或者其他受害人人身伤害的，应当赔偿医疗费、护理费、交通费等为治疗和康复支出的合理费用，以及因误工减少的收入。造成残疾的，还应当赔偿残疾生活辅助具费和残疾赔偿金。造成死亡的，还应当赔偿丧葬费和死亡赔偿金。

本案中，某家电公司生产的微波炉因为质量问题而起火，造成无法正常使用和方某被烫伤的后果。虽然已过"三包"期，但因微波炉本身有质量问题，存在危及人身、财产安全不合理的危险，造成了人身损害，若某家电公司不能举证证明产品缺陷符合免责条件，则某家电公司应当向方某承担因产品质量问题导致的法律责任，赔偿方某医疗费、护理费、交通费等因治疗康复支出的合理费用，以及因此造成的误工损失；若造成方某残疾，还应对其承担生活自助具费、生活补助费、残疾赔偿金等赔偿责任。

【风险防范建议】

产品质量问题可分为产品瑕疵或产品缺陷。

产品瑕疵是指销售者交付的产品未达到法定的质量标准以及约定的技术要求，未能达到买受人所期望的质量状况，从而使买受人不能按计划使用产品。产品瑕疵一般包括三种情形：(1)不具备产品应当具备的使用性能而没有事先说明的。(2)不符合在产品或其包装上注明采用的产品标准。(3)不符合以产品说明、实物样品等方式表明的质量状况。产品瑕疵属于违约责任，生产公司应当为消费者更换符合要求的合格产品，并赔偿消费者遭受的经济损失。

产品缺陷是指产品存在危及人身、他人财产安全的不合理危险。产品有保障人体健康，人身、财产安全的国家标准、行业标准的，产品缺陷是指产品不符合该标准。产品缺陷具体包括设计缺陷、原材料缺陷、制造缺陷和指示缺陷。若产品缺乏合理的安全性，不能保障人体健康和人身、财产安全，发生产品缺陷，这种情况下即使超过质保期后，产品质量问题造成了人身、财产损害，生产者也应当承担赔偿责任。产品缺陷责任属于一种严格侵权责任，买卖双方形成侵权法律关系，即便产品过了质保期，消费者也有权根据侵权法律关系要求生产者承担损害赔偿责任。因此，生产公司应定期对产品安全性进行检验，发现生产、销售的产品存在缺陷有危及人身、财产安全危险的，应当及时告知消费者，采取停止销售、警示、召回、停止生产等补救措施，防止因产品质量问题对他人人身、财产造成更大损害和经济损失。

【法条链接】

《产品质量法》第二十六条　生产者应当对其生产的产品质量负责。

产品质量应当符合下列要求：

（一）不存在危及人身、财产安全的不合理的危险，有保障人体健康和人身、财产安全的国家标准、行业标准的，应当符合该标准；

（二）具备产品应当具备的使用性能，但是，对产品存在使用性能的瑕疵作出说明的除外；

（三）符合在产品或者其包装上注明采用的产品标准，符合以产品说明、实物样品等方式表明的质量状况。

第四十一条　因产品存在缺陷造成人身、缺陷产品以外的其他财产（以下简称他人财产）损害的，生产者应当承担赔偿责任。

生产者能够证明有下列情形之一的，不承担赔偿责任：

（一）未将产品投入流通的；

（二）产品投入流通时，引起损害的缺陷尚不存在的；

（三）将产品投入流通时的科学技术水平尚不能发现缺陷的存在的。

《消费者权益保护法》第七条 消费者在购买、使用商品和接受服务时享有人身、财产安全不受损害的权利。

消费者有权要求经营者提供的商品和服务，符合保障人身、财产安全的要求。

第十九条 经营者发现其提供的商品或者服务存在缺陷，有危及人身、财产安全危险的，应当立即向有关行政部门报告和告知消费者，并采取停止销售、警示、召回、无害化处理、销毁、停止生产或者服务等措施。采取召回措施的，经营者应当承担消费者因商品被召回支出的必要费用。

第四十八条 经营者提供商品或者服务有下列情形之一的，除本法另有规定外，应当依照其他有关法律、法规的规定，承担民事责任：

（一）商品或者服务存在缺陷的；

（二）不具备商品应当具备的使用性能而出售时未作说明的；

（三）不符合在商品或者其包装上注明采用的商品标准的；

（四）不符合商品说明、实物样品等方式表明的质量状况的；

（五）生产国家明令淘汰的商品或者销售失效、变质的商品的；

（六）销售的商品数量不足的；

（七）服务的内容和费用违反约定的；

（八）对消费者提出的修理、重作、更换、退货、补足商品数量、退还货款和服务费用或者赔偿损失的要求，故意拖延或者无理拒绝的；

（九）法律、法规规定的其他损害消费者权益的情形。

经营者对消费者未尽到安全保障义务，造成消费者损害的，应当承担侵权责任。

第四十九条 经营者提供商品或者服务，造成消费者或者其他受害人人身伤害的，应当赔偿医疗费、护理费、交通费等为治疗和康复支出的合理费用，以及因误工减少的收入。造成残疾的，还应当赔偿残疾生活辅助具费和残疾赔偿金。造成死亡的，还应当赔偿丧葬费和死亡赔偿金。

152. 产品配件出现质量问题，生产商被索赔的，怎么办？

【情景案例】

2023年6月1日，石某从网上购买了一台甲公司生产的手机。6月10日晚上，石某因手机突然发生爆炸而受伤，为治疗身上的伤，石某共花费5000元医疗费。经鉴定，手机起火原因是电池存在质量问题。石某要求手机生产厂家甲公司赔偿，但遭到拒绝。甲公司认为，电池属于手机配件，该配件由乙公司供货，故应当由乙公司承担赔偿责任。

请问：甲公司的说法符合我国法律规定吗？

【案例分析】

本案涉及的是因产品配件质量问题侵权导致的赔偿责任问题。

根据《产品质量法》第二十六条的规定，生产者应当对其生产的产品质量负责，产品质量应当不存在危及人身、财产安全的不合理的危险，有保障人体健康和人身、财产安全的国家标准、行业标准的，应当符合该标准。《消费者权益保护法》第十八条第一款规定，经营者应当保证其提供的商品或者服务符合保障人身、财产安全的要求。对可能危及人身、财产安全的商品和服务，应当向消费者作出真实的说明和明确的警示，并说明和标明正确使用商品或者接受服务的方法以及防止危害发生的方法。第四十条第二款规定，消费者或者其他受害人因商品缺陷造成人身、财产损害的，可以向销售者要求赔偿，也可以向生产者要求赔偿。属于生产者责任的，销售者赔偿后，有权向生产者追偿。属于销售者责任的，生产者赔偿后，有权向销售者追偿。

本案中，甲公司生产的手机因乙公司提供的电池配件存在质量问题起火，造成购买者石某受伤，作为手机生产者的甲公司应当对其生产的产品质量负责，保障石某作为消费者在使用产品过程中的人身、财产安全。甲公司因未履行该质量安全保障义务，应当承担赔偿消费者相应损失的法律责任，即赔偿石某因使用有质量问题的手机而遭受的各项经济损失。如果确因手机的电池配件存在质量问题导致事故，甲公司在赔偿石某损失后有权向电池供货商乙公司追偿。

【风险防范建议】

产品的生产过程中，公司往往需要从多个供货商中购入配件，最终制成成品并对外销售。产品上市对外销售一般面对的是普通消费者，生产公司负有保障出厂销售的产品质量合格的责任与义务。售出产品因质量问题导致消费者受损害的，消费者可选择要求问题质量产品的生产公司承担损害赔偿责任。据此，生产公司应当建立健全贯穿公司内部、外部全流程的产品质量监管体系。

(1) 公司应与供应商签订书面的购销合同，在条款中约定采购物所采用的规格参数、检验项目、质量认证等必要的标准，明确检验和保修条款、违约责任、保证金等条款内容。对供应商交付的产品进行验收，以确保供货商提交的是质量合格的配件产品。

(2) 重视产品出厂质量检验环节，建立产品质量问题的反馈、排查、整改机制；一旦发现产品出现质量问题，立即成立改善小组，分析研究问题原因，对问题零件进行更换，并持续进行跟踪。

（3）建立质量问题预警预防机制，定期进行市场调研，了解消费者对产品的反馈情况，提前对问题配件进行调整，而不是被动等待出现问题事后采取补救措施，以促进公司产品质量及品牌良性发展。

【法条链接】

《产品质量法》第二十六条　生产者应当对其生产的产品质量负责。

产品质量应当符合下列要求：

（一）不存在危及人身、财产安全的不合理的危险，有保障人体健康和人身、财产安全的国家标准、行业标准的，应当符合该标准；

（二）具备产品应当具备的使用性能，但是，对产品存在使用性能的瑕疵作出说明的除外；

（三）符合在产品或者其包装上注明采用的产品标准，符合以产品说明、实物样品等方式表明的质量状况。

《消费者权益保护法》第十八条第一款　经营者应当保证其提供的商品或者服务符合保障人身、财产安全的要求。对可能危及人身、财产安全的商品和服务，应当向消费者作出真实的说明和明确的警示，并说明和标明正确使用商品或者接受服务的方法以及防止危害发生的方法。

第四十条　消费者在购买、使用商品时，其合法权益受到损害的，可以向销售者要求赔偿。销售者赔偿后，属于生产者的责任或者属于向销售者提供商品的其他销售者的责任的，销售者有权向生产者或者其他销售者追偿。

消费者或者其他受害人因商品缺陷造成人身、财产损害的，可以向销售者要求赔偿，也可以向生产者要求赔偿。属于生产者责任的，销售者赔偿后，有权向生产者追偿。属于销售者责任的，生产者赔偿后，有权向销售者追偿。

消费者在接受服务时，其合法权益受到损害的，可以向服务者要求赔偿。

《消费者权益保护法实施条例》第七条　消费者在购买商品、使用商品或者接受服务时，依法享有人身和财产安全不受损害的权利。

经营者向消费者提供商品或者服务（包括以奖励、赠送、试用等形式向消费者免费提供商品或者服务），应当保证商品或者服务符合保障人身、财产安全的要求。免费提供的商品或者服务存在瑕疵但不违反法律强制性规定且不影响正常使用性能的，经营者应当在提供商品或者服务前如实告知消费者。

经营者应当保证其经营场所及设施符合保障人身、财产安全的要求，采取必要的安全防护措施，并设置相应的警示标识。消费者在经营场所遇到危险或者受到侵害时，经营者应当给予及时、必要的救助。

153. 不按国家强制性标准进行生产,有什么后果?

【情景案例】

甲公司是一家玩具生产公司,成立于 2008 年。为保障儿童玩具的安全与质量,保护儿童的人身健康安全,国家标准委对 GB6675-2003《国家玩具安全技术规范》进行修订,发布了 GB6675-2014 玩具安全国家强制标准,并于 2016 年 1 月 1 日起实施。2019 年 1 月 3 日,姚某上网给儿子购买了甲公司生产的一套儿童玩具。收到货后,姚某发现所购玩具的生产日期是 2016 年 8 月 10 日,但执行的是已被替代的旧标准。为此,姚某向消费者协会进行了投诉。

请问:甲公司不按国家强制性标准进行生产,要承担什么责任?

【案例分析】

本案涉及的是公司不按国家强制性标准生产、销售产品的法律责任问题。

我国《标准化法》二十五条规定,不符合强制性标准的产品、服务,不得生产、销售、进口或者提供。第三十六条规定,生产、销售、进口产品或者提供服务不符合强制性标准,或者公司生产的产品、提供的服务不符合其公开标准的技术要求的,依法承担民事责任。第三十七条规定,"生产、销售、进口产品或者提供服务不符合强制性标准的,依照《中华人民共和国产品质量法》、《中华人民共和国进出口商品检验法》、《中华人民共和国消费者权益保护法》等法律、行政法规的规定查处,记入信用记录,并依照有关法律、行政法规的规定予以公示;构成犯罪的,依法追究刑事责任"。《产品质量法》第十三条规定,可能危及人体健康和人身、财产安全的工业产品,必须符合保障人体健康和人身、财产安全的国家标准、行业标准;未制定国家标准、行业标准的,必须符合保障人体健康和人身、财产安全的要求。禁止生产、销售不符合保障人体健康和人身、财产安全的标准和要求的工业产品。

本案中,甲公司不按现行国家强制性标准进行产品生产销售,仍然使用已被废止的旧标准,有关部门将依照《产品质量法》《进出口商品检验法》《消费者权益保护法》等法律、行政法规的规定查处,记入信用记录,并依照有关法律、行政法规的规定予以公示;构成犯罪的,依法追究刑事责任。同时,甲公司应当向姚某退款,并承担姚某的其他经济损失。

【风险防范建议】

因技术、制造、新型原材料的不断发展与应用,一成不变的国家强制性标准不可能始终适应社会发展情况。为了保障安全和人民的身体健康,必须不断对产品标准进行更新、修订。一般情况下,新强制性国家标准实施后,原强制性国家标准同时废止,公司需要执行新的强制性标准。

(1)产品质量检验合格后方可出厂销售。公司对产品的质检项目应当包括产品执行标准。质检人员需要注意执行最新颁布的强制性标准。在新标准颁布后实施前的一段时间内,公司仍可对外销售此前按旧强制性标准生产出的产品,但在新标准实施后,禁止使用原强制性标准进行生产,否则需要承担相应的法律责任。

(2)公司应该加强产品质量及标准化建设。标准的复审周期一般不超过 5 年,公司应及时关注国家产品标准的修改,提前布局并执行国家新产品标准,避免因未及时执行新标准生产销售产品导致经济损失,承担相应的不利法律后果。

【法条链接】

《标准化法》第二十五条 不符合强制性标准的产品、服务,不得生产、销售、进口或者提供。

第二十七条 国家实行团体标准、企业标准自我声明公开和监督制度。企业应当公开其执行的强制性标准、推荐性标准、团体标准或者企业标准的编号和名称;企业执行自行制定的企业标准的,还应当公开产品、服务的功能指标和产品的性能指标。国家鼓励团体标准、企业标准通过标准信息公共服务平台向社会公开。

企业应当按照标准组织生产经营活动,其生产的产品、提供的服务应当符合企业公开标准的技术要求。

第二十九条 国家建立强制性标准实施情况统计分析报告制度。

国务院标准化行政主管部门和国务院有关行政主管部门、设区的市级以上地方人民政府标准化行政主管部门应当建立标准实施信息反馈和评估机制,根据反馈和评估情况对其制定的标准进行复审。标准的复审周期一般不超过五年。经过复审,对不适应经济社会发展需要和技术进步的应当及时修订或者废止。

第三十六条 生产、销售、进口产品或者提供服务不符合强制性标准,或者企业生产的产品、提供的服务不符合其公开标准的技术要求的,依法承担民事责任。

第三十七条 生产、销售、进口产品或者提供服务不符合强制性标准的,依照《中华人民共和国产品质量法》《中华人民共和国进出口商品检验法》《中华人民共和国消费者权益保护法》等法律、行政法规的规定查处,记入信用记录,并依照有关法律、行政法规的规定予以公示;构成犯罪的,依法追究刑事责任。

《产品质量法》第十三条 可能危及人体健康和人身、财产安全的工业产品,必须符合保障人体健康和人身、财产安全的国家标准、行业标准;未制定国家标准、行业标准的,必须符合保障人体健康和人身、财产安全的要求。

禁止生产、销售不符合保障人体健康和人身、财产安全的标准和要求的工业产品。

具体管理办法由国务院规定。

154. 产品因质量问题致人死亡，责任由谁承担？

【情景案例】

2023年9月1日，谭某在甲商场购买了一台由乙电器公司生产的储水式电热水器。2023年9月20日晚，谭某的父亲在正常使用该电热水器洗澡时被电击身亡。经鉴定，引起这起事故的原因是该电热水器的插头内部短路致使电热水器外壳带电。之后，谭某将甲商场与乙电器公司诉至法院，要求二者共同承担赔偿责任。甲商场辩称，产品质量出现问题应当由厂家承担责任，与销售商无关。

请问：甲商场的说法符合我国法律规定吗？

【案例分析】

本案涉及的是因产品质量问题致人伤亡的责任承担问题。

根据《产品质量法》第四十三条的规定，因产品存在缺陷造成人身、他人财产损害的，受害人可以向产品的生产者要求赔偿，也可以向产品的销售者要求赔偿。《消费者权益保护法》第十一条规定，消费者因购买、使用商品或者接受服务受到人身、财产损害的，享有依法获得赔偿的权利。第四十条第二款规定，消费者或者其他受害人因商品缺陷造成人身、财产损害的，可以向销售者要求赔偿，也可以向生产者要求赔偿。属于生产者责任的，销售者赔偿后，有权向生产者追偿。属于销售者责任的，生产者赔偿后，有权向销售者追偿。

本案中，甲商场销售的乙电器公司生产的储水式电热水器存在插头短路的质量问题，致使谭某父亲在使用该电热水器时被电击身亡，谭某可以要求作为产品销售方的甲商场承担赔偿责任，也可向电热水器生产公司的乙电器公司主张侵权损害赔偿责任，谭某选择向销售者及生产者主张侵权损害赔偿责任的，甲商场作为销售者不得以产品质量问题属于生产者责任，自己仅为销售者为由拒绝赔偿。事故确实属于乙电器公司生产的产品的质量问题导致的，甲商场在向谭某承担赔偿责任后可以向乙电器公司追偿。

【风险防范建议】

销售者作为直接向消费者出售产品的卖方，应保证向消费者销售质量合格的产品，对产品品质严格把关，建立和严格执行产品进货检查验收制度，确保进货渠道的产品质量合格，保障自身合法权益，避免消费者因产品质量问题索赔造成信誉和经济上的损失。销售公司在产品进货检查验收时应重点从以下两个方面进行：

（1）严格产品标识查验。销售公司应当按照国家相关法律法规的要求对进货产品的标识进行检查。按照《产品质量法》的规定，检查进货产品是否附有产品质量检验合格证明，如是被列入强制性国家标准目录的产品，还要检查是否具有"3C"认证标志。根据产品的特性和使用要求，检查是否在产品中标明产品规格、成份、注意事项等应当让消费者知晓的事项。对使用不当容易造成产品本身损坏或威胁人身、财产安全的，还应当在产品显著位置张贴警示标志。

（2）严格产品质量检验。从产品是否符合说明书、实物样品和合同约定的质量状况的角度对产品进行验收，在购销合同中约定质量保证期，质保期内发现质量问题的，可要求供货商维修、更换和赔偿损失。还可以要求供货商提供合法合格的产品质量检测报告，并就产品质量合同提供保证金，要求就其生产加工的产品向保险机构投保高额的产品质量责任保险。

【法条链接】

《产品质量法》第四十三条　因产品存在缺陷造成人身、他人财产损害的，受害人可以向产品的生产者要求赔偿，也可以向产品的销售者要求赔偿。属于产品的生产者的责任，产品的销售者赔偿的，产品的销售者有权向产品的生产者追偿。属于产品的销售者的责任，产品的生产者赔偿的，产品的生产者有权向产品的销售者追偿。

《消费者权益保护法》第十一条　消费者因购买、使用商品或者接受服务受到人身、财产损害的，享有依法获得赔偿的权利。

第四十条　消费者在购买、使用商品时，其合法权益受到损害的，可以向销售者要求赔偿。销售者赔偿后，属于生产者的责任或者属于向销售者提供商品的其他销售者的责任的，销售者有权向生产者或者其他销售者追偿。

消费者或者其他受害人因商品缺陷造成人身、财产损害的，可以向销售者要求赔偿，也可以向生产者要求赔偿。属于生产者责任的，销售者赔偿后，有权向生产者追偿。属于销售者责任的，生产者赔偿后，有权向销售者追偿。

消费者在接受服务时，其合法权益受到损害的，可以向服务者要求赔偿。

第四十九条　经营者提供商品或者服务，造成消费者或者其他受害人人身伤害的，应当赔偿医疗费、护理费、交通费等为治疗和康复支出的合理费用，以及因误工减少的收入。造成残疾的，还应当赔偿残疾生活辅助具费和残疾赔偿金。造成死亡的，还应当赔偿丧葬费和死亡赔偿金。

《消费者权益保护法实施条例》第四十八条　经营者提供商品或者服务，违反消费者权益保护法和本条例有关规定，侵害消费者合法权益的，依法承担民事责任。

第八章

财税账款法律风险

155. 公司虚减收入、虚增成本,有什么风险?

【情景案例】

某贸易公司由谭某与廖某共同创办,成立于 2019 年 8 月。2023 年,某贸易公司实现销售收入 3000 万元,各项成本 2000 万元。为达到少缴税的目的,谭某建议做账时将销售收入写成 2500 万元,成本写成 2300 万元,但遭到廖某反对。廖某认为,这是偷逃国家税款的违法行为,要承担刑事责任。

请问:廖某的说法符合我国法律规定吗?

【案例分析】

本案涉及的是公司为少缴税而虚减收入、虚增成本,有什么法律后果的问题。

我国《税收征收管理法》第六十三条规定,"纳税人伪造、变造、隐匿、擅自销毁帐簿、记帐凭证,或者在帐簿上多列支出或者不列、少列收入,或者经税务机关通知申报而拒不申报或者进行虚假的纳税申报,不缴或者少缴应纳税款的,是偷税。对纳税人偷税的,由税务机关追缴其不缴或者少缴的税款、滞纳金,并处不缴或者少缴的税款百分之五十以上五倍以下的罚款;构成犯罪的,依法追究刑事责任"。《刑法》第二百零一条第一款规定,"纳税人采取欺骗、隐瞒手段进行虚假纳税申报或者不申报,逃避缴纳税款数额较大并且占应纳税额百分之十以上的,处三年以下有期徒刑或者拘役,并处罚金;数额巨大并且占应纳税额百分之三十以上的,处三年以上七年以下有期徒刑,并处罚金"。第二百零一条第四款规定,"有第一款行为,经税务机关依法下达追缴通知后,补缴应纳税款,缴纳滞纳金,已受行政处罚的,不予追究刑事责任;但是,五年内因逃避缴纳税款受过刑事处罚或者被税务机关给予二次以上行政处罚的除外"。《最高人民检察院、公安部关于公安机关管辖的刑事案件立案追诉标准的规定(二)》第五十二条规定,"逃避缴纳税款,涉嫌下列情形之一的,应予立案追诉:(一)纳税人采取欺骗、隐瞒手段进行虚假纳税申报或者不申报,逃避缴纳税款,数额在十万元以上并且占各税种应纳税总额百分之十以上,经税务机关依法下达追缴通知后,不补缴应纳税款、不缴纳滞纳金或者不接受行政处罚的;(二)纳税人五年内因逃避缴纳税款受过刑事处罚或者被税务机关给予二次以上行政处罚,又逃避缴纳税款,数额在十万元以上并且占各税种应纳税总额百分之十以上的;(三)扣缴义务人采取欺骗、隐瞒手段,不缴或者少缴已扣、已收税款,数额在十万元以上的。纳税人在公安机关立案后再补缴应纳税款、缴纳滞纳金或者接受行政处罚的,不影响刑事责任的追究"。

本案中,如某贸易公司在账簿上多列支出或者不列、少列收入,不缴或者少缴应纳税款的,属于偷税。根据《税收征收管理法》第六十三条第一款的规定,由税务机关追缴其不缴或者少缴的税款、滞纳金,并处不缴或者少缴的税款50%以上5倍以下的罚款。税务机关依法下达追缴通知后,某贸易公司不补缴应纳税款、不缴纳滞纳金或者不接受行政处罚,数额在10万元以上并且占各税种应纳税总额10%以上的,则构成逃税罪。或某贸易公司5年内因逃避缴纳税款受过刑事处罚或者被税务机关给予2次以上行政处罚,又逃避缴纳税款,数额在10万元以上并且占各税种应纳税总额10%以上的,亦构成逃税罪。故廖某的说法符合我国法律规定。

【风险防范建议】

依法纳税、诚信纳税是每个公司纳税过程中都必须遵循的基本原则,建立和完善税收风险的防范体系是公司降低税务风险的根本保证。公司应当提升依法纳税意识,结合自身经营实际情况,及时了解税收政策,依法纳税、合规纳税,才能促进公司在良好的经营环境中实现持续发展。在税务法律风险发生后,公司应当积极准备材料,委托专业人员进行风险识别、评估、处理及应对。需要特别注意的是,在税务机关下达追缴通知后,应当及时缴纳税款、滞纳金,依法接受行政处罚,避免构成犯罪而身陷囹圄。

【法条链接】

《税收征收管理法》第四条 法律、行政法规规定负有纳税义务的单位和个人为纳税人。

法律、行政法规规定负有代扣代缴、代收代缴税款义务的单位和个人为扣缴义务人。

纳税人、扣缴义务人必须依照法律、行政法规的规定缴纳税款、代扣代缴、代收代缴税款。

第六十三条 纳税人伪造、变造、隐匿、擅自销毁帐簿、记帐凭证,或者在帐簿上多列支出或者不列、少列收入,或者经税务机关通知申报而拒不申报或者进行虚假的纳税申报,不缴或者少缴应纳税款的,是偷税。对纳税人偷税的,由税务机关追缴其不缴或者少缴的税款、滞纳金,并处不缴或者少缴的税款百分之五十以上五倍以下的罚款;构成犯罪的,依法追究刑事责任。

扣缴义务人采取前款所列手段,不缴或者少缴已扣、已收税款,由税务机关追缴其不缴或者少缴的税款、滞纳金,并处不缴或者少缴的税款百分之五十以上五倍以下的罚款;构成犯罪的,依法追究刑事责任。

《刑法》第二百零一条　纳税人采取欺骗、隐瞒手段进行虚假纳税申报或者不申报,逃避缴纳税款数额较大并且占应纳税额百分之十以上的,处三年以下有期徒刑或者拘役,并处罚金;数额巨大并且占应纳税额百分之三十以上的,处三年以上七年以下有期徒刑,并处罚金。

扣缴义务人采取前款所列手段,不缴或者少缴已扣、已收税款,数额较大的,依照前款的规定处罚。

对多次实施前两款行为,未经处理的,按照累计数额计算。

有第一款行为,经税务机关依法下达追缴通知后,补缴应纳税款,缴纳滞纳金,已受行政处罚的,不予追究刑事责任;但是,五年内因逃避缴纳税款受过刑事处罚或者被税务机关给予二次以上行政处罚的除外。

第二百一十一条　单位犯本节第二百零一条、第二百零三条、第二百零四条、第二百零七条、第二百零八条、第二百零九条规定之罪的,对单位判处罚金,并对其直接负责的主管人员和其他直接责任人员,依照各该条的规定处罚。

《最高人民检察院、公安部关于公安机关管辖的刑事案件立案追诉标准的规定(二)》第五十二条　逃避缴纳税款,涉嫌下列情形之一的,应予立案追诉:

(一)纳税人采取欺骗、隐瞒手段进行虚假纳税申报或者不申报,逃避缴纳税款,数额在十万元以上并且占各税种应纳税总额百分之十以上,经税务机关依法下达追缴通知后,不补缴应纳税款、不缴纳滞纳金或者不接受行政处罚的;

(二)纳税人五年内因逃避缴纳税款受过刑事处罚或者被税务机关给予二次以上行政处罚,又逃避缴纳税款,数额在十万元以上并且占各税种应纳税总额百分之十以上的;

(三)扣缴义务人采取欺骗、隐瞒手段,不缴或者少缴已扣、已收税款,数额在十万元以上的。

纳税人在公安机关立案后再补缴应纳税款、缴纳滞纳金或者接受行政处罚的,不影响刑事责任的追究。

《最高人民法院、最高人民检察院关于办理危害税收征管刑事案件适用法律若干问题的解释》第一条　纳税人进行虚假纳税申报,具有下列情形之一的,应当认定为刑法第二百零一条第一款规定的"欺骗、隐瞒手段":

（一）伪造、变造、转移、隐匿、擅自销毁账簿、记账凭证或者其他涉税资料的；

（二）以签订"阴阳合同"等形式隐匿或者以他人名义分解收入、财产的；

（三）虚列支出、虚抵进项税额或者虚报专项附加扣除的；

（四）提供虚假材料，骗取税收优惠的；

（五）编造虚假计税依据的；

（六）为不缴、少缴税款而采取的其他欺骗、隐瞒手段。

具有下列情形之一的，应当认定为刑法第二百零一条第一款规定的"不申报"：

（一）依法在登记机关办理设立登记的纳税人，发生应税行为而不申报纳税的；

（二）依法不需要在登记机关办理设立登记或者未依法办理设立登记的纳税人，发生应税行为，经税务机关依法通知其申报而不申报纳税的；

（三）其他明知应当依法申报纳税而不申报纳税的。

扣缴义务人采取第一、二款所列手段，不缴或者少缴已扣、已收税款，数额较大的，依照刑法第二百零一条第一款的规定定罪处罚。扣缴义务人承诺为纳税人代付税款，在其向纳税人支付税后所得时，应当认定扣缴义务人"已扣、已收税款"。

第二条 纳税人逃避缴纳税款十万元以上、五十万元以上的，应当分别认定为刑法第二百零一条第一款规定的"数额较大"、"数额巨大"。

扣缴义务人不缴或者少缴已扣、已收税款"数额较大"、"数额巨大"的认定标准，依照前款规定。

第三条 纳税人有刑法第二百零一条第一款规定的逃避缴纳税款行为，在公安机关立案前，经税务机关依法下达追缴通知后，在规定的期限或者批准延缓、分期缴纳的期限内足额补缴应纳税款，缴纳滞纳金，并全部履行税务机关作出的行政处罚决定的，不予追究刑事责任。但是，五年内因逃避缴纳税款受过刑事处罚或者被税务机关给予二次以上行政处罚的除外。

纳税人有逃避缴纳税款行为，税务机关没有依法下达追缴通知的，依法不予追究刑事责任。

第四条 刑法第二百零一条第一款规定的"逃避缴纳税款数额"，是指在确定的纳税期间，不缴或者少缴税务机关负责征收的各税种税款的总额。

刑法第二百零一条第一款规定的"应纳税额"，是指应税行为发生年度内依照税收法律、行政法规规定应当缴纳的税额，不包括海关代征的增值税、关税等及纳税人依法预缴的税额。

刑法第二百零一条第一款规定的"逃避缴纳税款数额占应纳税额的百分比"，是指行为人在一个纳税年度中的各税种逃税总额与该纳税年度应纳税总额的比例；不按纳税年度确定纳税期的，按照最后一次逃税行为发生之日前一年中各税种逃税总额与该年应纳税总额的比例确定。纳税义务存续期间不足一个纳税年度的，按照各税种逃税总额与实际发生纳税义务期间应纳税总额的比例确定。

逃税行为跨越若干个纳税年度,只要其中一个纳税年度的逃税数额及百分比达到刑法第二百零一条第一款规定的标准,即构成逃税罪。各纳税年度的逃税数额应当累计计算,逃税额占应纳税额百分比应当按照各逃税年度百分比的最高值确定。

刑法第二百零一条第三款规定的"未经处理",包括未经行政处理和刑事处理。

156. 先开发票、对方后付款,有什么风险?

【情景案例】

2023年5月15日,甲公司与乙公司签订一份《买卖合同》,约定甲公司向乙公司订购一台价款为30万元的机械设备,甲公司收货后7天内支付货款。乙公司按约定交货后,甲公司提出先开发票再付款,于是乙公司按甲公司的要求开具了一张票面金额为30万元的发票。5月20日,甲公司向乙公司支付了20万元货款,余款一直拖欠不付。12月1日,乙公司将甲公司起诉到法院,要求其支付剩余货款10万元。甲公司辩称,其已经全额支付了货款,发票就是付款凭证。

请问:乙公司的请求能得到法院支持吗?

【案例分析】

本案涉及的是先开发票后付款的法律风险问题。

我国《发票管理办法》第三条第一款规定,"本办法所称发票,是指在购销商品、提供或者接受服务以及从事其他经营活动中,开具、收取的收付款凭证"。《最高人民法院关于审理买卖合同纠纷案件适用法律问题的解释》第五条规定,出卖人仅以增值税专用发票及税款抵扣资料证明其已履行交付标的物义务,买受人不认可的,出卖人应当提供其他证据证明交付标的物的事实。合同约定或者当事人之间习惯以普通发票作为付款凭证,买受人以普通发票证明已经履行付款义务的,人民法院应予支持,但有相反证据足以推翻的除外。

本案中,甲公司系在签订《买卖合同》且乙公司依合同约定交货之后,才提出先开发票后付款的要求,可见双方签订的《买卖合同》对此并无明确约定。根据上述法律规定,乙公司的诉请能否得到法院支持,要根据合同具体约定及双方的交易习惯予以综合认定。如甲公司能够证明双方的合同约定或者合作习惯就是以普通发票为付款凭证的,则乙公司的请求不能得到法院支持。如甲公司无法证明合同明确约定或存在合作习惯为先开发票后付款,且无法提交其他证据证明自己已实际支付了剩余的10万元货款,则乙公司的请求可能得到法院支持。

【风险防范建议】

公司间往来难免会遇到"先开票、后付款"的要求,如不先开票,则对方可能拒绝付款;如先开票,则存在视为已付款的可能性。为防范上述风险,建议如下:

首先,尽可能约定"先付款、后开票",如果对方要求"先开票、后付款",可在合同中添加"先开票、后付款"的条款,并写明发票不作为付款凭证。

其次,在合同中明确约定付款方式为银行转账或支付宝或微信等,并写明收款信息,尽量不选择无迹可寻的"现金"支付方式。

最后,将发票原件交给付款方时,要求付款方在发票签收单或者发票复印件上写明"发票原件已收取但尚未支付相应款项"的文字,并要求其签字或盖章。

【法条链接】

《发票管理办法》第二条　在中华人民共和国境内印制、领用、开具、取得、保管、缴销发票的单位和个人(以下称印制、使用发票的单位和个人),必须遵守本办法。

第三条第一款　本办法所称发票,是指在购销商品、提供或者接受服务以及从事其他经营活动中,开具、收取的收付款凭证。

《最高人民法院关于审理买卖合同纠纷案件适用法律问题的解释》第五条　出卖人仅以增值税专用发票及税款抵扣资料证明其已履行交付标的物义务,买受人不认可的,出卖人应当提供其他证据证明交付标的物的事实。

合同约定或者当事人之间习惯以普通发票作为付款凭证,买受人以普通发票证明已经履行付款义务的,人民法院应予支持,但有相反证据足以推翻的除外。

157. 将发票开给非买家的第三方,合法吗?

【情景案例】

熊某是甲公司创始人,与邹某是大学同学,两人关系甚好。熊某早就跟邹某说,以后有大额消费可以甲公司名义开发票。2024年3月1日,邹某从乙商场购买了50台苹果电脑,价款为50万元。在核对电脑数量无误后,邹某使用个人银行卡给乙商场支付了50万元。付款后,邹某要求以甲公司的名义开发票,于是乙商场为其开具了一张票面金额为50万元的增值税专用发票。随后,甲公司用这张发票抵扣了税款。

请问:乙商场为为甲公司开具发票的行为,要承担什么法律责任?

【案例分析】

本案涉及的是为他人开具发票是否应承担法律责任的问题。

我国《增值税暂行条例》第十条规定,"下列项目的进项税额不得从销项税额中抵扣:(一)用于简易计税方法计税项目、免征增值税项目、集体福利或者个人消费的购进货物、劳务、服务、无形资产和不动产……"《发票管理办法》第二十一条规定,"开具发票应当按照规定的时限、顺序、栏目,全部联次一次性如实开具,开具纸质发票应当加盖发票专用章。任何单位和个人不得有下列虚开发票行为:(一)为他人、为自己开具与实际经营业务情况不符的发票……"第三十五条规定,"违反本办法的规定虚开发票的,由税务机关没收违法所得;虚开金额在1万元以下的,可以并处5万元以下的罚款;虚开金额超过1万元的,并处5万元以上50万元以下的罚款;构成犯罪的,依法追究刑事责任。非法代开发票的,依照前款规定处罚"。《刑法》第二百零五条规定,"虚开增值税专用发票或者虚开用于骗取出口退税、抵扣税款的其他发票的,处三年以下有期徒刑或者拘役,并处二万元以上二十万元以下罚金;虚开的税款数额较大或者有其他严重情节的,处三年以上十年以下有期徒刑,并处五万元以上五十万元以下罚金;虚开的税款数额巨大或者有其他特别严重情节的,处十年以上有期徒刑或者无期徒刑,并处五万元以上五十万元以下罚金或者没收财产。单位犯本条规定之罪的,对单位判处罚金,并对其直接负责的主管人员和其他直接责任人员,处三年以下有期徒刑或者拘役;虚开的税款数额较大或者有其他严重情节的,处三年以上十年以下有期徒刑;虚开的税款数额巨大或者有其他特别严重情节的,处十年以上有期徒刑或者无期徒刑。虚开增值税专用发票或者虚开用于骗取出口退税、抵扣税款的其他发票,是指有为他人虚开、为自己虚开、让他人为自己虚开、介绍他人虚开行为之一的"。《最高人民检察院、公安部关于公安机关管辖的刑事案件立案追诉标准的规定(二)》第五十六条规定,"虚开增值税专用发票或者虚开用于骗取出口退税、抵扣税款的其他发票,虚开的税款数额在十万元以上或者造成国家税款损失数额在五万元以上的,应予立案追诉"。

本案中,乙商场是销售方,邹某是购买方,乙商场向购买方以外的甲公司开具增值税专用发票的行为,属于为他人开具与实际经营业务情况不符的发票,依据《发票管理办法》第三十五条的规定,由税务机关没收违法所得,并处5万元以上50万元以下的罚款。如乙商场明知系邹某个人消费,仍开具增值税专用发票给甲公司,则乙商场主观上具有骗税的目的,甲公司用该发票抵扣了税款6.5万元,客观上造成了国家税收的损失,根据《刑法》第二百零五条之规定,乙商场构成虚开增值税专用发票罪,依法对单位判处罚金,并对其直接负责的主管人员和其他直接责任人员依法追究刑事责任。故乙商场为甲公司开具增值税专用发票的行为要承担行政责任、刑事责任。

【风险防范建议】

日常生活中,个人消费者要求商家开票给第三方公司的情形屡见不鲜,很多商家

并未意识到这种行为是虚开发票的行为。为防范上述风险,建议如下:

(1)商家应当如实开具发票,拒绝为他人开具与实际经营业务情况不符的发票。

(2)对于员工代公司付款的情形,要求员工提交付款证明和业务说明等材料。

(3)开具发票内容明显不符合公司经营范围或者不符合常识的,应当严格审查。

【法条链接】

《增值税暂行条例》第十条 下列项目的进项税额不得从销项税额中抵扣:

(一)用于简易计税方法计税项目、免征增值税项目、集体福利或者个人消费的购进货物、劳务、服务、无形资产和不动产;

(二)非正常损失的购进货物,以及相关的劳务和交通运输服务;

(三)非正常损失的在产品、产成品所耗用的购进货物(不包括固定资产)、劳务和交通运输服务;

(四)国务院规定的其他项目。

第二十一条 纳税人发生应税销售行为,应当向索取增值税专用发票的购买方开具增值税专用发票,并在增值税专用发票上分别注明销售额和销项税额。

属于下列情形之一的,不得开具增值税专用发票:

(一)应税销售行为的购买方为消费者个人的;

(二)发生应税销售行为适用免税规定的。

《发票管理办法》第二十一条 开具发票应当按照规定的时限、顺序、栏目,全部联次一次性如实开具,开具纸质发票应当加盖发票专用章。

任何单位和个人不得有下列虚开发票行为:

(一)为他人、为自己开具与实际经营业务情况不符的发票;

(二)让他人为自己开具与实际经营业务情况不符的发票;

(三)介绍他人开具与实际经营业务情况不符的发票。

第三十五条 违反本办法的规定虚开发票的,由税务机关没收违法所得;虚开金额在1万元以下的,可以并处5万元以下的罚款;虚开金额超过1万元的,并处5万元以上50万元以下的罚款;构成犯罪的,依法追究刑事责任。

非法代开发票的,依照前款规定处罚。

《刑法》第二百零五条 虚开增值税专用发票或者虚开用于骗取出口退税、抵扣税款的其他发票的,处三年以下有期徒刑或者拘役,并处二万元以上二十万元以下罚金;虚开的税款数额较大或者有其他严重情节的,处三年以上十年以下有期徒刑,并处五万元以上五十万元以下罚金;虚开的税款数额巨大或者有其他特别严重情节的,处十年以上有期徒刑或者无期徒刑,并处五万元以上五十万元以下罚金或者没收财产。

单位犯本条规定之罪的,对单位判处罚金,并对其直接负责的主管人员和其他直接责任人员,处三年以下有期徒刑或者拘役;虚开的税款数额较大或者有其他严重情节的,处三年以上十年以下有期徒刑;虚开的税款数额巨大或者有其他特别严重情节的,处十年以上有期徒刑或者无期徒刑。

虚开增值税专用发票或者虚开用于骗取出口退税、抵扣税款的其他发票,是指有为他人虚开、为自己虚开、让他人为自己虚开、介绍他人虚开行为之一的。

《最高人民法院、最高人民检察院关于办理危害税收征管刑事案件适用法律若干问题的解释》第八条 骗取国家出口退税款数额十万元以上、五十万元以上、五百万元以上的,应当分别认定为刑法第二百零四条第一款规定的"数额较大"、"数额巨大"、"数额特别巨大"。

具有下列情形之一的,应当认定为刑法第二百零四条第一款规定的"其他严重情节":

(一)两年内实施虚假申报出口退税行为三次以上,且骗取国家税款三十万元以上的;

(二)五年内因骗取国家出口退税受过刑事处罚或者二次以上行政处罚,又实施骗取国家出口退税行为,数额在三十万元以上的;

(三)致使国家税款被骗取三十万元以上并且在提起公诉前无法追回的;

(四)其他情节严重的情形。

具有下列情形之一的,应当认定为刑法第二百零四条第一款规定的"其他特别严重情节":

(一)两年内实施虚假申报出口退税行为五次以上,或者以骗取出口退税为主要业务,且骗取国家税款三百万元以上的;

(二)五年内因骗取国家出口退税受过刑事处罚或者二次以上行政处罚,又实施骗取国家出口退税行为,数额在三百万元以上的;

(三)致使国家税款被骗取三百万元以上并且在提起公诉前无法追回的;

(四)其他情节特别严重的情形。

第十条 具有下列情形之一的,应当认定为刑法第二百零五条第一款规定的"虚开增值税专用发票或者虚开用于骗取出口退税、抵扣税款的其他发票":

(一)没有实际业务,开具增值税专用发票、用于骗取出口退税、抵扣税款的其他发票的;

(二)有实际应抵扣业务,但开具超过实际应抵扣业务对应税款的增值税专用发票、用于骗取出口退税、抵扣税款的其他发票的;

(三)对依法不能抵扣税款的业务,通过虚构交易主体开具增值税专用发票、用于骗取出口退税、抵扣税款的其他发票的;

(四)非法篡改增值税专用发票或者用于骗取出口退税、抵扣税款的其他发票相关电子信息的；

（五）违反规定以其他手段虚开的。

为虚增业绩、融资、贷款等不以骗抵税款为目的，没有因抵扣造成税款被骗损失的，不以本罪论处，构成其他犯罪的，依法以其他犯罪追究刑事责任。

《最高人民检察院、公安部关于公安机关管辖的刑事案件立案追诉标准的规定（二）》第五十六条　虚开增值税专用发票或者虚开用于骗取出口退税、抵扣税款的其他发票，虚开的税款数额在十万元以上或者造成国家税款损失数额在五万元以上的，应予立案追诉。

《最高人民检察院关于充分发挥检察职能服务保障"六稳""六保"的意见》6.……三是依法慎重处理企业涉税案件。注意把握一般涉税违法行为与以骗取国家税款为目的的涉税犯罪的界限，对于有实际生产经营活动的企业为虚增业绩、融资、贷款等非骗税目的且没有造成税款损失的虚开增值税专用发票行为，不以虚开增值税专用发票罪定性处理，依法作出不起诉决定的，移送税务机关给予行政处罚。

158. 公司利用"两套账"逃税，有什么后果？

【情景案例】

2023年6月，金某入职甲公司，担任财务经理。甲公司为了少缴税，要求金某做"两套账"，内账要准确无误，外账要保证能过税务局的检查。为了获得高薪，金某没有拒绝甲公司的要求。2024年，金某通过"两套账"的核算方法，使甲公司少缴了80万元税款。之后，税务部门发现了甲公司的偷税行为。

请问：甲公司与金某分别要承担什么法律责任？

【案例分析】

本案涉及的是公司利用"两套账"逃税，公司和公司财务人员分别承担什么法律责任的问题。

我国《税收征收管理法》第六十三条第一款规定，"纳税人伪造、变造、隐匿、擅自销毁帐簿、记帐凭证，或者在帐簿上多列支出或者不列、少列收入，或者经税务机关通知申报而拒不申报或者进行虚假的纳税申报，不缴或者少缴应纳税款的，是偷税。对纳税人偷税的，由税务机关追缴其不缴或者少缴的税款、滞纳金，并处不缴或者少缴的税款百分之五十以上五倍以下的罚款；构成犯罪的，依法追究刑事责任"。《会计法》第四十二条第一款、第二款、第三款规定，"违反本法规定，有下列行为之一的，由县级以上人民政府财政部门责令限期改正，可以对单位并处三千元以上五万元以下的罚款；对其直接负责的主管人员和其他直接责任人员，可以处二千元以上二万元以下的罚款;属于国家工作人员的,还应当由其所在单位或者有关单位依法给予行政处分;……(二)私设会计帐簿的……有前款所列行为之一,构成犯罪的,依法追究刑事责任。会计人员有第一款所列行为之一,情节严重的,五年内不得从事会计工作"。第四十三条规定,"伪造、变造会计凭证、会计帐簿,编制虚假财务会计报告,构成犯罪的,依法追究刑事责任。有前款行为,尚不构成犯罪的,由县级以上人民政府财政部门予以通报,可以对单位并处五千元以上十万元以下的罚款;对其直接负责的主管人员和其他直接责任人员,可以处三千元以上五万元以下的罚款;属于国家工作人员的,还应当由其所在单位或者有关单位依法给予撤职直至开除的行政处分;其中的会计人员,五年内不得从事会计工作"。《会计人员管理办法》第六条第一款、第二款规定,"因发生与会计职务有关的违法行为被依法追究刑事责任的人员,单位不得任用(聘用)其从事会计工作。因违反《中华人民共和国会计法》有关规定受到行政处罚五年内不得从事会计工作的人员,处罚期届满前,单位不得任用(聘用)其从事会计工作"。《刑法》第二百零一条第一款规定,"纳税人采取欺骗、隐瞒手段进行虚假纳税申报或者不申报,逃避缴纳税款数额较大并且占应纳税额百分之十以上的,处三年以下有期徒刑或者拘役,并处罚金;数额巨大并且占应纳税额百分之三十以上的,处三年以上七年以下有期徒刑,并处罚金"。第二百零一条第四款规定,"有第一款行为,经税务机关依法下达追缴通知后,补缴应纳税款,缴纳滞纳金,已受行政处罚的,不予追究刑事责任;但是,五年内因逃避缴纳税款受过刑事处罚或者被税务机关给予二次以上行政处罚的除外"。第二百一十一条规定,"单位犯本节第二百零一条、第二百零三条、第二百零四条、第二百零七条、第二百零八条、第二百零九条规定之罪的,对单位判处罚金,并对其直接负责的主管人员和其他直接责任人员,依照各该条的规定处罚"。

本案中,甲公司和金某通过"两套账"核算方法,使甲公司少缴80万元税款,甲公司和金某分别面临下列法律责任:

(1)甲公司面临的法律责任。

①涉嫌偷税的风险。对纳税人偷税的,由税务机关追缴其不缴或者少缴的税款、滞纳金,并处不缴或者少缴的税款50%以上5倍以下的罚款;构成犯罪的,依法追究刑事责任。

②涉嫌私设会计账簿的风险。私设会计账簿的,由县级以上人民政府财政部门责令限期改正,可以对单位并处3000元以上5万元以下的罚款;构成犯罪的,依法追究刑事责任。

③涉嫌伪造、变造会计凭证、会计账簿,编制虚假财务会计报告的风险。伪造、变造会计凭证、会计账簿,编制虚假财务会计报告的,由县级以上人民政府财政部门予以通报,可以对单位并处5000元以上10万元以下的罚款;构成犯罪的,依法追究刑

事责任。

④涉嫌逃税罪的风险。纳税人采取欺骗、隐瞒手段进行虚假纳税申报或者不申报,逃避缴纳税款数额较大并且占应纳税额10%以上的,处3年以下有期徒刑或者拘役,并处罚金;数额巨大并且占应纳税额30%以上的,处3年以上7年以下有期徒刑,并处罚金。对单位判处罚金,并对其直接负责的主管人员和其他直接责任人员,依照该条的规定处罚。

(2)金某面临的法律责任。

①涉嫌私设会计账簿的风险。私设会计账簿的,对直接负责的主管人员和其他直接责任人员,可以处2000元以上2万元以下的罚款。

②涉嫌伪造、变造会计凭证、会计账簿,编制虚假财务会计报告的风险。伪造、变造会计凭证、会计账簿,编制虚假财务会计报告的,对直接负责的主管人员和其他直接责任人员,可以处3000元以上5万元以下的罚款。

③涉嫌逃税罪的风险。具体见甲公司面临的法律责任中的第④点。

④影响个人职业规划。5年内不能从事会计工作。一旦被追究刑事责任,则终身禁止从事会计工作。

【风险防范建议】

随着税收征管手段的进步,"两套账"将丧失生存空间,纳税信用等级将成为公司对外展示的名片。对此,笔者对公司建议如下:

(1)强化税务合规意识,加强对公司管理人员、财务人员及业务人员的财税知识学习培训。

(2)拒绝"两套账",消灭"两套账",合规设置账簿。

(3)建立健全会计核算制度,依法纳税、合规纳税。

【法条链接】

《税收征收管理法》第六十三条 纳税人伪造、变造、隐匿、擅自销毁帐簿、记帐凭证,或者在帐簿上多列支出或者不列、少列收入,或者经税务机关通知申报而拒不申报或者进行虚假的纳税申报,不缴或者少缴应纳税款的,是偷税。对纳税人偷税的,由税务机关追缴其不缴或者少缴的税款、滞纳金,并处不缴或者少缴的税款百分之五十以上五倍以下的罚款;构成犯罪的,依法追究刑事责任。

扣缴义务人采取前款所列手段,不缴或者少缴已扣、已收税款,由税务机关追缴其不缴或者少缴的税款、滞纳金,并处不缴或者少缴的税款百分之五十以上五倍以下的罚款;构成犯罪的,依法追究刑事责任。

《会计法》第四十二条 违反本法规定,有下列行为之一的,由县级以上人民政府财政部门责令限期改正,可以对单位并处三千元以上五万元以下的罚款;对其直接负责的主管人员和其他直接责任人员,可以处二千元以上二万元以下的罚款;属于国家工作人员的,还应当由其所在单位或者有关单位依法给予行政处分:

……

(二)私设会计帐簿的;

……

有前款所列行为之一,构成犯罪的,依法追究刑事责任。

会计人员有第一款所列行为之一,情节严重的,五年内不得从事会计工作。

有关法律对第一款所列行为的处罚另有规定的,依照有关法律的规定办理。

第四十三条 伪造、变造会计凭证、会计帐簿,编制虚假财务会计报告,构成犯罪的,依法追究刑事责任。

有前款行为,尚不构成犯罪的,由县级以上人民政府财政部门予以通报,可以对单位并处五千元以上十万元以下的罚款;对其直接负责的主管人员和其他直接责任人员,可以处三千元以上五万元以下的罚款;属于国家工作人员的,还应当由其所在单位或者有关单位依法给予撤职直至开除的行政处分;其中的会计人员,五年内不得从事会计工作。

《会计人员管理办法》**第六条** 因发生与会计职务有关的违法行为被依法追究刑事责任的人员,单位不得任用(聘用)其从事会计工作。

因违反《中华人民共和国会计法》有关规定受到行政处罚五年内不得从事会计工作的人员,处罚期届满前,单位不得任用(聘用)其从事会计工作。

本条第一款和第二款规定的违法人员行业禁入期限,自其违法行为被认定之日起计算。

《刑法》**第二百零一条** 纳税人采取欺骗、隐瞒手段进行虚假纳税申报或者不申报,逃避缴纳税款数额较大并且占应纳税额百分之十以上的,处三年以下有期徒刑或者拘役,并处罚金;数额巨大并且占应纳税额百分之三十以上的,处三年以上七年以下有期徒刑,并处罚金。

扣缴义务人采取前款所列手段,不缴或者少缴已扣、已收税款,数额较大的,依照前款的规定处罚。

对多次实施前两款行为,未经处理的,按照累计数额计算。

有第一款行为,经税务机关依法下达追缴通知后,补缴应纳税款,缴纳滞纳金,已受行政处罚的,不予追究刑事责任;但是,五年内因逃避缴纳税款受过刑事处罚或者被税务机关给予二次以上行政处罚的除外。

第二百一十一条 单位犯本节第二百零一条、第二百零三条、第二百零四条、第二百零七条、第二百零八条、第二百零九条规定之罪的,对单位判处罚金,并对其直接负责的主管人员和其他直接责任人员,依照各该条的规定处罚。

《最高人民检察院、公安部关于公安机关管辖的刑事案件立案追诉标准的规定（二）》第五十二条 逃避缴纳税款,涉嫌下列情形之一的,应予立案追诉:

(一)纳税人采取欺骗、隐瞒手段进行虚假纳税申报或者不申报,逃避缴纳税款,数额在十万元以上并且占各税种应纳税总额百分之十以上,经税务机关依法下达追缴通知后,不补缴应纳税款、不缴纳滞纳金或者不接受行政处罚的;

(二)纳税人五年内因逃避缴纳税款受过刑事处罚或者被税务机关给予二次以上行政处罚,又逃避缴纳税款,数额在十万元以上并且占各税种应纳税总额百分之十以上的;

(三)扣缴义务人采取欺骗、隐瞒手段,不缴或者少缴已扣、已收税款,数额在十万元以上的。

纳税人在公安机关立案后再补缴应纳税款、缴纳滞纳金或者接受行政处罚的,不影响刑事责任的追究。

159.通过"阴阳合同"逃税,有什么后果?

【情景案例】

甲房地产公司由陆某与孔某出资设立,注册资本5000万元,陆某出资4000万元占股80%,孔某出资1000万元占股20%。经过多年的发展,甲房地产公司2023年净资产已达5亿元。2024年4月,孔某以1亿元的价款将其持有的20%股权转让给乙房地产公司,双方签订了一份《股权转让协议》("阴合同")。为少缴税款,双方又签订了一份《股权转让协议》("阳合同"),该合同中载明的股权转让款为4000万元,少缴了其余6000万元部分的税款。

请问:孔某为其行为要承担什么法律责任?

【案例分析】

本案涉及的是通过"阴阳合同"逃税,有什么法律后果的问题。

我国《税收征收管理法》第六十三条第一款规定,"纳税人伪造、变造、隐匿、擅自销毁帐簿、记帐凭证,或者在帐簿上多列支出或者不列、少列收入,或者经税务机关通知申报而拒不申报或者进行虚假的纳税申报,不缴或者少缴应纳税款的,是偷税。对纳税人偷税的,由税务机关追缴其不缴或者少缴的税款、滞纳金,并处不缴或者少缴的税款百分之五十以上五倍以下的罚款;构成犯罪的,依法追究刑事责任"。《刑法》第二百零一条第一款规定,"纳税人采取欺骗、隐瞒手段进行虚假纳税申报或者不申报,逃避缴纳税款数额较大并且占应纳税额百分之十以上的,处三年以下有期徒刑或者拘役,并处罚金;数额巨大并且占应纳税额百分之三十以上的,处三年以上七年以下有期徒刑,并处罚金"。第二百零一条第四款规定,"有第一款行为,经税务机关依法下达追缴通知后,补缴应纳税款,缴纳滞纳金,已受行政处罚的,不予追究刑事责任;但是,五年内因逃避缴纳税款受过刑事处罚或者被税务机关给予二次以上行政处罚的除外"。《最高人民检察院、公安部关于公安机关管辖的刑事案件立案追诉标准的规定(二)》第五十二条规定,"逃避缴纳税款,涉嫌下列情形之一的,应予立案追诉:(一)纳税人采取欺骗、隐瞒手段进行虚假纳税申报或者不申报,逃避缴纳税款,数额在十万元以上并且占各税种应纳税总额百分之十以上,经税务机关依法下达追缴通知后,不补缴应纳税款、不缴纳滞纳金或者不接受行政处罚的;(二)纳税人五年内因逃避缴纳税款受过刑事处罚或者被税务机关给予二次以上行政处罚,又逃避缴纳税款,数额在十万元以上并且占各税种应纳税总额百分之十以上的;(三)扣缴义务人采取欺骗、隐瞒手段,不缴或者少缴已扣、已收税款,数额在十万元以上的。纳税人在公安机关立案后再补缴应纳税款、缴纳滞纳金或者接受行政处罚的,不影响刑事责任的追究"。

本案中,孔某与乙房地产公司签订《股权转让协议》("阴合同"),约定乙房地产公司以1亿元的价款收购孔某持有甲房地产公司20%股权。孔某作为股权转让方,是纳税的主体,应当依法纳税。但在申报纳税时,孔某与乙房地产公司签订了一份交易金额为4000万元的《股权转让协议》("阳合同"),并按交易金额4000万元申报纳税,该行为属于进行虚假的纳税申报,系税法意义上的偷税。根据《税收征收管理法》第六十三条第一款的规定,纳税人偷税的,由税务机关追缴其不缴或者少缴的税款、滞纳金,并处不缴或者少缴的税款50%以上5倍以下的罚款。税务机关依法下达追缴通知后,孔某不补缴应纳税款、不缴纳滞纳金或者不接受行政处罚的,或者孔某5年内因逃避缴纳税款受过刑事处罚或者被税务机关给予2次以上行政处罚,则构成逃税罪,依法将受到法律制裁。

【风险防范建议】

以"阴阳合同"逃避国家税收的行为,存在极大的法律风险,除了将以偷税被税务机关处以罚款外,情节严重的还可能构成逃税罪。在此笔者提醒,依法纳税是每个公民的基本义务,任何人都不应存有侥幸心理,切忌通过签订"阴阳合同"避税。此外,对于税务机关催缴的税款应当及时缴纳,以防因长时间欠税不缴而被移送司法机关。

【法条链接】

《税收征收管理法》第六十三条　纳税人伪造、变造、隐匿、擅自销毁帐簿、记帐凭证,或者在帐簿上多列支出或者不列、少列收入,或者经税务机关通知申报而拒不申报或者进行虚假的纳税申报,不缴或者少缴应纳税款的,是偷税。对纳税人偷税的,由税务机关追缴其不缴或者少缴的税款、滞纳金,并处不缴或者少缴的税款百分之五十以上五倍以下的罚款;构成犯罪的,依法追究刑事责任。

扣缴义务人采取前款所列手段,不缴或者少缴已扣、已收税款,由税务机关追缴其不缴或者少缴的税款、滞纳金,并处不缴或者少缴的税款百分之五十以上五倍以下的罚款;构成犯罪的,依法追究刑事责任。

《刑法》第二百零一条　纳税人采取欺骗、隐瞒手段进行虚假纳税申报或者不申报,逃避缴纳税款数额较大并且占应纳税额百分之十以上的,处三年以下有期徒刑或者拘役,并处罚金;数额巨大并且占应纳税额百分之三十以上的,处三年以上七年以下有期徒刑,并处罚金。

扣缴义务人采取前款所列手段,不缴或者少缴已扣、已收税款,数额较大的,依照前款的规定处罚。

对多次实施前两款行为,未经处理的,按照累计数额计算。

有第一款行为,经税务机关依法下达追缴通知后,补缴应纳税款,缴纳滞纳金,已受行政处罚的,不予追究刑事责任;但是,五年内因逃避缴纳税款受过刑事处罚或者被税务机关给予二次以上行政处罚的除外。

《最高人民检察院、公安部关于公安机关管辖的刑事案件立案追诉标准的规定(二)》第五十二条　逃避缴纳税款,涉嫌下列情形之一的,应予立案追诉:

(一)纳税人采取欺骗、隐瞒手段进行虚假纳税申报或者不申报,逃避缴纳税款,数额在十万元以上并且占各税种应纳税总额百分之十以上,经税务机关依法下达追缴通知后,不补缴应纳税款、不缴纳滞纳金或者不接受行政处罚的;

(二)纳税人五年内因逃避缴纳税款受过刑事处罚或者被税务机关给予二次以上行政处罚,又逃避缴纳税款,数额在十万元以上并且占各税种应纳税总额百分之十以上的;

(三)扣缴义务人采取欺骗、隐瞒手段,不缴或者少缴已扣、已收税款,数额在十万元以上的。

纳税人在公安机关立案后再补缴应纳税款、缴纳滞纳金或者接受行政处罚的,不影响刑事责任的追究。

160.公司转移财产对抗税款追缴,有什么后果?

【情景案例】

某家具公司由崔某创办,成立于2013年1月。某税务局稽查局经调查发现,某家具公司2023年用于抵扣税款的增值税专用发票存在问题,于是向其下发限期补缴增值税 80 万元的《税务处理决定书》。后某税务局稽查局多次进行催缴，某家具公司都未补缴税款。2024 年 3 月 12 日，某家具公司用于税务申报的银行账号收到货款 100 万元，崔某当日便将该笔款项全部转出到其个人账户上，然后再到银行提取现金存到其父亲的银行账号，致使某税务局稽查局无法追缴税款。

请问：崔某要为其行为承担刑事责任吗？

【案例分析】

本案涉及的是公司转移财产对抗税款追缴，有什么法律后果的问题。

我国《刑法》第二百零三条规定，"纳税人欠缴应纳税款，采取转移或者隐匿财产的手段，致使税务机关无法追缴欠缴的税款，数额在一万元以上不满十万元的，处三年以下有期徒刑或者拘役，并处或者单处欠缴税款一倍以上五倍以下罚金；数额在十万元以上的，处三年以上七年以下有期徒刑，并处欠缴税款一倍以上五倍以下罚金"。第二百一十一条规定，"单位犯本节第二百零一条、第二百零三条、第二百零四条、第二百零七条、第二百零八条、第二百零九条规定之罪的，对单位判处罚金，并对其直接负责的主管人员和其他直接责任人员，依照各该条的规定处罚"。《最高人民检察院、公安部关于公安机关管辖的刑事案件立案追诉标准的规定（二）》第五十四条规定，"纳税人欠缴应纳税款，采取转移或者隐匿财产的手段，致使税务机关无法追缴欠缴的税款，数额在一万元以上的，应予立案追诉"。

本案中，某税务局稽查局向某家具公司下发限期补缴增值税 80 万元的《税务处理决定书》，而某家具公司一直未补缴税款。在某家具公司尚欠应纳税款的情况下，崔某采取转移手段，转移某家具公司的银行账户上收到的货款 100 万元，致使 80 万元税款无法追缴，依据《刑法》第二百零三条与第二百一十一条之规定，崔某的行为构成逃避追缴欠税罪，依法应当承担相应的刑事责任。

【风险防范建议】

公司欠缴应纳税款，除会被税务机关加收滞纳金外，还可能面临承担刑事责任的风险。笔者对公司建议如下：

（1）在税款缴纳期限内，按时缴纳税款。有拖欠应纳税款情形的，应及时清缴欠税及滞纳金，切忌转移或隐匿财产。

（2）如因特殊困难，不能按期缴纳税款，可以向税务局申请延期缴纳税款。

（3）欠缴税款数额 1 万元以上的公司在处分不动产或者大额资产之前，应当向税务机关报告。

（4）公司没有缴清欠税的，应定期向主管税务机关报告生产经营、资金往来、债权债务、投资和欠税原因、清欠计划等情况。如有合并、分立、撤销、破产和处置大额资产行为,应随时向主管税务机关报告。

【法条链接】

《刑法》第二百零三条　纳税人欠缴应纳税款,采取转移或者隐匿财产的手段,致使税务机关无法追缴欠缴的税款,数额在一万元以上不满十万元的,处三年以下有期徒刑或者拘役,并处或者单处欠缴税款一倍以上五倍以下罚金;数额在十万元以上的,处三年以上七年以下有期徒刑,并处欠缴税款一倍以上五倍以下罚金。

第二百一十一条　单位犯本节第二百零一条、第二百零三条、第二百零四条、第二百零七条、第二百零八条、第二百零九条规定之罪的,对单位判处罚金,并对其直接负责的主管人员和其他直接责任人员,依照各该条的规定处罚。

《最高人民检察院、公安部关于公安机关管辖的刑事案件立案追诉标准的规定(二)》第五十四条　纳税人欠缴应纳税款,采取转移或者隐匿财产的手段,致使税务机关无法追缴欠缴的税款,数额在一万元以上的,应予立案追诉。

《最高人民法院、最高人民检察院关于办理危害税收征管刑事案件适用法律若干问题的解释》第六条　纳税人欠缴应纳税款,为逃避税务机关追缴,具有下列情形之一的,应当认定为刑法第二百零三条规定的"采取转移或者隐匿财产的手段":

(一)放弃到期债权的;

(二)无偿转让财产的;

(三)以明显不合理的价格进行交易的;

(四)隐匿财产的;

(五)不履行税收义务并脱离税务机关监管的;

(六)以其他手段转移或者隐匿财产的。

161. 公司购买增值税专用发票抵税,有什么后果?

【情景案例】

康某是甲公司的法定代表人。2023年12月,康某发现公司的增值税进项发票数量不够,不足以抵扣税款。2024年3月,康某在一场饭局中认识了乙公司的法定代表人毛某。在交谈中,毛某提出可帮康某开具增值税专用发票,但需要按照发票票面金额的6%收取开票费,康某表示同意。之后,毛某以乙公司的名义陆续为甲公司开具了18张发票,开票金额合计80万元。甲公司使用上述发票成功抵扣了税款10.4万元。

请问:康某的行为构成犯罪吗?

【案例分析】

本案涉及的是公司购买增值税专用发票抵税,是否需要承担刑事责任的问题。

我国《刑法》第二百零五条规定,"虚开增值税专用发票或者虚开用于骗取出口退税、抵扣税款的其他发票的,处三年以下有期徒刑或者拘役,并处二万元以上二十万元以下罚金;虚开的税款数额较大或者有其他严重情节的,处三年以上十年以下有期徒刑,并处五万元以上五十万元以下罚金;虚开的税款数额巨大或者有其他特别严重情节的,处十年以上有期徒刑或者无期徒刑,并处五万元以上五十万元以下罚金或者没收财产。单位犯本条规定之罪的,对单位判处罚金,并对其直接负责的主管人员和其他直接责任人员,处三年以下有期徒刑或者拘役;虚开的税款数额较大或者有其他严重情节的,处三年以上十年以下有期徒刑;虚开的税款数额巨大或者有其他特别严重情节的,处十年以上有期徒刑或者无期徒刑。虚开增值税专用发票或者虚开用于骗取出口退税、抵扣税款的其他发票,是指有为他人虚开、为自己虚开、让他人为自己虚开、介绍他人虚开行为之一的"。《最高人民法院、最高人民检察院关于办理危害税收征管刑事案件适用法律若干问题的解释》第十条规定,"具有下列情形之一的,应当认定为刑法第二百零五条第一款规定的'虚开增值税专用发票或者虚开用于骗取出口退税、抵扣税款的其他发票':(一)没有实际业务,开具增值税专用发票、用于骗取出口退税、抵扣税款的其他发票的;(二)有实际应抵扣业务,但开具超过实际应抵扣业务对应税款的增值税专用发票、用于骗取出口退税、抵扣税款的其他发票的;(三)对依法不能抵扣税款的业务,通过虚构交易主体开具增值税专用发票、用于骗取出口退税、抵扣税款的其他发票的;(四)非法篡改增值税专用发票或者用于骗取出口退税、抵扣税款的其他发票相关电子信息的;(五)违反规定以其他手段虚开的。为虚增业绩、融资、贷款等不以骗抵税款为目的,没有因抵扣造成税款被骗损失的,不以本罪论处,构成其他犯罪的,依法以其他犯罪追究刑事责任"。第十一条第一款规定,"虚开增值税专用发票、用于骗取出口退税、抵扣税款的其他发票,税款数额在十万元以上的,应当依照刑法第二百零五条的规定定罪处罚;虚开税款数额在五十万元以上、五百万元以上的,应当分别认定为刑法第二百零五条第一款规定的'数额较大'、'数额巨大'"。《最高人民检察院、公安部关于公安机关管辖的刑事案件立案追诉标准的规定(二)》第五十六条规定,"虚开增值税专用发票或者虚开用于骗取出口退税、抵扣税款的其他发票,虚开的税款数额在十万元以上或者造成国家税款损失数额在五万元以上的,应予立案追诉"。

本案中,甲公司的法定代表人康某为了抵扣税款,在甲公司、乙公司不存在真实货物交易的情况下,让乙公司为甲公司开具增值税专用发票,系虚开增值税专用发票的行为,已达到法律规定的刑事立案标准。根据《刑法》第二百零五条之规定,康某构成虚开增值税专用发票罪。

【风险防范建议】

近年来,虚开增值税专用发票犯罪发案率较高,且呈现迅速蔓延态势,严重扰乱了市场经济秩序,使国家税收蒙受巨大损失,是企业家触犯的高频罪名。为防范上述风险,笔者建议如下:

作为销售方,公司应当规范开票流程,不通过第三方代开发票,不收取开票手续费。作为购买方,公司接受销售方开具的发票时,要谨慎查看开票信息与交易要素是否一致;如不一致,则要求销售方补开、换开发票,并且在补开、换开发票后再行抵扣或税前列支。对有疑点的发票,要及时向税务机关求助查证。此外,特别提醒大家,为他人虚开、为自己虚开、让他人为自己虚开、介绍他人虚开的行为,都可能构成犯罪,切勿存有侥幸心理。

【法条链接】

《刑法》第二百零五条 虚开增值税专用发票或者虚开用于骗取出口退税、抵扣税款的其他发票的,处三年以下有期徒刑或者拘役,并处二万元以上二十万元以下罚金;虚开的税款数额较大或者有其他严重情节的,处三年以上十年以下有期徒刑,并处五万元以上五十万元以下罚金;虚开的税款数额巨大或者有其他特别严重情节的,处十年以上有期徒刑或者无期徒刑,并处五万元以上五十万元以下罚金或者没收财产。

单位犯本条规定之罪的,对单位判处罚金,并对其直接负责的主管人员和其他直接责任人员,处三年以下有期徒刑或者拘役;虚开的税款数额较大或者有其他严重情节的,处三年以上十年以下有期徒刑;虚开的税款数额巨大或者有其他特别严重情节的,处十年以上有期徒刑或者无期徒刑。

虚开增值税专用发票或者虚开用于骗取出口退税、抵扣税款的其他发票,是指有为他人虚开、为自己虚开、让他人为自己虚开、介绍他人虚开行为之一的。

《最高人民法院关于虚开增值税专用发票定罪量刑标准有关问题的通知》 二、在新的司法解释颁行前,对虚开增值税专用发票刑事案件定罪量刑的数额标准,可以参照《最高人民法院关于审理骗取出口退税刑事案件具体应用法律若干问题的解释》(法释〔2002〕30号)第三条的规定执行,即虚开的税款数额在五万元以上的,以虚开增值税专用发票罪处三年以下有期徒刑或者拘役,并处二万元以上二十万元以下罚金;虚开的税款数额在五十万元以上的,认定为刑法第二百零五条规定的"数额较大";虚开的税款数额在二百五十万元以上的,认定为刑法第二百零五条规定的"数额巨大"。

《最高人民法院、最高人民检察院关于办理危害税收征管刑事案件适用法律若干问题的解释》第十条 具有下列情形之一的,应当认定为刑法第二百零五条第一款规定的"虚开增值税专用发票或者虚开用于骗取出口退税、抵扣税款的其他发票"：

（一）没有实际业务，开具增值税专用发票、用于骗取出口退税、抵扣税款的其他发票的；

（二）有实际应抵扣业务，但开具超过实际应抵扣业务对应税款的增值税专用发票、用于骗取出口退税、抵扣税款的其他发票的；

（三）对依法不能抵扣税款的业务，通过虚构交易主体开具增值税专用发票、用于骗取出口退税、抵扣税款的其他发票的；

（四）非法篡改增值税专用发票或者用于骗取出口退税、抵扣税款的其他发票相关电子信息的；

（五）违反规定以其他手段虚开的。

为虚增业绩、融资、贷款等不以骗抵税款为目的，没有因抵扣造成税款被骗损失的，不以本罪论处，构成其他犯罪的，依法以其他犯罪追究刑事责任。

第十一条 虚开增值税专用发票、用于骗取出口退税、抵扣税款的其他发票，税款数额在十万元以上的，应当依照刑法第二百零五条的规定定罪处罚；虚开税款数额在五十万元以上、五百万元以上的，应当分别认定为刑法第二百零五条第一款规定的"数额较大"、"数额巨大"。

具有下列情形之一的，应当认定为刑法第二百零五条第一款规定的"其他严重情节"：

（一）在提起公诉前，无法追回的税款数额达到三十万元以上的；

（二）五年内因虚开发票受过刑事处罚或者二次以上行政处罚，又虚开增值税专用发票或者虚开用于骗取出口退税、抵扣税款的其他发票，虚开税款数额在三十万元以上的；

（三）其他情节严重的情形。

具有下列情形之一的，应当认定为刑法第二百零五条第一款规定的"其他特别严重情节"：

（一）在提起公诉前，无法追回的税款数额达到三百万元以上的；

（二）五年内因虚开发票受过刑事处罚或者二次以上行政处罚，又虚开增值税专用发票或者虚开用于骗取出口退税、抵扣税款的其他发票，虚开税款数额在三百万元以上的；

（三）其他情节特别严重的情形。

以同一购销业务名义，既虚开进项增值税专用发票、用于骗取出口退税、抵扣税款的其他发票，又虚开销项的，以其中较大的数额计算。

以伪造的增值税专用发票进行虚开，达到本条规定标准的，应当以虚开增值税专用发票罪追究刑事责任。

《最高人民检察院、公安部关于公安机关管辖的刑事案件立案追诉标准的规定（二）》第五十六条　虚开增值税专用发票或者虚开用于骗取出口退税、抵扣税款的其他发票，虚开的税款数额在十万元以上或者造成国家税款损失数额在五万元以上的，应予立案追诉。

162. 虚开增值税专用发票骗取国家出口退税，有什么后果？

【情景案例】

甲公司由邱某与秦某两人共同创办。2023年，为了非法获利，邱某与秦某在没有真实货物交易的情况下，指使公司会计江某向乙公司购买增值税专用发票400万元，用于向税务部门申报出口退税，共骗取出口退税30万元，非法所得全部用于公司花销和股东分红。事后，秦某十分后悔，担心会承担刑事责任。邱某认为，如果被税务部门发现，最多也是补缴税款，不会坐牢的。

请问：邱某的说法符合我国法律规定吗？

【案例分析】

本案涉及的是在不存在真实货物交易的情况下，向他人购买增值税专用发票用于申报出口退税，是否应当承担刑事责任的问题。

我国《刑法》第二百零四条第一款规定，"以假报出口或者其他欺骗手段，骗取国家出口退税款，数额较大的，处五年以下有期徒刑或者拘役，并处骗取税款一倍以上五倍以下罚金；数额巨大或者有其他严重情节的，处五年以上十年以下有期徒刑，并处骗取税款一倍以上五倍以下罚金；数额特别巨大或者有其他特别严重情节的，处十年以上有期徒刑或者无期徒刑，并处骗取税款一倍以上五倍以下罚金或者没收财产"。第二百零五条规定，"虚开增值税专用发票或者虚开用于骗取出口退税、抵扣税款的其他发票的，处三年以下有期徒刑或者拘役，并处二万元以上二十万元以下罚金；虚开的税款数额较大或者有其他严重情节的，处三年以上十年以下有期徒刑，并处五万元以上五十万元以下罚金；虚开的税款数额巨大或者有其他特别严重情节的，处十年以上有期徒刑或者无期徒刑，并处五万元以上五十万元以下罚金或者没收财产。单位犯本条规定之罪的，对单位判处罚金，并对其直接负责的主管人员和其他直接责任人员，处三年以下有期徒刑或者拘役；虚开的税款数额较大或者有其他严重情节的，处三年以上十年以下有期徒刑；虚开的税款数额巨大或者有其他特别严重情节的，处十年以上有期徒刑或者无期徒刑。虚开增值税专用发票或者虚开用于骗取出口退税、抵扣税款的其他发票，是指有为他人虚开、为自己虚开、让他人为自己虚开、介绍他人虚开行为之一的"。《最高人民法院、最高人民检察院关于办理危害税收征管刑事案件适用法律若干问题的解释》第七条规定,"具有下列情形之一的,应当认定为刑法第二百零四条第一款规定的'假报出口或者其他欺骗手段':(一)使用虚开、非法购买或者以其他非法手段取得的增值税专用发票或者其他可以用于出口退税的发票申报出口退税的;(二)将未负税或者免税的出口业务申报为已税的出口业务的;(三)冒用他人出口业务申报出口退税的;(四)虽有出口,但虚构应退税出口业务的品名、数量、单价等要素,以虚增出口退税额申报出口退税的;(五)伪造、签订虚假的销售合同,或者以伪造、变造等非法手段取得出口报关单、运输单据等出口业务相关单据、凭证,虚构出口事实申报出口退税的;(六)在货物出口后,又转入境内或者将境外同种货物转入境内循环进出口并申报出口退税的;(七)虚报出口产品的功能、用途等,将不享受退税政策的产品申报为退税产品的;(八)以其他欺骗手段骗取出口退税款的"。第八条第一款规定,"骗取国家出口退税款数额十万元以上、五十万元以上、五百万元以上的,应当分别认定为刑法第二百零四条第一款规定的'数额较大'、'数额巨大'、'数额特别巨大'"。《最高人民检察院、公安部关于公安机关管辖的刑事案件立案追诉标准的规定(二)》第五十六条规定,"虚开增值税专用发票或者虚开用于骗取出口退税、抵扣税款的其他发票,虚开的税款数额在十万元以上或者造成国家税款损失数额在五万元以上的,应予立案追诉"。

本案中,甲公司的邱某、秦某及公司会计江某购买增值税专用发票用于申报出口退税,并骗取出口退税30万元的行为,同时触犯了《刑法》规定的骗取出口退税罪和虚开增值税专用发票罪,应择一重罪处罚。从上方两个罪名的量刑情况来看,应以骗取国家出口退税款追究甲公司及相关责任人的刑事责任。因甲公司骗取国家出口退税款后用于甲公司开销和股东分红,故可认定为单位犯罪,对甲公司依法应判处罚金;邱某、秦某、江某属于甲公司直接负责的主管人员和其他直接责任人员,依法应处5年以下有期徒刑或者拘役。综上所述,邱某的说法不符合我国法律规定。

【风险防范建议】

公司应守法经营,依法开具发票和如实进行申报纳税。对公司实际经营的出口业务要取得合法增值税专用发票、购销合同等资料,切勿伪造、虚构出口资料或虚报出口价格。

【法条链接】

《税收征收管理法》第六十六条 以假报出口或者其他欺骗手段,骗取国家出口退税款的,由税务机关追缴其骗取的退税款,并处骗取税款一倍以上五倍以下的罚款;构成犯罪的,依法追究刑事责任。

对骗取国家出口退税款的,税务机关可以在规定期间内停止为其办理出口退税。

《刑法》第二百零四条　以假报出口或者其他欺骗手段,骗取国家出口退税款,数额较大的,处五年以下有期徒刑或者拘役,并处骗取税款一倍以上五倍以下罚金;数额巨大或者有其他严重情节的,处五年以上十年以下有期徒刑,并处骗取税款一倍以上五倍以下罚金;数额特别巨大或者有其他特别严重情节的,处十年以上有期徒刑或者无期徒刑,并处骗取税款一倍以上五倍以下罚金或者没收财产。

纳税人缴纳税款后,采取前款规定的欺骗方法,骗取所缴纳的税款的,依照本法第二百零一条的规定定罪处罚;骗取税款超过所缴纳的税款部分,依照前款的规定处罚。

第二百零五条　虚开增值税专用发票或者虚开用于骗取出口退税、抵扣税款的其他发票的,处三年以下有期徒刑或者拘役,并处二万元以上二十万元以下罚金;虚开的税款数额较大或者有其他严重情节的,处三年以上十年以下有期徒刑,并处五万元以上五十万元以下罚金;虚开的税款数额巨大或者有其他特别严重情节的,处十年以上有期徒刑或者无期徒刑,并处五万元以上五十万元以下罚金或者没收财产。

单位犯本条规定之罪的,对单位判处罚金,并对其直接负责的主管人员和其他直接责任人员,处三年以下有期徒刑或者拘役;虚开的税款数额较大或者有其他严重情节的,处三年以上十年以下有期徒刑;虚开的税款数额巨大或者有其他特别严重情节的,处十年以上有期徒刑或者无期徒刑。

虚开增值税专用发票或者虚开用于骗取出口退税、抵扣税款的其他发票,是指有为他人虚开、为自己虚开、让他人为自己虚开、介绍他人虚开行为之一的。

第二百一十一条　单位犯本节第二百零一条、第二百零三条、第二百零四条、第二百零七条、第二百零八条、第二百零九条规定之罪的,对单位判处罚金,并对其直接负责的主管人员和其他直接责任人员,依照各该条的规定处罚。

第二百一十二条　犯本节第二百零一条至第二百零五条规定之罪,被判处罚金、没收财产的,在执行前,应当先由税务机关追缴税款和所骗取的出口退税款。

《最高人民检察院、公安部关于公安机关管辖的刑事案件立案追诉标准的规定(二)》第五十五条　以假报出口或者其他欺骗手段,骗取国家出口退税款,数额在十万元以上的,应予立案追诉。

第五十六条　虚开增值税专用发票或者虚开用于骗取出口退税、抵扣税款的其他发票,虚开的税款数额在十万元以上或者造成国家税款损失数额在五万元以上的,应予立案追诉。

《最高人民法院、最高人民检察院关于办理危害税收征管刑事案件适用法律若干问题的解释》第七条　具有下列情形之一的,应当认定为刑法第二百零四条第一款规定的"假报出口或者其他欺骗手段":

(一)使用虚开、非法购买或者以其他非法手段取得的增值税专用发票或者其他可以用于出口退税的发票申报出口退税的;

（二）将未负税或者免税的出口业务申报为已税的出口业务的；

（三）冒用他人出口业务申报出口退税的；

（四）虽有出口，但虚构应退税出口业务的品名、数量、单价等要素，以虚增出口退税额申报出口退税的；

（五）伪造、签订虚假的销售合同，或者以伪造、变造等非法手段取得出口报关单、运输单据等出口业务相关单据、凭证，虚构出口事实申报出口退税的；

（六）在货物出口后，又转入境内或者将境外同种货物转入境内循环进出口并申报出口退税的；

（七）虚报出口产品的功能、用途等，将不享受退税政策的产品申报为退税产品的；

（八）以其他欺骗手段骗取出口退税款的。

第八条 骗取国家出口退税款数额十万元以上、五十万元以上、五百万元以上的，应当分别认定为刑法第二百零四条第一款规定的"数额较大"、"数额巨大"、"数额特别巨大"。

具有下列情形之一的，应当认定为刑法第二百零四条第一款规定的"其他严重情节"：

（一）两年内实施虚假申报出口退税行为三次以上，且骗取国家税款三十万元以上的；

（二）五年内因骗取国家出口退税受过刑事处罚或者二次以上行政处罚，又实施骗取国家出口退税行为，数额在三十万元以上的；

（三）致使国家税款被骗取三十万元以上并且在提起公诉前无法追回的；

（四）其他情节严重的情形。

具有下列情形之一的，应当认定为刑法第二百零四条第一款规定的"其他特别严重情节"：

（一）两年内实施虚假申报出口退税行为五次以上，或者以骗取出口退税为主要业务，且骗取国家税款三百万元以上的；

（二）五年内因骗取国家出口退税受过刑事处罚或者二次以上行政处罚，又实施骗取国家出口退税行为，数额在三百万元以上的；

（三）致使国家税款被骗取三百万元以上并且在提起公诉前无法追回的；

（四）其他情节特别严重的情形。

第九条 实施骗取国家出口退税行为，没有实际取得出口退税款的，可以比照既遂犯从轻或者减轻处罚。

从事货物运输代理、报关、会计、税务、外贸综合服务等中介组织及其人员违反国家有关进出口经营规定，为他人提供虚假证明文件，致使他人骗取国家出口退税款，情节严重的，依照刑法第二百二十九条的规定追究刑事责任。

第十条 具有下列情形之一的,应当认定为刑法第二百零五条第一款规定的"虚开增值税专用发票或者虚开用于骗取出口退税、抵扣税款的其他发票":

(一)没有实际业务,开具增值税专用发票、用于骗取出口退税、抵扣税款的其他发票的;

(二)有实际应抵扣业务,但开具超过实际应抵扣业务对应税款的增值税专用发票、用于骗取出口退税、抵扣税款的其他发票的;

(三)对依法不能抵扣税款的业务,通过虚构交易主体开具增值税专用发票、用于骗取出口退税、抵扣税款的其他发票的;

(四)非法篡改增值税专用发票或者用于骗取出口退税、抵扣税款的其他发票相关电子信息的;

(五)违反规定以其他手段虚开的。

为虚增业绩、融资、贷款等不以骗抵税款为目的,没有因抵扣造成税款被骗损失的,不以本罪论处,构成其他犯罪的,依法以其他犯罪追究刑事责任。

163.公司为应付税务核查而销毁内账资料,有什么后果?

【情景案例】

某科技公司成立于2017年10月,史某是法定代表人,顾某系公司聘请的会计。为了合理避税,公司成立后,史某就要求顾某做"两套账",一套为公司真实交易记录,另一套用于应对税务部门。2024年4月8日,史某收到税务部门的通知,要求某科技公司准备2018年1月1日至2023年12月31日会计凭证、账簿以待检查。史某问顾某这种例行检查会不会有问题,顾某告诉史某,公司外账做得很规范,一般情况下没有问题,但建议不要将公司内账放在公司。为预防万一,史某将所有公司内账资料拿回家用火烧了。2024年4月12日,税务部门在检查期间发现某科技公司的账务存在较多问题,因此认为某科技公司有做"两套账"的可能性,遂找顾某进行质问。顾某认为税务局工作人员肯定发现了问题,为了减轻处罚,其将公司的账目处理情况全盘托出。之后,史某在无奈之下将销毁内账一事告诉了税务工作人员。

请问:史某为其销毁内账的行为承担什么责任?

【案例分析】

本案涉及的是公司为逃避税务检查而销毁内账资料,有什么法律后果的问题。

我国《刑法》第一百六十二条之一规定,"隐匿或者故意销毁依法应当保存的会计凭证、会计帐簿、财务会计报告,情节严重的,处五年以下有期徒刑或者拘役,并处或者单处二万元以上二十万元以下罚金。单位犯前款罪的,对单位判处罚金,并对其直接负责的主管人员和其他直接责任人员,依照前款的规定处罚"。《最高人民检察院、公安部关于公安机关管辖的刑事案件立案追诉标准的规定(二)》第八条规定,"隐匿或者故意销毁依法应当保存的会计凭证、会计帐簿、财务会计报告,涉嫌下列情形之一的,应予立案追诉:(一)隐匿、故意销毁的会计凭证、会计帐簿、财务会计报告涉及金额在五十万元以上的;(二)依法应当向监察机关、司法机关、行政机关、有关主管部门等提供而隐匿、故意销毁或者拒不交出会计凭证、会计帐簿、财务会计报告的;(三)其他情节严重的情形"。

本案中,内账会计资料是某科技公司业务的真实记录,反映了该公司的资金往来情况,理应属于应当保存的会计资料。史某为了规避税务部门的检查,故意销毁应当向税务部门提供的内账会计资料,情节严重,涉嫌故意销毁会计凭证、会计账簿罪,应承担刑事责任。

【风险防范建议】

会计凭证、会计账簿、财务会计报告等资料是记载公司财务活动的重要凭证,是公司财务管理的重要依据。为防范风险,笔者对公司建议如下:

(1)公司应当健全会计档案监督管理机制,严格依法接收、制作、保存会计档案,并由专人专管,确保会计档案的规范性、完整性,有条件的公司要做好电子档案的备份。

(2)司法机关、行政机关、有关主管部门等依法要求公司提供上述会计资料时,公司负责人及财务人员应当积极配合,如实、完整地提供相关资料,切勿隐匿、销毁。

(3)如地震、失火、暴雨等不可抗力导致会计档案灭失,或会计档案被盗、抢、丢失等,应当及时向公安机关或行政主管部门报案、报告。

【法条链接】

《会计法》第三十五条 各单位必须依照有关法律、行政法规的规定,接受有关监督检查部门依法实施的监督检查,如实提供会计凭证、会计帐簿、财务会计报告和其他会计资料以及有关情况,不得拒绝、隐匿、谎报。

第四十四条 隐匿或者故意销毁依法应当保存的会计凭证、会计帐簿、财务会计报告,构成犯罪的,依法追究刑事责任。

有前款行为,尚不构成犯罪的,由县级以上人民政府财政部门予以通报,可以对单位并处五千元以上十万元以下的罚款;对其直接负责的主管人员和其他直接责任人员,可以处三千元以上五万元以下的罚款;属于国家工作人员的,还应当由其所在单位或者有关单位依法给予撤职直至开除的行政处分;其中的会计人员,五年内不得从事会计工作。

《刑法》第一百六十二条之一 隐匿或者故意销毁依法应当保存的会计凭证、会计帐簿、财务会计报告，情节严重的，处五年以下有期徒刑或者拘役，并处或者单处二万元以上二十万元以下罚金。

单位犯前款罪的，对单位判处罚金，并对其直接负责的主管人员和其他直接责任人员，依照前款的规定处罚。

《最高人民检察院、公安部关于公安机关管辖的刑事案件立案追诉标准的规定（二）》第八条 隐匿或者故意销毁依法应当保存的会计凭证、会计帐簿、财务会计报告，涉嫌下列情形之一的，应予立案追诉：

（一）隐匿、故意销毁的会计凭证、会计帐簿、财务会计报告涉及金额在五十万元以上的；

（二）依法应当向监察机关、司法机关、行政机关、有关主管部门等提供而隐匿、故意销毁或者拒不交出会计凭证、会计帐簿、财务会计报告的；

（三）其他情节严重的情形。

164. 公司可以追讨债务人的应收账款吗？

【情景案例】

2023年3月，乙公司因欠甲公司货款，给甲公司写了一张欠条，内容为：乙公司欠甲公司货款30万元，于2023年12月31日前支付。期限届满后，乙公司资金链断裂，已无力还债。甲公司得知丙公司欠乙公司货款50万元，故甲公司催促乙公司尽快向丙公司催款。乙公司表面答应，但未对丙公司采取法律措施。为追回欠款，甲公司将丙公司诉至法院，要求丙公司代乙公司直接向自己偿还债务。

请问：甲公司的请求能得到法院支持吗？

【案例分析】

本案涉及的是公司能否追讨债务人的应收账款的问题。

我国《民法典》第五百三十五条规定，因债务人怠于行使其债权或者与该债权有关的从权利，影响债权人的到期债权实现的，债权人可以向人民法院请求以自己的名义代位行使债务人对相对人的权利，但是该权利专属于债务人自身的除外。代位权的行使范围以债权人的到期债权为限。债权人行使代位权的必要费用，由债务人负担。相对人对债务人的抗辩，可以向债权人主张。

《民法典》第五百三十五条系关于债权人代位权的规定，依照该条规定，代位权成立必须具备如下要件：(1)债权人对债务人的债权合法、有效、到期；(2)债务人对次债务人的债权或从权利合法、有效、到期；(3)债务人怠于行使对次债务人的债权或有关的从权利,并因此影响债权人债权的实现,此处的"怠于"是指债务人未以起诉或者申请仲裁的方式对次债务人行使到期权利;(4)债务人对次债务人的债权或与债权有关的从权利不具有专属性。

本案中,乙公司欠甲公司货款 30 万元,丙公司欠乙公司货款 50 万元,且均已到期,甲公司对乙公司存在合法有效的到期债权,乙公司对丙公司存在合法有效的到期债权。乙公司承诺于 2023 年 12 月 31 日前支付甲公司的货款,但是期限届满后,乙公司无力偿还对甲公司的货款,又怠于行使对丙公司的债权,其怠于行使债权的行为影响了甲公司债权的实现。根据《民法典》第五百三十五条之规定,甲公司可以乙公司欠付的 30 万元为限,向人民法院提起代位权诉讼,要求丙公司代乙公司直接向自己偿还债务。因此,甲公司的请求能得到法院支持。

【风险防范建议】

公司在追讨应收账款时,如果发现债务人对次债务人享有已到期但未清偿的应收款,且债务人怠于行使其对次债务人的到期债权,可以向人民法院提起代位权之诉,请求次债务人向自己履行债务,但是其请求不得超过自身对债务人的债权。如果公司对债务人的债权尚未到期,但债务人的债权或者与该债权有关的从权利存在诉讼时效期间即将届满或者未及时申报破产债权等情形,将影响公司债权实现,公司亦可以代位向次债务人请求其向债务人履行、向破产管理人申报或者作出其他必要的行为。

【法条链接】

《民法典》第五百三十五条 因债务人怠于行使其债权或者与该债权有关的从权利,影响债权人的到期债权实现的,债权人可以向人民法院请求以自己的名义代位行使债务人对相对人的权利,但是该权利专属于债务人自身的除外。

代位权的行使范围以债权人的到期债权为限。债权人行使代位权的必要费用,由债务人负担。

相对人对债务人的抗辩,可以向债权人主张。

第五百三十六条 债权人的债权到期前,债务人的债权或者与该债权有关的从权利存在诉讼时效期间即将届满或者未及时申报破产债权等情形,影响债权人的债权实现的,债权人可以代位向债务人的相对人请求其向债务人履行、向破产管理人申报或者作出其他必要的行为。

第五百三十七条 人民法院认定代位权成立的,由债务人的相对人向债权人履行义务,债权人接受履行后,债权人与债务人、债务人与相对人之间相应的权利义务终止。债务人对相对人的债权或者与该债权有关的从权利被采取保全、执行措施,或者债务人破产的,依照相关法律的规定处理。

《最高人民法院关于适用〈中华人民共和国民法典〉合同编通则若干问题的解释》**第三十三条** 债务人不履行其对债权人的到期债务,又不以诉讼或者仲裁方式向相对人主张其享有的债权或者与该债权有关的从权利,致使债权人的到期债权未能实现的,人民法院可以认定为民法典第五百三十五条规定的"债务人怠于行使其债权或者与该债权有关的从权利,影响债权人的到期债权实现"。

第三十五条 债权人依据民法典第五百三十五条的规定对债务人的相对人提起代位权诉讼的,由被告住所地人民法院管辖,但是依法应当适用专属管辖规定的除外。

债务人或者相对人以双方之间的债权债务关系订有管辖协议为由提出异议的,人民法院不予支持。

第三十七条 债权人以债务人的相对人为被告向人民法院提起代位权诉讼,未将债务人列为第三人的,人民法院应当追加债务人为第三人。

两个以上债权人以债务人的同一相对人为被告提起代位权诉讼的,人民法院可以合并审理。债务人对相对人享有的债权不足以清偿其对两个以上债权人负担的债务的,人民法院应当按照债权人享有的债权比例确定相对人的履行份额,但是法律另有规定的除外。

第三十八条 债权人向人民法院起诉债务人后,又向同一人民法院对债务人的相对人提起代位权诉讼,属于该人民法院管辖的,可以合并审理。不属于该人民法院管辖的,应当告知其向有管辖权的人民法院另行起诉;在起诉债务人的诉讼终结前,代位权诉讼应当中止。

第三十九条 在代位权诉讼中,债务人对超过债权人代位请求数额的债权部分起诉相对人,属于同一人民法院管辖的,可以合并审理。不属于同一人民法院管辖的,应当告知其向有管辖权的人民法院另行起诉;在代位权诉讼终结前,债务人对相对人的诉讼应当中止。

165. 债务人无偿转让财产给公司造成损害的,怎么办?

【情景案例】

邵某是甲公司的法定代表人。甲公司由于周转困难,于2023年3月向乙公司借款50万元,年利率10%,借款期限为1年。借款到期后,乙公司要求邵某还钱,邵某称甲公司已资不抵债,准备申请破产。之后,乙公司得知邵某在1个月前将甲公司估值80万元的房屋赠与其父亲。

请问:乙公司可以如何维权?

【案例分析】

本案涉及的是债务人无偿转让财产损害债权人利益的,债权人能否行使撤销权的问题。

我国《民法典》第五百三十八条规定,债务人以放弃其债权、放弃债权担保、无偿转让财产等方式无偿处分财产权益,或者恶意延长其到期债权的履行期限,影响债权人的债权实现的,债权人可以请求人民法院撤销债务人的行为。第五百三十九条规定,债务人以明显不合理的低价转让财产、以明显不合理的高价受让他人财产或者为他人的债务提供担保,影响债权人的债权实现,债务人的相对人知道或者应当知道该情形的,债权人可以请求人民法院撤销债务人的行为。第五百四十一条规定,撤销权自债权人知道或者应当知道撤销事由之日起 1 年内行使。自债务人的行为发生之日起 5 年内没有行使撤销权的,该撤销权消灭。

本案中,甲公司因资金周转困难向乙公司借款,乙公司对甲公司存在合法、有效的债权。甲公司负担债务后,甲公司的法定代表人邵某将甲公司估值 80 万元的房屋赠与其父亲,属于债务人以无偿转让财产的方式处分财产权益,该无偿处分行为严重影响了乙公司的债权实现,依据《民法典》第五百三十八条之规定,乙公司可以在其知道甲公司及邵某无偿处分财产一事之日起 1 年内行使撤销权,向人民法院提起撤销之诉。

【风险防范建议】

实践中,债务人为逃避债务极有可能转移资产,并且一般手段极为隐蔽,不易被发现。为防范风险,笔者建议如下:

(1)债权人应当通过抵押、质押、担保等方式来确保债权的实现,同时密切关注债务人的财产变化情况。

(2)第三人切忌帮助债务人转移财产、逃避债务,否则很有可能被法院认定为共同侵权,需就其帮助转移财产的部分向债权人承担连带责任。

(3)一旦发现债务人有低价或无偿处分财产、转移财产等行为,应及时通过诉讼行使撤销权。

【法条链接】

《民法典》第五百三十八条 债务人以放弃其债权、放弃债权担保、无偿转让财产等方式无偿处分财产权益,或者恶意延长其到期债权的履行期限,影响债权人的债权实现的,债权人可以请求人民法院撤销债务人的行为。

第五百三十九条 债务人以明显不合理的低价转让财产、以明显不合理的高价受让他人财产或者为他人的债务提供担保,影响债权人的债权实现,债务人的相对人知道或者应当知道该情形的,债权人可以请求人民法院撤销债务人的行为。

第五百四十条 撤销权的行使范围以债权人的债权为限。债权人行使撤销权的必要费用,由债务人负担。

第五百四十一条 撤销权自债权人知道或者应当知道撤销事由之日起一年内行使。自债务人的行为发生之日起五年内没有行使撤销权的,该撤销权消灭。

第五百四十二条 债务人影响债权人的债权实现的行为被撤销的,自始没有法律约束力。

《最高人民法院关于适用〈中华人民共和国民法典〉合同编通则若干问题的解释》**第四十二条** 对于民法典第五百三十九条规定的"明显不合理"的低价或者高价,人民法院应当按照交易当地一般经营者的判断,并参考交易时交易地的市场交易价或者物价部门指导价予以认定。

转让价格未达到交易时交易地的市场交易价或者指导价百分之七十的,一般可以认定为"明显不合理的低价";受让价格高于交易时交易地的市场交易价或者指导价百分之三十的,一般可以认定为"明显不合理的高价"。

债务人与相对人存在亲属关系、关联关系的,不受前款规定的百分之七十、百分之三十的限制。

第四十三条 债务人以明显不合理的价格,实施互易财产、以物抵债、出租或者承租财产、知识产权许可使用等行为,影响债权人的债权实现,债务人的相对人知道或者应当知道该情形,债权人请求撤销债务人的行为的,人民法院应当依据民法典第五百三十九条的规定予以支持。

第四十四条 债权人依据民法典第五百三十八条、第五百三十九条的规定提起撤销权诉讼的,应当以债务人和债务人的相对人为共同被告,由债务人或者相对人的住所地人民法院管辖,但是依法应当适用专属管辖规定的除外。

两个以上债权人就债务人的同一行为提起撤销权诉讼的,人民法院可以合并审理。

第四十五条 在债权人撤销权诉讼中,被撤销行为的标的可分,当事人主张在受影响的债权范围内撤销债务人的行为的,人民法院应予支持;被撤销行为的标的不可分,债权人主张将债务人的行为全部撤销的,人民法院应予支持。

债权人行使撤销权所支付的合理的律师代理费、差旅费等费用,可以认定为民法典第五百四十条规定的"必要费用"。

第四十六条 债权人在撤销权诉讼中同时请求债务人的相对人向债务人承担返还财产、折价补偿、履行到期债务等法律后果的,人民法院依法予以支持。

债权人请求受理撤销权诉讼的人民法院一并审理其与债务人之间的债权债务关

系,属于该人民法院管辖的,可以合并审理。不属于该人民法院管辖的,应当告知其向有管辖权的人民法院另行起诉。

债权人依据其与债务人的诉讼、撤销权诉讼产生的生效法律文书申请强制执行的,人民法院可以就债务人对相对人享有的权利采取强制执行措施以实现债权人的债权。债权人在撤销权诉讼中,申请对相对人的财产采取保全措施的,人民法院依法予以准许。

166. 公司转让债务需要经债权人同意吗?

【情景案例】

甲公司成立于2010年,孟某是法定代表人。乙公司是甲公司的老客户,至2023年12月31日,乙公司欠甲公司货款60万元。由于丙公司欠乙公司100万元,于是乙公司与丙公司签订一份《债务转让协议》,约定:由丙公司代乙公司偿还其欠甲公司的60万元货款。之后,乙公司通知甲公司60万元货款将由丙公司偿还。对此,甲公司表示反对。甲公司认为,乙公司未经其同意,私下将其债务转让给第三方的行为对其不发生效力。

请问:甲公司的说法符合我国法律规定吗?

【案例分析】

本案涉及的是债务人全部或部分转让债务,是否需要经债权人同意的问题。

我国《民法典》第五百五十一条规定,债务人将债务的全部或者部分转移给第三人的,应当经债权人同意。债务人或者第三人可以催告债权人在合理期限内予以同意,债权人未作表示的,视为不同意。第五百五十二条规定,第三人与债务人约定加入债务并通知债权人,或者第三人向债权人表示愿意加入债务,债权人未在合理期限内明确拒绝的,债权人可以请求第三人在其愿意承担的债务范围内和债务人承担连带债务。

《民法典》第五百五十一条系关于债务转移的规定,是指债权人或者债务人与第三人之间达成转让债务的协议,由第三人取代原债务人承担债务;债务转移需征得债权人同意。而《民法典》第五百五十二条系关于债务加入的规定,是指债务人并不脱离原合同关系,第三人加入债的关系后,与债务人共同向债权人履行债务;债务加入虽无须同征得债权人的同意,但必须通知债权人,且债权人在合理期限内明确拒绝的除外。

本案中,乙公司欠甲公司货款60万元,丙公司欠乙公司100万元,于是乙公司与丙公司签订《债务转让协议》,约定由丙公司代乙公司偿还其欠甲公司的60万元货款,此种约定属于债务转移。根据《民法典》第五百五十一条之规定,债务人乙公司必须征得债权人甲公司的同意。现甲公司明确表示反对,故未经甲公司同意,乙公司转移债务的行为对甲公司不发生效力。甲公司的说法符合我国法律规定。

【风险防范建议】

如前所述,《民法典》关于债务转移与债务加入有不同的要求,公司在实施前述行为时,必须满足对应的要件:

(1)债务转移的构成要件:原债务是有效存在的债务;发生转移的债务具有可转移性;债务转移已经债权人同意(建议取得债权人的书面同意);债务转移合同没有特别的批准条件和限制。

(2)债务加入的构成要件:原债权债务关系有效存在;第三人与债务人约定第三人作为新债务人加入该债的关系来承担责任;原债务人债务并不减免;将此债务加入的情形通知债权人,或者第三人向债权人表示愿意加入债务,债权人未在合理期限内明确拒绝。

【法条链接】

《民法典》第五百五十一条　债务人将债务的全部或者部分转移给第三人的,应当经债权人同意。

债务人或者第三人可以催告债权人在合理期限内予以同意,债权人未作表示的,视为不同意。

第五百五十二条　第三人与债务人约定加入债务并通知债权人,或者第三人向债权人表示愿意加入债务,债权人未在合理期限内明确拒绝的,债权人可以请求第三人在其愿意承担的债务范围内和债务人承担连带债务。

第五百五十三条　债务人转移债务的,新债务人可以主张原债务人对债权人的抗辩;原债务人对债权人享有债权的,新债务人不得向债权人主张抵销。

第五百五十四条　债务人转移债务的,新债务人应当承担与主债务有关的从债务,但是该从债务专属于原债务人自身的除外。

167. 公司财务人员因疏忽将钱转到他人银行账号,怎么办?

【情景案例】

罗某是甲公司的会计。2023年6月7日,罗某在某银行转账时不小心将一笔10万元的货款转错了,本来是想转给乙公司,但转到丙公司的账户上去了(实时到账)。罗某发现转错后,马上向某银行反馈情况,请求某银行将该款项退回甲公司账户,但遭到拒绝。某银行建议罗某与丙公司协商解决;如果协商不成,可通过诉讼程序解决。

请问:某银行的说法符合法律规定吗?

【案例分析】

本案涉及的是不当得利利益返还的法律问题。

我国《民法典》第九百八十五条规定,"得利人没有法律根据取得不当利益的,受损失的人可以请求得利人返还取得的利益,但是有下列情形之一的除外:(一)为履行道德义务进行的给付;(二)债务到期之前的清偿;(三)明知无给付义务而进行的债务清偿"。

本案中,甲公司的会计罗某因自己操作失误,错把10万元货款转到丙公司的账户,丙公司取得该款项并无法律依据,应认定为不当得利,甲公司有权请求丙公司返还该笔款项。因此,甲公司可先与丙公司协商解决;如协商不成,可通过诉讼程序解决。某银行的说法符合法律规定。

【风险防范建议】

实践中,不当得利之诉对举证的要求非常高,导致原告的诉请较难获得支持。故为防范汇款错误风险,笔者建议如下:

(1)在汇款时,仔细核对收款账号、开户名及转账金额等重要信息,避免发生汇错账户及金额的情形。

(2)一旦发生汇款错误的情况,务必保存好转账信息,固定好相关证据材料。

(3)现银行一般可选择实时到账、普通到账、次日到账三种方式。公司在日常经营涉及大笔转款,尽量避免选择实时到账。一旦发现汇款错误,可及时到办理转账的银行申请撤销转账,通过网络平台转账的当事人可在相应系统上申请撤销转账。

(4)发现汇款错误时,应立即与银行取得联系,说明情况,并要求银行工作人员提供对方的个人信息。必要时可向公安机关报案,要求公安机关出面调查。

(5)通过银行等方式与收款方协商无果的,应向法院提起民事诉讼,进行维权。

【法条链接】

《民法典》第一百二十二条 因他人没有法律根据,取得不当利益,受损失的人有权请求其返还不当利益。

第九百八十五条 得利人没有法律根据取得不当利益的,受损失的人可以请求得利人返还取得的利益,但是有下列情形之一的除外:

(一)为履行道德义务进行的给付;

(二)债务到期之前的清偿;

(三)明知无给付义务而进行的债务清偿。

第九百八十六条 得利人不知道且不应当知道取得的利益没有法律根据,取得的利益已经不存在的,不承担返还该利益的义务。

第九百八十七条 得利人知道或者应当知道取得的利益没有法律根据的,受损失的人可以请求得利人返还其取得的利益并依法赔偿损失。

第九百八十八条 得利人已经将取得的利益无偿转让给第三人的,受损失的人可以请求第三人在相应范围内承担返还义务。

168. 分公司欠债,总公司要承担责任吗?

【情景案例】

甲公司是一家食品生产公司,总部位于广州。2018年3月,公司在南宁设立分公司。2024年7月,分公司因经营不善拖欠乙公司货款100万元。因分公司已无力偿还债务,乙公司遂将甲公司诉至法院,要求其偿还债务。甲公司辩称,南宁分公司所欠债务与总公司无关,故甲公司无须承担还款责任。

请问:甲公司的说法符合我国法律规定吗?

【案例分析】

本案涉及的是总公司是否应当对分公司的债务承担民事责任的问题。

我国《公司法》第十三条第二款规定,公司可以设立分公司。分公司不具有法人资格,其民事责任由公司承担。《民法典》第七十四条规定,法人可以依法设立分支机构。法律、行政法规规定分支机构应当登记的,依照其规定。分支机构以自己的名义从事民事活动,产生的民事责任由法人承担;也可以先以该分支机构管理的财产承担,不足以承担的,由法人承担。

虽然分公司具有一定的独立性,但其属于总公司的组成部分,不具有独立的法人资格,不能独立承担民事责任,其民事责任由总公司承担。

本案中,南宁分公司系甲公司设立的分公司,不具有独立的法人资格,其民事责任由甲公司承担。因此,甲公司的说法不符合我国法律规定。

【风险防范建议】

为防止总公司对分公司的经营承担过重的责任,笔者建议总公司从以下几个方面对分公司进行监管:

(1)完善管理制度。总公司应建立健全对分公司管理的制度体系,制定合同管理、印章管理、人员管理、财务管理、经营管理等方面的规章制度。制度建立后,总公司应严格按照制度加强对分公司的管理。

(2)严格管理分公司的印章。严禁将分公司印章交由外部人员保管和使用,对外授权使用公章的,应当明确授权对象、授权范围、授权期限,以防出现模糊不清的授权。

(3)明确对分公司的授权范围,确保分公司在授权范围内开展经营活动。

(4)谨慎选择分公司负责人。对分公司负责人的任命应严格把关,禁止任命外部人员为分公司负责人。

【法条链接】

《公司法》第十三条 公司可以设立子公司。子公司具有法人资格,依法独立承担民事责任。

公司可以设立分公司。分公司不具有法人资格,其民事责任由公司承担。

《民法典》第七十四条 法人可以依法设立分支机构。法律、行政法规规定分支机构应当登记的,依照其规定。

分支机构以自己的名义从事民事活动,产生的民事责任由法人承担;也可以先以该分支机构管理的财产承担,不足以承担的,由法人承担。

第九章

政府监管法律风险

169. 找没有获得许可证的公司做代理商,有什么风险?

【情景案例】

甲公司位于广州,是一家生产医疗器械的公司。2024年1月10日,甲公司与武汉的乙公司签订一份《产品代理协议》,约定:由乙公司代理销售甲公司的一次性输液器材等医疗器械产品,代理期限为3年。签订该协议时,甲公司未查阅乙公司的相关许可证明文件编号,也未执行法律规定的销售记录制度。3月15日,乙公司被武汉市食品药品监督管理部门查处,因为一次性输液器材属于第三类医疗器械,经营公司需取得医疗器械经营许可证,但乙公司没有许可证。

请问:甲公司要受到处罚吗?

【案例分析】

本案涉及的是公司将合法生产的医疗器械委托给没有获得许可证的公司代理销售,是否要承担法律责任的问题。

根据《医疗器械经营监督管理办法》第四条、第三十六条与第三十八条的规定,经营第三类医疗器械实行许可管理。医疗器械注册人、备案人委托销售的,应当委托符合条件的医疗器械经营公司。从事第二类、第三类医疗器械批发业务以及第三类医疗器械零售业务的经营公司应当建立销售记录制度。销售记录信息应当真实、准确、完整和可追溯。销售记录应包括购货者的名称、地址、联系方式、相关许可证明文件编号或者备案编号等。根据《医疗器械监督管理条例》第八十九条的规定,从事第二类、第三类医疗器械批发业务以及第三类医疗器械零售业务的经营公司未依照本条例规定建立并执行销售记录制度的,由负责药品监督管理的部门和卫生主管部门依据各自职责责令改正,给予警告;拒不改正的,处1万元以上10万元以下罚款;情节严重的,责令停产停业,直至由原发证部门吊销医疗器械注册证、医疗器械生产许可证、医疗器械经营许可证,对违法单位的法定代表人、主要负责人、直接负责的主管人员和其他责任人员处1万元以上3万元以下罚款。

本案中,虽然甲公司与乙公司签订了《产品代理协议》,由乙公司代理销售甲公司的一次性输液器材等医疗器械产品。但是乙公司并未取得医疗器械经营许可证,依法不得经营包括一次性输液器材等第三类医疗器械。而甲公司在与乙公司签订代理协议时,并没有严格执行法律规定的销售记录制度,没有严格查阅乙公司的相关许可证明文件编号。故甲公司可能会因此受到警告、罚款甚至停产停业等行政处罚。

【风险防范建议】

日常生活中,行政主管部门对于未取得许可证擅自经营第三类医疗器械的公司进行处罚的案例屡见不鲜。但是,对向不具备资质的公司销售第三类医疗器械的行为,是否亦应当予以行政处罚?我国法律规定及实践均给出了肯定的回答。因此,为防范此类风险,公司可从以下方面入手:

(1)在签订合同之前要求对方出示其资质证明。

(2)合同条款中明确双方权责,将对方具备法律许可的资质条件作为其合同义务。

(3)将对方提交的资质证明作为合同附件。

(4)注意对方许可证到期时间。

【法条链接】

《医疗器械经营监督管理办法》第四条　按照医疗器械风险程度,医疗器械经营实施分类管理。

经营第三类医疗器械实行许可管理,经营第二类医疗器械实行备案管理,经营第一类医疗器械不需要许可和备案。

第三十六条　医疗器械注册人、备案人委托销售的,应当委托符合条件的医疗器械经营企业,并签订委托协议,明确双方的权利和义务。

第三十八条　从事第二类、第三类医疗器械批发业务以及第三类医疗器械零售业务的经营企业应当建立销售记录制度。销售记录信息应当真实、准确、完整和可追溯。销售记录包括:

(一)医疗器械的名称、型号、规格、注册证编号或者备案编号、数量、单价、金额;

(二)医疗器械的生产批号或者序列号、使用期限或者失效日期、销售日期;

(三)医疗器械注册人、备案人和受托生产企业名称、生产许可证编号或者备案编号。

从事第二类、第三类医疗器械批发业务的企业,销售记录还应当包括购货者的名称、地址、联系方式、相关许可证明文件编号或者备案编号等。

销售记录应当保存至医疗器械有效期满后 2 年;没有有效期的,不得少于 5 年。植入类医疗器械销售记录应当永久保存。

《医疗器械监督管理条例》第八十九条 有下列情形之一的,由负责药品监督管理的部门和卫生主管部门依据各自职责责令改正,给予警告;拒不改正的,处 1 万元以上 10 万元以下罚款;情节严重的,责令停产停业,直至由原发证部门吊销医疗器械注册证、医疗器械生产许可证、医疗器械经营许可证,对违法单位的法定代表人、主要负责人、直接负责的主管人员和其他责任人员处 1 万元以上 3 万元以下罚款:

……

(四)从事第二类、第三类医疗器械批发业务以及第三类医疗器械零售业务的经营企业未依照本条例规定建立并执行销售记录制度;

……

170. 许可证过期继续生产经营的公司要承担什么法律责任?

【情景案例】

某制药公司的药品生产许可证有效期于 2023 年 10 月 31 日届满。2023 年 6 月,某制药公司已向所在省药监部门申请办理延续生产许可证的相关材料,但因缺乏气瓶充装许可证等资料,被省药监部门告知不予受理。随后,该公司积极补办相关证件手续,但因各种原因均未能获得续期。药品生产许可证到期后,为避免因停产造成巨大的经济损失,该公司仍然从事药品生产经营活动。2023 年 12 月,药监执法人员对该公司开展执法检查时发现,其在未取得新换发药品生产许可证的情况下,生产经营药品货值金额达 200 万元。另经抽样检验,其生产经营的医用氧符合药品标准。

请问:某制药公司要承担什么法律责任?

【案例分析】

本案涉及的是公司在药品生产许可证到期后仍继续生产经营的法律责任。

我国《药品管理法》第四十一条第一款规定,从事药品生产活动,应当经所在地省、自治区、直辖市人民政府药品监督管理部门批准,取得药品生产许可证。无药品生产许可证的,不得生产药品。第一百一十五条规定,"未取得药品生产许可证、药品经营许可证或者医疗机构制剂许可证生产、销售药品的,责令关闭,没收违法生产、销售的药品和违法所得,并处违法生产、销售的药品(包括已售出和未售出的药品,下同)货值金额十五倍以上三十倍以下的罚款;货值金额不足十万元的,按十万元计算"。

本案中，某制药公司的药品生产许可证已于 2023 年 10 月 31 日到期，到期后，该公司仍然从事药品生产经营活动，属于无证经营，依据上述法律规定，未取得药品生产许可证生产药品的，可责令关闭，没收违法生产、销售的药品和违法所得，并处罚款。故某制药公司要承担行政法律责任。

【风险防范建议】

实践中，未取得药品生产许可证生产、销售药品的，可能会违反《刑法》的规定，按非法经营罪处理。但诸如本案情形，系因药品生产许可证到期后仍继续生产经营的情况，司法实践中一般不按犯罪处理。对于因药品生产许可证到期后仍继续生产经营的情况，虽无刑事风险，但是药品监督管理局可对其进行行政处罚。因此为规避此类风险，公司应当注重对药品生产许可证期限的管理。药品生产许可证的有效期为 5 年，有效期届满仍需要继续生产药品的，应当在有效期届满前 6 个月，向原发证机关申请重新发放药品生产许可证。

【法条链接】

《药品管理法》第四十一条　从事药品生产活动，应当经所在地省、自治区、直辖市人民政府药品监督管理部门批准，取得药品生产许可证。无药品生产许可证的，不得生产药品。

药品生产许可证应当标明有效期和生产范围，到期重新审查发证。

第九十八条第四款　禁止未取得药品批准证明文件生产、进口药品；禁止使用未按照规定审评、审批的原料药、包装材料和容器生产药品。

第一百一十五条　未取得药品生产许可证、药品经营许可证或者医疗机构制剂许可证生产、销售药品的，责令关闭，没收违法生产、销售的药品和违法所得，并处违法生产、销售的药品（包括已售出和未售出的药品，下同）货值金额十五倍以上三十倍以下的罚款；货值金额不足十万元的，按十万元计算。

《药品生产监督管理办法》第十三条　药品生产许可证有效期为五年，分为正本和副本。药品生产许可证样式由国家药品监督管理局统一制定。药品生产许可证电子证书与纸质证书具有同等法律效力。

第十九条　药品生产许可证有效期届满，需要继续生产药品的，应当在有效期届满前六个月，向原发证机关申请重新发放药品生产许可证。

原发证机关结合企业遵守药品管理法律法规、药品生产质量管理规范和质量体系运行情况，根据风险管理原则进行审查，在药品生产许可证有效期届满前作出是否准予其重新发证的决定。符合规定准予重新发证的，收回原证，重新发证；不符合规定的，作出不予重新发证的书面决定，并说明理由，同时告知申请人享有依法申请行政复议或者提起行政诉讼的权利;逾期未作出决定的,视为同意重新发证,并予补办相应手续。

171. 公司违法排放污染物,会受到什么行政处罚?

【情景案例】

某化工厂是一家有限责任公司,成立于2018年3月。为规避环保部门监管,某化工厂在地下设置了一条隐蔽的排污管排放未经处理的废水。2024年4月3日,某化工厂附近的河流颜色发黑,且有较多鱼死亡,故当地群众向市环保局举报了该情况。经过调查,某市环保局认为污染物来自某化工厂,于是对其进行了突击检查,很快发现了某化工厂私设的排污暗管。

请问:某化工厂会受到什么行政处罚?

【案例分析】

本案涉及的是公司违规违法排放污染物的法律后果问题。

我国《水污染防治法》第三十九条规定,禁止利用渗井、渗坑、裂隙、溶洞,私设暗管,篡改、伪造监测数据,或者不正常运行水污染防治设施等逃避监管的方式排放水污染物。第八十三条规定,"违反本法规定,有下列行为之一的,由县级以上人民政府环境保护主管部门责令改正或者责令限制生产、停产整治,并处十万元以上一百万元以下的罚款;情节严重的,报经有批准权的人民政府批准,责令停业、关闭……(三)利用渗井、渗坑、裂隙、溶洞,私设暗管,篡改、伪造监测数据,或者不正常运行水污染防治设施等逃避监管的方式排放水污染物的……"

本案中,某化工厂在地下设置了一条隐蔽的排污管排放未经处理的废水,属于法律禁止的利用私设暗管、逃避监管,排放水污染物的。依据上述法律规定,某化工厂可能受到责令改正或者责令限制生产、停产整治,并处罚款;情节严重的,可能被责令停业、关闭。

【风险防范建议】

任何单位和个人都有义务保护水环境。公司因生产需要排放废水的,建议配套废水治理设施避免废水乱排。依照法律规定实行排污许可管理的公司,还应当取得排污许可证;未取得排污许可证的,不得排放污染物,以免有法律风险。

【法条链接】

《水污染防治法》第三十九条　禁止利用渗井、渗坑、裂隙、溶洞,私设暗管,篡改、伪造监测数据,或者不正常运行水污染防治设施等逃避监管的方式排放水污染物。

第八十三条 违反本法规定,有下列行为之一的,由县级以上人民政府环境保护主管部门责令改正或者责令限制生产、停产整治,并处十万元以上一百万元以下的罚款;情节严重的,报经有批准权的人民政府批准,责令停业、关闭:

(一)未依法取得排污许可证排放水污染物的;

(二)超过水污染物排放标准或者超过重点水污染物排放总量控制指标排放水污染物的;

(三)利用渗井、渗坑、裂隙、溶洞,私设暗管,篡改、伪造监测数据,或者不正常运行水污染防治设施等逃避监管的方式排放水污染物的;

(四)未按照规定进行预处理,向污水集中处理设施排放不符合处理工艺要求的工业废水的。

《环境保护法》第五十九条 企业事业单位和其他生产经营者违法排放污染物,受到罚款处罚,被责令改正,拒不改正的,依法作出处罚决定的行政机关可以自责令改正之日的次日起,按照原处罚数额按日连续处罚。

前款规定的罚款处罚,依照有关法律法规按照防治污染设施的运行成本、违法行为造成的直接损失或者违法所得等因素确定的规定执行。

地方性法规可以根据环境保护的实际需要,增加第一款规定的按日连续处罚的违法行为的种类。

第六十条 企业事业单位和其他生产经营者超过污染物排放标准或者超过重点污染物排放总量控制指标排放污染物的,县级以上人民政府环境保护主管部门可以责令其采取限制生产、停产整治等措施;情节严重的,报经有批准权的人民政府批准,责令停业、关闭。

第六十三条 企业事业单位和其他生产经营者有下列行为之一,尚不构成犯罪的,除依照有关法律法规规定予以处罚外,由县级以上人民政府环境保护主管部门或者其他有关部门将案件移送公安机关,对其直接负责的主管人员和其他直接责任人员,处十日以上十五日以下拘留;情节较轻的,处五日以上十日以下拘留:

(一)建设项目未依法进行环境影响评价,被责令停止建设,拒不执行的;

(二)违反法律规定,未取得排污许可证排放污染物,被责令停止排污,拒不执行的;

(三)通过暗管、渗井、渗坑、灌注或者篡改、伪造监测数据,或者不正常运行防治污染设施等逃避监管的方式违法排放污染物的;

(四)生产、使用国家明令禁止生产、使用的农药,被责令改正,拒不改正的。

第六十九条 违反本法规定,构成犯罪的,依法追究刑事责任。

172. 未经"环评"即开工建设，有什么后果？

【情景案例】

甲公司成立于 2024 年 1 月，专门从事废物回收。2024 年 3 月 1 日，甲公司在没有向当地环保局申请环境影响评价审批的情况下，委托乙建筑公司建设一个 5000 平方米的危险品仓库。3 月 10 日，乙建筑公司进场施工。3 月 16 日，环保局的执法人员在日常巡查时发现该项目未依法进行环境影响评价。

请问：甲公司会受到什么处罚？

【案例分析】

本案涉及的是公司未按照规定办理环境影响评价审批手续即投入建设的法律后果问题。

我国《环境影响评价法》第二十五条规定，"建设项目的环境影响评价文件未依法经审批部门审查或者审查后未予批准的，建设单位不得开工建设"。第三十一条第一款规定，"建设单位未依法报批建设项目环境影响报告书、报告表，或者未依照本法第二十四条的规定重新报批或者报请重新审核环境影响报告书、报告表，擅自开工建设的，由县级以上生态环境主管部门责令停止建设，根据违法情节和危害后果，处建设项目总投资额百分之一以上百分之五以下的罚款，并可以责令恢复原状；对建设单位直接负责的主管人员和其他直接责任人员，依法给予行政处分"。

本案中，甲公司没有按规定办理环境影响评价审批手续，擅自委托乙建筑公司开工建设，可由县级以上生态环境主管部门责令停止建设，根据违法情节和危害后果，处以罚款，并可以责令恢复原状，对建设单位直接负责的主管人员和其他直接责任人员，依法给予行政处分。

【风险防范建议】

出于经济效益的考量，部分公司存在先开工建设，待环保部门发现并责令停止建设时才会补办"环评"手续。这类公司未依法办理"环评"即开工建设，属于典型的未批先建，将给公司带来行政法律风险。环保部门在发现未批先建情形时，可能要求公司"先停再说"，一旦"环评"不通过，不仅公司"先建"部分付出的成本将付诸东流，其还将面临主管部门罚款的处罚，使公司面临高昂的违法成本。因此，公司在开工建设前，要依法办理相关的手续。

【法条链接】

《环境影响评价法》第二十四条 建设项目的环境影响评价文件经批准后，建设项目的性质、规模、地点、采用的生产工艺或者防治污染、防止生态破坏的措施发生重大变动的,建设单位应当重新报批建设项目的环境影响评价文件。

建设项目的环境影响评价文件自批准之日起超过五年,方决定该项目开工建设的,其环境影响评价文件应当报原审批部门重新审核;原审批部门应当自收到建设项目环境影响评价文件之日起十日内,将审核意见书面通知建设单位。

第二十五条 建设项目的环境影响评价文件未依法经审批部门审查或者审查后未予批准的,建设单位不得开工建设。

第三十一条 建设单位未依法报批建设项目环境影响报告书、报告表,或者未依照本法第二十四条的规定重新报批或者报请重新审核环境影响报告书、报告表,擅自开工建设的,由县级以上生态环境主管部门责令停止建设,根据违法情节和危害后果,处建设项目总投资额百分之一以上百分之五以下的罚款,并可以责令恢复原状;对建设单位直接负责的主管人员和其他直接责任人员,依法给予行政处分。

建设项目环境影响报告书、报告表未经批准或者未经原审批部门重新审核同意,建设单位擅自开工建设的,依照前款的规定处罚、处分。

建设单位未依法备案建设项目环境影响登记表的,由县级以上生态环境主管部门责令备案,处五万元以下的罚款。

海洋工程建设项目的建设单位有本条所列违法行为的,依照《中华人民共和国海洋环境保护法》的规定处罚。

173. 公司违章搭建,要受到什么处罚?

【情景案例】

某家具公司成立于2005年8月,由万某创办。2023年9月,由于订单太多,某家具公司现有厂房不够用,于是在没有经过规划部门批准的情况下,擅自在租用的集体土地上搭建了一个3000平方米的铁皮棚厂房。2023年10月,某市规划局巡查发现了某家具公司违建情况。

请问:某家具公司会受到什么处罚?

【案例分析】

本案涉及的是公司搭建违章建筑应受到什么处罚的问题。

我国《城乡规划法》第六十四条规定,"未取得建设工程规划许可证或者未按照建设工程规划许可证的规定进行建设的,由县级以上地方人民政府城乡规划主管部门责令停止建设;尚可采取改正措施消除对规划实施的影响的,限期改正,处建设工程造价百分之五以上百分之十以下的罚款;无法采取改正措施消除影响的,限期拆除,不能拆除的,没收实物或者违法收入,可以并处建设工程造价百分之十以下的罚款"。

本案中,某家具公司在没有经过规划部门批准的情况下,擅自在租用的集体土地上搭建铁皮棚厂房,属于未取得建设工程规划许可证进行建设的情形。而该违章建筑是否属于尚可采取改正措施消除对规划实施的影响,还需看该集体土地的用途,如该土地属于建设用地,则某家具公司可补办规划手续,则依据前述法律规定,某家具公司将可能被责令停止建设,限期改正,并处以罚款;如该土地属于农业地之类还需办理农用地转用审批手续,则某家具公司可能因无法采取改正措施消除影响,而被要求限期拆除,并处罚款。

【风险防范建议】

在我国,任何单位和个人都应当遵守经依法批准并公布的城乡规划,服从规划管理。因此,公司进行厂房建设,应当找有资质的施工单位,依法依规履行报批手续,取得建设工程规划许可证,以避免后期需拆除及罚款的行政处罚风险。

【法条链接】

《城乡规划法》第六十四条　未取得建设工程规划许可证或者未按照建设工程规划许可证的规定进行建设的,由县级以上地方人民政府城乡规划主管部门责令停止建设;尚可采取改正措施消除对规划实施的影响的,限期改正,处建设工程造价百分之五以上百分之十以下的罚款;无法采取改正措施消除影响的,限期拆除,不能拆除的,没收实物或者违法收入,可以并处建设工程造价百分之十以下的罚款。

174. 公司消防设施不符合国家标准,会受到什么处罚?

【情景案例】

某化工厂是一家有限责任公司,成立于2022年1月。2022年12月,某市消防救援大队对该工厂进行消防安全监督检查时,发现该工厂生产场所消防设施、器材、消防安全标志配置、设置不符合标准,还存在损坏、挪用消防设施、器材的情况。

请问:某化工厂会受到什么处罚?

【案例分析】

本案涉及的是公司消防设施不符合国家标准可能带来的处罚问题。

根据《消防法》第六十条的规定,单位违反该法规定,消防设施、器材或者消防安全标志的配置、设置不符合国家标准、行业标准,或者未保持完好有效的;损坏、挪用或者擅自拆除、停用消防设施、器材的,责令改正,处5000元以上5万元以下罚款。

本案中,某化工厂不仅存在消防设施、器材、消防安全标志配置、设置不符合标准的问题,还存在损坏、挪用消防设施、器材的情况,依据《消防法》的规定,某市消防救援大队可对该工厂作出责令改正,处5000元以上5万元以下罚款。故化工厂会受到责令改正,并处罚款的行政处罚。

【风险防范建议】

消防设施不符合国家标准,将可能带来严重的安全隐患,不仅存在行政处罚的法律风险,一旦发生消防事故,造成损失的,单位还应当承担民事赔偿责任。因此,在消防事故的防范上,单位可从以下措施入手:

(1)定期检查消防设施、进行消防培训,提升自救能力。

(2)落实消防设施的安全检查记录,责任落实到人。

(3)确保安全出口和疏散通道畅通无阻,不得将安全出口上锁、阻塞。

【法条链接】

《消防法》第十六条 机关、团体、企业、事业等单位应当履行下列消防安全职责:

(一)落实消防安全责任制,制定本单位的消防安全制度、消防安全操作规程,制定灭火和应急疏散预案;

(二)按照国家标准、行业标准配置消防设施、器材,设置消防安全标志,并定期组织检验、维修,确保完好有效;

(三)对建筑消防设施每年至少进行一次全面检测,确保完好有效,检测记录应当完整准确,存档备查;

(四)保障疏散通道、安全出口、消防车通道畅通,保证防火防烟分区、防火间距符合消防技术标准;

(五)组织防火检查,及时消除火灾隐患;

(六)组织进行有针对性的消防演练;

(七)法律、法规规定的其他消防安全职责。

单位的主要负责人是本单位的消防安全责任人。

第六十条 单位违反本法规定,有下列行为之一的,责令改正,处五千元以上五万元以下罚款:

(一)消防设施、器材或者消防安全标志的配置、设置不符合国家标准、行业标准,或者未保持完好有效的;

(二)损坏、挪用或者擅自拆除、停用消防设施、器材的;

(三)占用、堵塞、封闭疏散通道、安全出口或者有其他妨碍安全疏散行为的;

（四）埋压、圈占、遮挡消火栓或者占用防火间距的；

（五）占用、堵塞、封闭消防车通道，妨碍消防车通行的；

（六）人员密集场所在门窗上设置影响逃生和灭火救援的障碍物的；

（七）对火灾隐患经消防救援机构通知后不及时采取措施消除的。

个人有前款第二项、第三项、第四项、第五项行为之一的，处警告或者五百元以下罚款。

有本条第一款第三项、第四项、第五项、第六项行为，经责令改正拒不改正的，强制执行，所需费用由违法行为人承担。

175.发布医疗器械广告，需要经监管部门批准吗？

【情景案例】

钱某于2024年1月在广州创办了甲公司，主要业务是在国内出售日本进口的医疗器械。2024年3月10日，钱某在未经药品监督管理部门审查批准的情况下，在某杂志发布了一个医疗器械产品的宣传广告。广告发布后，甲公司获得了大量订单。汤某是钱某的表弟，在国内从事传媒工作，其告知钱某未经批准发布医疗器械产品广告是违法的，小心被处罚。但钱某不以为意，并认为这种广告不需要审批。

请问：钱某的说法正确吗？

【案例分析】

本案涉及的是发布医疗器械广告是否需经监管部门批准的问题。

根据《广告法》第四十六条与第五十八条的规定，发布医疗、药品、医疗器械、农药、兽药和保健食品广告，以及法律、行政法规规定应当进行审查的其他广告，应当在发布前由有关部门对广告内容进行审查；未经审查，不得发布。违反该规定的，由市场监督管理部门责令停止发布广告，责令广告主在相应范围内消除影响，处广告费用1倍以上3倍以下的罚款，广告费用无法计算或者明显偏低的，处10万元以上20万元以下的罚款；情节严重的，处广告费用3倍以上5倍以下的罚款，广告费用无法计算或者明显偏低的，处20万元以上100万元以下的罚款，可以吊销营业执照，并由广告审查机关撤销广告审查批准文件、1年内不受理其广告审查申请。

本案中，钱某在未经药品监督管理部门审查批准的情况下，在某杂志发布了一个医疗器械产品的宣传广告，该医疗器械广告未经审查，市场监督管理部门可责令甲公司停止发布广告、在相应范围内消除影响，并对甲公司处以罚款。故钱某的说法是错误的。

【风险防范建议】

在我国境内发布医疗器械广告,发布前均需要经广告审查机关审查。在杂志上发布推广广告,毫无疑问是受《广告法》约束的。但在微信公众号推广盛行的今天,很多人也采用公众号方式进行推广。那么公众号的推文又是否属于广告?能否采用公众号推文作为变通的办法随意发布广告?答案是否定的。在中华人民共和国境内,商品经营者或者服务提供者通过一定媒介和形式直接或者间接地介绍自己所推销的商品或者服务的商业广告活动,均适用《广告法》。而微信公众号显然属于"一定媒介";推文则属于"直接或者间接地介绍自己所推销的商品或者服务",因此也应受《广告法》的约束。从事医疗器械方面的公司,除应当具备相应资质外,在发布广告时,亦应当遵守法律规定,发布前经广告审查机关进行审查,以避免给自己带来行政法律风险。

【法条链接】

《广告法》第四十六条　发布医疗、药品、医疗器械、农药、兽药和保健食品广告,以及法律、行政法规规定应当进行审查的其他广告,应当在发布前由有关部门(以下称广告审查机关)对广告内容进行审查;未经审查,不得发布。

第五十八条　有下列行为之一的,由市场监督管理部门责令停止发布广告,责令广告主在相应范围内消除影响,处广告费用一倍以上三倍以下的罚款,广告费用无法计算或者明显偏低的,处十万元以上二十万元以下的罚款;情节严重的,处广告费用三倍以上五倍以下的罚款,广告费用无法计算或者明显偏低的,处二十万元以上一百万元以下的罚款,可以吊销营业执照,并由广告审查机关撤销广告审查批准文件、一年内不受理其广告审查申请:

(一)违反本法第十六条规定发布医疗、药品、医疗器械广告的;

(二)违反本法第十七条规定,在广告中涉及疾病治疗功能,以及使用医疗用语或者易使推销的商品与药品、医疗器械相混淆的用语的;

(三)违反本法第十八条规定发布保健食品广告的;

(四)违反本法第二十一条规定发布农药、兽药、饲料和饲料添加剂广告的;

(五)违反本法第二十三条规定发布酒类广告的;

(六)违反本法第二十四条规定发布教育、培训广告的;

(七)违反本法第二十五条规定发布招商等有投资回报预期的商品或者服务广告的;

(八)违反本法第二十六条规定发布房地产广告的;

(九)违反本法第二十七条规定发布农作物种子、林木种子、草种子、种畜禽、水产苗种和种养殖广告的；

（十）违反本法第三十八条第二款规定，利用不满十周岁的未成年人作为广告代言人的；

（十一）违反本法第三十八条第三款规定，利用自然人、法人或者其他组织作为广告代言人的；

（十二）违反本法第三十九条规定，在中小学校、幼儿园内或者利用与中小学生、幼儿有关的物品发布广告的；

（十三）违反本法第四十条第二款规定，发布针对不满十四周岁的未成年人的商品或者服务的广告的；

（十四）违反本法第四十六条规定，未经审查发布广告的。

医疗机构有前款规定违法行为，情节严重的，除由市场监督管理部门依照本法处罚外，卫生行政部门可以吊销诊疗科目或者吊销医疗机构执业许可证。

广告经营者、广告发布者明知或者应知有本条第一款规定违法行为仍设计、制作、代理、发布的，由市场监督管理部门没收广告费用，并处广告费用一倍以上三倍以下的罚款，广告费用无法计算或者明显偏低的，处十万元以上二十万元以下的罚款；情节严重的，处广告费用三倍以上五倍以下的罚款，广告费用无法计算或者明显偏低的，处二十万元以上一百万元以下的罚款，并可以由有关部门暂停广告发布业务、吊销营业执照。

176. 广告宣传语可用"第一品牌"的字眼吗？

【情景案例】

某奶茶连锁公司创办于2010年，由尹某与黎某共同创办。截至2023年8月，甲公司在全国拥有1000多家连锁店。2023年9月，尹某与黎某两人因一句广告语而产生分歧。为提高公司品牌形象，尹某建议在网站首页顶部打上"全国第一奶茶品牌"的广告语，但遭到黎某反对。黎某认为，"第一""最佳"等字眼的广告语是违法的，绝不能用。

请问：黎某的说法符合法律规定吗？

【案例分析】

本案涉及的是能否使用极限词作为广告宣传语的问题。

根据《广告法》第九条与第五十七条的规定，广告不得使用"国家级""最高级""最佳"等用语。违反该规定的，可由市场监督管理部门责令停止发布广告，并处以罚款，情节严重的，可以吊销营业执照。

本案中，尹某所建议的广告语为"全国第一奶茶品牌"，其中的"第一"属于广告法禁止使用的极限词。使用"第一""最佳"等字眼的广告语是违法的。故黎某的说法符合法律规定。

【风险防范建议】

《广告法》明确禁止使用的极限词语包括"国家级""最高级""最佳"。且2021年修改后的《广告法》对违反该规定的处罚是比较重的，市场监督管理部门除可以责令停止发布广告外，对广告主还可处20万元以上100万元以下的罚款。因此，公司在经营中使用广告语的，应当规范用语，避免承担相应的法律责任。

【法条链接】

《广告法》第九条 广告不得有下列情形：
（一）使用或者变相使用中华人民共和国的国旗、国歌、国徽、军旗、军歌、军徽；
（二）使用或者变相使用国家机关、国家机关工作人员的名义或者形象；
（三）使用"国家级"、"最高级"、"最佳"等用语；
（四）损害国家的尊严或者利益，泄露国家秘密；
（五）妨碍社会安定，损害社会公共利益；
（六）危害人身、财产安全，泄露个人隐私；
（七）妨碍社会公共秩序或者违背社会良好风尚；
（八）含有淫秽、色情、赌博、迷信、恐怖、暴力的内容；
（九）含有民族、种族、宗教、性别歧视的内容；
（十）妨碍环境、自然资源或者文化遗产保护；
（十一）法律、行政法规规定禁止的其他情形。
第五十七条 有下列行为之一的，由市场监督管理部门责令停止发布广告，对广告主处二十万元以上一百万元以下的罚款，情节严重的，并可以吊销营业执照，由广告审查机关撤销广告审查批准文件、一年内不受理其广告审查申请；对广告经营者、广告发布者，由市场监督管理部门没收广告费用，处二十万元以上一百万元以下的罚款，情节严重的，并可以吊销营业执照：
（一）发布有本法第九条、第十条规定的禁止情形的广告的；
……

177. 公司进行虚假宣传，要受什么处罚？

【情景案例】

某保健品公司在某报纸刊登了"消×通络片"广告，主要内容为："高血压、高血脂、血液黏稠、头昏、头痛、冠心病等只需服一个疗程即可完全康复,不再反弹"。易某是一位高血压患者,看到广告后立即购买了一个疗程的产品,共花费 3999 元。吃完一个疗程后,易某去医疗检查,医生告知其高血压还没有好。为此,易某十分生气,遂向当地消费者保护协会进行投诉。经查,"消×通络片"系普通食品,不具有相关疾病治疗功能。

请问:某保健品公司进行虚假宣传,要受什么处罚?

【案例分析】

本案涉及的是公司进行虚假宣传的法律责任问题。

根据《广告法》第二十八条的规定,商品的性能、功能、产地、用途、质量、规格、成分、价格、生产者、有效期限、销售状况、曾获荣誉等信息,或者服务的内容、提供者、形式、质量、价格、销售状况、曾获荣誉等信息,以及与商品或者服务有关的允诺等信息与实际情况不符,对购买行为有实质性影响的及虚构使用商品或者接受服务的效果的,均构成虚假广告。第五十五条第一款规定,"违反本法规定,发布虚假广告的,由市场监督管理部门责令停止发布广告,责令广告主在相应范围内消除影响,处广告费用三倍以上五倍以下的罚款,广告费用无法计算或者明显偏低的,处二十万元以上一百万元以下的罚款;两年内有三次以上违法行为或者有其他严重情节的,处广告费用五倍以上十倍以下的罚款,广告费用无法计算或者明显偏低的,处一百万元以上二百万元以下的罚款,可以吊销营业执照,并由广告审查机关撤销广告审查批准文件、一年内不受理其广告审查申请"。《消费者权益保护法》第二十条第一款规定,经营者向消费者提供有关商品或者服务的质量、性能、用途、有效期限等信息,应当真实、全面,不得作虚假或者引人误解的宣传。第四十五条第一款规定,消费者因经营者利用虚假广告或者其他虚假宣传方式提供商品或者服务,其合法权益受到损害的,可以向经营者要求赔偿。广告经营者、发布者发布虚假广告的,消费者可以请求行政主管部门予以惩处。广告经营者、发布者不能提供经营者的真实名称、地址和有效联系方式的,应当承担赔偿责任。《刑法》第二百二十二条规定,广告主、广告经营者、广告发布者违反国家规定,利用广告对商品或者服务作虚假宣传,情节严重的,处 2 年以下有期徒刑或者拘役,并处或者单处罚金。

本案中,某保健品公司刊登的主要内容为"高血压、高血脂、血液黏稠、头昏、头痛、冠心病等只需服一个疗程即可完全康复,不再反弹"的广告,对商品的功能信息描述与实际情况不符,属于对购买行为有实质影响,其虚构使用商品的效果,违反《广告法》,构成虚假广告,市场监督管理部门依法可责令某保健品公司停止发布广告、消除影响,处以罚款;有严重情节的,可以吊销其营业执照。构成虚假广告罪的,依法追究其刑事责任。另外,某保健品公司作虚假、引人误解的宣传同时违反《消费者权益保护法》，导致消费者的合法权益受到损害，易某等消费者可以向某保健品公司要求赔偿。

【风险防范建议】

公司应加强法律法规的学习，了解《广告法》《消费者权益保护法》等法律法规对广告的内容及发布的要求以及相应行为所产生的法律后果。在进行宣传时，严格进行对内容的把关，对于广告内容应当反复斟酌、严格审核，并站在一般消费者的立场上判断是否存在引人误解的可能性，如存在这种可能性，公司应修改广告宣传相关用词以及表达方式，确保宣传内容的真实、准确、合法，以避免被认为是虚假宣传行为。

【法条链接】

《广告法》第二十八条　广告以虚假或者引人误解的内容欺骗、误导消费者的，构成虚假广告。

广告有下列情形之一的，为虚假广告：

（一）商品或者服务不存在的；

（二）商品的性能、功能、产地、用途、质量、规格、成分、价格、生产者、有效期限、销售状况、曾获荣誉等信息，或者服务的内容、提供者、形式、质量、价格、销售状况、曾获荣誉等信息，以及与商品或者服务有关的允诺等信息与实际情况不符，对购买行为有实质性影响的；

（三）使用虚构、伪造或者无法验证的科研成果、统计资料、调查结果、文摘、引用语等信息作证明材料的；

（四）虚构使用商品或者接受服务的效果的；

（五）以虚假或者引人误解的内容欺骗、误导消费者的其他情形。

第五十四条　消费者协会和其他消费者组织对违反本法规定，发布虚假广告侵害消费者合法权益，以及其他损害社会公共利益的行为，依法进行社会监督。

第五十五条　违反本法规定，发布虚假广告的，由市场监督管理部门责令停止发布广告，责令广告主在相应范围内消除影响，处广告费用三倍以上五倍以下的罚款，广告费用无法计算或者明显偏低的，处二十万元以上一百万元以下的罚款；两年内有三次以上违法行为或者有其他严重情节的，处广告费用五倍以上十倍以下的罚款，广告费用无法计算或者明显偏低的，处一百万元以上二百万元以下的罚款，可以吊销营业执照，并由广告审查机关撤销广告审查批准文件、一年内不受理其广告审查申请。

医疗机构有前款规定违法行为，情节严重的，除由市场监督管理部门依照本法处罚外，卫生行政部门可以吊销诊疗科目或者吊销医疗机构执业许可证。

广告经营者、广告发布者明知或者应知广告虚假仍设计、制作、代理、发布的，由市场监督管理部门没收广告费用,并处广告费用三倍以上五倍以下的罚款,广告费用无法计算或者明显偏低的,处二十万元以上一百万元以下的罚款;两年内有三次以上违法行为或者有其他严重情节的,处广告费用五倍以上十倍以下的罚款,广告费用无法计算或者明显偏低的,处一百万元以上二百万元以下的罚款,并可以由有关部门暂停广告发布业务、吊销营业执照。

广告主、广告经营者、广告发布者有本条第一款、第三款规定行为,构成犯罪的,依法追究刑事责任。

《消费者权益保护法》第二十条 经营者向消费者提供有关商品或者服务的质量、性能、用途、有效期限等信息,应当真实、全面,不得作虚假或者引人误解的宣传。

经营者对消费者就其提供的商品或者服务的质量和使用方法等问题提出的询问,应当作出真实、明确的答复。

经营者提供商品或者服务应当明码标价。

第四十五条第一款 消费者因经营者利用虚假广告或者其他虚假宣传方式提供商品或者服务,其合法权益受到损害的,可以向经营者要求赔偿。广告经营者、发布者发布虚假广告的,消费者可以请求行政主管部门予以惩处。广告经营者、发布者不能提供经营者的真实名称、地址和有效联系方式的,应当承担赔偿责任。

第五十六条 经营者有下列情形之一,除承担相应的民事责任外,其他有关法律、法规对处罚机关和处罚方式有规定的,依照法律、法规的规定执行;法律、法规未作规定的,由工商行政管理部门或者其他有关行政部门责令改正,可以根据情节单处或者并处警告、没收违法所得、处以违法所得一倍以上十倍以下的罚款,没有违法所得的,处以五十万元以下的罚款;情节严重的,责令停业整顿、吊销营业执照:

(一)提供的商品或者服务不符合保障人身、财产安全要求的;

(二)在商品中掺杂、掺假,以假充真,以次充好,或者以不合格商品冒充合格商品的;

(三)生产国家明令淘汰的商品或者销售失效、变质的商品的;

(四)伪造商品的产地,伪造或者冒用他人的厂名、厂址,篡改生产日期,伪造或者冒用认证标志等质量标志的;

(五)销售的商品应当检验、检疫而未检验、检疫或者伪造检验、检疫结果的;

(六)对商品或者服务作虚假或者引人误解的宣传的;

(七)拒绝或者拖延有关行政部门责令对缺陷商品或者服务采取停止销售、警示、召回、无害化处理、销毁、停止生产或者服务等措施的;

(八)对消费者提出的修理、重作、更换、退货、补足商品数量、退还货款和服务费用或者赔偿损失的要求,故意拖延或者无理拒绝的;

(九)侵害消费者人格尊严、侵犯消费者人身自由或者侵害消费者个人信息依法得

到保护的权利的;

(十)法律、法规规定的对损害消费者权益应当予以处罚的其他情形。

经营者有前款规定情形的,除依照法律、法规规定予以处罚外,处罚机关应当记入信用档案,向社会公布。

《消费者权益保护法实施条例》第十五条 经营者不得通过虚假或者引人误解的宣传,虚构或者夸大商品或者服务的治疗、保健、养生等功效,诱导老年人等消费者购买明显不符合其实际需求的商品或者服务。

《刑法》第二百二十二条 广告主、广告经营者、广告发布者违反国家规定,利用广告对商品或者服务作虚假宣传,情节严重的,处二年以下有期徒刑或者拘役,并处或者单处罚金。

178. 销售无中文标签的进口预包装食品,有什么风险?

【情景案例】

2024年4月10日,常某到某超市购买了12支进口红酒,每支200元,共花费2400元。常某将酒拿回家后,妻子乔某看到包装上没有中文标签,认为可能是假酒,遂上网查找了相关资料,发现进口食品包装没有中文标签是违法的,属于不符合食品安全标准的食品。4月13日,常某将某超市诉至法院,要求退货并支付2.4万元的惩罚性赔偿金。经法院查明,该红酒属于进口预包装食品。在庭审过程中,某超市未能提供有效证据证明所售涉案红酒的来源合法。

请问:某超市销售无中文标签的进口红酒,有什么风险?

【案例分析】

本案涉及的是销售无中文标签的进口预包装食品的法律风险问题。

我国《食品安全法》第九十七条规定,"进口的预包装食品、食品添加剂应当有中文标签;依法应当有说明书的,还应当有中文说明书。标签、说明书应当符合本法以及我国其他有关法律、行政法规的规定和食品安全国家标准的要求,并载明食品的原产地以及境内代理商的名称、地址、联系方式。预包装食品没有中文标签、中文说明书或者标签、说明书不符合本条规定的,不得进口"。第一百二十五条规定,违反该法规定,生产经营无标签的预包装食品、食品添加剂或者标签、说明书不符合该法规定的食品、食品添加剂,由县级以上人民政府食品安全监督管理部门没收违法所得和违法生产经营的食品、食品添加剂,并可以没收用于违法生产经营的工具、设备、原料等物品;违法生产经营的食品、食品添加剂货值金额不足1万元的,并处5000元以上5万元以下罚款;货值金额1万元以上的,并处货值金额5倍以上10倍以下罚款;情节严重的,责令停产停业,直至吊销许可证。第一百四十八条规定,经营明知是不符合食品安全标准的食品,消费者除要求赔偿损失外,还可以向生产者或者经营者要求支付价款10倍或者损失3倍的赔偿金。

进口预包装食品应当附有中文标签,以方便消费者了解进口食品的相关信息,保护消费者的合法权益。但司法实践中,对于进口预包装食品无中文标签是否符合食品安全标准,不同的法院观点不一。有的法院认为,进口预包装食品无中文标签,违反《食品安全法》第九十七条的规定,如果当事人未提供有效证据证明涉案食品的来源合法,不符合食品安全标准,应适用《食品安全法》第一百四十八条赔偿10倍价款。有的法院认为,进口预包装食品无中文标签,虽违反《食品安全法》第九十七条的规定,但不属于危害该法第一百五十条规定的"食品安全"的行为,只属于食品标签、说明书的形式标注瑕疵,不属于不符合食品安全标准,不应赔偿10倍价款。

本案中,某超市销售的进口红酒包装上没有中文标签,且未能提供有效证据证明所售涉案红酒的来源合法,违反了我国《食品安全法》的规定,有可能被法院认定所售红酒不符合食品安全标准,存在向消费者赔偿损失及支付价款10倍赔偿金的风险。同时,某超市还将面临被市场监督管理局处以没收违法所得、罚款等行政处罚的风险。

【风险防范建议】

为规避相应法律风险,进口食品的经营者应当注意以下要求:

(1)进口食品的包装和标签、标识应当符合中国法律法规和食品安全国家标准;依法应当有说明书的,还应当有中文说明书。

(2)对于进口鲜冻肉类产品,内外包装上应当有牢固、清晰、易辨的中英文或者中文和出口国家(地区)文字标识,标明以下内容:产地国家(地区)、品名、生产公司注册编号、生产批号;外包装上应当以中文标明规格、产地(具体到州/省/市)、目的地、生产日期、保质期限、储存温度等内容,必须标注目的地为中华人民共和国,加施出口国家(地区)官方检验检疫标识。

(3)对于进口水产品,内外包装上应当有牢固、清晰、易辨的中英文或者中文和出口国家(地区)文字标识,标明以下内容:商品名和学名、规格、生产日期、批号、保质期限和保存条件、生产方式(海水捕捞、淡水捕捞、养殖)、生产地区(海洋捕捞海域、淡水捕捞国家或者地区、养殖产品所在国家或者地区)、涉及的所有生产加工公司(含捕捞船、加工船、运输船、独立冷库)名称、注册编号及地址(具体到州/省/市)、必须标注目的地为中华人民共和国。

(4)进口保健食品、特殊膳食用食品的中文标签必须印制在最小销售包装上,不得加贴。

(5)进口食品内外包装有特殊标识规定的,按照相关规定执行。

【法条链接】

《食品安全法》第二十六条 食品安全标准应当包括下列内容:

(一)食品、食品添加剂、食品相关产品中的致病性微生物,农药残留、兽药残留、生物毒素、重金属等污染物质以及其他危害人体健康物质的限量规定;

(二)食品添加剂的品种、使用范围、用量;

(三)专供婴幼儿和其他特定人群的主辅食品的营养成分要求;

(四)对与卫生、营养等食品安全要求有关的标签、标志、说明书的要求;

(五)食品生产经营过程的卫生要求;

(六)与食品安全有关的质量要求;

(七)与食品安全有关的食品检验方法与规程;

(八)其他需要制定为食品安全标准的内容。

第九十七条 进口的预包装食品、食品添加剂应当有中文标签;依法应当有说明书的,还应当有中文说明书。标签、说明书应当符合本法以及我国其他有关法律、行政法规的规定和食品安全国家标准的要求,并载明食品的原产地以及境内代理商的名称、地址、联系方式。预包装食品没有中文标签、中文说明书或者标签、说明书不符合本条规定的,不得进口。

第一百二十五条 违反本法规定,有下列情形之一的,由县级以上人民政府食品安全监督管理部门没收违法所得和违法生产经营的食品、食品添加剂,并可以没收用于违法生产经营的工具、设备、原料等物品;违法生产经营的食品、食品添加剂货值金额不足一万元的,并处五千元以上五万元以下罚款;货值金额一万元以上的,并处货值金额五倍以上十倍以下罚款;情节严重的,责令停产停业,直至吊销许可证:

(一)生产经营被包装材料、容器、运输工具等污染的食品、食品添加剂;

(二)生产经营无标签的预包装食品、食品添加剂或者标签、说明书不符合本法规定的食品、食品添加剂;

(三)生产经营转基因食品未按规定进行标示;

(四)食品生产经营者采购或者使用不符合食品安全标准的食品原料、食品添加剂、食品相关产品。

生产经营的食品、食品添加剂的标签、说明书存在瑕疵但不影响食品安全且不会对消费者造成误导的,由县级以上人民政府食品安全监督管理部门责令改正;拒不改正的,处二千元以下罚款。

第一百四十八条 消费者因不符合食品安全标准的食品受到损害的,可以向经营者要求赔偿损失,也可以向生产者要求赔偿损失。接到消费者赔偿要求的生产经营者,应当实行首负责任制,先行赔付,不得推诿;属于生产者责任的,经营者赔偿后有权向生产者追偿;属于经营者责任的,生产者赔偿后有权向经营者追偿。

生产不符合食品安全标准的食品或者经营明知是不符合食品安全标准的食品,消费者除要求赔偿损失外,还可以向生产者或者经营者要求支付价款十倍或者损失三倍的赔偿金;增加赔偿的金额不足一千元的,为一千元。但是,食品的标签、说明书存在不影响食品安全且不会对消费者造成误导的瑕疵的除外。

第一百五十条 本法下列用语的含义:

食品,指各种供人食用或者饮用的成品和原料以及按照传统既是食品又是中药材的物品,但是不包括以治疗为目的的物品。

食品安全,指食品无毒、无害,符合应当有的营养要求,对人体健康不造成任何急性、亚急性或者慢性危害。

预包装食品,指预先定量包装或者制作在包装材料、容器中的食品。

食品添加剂,指为改善食品品质和色、香、味以及为防腐、保鲜和加工工艺的需要而加入食品中的人工合成或者天然物质,包括营养强化剂。

用于食品的包装材料和容器,指包装、盛放食品或者食品添加剂用的纸、竹、木、金属、搪瓷、陶瓷、塑料、橡胶、天然纤维、化学纤维、玻璃等制品和直接接触食品或者食品添加剂的涂料。

用于食品生产经营的工具、设备,指在食品或者食品添加剂生产、销售、使用过程中直接接触食品或者食品添加剂的机械、管道、传送带、容器、用具、餐具等。

用于食品的洗涤剂、消毒剂,指直接用于洗涤或者消毒食品、餐具、饮具以及直接接触食品的工具、设备或者食品包装材料和容器的物质。

食品保质期,指食品在标明的贮存条件下保持品质的期限。

食源性疾病,指食品中致病因素进入人体引起的感染性、中毒性等疾病,包括食物中毒。

食品安全事故,指食源性疾病、食品污染等源于食品,对人体健康有危害或者可能有危害的事故。

《最高人民法院关于审理食品药品纠纷案件适用法律若干问题的规定》第六条 食品的生产者与销售者应当对于食品符合质量标准承担举证责任。认定食品是否安全,应当以国家标准为依据;对地方特色食品,没有国家标准的,应当以地方标准为依据。没有前述标准的,应当以食品安全法的相关规定为依据。

《进出口食品安全管理办法》第三十条 进口食品的包装和标签、标识应当符合中国法律法规和食品安全国家标准;依法应当有说明书的,还应当有中文说明书。

对于进口鲜冻肉类产品,内外包装上应当有牢固、清晰、易辨的中英文或者中文和出口国家(地区)文字标识,标明以下内容:产地国家(地区)、品名、生产企业注册编号、生产批号;外包装上应当以中文标明规格、产地(具体到州/省/市)、目的地、生产日期、保质期限、储存温度等内容,必须标注目的地为中华人民共和国,加施出口国家(地区)官方检验检疫标识。

对于进口水产品,内外包装上应当有牢固、清晰、易辨的中英文或者中文和出口国家(地区)文字标识,标明以下内容:商品名和学名、规格、生产日期、批号、保质期限和保存条件、生产方式(海水捕捞、淡水捕捞、养殖)、生产地区(海洋捕捞海域、淡水捕捞国家或者地区、养殖产品所在国家或者地区)、涉及的所有生产加工企业(含捕捞船、加工船、运输船、独立冷库)名称、注册编号及地址(具体到州/省/市)、必须标注目的地为中华人民共和国。

进口保健食品、特殊膳食用食品的中文标签必须印制在最小销售包装上,不得加贴。

进口食品内外包装有特殊标识规定的,按照相关规定执行。

第十章

融资法律风险

179. 公司之间的借贷行为合法吗?

【情景案例】

郭某是甲公司的法定代表人。2024年1月8日,甲公司与乙公司签订一份《借款协议》,约定:甲公司向乙公司借款300万元;借款期限为1年,年利率12%。协议签订后,郭某向乙公司出具一份《担保承诺书》,承诺以其个人全部资产为甲公司的全部借款本息提供担保。1月10日,乙公司向甲公司转款300万元。借款到期后,甲公司未按约定偿还本息,乙公司遂诉至法院。

请问:甲公司与乙公司的借贷行为合法吗?

【案例分析】

本案涉及的是公司间借款合同的效力问题。

根据《最高人民法院关于审理民间借贷案件适用法律若干问题的规定》第十条的规定,法人之间、非法人组织之间以及它们相互之间为生产、经营需要订立的民间借贷合同,除存在《民法典》规定的虚假意思表示、违反法律法规的强制性规定、恶意串通损害他人合法权益导致合同无效情形以及该规定第十三条人民法院应当认定民间借贷合同无效的情形外,当事人主张民间借贷合同有效的,人民法院应予支持。

本案中,判断《借款协议》是否具有法律效力应从甲公司向乙公司的借款用途、资金来源、是否以资金融通为常业等方面综合判断借款合同效力。若甲公司因生产、经营的需要向乙公司借款,出借资金为乙公司自有资金,且乙公司不以资金融通为常业,一般认定《借款协议》有效,甲公司需按合同约定归还借款本金利息。如果乙公司出借的资金为金融借款或者乙公司长期以借贷为业,甲公司与乙公司订立的《借款协议》应认定为无效,甲公司应向乙公司返还借款300万元,借款利息诉请应当不予以支持。因主债权债务合同无效,郭某与乙公司签订的《担保承诺书》(担保合同)亦无效。郭某作为公司的担保人,对《借款协议》无效存在过错的,应当在过错程度范围内承担相应的过错清偿责任;郭某如果对担保效力无过错,则无须承担担保责任及担保过错责任。

【风险防范建议】

借贷属于金融业特许业务,为保护金融市场有序运行,我国法律禁止非金融机构经营金融业务,但在实践中,公司需要临时拆借资金时,往往会由于金融机构贷款条件高、流程烦琐、审批时间长等原因,转而向其他公司或个人临时借款以解决资金短缺问题。《最高人民法院关于审理民间借贷案件适用法律若干问题的规定》第十条对公司之间借贷行为的效力作了规定,公司之间因生产经营需要临时拆借资金的,一般认定有效,借款人需按约定条款还本付息。公司间进行借贷融资是被限制的,公司间拆借应当慎重,并注意以下几点:

(1)明确借贷合同中拆借资金使用目的。可在借贷合同中列明"本合同为公司生产、经营需要签订,借款方收到款项后,应当严格按照借款目的使用资金,不得他用,否则将承担违约责任"。

(2)出借方应为公司自有资金出借。出借方公司在借款合同中明确承诺出借资金为公司自有资金,否则相关法律责任由出借方公司承担。出借方公司不得套取金融机构信贷资金后又高利转贷给借款人,否则涉嫌高利转贷罪。同时,也不得将从其他公司借贷或向本单位职工集资取得的资金又转贷给借款人牟利。

(3)约定对借款进行专户管理,使借款人的用款完全处于出借方的监督之下。要求借款人新设一个专门用于接收借款的银行账户,使用借款时必须备注每笔转账的用途,借款人还需定期打印该账户的流水明细提交出借人核查。

【法条链接】

《最高人民法院关于审理民间借贷案件适用法律若干问题的规定》第十条 法人之间、非法人组织之间以及它们相互之间为生产、经营需要订立的民间借贷合同,除存在民法典第一百四十六条、第一百五十三条、第一百五十四条以及本规定第十三条规定的情形外,当事人主张民间借贷合同有效的,人民法院应予支持。

第十三条 具有下列情形之一的,人民法院应当认定民间借贷合同无效:

(一)套取金融机构贷款转贷的;

(二)以向其他营利法人借贷、向本单位职工集资,或者以向公众非法吸收存款等方式取得的资金转贷的;

(三)未依法取得放贷资格的出借人,以营利为目的向社会不特定对象提供借款的;

（四）出借人事先知道或者应当知道借款人借款用于违法犯罪活动仍然提供借款的；

（五）违反法律、行政法规强制性规定的；

（六）违背公序良俗的。

《民法典》第一百五十七条 民事法律行为无效、被撤销或者确定不发生效力后，行为人因该行为取得的财产，应当予以返还；不能返还或者没有必要返还的，应当折价补偿。有过错的一方应当赔偿对方由此所受到的损失；各方都有过错的，应当各自承担相应的责任。法律另有规定的，依照其规定。

第三百八十八条 设立担保物权，应当依照本法和其他法律的规定订立担保合同。担保合同包括抵押合同、质押合同和其他具有担保功能的合同。担保合同是主债权债务合同的从合同。主债权债务合同无效的，担保合同无效，但是法律另有规定的除外。

担保合同被确认无效后，债务人、担保人、债权人有过错的，应当根据其过错各自承担相应的民事责任。

《刑法》第一百七十五条 以转贷牟利为目的，套取金融机构信贷资金高利转贷他人，违法所得数额较大的，处三年以下有期徒刑或者拘役，并处违法所得一倍以上五倍以下罚金；数额巨大的，处三年以上七年以下有期徒刑，并处违法所得一倍以上五倍以下罚金。

单位犯前款罪的，对单位判处罚金，并对其直接负责的主管人员和其他直接责任人员，处三年以下有期徒刑或者拘役。

180. 公司之间相互担保，有什么风险？

【情景案例】

甲公司成立于2016年3月，贺某是法定代表人。2023年7月，因资金周转困难，贺某向某银行申请贷款，但因财务数据、信用评级、经营效益等因素影响，某银行不同意贷款，除非甲公司能找到一个比较有实力的担保方。赖某是乙公司的法定代表人，贺某知道当时赖某也缺钱，于是向赖某提出相互担保的想法，赖某表示同意，甲公司、乙公司就互为担保事宜依照公司章程的规定召开股东会并表决通过。之后，甲公司、乙公司分别与某银行签订了《借款合同》及《担保合同》，双方分别向某银行借款500万元，借期1年。借款到期后，甲公司按约定将本息还给某银行，但乙公司由于经营不善，无力偿还某银行贷款，某银行遂将甲公司、乙公司诉至法院，要求乙公司偿还借款本息，甲公司对乙公司的债务承担连带清偿责任。

请问：某银行的请求能得到法院支持吗？

【案例分析】

本案涉及的是公司之间相互担保的效力问题。

根据《民法典》第三百八十六条的规定,债务人不履行到期债务或者发生当事人约定的实现担保物权的,原则上担保物权人依法享有就担保物优先受偿的权利。第六百八十一条规定,保证合同是为保障债权的实现,保证人和债权人约定,当债务人不履行到期债务或者发生当事人约定的情形时,保证人履行债务或者承担责任的合同。《公司法》第十五条第一款规定,公司向其他公司投资或者为他人提供担保,按照公司章程的规定,由董事会或者股东会决议;公司章程对投资或者担保的总额及单项投资或者担保的数额有限额规定的,不得超过规定的限额。

本案中,甲公司与乙公司相互担保,均依照公司章程经股东会表决通过,不违反法律强制性规定,系甲公司、乙公司的真实意思表示。甲公司、乙公司分别与某银行签订的《借款合同》及《担保合同》合法有效,某银行按合同约定提供了相应借款,借款到期后乙公司不能清偿借款本息,甲公司作为担保人需对乙公司的借款本息等债务承担连带清偿责任。

【风险防范建议】

公司之间以相互担保的方式融资,虽然在一定程度上能够增信并提高融资能力,但在形成担保链后,一旦某家公司无法偿还债务,将会引发相互担保的其他公司承担连带清偿债务责任的风险。为规避相应法律风险,建议如下:

(1)公司相互担保的方式申请银行贷款前,必须调查了解被担保公司的资产情况,务必在进行担保时对被担保人的还债能力与信用等级做好评估,确保其具备相应的偿债能力,必要时可要求被担保人提供反担保,反担保的提供方应当具有实际承担清偿担保债务的能力,且其提供的反担保必须与公司担保的金额相当。

(2)各联保公司之间应当明确互相担保、违约使用资金等违约责任,通过规定较高的违约责任来加大各方的违约成本,避免或者降低因被担保人不诚信、资信下降等带来的风险。

(3)让被担保公司及时提供财务报表,随时关注联保公司的生产经营情况和公司动向。如果发现公司存在经营状况恶化或者其他导致不能如期偿还贷款的事宜,应尽快通知银行,使银行尽快处理贷款公司的核心资产,防止贷款公司因不能按时偿还银行贷款而使提供担保的公司受到经济损失。

【法条链接】

《民法典》第三百八十六条 担保物权人在债务人不履行到期债务或者发生当事

人约定的实现担保物权的情形,依法享有就担保财产优先受偿的权利,但是法律另有规定的除外。

第三百八十七条 债权人在借贷、买卖等民事活动中,为保障实现其债权,需要担保的,可以依照本法和其他法律的规定设立担保物权。

第三人为债务人向债权人提供担保的,可以要求债务人提供反担保。反担保适用本法和其他法律的规定。

第六百八十一条 保证合同是为保障债权的实现,保证人和债权人约定,当债务人不履行到期债务或者发生当事人约定的情形时,保证人履行债务或者承担责任的合同。

《公司法》**第十五条第一款** 公司向其他企业投资或者为他人提供担保,按照公司章程的规定,由董事会或者股东会决议;公司章程对投资或者担保的总额及单项投资或者担保的数额有限额规定的,不得超过规定的限额。

181. 公司向员工集资,合法吗?

【情景案例】

某服装厂成立于1995年,是一家有限责任公司,由龚某创办。2023年10月,因资金周转困难,某服装厂向多家银行贷款被拒。为保证工厂正常运营,龚某在厂区张贴通知,发动员工集资,并承诺借款期限1年,年利率12%。在高利息的诱惑下,全厂100多名员工纷纷投资,某服装厂共筹到资金200万元。之后,龚某将集资款全部用于公司运营,但由于市场行情不好,大量客户拖欠货款,导致某服装厂未能如期偿还员工的集资款。于是员工集体罢工,并向公安机关报案。

请问:龚某要承担刑事责任吗?

【案例分析】

本案涉及的是公司向员工集资的法律责任问题。

根据《最高人民法院关于审理民间借贷案件适用法律若干问题的规定》第十一条的规定,法人或者非法人组织在本单位内部通过借款形式向职工筹集资金,用于本单位生产、经营,且不存在合同无效的情形,当事人主张民间借贷合同有效的,人民法院应予支持。根据《最高人民法院关于审理非法集资刑事案件具体应用法律若干问题的解释》第一条的规定,同时具备下列四个条件的,除《刑法》另有规定的以外,应当认定为非法吸收公众存款罪:"(一)未经有关部门依法许可或者借用合法经营的形式吸收资金;(二)通过网络、媒体、推介会、传单、手机信息等途径向社会公开宣传;(三)承诺在一定期限内以货币、实物、股权等方式还本付息或者给付回报;(四)向社会公众即社会不特定对象吸收资金"。根据上述规定,公司仅向特定人群(亲朋好友、单位员工等)集资并且资金用于公司经营活动,未向社会公开宣传的,不应当认定为非法吸收公众存款罪。

本案中,某服装厂虽未经有关部门许可向本单位员工集资,但该集资行为既未面向社会公众,亦未向社会公开宣传,且筹集资金200万元全部用于公司生产经营,不符合《最高人民法院关于审理非法集资刑事案件具体应用法律若干问题的解释》第一条之规定,不应当认定为非法吸收公众存款犯罪行为,龚某无须承担刑事责任。某服装厂与员工之间的借贷关系合法有效,某服装厂应当按照借款合同约定向出借员工返还借款本金及利息。

【风险防范建议】

通过内部职工集资是公司解决经营困难、获得生产资金的快捷方式,一定程度上可以缓解公司融资难、融资贵的困境,拓宽融资渠道,使用得当有利于公司的生产经营,提高员工的工作积极性,但公司向员工集资时必须慎重并注意以下几个方面,以防范刑事法律责任之风险:

(1)应对员工提供的资金来源进行严格审核,保证借款对象仅限于单位内部职工,不接受除员工以外的外部人员资金;让员工签订相关的承诺书,承诺其为本公司提供的借款为自有合法资金,不存在通过对不特定的公众进行募资后转借给公司的情形。需要注意的是,这里的单位内部员工仅指与公司存在正常劳动关系的职工,不包括为了非法吸收公众存款而通过招聘吸纳为公司员工的人员。

(2)所集资金必须用于公司的经营活动。公司不得以生产经营需要向本单位职工集资取得的资金又转贷给他人牟利或者从事违法犯罪活动,否则,公司的集资借款行为将被认定为无效,且可能涉嫌挪用或者侵占资金违法犯罪。

(3)不以任何形式向社会公开宣传,尽量采用仅内部员工可注册登录的软件、论坛等互联网形式进行内部传达,不能为了获取更多资金采用任何线上线下方式进行宣传推广。控制集资借款参加人数和集资金额,集资借款员工尽量控制在150人以内,集资借款金额尽量控制在100万元以内。

【法条链接】

《最高人民法院关于审理民间借贷案件适用法律若干问题的规定》第十一条　法人或者非法人组织在本单位内部通过借款形式向职工筹集资金,用于本单位生产、经营,且不存在民法典第一百四十四条、第一百四十六条、第一百五十三条、第一百五十四条以及本规定第十三条规定的情形,当事人主张民间借贷合同有效的,人民法院应予支持。

《刑法》第一百七十六条　以欺骗手段取得银行或者其他金融机构贷款、票据承兑、信用证、保函等，给银行或者其他金融机构造成重大损失的，处三年以下有期徒刑或者拘役，并处或者单处罚金；给银行或者其他金融机构造成特别重大损失或者有其他特别严重情节的，处三年以上七年以下有期徒刑，并处罚金。

单位犯前款罪的，对单位判处罚金，并对其直接负责的主管人员和其他直接责任人员，依照前款的规定处罚。

《最高人民法院关于审理非法集资刑事案件具体应用法律若干问题的解释》第一条　违反国家金融管理法律规定，向社会公众（包括单位和个人）吸收资金的行为，同时具备下列四个条件的，除刑法另有规定的以外，应当认定为刑法第一百七十六条规定的"非法吸收公众存款或者变相吸收公众存款"：

（一）未经有关部门依法许可或者借用合法经营的形式吸收资金；

（二）通过网络、媒体、推介会、传单、手机信息等途径向社会公开宣传；

（三）承诺在一定期限内以货币、实物、股权等方式还本付息或者给付回报；

（四）向社会公众即社会不特定对象吸收资金。

未向社会公开宣传，在亲友或者单位内部针对特定对象吸收资金的，不属于非法吸收或者变相吸收公众存款。

《最高人民检察院、公安部关于公安机关管辖的刑事案件立案追诉标准的规定（二）》第二十三条　非法吸收公众存款或者变相吸收公众存款，扰乱金融秩序，涉嫌下列情形之一的，应予立案追诉：

（一）非法吸收或者变相吸收公众存款数额在一百万元以上的；

（二）非法吸收或者变相吸收公众存款对象一百五十人以上的；

（三）非法吸收或者变相吸收公众存款，给集资参与人造成直接经济损失数额在五十万元以上的；

非法吸收或者变相吸收公众存款数额在五十万元以上或者给集资参与人造成直接经济损失数额在二十五万元以上，同时涉嫌下列情形之一的，应予立案追诉：

（一）因非法集资受过刑事追究的；

（二）二年内因非法集资受过行政处罚的；

（三）造成恶劣社会影响或者其他严重后果的。

182. 公司将贷款资金转贷他人赚取利息差，合法吗？

【情景案例】

甲公司成立于 2013 年 6 月，法定代表人为庞某。2024 年 3 月，甲公司从某银行借款 1000 万元，年利率为 7%，借期 2 年。由于公司用不了这么多资金，于是庞某将一部分钱借给乙公司,以赚取利息差。2024年4月1日,甲公司与乙公司签订一份《借款合同》,约定:乙公司向甲公司借款300万元,借期1年,年利率12%。当天,庞某通过财务将300万元款项划至乙公司账户。

请问:甲公司将某银行贷款资金转贷给乙公司,合法吗?

【案例分析】

本案涉及的是公司将银行贷款转贷的效力问题。

根据《最高人民法院关于审理民间借贷案件适用法律若干问题的规定》第十三条的规定,套取金融机构贷款转贷的,人民法院应当认定民间借贷合同无效。《刑法》第一百七十五条第一款规定,"以转贷牟利为目的,套取金融机构信贷资金高利转贷他人,违法所得数额较大的,处三年以下有期徒刑或者拘役,并处违法所得一倍以上五倍以下罚金;数额巨大的,处三年以上七年以下有期徒刑,并处违法所得一倍以上五倍以下罚金"。《最高人民检察院、公安部关于公安机关管辖的刑事案件立案追诉标准的规定(二)》第二十一条规定,"以转贷牟利为目的,套取金融机构信贷资金高利转贷他人,违法所得数额在五十万元以上的,应予立案追诉"。由此可见,我国法律禁止公司利用虚假的项目或业务等骗取银行贷款或其他信贷资助,套取银行贷款进行转贷牟利。

本案中,甲公司为赚取利息差,将其在某银行的贷款用于向乙公司高利转贷,甲公司违反法律法规的禁止性规定,应认定甲公司与乙公司之间的借贷关系无效。但甲公司的高利转贷的《借款合同》无效并不导致某银行与甲公司之间的金融借款合同无效,甲公司作为转贷人仍然要履行其与某银行之间签订的金融借款合同;高利转贷中的《借款合同》无效,合同中约定的利率条款亦当然无效,甲公司请求乙公司按照合同约定的利率支付利息的,人民法院将不予以支持,但甲公司请求乙公司清偿本金并支付资金占用费的,人民法院应予支持。若甲公司在贷款时就有套取银行借款转贷牟利的目的,违法所得达到法定追诉金额的,将可能涉嫌高利转贷罪被追究刑事法律责任。

【风险防范建议】

套取金融机构贷款转贷是规避监管、扰乱金融秩序的行为,违背了民间借贷的资金不得来自金融机构的要求,民间借贷资金应当为出借人自有资金,套取金融机构贷款转贷,签订的民间借贷合同无效。为此,公司向银行贷款后,应当按照借款合同规定的用途使用银行借款,不得将贷款资金转贷他人,避免因合同无效而丧失预期利益甚至面临承担刑事法律责任的风险。

【法条链接】

《最高人民法院关于审理民间借贷案件适用法律若干问题的规定》第十三条 具有下列情形之一的,人民法院应当认定民间借贷合同无效:

(一)套取金融机构贷款转贷的;

……

《刑法》第一百七十五条 以转贷牟利为目的,套取金融机构信贷资金高利转贷他人,违法所得数额较大的,处三年以下有期徒刑或者拘役,并处违法所得一倍以上五倍以下罚金;数额巨大的,处三年以上七年以下有期徒刑,并处违法所得一倍以上五倍以下罚金。

单位犯前款罪的,对单位判处罚金,并对其直接负责的主管人员和其他直接责任人员,处三年以下有期徒刑或者拘役。

《最高人民检察院、公安部关于公安机关管辖的刑事案件立案追诉标准的规定(二)》第二十一条 以转贷牟利为目的,套取金融机构信贷资金高利转贷他人,违法所得数额在五十万元以上的,应予立案追诉。

《民法典》第一百五十七条 民事法律行为无效、被撤销或者确定不发生效力后,行为人因该行为取得的财产,应当予以返还;不能返还或者没有必要返还的,应当折价补偿。有过错的一方应当赔偿对方由此所受到的损失;各方都有过错的,应当各自承担相应的责任。法律另有规定的,依照其规定。

《最高人民法院关于适用〈中华人民共和国民法典〉合同编通则若干问题的解释》第二十四条 合同不成立、无效、被撤销或者确定不发生效力,当事人请求返还财产,经审查财产能够返还的,人民法院应当根据案件具体情况,单独或者合并适用返还占有的标的物、更正登记簿册记载等方式;经审查财产不能返还或者没有必要返还的,人民法院应当以认定合同不成立、无效、被撤销或者确定不发生效力之日该财产的市场价值或者以其他合理方式计算的价值为基准判决折价补偿。

除前款规定的情形外,当事人还请求赔偿损失的,人民法院应当结合财产返还或者折价补偿的情况,综合考虑财产增值收益和贬值损失、交易成本的支出等事实,按照双方当事人的过错程度及原因力大小,根据诚信原则和公平原则,合理确定损失赔偿额。

合同不成立、无效、被撤销或者确定不发生效力,当事人的行为涉嫌违法且未经处理,可能导致一方或者双方通过违法行为获得不当利益的,人民法院应当向有关行政管理部门提出司法建议。当事人的行为涉嫌犯罪的,应当将案件线索移送刑事侦查机关;属于刑事自诉案件的,应当告知当事人可以向有管辖权的人民法院另行提起诉讼。

第二十五条 合同不成立、无效、被撤销或者确定不发生效力,有权请求返还价款或者报酬的当事人一方请求对方支付资金占用费的,人民法院应当在当事人请求的范围内按照中国人民银行授权全国银行间同业拆借中心公布的一年期贷款市场报价利率(LPR)计算。但是,占用资金的当事人对于合同不成立、无效、被撤销或者确定不发生效力没有过错的,应当以中国人民银行公布的同期同类存款基准利率计算。

双方互负返还义务,当事人主张同时履行的,人民法院应予支持;占有标的物的一方对标的物存在使用或者依法可以使用的情形,对方请求将其应支付的资金占用费与应收取的标的物使用费相互抵销的,人民法院应予支持,但是法律另有规定的除外。

183. 公司擅自改变贷款用途,要承担什么责任?

【情景案例】

某灯饰公司成立于2017年1月,由殷某创办,殷某系某灯饰公司法定代表人。2024年3月,某灯饰公司向某银行借款600万元并签订了《贷款合同》,合同约定贷款必须用于生产经营。某银行向某灯饰公司放款后,某灯饰公司并未将贷款用于生产经营,而是由殷某将钱用于炒期货,结果全部亏损。

请问:某灯饰公司要承担什么法律责任?

【案例分析】

本案涉及的是公司擅自改变贷款用途的法律责任问题。

我国《民法典》第六百七十三条规定,借款人未按照约定的借款用途使用借款的,贷款人可以停止发放借款、提前收回借款或者解除合同。《刑法》第一百七十五条之一规定,"以欺骗手段取得银行或者其他金融机构贷款、票据承兑、信用证、保函等,给银行或者其他金融机构造成重大损失的,处三年以下有期徒刑或者拘役,并处或者单处罚金;给银行或者其他金融机构造成特别重大损失或者有其他特别严重情节的,处三年以上七年以下有期徒刑,并处罚金。单位犯前款罪的,对单位判处罚金,并对其直接负责的主管人员和其他直接责任人员,依照前款的规定处罚"。

本案中,某灯饰公司向某银行借款并签订了《贷款合同》,合同约定借款用途为生产经营,但某灯饰公司取得借款后擅自将之用于炒期货的行为构成对《贷款合同》的违约,应承担相应违约责任,某银行有权要求其提前清偿借款本息。若某灯饰公司在贷款时即有将银行贷款用于炒期货的目的,殷某编造生产经营需要为借口向银行骗取贷款,可能涉嫌骗取贷款罪,某灯饰公司及其法定代表人殷某将被依法追究骗取贷款罪的刑事法律责任。如果某灯饰公司不知情,系公司法定代表人殷某秘密地利用职务之便将公司的银行贷款用于炒期货,导致亏损并无法偿还,殷某可能涉嫌职务侵占罪或者挪用资金罪。

【风险防范建议】

如借款合同中明确约定了贷款用途，借款公司应当严格按照合同约定的借款用途使用银行贷款，不得单方面任意改变贷款用途；如确有需要变更贷款用途，应当与贷款人进行协商变更；借款公司擅自改变借款用途的，除需要提前返还借款外，还要承担合同约定的违约法律责任；公司采用虚构事实、隐瞒真相的方法骗取银行或其他金融机构贷款，给银行或其他金融机构造成损失达50万元以上的，还涉嫌骗取贷款犯罪，构成犯罪的将承担相应的刑事责任。为规避相应法律风险，建议如下：

（1）公司应诚信合规经营，严格按照借款合同约定的方式使用贷款，如约定了借款用途为生产经营，则公司应将贷款仅用于生产经营，如用于资金流动周转、购置机器设备、原料采买支付货款、支付经营场地的租金等合法的经营活动。

（2）公司经营贷款属于公司资产，应当由公司控制和管理，贷款直接存入公司账户，不得由公司法定代表人、高管的私人账户代收，防范贷款被他人挪用或者侵占的风险。

（3）由公司财务部门负责编制贷款资金使用情况专项报告，并向贷款人汇报，证明公司按照规定用途使用借款，以取得贷款人的信任，以便未来获取更优惠的贷款方案，或在不能按时清偿借款时与贷款人协商给予贷款展期。

【法条链接】

《民法典》第五百六十六条第二款　合同因违约解除的，解除权人可以请求违约方承担违约责任，但是当事人另有约定的除外。

第六百七十二条　贷款人按照约定可以检查、监督借款的使用情况。借款人应当按照约定向贷款人定期提供有关财务会计报表或者其他资料。

第六百七十三条　借款人未按照约定的借款用途使用借款的，贷款人可以停止发放借款、提前收回借款或者解除合同。

《刑法》第一百七十五条之一　以欺骗手段取得银行或者其他金融机构贷款、票据承兑、信用证、保函等，给银行或者其他金融机构造成重大损失的，处三年以下有期徒刑或者拘役，并处或者单处罚金；给银行或者其他金融机构造成特别重大损失或者有其他特别严重情节的，处三年以上七年以下有期徒刑，并处罚金。

单位犯前款罪的，对单位判处罚金，并对其直接负责的主管人员和其他直接责任人员，依照前款的规定处罚。

《最高人民检察院、公安部关于公安机关管辖的刑事案件立案追诉标准的规定（二）》第二十二条　以欺骗手段取得银行或者其他金融机构贷款、票据承兑、信用证、保函等,给银行或者其他金融机构造成直接经济损失数额在五十万元以上的,应予立案追诉。

184. 公司因资金周转需要使用"过桥"资金,有什么风险?

【情景案例】

温某是某塑料厂的创始人。2023年1月,某塑料厂向某银行借款100万元,年利率为7%,借期1年。由于大量经销商拖欠货款,借款到期后,温某手上的资金不够偿还银行贷款。某银行放贷工作人员告诉温某,银行贷款到期必须清偿,归还后可以再向银行申请贷款。为此,温某托朋友找到放高利贷的季某,并向其借款100万元用于银行还贷"过桥",借期1个月,月息3分。

请问:温某向季某借款,有什么风险?

【案例分析】

本案涉及的是借用"过桥"资金清偿银行贷款的法律风险问题。

"过桥"资金是一种短期资金的融通,期限一般以6个月为限,是一种与长期资金相对接的资金。提供"过桥"资金的目的是通过"过桥"资金的融通,达到与长期资金对接的条件,然后以长期资金替代"过桥"资金。"过桥"是一种暂时状态。由此可见,第三人为借款人提供"过桥"资金服务,其本质为民间借贷,双方之间形成民间借贷法律关系。

本案中,某塑料厂向某银行的借款到期无法偿还,经银行工作人员建议,某塑料厂负责人温某向放高利贷的季某借款100万元作为"过桥"资金归还银行借款,温某和季某成立民间借贷法律关系。温某将"过桥"资金用于偿还银行贷款后,若银行经审核或政策等原因不予发放新贷款或延缓发放新贷款,温某不能在约定的借款期限内归还季某,温某需要向季某承担高额利息;温某如在获取"过桥"贷款时以某塑料厂的资产为借款提供了担保或抵押,一旦最后无法清偿"过桥"资金,出借人季某为实现债权有权起诉到法院,主张清偿借款本息及抵押物拍卖所得价款优先受偿,并向法院申请诉讼财产保全,查封温某名下的财产,这将再次影响温某及某塑料厂商业信誉,可能导致银行贷款不能发放。《最高人民法院关于审理民间借贷案件适用法律若干问题的规定》第十条规定,"法人之间、非法人组织之间以及它们相互之间为生产、经营需要订立的民间借贷合同,除存在民法典第一百四十六条、第一百五十三条、第一百五十四条以及本规定第十三条规定的情形外,当事人主张民间借贷合同有效的,人民法院应予支持"。第二十五条规定,出借人请求借款人按照合同约定利率支付利息的,人民法院应予支持,但是双方约定的利率超过合同成立时一年期贷款市场报价利率(LPR)四倍的除外。本案的约定的借款利率为月息3分,而上述司法解释规定仅支持LPR利率四倍以下的利息,季某主张超过LPR四倍的部分利息将不能获得人民法院的支持。

【风险防范建议】

借用"过桥"资金清偿银行贷款是较高风险的民间借贷行为,公司无论是使用还是出借"过桥"资金,均需慎重并注意以下法律风险:

(1)公司使用的"过桥"资金,利息往往约定得非常高,公司资金流动性将大大降低,金融机构审核或政策等原因不予发放新贷款或延缓发放新贷款,公司资金链极易因此断裂。若短期内无法归还借款,借款人需要承担"过桥"资金的高额利息,也将导致公司资金紧张。若最后公司无法偿还"过桥"资金,出借人将有权通过诉讼判决后申请强制执行拍卖或者变卖公司的资产。为此,公司在暂时无法偿还银行贷款时,可以尝试与金融机构协商,申请延期还款,获取一定时间贷款展期,虽贷款展期其利息也会相应增加,但贷款展期的利息要比"过桥"资金的利息低较多。或申请分期还款,缓解一次性还款给公司带来的资金压力。

(2)公司出借的"过桥"资金,可能面临出借款项无法按时收回的风险,主要原因包括:银行新贷款不予发放,借款人获得的新贷款被司法机关查封、冻结、扣划等。为了防范拆借资金无法收回的风险,公司应当谨慎选择借款人,出借资金前注意调查借款人的资信,全面审查借款人的资信情况,尤其应仔细确认当地的银行贷款政策以及发放新贷款的条件、要求等信息,核实银行是否已对借款人的新贷款出具预批复文件,评估新贷款发放的可能性。

【法条链接】

《最高人民法院关于审理民间借贷案件适用法律若干问题的规定》第十条 法人之间、非法人组织之间以及它们相互之间为生产、经营需要订立的民间借贷合同,除存在民法典第一百四十六条、第一百五十三条、第一百五十四条以及本规定第十三条规定的情形外,当事人主张民间借贷合同有效的,人民法院应予支持。

第二十五条 出借人请求借款人按照合同约定利率支付利息的,人民法院应予支持,但是双方约定的利率超过合同成立时一年期贷款市场报价利率四倍的除外。

前款所称"一年期贷款市场报价利率",是指中国人民银行授权全国银行间同业拆借中心自2019年8月20日起每月发布的一年期贷款市场报价利率。

《民法典》第三百九十四条 为担保债务的履行,债务人或者第三人不转移财产的占有,将该财产抵押给债权人的,债务人不履行到期债务或者发生当事人约定的实现抵押权的情形,债权人有权就该财产优先受偿。

前款规定的债务人或者第三人为抵押人,债权人为抵押权人,提供担保的财产为抵押财产。

185.公司可通过融资租赁的方式购置贵重设备吗?

【情景案例】

甲印刷公司成立于2018年,由章某创办。葛某是乙公司的业务员。2024年3月,葛某到甲印刷公司推销一台日本生产的印刷设备,该设备可大大降低甲印刷公司的生产成本,章某很想购买,但因设备售价太高,甲印刷公司暂时无力购买。葛某知道章某的难处后,跟章某说,如果资金不足,可考虑通过融资租赁方式购买该设备,前期仅需支付一点首付款,以后按月支付租金即可使用该设备。

请问:葛某的说法正确吗?

【案例分析】

本案涉及的是公司通过融资租赁的方式购买贵重设备的问题。

我国《民法典》第七百三十五条至第七百六十条规定了融资租赁合同的内容,以及出卖人、出租人、承租人三方之间权利义务关系等。融资租赁是出租人根据承租人对出卖人、租赁物的选择,向出卖人购买租赁物,提供给承租人使用,承租人支付租金的一种租赁方式;出租人与出卖人之间订立买卖合同,出卖人直接向承租人交付标的物,承租人合法拥有标的物的占有、使用权,而且应当按照租赁合同的约定支付租金,租赁期间届满后,出租人和承租人可以自行约定租赁物的归属。

融资租赁购置与一次性付款购买相比,租金分期支付,大大减轻了公司资金支付压力和负担,无须一次性筹集大量资金,还解决了公司急需使用机器设备之需。公司如果希望前期投入较少资金尽快购买到所需设备,或者目前遇到现金流不充足的情况,即可考虑采用融资租赁的方式,公司可以实现用少量资金购买设备的目的。

本案中,章某创办的甲印刷公司计划购入一台印刷设备,但存在资金不足的问题,可以与融资租赁公司签订融资租赁合同,约定租赁物的名称、数量、规格、租赁期限,租金等条款,甲印刷公司只需按时支付租金即可占有和使用该印刷设备,提高生产效率,降低生产成本。

【风险防范建议】

机器设备的融资租赁主要风险在于出租人(租赁公司)或承租人因种种原因,不愿或无力履行合同条件而构成违约,致使交易对方遭受损失的可能性,产生风险的具体原因及防范风险的相关建议如下：

（1）承租人在短期内财务管理不当，资金安排欠妥，流动资金不足，难以偿还租金；面对市场变化缺乏有效的营销手段，导致经营状况恶化等造成无力继续向出租人支付机器设备租金。支付租金是承租人在融资租赁合同中最主要的义务之一，经催告后合理期限内仍不交付租金的，出租人可以据此要求支付全部租金，也可以解除合同，收回租赁物。因此在签订融资租赁合同前，承租人必须全面阅读、理解合同约定，对自身还款能力合理评估，避免后期因无力支付租金导致违约，而面临承担违约责任的风险。

（2）设备贬值风险。如果租赁的机器设备发生严重贬值，其价值大大低于承租人应付租金，继续支付租金会使承租人遭受损失。为避免租赁设备贬值或折旧风险，承租人应根据市场的行情及发展的趋势，在充分了解租赁物的技术水平和更新换代的速度的基础上，进行对租赁物的选择。

（3）承租人在进行融资租赁时，需要选择一家资信状况、融资条件、租赁费率等条件较为良好的租赁公司，与其签订融资租赁合同，考虑自身需要和条件协商约定租赁物的名称、数量、规格、租赁期限、租金等条款，再由租赁公司与选定的设备制造商之间签订购货协议。

（4）承租人应对设备制造商交付的租赁物进行验收，验收合格后出具验货单或者相关凭证给租赁公司，租赁公司凭借验收合格的凭证支付货款。

【法条链接】

《民法典》第七百三十五条　融资租赁合同是出租人根据承租人对出卖人、租赁物的选择，向出卖人购买租赁物，提供给承租人使用，承租人支付租金的合同。

第七百三十六条　融资租赁合同的内容一般包括租赁物的名称、数量、规格、技术性能、检验方法，租赁期限，租金构成及其支付期限和方式、币种，租赁期限届满租赁物的归属等条款。

融资租赁合同应当采用书面形式。

第七百三十九条　出租人根据承租人对出卖人、租赁物的选择订立的买卖合同，出卖人应当按照约定向承租人交付标的物，承租人享有与受领标的物有关的买受人的权利。

第七百四十六条　融资租赁合同的租金，除当事人另有约定外，应当根据购买租赁物的大部分或者全部成本以及出租人的合理利润确定。

第七百五十条　承租人应当妥善保管、使用租赁物。

承租人应当履行占有租赁物期间的维修义务。

第七百五十二条　承租人应当按照约定支付租金。承租人经催告后在合理期限内仍不支付租金的,出租人可以请求支付全部租金;也可以解除合同,收回租赁物。

第七百五十七条 出租人和承租人可以约定租赁期限届满租赁物的归属;对租赁物的归属没有约定或者约定不明确,依据本法第五百一十条的规定仍不能确定的,租赁物的所有权归出租人。

186. 法定代表人以个人名义借款用于公司经营,公司要承担还款责任吗?

【情景案例】

甲公司由伍某等10人共同创办,伍某是法定代表人。因公司缺乏流动资金,伍某就以个人名义向乙公司借款80万元,借期1年,年利率12%。伍某将借来的钱全部用于公司运营。借款到期后,由于甲公司暂时无力偿还借款,乙公司遂将伍某、甲公司诉至法院,要求偿还借款本息。伍某辩称,虽然是以其个人名义借款,但钱实际用于公司经营,故钱应该由甲公司偿还,与其个人无关。

请问:伍某的说法符合我国法律规定吗?

【案例分析】

本案涉及的是公司法定代表人以个人名义借款至公司使用的债务承担问题。

《最高人民法院关于审理民间借贷案件适用法律若干问题的规定》第二十二条第二款规定,法人的法定代表人以个人名义与出借人订立民间借贷合同,所借款项用于单位生产经营,出借人请求单位与个人共同承担责任的,人民法院应予支持。我国《民法典》第一百七十六条规定,民事主体依照法律规定或者按照当事人约定,履行民事义务,承担民事责任。

本案中,伍某以个人名义向乙公司借款80万元,借期1年,年利率12%。该借款合同是双方真实意思表示,不违反法律禁止性规定,合法有效。伍某作为甲公司法定代表人,将所借款项全部用于甲公司生产经营,甲公司应当承担还款责任;伍某是本案借款合同中的相对方,无论其系自用还是交由其经营的公司使用,其都应依约承担借款合同中的还本付息的义务与责任。因此,伍某的说法错误,根据合同相对性原则以及我国法律规定,甲公司与其法定代表人伍某应向乙公司共同清偿借款本息。

【风险防范建议】

对公司法定代表人以个人名义对外借款,公司是否应当共同承担清偿责任的问题,需要从借款用途、收款账户、实际用款人、实际还款人等方面综合分析。若借款转入法定代表人个人账户,该款项只由其个人使用,系其个人借款行为,应由法定代表人个人承担还款责任;若借款转入公司账户,或转入法定代表人个人账户后但实际用于公司的生产经营，公司与其法定代表人个人应当共同承担清偿责任。为规避相应法律风险，建议如下：

（1）公司对外借款的程序应当是：以公司的名义签订合同，由公司在借款人处加盖公章，由法定代表人作为公司代表签名而非作为借款人签名，且借款应转入公司账户，用于公司生产经营。当公司无法清偿借款，应当以公司财产清偿债务，法定代表人无须承担共同清偿责任。如果借款金额较大且公司章程、制度对借款有特别规定，应当按照公司章程、制度规定召开临时股东会或者董事会，由临时股东会或者董事会对对外借款行为作出决议。

（2）公司法定代表人在对外从事民事活动时，不可单纯认为职务行为由公司承担法律责任而忽视其中的风险。法定代表人以自己名义对外借款，根据合同相对性原则，合同对签订双方产生法律效力，无论情况如何，只要合同不违反法律法规的强制性规定，便对合同双方产生约束力，出借人有权要求法定代表人履行合同义务，清偿借款。

公司为防止法定代表人滥用权利，对外以公司名义从事民事活动损害公司利益，可以在公司章程、制度中对法定代表人职责予以明确并加以限制，虽然该种限制不能对抗善意第三人，但仍有利于公司对外承担责任后向法定代表人行使追偿权。

【法条链接】

《最高人民法院关于审理民间借贷案件适用法律若干问题的规定》第二十二条 法人的法定代表人或者非法人组织的负责人以单位名义与出借人签订民间借贷合同，有证据证明所借款项系法定代表人或者负责人个人使用，出借人请求将法定代表人或者负责人列为共同被告或者第三人的，人民法院应予准许。

法人的法定代表人或者非法人组织的负责人以个人名义与出借人订立民间借贷合同，所借款项用于单位生产经营，出借人请求单位与个人共同承担责任的，人民法院应予支持。

《民法典》第六十一条 依照法律或者法人章程的规定，代表法人从事民事活动的负责人，为法人的法定代表人。

法定代表人以法人名义从事的民事活动，其法律后果由法人承受。

法人章程或者法人权力机构对法定代表人代表权的限制，不得对抗善意相对人。

第六十二条 法定代表人因执行职务造成他人损害的，由法人承担民事责任。

法人承担民事责任后，依照法律或者法人章程的规定，可以向有过错的法定代表人追偿。

第一百七十六条 民事主体依照法律规定或者按照当事人约定，履行民事义务，承担民事责任。

第五百零四条 法人的法定代表人或者非法人组织的负责人超越权限订立的合同,除相对人知道或者应当知道其超越权限外,该代表行为有效,订立的合同对法人或者非法人组织发生效力。

187. 公司向社会不特定的人筹资,有什么风险?

【情景案例】

某家电公司成立于1998年,注册资本5000万元,法定代表人是陈某。2023年3月,因公司资金周转困难,又没有合适的融资渠道,于是陈某以年利率36%公开向杨某、赵某、黄某等200多名社会人员筹款1000万元,借期均为1年。借款到期后,因经营不善,某家电公司无力偿还上述借款。2024年5月,杨某等人向当地派出所报警。

请问:陈某要为其行为承担刑事责任吗?

【案例分析】

本案涉及的是非法吸收公众存款罪的认定问题。

《最高人民法院关于审理非法集资刑事案件具体应用法律若干问题的解释》第一条第一款规定,"违反国家金融管理法律规定,向社会公众(包括单位和个人)吸收资金的行为,同时具备下列四个条件的,除刑法另有规定的以外,应当认定为刑法第一百七十六条规定的'非法吸收公众存款或者变相吸收公众存款':(一)未经有关部门依法许可或者借用合法经营的形式吸收资金;(二)通过网络、媒体、推介会、传单、手机信息等途径向社会公开宣传;(三)承诺在一定期限内以货币、实物、股权等方式还本付息或者给付回报;(四)向社会公众即社会不特定对象吸收资金"。第三条规定,非法吸收或者变相吸收公众存款数额在100万元以上的,应当依法追究刑事责任。

本案中,某家电公司法定代表人陈某公开向杨某、赵某、黄某等200多名社会公众人员筹集1000万元款项,陈某未经有关机关许可公开向社会不特定对象筹集资金,并承诺高额利息在一定期限内还本付息,符合非法吸收公众存款罪的构成要件,且已达到追诉金额,陈某筹集资金的行为将因涉嫌非法吸收公众存款被刑事追诉,面临相应的刑事法律责任。

【风险防范建议】

根据《最高人民法院关于非法集资刑事案件具体应用法律若干问题的解释》的规定,非法集资区别于合法集资的四个特性分别是非法性、公开性、社会性和利诱性。

合法集资应当具备以下三个条件:第一,集资的主体是符合《公司法》规定设立登记的有限责任公司或者股份有限公司,或者其他依法设立的具有法人资格的公司,任何以个人名义的募集资金的行为均系违法;第二,集资的目的是供公司的设立或生产经营使用;第三,严格按照法定的方式、程序和条件、期限、额度、募集对象进行,经过有关部门的审批许可。

公司因生产经营需要进行集资或者融资的,应当选择合法的集资或者融资方式。合法的集资融资形式主要有发行股票、债券或者融资租赁、联营、合资等,股份有限公司可以依照《公司法》等有关法律、法规发行股票,包括发行内部职工股,公司可以依照《企业债券管理条例》发行公司债券,如发行短期融资券、产品配额公司债券等,而金融机构依照国务院和有关部门的规定发行投资基金证券、信托受益债券等。

但是对于中小微公司来说,其想通过以上发行股票、债券或者融资租赁、联营、合资等实现融资基本上是不可能的,其不符合上述融资的基本条件。中小微公司可以通过在公司设立持股平台面向员工融资,或者向特定的人员增加注册资本的方式融资,融资协议中规定合理合法的退出机制,给予员工、特定投资人合理的投资回报,避免非法吸收公众存款、集资诈骗等刑事法律风险。

【法条链接】

《最高人民法院关于审理非法集资刑事案件具体应用法律若干问题的解释》第一条　违反国家金融管理法律规定,向社会公众(包括单位和个人)吸收资金的行为,同时具备下列四个条件的,除刑法另有规定的以外,应当认定为刑法第一百七十六条规定的"非法吸收公众存款或者变相吸收公众存款":

(一)未经有关部门依法许可或者借用合法经营的形式吸收资金;

(二)通过网络、媒体、推介会、传单、手机信息等途径向社会公开宣传;

(三)承诺在一定期限内以货币、实物、股权等方式还本付息或者给付回报;

(四)向社会公众即社会不特定对象吸收资金。

未向社会公开宣传,在亲友或者单位内部针对特定对象吸收资金的,不属于非法吸收或者变相吸收公众存款。

第三条　非法吸收或者变相吸收公众存款,具有下列情形之一的,应当依法追究刑事责任:

(一)非法吸收或者变相吸收公众存款数额在100万元以上的;

(二)非法吸收或者变相吸收公众存款对象150人以上的;

(三)非法吸收或者变相吸收公众存款,给存款人造成直接经济损失数额在50万元以上的。

非法吸收或者变相吸收公众存款数额在50万元以上或者给存款人造成直接经济

损失数额在 25 万元以上,同时具有下列情节之一的,应当依法追究刑事责任:

(一)曾因非法集资受过刑事追究的;

(二)二年内曾因非法集资受过行政处罚的;

(三)造成恶劣社会影响或者其他严重后果的。

《刑法》第一百七十六条 非法吸收公众存款或者变相吸收公众存款,扰乱金融秩序的,处三年以下有期徒刑或者拘役,并处或者单处罚金;数额巨大或者有其他严重情节的,处三年以上十年以下有期徒刑,并处罚金;数额特别巨大或者有其他特别严重情节的,处十年以上有期徒刑,并处罚金。

单位犯前款罪的,对单位判处罚金,并对其直接负责的主管人员和其他直接责任人员,依照前款的规定处罚。

有前两款行为,在提起公诉前积极退赃退赔,减少损害结果发生的,可以从轻或者减轻处罚。

188. 公司提供虚假文件向银行申请贷款,有什么风险?

【情景案例】

甲公司成立于 2013 年 8 月,周某是法定代表人。2023 年 6 月,公司资金周转十分困难,于是周某向乙银行提供了一份虚假的房产资料作抵押,最终甲公司获得了 1000 万元贷款,借期 1 年。甲公司获得贷款后,将贷款全部用于生产经营,包括采购原材料、发工资等,但由于经营不善,借款到期后,甲公司无力还款。

请问:周某为了公司申请贷款提供虚假文件,要承担什么法律责任?

【案例分析】

本案涉及的是公司提供虚假文件向银行申请贷款的法律责任问题。

我国《刑法》第一百七十五条之一规定,"以欺骗手段取得银行或者其他金融机构贷款、票据承兑、信用证、保函等,给银行或者其他金融机构造成重大损失的,处三年以下有期徒刑或者拘役,并处或者单处罚金;给银行或者其他金融机构造成特别重大损失或者有其他特别严重情节的,处三年以上七年以下有期徒刑,并处罚金。单位犯前款罪的,对单位判处罚金,并对其直接负责的主管人员和其他直接责任人员,依照前款的规定处罚"。《最高人民检察院、公安部关于公安机关管辖的刑事案件立案追诉标准的规定(二)》第二十二条规定,以欺骗手段取得银行或者其他金融机构贷款,给银行或者其他金融机构造成直接经济损失数额在 50 万元以上的,应予立案追诉。

本案中,周某为了甲公司能取得银行贷款向乙银行提供虚假房产资料作抵押,获取了银行 1000 万元贷款,借款到期后因经营不善无法偿还。甲公司提供虚假房产财产担保,乙银行因为受骗而发放贷款,甲公司无法还款给乙银行造成了重大损失,甲公司的行为符合骗取贷款罪的主客观构成要件;周某作为甲公司的法定代表人及实际控制人,实际参与了公司的贷款行为,应认定其为单位犯罪直接负责的主管人员,追究其骗取贷款罪的刑事责任。

【风险防范建议】

借款人并非只要提供的申请贷款材料有虚假成分就构成骗取贷款罪中的欺骗行为。实践中骗取贷款罪的借款人大多就借款人身份、贷款用途、还款能力、贷款担保四要件的内容进行虚构,因为银行在发放贷款时会着重考虑以上四个因素;换言之,这四个因素的内容实质决定银行是否发放贷款。可以说公司一旦在这些要件上向银行提供了虚假资料,便有涉嫌骗取贷款犯罪的风险。为规避触犯骗取贷款犯罪的风险,建议如下:

(1)公司在贷款时,应当向金融机构提供营业执照、法定代表人身份证明文件、公司章程、资产负债表、纳税证明等资料,并对其真实性负责,不得因征信、资产等状况不符合贷款条件,从而假冒其他公司名义或者提供虚假的财务报表等资信资料申请贷款。

(2)公司应向金融机构告知真实的借款用途,且贷款发放后应当依据借款合同约定的用途使用贷款,不得擅自改变借款用途。

【法条链接】

《刑法》第一百七十五条之一　以欺骗手段取得银行或者其他金融机构贷款、票据承兑、信用证、保函等,给银行或者其他金融机构造成重大损失的,处三年以下有期徒刑或者拘役,并处或者单处罚金;给银行或者其他金融机构造成特别重大损失或者有其他特别严重情节的,处三年以上七年以下有期徒刑,并处罚金。

单位犯前款罪的,对单位判处罚金,并对其直接负责的主管人员和其他直接责任人员,依照前款的规定处罚。

《最高人民检察院、公安部关于公安机关管辖的刑事案件立案追诉标准的规定(二)》第二十二条　以欺骗手段取得银行或者其他金融机构贷款、票据承兑、信用证、保函等,给银行或者其他金融机构造成直接经济损失数额在五十万元以上的,应予立案追诉。

《商业银行法》第八十二条　借款人采取欺诈手段骗取贷款,构成犯罪的,依法追究刑事责任。

189. 公司借了民间高利贷，可以不还吗？

【情景案例】

2024年3月，某五金厂因资金周转困难，向魏某借款并签订了一份《借款合同》，约定：某五金厂向魏某借款30万元，借款期限6个月，月息3分。借款到期后，魏某要求某五金厂老板丁某还款，但遭到拒绝。丁某认为，月息3分属于高利贷，我国法律禁止放高利贷，因此可以不还该借款。催款无果后，魏某诉至法院，要求某五金厂归还借款本息。

请问：魏某的请求能得到法院支持吗？

【案例分析】

本案涉及的是公司借了高额利息借款，如何清偿本息问题。

我国《民法典》第六百八十条规定，禁止高利放贷，借款的利率不得违反国家有关规定。《最高人民法院关于审理民间借贷案件适用法律若干问题的规定》第二十五条规定，出借人请求借款人按照合同约定利率支付利息的，人民法院应予支持，但是双方约定的利率超过合同成立时1年期贷款市场报价利率4倍的除外。

本案中，某五金厂与高利贷放款人魏某签订了《借款合同》，借款到期后丁某以魏某放高利贷违法为由拒绝还款。《借款合同》系某五金厂、魏某双方真实意思表示自愿签订的，自魏某提供借款时合同生效。根据相关法律及《最高人民法院关于审理民间借贷案件适用法律若干问题的规定》的规定，人民法院仅支持不超过1年期贷款市场报价利率4倍的标准计算利息，超出该标准部分的利息约定应视为无效，人民法院应当予以调整，借款人亦可拒绝清偿该部分利息，且已清偿超出该标准的利息可以予以抵扣借款本金。因此在本案中，丁某经营的某五金厂应当向魏某清偿借款本金，并支付不超过1年期贷款市场报价利率4倍的范围内相应的利息，魏某主张超出利息司法保护上限的部分利息人民法院将不予以支持。

【风险防范建议】

公司通过民间高利贷借款虽能在短期内解决资金短缺问题，但过高的利息加重了公司负担，长期使用将使公司资金链更加紧张，需要外借更多资金来填补高额利息带来的现金缺口，公司流通资金陷入恶性循环。若公司为获取高利贷提供了担保，一旦资金链断裂，无法清偿贷款，出借人为实现债权有权在诉讼判决生效后申请强制执行，拍卖或者变卖公司借款时所提供的担保物。据此，公司因经营需要资金周转应优先考虑向银行等金融机构申请贷款，银行贷款不仅合法规范而且利息较低，可降低公司使用资金成本,如提交的申请资料与提供的担保符合银行要求,则可以快速得到所需资金。即使确有需要通过民间高利贷获取资金,也应当在确保短时间内能够回笼资金的前提下,快速归还借款本息。

另外,高利借贷作为不受法律保护的一种民间借贷行为,借款人承担的是偿还本金以及支付合法合理的利息(1年期贷款市场报价利率4倍范围内的利息)的责任,高利放贷人很大程度上面临收不回约定畸高利息的风险。

【法条链接】

《民法典》第六百六十七条 借款合同是借款人向贷款人借款,到期返还借款并支付利息的合同。

第六百七十一条 贷款人未按照约定的日期、数额提供借款,造成借款人损失的,应当赔偿损失。

借款人未按照约定的日期、数额收取借款的,应当按照约定的日期、数额支付利息。

第六百八十条第一款 禁止高利放贷,借款的利率不得违反国家有关规定。

《最高人民法院关于审理民间借贷案件适用法律若干问题的规定》第二十五条 出借人请求借款人按照合同约定利率支付利息的,人民法院应予支持,但是双方约定的利率超过合同成立时一年期贷款市场报价利率四倍的除外。

前款所称"一年期贷款市场报价利率",是指中国人民银行授权全国银行间同业拆借中心自2019年8月20日起每月发布的一年期贷款市场报价利率。

190. 出借人预先在本金中扣除借款利息,如何还款?

【情景案例】

2024年3月1日,甲公司与乙小额贷款公司签订一份《借款合同》,约定:甲公司向乙小额贷款公司借款100万元,借款期限为1年,年利率13%。同日,乙小额贷款公司扣除13万元利息后给付甲公司87万元。借款到期后,乙小额贷款公司要求甲公司归还借款100万元,但遭到拒绝。甲公司认为,乙小额贷款公司实际借给自己87万元,借款本金应当以87万元计。

请问:甲公司的说法符合我国法律规定吗?

【案例分析】

本案涉及的是扣除"砍头息"的借款本金如何计算的问题。

我国《民法典》第六百七十条规定,借款的利息不得预先在本金中扣除。利息预先在本金中扣除的,应当按照实际借款数额返还借款并计算利息。《最高人民法院关于审理民间借贷案件适用法律若干问题的规定》第二十六条规定,预先在本金中扣除利息的,人民法院应当将实际出借的金额认定为本金。

本案中,甲公司向乙小额贷款公司借款 100 万元,乙贷款公司在扣除 13 万利息后给付甲公司 87 万借款,根据上述法律及司法解释规定,利息预先在本金中扣除的,应以实际出借金额认定本金。本案中的借款本金应当以实际支付的 87 万元计算,乙贷款公司不得要求甲公司归还 100 万元借款本金,甲公司应按实际借款金额 87 万元清偿借款本金、支付使用该借款本金的相应利息。

【风险防范建议】

借款合同是实践合同,我国法律明确规定不得在借款本金中预先扣除利息,实行"砍头息"的,以实际出借的金额认定为借款本金并按实际借款本金计算利息。借款人仅需按实际借款数额返还本金并支付使用该本金的相应利息。即使借款合同中明确说明以预扣利息前本金为借款金额,出借人请求按合同约定偿还本金和利息的,人民法院不予支持。

借贷双方应当遵守诚实信用原则,全面履行借款合同中约定的义务,出借人在向借款人主张"砍头息"时,借款人可抗辩借款本金应以实际出借金额为准,出借人以预扣利息前本金为借款金额要求偿还本金及利息的,借款人有权拒绝,可按照实际借款数额返还借款并支付使用该本金的相应利息。

另外,出借人为防止借款人到期后无力清偿本金或拒绝支付借款利息,保障出借借款本息利益,可在法定范围内确定利息计算标准,或要求借款人提供借款抵押、质押、保证等担保,若借款人到期无法清偿借款,可以通过诉讼方式维权,在裁判文书生效后申请强制执行,拍卖或者变卖借款人借款时所提供的担保物实现债权。

【法条链接】

《民法典》第六百七十条　借款的利息不得预先在本金中扣除。利息预先在本金中扣除的,应当按照实际借款数额返还借款并计算利息。

《最高人民法院关于审理民间借贷案件适用法律若干问题的规定》第二十六条　借据、收据、欠条等债权凭证载明的借款金额,一般认定为本金。预先在本金中扣除利息的,人民法院应当将实际出借的金额认定为本金。

191. 公司会被法院列为失信被执行人吗？

【情景案例】

某软件公司由薛某与叶某共同创办，成立于2000年。2023年5月，某软件公司向某银行借款200万元，借款期限1年，年利率8%。借款到期后，某软件公司未按期向银行清偿借款，故被某银行诉至法院，要求归还借款本息。之后，法院判决某银行胜诉。薛某与叶某对于是否归还银行借款产生分歧。薛某认为，如果不还款公司将会被法院列为失信被执行人，届时公司声誉将严重受损，征信记录也会受到影响，许多业务开展将受阻，严重影响公司正常经营。叶某认为，只有个人才会列为失信被执行人，公司不会列为失信被执行人，故不同意薛某的观点。

请问：叶某的说法符合我国法律规定吗？

【案例分析】

本案涉及的是公司未履行生效裁判会否被列为失信被执行人的问题。

我国《民事诉讼法》第二百四十三条第一款规定，发生法律效力的民事判决、裁定，当事人必须履行。一方拒绝履行的，对方当事人可以向人民法院申请执行，也可以由审判员移送执行员执行。《最高人民法院关于公布失信被执行人名单信息的若干规定》第六条规定，被执行人是法人的，记载和公布的失信被执行人名单信息应当包括作为被执行人的法人名称、统一社会信用代码、法定代表人姓名。根据上述法律及司法解释规定，被执行人、失信被执行人不仅包括自然人，也包括公司法人等商事主体，还包括机关及事业单位法人等单位组织。

本案中，某软件公司有偿还能力而拒绝履行生效法律文书确定的义务，某银行向人民法院申请执行后，人民法院有权根据不同情形扣押、冻结、划扣、拍卖或者变卖某软件公司的财产，并将其纳入失信被执行人名单，依法对其进行信用惩戒。如果当事人拒不履行生效裁判文书，并非只有自然人会被纳入失信被执行人名单，法人或其他组织也会被纳入失信被执行人名单。故叶某的说法与我国法律规定不符。

【风险防范建议】

公司被纳入失信被执行人名单，具有以下不良影响：

（1）影响公司开展参与政府采购、招标投标业务。人民法院将失信被执行人名单信息向政府相关部门及承担行政职能的事业单位通报，被纳入失信名单的公司在参与政府采购、招标投标，申请办理各类注册登记备案、行政许可审批和资质审核活动时，行政管理部门将予以审慎审查，并把失信作为参与政府采购、招标投标被否决的资格条件。

（2）影响公司融资、贷款。失信被执行人名单信息将在征信系统中记录，公司征信报告将被银行等金融机构作为贷款、担保、保险等商事活动的参考依据，不良的信用记录将导致银行增加贷款手续、降低公司获得融资的可能性和融资的额度，也可能会导致公司贷款或者融资申请失败，金融机构亦可能因此不受理公司的银行开户、贷款等业务。

（3）影响公司的商业业务合作。失信被执行人名单向社会公开，公司的失信记录使其在市场竞争中处于不利地位，影响商务谈判、增加被合作对象考察的时间、降低客户忠诚度、降低签约率等。

失信被执行人积极履行生效法律文书确定义务或主动纠正失信行为的，人民法院可以决定提前解除或者删除失信信息。公司应当按照生效法律文书确定给付义务承担债务清偿责任，避免因迟延履行被法院纳入失信被执行人名单，产生加倍支付迟延给付利息等不利后果。若公司确实暂时无法一次性清偿债务，可以与债权人协商还款金额，达成和解协议，避免被列入失信被执行人名单。

【法条链接】

《民事诉讼法》第二百四十三条　发生法律效力的民事判决、裁定，当事人必须履行。一方拒绝履行的，对方当事人可以向人民法院申请执行，也可以由审判员移送执行员执行。

调解书和其他应当由人民法院执行的法律文书，当事人必须履行。一方拒绝履行的，对方当事人可以向人民法院申请执行。

《最高人民法院关于公布失信被执行人名单信息的若干规定》第一条　被执行人未履行生效法律文书确定的义务，并具有下列情形之一的，人民法院应当将其纳入失信被执行人名单，依法对其进行信用惩戒：

（一）有履行能力而拒不履行生效法律文书确定义务的；

（二）以伪造证据、暴力、威胁等方法妨碍、抗拒执行的；

（三）以虚假诉讼、虚假仲裁或者以隐匿、转移财产等方法规避执行的；

（四）违反财产报告制度的；

（五）违反限制消费令的；

（六）无正当理由拒不履行执行和解协议的。

第二条　被执行人具有本规定第一条第二项至第六项规定情形的，纳入失信被执行人名单的期限为二年。被执行人以暴力、威胁方法妨碍、抗拒执行情节严重或具有多项失信行为的，可以延长一至三年。

失信被执行人积极履行生效法律文书确定义务或主动纠正失信行为的，人民法院可以决定提前删除失信信息。

第六条 记载和公布的失信被执行人名单信息应当包括：

（一）作为被执行人的法人或者其他组织的名称、统一社会信用代码（或组织机构代码）、法定代表人或者负责人姓名；

（二）作为被执行人的自然人的姓名、性别、年龄、身份证号码；

……

第八条第一款 人民法院应当将失信被执行人名单信息，向政府相关部门、金融监管机构、金融机构、承担行政职能的事业单位及行业协会等通报，供相关单位依照法律、法规和有关规定，在政府采购、招标投标、行政审批、政府扶持、融资信贷、市场准入、资质认定等方面，对失信被执行人予以信用惩戒。

第十条 具有下列情形之一的，人民法院应当在三个工作日内删除失信信息：

（一）被执行人已履行生效法律文书确定的义务或人民法院已执行完毕的；

（二）当事人达成执行和解协议且已履行完毕的；

（三）申请执行人书面申请删除失信信息，人民法院审查同意的；

（四）终结本次执行程序后，通过网络执行查控系统查询被执行人财产两次以上，未发现有可供执行财产，且申请执行人或者其他人未提供有效财产线索的；

（五）因审判监督或破产程序，人民法院依法裁定对失信被执行人中止执行的；

（六）人民法院依法裁定不予执行的；

（七）人民法院依法裁定终结执行的。

有纳入期限的，不适用前款规定。纳入期限届满后三个工作日内，人民法院应当删除失信信息。

依照本条第一款规定删除失信信息后，被执行人具有本规定第一条规定情形之一的，人民法院可以重新将其纳入失信被执行人名单。

依照本条第一款第三项规定删除失信信息后六个月内，申请执行人申请将该被执行人纳入失信被执行人名单的，人民法院不予支持。

192. 股东与投资人签订对赌协议，有什么风险？

【情景案例】

甲公司成立于2015年，由韦某等6位股东创办，大股东及法定代表人是韦某。2022年，甲公司、韦某与乙投资公司签订了《增资协议书》。协议中关于业绩对赌部分的内容为："乙投资公司向甲公司增资800万元取得甲公司10%的股权；甲公司承诺2023年净利润不低于500万元；如果甲公司的净利润达不到500万元，乙投资公司有权要求韦某以1000万元的价格受让其持有甲公司的全部股权。"之后，因甲公司

2023年的净利润仅为280万元,乙投资公司遂诉至法院,要求韦某受让其持有甲公司的全部股权。韦某辩称,融资的钱用于甲公司的经营,并非其个人使用,故应当由甲公司回购股权。

请问:乙投资公司的请求能得到法院支持吗?

【案例分析】

本案涉及的是股东与投资人签订对赌协议的效力问题。

我国《公司法》第二十一条规定,公司股东应当遵守法律、行政法规和公司章程,依法行使股东权利,不得滥用股东权利损害公司或者其他股东的利益。公司股东滥用股东权利给公司或者其他股东造成损失的,应当承担赔偿责任。第五十七条规定,公司成立后,股东不得抽逃出资。违反前款规定的,股东应当返还抽逃的出资;给公司造成损失的,负有责任的董事、监事、高级管理人员应当与该股东承担连带赔偿责任。

本案中,甲公司、韦某(甲公司股东及法定代表人)与乙投资公司签订了《增资协议书》。从内容上看,《增资协议书》系投资方与目标公司股东之间的对赌协议。在《增资协议书》中,韦某作为甲公司的大股东,其对甲公司的战略规划、经营管理起主导地位,直接影响公司的经营及业绩,其自愿对乙投资公司的补偿承诺并不损害甲公司、公司股东及甲公司债权人的利益,不违反法律法规的禁止性规定,是当事人的真实意思表示,如无其他无效事由,可认定有效并支持履行。乙投资公司依据《增资协议书》要求韦某以1000万元价格受让其持有的甲公司股权并非股东抽逃出资的行为,也未滥用股东权利,韦某应当全面履行《增资协议书》中约定的全部义务。因此,乙投资公司要求韦某以1000万元价格受让其持有甲公司股权的主张,人民法院应当予以支持。

【风险防范建议】

对赌协议是期权的一种形式,是投资方对目标公司带有附加条件的价值评估方式。通过科学设计对赌条款,能够有效保护投资方利益,激励融资方公司的发展。而设计不科学的对赌条款将会给公司带来较大的风险,如果在对赌条款中对目标公司设置不可能按期完成的业绩目标,那么对赌失败将会把目标公司推入困境,给投资方带来经济损失。在投资对赌时应当重点关注以下几点:

(1)对目标公司进行全面尽职调查。审慎选择投资对象,有效估计目标公司真实的增长潜力,并充分了解公司经营管理能力。可委托律师事务所、会计师事务所等机构对目标公司的市场估值和财务数据制作详细调查报告。

(2)细化对赌协议中回购补偿条款。当目标公司未达到业绩目标时,对投资方的收益方式、比例及实现方式进行详细约定,同时避免约定"保底性质"或脱离公司正常融资成本的收益。

(3)合理设定对赌的业绩目标。对赌协议的业绩目标应当根据公司自身发展情况制定,尽量设定在相对可控的合理范围之内。

(4)保持公司控制权的独立性。目标公司应设定控制权保障条款,以保证最低限度的控股地位,防止投资方干预公司经营管理,影响对赌协议的公平执行。

【法条链接】

《公司法》第二十一条　公司股东应当遵守法律、行政法规和公司章程,依法行使股东权利,不得滥用股东权利损害公司或者其他股东的利益。

公司股东滥用股东权利给公司或者其他股东造成损失的,应当承担赔偿责任。

第五十七条　公司成立后,股东不得抽逃出资。

违反前款规定的,股东应当返还抽逃的出资;给公司造成损失的,负有责任的董事、监事、高级管理人员应当与该股东承担连带赔偿责任。

第六十六条　股东会的议事方式和表决程序,除本法有规定的外,由公司章程规定。

股东会作出决议,应当经代表过半数表决权的股东通过。

股东会作出修改公司章程、增加或者减少注册资本的决议,以及公司合并、分立、解散或者变更公司形式的决议,应当经代表三分之二以上表决权的股东通过。

《全国法院民商事审判工作会议纪要》　(一)关于"对赌协议"的效力及履行　实践中俗称的"对赌协议",又称估值调整协议,是指投资方与融资方在达成股权性融资协议时,为解决交易双方对目标公司未来发展的不确定性、信息不对称以及代理成本而设计的包含了股权回购、金钱补偿等对未来目标公司的估值进行调整的协议。

193.借款合同没有约定利息,出借人可要求公司支付利息吗?

【情景案例】

2023年7月,甲公司与杜某签订一份《借款合同》,约定甲公司向杜某借款100万元,借款期限1年,但未约定利息,杜某按照约定支付了100万元借款。借款到期后,杜某要求甲公司还款,但甲公司以各种理由推脱。杜某遂诉至法院,要求甲公司归还本金100万元及相应利息。

请问:杜某的请求能得到法院支持吗?

【案例分析】

本案涉及的是未约定利息的借款能否主张利息的问题。

根据《民法典》第六百六十八条、第六百八十条的规定,借款合同内容一般包括借款种类、币种、用途、数额、利率、期限和还款方式等条款;借款合同对支付利息没有约定,视为没有利息。借款合同对支付利息约定不明确,当事人不能达成补充协议的,按照当地或者当事人的交易方式、交易习惯、市场利率等因素确定利息;自然人之间借款的,视为没有利息。根据《最高人民法院关于审理民间借贷案件适用法律若干问题的规定》第二十四条、第二十八条的规定,借贷双方没有约定利息,出借人主张支付利息的,人民法院不予支持;既未约定借期内利率,也未约定逾期利率,出借人主张借款人自逾期还款之日起参照当时1年期贷款市场报价利率标准计算的利息承担逾期还款违约责任的,人民法院应予支持。

本案中,甲公司向杜某借款100万元,约定借款期限为1年,但未约定借款利息。根据《民法典》及相关司法解释,甲公司与杜某之间的借款视为没有利息,杜某不得通过法院诉讼向甲公司主张利息。借款期限届满甲公司仍未清偿的,杜某诉至法院要求甲公司归还本金及相应利息,甲公司应当向杜某清偿借款本金100万元,对杜某主张借款期间的利息,人民法院不予支持;但杜某向甲公司主张自逾期还款之日起参照当时1年期贷款市场报价利率标准计算的逾期还款利息,人民法院应当予以支持。

【风险防范建议】

民间借贷作为多层次资本市场的重要组成部分,形式灵活、手续简便、融资快捷,为生产生活带来了诸多便利,满足了社会多元化融资需求。不管作为出借人还是借款人,为规避相应法律风险,应注意:

(1)在签订借款合同时,应明确约定借款利息的计算方式(年利率或月利率)、最终应支付的借款利息总额、明确借款期限(包括借款的起止时间)。约定的利息不得超出法定上限标准,以1年期贷款市场报价利率4倍的标准为上限。如借贷双方对利息未约定或仅有口头约定,出借人可能因此丧失利息利益。

(2)对于借贷双方既未约定借期内的利率,也未约定逾期利率的情形,借款人逾期还款的,出借人可以主张借款人自逾期还款之日起参照当时1年期贷款市场报价利率标准计算的利息承担逾期还款违约责任;但借款期间的利息诉请,人民法院不予支持。

【法条链接】

《民法典》第六百六十八条 借款合同应当采用书面形式,但是自然人之间借款另有约定的除外。

借款合同的内容一般包括借款种类、币种、用途、数额、利率、期限和还款方式等条款。

第六百八十条 禁止高利放贷,借款的利率不得违反国家有关规定。

借款合同对支付利息没有约定的,视为没有利息。

借款合同对支付利息约定不明确,当事人不能达成补充协议的,按照当地或者当事人的交易方式、交易习惯、市场利率等因素确定利息;自然人之间借款的,视为没有利息。

《最高人民法院关于审理民间借贷案件适用法律若干问题的规定》第二十四条 借贷双方没有约定利息,出借人主张支付利息的,人民法院不予支持。

自然人之间借贷对利息约定不明,出借人主张支付利息的,人民法院不予支持。除自然人之间借贷的外,借贷双方对借贷利息约定不明,出借人主张利息的,人民法院应当结合民间借贷合同的内容,并根据当地或者当事人的交易方式、交易习惯、市场报价利率等因素确定利息。

第二十八条 借贷双方对逾期利率有约定的,从其约定,但是以不超过合同成立时一年期贷款市场报价利率四倍为限。

未约定逾期利率或者约定不明的,人民法院可以区分不同情况处理:

(一)既未约定借期内利率,也未约定逾期利率,出借人主张借款人自逾期还款之日起参照当时一年期贷款市场报价利率标准计算的利息承担逾期还款违约责任的,人民法院应予支持;

(二)约定了借期内利率但是未约定逾期利率,出借人主张借款人自逾期还款之日起按照借期内利率支付资金占用期间利息的,人民法院应予支持。

第十一章

担保法律风险

194. 未经股东会决议,公司的对外担保有效吗?

【情景案例】

甲公司与乙公司签订一份《借款协议》,约定:甲公司向乙公司借款500万元,借期1年,年利率为12%;丙公司作为保证人,为甲公司的借款提供担保,担保方式为连带责任担保。借款期限届满后,甲公司因无力还款,乙公司遂将甲公司和丙公司诉至法院。丙公司辩称,由于未经董事会或股东会决议,该担保无效。

请问:丙公司提供的担保有效吗?

【案例分析】

本案涉及的是公司未经股东会或者董事会决议对外担保的效力问题。

根据《公司法》第十五条的规定,公司拟向其他公司提供担保,应当先依照公司章程规定由董事会或者股东会作出决议。该条立法目的是防止法定代表人等公司工作人员超越权限擅自以公司名义对外提供担保,损害公司、股东、债权人的利益,因此该条规定提供担保需要经过董事会或者股东会决议这一前置程序,旨在确保公司为他人提供担保系公司的真实意思表示,规范公司内部治理,并非对公司对外担保能力的排斥。公司章程可以规定作出对外担保决议的权限及方式,但公司对外担保的行为主体只能是"公司",体现公司法人的意志。《全国法院民商事审判工作会议纪要》第19条规定,存在下列情况的,即便债权人知道或者应当知道没有公司机关决议,也应当认定担保合同符合公司的真实意思表示,合同有效的四种例外情形:(1)公司是以为他人提供担保为主营业务的担保公司,或者是开展保函业务的银行或者非银行金融机构;(2)公司为其直接或者间接控制的公司开展经营活动向债权人提供担保;(3)公司与主债务人之间存在相互担保等商业合作关系;(4)担保合同系由单独或者共同持有公司2/3以上有表决权的股东签字同意。

综上，除《全国法院民商事审判工作会议纪要》第19条规定的四种情况外，公司向其他公司提供担保，应当根据公司章程向债权人出具董事会或股东会决议，否则担保合同无效，公司无须承担担保责任。因此，对于债权人公司来说，在接受第三方公司提供担保时，务必要求其出具董事会或股东会同意对外担保的决议，否则将承担担保合同无效而导致债权不能实现的风险。

本案中，丙公司辩称其未经董事会或股东会决议同意为甲公司向乙公司借款提供连带责任担保，如果乙公司不能举证证明丙公司存在《全国法院民商事审判工作会议纪要》第19条的规定合同有效的四种例外情形，也不能提交丙公司取得公司董事会或者股东会同意对外担保的决议，丙公司对甲公司向乙公司借款提供的担保无效。需要注意的是，如果丙公司对担保合同无效存在过错，应根据《最高人民法院关于适用〈中华人民共和国民法典〉有关担保制度的解释》第十七条的规定承担相应的赔偿责任。

【风险防范建议】

公司向其他公司投资或者为他人提供担保，应当依照公司章程的规定，由董事会或者股东会决议，并且担保金额不得超出章程约定对投资或者担保的总额及单项投资或者担保的限额。公司为他人提供担保，债权人为避免因担保合同违反法律规定无效而丧失担保权益的风险，应当注意以下三个方面：

（1）要求拟提供担保公司提交或自行查询公司章程有关对外担保的规定，了解该公司对外担所需前置决议程序及有无对担保金额的限制规定。

（2）要求拟提供担保公司提交公司决策机关同意对外担保的决议，审查同意对外担保决议股东或者董事人数、签字人员及会议程序等是否符合公司章程规定。

（3）对决议内容进行内容及形式审查，是否违反《公司法》、公司章程有关对外担保的规定。

【法条链接】

《公司法》第十五条　公司向其他企业投资或者为他人提供担保，按照公司章程的规定，由董事会或者股东会决议；公司章程对投资或者担保的总额及单项投资或者担保的数额有限额规定的，不得超过规定的限额。

公司为公司股东或者实际控制人提供担保的，应当经股东会决议。

前款规定的股东或者受前款规定的实际控制人支配的股东，不得参加前款规定事项的表决。该项表决由出席会议的其他股东所持表决权的过半数通过。

《全国法院民商事审判工作会议纪要》　19.【无须机关决议的例外情况】存在下列情形的，即便债权人知道或者应当知道没有公司机关决议，也应当认定担保合同符合公司的真实意思表示，合同有效：

（1）公司是以为他人提供担保为主营业务的担保公司，或者是开展保函业务的银行或者非银行金融机构；

（2）公司为其直接或者间接控制的公司开展经营活动向债权人提供担保；

（3）公司与主债务人之间存在相互担保等商业合作关系；

（4）担保合同系由单独或者共同持有公司三分之二以上有表决权的股东签字同意。

《最高人民法院关于适用〈中华人民共和国民法典〉有关担保制度的解释》第十七条 主合同有效而第三人提供的担保合同无效，人民法院应当区分不同情形确定担保人的赔偿责任：

（一）债权人与担保人均有过错的，担保人承担的赔偿责任不应超过债务人不能清偿部分的二分之一；

（二）担保人有过错而债权人无过错的，担保人对债务人不能清偿的部分承担赔偿责任；

（三）债权人有过错而担保人无过错的，担保人不承担赔偿责任。

主合同无效导致第三人提供的担保合同无效，担保人无过错的，不承担赔偿责任；担保人有过错的，其承担的赔偿责任不应超过债务人不能清偿部分的三分之一。

195. 公司股东未经股东会决议同意，让公司为自己的借款提供担保，担保合同有效吗？

【情景案例】

某软件公司由尤某、毕某与聂某共同创办，三人分别占股40%、30%、30%，法定代表人是尤某。2024年7月，尤某向某银行借款300万元，因某银行要求提供担保，于是尤某以某软件公司名义与某银行签订《保证合同》，约定某软件公司对借款承担连带保证责任，合同上有某软件公司的公章和尤某签名；某银行某负责人也在合同上签名。借款到期后，尤某未能如约还款。某银行遂诉至法院，要求尤某归还贷款本息，某软件公司承担连带担保责任。毕某认为，股东会决议系伪造，因此该担保合同无效，某软件公司无须承担保证责任。某银行认为，其已对尤某提供的股东会决议进行审查，并且审查该决议作出符合《公司法》及公司章程的相关规定，已尽到必要的注意义务，故《保证合同》有效。

请问：某软件公司与某银行签订的《保证合同》有效吗？

【案例分析】

本案涉及的是公司未经股东会决议同意为股东提供担保的效力问题。

根据《公司法》第十五条的规定,公司为公司股东或者实际控制人提供担保的,必须经股东会决议。前款规定的股东或者受前款规定的实际控制人支配的股东,不得参加前款规定事项的表决。该项表决由出席会议的其他股东所持表决权的过半数通过。该条款为公司为股东或者实际控制人提供担保的效力性强制规范。

本案中,尤某是某软件公司法定代表人及股东,其未经某软件公司其他股东所持表决权的过半数通过决议同意对外担保,以某软件公司名义与某银行签订《保证合同》为自己借款向银行提供担保,根据《公司法》相关规定,《保证合同》的效力取决于订立合同时债权人某银行是否善意。某银行要求尤某提供股东会决议,如已审查该决议的作出符合《公司法》由出席会议的其他股东所持表决权的过半数通过及公司章程的相关规定,应认定为已尽到必要的注意义务,属于善意的担保权利人,《保证合同》有效,担保合同对某软件公司发生法律效力,某银行请求某软件公司承担担保责任的,人民法院应予支持。需要注意的是,银行是专业的金融借贷机构,如果尤某签订《保证合同》时未取得某软件公司由出席会议的其他股东所持表决权的过半数通过同意对外担保的股东会决议,也未取得公司股东会的追认,《保证合同》应当认定为无效,某软件公司无须对讼争借款债权承担担保责任。

【风险防范建议】

公司为股东或者实际控制人提供担保的,必须经股东会决议。受实际控制人支配的股东不得参加相关事项的表决。该项表决由出席会议的其他股东所持表决权的过半数通过。该条款是公司为股东或者实际控制人提供担保的效力性强制规范。如果未取得由出席会议的其他股东所持表决权的过半数通过决议,公司为股东对外担保行为无效,因此,在要求公司为股东提供担保时应当充分审查公司其他股东对外担保的股东会议决议,会议是否真实依法召开,表决情况是否真实;可以要求公司委托律师事务所对该为股东担保临时股东会会议出具法律意见书,保障股东会会议决议的真实性、合法性。

公司大股东或者实际控制人常常担任公司法定代表人。公司法定代表人作为公司的法定机构,对外可以代表公司,法定代表人以公司名义从事的民事活动,其法律后果由公司承受,其以公司名义为自身提供担保属于越权代表行为,严重损害公司利益。为规范法定代表人的管理职责,建议如下:

(1)明确规范法定代表人的任命和撤换机制。在公司章程中写入法定代表人的选任标准、撤换条件、任命和撤换的程序等条款,完善法定代表人的任免机制。

（2）明确法定代表人的权利与义务。公司在章程中应载明法定代表人具体职责的权力清单,明确权责限制条款,规范和约束法定代表人对外代表公司进行民事活动的行为,同时对法定代表人滥用职权或怠于行使权力制定切实可行的弥补、赔偿及惩处措施。

【法条链接】

《公司法》第十五条　公司向其他企业投资或者为他人提供担保,按照公司章程的规定,由董事会或者股东会决议;公司章程对投资或者担保的总额及单项投资或者担保的数额有限额规定的,不得超过规定的限额。

公司为公司股东或者实际控制人提供担保的,应当经股东会决议。

前款规定的股东或者受前款规定的实际控制人支配的股东,不得参加前款规定事项的表决。该项表决由出席会议的其他股东所持表决权的过半数通过。

《最高人民法院关于适用〈中华人民共和国民法典〉有关担保制度的解释》第七条　公司的法定代表人违反公司法关于公司对外担保决议程序的规定,超越权限代表公司与相对人订立担保合同,人民法院应当依照民法典第六十一条和第五百零四条等规定处理:

（一）相对人善意的,担保合同对公司发生效力;相对人请求公司承担担保责任的,人民法院应予支持。

（二）相对人非善意的,担保合同对公司不发生效力;相对人请求公司承担赔偿责任的,参照适用本解释第十七条的有关规定。

法定代表人超越权限提供担保造成公司损失,公司请求法定代表人承担赔偿责任的,人民法院应予支持。

第一款所称善意,是指相对人在订立担保合同时不知道且不应当知道法定代表人超越权限。相对人有证据证明已对公司决议进行了合理审查,人民法院应当认定其构成善意,但是公司有证据证明相对人知道或者应当知道决议系伪造、变造的除外。

196.分公司未经授权提供的担保有效吗?

【情景案例】

甲公司总部位于北京,在南京设有分公司。乙公司系甲公司南京分公司的重要客户。2023年12月8日,乙公司向某银行借款,甲公司南京分公司有意为其提供担保,于是三方签订了一份《借款合同》,约定:乙公司向某银行借款600万元,借款用于生产经营,借期1年,年利率为10%,甲公司南京分公司为借款提供连带责任保证。借款到期后,乙公司与甲公司南京分公司无力偿还,某银行遂向甲公司北京总部催款,但得到的答复是:"由于我司南京分公司未经总部书面授权同意担保,我司对此事不知情,故该担保无效,我司无须承担担保责任。"

请问:甲公司的说法符合我国法律规定吗?

【案例分析】

本案涉及的是分公司未经授权以自己名义对外提供担保的效力问题。

根据《最高人民法院关于适用〈中华人民共和国民法典〉有关担保制度的解释》第十一条、第十七条的规定,公司的分支机构未经公司股东会或者董事会决议以自己的名义对外提供担保,相对人请求公司或者其分支机构承担担保责任的,人民法院不予支持,但是相对人不知道且不应当知道分支机构对外提供担保未经公司决议程序的除外;主合同有效而第三人提供的担保合同无效,人民法院应当根据债权人、担保人有无过错来确定担保人的赔偿责任。

本案中,甲公司南京分公司未经公司授权为乙公司借款提供连带责任保证,借款到期后乙公司和甲公司南京分公司无力偿还,某银行要求甲公司北京总部承担清偿责任。某银行作为专业金融机构,应当根据前述法律及司法解释规定,要求甲公司南京分公司提供甲公司出具的担保授权委托书及公司股东会或董事会决议。本案中某银行未要求甲公司南京分公司提供担保授权委托书及公司股东会或董事会决议,其未尽基本的审查义务,应当认定其明知甲公司南京分公司未获得公司授权、未经股东会或者董事会决议,无权在《借款合同》中作连带保证承诺。根据我国相关法律规定,甲公司南京分公司未经股东会决议以自己名义对外提供担保,其与某银行签订的担保合同无效,无须承担担保责任。某银行对担保条款无效存在重大过错,应当承担相应民事责任。如甲公司也存在过错,需承担不超过债务人不能清偿部分1/2的赔偿责任。

【风险防范建议】

分公司未经股东会或董事会决议同意及总公司授权,无权以自己的名义对外提供担保,分公司对外担保必须获得总公司的授权。否则,分公司对外担保行为无效,担保合同亦无效。为规避相应法律风险,建议如下:

(1)债权人在与分公司订立担保合同时应谨慎合规审查,最大限度避免债务到期后担保无效的法律风险。根据《公司法》及公司章程的规定,要求拟承担担保责任的分公司提供其公司股东会或董事会决议,对决议的表决程序、内容进行形式审查。当纠纷发生时,即使分公司未经总公司授权,但债权人因为已尽必要审查义务,应当认定为善意相对人,分公司应当对债务人不能清偿的债务承担赔偿责任。

(2)公司应对其分支机构建立有效的对外担保管控机制。审慎选择分支机构负责人,对拟聘用对象的资信状况、忠诚度予以全面调查;严格制定分公司财务管理制度,要求分公司按时上交财务报告,公司财务部对分公司及时做财务分析;与分公司应建立联络机制,对分公司进行有效的管控,在公司章程里明确分支机构的重大投资决策应由总公司批复认可等条款。

【法条链接】

《最高人民法院关于适用〈中华人民共和国民法典〉有关担保制度的解释》第十一条 公司的分支机构未经公司股东(大)会或者董事会决议以自己的名义对外提供担保,相对人请求公司或者其分支机构承担担保责任的,人民法院不予支持,但是相对人不知道且不应当知道分支机构对外提供担保未经公司决议程序的除外。

第十七条 主合同有效而第三人提供的担保合同无效,人民法院应当区分不同情形确定担保人的赔偿责任:

(一)债权人与担保人均有过错的,担保人承担的赔偿责任不应超过债务人不能清偿部分的二分之一;

(二)担保人有过错而债权人无过错的,担保人对债务人不能清偿的部分承担赔偿责任;

(三)债权人有过错而担保人无过错的,担保人不承担赔偿责任。

主合同无效导致第三人提供的担保合同无效,担保人无过错的,不承担赔偿责任;担保人有过错的,其承担的赔偿责任不应超过债务人不能清偿部分的三分之一。

197. 股东为公司担保,其配偶要承担连带清偿责任吗?

【情景案例】

甲公司由焦某等8人共同创办,法定代表人是焦某,焦某与傅某系夫妻关系。傅某是一位中学老师,没有参与甲公司的经营。2023年3月8日,甲公司与乙公司签订一份《借款合同》,约定:甲公司向乙公司借款50万元,年利率8%,借期1年,焦某以个人名义提供担保。借款到期后,由于甲公司无力还款,乙公司遂诉至法院,要求甲公司及焦某归还借款本息,并要求傅某对前述债务承担共同清偿责任。

请问:傅某需要对乙公司的债权承担共同清偿责任吗?

【案例分析】

本案涉及的是股东为公司提供担保,其配偶是否应承担共同清偿责任的问题。

我国《民法典》第一千零六十四条规定,夫妻共同债务是指夫妻双方共同签名或者夫妻一方事后追认等共同意思表示所负的债务,以及夫妻一方在婚姻关系存续期间以个人名义为家庭日常生活需要所负的债务。夫妻一方在婚姻关系存续期间以个人名义超出家庭日常生活需要所负的债务,不属于夫妻共同债务;但是,债权人能够证明该债务用于夫妻共同生活、共同生产经营或者基于夫妻双方共同意思表示的除外。

本案中,甲公司法定代表人、股东焦某为甲公司向乙公司借款提供担保,借款到期后甲公司无力清偿,乙公司遂要求焦某及其配偶傅某承担担保责任。根据我国《民法典》关于夫妻共同债务的规定,焦某为甲公司提供担保是其个人意思表示,且该担保责任并非为了夫妻日常生活开销所负的债务,甲公司由焦某等8人共同创立经营,非夫妻共同经营,该担保责任下的债务不属于夫妻共同债务,傅某对此不应承担共同清偿责任,应以焦某的个人财产承担还款责任,乙公司向傅某主张对焦某担保承担共同清偿责任,法院将不予以支持。

【风险防范建议】

股东为公司债务提供担保的,在公司不能清偿到期债务时股东应当以其个人财产承担清偿责任,产生的债务不属于夫妻共同债务,只能执行担保股东个人的财产。但根据《最高人民法院关于人民法院民事执行中查封、扣押、冻结财产的规定》,对被执行人与其他人共有的财产,人民法院也可以采取查封、扣押、冻结措施。因此,即便不是夫妻共同债务,人民法院也能查封、冻结夫妻共有财产;夫妻共有财产被查封、冻结后,只能通过共有人协议分割财产或提起析产诉讼方案解除共同财产的保全及执行措施。股东在为公司安排融资计划和方案时,应当谨慎以股东个人名义提供担保,具体建议如下:

(1)公司应拓宽融资担保渠道,不以股东的家庭财产及家庭人员提供担保或者做保证。可以提供公司的动产、不动产、应收账款、仓单、股权和知识产权等资产予以抵押、质押。

(2)公司资产与股东个人及其家庭资产应严格有效隔离。在公司形式上选择注册有限责任公司,安排至少两名发起股东,尽量避免以夫妻一起成为公司发起人注册公司。建立公司账户、账册,严禁公账私用及私户公用,避免公司与股东个人财产混同。

(3)对外投资前夫妻双方订立债务免责协议。约定夫妻双方各自的债务由其个人承担,债权人主张夫妻共同债务向夫妻双方或者其中任何一方要求偿还,一方偿还之后可以向另一方追偿。

【法条链接】

《民法典》第三百八十六条 担保物权人在债务人不履行到期债务或者发生当事

人约定的实现担保物权的情形,依法享有就担保财产优先受偿的权利,但是法律另有规定的除外。

第一千零六十四条　夫妻双方共同签名或者夫妻一方事后追认等共同意思表示所负的债务,以及夫妻一方在婚姻关系存续期间以个人名义为家庭日常生活需要所负的债务,属于夫妻共同债务。

夫妻一方在婚姻关系存续期间以个人名义超出家庭日常生活需要所负的债务,不属于夫妻共同债务;但是,债权人能够证明该债务用于夫妻共同生活、共同生产经营或者基于夫妻双方共同意思表示的除外。

《最高人民法院关于适用〈中华人民共和国民法典〉婚姻家庭编的解释(一)》第三十一条　民法典第一千零六十三条规定为夫妻一方的个人财产,不因婚姻关系的延续而转化为夫妻共同财产。但当事人另有约定的除外。

《最高人民法院关于人民法院民事执行中查封、扣押、冻结财产的规定》第十二条　对被执行人与其他人共有的财产,人民法院可以查封、扣押、冻结,并及时通知共有人。

共有人协议分割共有财产,并经债权人认可的,人民法院可以认定有效。查封、扣押、冻结的效力及于协议分割后被执行人享有份额内的财产;对其他共有人享有份额内的财产的查封、扣押、冻结,人民法院应当裁定予以解除。

共有人提起析产诉讼或者申请执行人代位提起析产诉讼的,人民法院应当准许。诉讼期间中止对该财产的执行。

198. 公司的同一抵押物能否进行二次抵押?

【情景案例】

甲公司由黄某与柳某共同创办。2023年3月1日,甲公司向乙银行借款500万元,借期1年,利用其估值3000万元的厂房进行抵押。2023年10月,为扩大生产规模,黄某建议向某银行再借款500万元。柳某认为,现公司没有值钱的东西做借款抵押,故不可能再向银行借款了。黄某认为,公司的厂房估值3000万元,厂房可以进行二次抵押借款。

请问:黄某的说法符合我国法律规定吗?

【案例分析】

本案涉及的是同一抵押物能否进行二次抵押借款的问题。

根据《民法典》第四百一十四条、第四百一十五条的规定,同一财产向两个以上债权人抵押的,拍卖、变卖抵押财产所得的价款依照规定顺序清偿,同一财产既设立抵押权又设立质权的,拍卖、变卖该财产所得的价款按照登记、交付的时间先后确定清偿顺序。据此,抵押的财产在不超过其价值的情况下,经新债权人评估并同意,可以进行重复抵押;重复抵押也可以办理抵押登记。但如果原抵押合同中双方约定了不能重复抵押,则不得重复抵押。

本案中,甲公司以价值3000万元的厂房作为抵押物向乙银行借款500万元,根据相关法律法规,若乙银行未对二次抵押做限制性约定,甲公司可以在不超过厂房所担保债权(本金、利息及违约金等)余额部分的情况下再次设立抵押权。该新设定的抵押权一般不会损害原抵押权人的权益。债务人不能清偿到期债务时,先顺位的抵押权人优先于后顺位的抵押权人对抵押物的拍卖、变卖价款受偿,因此,甲公司的工业厂房是可以就其扣除第一次抵押债权后的余额价值向其他银行申请二次抵押借款融资。

【风险防范建议】

公司为了生产经营需要而对外融资,将财产抵押给债权人,当公司不履行到期债务,债权人有权就该抵押财产拍卖、变卖、折价所得款项优先受偿,从而实现债权。但现实中可能由于对抵押物处置难、抵押物存在权利瑕疵、市场价格波动等原因导致抵押资产贬值,二次抵押权人可能面临抵押债权不能实现的风险。据此,次债权人在出借借款时应当注意以下事项:

(1)及时对抵押物办理抵押权登记。同一财产上设立两个以上抵押权的,按抵押权登记的先后顺序进行清偿,尽早进行登记,能最大限度地保证担保权益的实现。

(2)在担保合同中明确约定不得进行二次抵押及相应的违约责任条款。该约定只在抵押权人与抵押人之间有效,不能对抗善意第三人,对协议不知情的第三人可以再次设定抵押权,但对在先抵押权人因此遭受的损失,由抵押人承担赔偿或者违约责任。

(3)核实抵押物基本情况并为抵押物投保毁损灭失的财产保险。存在权利瑕疵、权属不明或有争议的财产设立的抵押不具有担保物权的效力,抵押权人应从不动产证原件持有情况、买卖合同持有情况、购置价款支付路径等方面对抵押物是否存在借名买卖、代持、共有等情况进行排查。为避免抵押物损坏灭失的风险,担保期间内可以约定抵押人应当为抵押物投保相应的财产损失保险,并约定抵押权人为财产保险第一受益人。

【法条链接】

《民法典》第四百一十四条 同一财产向两个以上债权人抵押的,拍卖、变卖抵押财产所得的价款依照下列规定清偿:

（一）抵押权已经登记的，按照登记的时间先后确定清偿顺序；
（二）抵押权已经登记的先于未登记的受偿；
（三）抵押权未登记的，按照债权比例清偿。
其他可以登记的担保物权，清偿顺序参照适用前款规定。
第四百一十五条 同一财产既设立抵押权又设立质权的，拍卖、变卖该财产所得的价款按照登记、交付的时间先后确定清偿顺序。

199. 抵押期间，公司可转让抵押物吗？

【情景案例】

2023年3月5日，某电子厂将一间价值550万元的房屋抵押给某银行借款300万元，双方签订《借款合同》并办理抵押登记手续。同年4月1日，某电子厂在未经某银行同意的情况下，将该房屋以500万元的价款出售给对房屋抵押情况知情的李某，双方签订《房屋买卖合同》后，李某一次性给某电子厂支付购房款。

请问：抵押期间，某电子厂可以转让抵押物吗？

【案例分析】

本案涉及的是抵押期间转让抵押财产的效力问题。

根据《民法典》第四百零六条的规定，抵押期间，抵押人可以转让抵押财产。当事人另有约定的，按照其约定。抵押财产转让的，抵押权不受影响，抵押人转让抵押财产的，应当及时通知抵押权人。《民法典》修订了原《物权法》对抵押财产转让的规则后，抵押财产转让时，抵押人无须征得抵押权人同意即可以转让抵押财产，《民法典》生效前本案转让行为可能无效或者效力待定，但现行法律并不禁止抵押人在抵押期间转让抵押物给第三人的行为，是否提前告知并征求抵押权人同意并不影响转让行为效力。

本案中，某电子厂为获取贷款将其房屋抵押给某银行，但在抵押期间将该房屋出卖给对房屋抵押情况知情的李某，若《借款合同》未对抵押物转让做禁止性或限制性约定，某电子厂有权转让房屋，其与李某签订的《房屋买卖合同》成立并生效。但抵押财产转让的，抵押权不受影响，房屋转让后某银行仍然可以对该抵押房屋行使抵押权，可以从该抵押房屋拍卖或者变卖的价款中优先受偿；某银行还可以通过证明抵押财产转让可能损害抵押权，请求抵押人将转让所得的价款提前清偿债务或者提存，维护自身权益。

【风险防范建议】

为促进物权交易及经济发展，《民法典》修改了原《物权法》关于转让抵押财产的规定,在无须征得抵押权人同意之情形下,抵押人可以转让抵押财产,这一修改有助于实现抵押物的价值流转,提高抵押物的变现率,促成交易。抵押财产转让的,抵押权不受影响,只要发生债务人不履行被担保债务的情形,无论抵押物被转让多少次,抵押权人均可通过协商折价、拍卖、变卖抵押物或依法向人民法院起诉,实现抵押权利。根据《民法典》上述规定,为充分保障抵押权的实现,应注意以下几点:

(1)在签订担保合同时,应当明确约定抵押期间禁止擅自转让抵押物,或者约定抵押物的转让应当征得抵押权人同意,并向不动产登记机构、中国人民银行征信中心等相关部门登记禁止或限制转让的约定。若抵押权人选择不限制转让,可以约定抵押物转让时对抵押权人的通知期限和通知方式。

(2)要求受让人向抵押权人出具对受让资产存在抵押事实明知的书面说明。

(3)关注抵押物的登记状态,如发现抵押物转让损害抵押权,应及时主张权利,即要求抵押人将转让所得的价款提前清偿债务或者提存。

【法条链接】

《民法典》第四百零六条　抵押期间,抵押人可以转让抵押财产。当事人另有约定的,按照其约定。抵押财产转让的,抵押权不受影响。

抵押人转让抵押财产的,应当及时通知抵押权人。抵押权人能够证明抵押财产转让可能损害抵押权的,可以请求抵押人将转让所得的价款向抵押权人提前清偿债务或者提存。转让的价款超过债权数额的部分归抵押人所有,不足部分由债务人清偿。

第四百零七条　抵押权不得与债权分离而单独转让或者作为其他债权的担保。债权转让的,担保该债权的抵押权一并转让,但是法律另有规定或者当事人另有约定的除外。

《最高人民法院关于适用〈中华人民共和国民法典〉有关担保制度的解释》第四十三条　当事人约定禁止或者限制转让抵押财产但是未将约定登记,抵押人违反约定转让抵押财产,抵押权人请求确认转让合同无效的,人民法院不予支持;抵押财产已经交付或者登记,抵押权人请求确认转让不发生物权效力的,人民法院不予支持,但是抵押权人有证据证明受让人知道的除外;抵押权人请求抵押人承担违约责任的,人民法院依法予以支持。

当事人约定禁止或者限制转让抵押财产且已经将约定登记,抵押人违反约定转让抵押财产,抵押权人请求确认转让合同无效的,人民法院不予支持;抵押财产已经交付或者登记,抵押权人主张转让不发生物权效力的,人民法院应予支持,但是因受让人代替债务人清偿债务导致抵押权消灭的除外。

《自然资源部关于做好不动产抵押权登记工作的通知》　三、保障抵押不动产依法转让。当事人申请办理不动产抵押权首次登记或抵押预告登记的,不动产登记机构应当根据申请在不动产登记簿"是否存在禁止或限制转让抵押不动产的约定"栏记载转让抵押不动产的约定情况。有约定的填写"是",抵押期间依法转让的,应当由受让人、抵押人(转让人)和抵押权人共同申请转移登记;没有约定的填写"否",抵押期间依法转让的,应当由受让人、抵押人(转让人)共同申请转移登记。约定情况发生变化的,不动产登记机构应当根据申请办理变更登记。

《民法典》施行前已经办理抵押登记的不动产,抵押期间转让的,未经抵押权人同意,不予办理转移登记。

《动产和权利担保统一登记办法》第四条　中国人民银行征信中心(以下简称征信中心)是动产和权利担保的登记机构,具体承担服务性登记工作,不开展事前审批性登记,不对登记内容进行实质审查。

征信中心建立基于互联网的动产融资统一登记公示系统(以下简称统一登记系统)为社会公众提供动产和权利担保登记和查询服务。

第九条第四款　担保权人可以与担保人约定将主债权金额、担保范围、禁止或限制转让的担保财产等项目作为登记内容。对担保财产进行概括性描述的,应当能够合理识别担保财产。

200.财务人员擅自使用财务印章对外提供担保,公司要担责吗?

【情景案例】

甲公司成立于2021年3月,法定代表人是王某。张某于2021年4月入职甲公司,担任财务经理。2024年3月,张某离职。2024年8月,乙银行致函甲公司,要求其对一笔银行借款承担保证责任。经查,原来是张某在工作期间私自用公司的财务印章为其表弟刘某做了一个5万元的借款担保。现借期已届满,银行联系不上刘某,遂要求甲公司还款。

请问:甲公司要承担该担保责任吗?

【案例分析】

本案涉及的是公司职工擅自使用公司业务专用章对外提供担保的效力问题。

我国《公司法》第十五条第一款规定,公司向其他公司投资或者为他人提供担保,按照公司章程的规定,由董事会或者股东会决议;公司章程对投资或者担保的总额及单项投资或者担保的数额有限额规定的,不得超过规定的限额。该条规定体现了公司对外担保必须系公司意志,系公司内部有权机构集体决策的结果,仅公司中某一个体的意志和行为不能行使公司对外提供担保的权利,其对外订立的担保合同应当无效。

本案中，张某擅自使用公司财务印章为其表弟刘某的银行借款提供担保，财务印章系公司业务专用章，从其名称来看，该章仅能代表公司的财务部门，且只适用于公司财务结算方面的票据。该章表示经过了财务部门的认可，具有了财税方面的法律效力，财务印章并没有对外担保的功能，并未取得公司对外担保有权机构的决议同意，且银行作为专业、专门的贷款机构其应当明确并知晓公司对外担保的法律规定，因此在担保合同中加盖财务专用章，甲公司无对外担保的意思表示，一般情形下不产生公司对外担保效力，甲公司无须承担担保责任。

另外，公司股东、高级管理人员或其他非法定代表人代表公司对外提供担保时，债权人也应认真核查其是否有代表公司提供担保的合法授权，公司对外担保是否取得了公司股东会或董事会的同意决议；对于担保合同中加盖的印章，债权人应当进行严格把关，要求公司必须加盖经公司登记备案的合法有效的公章，而不得提供财务章、发票章等无对外担保效力的印章。

【风险防范建议】

公司印章根据作用可分为公章、财务专用章、合同专用章、部门专用章等各种印章，公司印章在公司的日常经营活动中发挥重要的作用，其中公章是公司所有印章中权力最大的一枚，除特别约定，公章可以用于公司内外一切事务，加盖公章代表公司对盖章内容的确认，公司需据此承担相应的法律责任。此外，每个印章都有其使用范围，印章使用错误将导致盖章文书的效力存在瑕疵，甚至无效的情形。为规范公司印章使用，建议如下：

（1）公司印章应专人专管，明确印章管理者的管理职责与印章使用权限，规范印章使用的业务流程，加强印章管理者的岗位法律风险防控意识，定期检查印章的使用情况。

（2）建立印章使用审批制度并进行用章登记，印章使用者应向印章管理人提交用章申请，公司文书人员对用印文件要认真审查，审核与申请用印内容、用印次数是否一致，审查无误后方可在相关文件上用印，用章文件可能涉及公司重大利益的应当向公司法定代表人、董事会、股东会等报批。

（3）严格禁止在空白文件上盖印章，如空白纸张、空白单据、空白介绍信等上面不允许加盖公司印章，如遇特殊情况，必须经过公司法定代表人或者其他权力机构同意；如加盖印章的空白文件未使用，持有者应将空白文件退回印章管理者处，予以销毁，确保用章安全。

【法条链接】

《公司法》第十五条　公司向其他企业投资或者为他人提供担保，按照公司章程的规定,由董事会或者股东会决议;公司章程对投资或者担保的总额及单项投资或者担保的数额有限额规定的,不得超过规定的限额。

公司为公司股东或者实际控制人提供担保的,应当经股东会决议。

前款规定的股东或者受前款规定的实际控制人支配的股东,不得参加前款规定事项的表决。该项表决由出席会议的其他股东所持表决权的过半数通过。

《最高人民法院关于适用〈中华人民共和国民法典〉有关担保制度的解释》第七条　公司的法定代表人违反公司法关于公司对外担保决议程序的规定,超越权限代表公司与相对人订立担保合同,人民法院应当依照民法典第六十一条和第五百零四条等规定处理:

(一)相对人善意的,担保合同对公司发生效力;相对人请求公司承担担保责任的,人民法院应予支持。

(二)相对人非善意的,担保合同对公司不发生效力;相对人请求公司承担赔偿责任的,参照适用本解释第十七条的有关规定。

法定代表人超越权限提供担保造成公司损失,公司请求法定代表人承担赔偿责任的,人民法院应予支持。

第一款所称善意,是指相对人在订立担保合同时不知道且不应当知道法定代表人超越权限。相对人有证据证明已对公司决议进行了合理审查,人民法院应当认定其构成善意,但是公司有证据证明相对人知道或者应当知道决议系伪造、变造的除外。

201. 主合同无效,公司还要承担担保责任吗?

【情景案例】

2024年3月,甲公司虚构某项目骗取乙银行贷款800万元,由于数额较大,为满足银行抵押担保要求,甲公司在丙公司不知实情的情况下拉拢其作为担保人。2024年4月1日,丙公司与乙银行签订了《担保合同》。之后,甲公司将贷款挥霍一空,事情败露,乙银行立即报案处理。在刑事附带民事诉讼中,甲公司与乙银行签订的《贷款合同》被判无效。由于甲公司无法偿还贷款,乙银行遂要求丙公司承担担保责任。丙公司辩称,《贷款合同》作为主合同被认定无效,其无须再承担担保责任。

请问:丙公司的说法符合我国法律规定吗?

【案例分析】

本案涉及的是主合同无效,担保人无过错是否应承担担保责任的问题。

根据《民法典》第三百八十八条的规定,担保合同是主债权债务合同的从合同,主合同无效的,担保合同无效,但法律另有规定的除外;担保合同被确认无效后,债务人、担保人、债权人有过错的,应当根据其过错各自承担相应的民事责任。根据《最高人民法院关于适用〈中华人民共和国民法典〉有关担保制度的解释》第十七条的规定,主合同无效导致第三人提供的担保合同无效,担保人无过错的,不承担赔偿责任;担保人有过错的,其承担的赔偿责任不应超过债务人不能清偿部分的1/3。

本案中,由于甲公司与乙银行签订的《贷款合同》(主合同)因涉嫌贷款诈骗罪被判无效,故丙公司与乙银行签订的《担保合同》(从合同)也应认定为无效。因丙公司对甲公司虚构项目骗取银行贷款的情况并不知情,其对贷款合同及担保合同无效均不存在过错,根据《民法典》及上述司法解释的规定,丙公司作为担保人无须承担担保责任。

【风险防范建议】

公司作为市场经济活动参与者,不免遇到需要为其他公司提供担保的情况。由于担保属于纯债务行为,一旦被担保公司出现财务危机,提供担保的公司将对担保债务承担连带清偿责任。为防范担保风险,建议慎重对外担保并注意以下几点:

(1)树立对外担保风险意识,在提供担保前严格审查被担保公司的资信状况。公司对外担保风险大,应对被担保公司的资信进行评估,审查其资信状态,充分了解被担保公司清偿债务能力。通过评估被担保公司资产负债率等指标来衡量,对被担保公司的变现能力、支付能力和财务实力有所了解,判断是否为被担保公司提供担保。

(2)要求被担保公司供反担保,降低担保风险。根据《民法典》第三百八十七条第二款的规定,第三人为债务人向债权人提供担保时,可以要求债务人提供反担保。实务中,公司在为债务人向债权人提供担保时,特别是在担保人与债务人并无直接利益关系或隶属关系,且对承担保证责任后追偿权能否实现把握不准的情况下,应要求债务人提供反担保。运用反担保手段使担保人在代为清偿债务后,可以取得实在的求偿权。这种求偿权是有抵押物、质押物等具体指向的。反担保可以是担保人或是担保物;如果是担保物,要做好抵押登记或者依法办理质押手续。

(3)尽量成为一般保证人,以行使先诉抗辩权。保证担保有两种形式:一般保证和连带责任保证,担保合同中未明确约定是连带责任担保的,通常认定为一般保证人。一般保证的保证人在主合同纠纷未经审判或者仲裁,并就债务人财产依法强制执行仍不能履行债务前,有权拒绝向债权人承担保证责任;而连带责任的保证人在债务人未按时清偿到期债务时,债权人就可以要求连带责任保证人承担担保责任,连带责任保证人不得以债权人未向债务人追索为由抗辩。

(4)在担保过程中,如发现被担保公司未按合同约定用途使用贷款,挪用或变相挪用贷款的,套用贷款或私自高息对外拆借贷款,经营严重困难,存在无法还款的风险,应先与被担保公司沟通协商整改方案,要求其提供具有偿债能力的证明材料;如被担保公司拒不整改,应当及时发函通知债权人提前解除主合同收回贷款,或者让被担保公司提交或者增加担保物。

【法条链接】

《民法典》第三百八十七条　债权人在借贷、买卖等民事活动中,为保障实现其债权,需要担保的,可以依照本法和其他法律的规定设立担保物权。

第三人为债务人向债权人提供担保的,可以要求债务人提供反担保。反担保适用本法和其他法律的规定。

第三百八十八条　设立担保物权,应当依照本法和其他法律的规定订立担保合同。担保合同包括抵押合同、质押合同和其他具有担保功能的合同。担保合同是主债权债务合同的从合同。主债权债务合同无效的,担保合同无效,但是法律另有规定的除外。

担保合同被确认无效后,债务人、担保人、债权人有过错的,应当根据其过错各自承担相应的民事责任。

《最高人民法院关于适用〈中华人民共和国民法典〉有关担保制度的解释》第十七条　主合同有效而第三人提供的担保合同无效,人民法院应当区分不同情形确定担保人的赔偿责任:

(一)债权人与担保人均有过错的,担保人承担的赔偿责任不应超过债务人不能清偿部分的二分之一;

(二)担保人有过错而债权人无过错的,担保人对债务人不能清偿的部分承担赔偿责任;

(三)债权人有过错而担保人无过错的,担保人不承担赔偿责任。

主合同无效导致第三人提供的担保合同无效,担保人无过错的,不承担赔偿责任;担保人有过错的,其承担的赔偿责任不应超过债务人不能清偿部分的三分之一。

202. 公司用于担保的财产毁损,所得保险金归谁所有?

【情景案例】

2023年3月,甲公司向乙银行贷款50万元,借款期限1年。在乙银行的要求下,甲公司以公司所有的一辆奔驰轿车作抵押担保。2023年12月10日,甲公司使用该车时发生事故,致使车辆报废。不久后,某保险公司向甲公司支付了保险赔偿金40万元。乙银行认为,保险赔偿金是抵押物奔驰轿车的变价物,应该用其偿还银行贷款。甲公司认为,抵押物车辆已经灭失,抵押权也随之消灭,保险赔偿金不应再作为抵押财产。

请问:甲公司的说法符合我国法律规定吗?

【案例分析】

本案涉及的是抵押权人对抵押物损毁所得赔偿金是否享有优先受偿权的问题。

我国《民法典》第三百九十条规定,担保期间担保财产毁损、灭失或被征收等,担保物权人可就获得的保险金、赔偿金或者补偿金等优先受偿,被担保债权的履行期限未届满的,也可提存保险金、赔偿金或者补偿金等。第三百九十三条规定,"有下列情形之一的,担保物权消灭:(一)主债权消灭;(二)担保物权实现;(三)债权人放弃担保物权;(四)法律规定担保物权消灭的其他情形"。

本案中,甲公司以公司所有的车辆为其向乙银行借款提供担保,担保期间该车辆发生事故报废,甲公司获得了车辆保险赔偿金40万元。根据《民法典》上述条文的明确规定,抵押物毁损、灭失的,抵押权人有权就抵押物毁损、灭失获得的保险赔偿金优先受偿。但由于本案中借款期限未届满,只有所担保的债务到期后债务人不清偿,抵押权人才能就抵押物的变价款优先受偿实现担保物权,因此在债务到期前,抵押权人有权要求车辆保险赔偿金予以提存,继续作为担保财产,抵押权人也可以与债务人或抵押人协商要求以保险赔偿金予以提前清偿债务。据此,甲公司认为抵押物车辆已经灭失,抵押权也随之消灭,保险赔偿金不应再作为抵押财产的说法不符合法律规定。

【风险防范建议】

借款合同的债权人为了保证自己债权的实现,一般会要求借款人提供抵押担保或者保证担保,在债务人到期不清偿借款时行使担保物权或者其他担保权利,从担保物变卖价款中优先受偿。为了避免抵押物毁损、灭失的情形下无法实现抵押权利,建议如下:

(1)要求借款人为抵押物办理财产保险,并在保险单上注明债权人为第一受益人,保险费用由借款人或者抵押人承担。抵押物在遭到自然原因等灭失时,债权人可以直接根据保险合同向保险公司主张理赔。

(2)定期现场查看抵押物状况,抵押物原则上由抵押人进行妥善保管并及时维护保养,保持完好无损并随时接受债权人检查;因抵押人管理不善造成抵押财产价值减少的,债权人有权请求恢复抵押财产的价值,提供与抵押物减少的价值相应的担保或者替换抵押物,否则债权人可以要求债务人提前清偿债务。

【法条链接】

《民法典》第三百九十条 担保期间,担保财产毁损、灭失或者被征收等,担保物权人可以就获得的保险金、赔偿金或者补偿金等优先受偿。被担保债权的履行期限未届满的,也可以提存该保险金、赔偿金或者补偿金等。

第三百九十三条 有下列情形之一的,担保物权消灭:

(一)主债权消灭;

(二)担保物权实现;

(三)债权人放弃担保物权;

(四)法律规定担保物权消灭的其他情形。

第四百零八条 抵押人的行为足以使抵押财产价值减少的,抵押权人有权请求抵押人停止其行为;抵押财产价值减少的,抵押权人有权请求恢复抵押财产的价值,或者提供与减少的价值相应的担保。抵押人不恢复抵押财产的价值,也不提供担保的,抵押权人有权请求债务人提前清偿债务。

203. 只签订抵押合同但没有办理抵押登记,抵押权人能取得抵押权吗?

【情景案例】

2023年5月8日,甲公司向乙公司借款100万元,借款期限为1年。双方签订的《抵押借款合同》约定:甲公司将其所有的一套价值150万元的房屋抵押给乙公司。合同签订后,双方没有办理抵押登记。2023年8月1日,因资金周转困难,甲公司将该房屋以160万元出售给丙公司。借款到期后,甲公司无力偿还乙公司的借款,乙公司在催款时得知房屋已出售给丙公司。

请问:乙公司能对该房屋行使抵押权吗?

【案例分析】

本案涉及的是不动产抵押权的取得问题。

根据《民法典》第四百零二条的规定,以建筑物、建设用地使用权作抵押的,应当办理抵押登记,抵押权自登记时设立。根据《最高人民法院关于适用〈中华人民共和国民法典〉有关担保制度的解释》第四十六条的规定,因抵押人转让抵押财产或者其他可归责于抵押人自身原因导致不能办理抵押登记,债权人请求抵押人在约定的担保范围内承担责任的,人民法院依法应予支持。

本案中,虽然甲公司与乙公司签订《抵押借款合同》,以其所有的房屋作为借款抵押物,但由于没有办理抵押登记,根据《民法典》第四百零二条的规定,抵押权并未设立,故乙公司对甲公司的房屋不享有抵押权。需要注意的是,虽然抵押权并未设立,但甲公司与乙公司签订的《抵押借款合同》合法有效,对双方具有法律约束力,因甲公司转让抵押财产导致不能办理抵押登记,乙公司可要求甲公司在合同约定的担保范围内承担相应的赔偿责任。

【风险防范建议】

借款合同中,债务人或第三人以房屋或土地使用权等不动产权提供抵押的,应当办理不动产抵押登记。不动产抵押权经登记后设立;未依法登记的抵押权未设立,债权人不享有抵押物相应抵押权利,但可基于有效的抵押合同向人民法院请求抵押人在抵押物的价值范围内承担责任。为有效保障抵押权人对抵押物拍卖或者变卖价款中优先受偿的权利,应当依法就抵押物进行抵押登记。

(1)进行抵押登记前,应了解不动产的产权情况,若产权存在争议、产权不明晰、被法律采取限制措施、属于保障性住房等不能办理抵押登记的情形,抵押权人可以要求抵押人排除权利阻碍或变更符合条件的抵押物。

(2)向相关部门进行抵押物登记,以房地产抵押登记为例,应当向登记机关提交当事人身份证件、抵押合同、抵押登记申请书、土地使用权证、房屋所有权证、房屋共有权证等权利证明与登记机关认为必要的其他文件。在办理抵押权登记时,明确抵押权所适用的权利范围,如本金、利息、违约金、诉讼费、保全费、保全保险费及维权时产生的律师费用等。

【法条链接】

《民法典》第三百九十五条 债务人或者第三人有权处分的下列财产可以抵押:
(一)建筑物和其他土地附着物;
(二)建设用地使用权;
(三)海域使用权;
(四)生产设备、原材料、半成品、产品;
(五)正在建造的建筑物、船舶、航空器;
(六)交通运输工具;
(七)法律、行政法规未禁止抵押的其他财产。
抵押人可以将前款所列财产一并抵押。

第四百零二条 以本法第三百九十五条第一款第一项至第三项规定的财产或者第五项规定的正在建造的建筑物抵押的,应当办理抵押登记。抵押权自登记时设立。

《最高人民法院关于适用〈中华人民共和国民法典〉有关担保制度的解释》第四十六条 不动产抵押合同生效后未办理抵押登记手续,债权人请求抵押人办理抵押登记手续的,人民法院应予支持。

抵押财产因不可归责于抵押人自身的原因灭失或者被征收等导致不能办理抵押登记,债权人请求抵押人在约定的担保范围内承担责任的,人民法院不予支持;但是抵押人已经获得保险金、赔偿金或者补偿金等，债权人请求抵押人在其所获金额范围内承担赔偿责任的，人民法院依法予以支持。

因抵押人转让抵押财产或者其他可归责于抵押人自身的原因导致不能办理抵押登记，债权人请求抵押人在约定的担保范围内承担责任的，人民法院依法予以支持，但是不得超过抵押权能够设立时抵押人应当承担的责任范围。

204.仅签订质押合同而未实际占有质押物，能取得质权吗？

【情景案例】

2023年6月1日，甲公司与夏某签订一份《质押借款合同》，约定：甲公司向夏某借款30万元，借款期限为6个月；甲公司将其生产的一批相应价值40万元的产品质押给夏某。合同签订后，甲公司并没有将价值40万元的产品交付给夏某。2023年12月9日，甲公司私下将该批次价值40万元的产品以市场价出售给钟某，并交付给了钟某。借款到期后，甲公司无力偿还夏某的借款，夏某在催款时得知该批次产品已出售给钟某。

请问：夏某对该批次价值40万元的产品享有质押权吗？

【案例分析】

本案涉及的是未实际交付占有质押物，质权是否设立的问题。

根据《民法典》第四百二十五条、第四百二十九条的规定，质权自出质人交付质押财产时设立；债务人或第三人应当将质押物交给债权人占有控制，债务人不履行到期债务或发生当事人约定的实现质权的情形，债权人有权就该动产优先受偿。

本案中，甲公司虽然与夏某签订《质押借款合同》，但未将其生产的价值40万元的质押产品交付给夏某，根据《民法典》第四百二十九条质权自出质人交付质押财产时设立的规定，质权并未设立，夏某对该批次货物产品不享有质押权，不享有从该批次货物产品变卖的价款中优先受偿的权利。虽然本案中质权未设立，但因甲公司与夏某签订的《质押借款合同》成立并生效，夏某仍可根据合同约定要求甲公司承担违约责任，违约责任范围应为质权有效设立时出质人应当承担的责任范围。

【风险防范建议】

质押标的物的交付、占有移转是动产质押权设立的基本要件，质押权自质物交付给质权人占有时设立，当出质人将出质的动产移交给债权人占有时，债权人才能取得了质权。实务中，设立动产质权要注意以下几点：

（1）质押物应系具有流通性和可交付的动产，动产质权人必须占有质物，且质权人与出质人不能约定由出质人代为保管占有质物。

（2）签订书面的质押合同中应当明确约定质物交付的时间、地点，债务人或者第三人未按质押合同约定移交质物的，导致质权未设立，由此给质权人造成损失的出质人应承担赔偿责任；质权人负有妥善保管质押财产的义务，质押财产有毁损、灭失风险的，质权人可以要求将质押财产提存，或者要求提前清偿债务并返还质押财产。质权人因保管不善致使质押财产毁损、灭失的，应当承担相应的赔偿责任。

（3）可以要求出质人为质押物购买财产损失类保险，并在质押物财产保险合同中将约定质权人为第一受益人。当质押物毁损时，可通过保险评估机构及时了解质押物的毁损程度，要求出质人采取措施恢复质押物减少的价值或增加相应担保，若出质人拒绝提供增加担保物等，质权人可以作为受益人向保险人提出赔付请求并就所得的保险赔偿金提前受偿。

【法条链接】

《民法典》第四百二十五条第一款　为担保债务的履行，债务人或者第三人将其动产出质给债权人占有的，债务人不履行到期债务或者发生当事人约定的实现质权的情形，债权人有权就该动产优先受偿。

第四百二十九条　质权自出质人交付质押财产时设立。

《最高人民法院关于适用〈中华人民共和国民法典〉有关担保制度的解释》第五十五条　债权人、出质人与监管人订立三方协议，出质人以通过一定数量、品种等概括描述能够确定范围的货物为债务的履行提供担保，当事人有证据证明监管人系受债权人的委托监管并实际控制该货物的，人民法院应当认定质权于监管人实际控制货物之日起设立。监管人违反约定向出质人或者其他人放货、因保管不善导致货物毁损灭失，债权人请求监管人承担违约责任的，人民法院依法予以支持。

在前款规定情形下，当事人有证据证明监管人系受出质人委托监管该货物，或者虽然受债权人委托但是未实际履行监管职责，导致货物仍由出质人实际控制的，人民法院应当认定质权未设立。债权人可以基于质押合同的约定请求出质人承担违约责任，但是不得超过质权有效设立时出质人应当承担的责任范围。监管人未履行监管职责，债权人请求监管人承担责任的，人民法院依法予以支持。

第十二章
刑事法律风险

205. 通过给"好处费"获取业务,有什么风险?

【情景案例】

甲软件公司成立于2022年1月,由吴某与胡某共同创办。由于市场竞争激烈,公司成立之初业务很难开拓,前半年都在亏损。为获得订单,2024年3月1日,吴某向乙公司的采购经理徐某行贿5万元;3月10日,吴某又向丙公司的副总经理孙某行贿18万元。胡某得知后,不同意吴某的做法,并声称这是犯罪行为。

请问:吴某的行为要承担刑事责任吗?

【案例分析】

本案涉及的是公司经营者通过给"好处费"获取业务,是否构成犯罪的问题。

我国《刑法》第一百六十四条第一款规定,"为谋取不正当利益,给予公司、企业或者其他单位的工作人员以财物,数额较大的,处三年以下有期徒刑或者拘役,并处罚金;数额巨大的,处三年以上十年以下有期徒刑,并处罚金"。《最高人民检察院、公安部关于公安机关管辖的刑事案件立案追诉标准的规定(二)》第十一条规定,"为谋取不正当利益,给予公司、企业或者其他单位的工作人员以财物,个人行贿数额在三万元以上的,单位行贿数额在二十万元以上的,应予立案追诉"。

本案中,吴某为获得订单,分别向乙公司采购经理徐某行贿5万元、向丙公司副总经理孙某行贿18万元,该行为违反公平公正的市场竞争原则,属于谋取不正当利益。吴某行贿数额达23万元,数额较大,其行为已构成对非国家工作人员行贿罪。故吴某依法应当承担刑事责任。

【风险防范建议】

公司为了谋取交易机会或者减少成本而获取更大的利益,有时会铤而走险,采取某些利益输送的方式贿赂其他公司、企业或者其他单位的工作人员。这种贿赂行为不仅打破了公平竞争的市场秩序,更是将公司置于刑事风险中。为有效防范风险,笔者建议如下:

(1)定期开展合规培训,加强对股东、高级管理人员及员工的法律培训,增强合规意识。

(2)建立严格规范的财务管理制度,规范财务审批流程,防止业务人员或者其他人员利用公司资金、财物行贿。如存在资金周转或出借的情况,务必留下书面协议。

(3)建立完善的监督机制,充分重视监事、监事会的监督作用,可以设立内审部门,审查业务中可能存在的贿赂犯罪风险,做到防患于未然。

【法条链接】

《刑法》第一百六十四条　为谋取不正当利益,给予公司、企业或者其他单位的工作人员以财物,数额较大的,处三年以下有期徒刑或者拘役,并处罚金;数额巨大的,处三年以上十年以下有期徒刑,并处罚金。

为谋取不正当商业利益,给予外国公职人员或者国际公共组织官员以财物的,依照前款的规定处罚。

单位犯前两款罪的,对单位判处罚金,并对其直接负责的主管人员和其他直接责任人员,依照第一款的规定处罚。

行贿人在被追诉前主动交待行贿行为的,可以减轻处罚或者免除处罚。

《最高人民检察院、公安部关于公安机关管辖的刑事案件立案追诉标准的规定(二)》第十一条　为谋取不正当利益,给予公司、企业或者其他单位的工作人员以财物,个人行贿数额在三万元以上的,单位行贿数额在二十万元以上的,应予立案追诉。

206. 公司老板强迫员工加班,要承担刑事责任吗?

【情景案例】

甲皮鞋厂成立于2018年1月,由朱某创办。2024年3月1日,甲皮鞋厂与乙贸易公司签订一份《加工合同》,约定:乙贸易公司委托甲皮鞋厂加工10万双皮鞋,3月20日前交货;如甲皮鞋厂不能如期交货,要向乙贸易公司支付20万元违约金。由于订单时间紧急,按照正常生产进度,难以完成交货任务。为保证如期交货,朱某在公司采取以下措施:封闭生产车间,不准员工到车间外的地方活动,加派保安严格监管,限制员工人身自由;每天工作时间由8小时增加到13小时,加班费为20元/小时。其间,林某等员工以身体不适为由申请不加班,但遭到保安的毒打。2024年3月25日,林某等员工10人向公安机关报案。朱某辩称,其有给员工加班费,故不用承担任何责任。

请问：朱某要承担刑事责任吗？

【案例分析】

本案涉及的是公司经营者强迫员工加班，是否构成犯罪的问题。

我国《刑法》第二百四十四条第一款规定，"以暴力、威胁或者限制人身自由的方法强迫他人劳动的，处三年以下有期徒刑或者拘役，并处罚金；情节严重的，处三年以上十年以下有期徒刑，并处罚金"。根据《最高人民检察院、公安部关于公安机关管辖的刑事案件立案追诉标准的规定(一)的补充规定》第六条的规定，以暴力、威胁或限制人身自由的方法强迫他人劳动的，应予立案追诉。

本案中，朱某通过采取封闭生产车间、不准员工到车间外的地方活动、加派保安严格监管、限制员工人身自由等措施，强迫林某等员工10人加班，在林某等员工以身体不适为由申请不加班时遭到毒打，属于以暴力、限制人身自由的方法强迫他人劳动，其行为侵犯了他人的人身权利，构成强迫劳动罪，朱某是否支付加班费不影响本案的定罪。故朱某要承担刑事责任。

【风险防范建议】

劳动者依法享有平等就业和选择职业的权利、取得劳动报酬的权利、休息休假的权利、获得劳动安全卫生保护的权利等劳动权利，用人单位应当依法建立和完善规章制度，保障劳动者享有劳动权利和履行劳动义务，严禁以暴力、威胁或者限制人身自由的方法强迫他人劳动。用人单位以非法手段强迫劳动者劳动的，劳动者可以立即解除劳动合同，无须提前30日告知用人单位。此外，用人单位相关责任人员亦可能面临被处以15日以下拘留、罚款或者警告的行政处罚，情节严重的，将被追究刑事责任。

【法条链接】

《刑法》第二百四十四条　以暴力、威胁或者限制人身自由的方法强迫他人劳动的，处三年以下有期徒刑或者拘役，并处罚金；情节严重的，处三年以上十年以下有期徒刑，并处罚金。

明知他人实施前款行为，为其招募、运送人员或者有其他协助强迫他人劳动行为的，依照前款的规定处罚。

单位犯前两款罪的，对单位判处罚金，并对其直接负责的主管人员和其他直接责任人员，依照第一款的规定处罚。

《劳动法》第九十六条　用人单位有下列行为之一，由公安机关对责任人员处以十

五日以下拘留、罚款或者警告;构成犯罪的,对责任人员依法追究刑事责任:

(一)以暴力、威胁或者非法限制人身自由的手段强迫劳动的;

(二)侮辱、体罚、殴打、非法搜查和拘禁劳动者的。

《最高人民检察院、公安部关于公安机关管辖的刑事案件立案追诉标准的规定(一)的补充规定》 六、将《立案追诉标准(一)》第31条修改为:[强迫劳动案(刑法第244条)]以暴力、威胁或者限制人身自由的方法强迫他人劳动的,应予立案追诉。

明知他人以暴力、威胁或者限制人身自由的方法强迫他人劳动,为其招募、运送人员或者有其他协助强迫他人劳动行为的,应予立案追诉。

207. 发布虚假广告,构成犯罪吗?

【情景案例】

某保健品公司成立于2020年1月,由何某创办。2024年4月,该公司研发了一种具有"补肾健脾、益气养血"功效的保健品,但产品推出市场后,销路很难打开。于是,何某决定将该产品的主治功能改为"专治阳萎早泄"。随后,何某印制了数十万份广告宣传单在本市街道散发,同时还在本市主要媒体刊登了虚假广告。马某等消费者试用产品后,感到一点效果都没有,于是向公安机关报案。经查,某保健品公司非法获利达300多万元。

请问:何某的行为构成犯罪吗?

【案例分析】

本案涉及的是发布虚假广告,是否构成犯罪的问题。

我国《刑法》第二百二十二条规定,"广告主、广告经营者、广告发布者违反国家规定,利用广告对商品或者服务作虚假宣传,情节严重的,处二年以下有期徒刑或者拘役,并处或者单处罚金"。《最高人民检察院、公安部关于公安机关管辖的刑事案件立案追诉标准的规定(二)》第六十七条规定,广告主、广告经营者、广告发布者违反国家规定,利用广告对商品或者服务作虚假宣传,违法所得数额在10万元以上的,应予立案追诉。

本案中,何某违反国家规定,明知销售的保健品不具有治疗阳痿早泄的功效,仍通过印制散发广告宣传单、在本市主要媒体刊登广告的方式对产品作虚假宣传,且非法获利达300多万元,其行为已构成虚假广告罪,依法应追究其刑事责任。

【风险防范建议】

公司为规避发布虚假广告的刑事风险,建议如下:

第一,建立和提高广告合规意识,深入学习和贯彻落实广告法等法律法规,并对有关人员进行广告合规培训。

第二,公司内部建立健全广告审查制度,设立专职岗位,对发布的广告实行事先审查,避免出现违法内容。

【法条链接】

《刑法》第二百二十二条　广告主、广告经营者、广告发布者违反国家规定,利用广告对商品或者服务作虚假宣传,情节严重的,处二年以下有期徒刑或者拘役,并处或者单处罚金。

第二百三十一条　单位犯本节第二百二十一条至第二百三十条规定之罪的,对单位判处罚金,并对其直接负责的主管人员和其他直接责任人员,依照本节各该条的规定处罚。

《最高人民检察院、公安部关于公安机关管辖的刑事案件立案追诉标准的规定(二)》第六十七条　广告主、广告经营者、广告发布者违反国家规定,利用广告对商品或者服务作虚假宣传,涉嫌下列情形之一的,应予立案追诉:

(一)违法所得数额在十万元以上的;

(二)假借预防、控制突发事件、传染病防治的名义,利用广告作虚假宣传,致使多人上当受骗,违法所得数额在三万元以上的;

(三)利用广告对食品、药品作虚假宣传,违法所得数额在三万元以上的;

(四)虽未达到上述数额标准,但二年内因利用广告作虚假宣传受过二次以上行政处罚,又利用广告作虚假宣传的;

(五)造成严重危害后果或者恶劣社会影响的;

(六)其他情节严重的情形。

《最高人民法院、最高人民检察院关于办理危害食品安全刑事案件适用法律若干问题的解释》第十九条　违反国家规定,利用广告对保健食品或者其他食品作虚假宣传,符合刑法第二百二十二条规定的,以虚假广告罪定罪处罚;以非法占有为目的,利用销售保健食品或者其他食品诈骗财物,符合刑法第二百六十六条规定的,以诈骗罪定罪处罚。同时构成生产、销售伪劣产品罪等其他犯罪的,依照处罚较重的规定定罪处罚。

《最高人民法院、最高人民检察院关于办理危害药品安全刑事案件适用法律若干问题的解释》第十二条　广告主、广告经营者、广告发布者违反国家规定,利用广告对药品作虚假宣传,情节严重的,依照刑法第二百二十二条的规定,以虚假广告罪定罪处罚。

208. 串通投标获取业务，有什么后果？

【情景案例】

2024 年 3 月 1 日，某中学在网上公开招标学校的宿舍楼建设施工工程。甲公司（法定代表人为罗某）、乙公司（法定代表人为梁某）、丙公司（法定代表人为郑某）都参与该工程投标。招标过程中，罗某、梁某得知郑某参与该工程投标，遂私下与郑某协商，保证郑某中标，但如果郑某成功中标，要给他们二人支付 50 万元。开标过程中，罗某、梁某通过控制其公司投标报价，使郑某的公司顺利中标。中标后郑某按约定向罗某、梁某共支付了 50 万元。之后，郑某通过承接该工程获利 200 万元。

请问：罗某、梁某与郑某的行为构成犯罪吗？

【案例分析】

本案涉及的是串通投标报价，是否构成犯罪的问题。

我国《刑法》第二百二十三条第一款规定，"投标人相互串通投标报价，损害招标人或者其他投标人利益，情节严重的，处三年以下有期徒刑或者拘役，并处或者单处罚金"。《招标投标法实施条例》第三十九条规定，"禁止投标人相互串通投标。有下列情形之一的，属于投标人相互串通投标：（一）投标人之间协商投标报价等投标文件的实质性内容；（二）投标人之间约定中标人；（三）投标人之间约定部分投标人放弃投标或者中标；（四）属于同一集团、协会、商会等组织成员的投标人按照该组织要求协同投标；（五）投标人之间为谋取中标或者排斥特定投标人而采取的其他联合行动"。《最高人民检察院、公安部关于公安机关管辖的刑事案件立案追诉标准的规定（二）》第六十八条规定，"投标人相互串通投标报价，或者投标人与招标人串通投标，涉嫌下列情形之一的，应予立案追诉：（一）损害招标人、投标人或者国家、集体、公民的合法利益，造成直接经济损失数额在五十万元以上的；（二）违法所得数额在二十万元以上的；（三）中标项目金额在四百万元以上的；（四）采取威胁、欺骗或者贿赂等非法手段的；（五）虽未达到上述数额标准，但二年内因串通投标受过二次以上行政处罚，又串通投标的；（六）其他情节严重的情形"。

本案中，罗某、梁某和郑某在涉案工程投标中，协商投标报价，并约定由郑某为中标人，最后使郑某的公司如约中标，损害了招标人和其他投标人的利益，其三人的行为符合《招标投标法实施条例》第三十九条规定的情形，属于串通投标行为，且郑某通过该工程获利 200 万元，而罗某、梁某获利 50 万元，违法所得数额远远超过 20 万元，依法构成串通投标罪。

【风险防范建议】

竞争是市场经济最基本的运行机制,但不正当的竞争行为往往会对市场竞争秩序造成严重的破坏,影响市场经济的健康发展。在投标、招标活动中也存在不正当的竞争行为,损害招投标人的利益。为规避相应法律风险,建议如下:

第一,在参加投标过程中,应当避免与其他投标人或招标人就投标项目的相关事项和内容存在不必要、不正常的联系,如协商报价、约定中标人、约定放弃投标或联合排斥其他投标人等。

第二,同一集团、协会、商会等组织成员的投标人应当避免接受组织安排协同投标。

第三,禁止采取威胁、欺骗或者贿赂等非法手段谋取中标。

第四,针对招投标人员开展招投标合规培训,确保招投标人员熟知《招标投标法》《招标投标法实施条例》的相关规定,避免因不知法律盲区而误碰法律红线。

第五,聘请专业的律师团队定期评估、规避招投标风险。

【法条链接】

《刑法》第二百二十三条 投标人相互串通投标报价,损害招标人或者其他投标人利益,情节严重的,处三年以下有期徒刑或者拘役,并处或者单处罚金。

投标人与招标人串通投标,损害国家、集体、公民的合法利益的,依照前款的规定处罚。

《最高人民检察院、公安部关于公安机关管辖的刑事案件立案追诉标准的规定(二)》第六十八条 投标人相互串通投标报价,或者投标人与招标人串通投标,涉嫌下列情形之一的,应予立案追诉:

(一)损害招标人、投标人或者国家、集体、公民的合法利益,造成直接经济损失数额在五十万元以上的;

(二)违法所得数额在二十万元以上的;

(三)中标项目金额在四百万元以上的;

(四)采取威胁、欺骗或者贿赂等非法手段的;

(五)虽未达到上述数额标准,但二年内因串通投标受过二次以上行政处罚,又串通投标的;

(六)其他情节严重的情形。

《招标投标法实施条例》第三十九条 禁止投标人相互串通投标。

有下列情形之一的,属于投标人相互串通投标:

(一)投标人之间协商投标报价等投标文件的实质性内容;

(二)投标人之间约定中标人;

(三)投标人之间约定部分投标人放弃投标或者中标;

(四)属于同一集团、协会、商会等组织成员的投标人按照该组织要求协同投标;

(五)投标人之间为谋取中标或者排斥特定投标人而采取的其他联合行动。

第四十条 有下列情形之一的,视为投标人相互串通投标:

(一)不同投标人的投标文件由同一单位或者个人编制;

(二)不同投标人委托同一单位或者个人办理投标事宜;

(三)不同投标人的投标文件载明的项目管理成员为同一人;

(四)不同投标人的投标文件异常一致或者投标报价呈规律性差异;

(五)不同投标人的投标文件相互混装;

(六)不同投标人的投标保证金从同一单位或者个人的账户转出。

209. 在农用地上建设厂房,有什么风险?

【情景案例】

谢某是某村支部书记。2024年1月,谢某利用职权在某村承租了20亩农用地,租期20年。2024年3月,谢某将该土地私下转租给某化工厂。2024年5月,某化工厂在未经相关部门批准的情况下,擅自对上述农用地进行平整、硬底化,并用钢材搭建厂房。厂房建好后,本地村民担心某化工厂投产后会影响当地空气质量,遂向相关部门进行举报。经测量及鉴定,被非法占用的土地面积为20亩,土地利用总体规划全部为基本农田,农用地的种植条件已经被严重破坏,农作物的正常生长受到了严重制约。

请问:某化工厂在农用地上建设厂房,要承担刑事责任吗?

【案例分析】

本案涉及的是在农用地上建设厂房造成农用地毁坏是否构成犯罪的问题。

我国《刑法》第三百四十二条规定,"违反土地管理法规,非法占用耕地、林地等农用地,改变被占用土地用途,数量较大,造成耕地、林地等农用地大量毁坏的,处五年以下有期徒刑或者拘役,并处或者单处罚金"。根据《最高人民检察院、公安部关于公安机关管辖的刑事案件立案追诉标准的规定(一)》第六十七条的规定,违反土地管理法规,非法占用耕地、林地等农用地,改变被占用土地用途,造成耕地、林地等农用地大量毁坏,非法占用基本农田五亩以上或者基本农田以外的耕地10亩以上的,应予立案追诉。违反土地管理法规,非法占用耕地建窑、建坟、建房、挖沙、采石、采矿、取土、堆放固体废弃物或者进行其他非农业建设,造成耕地种植条件严重毁坏或者严重污染,被毁坏耕地数量达到以上规定的,属于该条规定的"造成耕地大量毁坏"。

本案中,某化工厂违反土地管理法规,在未经相关部门批准的情况下,非法占用农用地用于建设厂房,而该部分农用地的土地利用总体规划全部为基本农田。某化工厂使用农用地搭建厂房的行为属于改变占用土地用途,造成农用地种植条件严重毁坏,农作物的正常生长受到了严重制约。且被毁坏耕地面积达20亩,其行为已构成非法占用农用地罪。故某化工厂在农用地上建设厂房,要承担刑事责任。

【风险防范建议】

农用地一直是国家及政府的重点保护、监管对象,在重大工程建设项目中,公司往往需要占用大量的农用地,其中的刑事法律风险不容忽视。对此,笔者建议如下:

第一,在前期选址、设计阶段,充分利用现有建设用地,不占或者尽量少占农用地。

第二,严格按照土地管理有关规定履行用地审批程序,杜绝"先占后批"等违法违规行为。

第三,严格按照用地审批要求用地,不得"少批多占",不得随意改变土地用途。

第四,及时了解、把握土地管理文件、政策动态方向,切实做到事前防范、事中监管及事后监督,保证项目建设用地全过程合法合规。

第五,如发现有非法占用农用地情形,及时联系相关部门,做好土地复垦和植被恢复等善后工作。

【法条链接】

《刑法》第三百四十二条 违反土地管理法规,非法占用耕地、林地等农用地,改变被占用土地用途,数量较大,造成耕地、林地等农用地大量毁坏的,处五年以下有期徒刑或者拘役,并处或者单处罚金。

第三百四十六条 单位犯本节第三百三十八条至第三百四十五条规定之罪的,对单位判处罚金,并对其直接负责的主管人员和其他直接责任人员,依照本节各该条的规定处罚。

《土地管理法》第四条第三款 前款所称农用地是指直接用于农业生产的土地,包括耕地、林地、草地、农田水利用地、养殖水面等;建设用地是指建造建筑物、构筑物的土地,包括城乡住宅和公共设施用地、工矿用地、交通水利设施用地、旅游用地、军事设施用地等;未利用地是指农用地和建设用地以外的土地。

《最高人民检察院、公安部关于公安机关管辖的刑事案件立案追诉标准的规定(一)》第六十七条 违反土地管理法规,非法占用耕地、林地等农用地,改变被占用土

地用途,造成耕地、林地等农用地大量毁坏,涉嫌下列情形之一的,应予立案追诉:

(一)非法占用基本农田五亩以上或者基本农田以外的耕地十亩以上的;

(二)非法占用防护林地或者特种用途林地数量单种或者合计五亩以上的;

(三)非法占用其他林地十亩以上的;

(四)非法占用本款第(二)项、第(三)项规定的林地,其中一项数量达到相应规定的数量标准的百分之五十以上,且两项数量合计达到该项规定的数量标准的;

(五)非法占用其他农用地数量较大的情形。

违反土地管理法规,非法占用耕地建窑、建坟、建房、挖沙、采石、采矿、取土、堆放固体废弃物或者进行其他非农业建设,造成耕地种植条件严重毁坏或者严重污染,被毁坏耕地数量达到以上规定的,属于本条规定的"造成耕地大量毁坏"。

违反土地管理法规,非法占用林地,改变被占用林地用途,在非法占用的林地上实施建窑、建坟、建房、挖沙、采石、采矿、取土、种植农作物、堆放或者排泄废弃物等行为或者进行其他非林业生产、建设,造成林地的原有植被或者林业种植条件严重毁坏或者严重污染,被毁坏林地数量达到以上规定的,属于本条规定的"造成林地大量毁坏"。

《最高人民法院关于审理破坏土地资源刑事案件具体应用法律若干问题的解释》第三条 违反土地管理法规,非法占用耕地改作他用,数量较大,造成耕地大量毁坏的,依照刑法第三百四十二条的规定,以非法占用耕地罪定罪处罚:

(一)非法占用耕地"数量较大",是指非法占用基本农田五亩以上或者非法占用基本农田以外的耕地十亩以上。

(二)非法占用耕地"造成耕地大量毁坏",是指行为人非法占用耕地建窑、建坟、建房、挖沙、采石、采矿、取土、堆放固体废弃物或者进行其他非农业建设,造成基本农田五亩以上或者基本农田以外的耕地十亩以上种植条件严重毁坏或者严重污染。

第八条 单位犯非法转让、倒卖土地使用权罪、非法占有耕地罪的定罪量刑标准,依照本解释第一条、第二条、第三条的规定执行。

第九条 多次实施本解释规定的行为依法应当追诉的,或者一年内多次实施本解释规定的行为未经处理的,按照累计的数量、数额处罚。

210. 公司非法处置危险废物,要承担刑事责任吗?

【情景案例】

甲化工厂成立于 2010 年,唐某是法定代表人。乙公司是一家专业的化工危险废物处置公司,具有危险废物处置资质。甲化工厂成立后,一直将危险废物处置的事情交由乙公司处理,每吨 1500 元。2024 年 3 月,唐某得知刚刚成立的丙公司也可以处置危险废物,每吨仅需 800 元,于是决定将危险废物处置的事情交由丙公司处理。事实上,丙公司并无危险废物处置资质,唐某对此并不知情。丙公司为了节省成本,并未将甲化工厂的危险废物进行安全处置,而是将其倾倒到城市郊外的一处荒地。2024年5月,因危险废物发出让人难以忍受的气味,附近村民发现后遂向环保部门投诉。经查,共计倾倒危险废物10吨。

请问:唐某要承担刑事责任吗?

【案例分析】

本案涉及的是公司非法处置危险废物,是否应承担刑事责任的问题。

根据《刑法》第三百三十八条的规定,违反国家规定,排放、倾倒或者处置有放射性的废物、含传染病病原体的废物、有毒物质或者其他有害物质,严重污染环境的,构成污染环境罪。《最高人民法院、最高人民检察院关于办理环境污染刑事案件适用法律若干问题的解释》第一条规定,实施《刑法》第三百三十八条规定的行为,非法排放、倾倒、处置危险废物3吨以上的,应当认定为"严重污染环境"。《最高人民法院、最高人民检察院、公安部、司法部、生态环境部关于办理环境污染刑事案件有关问题座谈会纪要》明确规定,实践中,将危险废物委托第三方处置,没有尽到查验经营许可的义务,或者委托处置费用明显低于市场价格或者处置成本的,犯罪嫌疑人、被告人不能作出合理解释的,可以认定其故意实施环境污染犯罪,但有证据证明确系不知情的除外。

本案首先需要解决的问题是,甲化工厂的法定代表人唐某主观上是否具有环境污染犯罪的故意。本案中,虽然唐某不知道丙公司无危险废物处置资质,但其将危险废物委托丙公司处置,没有尽到查验经营许可的义务,且委托处置的费用明显低于市场价格,如无法作出合理解释,可以认定其故意实施环境污染行为,构成污染环境罪。

【风险防范建议】

公司在生产经营过程中,如存在违法排放、倾倒或者处置污染物、未按规定使用污染防治设施等行为,轻则会受到行政机关的行政处罚,重则可能会触犯刑事犯罪。2020年,江苏省高级人民法院曾发布过针对污染环境罪公司刑事风险防范的对策,该对策已非常详细,笔者援引如下:

(1)公司应当防止、减少环境污染和生态破坏,优先使用清洁能源,采用资源利用率高、污染物排放量少的工艺设备,废弃物综合利用技术和污染物无害化处理技术;采取措施防治在生产经营活动中产生的废气、废水、废渣、医疗废物、粉尘、恶臭气体、放射性物质以及噪声、振动、光辐射、电磁辐射等对环境的污染和危害;建立环境保护责任制度、环境污染奖惩制度,配备专职的环境管理人员,必要时设立专门的环境管理部门,明确单位负责人和相关人员的责任。

（2）公司从事生产经营活动，建设对环境有影响的项目，应当依法通过环境影响评价、使用验收合格的防治污染设施、取得排污许可证。对有放射性的废物、含传染病病原体的废物、有毒物质或者其他有害物质，应进行无害化处理，不得随意排放、倾倒或者处置，特别是要避开医院、学校、居民区等人口集中地区，饮用水水源一级保护区，自然保护区核心区等重点区域，以免造成污染环境等严重后果。

（3）从事危险废物的收集、贮存、利用、处置等经营活动的，应当按照相关规定申领危险废物经营许可证，否则可能构成非法经营罪。向他人提供或者委托他人收集、贮存、利用、处置危险废物的，应当事先查验他人的危险废物经营许可证，拒绝无证或者超范围经营行为，以免成为相关犯罪的共犯。

（4）公司应当按照国家规定制定突发环境事件应急预案，在发生或者可能发生突发环境事件时应立即采取措施，及时通报可能受到危害的单位和居民，并向环境保护主管部门和有关部门报告。在造成环境污染后，要及时采取补救措施，努力消除污染、防止损失扩大、积极赔偿损失、设法修复生态环境，争取从宽处理。

（5）对有关部门开展的环境监督检查或者突发环境事件调查，应当积极配合，不得故意阻挠，否则可能以妨害公务罪与污染环境罪数罪并罚，或者作为本罪从重处罚情节。2年内曾因违规排放、倾倒、处置有放射性的废物、含传染病病原体的废物、有毒物质受过两次以上行政处罚的，应当及时整改，不得再次实施相同行为，否则可能构成犯罪。

【法条链接】

《刑法》第三百三十八条　违反国家规定，排放、倾倒或者处置有放射性的废物、含传染病病原体的废物、有毒物质或者其他有害物质，严重污染环境的，处三年以下有期徒刑或者拘役，并处或者单处罚金；情节严重的，处三年以上七年以下有期徒刑，并处罚金；有下列情形之一的，处七年以上有期徒刑，并处罚金：

（一）在饮用水水源保护区、自然保护地核心保护区等依法确定的重点保护区域排放、倾倒、处置有放射性的废物、含传染病病原体的废物、有毒物质，情节特别严重的；

（二）向国家确定的重要江河、湖泊水域排放、倾倒、处置有放射性的废物、含传染病病原体的废物、有毒物质，情节特别严重的；

（三）致使大量永久基本农田基本功能丧失或者遭受永久性破坏的；

（四）致使多人重伤、严重疾病，或者致人严重残疾、死亡的。

有前款行为，同时构成其他犯罪的，依照处罚较重的规定定罪处罚。

第三百四十六条　单位犯本节第三百三十八条至第三百四十五条规定之罪的，对单位判处罚金，并对其直接负责的主管人员和其他直接责任人员，依照本节各该条的规定处罚。

《最高人民法院、最高人民检察院关于办理环境污染刑事案件适用法律若干问题的解释》第一条 实施刑法第三百三十八条规定的行为,具有下列情形之一的,应当认定为"严重污染环境":

(一)在饮用水水源保护区、自然保护地核心保护区等依法确定的重点保护区域排放、倾倒、处置有放射性的废物、含传染病病原体的废物、有毒物质的;

(二)非法排放、倾倒、处置危险废物三吨以上的;

(三)排放、倾倒、处置含铅、汞、镉、铬、砷、铊、锑的污染物,超过国家或者地方污染物排放标准三倍以上的;

(四)排放、倾倒、处置含镍、铜、锌、银、钒、锰、钴的污染物,超过国家或者地方污染物排放标准十倍以上的;

(五)通过暗管、渗井、渗坑、裂隙、溶洞、灌注、非紧急情况下开启大气应急排放通道等逃避监管的方式排放、倾倒、处置有放射性的废物、含传染病病原体的废物、有毒物质的;

(六)二年内曾因在重污染天气预警期间,违反国家规定,超标排放二氧化硫、氮氧化物等实行排放总量控制的大气污染物受过二次以上行政处罚,又实施此类行为的;

(七)重点排污单位、实行排污许可重点管理的单位篡改、伪造自动监测数据或者干扰自动监测设施,排放化学需氧量、氨氮、二氧化硫、氮氧化物等污染物的;

(八)二年内曾因违反国家规定,排放、倾倒、处置有放射性的废物、含传染病病原体的废物、有毒物质受过二次以上行政处罚,又实施此类行为的;

(九)违法所得或者致使公私财产损失三十万元以上的;

(十)致使乡镇集中式饮用水水源取水中断十二小时以上的;

(十一)其他严重污染环境的情形。

第八条 明知他人无危险废物经营许可证,向其提供或者委托其收集、贮存、利用、处置危险废物,严重污染环境的,以共同犯罪论处。

《最高人民法院、最高人民检察院、公安部、司法部、生态环境部关于办理环境污染刑事案件有关问题座谈会纪要》

3.关于主观过错的认定

会议针对当前办理环境污染犯罪案件中,如何准确认定犯罪嫌疑人、被告人主观过错的问题进行了讨论。会议认为,判断犯罪嫌疑人、被告人是否具有环境污染犯罪的故意,应当依据犯罪嫌疑人、被告人的任职情况、职业经历、专业背景、培训经历、本人因同类行为受到行政处罚或者刑事追究情况以及污染物种类、污染方式、资金流向等证据,结合其供述,进行综合分析判断。

实践中,具有下列情形之一,犯罪嫌疑人、被告人不能作出合理解释的,可以认定其故意实施环境污染犯罪,但有证据证明确系不知情的除外:(1)企业没有依法通过环境影响评价,或者未依法取得排污许可证,排放污染物,或者已经通过环境影响评价并且防治污染设施验收合格后,擅自更改工艺流程、原辅材料,导致产生新的污染物质的;(2)不使用验收合格的防治污染设施或者不按规范要求使用的;(3)防治污染设施发生故障,发现后不及时排除,继续生产放任污染物排放的;(4)生态环境部门责令限制生产、停产整治或者予以行政处罚后,继续生产放任污染物排放的;(5)将危险废物委托第三方处置,没有尽到查验经营许可的义务,或者委托处置费用明显低于市场价格或者处置成本的;(6)通过暗管、渗井、渗坑、裂隙、溶洞、灌注等逃避监管的方式排放污染物的;(7)通过篡改、伪造监测数据的方式排放污染物的;(8)其他足以认定的情形。

211. 恶意损害竞争对手的名誉,有什么风险?

【情景案例】

甲装修公司成立于2015年,由冯某创办,生意一直很好。乙装修公司是甲装修公司的竞争对手。2023年12月,为提高市场占有率,乙装修公司举办了一次低价促销活动,导致甲装修公司的业务量大减。为此,冯某以甲装修公司的名义在网上发布了一篇关于乙装修公司使用劣质、低价的装修材料导致业主身患白血病的文章。该文章发表后,受到当地媒体的关注和报道,乙装修公司的经营受到严重影响,并遭遇大量客户解除合同。而乙装修公司为履行合同所定制的建材均因客户解除合同而无法使用,只能低价处置。乙装修公司的直接经济损失高达60万元。

请问:冯某的行为构成犯罪吗?

【案例分析】

本案涉及的是恶意损害竞争对手名誉,是否构成犯罪的问题。

我国《刑法》第二百二十一条规定,"捏造并散布虚伪事实,损害他人的商业信誉、商品声誉,给他人造成重大损失或者有其他严重情节的,处二年以下有期徒刑或者拘役,并处或者单处罚金"。《最高人民检察院、公安部关于公安机关管辖的刑事案件立案追诉标准的规定(二)》第六十六条规定,"捏造并散布虚伪事实,损害他人的商业信誉、商品声誉,涉嫌下列情形之一的,应予立案追诉:(一)给他人造成直接经济损失数额在五十万元以上的;(二)虽未达到上述数额标准,但造成公司、企业等单位停业、停产六个月以上,或者破产的;(三)其他给他人造成重大损失或者有其他严重情节的情形"。

本案中,冯某在没有事实依据的情况下,以甲装修公司的名义在网上发布关于乙装修公司使用劣质、低价的装修材料导致业主身患白血病的文章,其捏造并散布虚伪事实的行为,损害了乙装修公司的商业信誉。且该文章发表后,受到当地媒体的关注和报道,其虚构并散布的虚伪事实传播面较广,让乙装修公司的经营受到严重影响,并导致了乙装修公司直接经济损失 60 万元。达到《刑法》规定的损害商业信誉罪的立案标准。冯某的行为构成损害商业信誉犯罪。

【风险防范建议】

商业信誉和商品声誉作为一种无形资产,是社会大众对商品生产经营者在信守合约或履行合同中的信誉度及其生产经营的特定商品的综合信誉评价。在社会主义市场经济环境下,任何商业主体都不得捏造并散布虚伪事实,或者听谣传谣,损害他人的商业信誉、商品声誉。如实施上述行为,致使他人商业信誉、商品声誉受到损害,轻则需要承担民事责任、行政处罚,重则将被追究刑事责任。

【法条链接】

《反不正当竞争法》第二十三条　经营者违反本法第十一条规定损害竞争对手商业信誉、商品声誉的,由监督检查部门责令停止违法行为、消除影响,处十万元以上五十万元以下的罚款;情节严重的,处五十万元以上三百万元以下的罚款。

《刑法》第二百二十一条　捏造并散布虚伪事实,损害他人的商业信誉、商品声誉,给他人造成重大损失或者有其他严重情节的,处二年以下有期徒刑或者拘役,并处或者单处罚金。

第二百三十一条　单位犯本节第二百二十一条至第二百三十条规定之罪的,对单位判处罚金,并对其直接负责的主管人员和其他直接责任人员,依照本节各该条的规定处罚。

《最高人民检察院、公安部关于公安机关管辖的刑事案件立案追诉标准的规定(二)》第六十六条　捏造并散布虚伪事实,损害他人的商业信誉、商品声誉,涉嫌下列情形之一的,应予立案追诉:

(一)给他人造成直接经济损失数额在五十万元以上的;

(二)虽未达到上述数额标准,但造成公司、企业等单位停业、停产六个月以上,或者破产的;

(三)其他给他人造成重大损失或者有其他严重情节的情形。

212. 购买公民个人信息用于营销推广,有什么风险?

【情景案例】

某软件公司位于广州,法定代表人是董某。2024 年 3 月,萧某入职某软件公司,担任营销总监。萧某任职后,向董某提出电话营销的方法,并建议购买珠三角地区的中小公司老板手机号码。对于萧某的提议,董某召开董事会进行表决,全体董事表示一致同意。于是,萧某向好友程某购买了包含公民姓名、电话号码内容的个人信息100万条,共花费1万元。之后,萧某安排销售人员逐个打电话和群发信息。

请问:某软件公司的行为构成犯罪吗?

【案例分析】

本案涉及的是购买公民个人信息用于营销推广,是否构成犯罪的问题。

我国《刑法》第二百五十三条之一规定,"违反国家有关规定,向他人出售或者提供公民个人信息,情节严重的,处三年以下有期徒刑或者拘役,并处或者单处罚金;情节特别严重的,处三年以上七年以下有期徒刑,并处罚金。违反国家有关规定,将在履行职责或者提供服务过程中获得的公民个人信息,出售或者提供给他人的,依照前款的规定从重处罚。窃取或者以其他方法非法获取公民个人信息的,依照第一款的规定处罚。单位犯前三款罪的,对单位判处罚金,并对其直接负责的主管人员和其他直接责任人员,依照各该款的规定处罚"。《最高人民法院、最高人民检察院关于办理侵犯公民个人信息刑事案件适用法律若干问题的解释》第一条规定,"刑法第二百五十三条之一规定的'公民个人信息',是指以电子或者其他方式记录的能够单独或者与其他信息结合识别特定自然人身份或者反映特定自然人活动情况的各种信息,包括姓名、身份证件号码、通信通讯联系方式、住址、账号密码、财产状况、行踪轨迹等"。第四条规定,"违反国家有关规定,通过购买、收受、交换等方式获取公民个人信息,或者在履行职责、提供服务过程中收集公民个人信息的,属于刑法第二百五十三条之一第三款规定的'以其他方法非法获取公民个人信息'"。第五条第一款第(三)项、第(五)项规定,非法获取、出售或者提供行踪轨迹信息、通信内容、征信信息、财产信息50条以上的,非法获取、出售或者提供第(三)项、第(四)项规定以外的公民个人信息5000条以上的,应当认定为《刑法》第二百五十三条之一规定的"情节严重"。

本案中,某软件公司员工萧某为公司营销,向程某购买了包含公民姓名、电话号码内容的个人信息100万条。而公民姓名、通信方式均属于《刑法》规定的公民个人信息。其购买的公民个人信息数量高达100万条,属于《刑法》规定的情节特别严重的情形,某软件公司和萧某均构成侵犯公民个人信息罪,依法应当承担刑事责任。

【风险防范建议】

随着互联网信息时代的发展,侵犯公民个人信息的案件高发频发。有些公司因自身法治意识不足,开展业务不合规,对公民个人信息保护力度不够,导致陷入被刑事追诉的困境。为防范刑事风险,笔者建议如下:

第一,公司为开展正规业务而需要查询、获取客户信息时,应通过正规渠道获取相关信息,如向公安机关、市场监管机关、银保监会授权的平台等合法渠道查询。对于需要自行收集用户信息的,应确保取得了用户的有效授权。

第二,公司获取公民个人信息后,应妥善保管使用,避免公民的个人信息被非法使用。

第三,公司在向外提供或出售涉及公民个人信息的相关数据时,应当确保数据处理的不可识别性、不可复原性,从而确保行为合规。

第四,公司需加强内部治理,强化对员工的数据合规意识教育。

【法条链接】

《刑法》第二百五十三条之一　违反国家有关规定,向他人出售或者提供公民个人信息,情节严重的,处三年以下有期徒刑或者拘役,并处或者单处罚金;情节特别严重的,处三年以上七年以下有期徒刑,并处罚金。

违反国家有关规定,将在履行职责或者提供服务过程中获得的公民个人信息,出售或者提供给他人的,依照前款的规定从重处罚。

窃取或者以其他方法非法获取公民个人信息的,依照第一款的规定处罚。

单位犯前三款罪的,对单位判处罚金,并对其直接负责的主管人员和其他直接责任人员,依照各该款的规定处罚。

《民法典》第一千零三十四条第二款　个人信息是以电子或者其他方式记录的能够单独或者与其他信息结合识别特定自然人的各种信息,包括自然人的姓名、出生日期、身份证件号码、生物识别信息、住址、电话号码、电子邮箱、健康信息、行踪信息等。

《最高人民法院、最高人民检察院关于办理侵犯公民个人信息刑事案件适用法律若干问题的解释》第一条　刑法第二百五十三条之一规定的"公民个人信息",是指以电子或者其他方式记录的能够单独或者与其他信息结合识别特定自然人身份或者反映特定自然人活动情况的各种信息,包括姓名、身份证件号码、通信通讯联系方式、住址、账号密码、财产状况、行踪轨迹等。

第二条　违反法律、行政法规、部门规章有关公民个人信息保护的规定的,应当认定为刑法第二百五十三条之一规定的"违反国家有关规定"。

第四条　违反国家有关规定,通过购买、收受、交换等方式获取公民个人信息,或者在履行职责、提供服务过程中收集公民个人信息的,属于刑法第二百五十三条之一第三款规定的"以其他方法非法获取公民个人信息"。

第五条　非法获取、出售或者提供公民个人信息,具有下列情形之一的,应当认定为刑法第二百五十三条之一规定的"情节严重":

(一)出售或者提供行踪轨迹信息,被他人用于犯罪的;

（二）知道或者应当知道他人利用公民个人信息实施犯罪，向其出售或者提供的；

（三）非法获取、出售或者提供行踪轨迹信息、通信内容、征信信息、财产信息五十条以上的；

（四）非法获取、出售或者提供住宿信息、通信记录、健康生理信息、交易信息等其他可能影响人身、财产安全的公民个人信息五百条以上的；

（五）非法获取、出售或者提供第三项、第四项规定以外的公民个人信息五千条以上的；

（六）数量未达到第三项至第五项规定标准，但是按相应比例合计达到有关数量标准的；

（七）违法所得五千元以上的；

（八）将在履行职责或者提供服务过程中获得的公民个人信息出售或者提供给他人，数量或者数额达到第三项至第七项规定标准一半以上的；

（九）曾因侵犯公民个人信息受过刑事处罚或者二年内受过行政处罚，又非法获取、出售或者提供公民个人信息的；

（十）其他情节严重的情形。

实施前款规定的行为，具有下列情形之一的，应当认定为刑法第二百五十三条之一第一款规定的"情节特别严重"：

（一）造成被害人死亡、重伤、精神失常或者被绑架等严重后果的；

（二）造成重大经济损失或者恶劣社会影响的；

（三）数量或者数额达到前款第三项至第八项规定标准十倍以上的；

（四）其他情节特别严重的情形。

第七条 单位犯刑法第二百五十三条之一规定之罪的，依照本解释规定的相应自然人犯罪的定罪量刑标准，对直接负责的主管人员和其他直接责任人员定罪处罚，并对单位判处罚金。

第十条 实施侵犯公民个人信息犯罪，不属于"情节特别严重"，行为人系初犯，全部退赃，并确有悔罪表现的，可以认定为情节轻微，不起诉或者免予刑事处罚；确有必要判处刑罚的，应当从宽处罚。

第十二条 对于侵犯公民个人信息犯罪，应当综合考虑犯罪的危害程度、犯罪的违法所得数额以及被告人的前科情况、认罪悔罪态度等，依法判处罚金。罚金数额一般在违法所得的一倍以上五倍以下。

《检察机关办理侵犯公民个人信息案件指引》 二、需要特别注意的问题

在侵犯公民个人信息案件审查逮捕、审查起诉中，要根据相关法律、司法解释等规定，结合在案证据，重点注意以下问题：

（一）对"公民个人信息"的审查认定

根据《解释》的规定，公民个人信息是指以电子或者其他方式记录的能够单独或者与其他信息结合识别特定自然人身份或者反映特定自然人活动情况的各种信息，包括姓名、身份证件号码、通信通讯联系方式、住址、账号密码、财产状况、行踪轨迹等。经过处理无法识别特定自然人且不能复原的信息，虽然也可能反映自然人活动情况，但与特定自然人无直接关联，不属于公民个人信息的范畴……

213. 老板挪用公司资金私用，构成犯罪吗？

【情景案例】

甲公司由曹某与袁某夫妻两人创办，曹某占股99%，袁某占股1%。2024年3月，曹某购买了乙房地产公司的一套别墅，价款为800万元。由于曹某的钱全部在公司里，于是其先从公司的银行账户将钱转到其个人账户，然后再从个人账户转给乙房地产公司。2024年8月，税务部门在查账时发现了曹某的违法行为。在接受税务工作人员质询时，曹某辩称，"甲公司是我与妻子两人的，公司的钱就是我夫妻两人的钱，我花自己的钱是合法的"。

请问：曹某的行为构成犯罪吗？

【案例分析】

本案涉及的是公司控股股东挪用公司资金，是否构成犯罪的问题。

我国《刑法》第二百七十二条第一款规定，"公司、企业或者其他单位的工作人员，利用职务上的便利，挪用本单位资金归个人使用或者借贷给他人，数额较大、超过三个月未还的，或者虽未超过三个月，但数额较大、进行营利活动的，或者进行非法活动的，处三年以下有期徒刑或者拘役；挪用本单位资金数额巨大的，处三年以上七年以下有期徒刑；数额特别巨大的，处七年以上有期徒刑"。《最高人民检察院、公安部关于公安机关管辖的刑事案件立案追诉标准的规定（二）》第七十七条规定，"公司、企业或者其他单位的工作人员，利用职务上的便利，挪用本单位资金归个人使用或者借贷给他人，涉嫌下列情形之一的，应予立案追诉：（一）挪用本单位资金数额在五万元以上，超过三个月未还的；（二）挪用本单位资金数额在五万元以上，进行营利活动的；（三）挪用本单位资金数额在三万元以上，进行非法活动的"。

这里的"工作人员"包括担任公司董事长、法定代表人的自然人股东和实际控制人，换言之，即使是公司老板，也不能随意挪用公司资金归个人使用。我国《公司法》第三条第一款规定，公司是企业法人，有独立的法人财产，享有法人财产权。公司以其全部财产对公司的债务承担责任。该法第二十一条第二款规定，公司股东滥用股东权利给公司或者其他股东造成损失的,应当承担赔偿责任。

本案中,曹某利用其作为甲公司实际控制人的职务便利,未经合法程序将甲公司的财产挪用至个人账户用于购买别墅使用,曹某虽系甲公司的股东、实际控制人,但由于甲公司属于公司法人,具有独立的法人财产,甲公司的财产并不等同于曹某的财产,因此曹某的挪用资金行为已然对甲公司的财产权益造成了损害。虽然曹某未挪用该资金进行营利活动或非法活动,但挪用资金数额巨大,且挪用资金超过3个月未予归还,其行为已构成挪用资金罪。

【风险防范建议】

实践中,很多公司股东由于对公司独立法人人格和挪用资金罪的刑事风险认识不足,经常擅自将公司财物挪为个人使用,进而陷入挪用资金罪的刑事风险中。为防范相应刑事法律风险,建议如下:

(1)深刻理解股东个人财产与公司财产的区别。公司具有独立法人人格和财产权,股东的资金投入公司后就变成公司的法人财产,股东享有的是基于投资而产生的股东权益。股东从公司取得收益的合法途径主要包括股权分红、股权转让溢价,以及提供有偿劳动获得的劳动报酬。

(2)建立严格的财务管理制度,加强对财务的监督,杜绝公司财产与股东财产发生混同的现象。

(3)因急事挪用公司资金归个人使用的,要及时归还。挪用公司资金的时间是衡量挪用公司资金的行为的社会危害性一个重要方面。根据《刑法》第二百七十二条的规定,利用职务上的便利,挪用本单位资金归个人使用或者借贷给他人,数额较大、超过3个月未还的,构成该罪。也就是说,对于本罪中"数额较大、超过3个月未还的"这种情况而言,"超过3个月未还"是构成本罪的必备要件,如果挪用的时间很短,不构成犯罪,只作为一般的挪用本单位资金的违法违纪行为处理。因此,公司管理人员确因急事挪用了公司资金使用,务必要在3个月内归还。

【法条链接】

《刑法》第二百七十二条 公司、企业或者其他单位的工作人员,利用职务上的便利,挪用本单位资金归个人使用或者借贷给他人,数额较大、超过三个月未还的,或者虽未超过三个月,但数额较大、进行营利活动的,或者进行非法活动的,处三年以下有期徒刑或者拘役;挪用本单位资金数额巨大的,处三年以上七年以下有期徒刑;数额特别巨大的,处七年以上有期徒刑。

国有公司、企业或者其他国有单位中从事公务的人员和国有公司、企业或者其他国有单位委派到非国有公司、企业以及其他单位从事公务的人员有前款行为的,依照本法第三百八十四条的规定定罪处罚。

有第一款行为,在提起公诉前将挪用的资金退还的,可以从轻或者减轻处罚。其中,犯罪较轻的,可以减轻或者免除处罚。

《最高人民法院关于对受委托管理、经营国有财产人员挪用国有资金行为如何定罪问题的批复》 对于受国家机关、国有公司、企业、事业单位、人民团体委托,管理、经营国有财产的非国家工作人员,利用职务上的便利,挪用国有资金归个人使用构成犯罪的,应当依照刑法第二百七十二条第一款的规定定罪处罚。

《最高人民法院关于如何理解刑法第二百七十二条规定的"挪用本单位资金归个人使用或者借贷给他人"问题的批复》 公司、企业或者其他单位的非国家工作人员,利用职务上的便利,挪用本单位资金归本人或者其他自然人使用,或者挪用人以个人名义将所挪用的资金借贷给其他自然人和单位,构成犯罪的,应当依照刑法第二百七十二条第一款的规定定罪处罚。

《最高人民检察院、公安部关于公安机关管辖的刑事案件立案追诉标准的规定(二)》第七十七条 公司、企业或者其他单位的工作人员,利用职务上的便利,挪用本单位资金归个人使用或者借贷给他人,涉嫌下列情形之一的,应予立案追诉:

(一)挪用本单位资金数额在五万元以上,超过三个月未还的;

(二)挪用本单位资金数额在五万元以上,进行营利活动的;

(三)挪用本单位资金数额在三万元以上,进行非法活动的。

具有下列情形之一的,属于本条规定的"归个人使用":

(一)将本单位资金供本人、亲友或者其他自然人使用的;

(二)以个人名义将本单位资金供其他单位使用的;

(三)个人决定以单位名义将本单位资金供其他单位使用,谋取个人利益的。

《最高人民法院、最高人民检察院关于办理贪污贿赂刑事案件适用法律若干问题的解释》第五条 挪用公款归个人使用,进行非法活动,数额在三万元以上的,应当依照刑法第三百八十四条的规定以挪用公款罪追究刑事责任;数额在三百万元以上的,应当认定为刑法第三百八十四条第一款规定的"数额巨大"。具有下列情形之一的,应当认定为刑法第三百八十四条第一款规定的"情节严重":

(一)挪用公款数额在一百万元以上的;

(二)挪用救灾、抢险、防汛、优抚、扶贫、移民、救济特定款物,数额在五十万元以上不满一百万元的;

(三)挪用公款不退还,数额在五十万元以上不满一百万元的;

(四)其他严重的情节。

第六条 挪用公款归个人使用,进行营利活动或者超过三个月未还,数额在五万元以上的,应当认定为刑法第三百八十四条第一款规定的"数额较大";数额在五百万元以上的,应当认定为刑法第三百八十四条第一款规定的"数额巨大"。具有下列情形之一的,应当认定为刑法第三百八十四条第一款规定的"情节严重":

(一)挪用公款数额在二百万元以上的;

(二)挪用救灾、抢险、防汛、优抚、扶贫、移民、救济特定款物,数额在一百万元以上不满二百万元的;

(三)挪用公款不退还,数额在一百万元以上不满二百万元的;

(四)其他严重的情节。

第十一条第二款 刑法第二百七十二条规定的挪用资金罪中的"数额较大""数额巨大"以及"进行非法活动"情形的数额起点,按照本解释关于挪用公款罪"数额较大""情节严重"以及"进行非法活动"的数额标准规定的二倍执行。

《公司法》第三条 公司是企业法人,有独立的法人财产,享有法人财产权。公司以其全部财产对公司的债务承担责任。

公司的合法权益受法律保护,不受侵犯。

第二十一条 公司股东应当遵守法律、行政法规和公司章程,依法行使股东权利,不得滥用股东权利损害公司或者其他股东的利益。

公司股东滥用股东权利给公司或者其他股东造成损失的,应当承担赔偿责任。

214. 利用竞争对手的员工获取商业秘密,构成犯罪吗?

【情景案例】

甲家电公司成立于1992年,注册资本10亿元,技术实力雄厚。乙公司成立于2012年,与甲家电公司经营同类产品,但产品工艺相对落后。2024年3月,在董事会的授权下,乙公司公关部门找到甲家电公司技术经理许某,向许某提出只要许某能将甲公司的核心技术透露给乙公司,将可获得200万元报酬。甲家电公司对核心技术采取严格的保密措施,并且有严格的管理制度,刚开始许某拒绝了乙公司的要求。后许某由于刚好缺钱,于是同意乙公司的请求。之后,乙公司将许某提供的核心技术用于原有产品的工艺改进,销量大增,占领了甲公司一定的市场份额。甲家电公司发现乙公司的违法行为后,遂向公安机关举报。经评估,乙公司的违法行为给甲家电公司造成3000万元的经济损失。

请问:乙公司的行为构成犯罪吗?

【案例分析】

本案涉及的是利用竞争对手的员工获取商业秘密,是否构成犯罪的问题。

根据《刑法》第二百一十九条的规定,"有下列侵犯商业秘密行为之一,情节严重的,处三年以下有期徒刑,并处或者单处罚金;情节特别严重的,处三年以上十年以下有期徒刑,并处罚金:(一)以盗窃、贿赂、欺诈、胁迫、电子侵入或者其他不正当手段获取权利人的商业秘密的;(二)披露、使用或者允许他人使用以前项手段获取的权利人的商业秘密的;(三)违反保密义务或者违反权利人有关保守商业秘密的要求,披露、使用或者允许他人使用其所掌握的商业秘密的。明知前款所列行为,获取、披露、使用或者允许他人使用该商业秘密的,以侵犯商业秘密论。本条所称权利人,是指商业秘密的所有人和经商业秘密所有人许可的商业秘密使用人"。根据《最高人民法院、最高人民检察院关于办理侵犯知识产权刑事案件具体应用法律若干问题的解释(三)》第四条第二款的规定,给商业秘密的权利人造成损失数额或者因侵犯商业秘密违法所得数额在250万元以上的,应当认定为《刑法》第二百一十九条规定的"造成特别严重后果"。

本案中,甲家电公司的核心技术是不为公众所知悉,能为甲家电公司带来经济利益,具有实用性并经甲公司采取相应保密措施的技术信息,属于商业秘密。乙公司采用贿赂甲家电公司技术经理许某的不正当手段,获取甲家电公司的核心技术,并使用该技术生产和销售与甲家电公司同类的产品,导致甲家电公司经济损失高达3000万元,属于造成特别严重后果,其行为已构成侵犯商业秘密罪。

【风险防范建议】

随着经济的高速发展,市场竞争日趋激烈,商业秘密已逐渐成为公司之间竞争的关键因素,关系公司生存与发展。为规避相应法律风险,建议如下:

第一,公司应当提高商业秘密保护的法律意识,严密保护公司的商业秘密,防止他人侵犯公司商业秘密,同时要注意遵守相关法律法规,不得侵犯他人的商业秘密。

第二,公司在商业秘密管理中应当明确需保密的技术信息和经营信息的具体范围。

第三,公司应当对商业秘密采取具体有效的保密措施,包括对涉密人员的保密措施,以及对涉密信息的保密措施。

第四,公司应当避免通过不正当手段吸引人才、进行不正当的人才交易,注意防范新员工带来前工作单位的商业秘密而致侵犯商业秘密罪的刑事风险。

【法条链接】

《刑法》第二百一十九条 有下列侵犯商业秘密行为之一,情节严重的,处三年以下有期徒刑,并处或者单处罚金;情节特别严重的,处三年以上十年以下有期徒刑,并处罚金:

(一)以盗窃、贿赂、欺诈、胁迫、电子侵入或者其他不正当手段获取权利人的商业秘密的；

（二）披露、使用或者允许他人使用以前项手段获取的权利人的商业秘密的；

（三）违反保密义务或者违反权利人有关保守商业秘密的要求，披露、使用或者允许他人使用其所掌握的商业秘密的。

明知前款所列行为，获取、披露、使用或者允许他人使用该商业秘密的，以侵犯商业秘密论。

本条所称权利人，是指商业秘密的所有人和经商业秘密所有人许可的商业秘密使用人。

第二百二十条　单位犯本节第二百一十三条至第二百一十九条之一规定之罪的，对单位判处罚金，并对其直接负责的主管人员和其他直接责任人员，依照本节各该条的规定处罚。

《最高人民检察院、公安部关于修改侵犯商业秘密刑事案件立案追诉标准的决定》

为依法惩治侵犯商业秘密犯罪，加大对知识产权的刑事司法保护力度，维护社会主义市场经济秩序，将《最高人民检察院、公安部关于公安机关管辖的刑事案件立案追诉标准的规定（二）》第七十三条侵犯商业秘密刑事案件立案追诉标准修改为：【侵犯商业秘密案（刑法第二百一十九条）】侵犯商业秘密，涉嫌下列情形之一的，应予立案追诉：

（一）给商业秘密权利人造成损失数额在三十万元以上的；

（二）因侵犯商业秘密违法所得数额在三十万元以上的；

（三）直接导致商业秘密的权利人因重大经营困难而破产、倒闭的；

（四）其他给商业秘密权利人造成重大损失的情形。

前款规定的造成损失数额或者违法所得数额，可以按照下列方式认定：

（一）以不正当手段获取权利人的商业秘密，尚未披露、使用或者允许他人使用的，损失数额可以根据该项商业秘密的合理许可使用费确定；

（二）以不正当手段获取权利人的商业秘密后，披露、使用或者允许他人使用的，损失数额可以根据权利人因被侵权造成销售利润的损失确定，但该损失数额低于商业秘密合理许可使用费的，根据合理许可使用费确定；

（三）违反约定、权利人有关保守商业秘密的要求，披露、使用或者允许他人使用其所掌握的商业秘密的，损失数额可以根据权利人因被侵权造成销售利润的损失确定；

（四）明知商业秘密是不正当手段获取或者是违反约定、权利人有关保守商业秘密的要求披露、使用、允许使用，仍获取、使用或者披露的，损失数额可以根据权利人因被侵权造成销售利润的损失确定；

（五）因侵犯商业秘密行为导致商业秘密已为公众所知悉或者灭失的，损失数额可以根据该项商业秘密的商业价值确定。商业秘密的商业价值，可以根据该项商业秘密的研究开发成本、实施该项商业秘密的收益综合确定；

（六）因披露或者允许他人使用商业秘密而获得的财物或者其他财产性利益,应当认定为违法所得。

前款第二项、第三项、第四项规定的权利人因被侵权造成销售利润的损失,可以根据权利人因被侵权造成销售量减少的总数乘以权利人每件产品的合理利润确定;销售量减少的总数无法确定的,可以根据侵权产品销售量乘以权利人每件产品的合理利润确定;权利人因被侵权造成销售量减少的总数和每件产品的合理利润均无法确定的,可以根据侵权产品销售量乘以每件侵权产品的合理利润确定。商业秘密系用于服务等其他经营活动的,损失数额可以根据权利人因被侵权而减少的合理利润确定。

商业秘密的权利人为减轻对商业运营、商业计划的损失或者重新恢复计算机信息系统安全、其他系统安全而支出的补救费用,应当计入给商业秘密的权利人造成的损失。

《最高人民法院、最高人民检察院关于办理侵犯知识产权刑事案件具体应用法律若干问题的解释(三)》第三条　采取非法复制、未经授权或者超越授权使用计算机信息系统等方式窃取商业秘密的,应当认定为刑法第二百一十九条第一款第一项规定的"盗窃"。

以贿赂、欺诈、电子侵入等方式获取权利人的商业秘密的,应当认定为刑法第二百一十九条第一款第一项规定的"其他不正当手段"。

第四条　实施刑法第二百一十九条规定的行为,具有下列情形之一的,应当认定为"给商业秘密的权利人造成重大损失":

（一）给商业秘密的权利人造成损失数额或者因侵犯商业秘密违法所得数额在三十万元以上的;

（二）直接导致商业秘密的权利人因重大经营困难而破产、倒闭的;

（三）造成商业秘密的权利人其他重大损失的。

给商业秘密的权利人造成损失数额或者因侵犯商业秘密违法所得数额在二百五十万元以上的,应当认定为刑法第二百一十九条规定的"造成特别严重后果"。

215. 为拒不支付劳动报酬而转移财产,构成犯罪吗?

【情景案例】

某服装厂于2010年3月成立,法定代表人是许某。2023年1月开始,由于公司经营出现亏损,经许某决定,某服装厂每月给工人发放生活费1000元,而未按规定及时发放职工工资。截至10月31日,某服装厂先后拖欠傅某等60名员工工资120万元。11月3日,许某在明知自己逃匿可能会造成公司停产、员工工资无法发放的情况下,为逃避债务,将工厂的钱全部取走,并携款逃往外地。傅某等人遂到当地政府部门上访讨要工资。11月10日,当地人力资源和社会保障部门依法发出限期改正指令书,但在指定期限内许某仍不支付职工工资。

请问:许某的行为构成犯罪吗?

【案例分析】

本案涉及的是为拒不支付劳动报酬而转移财产,是否构成犯罪的问题。

我国《刑法》第二百七十六条之一第一款、第二款规定,"以转移财产、逃匿等方法逃避支付劳动者的劳动报酬或者有能力支付而不支付劳动者的劳动报酬,数额较大,经政府有关部门责令支付仍不支付的,处三年以下有期徒刑或者拘役,并处或者单处罚金;造成严重后果的,处三年以上七年以下有期徒刑,并处罚金。单位犯前款罪的,对单位判处罚金,并对其直接负责的主管人员和其他直接责任人员,依照前款的规定处罚"。根据《最高人民检察院、公安部关于公安机关管辖的刑事案件立案追诉标准的规定(一)的补充规定》第七条的规定,以转移财产、逃匿等方法逃避支付劳动者的劳动报酬或者有能力支付而不支付劳动者的劳动报酬,经政府有关部门责令支付仍不支付,拒不支付10名以上劳动者的劳动报酬且数额累计在3万元至10万元以上的,应予立案追诉。

本案中,某服装厂以仅发给职工生活费的方式克扣或者无故拖欠劳动者的劳动工资,先后拖欠傅某等60名员工工资高达120万元。许某作为某服装厂的法定代表人,以转移财产、逃匿等方法逃避支付劳动者的劳动报酬,数额较大,且经政府有关部门责令支付仍不支付,其行为已构成拒不支付劳动报酬罪。

【风险防范建议】

获得劳动报酬是劳动者的基本权利,用人单位依法支付劳动者报酬是其必须履行的法律义务。广大用工主体应当诚信经营、恪守法律法规,及时足额支付劳动者劳动报酬,切勿采用逃跑、隐匿财产、恶意清偿、虚构债务、虚假破产、虚假倒闭等方式逃避支付劳动报酬。在收到政府相关部门责令支付文书后,公司应当及时支付欠付的劳动报酬,做到早发现、早处置,避免因拖欠工资产生不必要的刑事风险。

【法条链接】

《刑法》第二百七十六条之一 以转移财产、逃匿等方法逃避支付劳动者的劳动报酬或者有能力支付而不支付劳动者的劳动报酬,数额较大,经政府有关部门责令支付仍不支付的,处三年以下有期徒刑或者拘役,并处或者单处罚金;造成严重后果的,处三年以上七年以下有期徒刑,并处罚金。

单位犯前款罪的,对单位判处罚金,并对其直接负责的主管人员和其他直接责任人员,依照前款的规定处罚。

有前两款行为,尚未造成严重后果,在提起公诉前支付劳动者的劳动报酬,并依法承担相应赔偿责任的,可以减轻或者免除处罚。

《最高人民检察院、公安部关于公安机关管辖的刑事案件立案追诉标准的规定(一)的补充规定》 七、在《立案追诉标准(一)》第34条后增加一条,作为第34条之一:[拒不支付劳动报酬案(刑法第276条之一)]以转移财产、逃匿等方法逃避支付劳动者的劳动报酬或者有能力支付而不支付劳动者的劳动报酬,经政府有关部门责令支付仍不支付,涉嫌下列情形之一的,应予立案追诉:

(一)拒不支付1名劳动者3个月以上的劳动报酬且数额在5千元至2万元以上的;

(二)拒不支付10名以上劳动者的劳动报酬且数额累计在3万元至10万元以上的。

不支付劳动者的劳动报酬,尚未造成严重后果,在刑事立案前支付劳动者的劳动报酬,并依法承担相应赔偿责任的,可以不予立案追诉。

《最高人民法院、最高人民检察院、人力资源和社会保障部、公安部关于加强涉嫌拒不支付劳动报酬犯罪案件查处衔接工作的通知》 一、切实加强涉嫌拒不支付劳动报酬违法犯罪案件查处工作 ……(二)行为人拖欠劳动者劳动报酬后,人力资源社会保障部门通过书面、电话、短信等能够确认其收悉的方式,通知其在指定的时间内到指定的地点配合解决问题,但其在指定的时间内未到指定的地点配合解决问题或明确表示拒不支付劳动报酬的,视为刑法第二百七十六条之一第一款规定的"以逃匿方法逃避支付劳动者的劳动报酬"。但是,行为人有证据证明因自然灾害、突发重大疾病等非人力所能抗拒的原因造成其无法在指定的时间内到指定的地点配合解决问题的除外。

216.公司拒不执行法院判决,构成犯罪吗?

【情景案例】

甲公司成立于2010年,法定代表人是沈某。2024年3月1日,某法院出具执行裁定书、执行决定书和限制消费令,要求甲公司履行判决。收到执行裁定书后,在董事会的授权下,沈某不但不依法履行偿还债务义务,反而在法院采取冻结公司账户的强制措施后,利用亲友名义开设账户,擅自将公司刚收回来的现金贷款200万元用于其他开支,而拒不履行法院生效裁判确定的义务。

请问:甲公司与沈某的行为构成犯罪吗?

【案例分析】

本案涉及的是公司拒不执行法院判决,是否构成犯罪的问题。

我国《刑法》第三百一十三条规定,"对人民法院的判决、裁定有能力执行而拒不执行,情节严重的,处三年以下有期徒刑、拘役或者罚金;情节特别严重的,处三年以上七年以下有期徒刑,并处罚金。单位犯前款罪的,对单位判处罚金,并对其直接负责的主管人员和其他直接责任人员,依照前款的规定处罚"。根据《全国人民代表大会常务委员会关于〈中华人民共和国刑法〉第三百一十三条的解释》的规定,被执行人隐藏、转移、故意毁损财产或者无偿转让财产、以明显不合理的低价转让财产,致使判决、裁定无法执行的,属于《刑法》第三百一十三条规定的"有能力执行而拒不执行,情节严重"的情形。

本案中,被执行人甲公司明知存在判决未执行,且法院已冻结公司账户的情况下,公司董事会仍授权法定代表人沈某利用亲友名义开设账户,将收到现金货款200万元用于其他开支,有收入而不履行法律文书确定的付款义务,致使法院判决无法执行,属于有能力履行而拒不执行的情形,构成拒不执行判决、裁定罪;沈某作为甲公司的法定代表人,利用其亲友名义开设账户隐匿转移公司财产,其为单位犯罪中直接负责的主管人员,也应以拒不执行判决、裁定罪定罪处罚。

【风险防范建议】

拒不执行判决、裁定罪犯罪主体除包括自然人外,还包括单位主体。对于人民法院依法作出的具有执行内容并已发生法律效力的判决、裁定,被执行人必须高度重视,积极履行裁判文书确定的内容。任何通过隐藏、转移财产等行为,不但无法逃避执行,反而会受到信用惩戒和被限制消费,更严重者将会受到严厉的刑事制裁。

【法条链接】

《刑法》第三百一十三条 对人民法院的判决、裁定有能力执行而拒不执行,情节严重的,处三年以下有期徒刑、拘役或者罚金;情节特别严重的,处三年以上七年以下有期徒刑,并处罚金。

单位犯前款罪的,对单位判处罚金,并对其直接负责的主管人员和其他直接责任人员,依照前款的规定处罚。

《全国人民代表大会常务委员会关于〈中华人民共和国刑法〉第三百一十三条的解释》 刑法第三百一十三条规定的"人民法院的判决、裁定",是指人民法院依法作出的具有执行内容并已发生法律效力的判决、裁定。人民法院为依法执行支付令、生效的调解书、仲裁裁决、公证债权文书等所作的裁定属于该条规定的裁定。

下列情形属于刑法第三百一十三条规定的"有能力执行而拒不执行,情节严重"的情形:

(一)被执行人隐藏、转移、故意毁损财产或者无偿转让财产、以明显不合理的低价

转让财产,致使判决、裁定无法执行的;

(二)担保人或者被执行人隐藏、转移、故意毁损或者转让已向人民法院提供担保的财产,致使判决、裁定无法执行的;

(三)协助执行义务人接到人民法院协助执行通知书后,拒不协助执行,致使判决、裁定无法执行的;

(四)被执行人、担保人、协助执行义务人与国家机关工作人员通谋,利用国家机关工作人员的职权妨害执行,致使判决、裁定无法执行的;

(五)其他有能力执行而拒不执行,情节严重的情形。

国家机关工作人员有上述第四项行为的,以拒不执行判决、裁定罪的共犯追究刑事责任。国家机关工作人员收受贿赂或者滥用职权,有上述第四项行为的,同时又构成刑法第三百八十五条、第三百九十七条规定之罪的,依照处罚较重的规定定罪处罚。

《最高人民法院关于审理拒不执行判决、裁定刑事案件适用法律若干问题的解释》

第一条 被执行人、协助执行义务人、担保人等负有执行义务的人对人民法院的判决、裁定有能力执行而拒不执行,情节严重的,应当依照刑法第三百一十三条的规定,以拒不执行判决、裁定罪处罚。

第二条 负有执行义务的人有能力执行而实施下列行为之一的,应当认定为全国人民代表大会常务委员会关于刑法第三百一十三条的解释中规定的"其他有能力执行而拒不执行,情节严重的情形":

(一)具有拒绝报告或者虚假报告财产情况、违反人民法院限制高消费及有关消费令等拒不执行行为,经采取罚款或者拘留等强制措施后仍拒不执行的;

(二)伪造、毁灭有关被执行人履行能力的重要证据,以暴力、威胁、贿买方法阻止他人作证或者指使、贿买、胁迫他人作伪证,妨碍人民法院查明被执行人财产情况,致使判决、裁定无法执行的;

(三)拒不交付法律文书指定交付的财物、票证或者拒不迁出房屋、退出土地,致使判决、裁定无法执行的;

(四)与他人串通,通过虚假诉讼、虚假仲裁、虚假和解等方式妨害执行,致使判决、裁定无法执行的;

(五)以暴力、威胁方法阻碍执行人员进入执行现场或者聚众哄闹、冲击执行现场,致使执行工作无法进行的;

(六)对执行人员进行侮辱、围攻、扣押、殴打,致使执行工作无法进行的;

(七)毁损、抢夺执行案件材料、执行公务车辆和其他执行器械、执行人员服装以及执行公务证件,致使执行工作无法进行的;

(八)拒不执行法院判决、裁定,致使债权人遭受重大损失的。

第六条 拒不执行判决、裁定的被告人在一审宣告判决前,履行全部或部分执行义务的,可以酌情从宽处罚。

第七条 拒不执行支付赡养费、扶养费、抚育费、抚恤金、医疗费用、劳动报酬等判决、裁定的,可以酌情从重处罚。

第八条 本解释自发布之日起施行。此前发布的司法解释和规范性文件与本解释不一致的,以本解释为准。

《最高人民法院研究室关于拒不执行人民法院调解书的行为是否构成拒不执行判决书、裁定罪的答复》 刑法第三百一十三条规定的"判决、裁定",不包括人民法院的调解书。对于行为人拒不执行人民法院调解书的行为,不能依照刑法第三百一十三条的规定定罪处罚。

217. 虚高债权金额起诉,构成虚假诉讼罪吗?

【情景案例】

甲公司多年来持续向乙公司供应原材料。2024年1月1日经结算,乙公司共欠甲公司货款200万元。因乙公司资金周转困难,暂无法清偿,故乙公司向甲公司出具了一张200万元的欠条。甲公司为获得更多货款,于是又伪造了一张100万元的欠条。之后,甲公司向乙公司主张300万元的货款,乙公司不认可。甲公司遂持上述两张欠条向法院提起诉讼并申请财产保全,后人民法院查封、冻结了乙公司价值300万元的财产。经法院审理查明,甲公司提供的100万元欠条是伪造的。

请问:甲公司为其行为要承担什么责任?

【案例分析】

本案涉及的是虚高债权金额起诉,是否构成犯罪的问题。

我国《刑法》第三百零七条之一第一款、第二款规定,"以捏造的事实提起民事诉讼,妨害司法秩序或者严重侵害他人合法权益的,处三年以下有期徒刑、拘役或者管制,并处或者单处罚金;情节严重的,处三年以上七年以下有期徒刑,并处罚金。单位犯前款罪的,对单位判处罚金,并对其直接负责的主管人员和其他直接责任人员,依照前款的规定处罚"。《最高人民法院、最高人民检察院关于办理虚假诉讼刑事案件适用法律若干问题的解释》第一条规定,"采取伪造证据、虚假陈述等手段,实施下列行为之一,捏造民事法律关系,虚构民事纠纷,向人民法院提起民事诉讼的,应当认定为刑法第三百零七条之一第一款规定的'以捏造的事实提起民事诉讼':……(七)单方或者与他人恶意串通,捏造身份、合同、侵权、继承等民事法律关系的其他行为……"第二条规定,"以捏造的事实提起民事诉讼,有下列情形之一的,应当认定为刑法第三百零七条之一第一款规定的'妨害司法秩序或者严重侵害他人合法权益':(一)致使人民法院基于捏造的事实采取财产保全或者行为保全措施的;(二)致使人民法院开庭审理,干扰正常司法活动的;(三)致使人民法院基于捏造的事实作出裁判文书、制作财产分配方案,或者立案执行基于捏造的事实作出的仲裁裁决、公证债权文书的;(四)多次以捏造的事实提起民事诉讼的;(五)曾因以捏造的事实提起民事诉讼被采取民事诉讼强制措施或者受过刑事追究的;(六)其他妨害司法秩序或者严重侵害他人合法权益的情形"。

关于虚假诉讼罪的行为方式,刑法理论上存在两种观点。狭义说认为,虚假诉讼罪仅限于行为人与他人之间不存在民事法律关系和民事纠纷,为达到非法目的,凭空捏造民事法律关系和民事纠纷并提起民事诉讼的行为,即所谓"无中生有型"行为;广义说认为,除上述"无中生有型"行为外,行为人在与他人存在真实的民事法律关系的情况下,采取伪造证据、虚假陈述等手段篡改部分案件事实,骗取人民法院裁判文书的行为,即所谓"部分篡改型"行为,也可认定为虚假诉讼罪。司法实践中,对于"无中生有型"行为应当认定为虚假诉讼罪,各方意见比较一致。但是,对于"部分篡改型"行为是否可以以本罪论处,各方争议较大。

本案首先需要解决的问题是,甲公司的行为属于"无中生有型"还是"部分篡改型"。对此,有司法观点认为可以对标的进行拆分的,可将捏造的部分标的拆分出来,单独就该部分捏造的行为认定为"无中生有型"捏造民事法律关系。

本案中,对两张欠条承载的债权债务关系可以独立区分开来分别进行法律评价,故本案民事诉讼属于可分之诉。甲公司捏造原本不存在的100万元债权的行为,属于"无中生有型"捏造民事法律关系,对于捏造的这部分债权债务关系,可以虚假诉讼罪定罪处罚。

【风险防范建议】

近年来,一些公司为了逃避应负的法律责任或追求非法利益,不惜违背诚信原则,以捏造的事实向法院提起诉讼;其行为不仅损害了其他民商事主体的合法权益,严重扰乱了司法秩序,更是将自己置于刑事风险中。为有效防范刑事法律风险,公司应当遵纪守法,树立合规意识,切勿违背诚实信用原则,实施虚假诉讼,侵害其他民商事主体的合法权益。

【法条链接】

《刑法》第三百零七条之一　以捏造的事实提起民事诉讼,妨害司法秩序或者严重侵害他人合法权益的,处三年以下有期徒刑、拘役或者管制,并处或者单处罚金;情节严重的,处三年以上七年以下有期徒刑,并处罚金。

单位犯前款罪的,对单位判处罚金,并对其直接负责的主管人员和其他直接责任人员,依照前款的规定处罚。

有第一款行为,非法占有他人财产或者逃避合法债务,又构成其他犯罪的,依照处罚较重的规定定罪从重处罚。

司法工作人员利用职权,与他人共同实施前三款行为的,从重处罚;同时构成其他犯罪的,依照处罚较重的规定定罪从重处罚。

《最高人民法院、最高人民检察院关于办理虚假诉讼刑事案件适用法律若干问题的解释》第一条 采取伪造证据、虚假陈述等手段,实施下列行为之一,捏造民事法律关系,虚构民事纠纷,向人民法院提起民事诉讼的,应当认定为刑法第三百零七条之一第一款规定的"以捏造的事实提起民事诉讼":

(一)与夫妻一方恶意串通,捏造夫妻共同债务的;

(二)与他人恶意串通,捏造债权债务关系和以物抵债协议的;

(三)与公司、企业的法定代表人、董事、监事、经理或者其他管理人员恶意串通,捏造公司、企业债务或者担保义务的;

(四)捏造知识产权侵权关系或者不正当竞争关系的;

(五)在破产案件审理过程中申报捏造的债权的;

(六)与被执行人恶意串通,捏造债权或者对查封、扣押、冻结财产的优先权、担保物权的;

(七)单方或者与他人恶意串通,捏造身份、合同、侵权、继承等民事法律关系的其他行为。

隐瞒债务已经全部清偿的事实,向人民法院提起民事诉讼,要求他人履行债务的,以"以捏造的事实提起民事诉讼"论。

向人民法院申请执行基于捏造的事实作出的仲裁裁决、公证债权文书,或者在民事执行过程中以捏造的事实对执行标的提出异议、申请参与执行财产分配的,属于刑法第三百零七条之一第一款规定的"以捏造的事实提起民事诉讼"。

第二条 以捏造的事实提起民事诉讼,有下列情形之一的,应当认定为刑法第三百零七条之一第一款规定的"妨害司法秩序或者严重侵害他人合法权益":

(一)致使人民法院基于捏造的事实采取财产保全或者行为保全措施的;

(二)致使人民法院开庭审理,干扰正常司法活动的;

(三)致使人民法院基于捏造的事实作出裁判文书、制作财产分配方案,或者立案执行基于捏造的事实作出的仲裁裁决、公证债权文书的;

(四)多次以捏造的事实提起民事诉讼的;

(五)曾因以捏造的事实提起民事诉讼被采取民事诉讼强制措施或者受过刑事追究的;

(六)其他妨害司法秩序或者严重侵害他人合法权益的情形。

第三条 以捏造的事实提起民事诉讼,有下列情形之一的,应当认定为刑法第三百零七条之一第一款规定的"情节严重":

(一)有本解释第二条第一项情形,造成他人经济损失一百万元以上的;

(二)有本解释第二条第二项至第四项情形之一,严重干扰正常司法活动或者严重损害司法公信力的;

(三)致使义务人自动履行生效裁判文书确定的财产给付义务或者人民法院强制执行财产权益,数额达到一百万元以上的;

(四)致使他人债权无法实现,数额达到一百万元以上的;

(五)非法占有他人财产,数额达到十万元以上的;

(六)致使他人因为不执行人民法院基于捏造的事实作出的判决、裁定,被采取刑事拘留、逮捕措施或者受到刑事追究的;

(七)其他情节严重的情形。

第四条 实施刑法第三百零七条之一第一款行为,非法占有他人财产或者逃避合法债务,又构成诈骗罪,职务侵占罪,拒不执行判决、裁定罪,贪污罪等犯罪的,依照处罚较重的规定定罪从重处罚。

第五条 司法工作人员利用职权,与他人共同实施刑法第三百零七条之一前三款行为的,从重处罚;同时构成滥用职权罪,民事枉法裁判罪,执行判决、裁定滥用职权罪等犯罪的,依照处罚较重的规定定罪从重处罚。

第六条 诉讼代理人、证人、鉴定人等诉讼参与人与他人通谋,代理提起虚假民事诉讼、故意作虚假证言或者出具虚假鉴定意见,共同实施刑法第三百零七条之一前三款行为的,依照共同犯罪的规定定罪处罚;同时构成妨害作证罪,帮助毁灭、伪造证据罪等犯罪的,依照处罚较重的规定定罪从重处罚。

第七条 采取伪造证据等手段篡改案件事实,骗取人民法院裁判文书,构成犯罪的,依照刑法第二百八十条、第三百零七条等规定追究刑事责任。

第八条 单位实施刑法第三百零七条之一第一款行为的,依照本解释规定的定罪量刑标准,对其直接负责的主管人员和其他直接责任人员定罪处罚,并对单位判处罚金。

第九条 实施刑法第三百零七条之一第一款行为,未达到情节严重的标准,行为人系初犯,在民事诉讼过程中自愿具结悔过,接受人民法院处理决定,积极退赃、退赔的,可以认定为犯罪情节轻微,不起诉或者免予刑事处罚;确有必要判处刑罚的,可以从宽处罚。

司法工作人员利用职权,与他人共同实施刑法第三百零七条之一第一款行为的,对司法工作人员不适用本条第一款规定。

《最高人民法院关于〈中华人民共和国刑法修正案(九)〉时间效力问题的解释》第七条　对于 2015 年 10 月 31 日以前以捏造的事实提起民事诉讼,妨害司法秩序或者严重侵害他人合法权益,根据修正前刑法应当以伪造公司、企业、事业单位、人民团体印章罪或者妨害作证罪等追究刑事责任的,适用修正前刑法的有关规定。但是,根据修正后刑法第三百零七条之一的规定处刑较轻的,适用修正后刑法的有关规定。

实施第一款行为,非法占有他人财产或者逃避合法债务,根据修正前刑法应当以诈骗罪、职务侵占罪或者贪污罪等追究刑事责任的,适用修正前刑法的有关规定。

第十三章

解散清算法律风险

218. 经营陷入僵局,股东可请求法院解散公司吗?

【情景案例】

2015年3月,曾某与彭某共同发起设立某贸易公司,双方各持50%股权。公司章程规定:曾某担任公司法定代表人和执行董事,彭某为监事;对公司增加或减少注册资本、合并、解散、变更公司形式、修改公司章程作出决议时,必须经代表2/3以上表决权的股东通过。经过几年的艰苦经营,公司从2017年开始盈利,但此时曾某利用公司法定代表人身份排挤彭某,独断公司业务挪用资金与不公开公司财务账目,股东之间矛盾长期冲突严重;2018年3月至2023年6月,公司从未开过股东会。2024年7月开始,彭某多次提出召开股东会并以公司经营陷入僵局为由希望解散公司,曾某均拒绝。曾某认为,公司每年都有少量利润,经营并没有陷入僵局,故不同意解散公司。彭某遂向法院提起诉讼,要求解散甲公司。

请问:彭某的请求能得到法院支持吗?

【案例分析】

本案涉及的是公司陷入僵局,股东能否请求解散公司的法律问题。

我国《公司法》第二百三十一条规定,公司经营管理发生严重困难,继续存续会使股东利益受到重大损失,通过其他途径不能解决的,持有公司10%以上表决权的股东,可以请求人民法院解散公司。《最高人民法院关于适用〈中华人民共和国公司法〉若干问题的规定(二)》第一条第一款规定,"单独或者合计持有公司全部股东表决权百分之十以上的股东,以下列事由之一提起解散公司诉讼,并符合公司法第一百八十二条规定的,人民法院应予受理:(一)公司持续两年以上无法召开股东会或者股东大会,公司经营管理发生严重困难的;(二)股东表决时无法达到法定或者公司章程规定的比例,持续两年以上不能做出有效的股东会或者股东大会决议,公司经营管理发生严重困难的;(三)公司董事长期冲突,且无法通过股东会或者股东大会解决,公司经营管理发生严重困难的;(四)经营管理发生其他严重困难,公司继续存续会使股东利益受到重大损失的情形"。

本案中,曾某和彭某各持有某贸易公司50%的股权,虽然公司章程规定解散公司必须经代表2/3以上表决权的股东通过,但是本案中,曾某和彭某作为公司股东,2018年3月至2023年6月,已超过5年未开过股东会,公司经营已陷入僵局,无法作出有效决议,继续存续将严重损害彭某作为股东的权益。根据法律规定,彭某单独持有某贸易公司50%股权,已超过法律规定的10%表决权的标准,其提起解散公司的诉讼请求可以得到法院支持。

【风险防范建议】

公司后期经营陷入僵局,多少跟最初创设公司采取的公司股权模式有所关系。当股东仅有两人,且股权比例各为50%时,日常股东会决议则难以达到过半数通过。股东之间存在意见分歧时,就无法形成有效决议,甚至可能出现公司僵局的困境。因此,为防止该情况出现,一是可考虑在创设公司时合理分配股权比例,二是妥善设计公司章程,明确约定公司出现僵局时的救济措施,明确公司解散的具体条件。

【法条链接】

《公司法》第二百三十一条　公司经营管理发生严重困难,继续存续会使股东利益受到重大损失,通过其他途径不能解决的,持有公司百分之十以上表决权的股东,可以请求人民法院解散公司。

《最高人民法院关于适用〈中华人民共和国公司法〉若干问题的规定(二)》第一条　单独或者合计持有公司全部股东表决权百分之十以上的股东,以下列事由之一提起解散公司诉讼,并符合公司法第一百八十二条规定的,人民法院应予受理:

(一)公司持续两年以上无法召开股东会或者股东大会,公司经营管理发生严重困难的;

(二)股东表决时无法达到法定或者公司章程规定的比例,持续两年以上不能做出有效的股东会或者股东大会决议,公司经营管理发生严重困难的;

(三)公司董事长期冲突,且无法通过股东会或者股东大会解决,公司经营管理发生严重困难的;

(四)经营管理发生其他严重困难,公司继续存续会使股东利益受到重大损失的情形。

股东以知情权、利润分配请求权等权益受到损害,或者公司亏损、财产不足以偿还全部债务,以及公司被吊销企业法人营业执照未进行清算等为由,提起解散公司诉讼的,人民法院不予受理。

219. 公司在破产前6个月内清偿个别债务,有效吗?

【情景案例】

甲公司于2024年1月被某市法院裁定受理破产清算申请,并指定某律师事务所担任甲公司的破产管理人。某律师事务所在审查甲公司的财务账簿时发现,甲公司从2023年1月开始已经资不抵债,且在2023年10月,即甲公司向法院申请破产之前3个月,甲公司还给乙公司偿还了一笔50万元的到期债务。为此,某律师事务所向乙公司发出通知,内容为:"法院受理甲公司破产申请前六个月内,甲公司的资产已不足以清偿全部债务,故甲公司给乙公司支付的50万元到期债务属于个别清偿,应当向甲公司返还。"乙公司认为,甲公司按约定向其支付到期货款,是合理合法的,不同意返还。

请问:乙公司的说法符合我国法律规定吗?

【案例分析】

本案涉及的是公司在破产前6个月内对个别债权人进行清偿的行为效力问题。

根据《企业破产法》第三十二条的规定,人民法院受理破产申请前6个月内,债务人有不能清偿到期债务且资产不足以清偿全部债务或者明显缺乏清偿能力的情形,仍对个别债权人进行清偿的,管理人有权请求人民法院予以撤销。但是,个别清偿使债务人财产受益的除外。

本案中,甲公司于2024年1月被裁定受理破产清算申请。2023年10月,甲公司给乙公司偿还了一笔50万元的到期债务。该清偿属于在人民法院受理甲公司破产申请前6个月内的个别清偿行为,根据我国法律规定,某律师事务所作为甲公司的破产管理人,有权请求人民法院撤销该清偿行为,并要求乙公司返还款项。虽然,甲公司欠债,理应偿还乙公司欠付的50万元到期债务,但是因甲公司的个别清偿行为,将对其他债权人造成损害,因此,法律对该行为直接予以否定性评价,管理人可以请求人民法院撤销。故乙公司的说法不符合我国法律规定。

【风险防范建议】

"欠债还钱"本为"天经地义"。但是对于公司在法院裁定受理破产清算申请的前6个月内,公司已存在资不抵债情形却仍对个别债权人进行清偿的行为,会削弱公司的偿债能力,损害其他债权人的权益,故法律直接对其予以否定性评价。管理人可以请求人民法院对该清偿行为予以撤销。

因此,当公司作为债权人一方被其他公司拖欠货款,向法院申请其破产不外乎保全财产的一种手段。当公司被裁定受理破产,不仅在受理破产后的个别清偿行为均评价为无效行为,甚至在受理破产前6个月内的个别清偿行为系可撤销的行为。

【法条链接】

《企业破产法》第二条 企业法人不能清偿到期债务,并且资产不足以清偿全部债务或者明显缺乏清偿能力的,依照本法规定清理债务。

企业法人有前款规定情形,或者有明显丧失清偿能力可能的,可以依照本法规定进行重整。

第三十二条 人民法院受理破产申请前六个月内,债务人有本法第二条第一款规定的情形,仍对个别债权人进行清偿的,管理人有权请求人民法院予以撤销。但是,个别清偿使债务人财产受益的除外。

220. 破产公司在法院受理破产申请前的1年之内不合理地处分财产,破产管理人可以主张撤销吗?

【情景案例】

甲公司成立于2010年1月,法定代表人是毛某。2021年12月,由于资不抵债,甲公司面临破产危机。邱某是乙公司的法定代表人,两人关系甚好。2022年1月5日,甲公司与乙公司签订一份《买卖合同》,约定:甲公司将一台价值300万元的设备以20万元的低价出售给乙公司。2022年12月1日,法院作出裁定受理甲公司的破产申请,并指定某律师事务所担任破产管理人。

请问:对于甲公司低价转让财产的行为,某律师事务所能否申请人民法院予以撤销?

【案例分析】

本案涉及的是公司被受理破产申请前1年内,以明显不合理的价格转让财产,管理人能否主张撤销的法律问题。

根据《企业破产法》第三十一条的规定,人民法院受理破产申请前1年内,债务人以明显不合理的价格进行交易的,管理人有权请求人民法院予以撤销。

本案中,甲公司2021年12月因资不抵债面临破产危机。在该情况下,甲公司仍将一台价值300万元的设备以20万元的低价出售给乙公司,该交易价格仅为实际价值的 1/15,属于明显不合理的价格。2022 年 12 月 1 日,法院作出裁定受理甲公司的破产申请,距离交易的 2022 年 1 月 5 日,不到 1 年,属于人民法院受理破产申请前 1 年内。故对于甲公司低价转让财产的行为,某律师事务所作为管理人可以申请人民法院予以撤销。

【风险防范建议】

当公司被拖欠大额货款时,申请债务人破产为保全财产的一种手段。当公司在被受理破产申请前 1 年内,存在无偿转让财产、以明显不合理的价格进行交易、对没有财产担保的债务提供财产担保的、对未到期的债务提前清偿的、放弃债权的等几种削弱债务人偿债能力、损害债权人利益的行为,管理人均可以请求人民法院予以撤销,以保全债务人的财产。

【法条链接】

《企业破产法》第三十一条　人民法院受理破产申请前一年内,涉及债务人财产的下列行为,管理人有权请求人民法院予以撤销:
（一）无偿转让财产的;
（二）以明显不合理的价格进行交易的;
（三）对没有财产担保的债务提供财产担保的;
（四）对未到期的债务提前清偿的;
（五）放弃债权的。

221. 股东使用虚假的清算报告注销公司,是否应承担民事赔偿责任?

【情景案例】

甲建筑公司成立于 2015 年 3 月,由苏某与吕某共同创办。乙公司长期给甲建筑公司供应钢材与水泥,截至 2024 年 6 月 30 日,甲建筑公司累计欠乙公司货款 300 万元。2024 年 7 月,甲建筑公司在未经依法清算的情况下给市场监督管理部门出具清算报告及办理了注销登记。清算报告写明:甲建筑公司债务已清算完毕,若内容虚假,股东愿意承担一切法律责任。苏某与吕某在清算报告上签名确认。乙公司得知甲建筑公司已注销,遂将苏某与吕某诉至法院,要求两人支付货款。

请问:苏某与吕某利用虚假的清算报告注销公司,是否应承担民事赔偿责任?

【案例分析】

本案涉及的是股东使用虚假的清算报告注销公司,是否应承担民事赔偿责任的问题。

《最高人民法院关于适用〈中华人民共和国公司法〉若干问题的规定（二）》第十九条规定，有限责任公司的股东、股份有限公司的董事和控股股东，以及公司的实际控制人在公司解散后，恶意处置公司财产给债权人造成损失，或者未经依法清算，以虚假的清算报告骗取公司登记机关办理法人注销登记，债权人主张其对公司债务承担相应赔偿责任的，人民法院应依法予以支持。第二十条第二款规定，公司未经依法清算即办理注销登记，股东或者第三人在公司登记机关办理注销登记时承诺对公司债务承担责任，债权人主张其对公司债务承担相应民事责任的，人民法院应依法予以支持。

本案中，苏某和吕某作为甲建筑公司的股东，在明知甲建筑公司拖欠乙公司货款300万元的情况下，未经依法清算，以虚假的清算报告骗取市场监督管理部门的注销登记，且其二人在给市场监督管理部门出具的清算报告中承诺甲建筑公司债务已清算完毕，若内容虚假，股东苏某和吕某愿意承担一切法律责任。故依法苏某和吕某均应当对公司债务承担清偿责任。

【风险防范建议】

有限责任公司发生约定或者法定的解散事由决定解散时，应当经依法清算再办理公司注销登记。不可使用虚假的清算报告骗取注销登记。否则将面临民事清偿责任及行政责任。在该情形下，对于未经法院判决的债务，债权人可以要求公司股东对公司债务承担清偿责任。对于经由法院判决并进入执行的债务，申请执行人可以追加公司股东为被执行人，对公司债务承担连带清偿责任。

除民事清偿责任外，公司在简易注销登记中隐瞒真实情况、弄虚作假的，市场监管部门可以依法作出撤销注销登记等处理，在恢复公司主体资格的同时将该公司列入严重违法失信名单，并通过国家企业信用信息公示系统公示，防止市场主体利用简易注销登记恶意逃避法律责任。

【法条链接】

《最高人民法院关于适用〈中华人民共和国公司法〉若干问题的规定（二）》第十九条　有限责任公司的股东、股份有限公司的董事和控股股东，以及公司的实际控制人在公司解散后，恶意处置公司财产给债权人造成损失，或者未经依法清算，以虚假的清算报告骗取公司登记机关办理法人注销登记，债权人主张其对公司债务承担相应赔偿责任的，人民法院应依法予以支持。

第二十条　公司解散应当在依法清算完毕后，申请办理注销登记。公司未经清算即办理注销登记，导致公司无法进行清算，债权人主张有限责任公司的股东、股份有限公司的董事和控股股东,以及公司的实际控制人对公司债务承担清偿责任的,人民法院应依法予以支持。

公司未经依法清算即办理注销登记,股东或者第三人在公司登记机关办理注销登记时承诺对公司债务承担责任,债权人主张其对公司债务承担相应民事责任的,人民法院应依法予以支持。

《市场监督管理总局、国家税务总局关于进一步完善简易注销登记便捷中小微企业市场退出的通知》五、优化注销平台功能流程 允许市场主体通过注销平台进行简易注销登记,对符合条件的市场主体实行简易注销登记全程网办。市场主体填报简易注销信息后,平台自动生成《全体投资人承诺书》,除机关、事业法人、外国投资人等特殊情形外,全体投资人实名认证并进行电子签名。市场主体可以通过邮寄方式交回营业执照,对于营业执照丢失的,可通过国家企业信用信息公示系统免费发布营业执照作废声明。

各地市场监管部门、税务部门要按照简易注销技术方案,做好系统开发升级。同时,加强部门协同监管,市场主体在简易注销登记中隐瞒真实情况、弄虚作假的,市场监管部门可以依法作出撤销注销登记等处理,在恢复企业主体资格的同时将该企业列入严重违法失信名单,并通过国家企业信用信息公示系统公示,防止市场主体利用简易注销登记恶意逃避法律责任。在推进改革过程中,各地市场监管部门、税务部门要注意收集简易注销登记中遇到的新情况、新问题,及时向市场监管总局和税务总局报告。

《公司法》第二百四十条 公司在存续期间未产生债务,或者已清偿全部债务的,经全体股东承诺,可以按照规定通过简易程序注销公司登记。

通过简易程序注销公司登记,应当通过国家企业信用信息公示系统予以公告,公告期限不少于二十日。公告期限届满后,未有异议的,公司可以在二十日内向公司登记机关申请注销公司登记。

公司通过简易程序注销公司登记,股东对本条第一款规定的内容承诺不实的,应当对注销登记前的债务承担连带责任。

《最高人民法院关于民事执行中变更、追加当事人若干问题的规定》第二十一条 作为被执行人的公司,未经清算即办理注销登记,导致公司无法进行清算,申请执行人申请变更、追加有限责任公司的股东、股份有限公司的董事和控股股东为被执行人,对公司债务承担连带清偿责任的,人民法院应予支持。

222. 公司结业后不办理清算与注销手续,有什么后果?

【情景案例】

某酒店由卢某与蒋某共同创办,卢某是法定代表人。自2024年3月开始,酒店生意很差,连续亏损几个月。为及时止损,卢某与蒋某决定关闭酒店。关于如何关闭酒店,卢某与蒋某产生分歧。蒋某认为,不办理年检就可以,届时市场监督管理部门会自动吊销营业执照,可节省一笔注销费用。卢某认为,如果不办理清算与注销手续,以后二人再想注册公司就会受到限制了,一定要依法注销公司。

请问:蒋某的说法符合我国法律规定吗?

【案例分析】

本案涉及的是公司停业后不办理清算和注销手续的法律后果。

我国《公司法》第二百六十条第一款规定,"公司成立后无正当理由超过六个月未开业的,或者开业后自行停业连续六个月以上的,公司登记机关可以吊销营业执照,但公司依法办理歇业的除外"。根据该法第一百七十八条的规定,担任因违法被吊销营业执照、责令关闭的公司、企业的法定代表人,并负有个人责任的,自该公司、企业被吊销营业执照、责令关闭之日起未逾3年,不得担任公司的董事、监事、高级管理人员。《市场主体登记管理条例》第十二条规定,担任因违法被吊销营业执照、责令关闭的公司、非公司企业法人的法定代表人,并负有个人责任的,自被吊销营业执照之日起未逾3年,不得担任公司、非公司企业法人的法定代表人。

本案中,因某酒店生意自2024年3月开始连续亏损,卢某和蒋某决定关闭酒店,但并没有依法办理清算和注销登记。如该酒店自行停业连续6个月以上,公司登记机关可以吊销其营业执照,卢某作为该酒店的法定代表人,将因此在3年内不得担任公司、非公司企业法人的法定代表人,也不得担任公司的董事、监事、高级管理人员。可见,公司停业后不办理清算和注销手续将带来诸多不利的后果,蒋某的说法不符合我国法律规定。

【风险防范建议】

公司经营出现问题,自行停业等待市场监督管理部门吊销营业执照的行为并不可取。这会导致负有个人责任的法定代表人在3年内不能再次担任公司、非公司企业法人的法定代表人,也不得担任公司的董事、监事、高级管理人员。

当公司经营出现严重困难,股东可以决议解散公司,同时应当自解散事由出现之日起15日内组成清算组进行清算。清算完成后,方可依法向市场监督管理部门办理注销登记手续。

【法条链接】

《公司法》第一百七十八条　有下列情形之一的,不得担任公司的董事、监事、高级管理人员：

（一）无民事行为能力或者限制民事行为能力；

（二）因贪污、贿赂、侵占财产、挪用财产或者破坏社会主义市场经济秩序,被判处刑罚,或者因犯罪被剥夺政治权利,执行期满未逾五年,被宣告缓刑的,自缓刑考验期满之日起未逾二年；

（三）担任破产清算的公司、企业的董事或者厂长、经理,对该公司、企业的破产负有个人责任的,自该公司、企业破产清算完结之日起未逾三年；

（四）担任因违法被吊销营业执照、责令关闭的公司、企业的法定代表人,并负有个人责任的,自该公司、企业被吊销营业执照、责令关闭之日起未逾三年；

（五）个人因所负数额较大债务到期未清偿被人民法院列为失信被执行人。

违反前款规定选举、委派董事、监事或者聘任高级管理人员的,该选举、委派或者聘任无效。

董事、监事、高级管理人员在任职期间出现本条第一款所列情形的,公司应当解除其职务。

第二百六十条　公司成立后无正当理由超过六个月未开业的,或者开业后自行停业连续六个月以上的,公司登记机关可以吊销营业执照,但公司依法办理歇业的除外。

公司登记事项发生变更时,未依照本法规定办理有关变更登记的,由公司登记机关责令限期登记；逾期不登记的,处以一万元以上十万元以下的罚款。

《市场主体登记管理条例》第十二条　有下列情形之一的,不得担任公司、非公司企业法人的法定代表人：

（一）无民事行为能力或者限制民事行为能力；

（二）因贪污、贿赂、侵占财产、挪用财产或者破坏社会主义市场经济秩序被判处刑罚,执行期满未逾5年,或者因犯罪被剥夺政治权利,执行期满未逾5年；

（三）担任破产清算的公司、非公司企业法人的法定代表人、董事或者厂长、经理,对破产负有个人责任的,自破产清算完结之日起未逾3年；

（四）担任因违法被吊销营业执照、责令关闭的公司、非公司企业法人的法定代表人,并负有个人责任的,自被吊销营业执照之日起未逾3年；

（五）个人所负数额较大的债务到期未清偿；

（六）法律、行政法规规定的其他情形。

223. 公司经营者不配合法院进行破产清算，要承担什么责任?

【情景案例】

甲公司成立于 2015 年 3 月，由蒋某与蔡某共同创办并由二人实际经营。因经营不善，甲公司自 2024 年 1 月开始资不抵债，拖欠乙公司等供应商货款达 800 多万元。2024 年 3 月 1 日，乙公司向当地法院申请甲公司破产。3 月 10 日，法院作出裁定受理甲公司的破产清算一案，并向蒋某与蔡某送达《移交财产通知书》，要求限期移交甲公司的全部财产、印章、财务清册、财务会计报告等。蒋某与蔡某收到通知书后，拒绝提交公司的财产和相关资料，破产清算无法进行。

请问：公司经营者不配合法院进行破产清算，要承担什么法律责任？

【案例分析】

本案涉及的是公司经营者不配合法院进行破产清算的法律责任问题。

根据《企业破产法》第十五条的规定，自人民法院受理破产申请的裁定送达债务人之日起至破产程序终结之日，债务人的有关人员有义务妥善保管其占有和管理的财产、印章和账簿、文书等资料，以及根据人民法院、管理人的要求进行工作，并如实回答询问；前款所称有关人员，是指企业的法定代表人；经人民法院决定，可以包括公司的财务管理人员和其他经营管理人员。第一百二十七条第一款规定，债务人违反该法规定，拒不向人民法院提交或者提交不真实的财产状况说明、债务清册、债权清册、有关财务会计报告以及职工工资的支付情况和社会保险费用的缴纳情况的，人民法院可以对直接责任人员依法处以罚款。《最高人民法院关于适用〈中华人民共和国公司法〉若干问题的规定（二）》第十八条第二款规定，有限责任公司的股东、股份有限公司的董事和控股股东因怠于履行义务，导致公司主要财产、账册、重要文件等灭失，无法进行清算，债权人主张其对公司债务承担连带清偿责任的，人民法院应依法予以支持。

本案中，蒋某和蔡某作为甲公司的创办人及实际经营者，自法院受理破产申请的裁定送达甲公司之日起，有义务妥善保管其占有和管理的财产、印章和账簿、文书等资料，并根据人民法院的要求移交甲公司的全部财产、印章、财务清册、财务会计报告。而蒋某和蔡某收到法院的《移交财产通知书》后，拒绝提交公司的财产和相关资料，导致甲公司的破产清算无法进行，人民法院可以对蒋某和蔡某依法处以罚款。同时，如因其二人怠于履行义务，导致公司主要财产、账册、重要文件等灭失，无法进行清算，债权人亦可主张蒋某和蔡某对公司债务承担连带清偿责任。

【风险防范建议】

　　公司进入破产程序后,破产公司的法定代表人、财务管理人员和其他经营管理人员,应妥善保管其占有和管理的财产、印章和账簿、文书等资料;及时安排专人对相关材料进行整理、分配,以便后期根据法院、管理人的要求进行工作及如实回答询问。如因其不履行配合破产清算的义务,拒不交出财产、印章和账簿、文书等资料,导致管理人无法执行清算职务给债权人利益造成损害,债权人可以要求破产公司的相关清算义务人承担连带清偿责任,法院也可对其进行罚款处理。因此为避免进一步给自身带来经济损失,作为破产公司的清算义务人,应当配合法院及管理人,依法做好清算工作。

【法条链接】

　　《企业破产法》第十五条　自人民法院受理破产申请的裁定送达债务人之日起至破产程序终结之日,债务人的有关人员承担下列义务:
　　(一)妥善保管其占有和管理的财产、印章和账簿、文书等资料;
　　(二)根据人民法院、管理人的要求进行工作,并如实回答询问;
　　(三)列席债权人会议并如实回答债权人的询问;
　　(四)未经人民法院许可,不得离开住所地;
　　(五)不得新任其他企业的董事、监事、高级管理人员。
　　前款所称有关人员,是指企业的法定代表人;经人民法院决定,可以包括企业的财务管理人员和其他经营管理人员。
　　第一百二十七条　债务人违反本法规定,拒不向人民法院提交或者提交不真实的财产状况说明、债务清册、债权清册、有关财务会计报告以及职工工资的支付情况和社会保险费用的缴纳情况的,人民法院可以对直接责任人员依法处以罚款。
　　债务人违反本法规定,拒不向管理人移交财产、印章和账簿、文书等资料的,或者伪造、销毁有关财产证据材料而使财产状况不明的,人民法院可以对直接责任人员依法处以罚款。
　　《最高人民法院关于适用〈中华人民共和国公司法〉若干问题的规定(二)》第十八条　有限责任公司的股东、股份有限公司的董事和控股股东未在法定期限内成立清算组开始清算,导致公司财产贬值、流失、毁损或者灭失,债权人主张其在造成损失范围内对公司债务承担赔偿责任的,人民法院应依法予以支持。
　　有限责任公司的股东、股份有限公司的董事和控股股东因怠于履行义务,导致公司主要财产、账册、重要文件等灭失,无法进行清算,债权人主张其对公司债务承担连带清偿责任的,人民法院应依法予以支持。

上述情形系实际控制人原因造成，债权人主张实际控制人对公司债务承担相应民事责任的，人民法院应依法予以支持。

224. 清算组未尽告知义务导致债权人利益受损，责任由谁承担？

【情景案例】

甲公司由贾某、丁某、魏某共同创办，三人分别占股51%、30%、19%。2023年3月，甲公司在与乙公司的一次合作中拖欠了乙公司30万元货款。2024年7月，甲公司股东会通过决议，决定停止公司经营，并由董事会成员贾某、丁某、陈某组成清算组。在清算期间，清算组按要求在当地报纸上刊登了清算公告，但没有书面通知乙公司。2024年9月，甲公司注销。乙公司得知甲公司注销后，遂将清算组成员贾某、丁某、陈某诉至法院，要求三人赔偿30万元的货款损失。陈某辩称，清算组已在报纸上刊登了清算公告，乙公司没有主动申报债权，乙公司无权要求清算组承担赔偿责任。

请问：陈某的说法符合我国法律规定吗？

【案例分析】

本案涉及的是清算组未尽告知义务导致债权人利益受损的责任承担问题。

根据《公司法》第二百三十五条第一款的规定，"清算组应当自成立之日起十日内通知债权人，并于六十日内在报纸上或者国家企业信用信息公示系统公告"。《最高人民法院关于适用〈中华人民共和国公司法〉若干问题的规定（二）》第十一条第二款规定，清算组未按照前款规定履行通知和公告义务，导致债权人未及时申报债权而未获清偿，债权人主张清算组成员对因此造成的损失承担赔偿责任的，人民法院应依法予以支持。

本案中，贾某、丁某、陈某作为甲公司的清算组成员，应当在清算组成立之日起10日内通知债权人乙公司并于60日内进行公告，换言之，通知债权人及公告两者缺一不可。而甲公司清算组未向债权人乙公司履行通知义务，仅在当地报纸上刊登了清算公告，导致债权人乙公司未及时申报债权而未获清偿。债权人乙公司依法可以要求清算组成员贾某、丁某、陈某对其30万元损失承担赔偿责任。故陈某的说法不符合我国法律规定。

【风险防范建议】

公司决议解散的情形下，董事为公司清算义务人，应当在解散事由出现之日起15日内组成清算组进行清算。清算组由董事组成，但是公司章程另有规定或者股东会决议另选他人的除外。清算组成立之后,为避免未及时履行通知和公告义务,给自身带来赔偿责任问题,应严格按照法律规定,注意"10 日""60 日"这两个重要的时间点。"10 日",是指清算组应当自成立之日起 10 日内通知债权人;"60 日",是指清算组应于 60 日内在报纸上或者国家公司信用信息公示系统公告。尤其要注意的是,通知债权人及履行公告义务两者缺一不可。

【法条链接】

《公司法》第二百三十二条 公司因本法第二百二十九条第一款第一项、第二项、第四项、第五项规定而解散的,应当清算。董事为公司清算义务人,应当在解散事由出现之日起十五日内组成清算组进行清算。

清算组由董事组成,但是公司章程另有规定或者股东会决议另选他人的除外。

清算义务人未及时履行清算义务,给公司或者债权人造成损失的,应当承担赔偿责任。

第二百三十五条 清算组应当自成立之日起十日内通知债权人,并于六十日内在报纸上或者国家企业信用信息公示系统公告。债权人应当自接到通知之日起三十日内,未接到通知的自公告之日起四十五日内,向清算组申报其债权。

债权人申报债权,应当说明债权的有关事项,并提供证明材料。清算组应当对债权进行登记。

在申报债权期间,清算组不得对债权人进行清偿。

《最高人民法院关于适用〈中华人民共和国公司法〉若干问题的规定(二)》第十一条 公司清算时,清算组应当按照公司法第一百八十五条的规定,将公司解散清算事宜书面通知全体已知债权人,并根据公司规模和营业地域范围在全国或者公司注册登记地省级有影响的报纸上进行公告。

清算组未按照前款规定履行通知和公告义务,导致债权人未及时申报债权而未获清偿,债权人主张清算组成员对因此造成的损失承担赔偿责任的,人民法院应依法予以支持。

225. 诉讼过程中恶意注销公司,股东要承担还款责任吗?

【情景案例】

甲公司由薛某与叶某共同创办,二人分别占股 70%、30%。2024 年 1 月,甲公司因拖欠乙公司 300 万元货款被乙公司起诉。令乙公司想不到的是,乙公司向法院提起诉讼后,甲公司却经市场监督管理部门核准注销。对于甲公司恶意注销公司的行为,乙公司不知如何是好。

请问：乙公司应当如何维权？

【案例分析】

本案涉及的是诉讼过程中恶意注销公司，股东是否需要承担还款责任的问题。

《最高人民法院关于适用〈中华人民共和国民事诉讼法〉的解释》第六十四条规定，公司法人解散的，依法清算并注销前，以该公司法人为当事人；未依法清算即被注销的，以该公司法人的股东、发起人或者出资人为当事人。《最高人民法院关于适用〈中华人民共和国公司法〉若干问题的规定（二）》第十九条规定，有限责任公司的股东、股份有限公司的董事和控股股东，以及公司的实际控制人在公司解散后，恶意处置公司财产给债权人造成损失，或者未经依法清算，以虚假的清算报告骗取公司登记机关办理法人注销登记，债权人主张其对公司债务承担相应赔偿责任的，人民法院应依法予以支持。

本案中，乙公司向法院提起诉讼后，甲公司却经市场监督管理部门核准注销，此时甲公司已不具备诉讼主体资格，乙公司可变更甲公司股东薛某、叶某为被告。同时，因甲公司、乙公司尚在诉讼中，甲公司系拖欠乙公司 300 万元货款被起诉，在存在债务的情况下，甲公司不可能依法清算并予以注销，故其可能存在虚假清算的情形，乙公司可主张股东薛某、叶某对甲公司债务 300 万元承担赔偿责任。故乙公司应当变更甲公司薛某、叶某为被告，要求其二人对甲公司的债务 300 万元承担赔偿责任。

【风险防范建议】

注销公司应当经过合法的清算程序。在存在债权人且有诉讼纠纷尚未解决的情况下，应当妥善解决纠纷后，对公司财产进行依法清算。否则出现虚假情况等不合法行为，即便公司已经注销，债权人也可以要求股东承担相应赔偿责任。

【法条链接】

《最高人民法院关于适用〈中华人民共和国民事诉讼法〉的解释》第六十四条　企业法人解散的，依法清算并注销前，以该企业法人为当事人；未依法清算即被注销的，以该企业法人的股东、发起人或者出资人为当事人。

《最高人民法院关于适用〈中华人民共和国公司法〉若干问题的规定（二）》第十九条　有限责任公司的股东、股份有限公司的董事和控股股东，以及公司的实际控制人在公司解散后，恶意处置公司财产给债权人造成损失，或者未经依法清算，以虚假的清算报告骗取公司登记机关办理法人注销登记，债权人主张其对公司债务承担相应赔偿责任的，人民法院应依法予以支持。

226. 公司为逃避债务而申请虚假破产,要承担刑事责任吗?

【情景案例】

甲公司成立于 2015 年 1 月,法定代表人是范某。截至 2023 年 12 月,甲公司欠供应商乙公司 600 万元。为逃避这笔债务,范某通过虚构债务方式将公司的资金全部转走,然后于 2024 年 3 月向法院申请破产。2024 年 4 月,范某又成立丙公司继续经营原来的业务。乙公司得知范某的行为后,立即向公安机关报案。

请问:范某要承担刑事责任吗?

【案例分析】

本案涉及的是公司为逃避债务而申请虚假破产是否需要承担刑事责任的法律问题。

我国《刑法》第一百六十二条之二规定,"公司、企业通过隐匿财产、承担虚构的债务或者以其他方法转移、处分财产,实施虚假破产,严重损害债权人或者其他人利益的,对其直接负责的主管人员和其他直接责任人员,处五年以下有期徒刑或者拘役,并处或者单处二万元以上二十万元以下罚金"。根据《最高人民检察院、公安部关于公安机关管辖的刑事案件立案追诉标准的规定(二)》第九条的规定,公司通过隐匿财产、承担虚构的债务或者以其他方法转移、处分财产,实施虚假破产,造成债权人或者其他人直接经济损失数额累计在 10 万元以上的,应予立案追诉。

本案中,甲公司欠供应商乙公司 600 万元,为逃避该笔债务,甲公司法定代表人范某通过虚构债务的方式将公司资金全部转走后申请破产,导致乙公司高达 600 万元的债权无法追偿,直接造成乙公司经济损失 600 万元,该行为构成《刑法》第一百六十二条之二规定的虚假破产罪,依法应当立案追诉。范某作为甲公司的法定代表人及实际管理人,是甲公司实施虚假破产的直接责任人,应对此承担刑事责任。

【风险防范建议】

经营公司应当遵纪守法,在公司资不抵债的情况下,可以走合法合规的破产程序,依法清算公司债权债务,这样对于股东来说,承担的是有限责任。但是如为了逃避债务,而申请虚假破产,将可能因触犯刑律而身陷囹圄,得不偿失。

【法条链接】

《刑法》第一百六十二条之二 公司、企业通过隐匿财产、承担虚构的债务或者以其他方法转移、处分财产,实施虚假破产,严重损害债权人或者其他人利益的,对其直接负责的主管人员和其他直接责任人员,处五年以下有期徒刑或者拘役,并处或者单处二万元以上二十万元以下罚金。

《最高人民检察院、公安部关于公安机关管辖的刑事案件立案追诉标准的规定（二）》第九条　公司、企业通过隐匿财产、承担虚构的债务或者以其他方法转移、处分财产，实施虚假破产，涉嫌下列情形之一的，应予立案追诉：

（一）隐匿财产价值在五十万元以上的；

（二）承担虚构的债务涉及金额在五十万元以上的；

（三）以其他方法转移、处分财产价值在五十万元以上的；

（四）造成债权人或者其他人直接经济损失数额累计在十万元以上的；

（五）虽未达到上述数额标准，但应清偿的职工的工资、社会保险费用和法定补偿金得不到及时清偿，造成恶劣社会影响的；

（六）其他严重损害债权人或者其他人利益的情形。

227. 高管在公司破产前给自己发放高额年终奖，合法吗？

【情景案例】

某服装公司由秦某与江某共同创办。顾某于2013年1月入职某服装公司，担任总经理。2023年10月，由于经营不善，某服装公司面临破产危机。在公司经营亏损的情况下，顾某于2023年12月给自己发放了100万元年终奖。过去，顾某的年终奖一般不超过10万元。2024年3月1日，法院作出裁定受理某服装公司的破产申请。

请问：顾某在公司破产前给自己发放高额年终奖，合法吗？

【案例分析】

本案涉及的是高管在公司破产前给自己发放高额年终奖是否合法的法律问题。

我国《企业破产法》第三十六规定，债务人的董事、监事和高级管理人员利用职权从企业获取的非正常收入和侵占的企业财产，管理人应当追回。根据《最高人民法院关于适用〈中华人民共和国企业破产法〉若干问题的规定（二）》第二十四条的规定，企业不能清偿到期债务，并且资产不足以清偿全部债务或者明显缺乏清偿能力的，其董事、监事和高级管理人员利用职权获得的绩效奖金、普遍拖欠职工工资情况下获取的工资性收入、其他非收入，均属于《企业破产法》第三十六条规定的非正常收入。

本案中，某服装公司在2023年10月已开始面临破产危机，在该情况下，顾某作为公司总经理，仍利用该职务便利于2023年12月给自己发放了100万元年终奖。虽然其之前也有年终奖，但并未有100万元之高，其在过去的年终奖一般不超过10万元，由此可见该100万元年终奖属于《企业破产法》规定的非正常收入，而是顾某利用职务之便处分公司财产的行为;法院裁定受理某服装公司的破产申请后,破产管理人应当追回该 100 万元。故顾某在公司破产前给自己发放高额年终奖的行为不合法。

【风险防范建议】

公司进入破产程序之后,破产管理人有职权、有义务追回公司资产。破产管理人除应当关注破产公司董事、监事和高级管理人员利用职权从公司获取的非正常收入和侵占的公司财产外,还应当关注股东在公司破产前取得的分红款是否应当返还,虽然股东在公司破产前取得的分红款是否应返还尚无明确的法律规定,但是实践中已有破产管理人代表公司要求股东予以返还且获法院支持的案例。根据《公司法》的规定,公司弥补亏损和提取公积金后所余税后利润,才可分取红利;股东会或者董事会违反该规定,在公司弥补亏损和提取法定公积金之前向股东分配利润的,股东必须将违反规定分配的利润退还公司。

【法条链接】

《企业破产法》第三十六条　债务人的董事、监事和高级管理人员利用职权从企业获取的非正常收入和侵占的企业财产,管理人应当追回。

《最高人民法院关于适用〈中华人民共和国企业破产法〉若干问题的规定(二)》第二十四条　债务人有企业破产法第二条第一款规定的情形时,债务人的董事、监事和高级管理人员利用职权获取的以下收入,人民法院应当认定为企业破产法第三十六条规定的非正常收入:

(一)绩效奖金;

(二)普遍拖欠职工工资情况下获取的工资性收入;

(三)其他非正常收入。

债务人的董事、监事和高级管理人员拒不向管理人返还上述债务人财产,管理人主张上述人员予以返还的,人民法院应予支持。

债务人的董事、监事和高级管理人员因返还第一款第(一)项、第(三)项非正常收入形成的债权,可以作为普通破产债权清偿。因返还第一款第(二)项非正常收入形成的债权,依据企业破产法第一百一十三条第三款的规定,按照该企业职工平均工资计算的部分作为拖欠职工工资清偿;高出该企业职工平均工资计算的部分,可以作为普通破产债权清偿。

228. 主债务未到期，但保证人被裁定进入破产程序，债权人如何救济？

【情景案例】

2023年8月1日，甲公司向乙公司借款300万元，借款期限1年，丙公司作为保证人在借款合同上盖章。2024年3月1日，法院作出裁定受理丙公司的破产申请。乙公司得知丙公司被裁定进入破产程序后，不知如何是好。因为等借款到期，一旦甲公司经营状况不好、无力偿还借款，丙公司也已经破产清算完毕，乙公司将无法收回债权。

请问：乙公司可以如何救济？

【案例分析】

本案涉及的是主债务未到期，但保证人被裁定进入破产程序的，债权人如何救济的法律问题。

《最高人民法院关于适用〈中华人民共和国企业破产法〉若干问题的规定（三）》第四条规定，保证人被裁定进入破产程序的，债权人有权申报其对保证人的保证债权。主债务未到期的，保证债权在保证人破产申请受理时视为到期。一般保证的保证人主张行使先诉抗辩权的，人民法院不予支持，但债权人在一般保证人破产程序中的分配额应予提存，待一般保证人应承担的保证责任确定后再按照破产清偿比例予以分配。保证人被确定应当承担保证责任的，保证人的管理人可以就保证人实际承担的清偿额向主债务人或其他债务人行使求偿权。《民法典》第六百八十六条第二款规定，当事人在保证合同中对保证方式没有约定或者约定不明确的，按照一般保证承担保证责任。

本案中，甲公司向乙公司借款300万元，丙公司作为保证人在借款合同上盖章。因丙公司未在借款合同上载明其保证方式，按照法律规定当事人对保证方式没有约定的，按照一般保证承担保证责任。2024年3月1日，法院作出裁定受理丙公司的破产申请。甲公司与乙公司间的借款虽然尚未到期，但该保证债权在丙公司破产申请受理时加速到期，乙公司有权申报其对丙公司的保证债权。故乙公司可向丙公司的破产管理人申报其保证债权300万元。

【风险防范建议】

我国法律规定，不管是一般保证还是连带保证，保证人均不因破产而免除保证责任；保证人破产而主债务未到期的，保证债权加速到期。而保证人在破产程序中承担责任后，保证人的管理人享有对主债务人或其他债务人的求偿权。

但是,作为债权人一方,在保证债权的处理方式和债权实现时间上视其保证方式还是有所区别的。一般保证人虽然不得在其破产中对债权人行使先诉抗辩权,但债权人的分配额应当予以提存,待主债务到期后,根据主债务人的清偿情况再决定实际分配。而连带责任保证人进入破产程序的,债权人可以直接申报债权参与分配。故作为债权人一方,公司应尽量采用连带责任保证,以便于维护自己的利益。

【法条链接】

《最高人民法院关于适用〈中华人民共和国企业破产法〉若干问题的规定(三)》第四条　保证人被裁定进入破产程序的,债权人有权申报其对保证人的保证债权。

主债务未到期的,保证债权在保证人破产申请受理时视为到期。一般保证的保证人主张行使先诉抗辩权的,人民法院不予支持,但债权人在一般保证人破产程序中的分配额应予提存,待一般保证人应承担的保证责任确定后再按照破产清偿比例予以分配。

保证人被确定应当承担保证责任的,保证人的管理人可以就保证人实际承担的清偿额向主债务人或其他债务人行使求偿权。

《民法典》第六百八十六条　保证的方式包括一般保证和连带责任保证。

当事人在保证合同中对保证方式没有约定或者约定不明确的,按照一般保证承担保证责任。